共和国年轮

李舫 主编

人民日报出版社
北京

图书在版编目（CIP）数据

共和国年轮 / 李舫主编 .— 北京：人民日报出版社，2019.10
ISBN 978-7-5115-6204-3

Ⅰ. ①共… Ⅱ. ①李… Ⅲ. ①人物—先进事迹—中国—现代
Ⅳ. ① K820.7

中国版本图书馆 CIP 数据核字（2019）第 212747 号

书　　名：共和国年轮
GONGHEGUO NIANLUN
主　　编：李　舫

出 版 人：董　伟
责任编辑：宋　娜
排　　版：九章文化

出版发行：人民日报出版社
社　　址：北京金台西路 2 号
邮政编码：100733
发行热线：(010) 65369509　65369527　65369846　65363528
邮购热线：(010) 65369530　65363527
编辑热线：(010) 65369521
网　　址：www.peopledailypress.com
经　　销：新华书店
印　　刷：北京中科印刷有限公司

开　　本：710mm×1000mm　1/16
字　　数：609 千字
印　　张：35
版　　次：2019 年 10 月第 1 版　　2019 年 10 月第 1 次印刷

书　　号：ISBN 978-7-5115-6204-3
定　　价：108.00 元

共和国，70 载扬帆远航

李 舫

1949 年元旦，天刚蒙蒙亮，充满油墨芳香的《人民日报》便出现在人们眼前，一篇气势磅礴的文章——毛泽东的“新年献词”——令大家热血沸腾。毫无疑问，这篇预示着中国道路之方向的献词，就是中国未来的路线图。

“诸位代表先生们：我们有一个共同的感觉，就是我们的工作将写在人类的历史上，它将表明：占人类总数四分之一的中国人从此站立起来了。”1949 年 9 月 21 日，毛泽东在中国人民政治协商会议第一次全体会议上说，“我们团结起来……宣布中华人民共和国成立了。”并在发言结束时，再一次喊出“庆贺中华人民共和国的成立！”的口号。

共和国的缔造者，对一个崭新的世界充满着怎样的期待，又有着怎样的谋划？共和国的建设者，对一个广袤的未来进行着怎样的畅想，又有着怎样的绸缪？共和国的见证者，对这个浩浩汤汤的伟大历程有着怎样的描画，又有着怎样的评判？

犹如认识一只鹰是从它的飞翔、认识一只豹子是从它的奔跑、认识一座山是通过它蕴含的宝藏、认识一条河是从它的深度和宽度开始，认识共和国，是从共和国孕育、诞生、成长、壮大的每一个瞬间、每一个事件、每一个转折开始，更是从为共和国孕育、诞生、成长、壮大的每一位呕心沥血、辛苦卓绝的志士和勇士开始。

时间是一位魔法师，它拥有神奇的力量。在共和国风雨兼程的 70 年里，我们看到时间的挥洒自如，更看到时间的坚韧顽强。70 年，是一道光阴的长廊，我们从无数为共和国事业艰苦奋斗的志士和勇士中，撷取了 70 人，作为共和国 70 年记忆的里程碑。与其说他们是 70 人，不如说他们是 70 组群像，是无数具名或者不具名的时代楷模、国家栋梁的代言人。翻阅这 70 人的心灵史，通向岁月深处的大门仿佛被渐次推开，那些沉寂或者尘封的历史碎片陡然便有了灵魂和血肉，瞬间变得饱满、充盈、生动、细致。这 70 人中，有用生命带领兰考百姓同贫穷和灾害斗争的县委书记焦裕禄，朴素纯粹、深藏功名、坚守初心、不改本色的普通战士张富清；有将一生倾泻到伟大事业中的吴玉章，一生梦想为人民安居的建筑大师吴良镛；有为排球而生、为中国女排而生的“铁榔头”郎平，向全世界喊出“芝麻开门”的企业家马云；有用中国传统中草药青蒿素改变寄生虫疗法的科学家屠呦呦，把中国人的饭碗牢牢端在自己手中的育种专家袁隆平；有开创中国数学学派、带领中国解析数论研究进入世界一流水平的数学家华罗庚，中国核武器事业的引领者于敏；有抱着篮球从金门游抵大陆的经济学家林毅夫，将中国太空事业向前推进一大步的“中国飞天第一人”杨利伟……这里还有见证中国伟大飞跃奇迹的外国友人，他们是谙熟中国问题的国际观察员：第一个向新中国递交国书的苏联汉学家齐赫文斯基；向中国进行大规模经济援助，帮助中国进行经济建设的日本首相大平正芳；长期关心和支持中国的体育事业并亲口宣布古老中国首次主办奥运会的国际奥委会主席萨马兰奇；矢志不渝将“让法国年青一代政治领袖认识中国、了解中国”作为自己最大心愿的法国前总理拉法兰；坚定称赞“中国已成为多边主义的最重要支柱和促进世界和平与发展不可或缺、值得信赖的重要力量”的联合国秘书长古特雷斯……

明镜所以照形，古事所以知今。共和国的年轮，深深浅浅、高高低低，镌刻了多少我们谙熟于心的故事，又深埋了多少我们未曾开掘的宝藏？一段又一段往事、一则又一则故事，将政治、经济、社会、文化、历史、文化、精神同人物相联系、相作用、相激荡，共同推动岁月，在我们眼前铺开了一轴恢宏、动态、千回百转、沉重且悠长的时代长卷。正是这长卷，真实地铺展描绘了伟大的中华人民共和国的富丽图景。

跨越 70 年的苦难辉煌，我们不难发现，这 70 人，是推动共和国前进的奋斗者，是镌刻共和国年轮的搏击者。历史车轮滚滚向前，时代潮流浩浩荡荡；历史永远只会眷顾坚定者、奋进者、搏击者，从不等待一切犹豫者、懈怠者、畏难者。只有与历史同步伐、与时代共命运，才能赢得光明的未来。

一代人有一代人的使命，一个时代有一个时代的印记。70 年前的今天，中国人民经过近代以来一百多年的浴血奋战，终于夺取了中国革命的伟大胜利，毛泽东向全世界庄严宣告了中华人民共和国的成立，宣告中国人民从此站起来了。具有五千多年文明历史的中华民族从此进入了发展进步的历史新纪元。这一伟大历史贡献的意义在于，中国彻底结束了半殖民地半封建社会的历史，彻底结束了一盘散沙的局面，彻底废除了列强强加给我们的不平等条约和帝国主义在中国的一切特权，实现了从几千年封建专制政治向人民民主的伟大飞跃。

跨越70年的沧桑巨变，当我们翻阅共和国70年的历史，细数共和国的年轮，如江河般浩淼壮阔的往事便扑面而来，这是一部充满温度、又有着深度和力度的国史画卷。伴随着回忆和沉思，共和国的时针仿佛从今天拨回到1949年，又从1949年拨动到今天。随着往事奔涌而来的，是经过70年沉淀后的感动与反思。共和国的历史，是中国共产党和中国人民用鲜血、汗水、泪水写就的，充满着苦难和辉煌、曲折和胜利、付出和收获，这是中华民族发展史上不能忘却、不容否定的壮丽篇章，也是中国人民和中华民族继往开来、奋勇前进的现实基础。

古老的中国静静地伫立在世界的东方，它已伫立了数千载。然而，此时此刻，这个从沧海桑田和枪林弹雨里走出来的古老国度，显得格外欢快、安详，这是久违的欢乐和安详。这不仅让我想起一个有趣的故事：1945年6月，黄炎培等6名国民参政员主动要求来到延安。毛泽东请黄炎培谈谈对延安的感想，黄炎培坦率地说："我生六十多年，耳闻的不说，所亲眼看到的，真所谓'其兴也勃焉''其亡也忽焉'，一人，一家，一团体，一地方，乃至一国，不少都没有跳出周期律。中共诸君如何跳出这周期律的支配？"毛泽东听后回答说："我们已经找到新路，我们能跳出这周期律。这条新路，就是民主。只有让人民来监督政府，政府才不敢松懈。只有人人起来负责，才不会人亡政息。"1949年3月23日上午，中共中央从西柏坡动身前往北京时，毛泽东同志说："今天是进京赶考的日子。"

历史，总是在一些特殊年份给人们以汲取智慧、继续前行的力量。习近平总书记指出："历史和现实都告诉我们，一场社会革命要取得最终胜利，往往需要一个漫长的历史过程。只有回看走过的路、比较别人的路、远眺前行的路，弄清楚我们从哪儿来、往哪儿去，很多问题才能看得深、把得准。中国特色社会主义不是从天上掉下来的，而是在改革开放40年的伟大实践中得来的，是在中华人民共和国成立近70年的持续探索中得来的，是在我们党领导人民进行伟大社会革命97年的实践中得来的，是在近代以来中华民族由衰到盛170多年的历史进程中得来的，是对中华文明5000多年的传承发展中得来的，是党和人民历经千辛万苦、付出各种代价取得的宝贵成果。"

70余年弹指一挥间，黄炎培的提问仿佛仍在耳畔，毛泽东的回答依然掷地有声，习总书记的话语铿锵有力。70年的实践证明，共和国在这场历史性考试中取得了优异成绩。中国从一个积贫积弱的国家，一跃成为当今世界第二大经济体，综合国力取得的历史性跨越令世人瞩目。然而，这场考试不仅还没有结束，还将继续持续下去。今天，进入新时代，踏上新征程，迎接新挑战，需要我们创造新的辉煌。中华民族伟大复兴，绝不是轻轻松松、敲锣打鼓就能实现的，必须付出更艰辛的努力。站在历史交汇期的新起点，我们使命在肩、任重道远。

一万年太久，只争朝夕。站上新起点的中国，必将永葆奋发有为的进取精神，汇聚起中华儿女的磅礴伟力，以“赶考”的清醒和坚定答好新时代的答卷，书写中华民族伟大复兴的宏伟篇章。

目录

明德

不患位之不尊，而患德之不崇。

风雷

遇事无难易，而勇于敢为。

求索

千淘万漉虽辛苦，吹尽狂沙始到金。

躬耕

甘瓜抱苦蒂，美枣生荆棘。

致和

凡事思所以然，天下第一学问。

追梦

浩渺行无极，扬帆但信风。

听风

唯以心相交，方能成其久远。

明德

不患位之不尊，
而患德之不崇。

雷　锋

像春天般的温暖

雷锋的成长，是一步一个脚印，脚踏实地走出来的。雷锋的伟大，体现在极其平凡的、一点一滴的日常小事之中。雷锋精神是永恒的，我们要做雷锋精神的种子，把雷锋精神广播祖国大地。

雷锋出生于1940年冬天，今天若还健在，明年将迎来他的80寿辰。我多次想象过，假如雷锋还活着，他会是什么样子呢？

也许，他会像那位比自己小一岁的战友乔安山一样，继续做一名“永不退伍”的老兵，在平凡的岗位上，默默地为人民服务一辈子。

也许，他还会像老英雄张富清一样，60多年深藏功名，一辈子坚守初心，用默默的奉献，去书写和诠释什么是共产党员的纯真本色，什么是共和国赤子的崇高人格。

我甚至还想象过，假如雷锋今天仍健在，能和全国人民一道，亲眼看到新中国的沧桑巨变，亲身迎来新中国70华诞，那他该是多么欣慰和幸福啊！

雷锋牺牲时只有22岁。他的一生那么短促，却又何其丰富、崇高和充满光辉。从他留下的一篇篇日记和一首首纯真的诗歌里，我们不仅看到了他在新中国诞生之初的火红年代里走过的清晰的脚印，也真切地感受到了一个正处在青春芳华、心怀梦想的新中国青年，有如朝阳一般鲜亮、灿烂、昂然向上的精神状态，以及朴素、善良、单纯的心地。

“我觉得要使自己活着，就是为了使别人过得更美好。”

“自己辛苦一点，多帮助别人做点好事。”

“人的生命是有限的，可是，为人民服务是无限的……”

“对待同志要像春天般的温暖，对待工作要像夏天一样的火热……”

“我要牢记这样的话：永远愉快地多给别人，少从别人那里拿取……”

雷锋离开我们快六十年了，这些写在日记里的文字，今天读来，仍然让人觉得温暖如初，禁不住怦然心动、眼睛湿润。那么，这位平凡而伟大的战士的故事，我们该从哪里讲起呢？

饮水思源

没有哭过长夜的人，不足以语人生。不曾在沙漠上跋涉过的人，怎能懂得一滴水的珍贵。

雷锋的童年时代是在旧中国寒冷、黑暗的长夜里度过的，他是个在苦水里泡大的孩子。

1940年12月18日，雷锋出生在湘江边望城县安庆乡简家塘村。在他刚学会走路、会喊叫“爷爷”的那年冬天，灾难开始笼罩在这个贫苦之家的屋顶上。

短短几年里，小雷锋的爷爷、爸爸、哥哥、弟弟和妈妈，五位亲人相继被吃人的旧社会夺走了生命。从此，不满七岁的“庚伢子”（雷锋乳名）成了一个孤儿。

茫茫人间，风雪凛冽，一个孤儿，将怎么生存下去呢？幸好，村里有一位好心的六叔奶奶收留了无依无靠的庚伢子。

六叔奶奶常对他说：“庚伢子，你可一定要记着，自己的亲人都是怎么死的，一定要好好长大成人哪！你放心，叔奶奶家里只要有一口吃的，就不会让你饿着……”

湘江两岸有句谚语：“一蔸雨水养一蔸禾”。砍柴、打猪草、放牛、担秧苗、挖野菜……小雷锋在艰难和饥饿中挣扎着、成长着。黑夜沉沉，霜重露深。苦孩子在漫漫黑夜里盼望着天亮。

“霹雳一声巨响！东方升起了红太阳。呵！伟大的中国共产党，您把我拯救，把我抚养，把我送进工农子弟的学堂……”这是雷锋后来在诗歌《党救了我》里写下的句子。

1949 年 8 月，毛主席、共产党领导的人民军队解放了望城县。天亮了，太阳升起了。

一位老党员彭诗茂，担任了安庆乡农会的分会主席和乡长。彭大叔把苦大仇深的庚伢子搂在宽厚的胸前，抚摸着他手臂上的伤疤，深情地说道：“伢子，我们翻身了，解放了！没有谁再敢欺负你了……”

在分配土地和斗争果实的时候，按照政策，雷锋虽是个孤儿，却也分到了两块土地，还有新被子和新衣服等日常用品。

新中国给了庚伢子一个温暖的新家，让他真实地享受到了从未有过的幸福、温暖与欢乐。

有一天，彭大叔又拉着雷锋的手，对他说：“好伢子，以后有什么困难和苦处，就尽管告诉大叔。毛主席、共产党不会让咱穷苦人受委屈的！”

雷锋睁大眼睛，仔细听着这温暖的话语，一字一句都记在了心里，眼睛里噙着晶莹的泪花。

接着，彭大叔又叮嘱他说：“伢子，你可要记住，是谁给我们送来了救命的雨水。长大了，一定要听共产党、毛主席的话，好好做人，报效国家啊！”

雷锋用力点着头说：“你放心吧，彭大叔，我不会忘了毛主席、共产党和人民政府的恩情，一定会听共产党、毛主席的话，永不忘本！”

1950 年，雷锋背起崭新的书包，上小学了。开学第一天，老师发给雷锋两本崭新的课本，还有本子和铅笔。看到别的小伙伴都在交书费和学费，雷锋也把过年时彭大叔给他的一点压岁钱拿了出来，双手交给了老师。

老师笑着说道："孩子，你不用交学费，你是个孤儿，可以免费在这里读书……"

"我……我……"雷锋顿时感动得鼻子发酸。

"不要难过，孩子，党和政府都为你考虑到了，你只管好好念书吧，毛主席、共产党，就像你的亲爹娘啊！"

正是因为这样的经历，雷锋长大后，对拯救他脱离了苦海，给了他生命和希望的共产党、新中国，从心底里怀有朴素、深挚和真实的感情。那是越冬的小草对大地般的感激，也是一片绿叶对树根和树干般的感恩。

就像一棵青翠的小树，沐浴着新中国的阳光雨露，伸展着枝叶，在新中国温暖的怀抱里，雷锋挺起胸、抬起头，茁壮成长着。

他把学校里、村镇上、人民政府里和身边的每一个人，都当成自己的亲人来对待。这种感情是单纯、真实和发自内心的。

他后来在日记里这样写道："我们决不能'好了疮疤忘了痛'，应该'饮水思源'……"

初心与本色

洞庭湖一到暴雨季节，就会泛滥成灾。1954 年，湖南省政府号召全省人民，有力的出力，有钱的出钱，支援水利建设，整修洞庭湖。

有一天，雷锋在读报时看到一条消息：因为草鞋供应不足，许多民工常常赤着脚在工地上劳动。

于是，那些日子里，他从同学家借来草鞋耙子，还特意跑到黄花塘的一个最会编草鞋的老爹那里，学会了怎么把草鞋编得结实耐穿。老爹爹夸奖他说："好伢子，小小年纪就晓得替政府分忧、为国家着想啦！"

当雷锋把编织好的一大摞草鞋送到乡政府时，一位秘书惊喜地说："了不起啊，庚伢子！你知道吗，草鞋里不仅编进了你对修整洞庭湖的民工们的情意，也编织进了你对祖国建设事业的爱哪！"

这件事，让雷锋从此懂得了一个道理：爱祖国、爱人民，不一定要说"大话"，也不一定非要去干什么惊天动地的"大事"不可，也可以体现在一些很小很小的奉献上。

17岁那年，雷锋被安排到望城县委办公室，当了一名通讯员。他的人生履历，从此翻开了新的一页。他后来在日记里写道："青春呵，永远是美好的，可是真正的青春，只属于这些永远力争上游的人，永远忘我劳动的人，永远谦虚的人！"

这是雷锋的"初心"，也是他在往后的日子里，用自己的一言一行去践行和诠释着的人生准则。

当了公务员，雷锋经常跟着县委的张书记下乡。张书记很喜欢这个长着圆圆的脸庞的小伙子，一口一个"小雷同志"称呼他。雷锋觉得，张书记就像自己的亲人，像当年的彭大叔一样，整个县委大院，也像一个温暖的大家庭。

有时，张书记在夜间工作，他就在一边为他送水端茶。等雷锋睡下了，张书记还会亲自给雷锋缝补白天里被树枝刮破的衣服。

有一天，雷锋跟着张书记出去开会，走着走着，看见路面上有一颗小小的螺丝钉。雷锋并没在意，上前踢了一脚就走开了。

张书记也看见了，却回过头来，不声不响地弯下身子，把螺丝钉拣起来，装进了衣袋。雷锋觉得奇怪，一个县委大干部，拣一颗小螺丝钉有什么用场？

几天后，张书记派雷锋到县农业机械厂去送一封信。临去前，张书记掏出那颗螺丝钉，让雷锋顺便带给机械厂，告诉他说：

"小雷呀，国家现在底子还很薄，我们要搞建设，就应该艰苦奋斗，勤俭节约。可不要小看一个小小的螺丝钉，大机器上缺少了它可不行咯，滴水积成河、粒米可成箩呀！"

正是从张书记身上，雷锋真切地认识到，什么是共产党人艰苦奋斗的本色和勤俭节约的优良传统。

从此以后，雷锋在日常生活中不再乱花一分钱，不再浪费一张小纸片。他把节约下来的钱，哪怕是一个分币，全都悄悄储存了起来。

小溪汇入海洋

雷锋的成长，是一步一个脚印，脚踏实地走出来的。雷锋的伟大，也不是惊天动地、横空出世的，而是体现在极其平凡的、一点一滴的日常小事之中。

听到县委决定在团山湖开办一所农场的消息，他跑回宿舍，捧来自己省吃俭用节约下来的钱，一分不留，全部捐献了出来。

他对团支部书记说："党每月给我的钱，我花不完，也舍不得多用一分一厘，现在全捐献给农场，用于购买拖拉机吧。"

不久，他成了一名光荣的拖拉机手，还给《望城报》写了一篇散文《我学会开拖拉机了》，向乡亲们报告了一个苦孩子成为一名拖拉机手的经过。

又过了些时，鞍山钢铁厂来湘潭、长沙和望城招收青年工人。雷锋兴冲冲地跑去报了名。

有的伙伴说："小雷，你在家乡的国营农场干得好好的，为啥要报名到那么远、那么冷的地方去？"

雷锋笑着说："哪里需要就到哪里去嘛！听从祖国的召唤，去为国家炼钢铁，这是多光荣的工作啊！"

车轮滚滚，一路向北。雷锋告别家乡，到了鞍山，成了新中国的一名钢铁工人。他在日记本上又写下一首诗歌《我可爱的工厂》，抒发了自己对鞍钢的热爱和作为一名工人的自豪与骄傲。

不久，鞍钢要在矿山建设一座焦化厂，需要挑选一些肯吃苦的人到那里去。"让我去吧，我愿意到最艰苦的地方去锻炼自己！"雷锋又是头一个报了名。

1959 年 11 月，县兵役局来到雷锋所在的焦化厂征兵，矿山党总支书记向青年们做了征兵动员报告。从那一刻起，雷锋的心情就再也没有平静过。

他想到家乡刚解放的时候，他就曾经要求过，想参加人民解放军。可那时候部队嫌他年纪小，没有答应他的请求。现在他 20 岁了，年龄早就够了。

"当一名光荣的解放军战士，手握钢枪，保卫祖国的美丽江山，这不仅是一种无限的光荣，也是每一个青年义不容辞的责任。"他越想越激动，竟然在凌晨三点钟就起床穿衣，早早地跑到报名处，生怕去晚了，没了机会。

最终，他美好的梦想实现了。他在一首诗歌《穿上军装的时候》里写道："小青年实现了美丽的理想，第一次穿上庄严的军装，急着对照镜子，心窝里飞出了金凤凰。党分配他驾驶汽车，每日就聚精会神坚守在车旁，将机器擦得像闪光的明镜，爱护它像爱护自己的眼睛一样……"

在入伍后第十天的日记里，他又给自己写下了这样励志的格言，"雷锋同志：愿你做暴风雨中的松柏，不愿你做温室中的弱苗。"

在人民解放军这座大熔炉里，雷锋不断地经受着淬火和锻打，百炼成钢。1960

年 11 月 8 日，党组织正式批准他加入中国共产党。这一年，雷锋正满 20 岁。这是他一生中最为庄严和最为激动的日子。

他满怀欣喜和感动，在日记里写道："今天我光荣地加入了伟大的中国共产党，实现了自己最崇高的理想。……我是一个共产党员，人民的勤务员。……为了党和人民的事业，就是入火海进刀山，我甘心情愿，头断骨粉，身红心赤，永远不变。"

雷锋用自己一点一滴的实际行动，从平凡走向崇高；由一名也是那么爱美、也有虚荣心、甚至有一阵子还那么热衷跑到照相馆去照相的小兵，渐渐成长为一个无私和忘我的共产主义战士。

"革命需要我烧木炭，我就去做张思德；革命需要我去堵枪眼，我就去做黄继光。"他在日记里写下了这样的决心和感悟，"我要永远地记住：'一滴水只有放进大海里才能永远不干；一个人只有当他把自己和集体事业融合一起的时候才能有力量。'"

钢铁，就是这样慢慢炼成的。

春风最暖

春风最暖。雷锋把春天般的温暖，默默地融化在日常生活中的一件件小事上。

他用自己节省下来的津贴，买来一本本新书，积攒多了，就找来木头，自己动手钉了一个结实的小书架，放在营房一角，供战友们借阅和分享。

一个战友出车去了，床头扔下了一堆脏衣服和破袜子。等他出车回来时，发现脏衣服已经洗得干干净净，破袜子也给补得结结实实的了。不用说，又是雷锋悄悄干的。

有一次，雷锋看到战友周述明接到一封家书时，脸色失去了以往的笑容，几天里都是闷闷不乐的样子。心细的雷锋看在眼里，心想，肯定有什么原因。

原来，周述明的老父亲在老家生了重病，父亲盼望儿子能回去看看，或寄点钱回去抓药医病。雷锋找机会暗暗记下了小周老家的地址，趁着到沈阳出差时，悄悄去了趟邮局，以周述明的名义写了一封信回去，还随信寄了十元钱去。

夏天来了，部队又要发放夏装了。当时，连队里每年给战士发放两套单军装、两件衬衣和两双胶鞋。从 1960 年起，雷锋每年只领一套单军装、一件衬衣和一双胶鞋，说什么也不肯领两套。

司务长觉得奇怪，问他："到底为什么呢？"

雷锋解释说："你看，我身上穿的旧军装，不是好好的吗？再说，即使破旧了，只要缝缝补补还可以穿呢。现在国家的经济还不那么富裕，我觉得，能有一套打补丁的衣服穿在身上，也比我童年时候穿的破烂衣服要好上多少倍呢！把节省下的一套衣服交给国家吧！"

"国家，国家，'国'就是'家'呀！"这是雷锋常说的"口头禅"。

至于助人为乐的举动，更是雷锋日常生活里的"常态"。他全心全意为人民服务的故事，不但在连队里流传着，在东北的一些铁路线上，也被广泛地传颂着，人们形象而风趣地夸赞说："雷锋出差一千里，好事做了一火车。"

永恒的雷锋精神

1962年8月15日，是雷锋出车归来、不幸殉职的日子。

一个年轻的、朝气蓬勃的生命，有如一颗明亮的彗星，划过了共和国的夜空。但他的故事，他的传说，却从此开始了。

如今，雷锋早已是一代代中国人家喻户晓的一个闪光的名字。雷锋精神，也是激励、引导和照耀着人们寻美、向善、求真的一座明亮的灯塔。

2014年3月11日，习近平总书记在接见出席十二届全国人大二次会议的解放军代表团部分基层代表时，谆谆教导某工兵团"雷锋连"的干部说："雷锋精神是永恒的，是社会主义核心价值观的生动体现。你们要做雷锋精神的种子，把雷锋精神广播在祖国大地上。"

"做雷锋精神的种子，把雷锋精神广播在祖国大地上。"这是多么殷切的期望和崇高的使命啊！

涓涓细流，润物无声。雷锋的故事，雷锋的精神，已经化作了阳光雨露，正在照耀和温暖着、感召和激励着一代代中华儿女。正如电影《离开雷锋的日子》主题歌《对待》所唱的：

"对待同志要像春天般的温暖，不管别人怎么看待。……面对这火红的对待，我感觉你不曾离开。春天的对待汇成永远的大海，年年月月一代又一代。"

是的，一代代人的记忆、传诵和发自心底的敬仰、感念与热爱，就是使苍松翠柏般的雷锋精神恒久存活、挺立、生生不息的土壤。

焦裕禄

县委书记的榜样

“共产党员应该在群众最困难的时候，出现在群众的面前，在群众最需要帮助的时候，去关心群众，帮助群众。”

1962年冬天，正是豫东兰考县遭受内涝、风沙、盐碱三害最严重的时刻。这一年，春天风沙打毁了20万亩麦子，秋天淹坏了30多万亩庄稼，盐碱地上有10万亩禾苗碱死，全县的粮食产量下降到了历年的最低水平。

就是在这样的关口，党派焦裕禄来到了兰考。

重重的困难压在这位新到任的县委书记的双肩。但是，在这个贫农出身的共产党员看来，这里有36万勤劳的人民，有烈士们流鲜血解放出来的90多万亩土地。只要加强党的领导，一时有天大的艰难，也一定要杀出条路来。

第二天，当大家知道焦裕禄是新来的县委书记时，他已经下乡了。他从这个大队到那个大队，他一路走，一路和同行的干部谈论。转了一圈回到县委，他向大家说："兰考是个大有作为的地方，问题是要干，要革命。兰考是灾区，穷，困难多，但灾区有个好处，它能锻炼人的革命意志，培养人的革命品格。革命者要在困难面前逞英雄。"

焦裕禄的话，说得大家心里热乎乎的。大家议论说，新来的县委书记看问题高人一着棋，他能从困难中看到希望，能从不利条件中看到有利因素。

"关键在于县委领导核心的思想改变"

连年受灾的兰考，整个县上的工作，几乎被发统销粮、贷款、救济棉衣、烧煤所淹没了。有人说县委机关实际上变成了一个供给部。那时候，很多群众等待救济，一部分干部被灾害压住了头，对改变兰考面貌缺少信心，少数人甚至不愿意留在灾区工作。他们害怕困难，更害怕犯错误。

焦裕禄想："群众在灾难中两眼望着县委，县委挺不起腰杆，群众就不能充分发动起来。'干部不领，水牛掉井'，要想改变兰考的面貌，必须首先改变县委的精神状态。"

夜，已经很深了，焦裕禄披上棉衣，找县委副书记张钦礼谈心去了。

焦裕禄说："我想找你谈谈。你在兰考十多年了，情况比我熟，你说，改变兰考面貌的主要问题在哪里？"

张钦礼沉思了一下，回答说："在于人的思想的改变。"

"对。"焦裕禄说："但是，应该在思想前面加两个字：领导。眼前关键在于县委领导核心的思想改变。没有抗灾的干部，就没有抗灾的群众。"他们的共同结论是，除"三害"首先要除思想上的病害；特别是要对县委的干部进行抗灾的思想教育。不首先从思想上把人们武装起来，要想完成除“三害”斗争，将是不可能的。

严冬，一个风雪交加的夜晚，焦裕禄召集在家的县委委员开会。人们到齐后，他并没有宣布议事日程，只说了一句：“走，跟我出去一趟。”就领着大家到火车站去了。

当时，兰考车站上，北风怒号，大雪纷飞。车站的屋檐下，挂着尺把长的冰柱。国家运送兰考灾民前往丰收地区的专车，正从这里飞驰而过。也还有一些灾民，穿着国家救济的棉衣，蜷曲在货车上，拥挤在候车室里。

焦裕禄指着他们，沉重地说：“同志们，你们看，他们绝大多数人，都是我们的阶级兄弟。是灾荒逼迫他们背井离乡的，不能责怪他们，我们有责任。党把这个县36万群众交给我们，我们不能领导他们战胜灾荒，应该感到羞耻和痛心……”

他没有再讲下去，所有的县委委员都沉默着低下了头，这时有人才理解，为什么焦裕禄深更半夜领着大家来看风雪严寒中的车站。

从车站回到县委，已经是半夜时分了，会议这时候才正式开始。

焦裕禄听了大家的发言之后，最后说：“我们经常口口声声说要为人民服务，我希望大家能牢记着今晚的情景，这样我们就会带着阶级感情，去领导群众改变兰考的面貌。”

紧接着，焦裕禄组织大家学习《为人民服务》《纪念白求恩》《愚公移山》等文章，鼓舞大家的革命干劲，勉励大家像张思德、白求恩那样工作。

以后，焦裕禄又专门召开了一次常委会，回忆兰考的革命斗争史。焦裕禄说：“兰考这块地方，是同志们用鲜血换来的。先烈们并没有因为兰考人穷灾大，就把它让给敌人，难道我们就不能在这里战胜灾害？”

不久，在焦裕禄倡议和领导下，一个改造兰考大自然的蓝图被制订出来。这个蓝图规定在三五年内，要取得治沙、治水、治碱的基本胜利，改变兰考的面貌。这个蓝图经过县委讨论通过后，报告了中共开封地委，焦裕禄在报告上，又着重加了几句：

“我们对兰考的一草一木都有深厚的感情。面对着当前严重的自然灾害，我们有革命的胆略，坚决领导全县人民，苦战三五年，改变兰考的面貌。不达目的，我们死不瞑目。”

“吃别人嚼过的馍没味道”

焦裕禄深深地了解，理想和规划并不等于现实，这涝、沙、碱三害，自古以来害了兰考人民多少年啊！今天，要制伏“三害”，要把它们从兰考土地上像送瘟神一样驱走，必须进行大量艰苦细致的工作，付出高昂的代价。

他下决心要把兰考县1800平方公里土地上的自然情况摸透，亲自去掂一掂兰考的“三害”究竟有多大分量。

根据这一想法，县委先后抽调了120个干部、老农和技术员，组成一支三结合的“三害”调查队。在全县展开了大规模的追洪水、查风口、探流沙的调查研究工作。焦裕禄和县委其他领导干部，都参加了这场战斗。那时候，焦裕禄正患着慢性肝病，许多同志担心他在大风大雨中奔波，会加剧病情的发展，劝他不要参加，但他毫不犹豫地拒绝了同志们的劝告，他说：“吃别人嚼过的馍没味道。”他不愿意坐在办公室里依靠别人的汇报来进行工作，说完就背着干粮，拿起雨伞和大家一起出发了。

每当风沙最大的时候，也就是他带头下去查风口、探流沙的时候，雨最大的时候，也就是他带头下去冒雨涉水，观看洪水流势和变化的时候。他认为这是掌握风沙、水害规律最有利的时机。在这场艰苦的斗争中，县委书记焦裕禄简直变成一个满身泥水的农村“脱坯人”了。他和调查队的同志们经常在截腰深的水里吃干粮，有时夜晚蹲在泥水处歇息……

有一次，焦裕禄从杞阳县阳堌公社回县的路上，遇到了白帐子猛雨。大雨下了七天七夜，全县变成了一片汪洋。他回到县里后，连停也没有停，就带着办公室的三个同志出发了。眼前只有水，哪里有路？他们靠着各人手里的一根棍，探着，走着。这时，焦裕禄突然感到一阵阵肝痛，时时弯下身子用左手按着肝部。三个青年恳求着说：“你回去休息吧。把任务交给我们，我们保证按照你的要求完成任务。”焦裕禄没有同意，继续一路走，一路工作着。

他站在洪水激流中，同志们为他张了伞，他画了一张又一张水的流向图。等他们赶到金营大队，支部书记李广志看见焦裕禄就吃惊地问：“一片汪洋大水，您是咋来的？”焦裕禄抡着手里的棍子说：“就坐这条船来的。”李广志让他休息一下，他却拿出自己画的图来，一边指点着，一边滔滔不绝地告诉李广志，根据这里的地形和水的流势，应该从哪里到哪里开一条河，再从哪里到哪里挖一条支沟……这样，就可以把这几个大队的积水，统统排出去了。李广志听了非常感动，他没有想到焦裕禄同志的领导工作，竟这样的深入细致！到吃饭的时候了，他要给焦裕禄派饭，焦裕禄说：“雨天，群众缺烧的，不吃啦！”说着就又向风雨中走去。

送走了风沙滚滚的春天，又送走了雨水集中的夏季，调查队在风里、雨里、沙窝里、激流里度过了一个月又一个月，方圆跋涉了五千余里，终于使县委抓到了兰考“三害”的第一手资料。全县有大小风口 84 个，全县的千河万流，淤塞的河渠，阻水的路基、涵闸……也调查得清清楚楚，绘成了详细的排涝泄洪图。

几个月的辛苦奔波，换来了一整套又具体又详细的资料，把全县抗灾斗争的战斗部署，放在一个更科学更扎实的基础之上。

大家都觉得方向明，信心足，无形中增添了不少的力量。

“榜样的力量是无穷的”

夜已经很深了，阵阵的肝痛和县委工作沉重的担子，使焦裕禄久久不能入睡。他的心在想着兰考县的 36 万人和 2574 个生产队。

焦裕禄披衣起床，全县抗灾斗争的情景，正像一幕幕的电影活动在他的脑海里，他带着一连串的问题，去阅读毛主席《关于领导方法的若干问题》那篇文章。目光停在那几行金光闪耀的字上：

“我们共产党人无论进行何项工作，有两个方法是必须采用的，一是一般和个别相结合，二是领导和群众相结合。”

“从群众中集中起来又到群众中坚持下去，以形成正确的领导意见，这是基本的领导方法。”

他的眼前一下子豁亮起来。他决定发动县委领导同志再到贫下中农中间去。他自己更是经常住在老贫农的草庵子里，蹲在牛棚里，跟群众一起吃饭，一起劳动。他带着高昂的革命激情和对群众的无限信任，在广大贫下中农间询问着、倾听着、观察着，他听到许多贫下中农要求“翻身”、要求革命的呼声。看到许多队自力更生、奋发图强对“三害”斗争的革命精神。他在群众中学到了不少治沙、治水、治碱的办法，总结了不少可贵的经验。群众的智慧，使他受到极大的鼓舞，也更加坚定了他战胜灾害的信心。

广大贫下中农自力更生的革命精神，使焦裕禄十分激动。他认为这就是在毛泽东思想哺育下的贫下中农革命精神的好榜样。他在县委会议上，多少次讲述了这些先进典型的重大意义，并亲自总结了他们的经验。他说：“榜样的力量是无穷的，我们应该把群众中这些可贵的东西，集中起来，再坚持下去，号召全县社队向他们学习。”

1963 年 9 月，县委在兰考冷冻厂召开了全县大小队干部的盛大集会，这是扭转兰考局势的大会，是兰考人民自力更生、奋发图强的一次誓师大会。会上，焦裕禄为韩村、秦寨、赵垛楼、双杨树的贫下中农鸣锣开道，请他们到主席台上，拉他们到万人之前，大张旗鼓地表扬他们的革命精神。他把群众中这些革命的东西，集中起来，总结为四句话：“韩村的精神，秦寨的决心，赵垛楼的干劲，双杨树的道路。”

这次大会在兰考抗灾斗争的道路上，是一个伟大的转折。它激发了群众的革命豪情，鼓舞了群众的革命斗志，有力地推动了全县抗灾斗争的发展。

从此，兰考人民的生活中多了两个东西，这就是县委和县人委发出的“奋发图强的嘉奖令”和“革命硬骨头队”的命名书。

“当群众最困难的时候，共产党员要出现在群众面前。”就在兰考人民对涝、沙、碱三害全面出击的时候，一场比过去更加严重的灾害又向兰考袭来。1963 年秋季，兰考县一连下了 13 天雨，雨量达 250 毫米。大片大片的庄稼汪在洼窝里，渍死了。全县有 11 万亩秋粮绝收，22 万亩受灾。

焦裕禄和县委的同志们全力投入了生产救灾。

那是个冬天的黄昏。北风越刮越紧，雪越下越大。焦裕禄听见风雪声，倚在门边望着风雪发呆。过了会儿，他又走回来，对办公室的同志们严肃地说：“在这大风大雪里，贫下中农住得咋样？牲口咋样？”接着他要求县委办公室立即通知各公社做好几件雪天工作。他说，“我说，你们记记。第一、所有农村干部必须深入到户，访贫问苦，安置无屋居住的人，发现断炊户，立即解决。第二、所有从事农村工作的同志，必须深入牛屋检查，照顾老弱病畜，保证不许冻坏一头牲口。第三、安排好室内副业生产。第四、对于参加运输的人畜，凡是被风雪隔在途中的，在哪个大队的范围，由哪个大队热情招待，保证吃得饱，住得暖。第五、教育全党，在大雪封门的时候，到群众中去，和他们同甘共苦。最后一条，把检查执行的情况迅速报告县委。”办公室的同志记下他的话，立即用电话向各公社发出了通知。

这天，外面的大风雪刮了一夜。焦裕禄的房子里，电灯也亮了一夜。

第二天，窗户纸刚刚透亮，他就挨门把全院的同志们叫起来开会。焦裕禄说：“同志们，你们看，这场雪越下越大，这会给群众带来很多困难，在这大雪拥门的时候，我们不能坐在办公室里烤火，应该到群众中间去。共产党员应该在群众最困难的时候，出现在群众的面前，在群众最需要帮助的时候，去关心群众，帮助群众。”

简短的几句话，像刀刻的一样刻在每一个同志的心上。他们的心飞向冰天雪地的茅屋去了。大家立即带着救济粮款，分头出发了。

焦裕禄迎着大风雪，什么也没有披。那时，他的肝痛常常发作，有时痛得厉害，他就用一支钢笔硬顶着肝部。现在他全然没想到这些。

这一天，焦裕禄没烤群众一把火，没喝群众一口水。风雪中，他在9个村子，访问了几十户生活困难的老贫农。

就是在这次雪天送粮当中，焦裕禄也看到和听到了许多贫下中农极其感人的故事。谁能够想到，在毁灭性的涝灾面前，竟有那么一些生产队，两次三番退回国家送给他们的救济粮、救济款。他们说：把救济粮、救济款送给比我们更困难的兄弟队吧，我们自己能想办法养活自己！

焦裕禄心里多么激动啊！他看到党号召的自力更生、奋发图强的精神，在困难面前逞英雄的硬骨头精神，已经变成千千万万群众敢于同天抗、同灾斗的物质力量了。

有了这种精神，在兰考人民面前还有什么天大的灾害不能战胜！

“县委书记要善于当‘班长’”

焦裕禄常说，县委书记要善于当“班长”，要把县委这个“班”带好，必须使这“一班人”思想齐、动作齐。而要统一思想、统一行动，就必须用毛泽东思想挂帅。

他是这样想的，也是这样做的。

县人委有一位从丰收地区调来的领导干部，提出了一个装潢县委和县人委领导干部办公室的计划。连桌子、椅子、茶具，都要换一套新的。为了好看，还要把城里一个污水坑填平，上面盖一排房子。县委多数同志激烈地反对这个计划。这位领导干部管财政，他说：“花钱我负责。”

但是，焦裕禄提了一个问题：

“坐在破椅子上不能革命吗？”他接着说明了自己的意见：

“灾区面貌没有改变，还大量吃着国家的统销粮，群众生活很困难。富丽堂皇的事，不但不能做，就是连想也很危险。”

后来，焦裕禄找这位领导干部谈了几次话，帮助他认识错误。焦裕禄劝这位领导干部到贫下中农家里去住一住，到贫下中农中间去看一看。去看看他们想的是什么，做的是什么。焦裕禄作为县委的班长，他从来不把自己的意见，强加于人。

他对同志们要求非常严格，但他要求得入情入理，叫你自己从内心里生出改正错误的力量。不久以后，这位领导干部认识了错误，自己收回了那个“建设计划”。

有一位公社书记在工作中犯了错误。当时，县委开会，多数委员主张处分这位同志。但焦裕禄经过再三考虑，提出暂时不要给他处分。焦裕禄说，处分是为了达到治病救人的目的。当前改变兰考面貌，是一个艰巨的斗争，不如派他到最艰苦的地方去，考验他，锻炼他，给他以改正错误的机会，让他为党的事业出力，这样不是更好吗？

县委同意了焦裕禄的建议，决定派这个同志到灾害严重的赵垛楼去蹲点。这位同志临走时，焦裕禄把他请来，严格地提出批评，亲切地提出希望，最后焦裕禄说：“你想想，当一个不坚强的战士，当一个忘了群众利益的共产党员，多危险，多可耻呵！先烈们为解放兰考这块地方，能付出鲜血、生命；难道我们就不能建设好这个地方？难道我们能在自然灾害面前当怕死鬼？当逃兵？”

焦裕禄的话，一字字、一句句都紧紧扣住这位同志的心。这话的分量比一个最重的处分决定还要沉重，但这话也使这位同志充满了战斗的激情。

这位同志到赵垛楼以后，立刻同群众一道投入了治沙治水的斗争。以后，焦裕禄也到赵垛楼去了。他关怀赵垛楼的两千来个社员群众，他也关怀这位犯错误的阶级弟兄。

就在这年冬天，赵垛楼为害农田多年的 24 个沙丘，被社员群众用沙底下的黄胶泥封盖住了。社员们还挖通了河渠，治住了内涝。这个一连七季吃统销粮的大队，一季翻身，卖余粮了。

也就在赵垛楼大队“翻身”的这年冬天，那位犯错误的同志，思想上也翻了个个儿。他在抗灾斗争中，身先士卒，表现得很英勇。他没有辜负党和焦裕禄对他的期望。

焦裕禄，自从参加革命一直到当县委书记以后，他始终保持着劳动人民的本色。他常常开襟解怀，卷着裤管，朴朴实实地在群众中间工作、劳动。贫农身上有多少泥，他身上有多少泥。他穿的袜子，补了又补，他爱人要给他买双新的，他说：“跟贫下中农比一比，咱穿的就不错了。”夏天，他连凉席也不买，只花四毛钱买一条蒲席铺。

有一次，他发现孩子很晚才回家去。一问，原来是看戏去了。他问孩子：“哪里来的票？”孩子说：“收票叔叔向我要票，我说没有。叔叔问我是谁？我说焦书记是我爸爸。叔叔没有收票就叫我进去了。”焦裕禄听了非常生气，当即把一家人叫来“训”了一顿，命令孩子立即把票钱如数送给戏院。接着，又建议县委起草了一个通知，不准任何干部特殊化，不准任何干部和他们的子弟“看白戏”。

“焦裕禄是我们县委的好班长，好榜样。”

“在焦裕禄领导下工作，方向明，信心大，敢于大作大为，心情舒畅，就是累死也心甘。”

焦裕禄的战友这样说，反对过他的人这样说，犯过错误的人也这样说。

他心里装着全体人民，唯独没有他自己

焦裕禄的心里，装着全体党员和全体人民，唯独没有他自己。

1964 年春天，正当党领导着兰考人民同涝、沙、碱斗争胜利前进的时候，焦裕禄的肝病也越来越重了。很多人都发现，无论开会、作报告，他经常把右脚踩在椅子上，用右膝顶住肝部。他棉袄上的第二和第三个扣子是不扣的，左手经常揣在怀里。人们留心观察，原来他越来越多地用左手按着时时作痛的肝部，或者用一根硬东西顶在右边的椅靠上。日子久了，他办公坐的藤椅上，右边被顶出了一个大窟窿。他对自己的病，是从来不在意的。同志们问起来，他才说他对肝痛采取了一种压迫止疼法。县委的同志们劝他疗养，他笑着说：“病是个欺软怕硬的东西，你压住他，他就不欺侮你了。”焦裕禄暗中忍受了多大痛苦，连他的亲人也不清楚。他真是全心全意投到改变兰考面貌的斗争中去了。

焦裕禄到地委开会，地委负责同志劝他住院治疗，他说：“春天要安排一年的工作，离不开！”没有住。地委给他请来一位有名的中医诊断，开了药方，因为药费很贵，他不肯买。他说：“灾区群众生活很困难，花这么多钱买药，我能吃得下吗？”县委的同志背着他去买来三剂，强迫他服了，但他执意不再服第四剂。

那天，县委办公室的干部张思义和他一同骑自行车到三义寨公社去。走到半路，焦裕禄的肝痛发作，痛得骑不动，两个人只好推着自行车慢慢走。刚到公社，大家看他气色不好，就猜出是他又发病了。公社的同志说：“休息一下吧。”他说：“谈你们的情况吧，我不是来休息的。”

公社的同志一边汇报情况，一边看着焦裕禄强按着肚子在做笔记。显然，他的肝

痛得使手指发抖，钢笔几次从手指间掉了下来。汇报的同志看到这情形，忍住泪，连话都说不出来了，而他，故意做出神情自若的样子，说："说，往下说吧。"

1964年的3月，兰考人民的除"三害"斗争达到了高潮，焦裕禄的肝病也到了严重关头。躺在病床上，他的心潮汹涌澎湃，奔向那正在被改造着的大地。他满腔激情地坐到桌前，想动手写一篇文章，题目是：《兰考人民多奇志，敢教日月换新天》。

文章只开了个头，病魔就逼他放下了手中的笔，县委决定送他到医院治病去了。

临行那一天，由于肝痛得厉害，他是弯着腰走向车站的。他是多么舍不得离开兰考呵！一年多来，全县149个大队，他已经跑遍了120多个。他把整个身心，都交给了兰考的群众，兰考的斗争。他多么希望能很快地治好肝病，带着旺盛的精力回来和群众一块战斗呵！他几次向送行的同志们说，不久他就会回来的。在火车开动前的几分钟，他还郑重地布置了最后一项工作，要县委的同志好好准备材料，当他回来时，向他详细汇报抗灾斗争的战果。

"活着我没有治好沙丘，死了也要看着你们把沙丘治好！"

开封医院把焦裕禄转到郑州医院，郑州医院又把他转到北京的医院。在这位钢铁般的无产阶级战士面前，医生们为他和肝痛斗争的顽强性格感到惊异。他们带着崇敬的心情站在病床前诊察，最后很多人含着眼泪离开。

那是个多么阴冷的日子呵！医生们开出了最后诊断书，上面写道："肝癌后期，皮下扩散。"这是不治之症。送他去治病的赵文选同志，绝不相信这个诊断，人像傻了似的，一连声问道："什么，什么？"医生说："你赶紧送他回去，焦裕禄同志最多还有20天时间。"

在场的人都含着泪。医生说：

"焦裕禄同志的工作情况，在他进院时，党组织已经告诉我们。癌症现在还是一个难题，不过，请你转告兰考县的群众，我们医务工作者，一定用焦裕禄同志同困难和灾害斗争的那种革命精神，来尽快攻占这个高峰。"

这样，焦裕禄又被转到郑州河南医学院附属医院。

焦裕禄病危的消息传到兰考后，县上不少同志曾去郑州看望他。县上有人来看他，他总是不谈自己的病，先问县里的工作情况，他问张庄的沙丘封住了没有？问赵垛楼的庄稼淹了没有？问秦寨盐碱地上的麦子长得怎样？问老韩陵地里的泡桐树栽了多少？……

5 月初，焦裕禄的病情进一步恶化了。在这种情况下，他的亲密战友、县委副书记张钦礼匆匆赶到郑州探望他。

焦裕禄问道："听说豫东下了大雨，雨多大？淹了没有？"

"没有。"

"这样大的雨，咋会不淹？你不要不告诉我。"

"是没有淹！排涝工程起作用了。"张钦礼一面回答，一面强忍着悲痛给他讲了一些兰考人民抗灾斗争胜利的情况，安慰他安心养病，说兰考面貌的改变也许会比原来的估计更快一些。

这时候，张钦礼看到焦裕禄在全力克制自己剧烈的肝痛，一粒粒黄豆大的冷汗珠时时从他额头上浸出来。他勉强擦了擦汗，半晌，问张钦礼：

"我的病咋样？为什么医生不肯告诉我呢？"

张钦礼迟迟没有回答。

焦裕禄一连追问了几次，张钦礼最后不得不告诉他说："这是组织上的决定。"

听了这句话，焦裕禄点了点头，镇定地说道："呵，那我明白了……"

隔了一会儿，焦裕禄从怀里掏出一张自己的照片，颤颤地交给张钦礼，然后说道："钦礼同志，现在有句话我不能不向你说了，回去对同志们说，我不行了，你们要领导兰考人民坚决地斗争下去。党相信我们，派我们去领导，我们是有信心的。我们是灾区，我死了，不要多花钱。我死后只有一个要求，要求组织上把我运回兰考，埋在沙堆上，活着我没有治好沙丘，死了也要看着你们把沙丘治好！"

谁也没有料到，这就是焦裕禄同兰考县人民，同兰考县党组织的最后一别。

1964 年 5 月 14 日，焦裕禄同志不幸逝世了。那一年，他才 42 岁。

在他生命的最后时刻，中共河南省委和开封地委有两位负责同志守在他的床前。他对这两位上级党组织的代表断断续续地说出了最后一句话："我……没有……完成……党交给我的……任务。"

他没有死，他还活着

事隔一年以后，1965 年的春天，兰考县几十个贫农代表和干部，专程来到焦裕禄的坟前。贫农们一看见焦裕禄的坟墓，就仿佛看见了他们的县委书记，看见了他们永远也不会忘记的那个人。

一年前，他还在兰考，同贫下中农一起，日夜奔波在抗灾斗争的前线。人们怎么会忘记，在那大雪封门的日子，他带着党的温暖走进了贫农的柴门；在那洪水暴发的日子，他拄着棍子带病到各个村庄察看水情。是他照亮了兰考人民自力更生的道路；是他带领兰考人民扭转了兰考的局势，激发了人们的革命精神；是他喊出了“锁住风沙，制伏洪水”的号召；是他发现了贫下中农中革命的“硬骨头”精神，使之在全县发扬光大……这一切，多么熟悉，多么亲切啊！谁能够想到，像他这样一个充满着革命活力的人，竟会在兰考人民最需要他的时候，离开了兰考的大地。

焦裕禄去世后的这一年，兰考县的全体党员，全体人民，用眼泪和汗水灌溉了兰考大地。三年前焦裕禄倡导制订的改造兰考大自然的蓝图，经过三年艰苦努力，已经变成了现实。兰考，这个豫东历史上缺粮的县份，1965 年粮食已经初步自给了。全县 2574 个生产队，除三百来个队是棉花、油料产区外，其余的都陆续自给，许多队还有了自己的储备粮。1965 年，兰考县连续旱了 68 天，从 1964 年冬天到 1965 年春天，刮了 72 次大风，却没有发生风沙打死庄稼的灾害，19 万亩沙区的千百条林带开始把风沙锁住了。这一年秋天，连续下了 384 毫米暴雨，全县也没有一个大队受灾。

焦裕禄生前没有写完的那篇文章，由 36 万兰考人民在兰考大地上集体完成了。

焦裕禄虽然去世了，但他在兰考土地上播下的自力更生的革命种子，正在发芽成长。他一心为革命，一心为群众的高贵品德，已成为全县干部和群众学习的榜样。这一切宝贵的精神财富，今天已化为强大的物质力量，推动着兰考人民在自力更生、奋发图强的大道上继续奋勇前进。兰考灾区面貌的改变，还只是兰考人民征服大自然的开始，在这场伟大的向大自然进军的斗争中，他们不仅要彻底摘掉灾区的帽子，而且决心不断革命，把大部分农田逐步改造成为旱涝保收的稳产高产田，逐步实现“上纲要”（达到《农业发展纲要四十条》规定的产量要求），“过长江”，建设社会主义新兰考。

焦裕禄同志，你没有辜负党的希望，你出色地完成了党交给你的任务，兰考人民将永远忘不了你。你不愧为党的好干部，不愧为人民的好儿子！你是千千万万在严重自然灾害面前，巍然屹立的共产党员和贫下中农革命英雄形象的代表。你没有死，你将永远活在千万人的心里！

（本文有删节）

王进喜

“苦”中求成

“有条件要上，没有条件创造条件也要上！”“宁肯少活 20 年，拼命也要拿下大油田！”“甘愿为党和人民当一辈子老黄牛”……王进喜作为一个时代的英雄模范人物，留下了许多值得后人咀嚼回味的故事与铮铮誓言。

多年以后，跳脱出那个年代，由远及近再次慢慢走近王进喜，附着在特定历史时期的宏大叙事渐渐远去，一个个令人啧啧称赞的骄人奇迹背后，有血有肉的、活生生的“铁人”形象愈加鲜活。

苦难练就坚韧的性格

1923 年 10 月 8 日，随着一声啼哭，玉门县赤金堡的一个贫苦农民家里，迎来了一个新生命。在那个动荡的年代，人们渴望新，但又害怕新。“新”孕育着希望，尽管卑微得像黄土高原上的一粒浮尘；“新”又意味着动荡，像六月的天气那样令人捉摸不透。

而立之年的王金堂脸上愁云惨淡，看到出生的是一个男孩子，心头略微泛起一阵喜悦。按照当地习俗，他用秤称了一下新生儿，刚好十斤，于是取名“十斤娃”。十斤娃长大后，王金堂按照王家家谱取名王进喜，寄望他欢欢喜喜上几天学，学点本领。

对于灾难深重的旧中国，对于一贫如洗的王家，这种微薄的期望也不过是一丝美好的奢望而已，注定会像梦一样撞碎在混浊的现实里，消散在西北干涸而坚硬的土地上。

王进喜的童年，是一部漫长的苦难史，也是那个年代中国人成长的一个缩影。

6 岁时，玉门遭遇百年不遇的灾荒，大旱、冰雹、洪水、虫灾接踵而至，庄稼颗粒无收，王进喜用一根棍子领着双目失明的父亲沿街乞讨，忍受着贫穷、饥饿。

9 岁时，军阀马步芳要建羊毛厂，王金堂被强迫出劳役。王进喜让父亲坐在牛车上，赶车把羊毛送到百里之外的酒泉。

10 岁时，为了挣钱给父亲治病，王进喜和几个穷孩子一起到虎狼出没、气候变化无常的妖魔山给地主放牛。

12 岁，王进喜找区长要家里被霸占的几亩地，虽然只要回了几丈白土布，却是王进喜的第一次胜利。

14 岁时，官府抓夫到饮马场修公路，父亲王金堂去不了，官府就把不到服役年龄的王进喜抓去修路。

15 岁时，王进喜进了被称作“鬼门关”的玉门油矿当童工，住石窑洞，吃稀粥、黑面馍，穿光板羊皮袄，“白天穿，晚上盖，雨天毛朝外”，干的是和大人一样的重活，还经常挨工头的打骂。

……

西北的土地，哺育的汉子多性格刚强，王进喜尤如此。他无法忍受非人的屈辱，便时常奋起反抗，毋庸置疑，也时常会遭到铁血镇压和惩罚。

古人讲，志刚易折，上善若水。一位师傅知道后，给王进喜讲述骆驼“攒劲”的故事，勉励他像水一样刚柔相济。王进喜逐渐懂得，反抗需要方法，需要“忍耐力”。

1949 年 7 月，全国即将解放，玉门油矿也将迎来黎明的曙光。国民党面临着最后的挣扎，妄图破坏油矿。为了保护玉门油矿的安全，王进喜积极参加护矿队，和工友们冒着生命危险，白天往山里转运机器，掩埋油井，晚上顶着严寒四处巡逻放哨，和破坏油矿的行为作斗争。最终，他们取得了护矿的胜利。

贫瘠落后的旧中国、恶劣的生存环境，注定了王进喜苦难的童年经历，但王进喜挺过来了。这笔苦难的财富，炼就了他刚毅坚韧、倔强不屈的性格；这段黑暗的岁月，也奏响了他一生为国为民矢志奋斗的生命乐章。

“你们的王队长可真是个铁人呐！”

1949 年到 2019 年，70 年峥嵘岁月，70 年砥砺奋进，新中国从一穷二白成长为世界第二大经济体，中国特色社会主义进入了新时代，近代以来久经磨难的中华民族迎来了从站起来、富起来到强起来的伟大飞跃。

“合抱之木，生于毫末；九层之台，起于累土。”70 年的时光，我们党带领全国人民取得前所未有的历史壮举，离不开的，正是像王进喜一样的共和国人、共产党人，离不开他们前赴后继的苦干、实干。

1949 年 9 月，玉门解放。1950 年，王进喜通过考试成为新中国第一代钻井工人。王进喜常讲，“是共产党、毛主席使我这个旧社会的放牛娃成了国家的主人。我要跟着党干革命、搞建设，为共产主义奋斗一生。”

刚刚建立的新中国百废待兴，从苦难中走来的王进喜带着主人翁的喜悦，勤快、忍耐、吃苦，各种杂活儿抢着干。“党把我们当主人，主人不能像长工那样磨磨蹭蹭、被动地干活。”王进喜这么说，也这么做。

1956 年 4 月，王进喜加入中国共产党，不久后担任贝乌 5 队队长。他下决心改变贝乌 5 队“豆腐队”的称号，带领大伙儿在石油工业部组织的以“优质快速钻井”为中心的劳动竞赛中，提出“月上千，年上万，祁连山上立标杆”的口号，创出了月进尺 5009.3 米的全国钻井最高纪录。

10 月，王进喜到新疆克拉玛依参加石油工业部召开的现场会。余秋里部长、康世恩副部长把一面“钻井卫星”红旗颁发给他。贝乌 5 队被命名为“钢铁钻井队”，王进喜被誉为“钻井闯将”。

1959 年 9 月，王进喜作为石油战线的劳动模范到北京参加“工交群英会”。一次偶然的机会，王进喜路过沙滩，看到行驶的公共汽车上背着“煤气包”，奇怪地问身边人：“背那家伙干啥？”人家告诉他，首都汽油不够用，很多汽车都改烧煤气，所以不得不背上“煤气包”。

此刻，仿佛有一根针深深地刺痛了王进喜，他真正感受到国家是何等缺油。几天来的幸福感一扫而光，这位坚强的西北汉子，感到一种未曾有过的落寞和耻辱，竟然蹲在北京的街头哭了起来。王进喜立志要为国分忧，换掉这个移动的“煤气包”，摘掉中国头上沉重的“贫油国”帽子。王进喜后来说：“北京汽车上的煤气包，把我压醒了，真真切切地感到国家的压力、民族的压力，呼地一下子都落到了自己肩上。”他曾多次向工友们说：“一个人没有血液，心脏就会停止跳动。国家没有石油，天上飞的，地上跑的，海上行的，都要瘫痪。没有石油，国家有压力，我们要自觉地替国家承担这个压力，这是我们石油工人的责任啊！”

1960 年 2 月，东北松辽石油大会战打响，玉门闯将王进喜带领 1205 钻井队奔赴战场。从萨尔图下了火车，王进喜一不问吃、二不问住，逢人便问三句话：“钻机到了没有？井位在哪里？这里的钻井纪录是多少？”王进喜血管里的血液急速流淌，浑身都充满闯劲干劲，恨不得一拳砸出一口油井来。1964 年《人民日报》刊载的长篇通讯《大庆精神大庆人》，生动地讲述了王进喜的英勇事迹，至今读来依然令人钦佩不已。

钻机终于运到了，却没有吊车，没有拖拉机，汽车也不足，搬运装卸都成问题。王进喜带领全队工人用撬杠撬、滚杠滚、大绳拉的办法，“人拉肩扛”把钻机卸下来，运到萨 55 井井场，仅用 4 天时间，把 40 米高的井架竖立在茫茫荒原上。

打井离不开水，但当地的管线还没接通，罐车还要排上几天。等不及的王进喜对队员们说：“活人不能叫尿憋死。还是那句话，有也上，无也上，创造条件上！就是尿尿也要开钻！”王进喜组织职工到附近的水泡子破冰取水，带领大家用脸盆端、水桶挑，硬是靠人力端水 50 多吨，保证了按时开钻。萨 55 井于 4 月 19 日胜利完钻，进尺 1200 米，创 5 天零 4 小时打一口中深井的纪录。

1960 年 4 月 29 日，1205 钻井队准备往第二口井搬家时，王进喜右腿被砸伤，但他依然坚持在井场工作。由于地层压力太大，第二口井打到 700 米时发生了井喷。危急关头，王进喜顾不上思考，忘记了腿伤，扔掉拐杖，一声怒吼，带头跳进水泥浆池，用身体不停地搅拌，最终制服了井喷。

房东赵大娘看到王进喜整天领着工人没有白天黑夜的干，饭做好了也不回来吃，感慨地说："你们的王队长可真是个铁人呐！"王进喜"铁人"的称呼也从此传播开来。

事实上，像王进喜这样的"铁人"，在大庆油田岂止一人，在奋进崛起的新中国又岂止一人？

"工人工程师"的劳动本色没有变

出生于贫苦农民家庭，又赶上军阀混战，王进喜从小就没有机会学文化知识，这也困扰着工作的开展，王进喜便积极参加玉门矿务局组织的扫盲班。

王进喜以 27 岁的"高龄"，重新学习认字、写字，难度可想而知。他自己曾万分感慨地说："我学会一个字，就像搬掉一座山。我要翻山越岭去见毛主席。"他像愚公一样，展现了非凡的毅力和决心，搬掉一座又一座的"山"，认识了一千多个字，可以独立地看报、读文件，学"毛选"，还可以记笔记，甚至可以列出简单的发言提纲，有时碰到写不上的字，他就画符号代替。

文化知识的收获，不仅更便于他钻技术、争创新，创造一个个奇迹，更让他的思想境界得到了较大的提升、主人翁意识得到了极大的增强。王进喜曾讲："玉门解放前是没文化的干，有文化的看，留过洋的说了算。可一解放就不一样了，没文化的学文化，有文化的下现场，生产大事大家管，上上下下一起干。"

1950 年春，王进喜成为一名钻井工人后，不仅没日没夜地苦干，还抓紧时间学文化，努力掌握钻井技术，很快从一名普通钻工成长为一名技术过硬的司钻。

在玉门市铁人王进喜纪念馆的展柜中，展示了著名的铁人"三件宝"：笔记本，炒面袋，还有一件羊皮袄。王进喜为抢时间工作、学习，经常随身不离这"三件宝"。1960 年，他把这个传统带到了大庆。

东北松辽石油大会战时，王进喜组织 1205 队职工认真学习"两论"，在来队实习的大学生们的帮助下，一段段学，一段段念。对于工人们而言，学习哲学的难度可想而知，但王进喜依然克服重重困难，不断提高认识，统一思想。

王进喜在技术上肯于钻研、勇于创新，和工友们用20世纪40年代的老钻机，克服技术上的困难，打出大庆油田第一口斜度不足半度的直井，创造了用旧设备打造直井的先例。他还与工友一起琢磨，实现了钻机整体搬家、钻头改进、快速钻井等多项技术革新，对改进钻井工艺作出突出贡献，被油田党委授予“工人工程师”的称号。

更难能可贵的是，王进喜从普通工人成长为领导干部，虽然地位变了，但他工人阶级的劳动本色一直没有变，始终功高不自傲，对工人和家属关怀备至，对自己和家人却严格要求，一辈子甘当党和人民的“老黄牛”。他说：“我从小放过牛，知道牛的脾气，牛出力最大，享受最少，我要老老实实地为党和人民当一辈子老黄牛。”

1966年，王进喜被任命为会战指挥部副指挥，这一年他领导几支钻井队实现年钻井十万米的优异成绩，超过了苏联功勋队、美国王牌队，受到石油部的嘉奖。他还常年坚持“跑井”，深入基层，积极为井队解决生产、生活、技术等实际问题，与工人交心交朋友。

心中始终有一份责任

人生的痛苦大抵可以分为两种：精神的痛苦和肉体的痛苦。无数人都深有感受，精神的痛苦远比肉体的痛苦更难受。20世纪六七十年代的运动潮里，不少人的人生都上演着类似的剧本，诬告、被打倒、批斗……每个人几乎都要忍受着惊慌和苦痛。

席卷而来的大潮，王进喜也不能完全幸免，但他超越常人的地方在于，任风云突变，他心中始终有一份责任，始终牵挂着祖国的石油事业。

“文革”开始后，大庆油田生产受到严重干扰和破坏，王进喜毅然进京向周总理汇报大庆油田生产的严峻形势。返回大庆后，他走遍油田，大声疾呼“大庆生产一天也不能停”，努力把周总理的指示精神贯彻下去。一些人罗织罪名，对他进行迫害诬告，他时刻面临着被打倒的遭遇。但是，王进喜是幸运的，在周总理的谋划下，对大庆实行了军管，周总理还指示军管会把王进喜送到基层连队保护起来。

形势几经变换，在1968年5月大庆革命委员会成立时，王进喜被推选为大庆革委会副主任。1969年2月，中共大庆党的核心小组成立，王进喜担任了副组长。“文革”期间，大庆油田出现了地层压力下降、原油产量下降，原油含水上升的严峻形势，王进喜焦急万分。在油田呼吁得不到支持的情况下，就到北京向燃化部和国务院汇报。在周总理的批示和直接关怀下，油田生产被动局面逐步得到扭转。

1970 年春节前，受周总理委托，王进喜到江汉油田慰问，并做了大量的解放干部、稳定队伍的工作。1970 年 4 月 5 日，全国石油工作会议在玉门召开，王进喜作为特邀代表参加大会。他在会上大声疾呼要恢复光荣传统，提出“大庆产量要上四千万吨，全国产油一亿吨”等系列远大的奋斗目标，引起与会者的强烈反响。

王进喜曾说：“干，才是马列主义。不干，半点马列主义也没有！”在时代洪流面前，自身能否保全都未可知，王进喜却能在如此困顿之际，始终坚持着吃苦耐劳、科学求实、为国分忧的精神。

玉门会议期间，王进喜胃病发作，后经检查确诊为胃癌晚期。1970 年 11 月 15 日，王进喜因医治无效不幸病逝，享年 47 岁。王进喜的生命犹如一束烟火，很短暂但很灿烂，他无愧于“中国石油工人的光辉典范”“中国工人阶级的先锋战士”“中国共产党人的优秀楷模”“中华民族的英雄”的称号。

“铁人”精神永不褪色

巴尔扎克曾说：“苦难是人生的一块垫脚石，对于强者来说是笔财富，对弱者来说却是万丈深渊。”从一个目不识丁的文盲，到技术过硬的石油工程师，王进喜吃了常人难以想象的苦头，走过了普通人未曾走过的弯路，成功让新中国摘掉了“贫油国”的帽子，这靠的不是空谈，也不是蛮干，而是苦学科学知识和技术，辛勤地苦干实干。

今天的中国，早已摆脱了“贫油国”的帽子，但依然长期面临能源紧缺的状况，甚至还面临更多制约我们发展的困境。

今天的中国，摆脱了昔日的羸弱，但却还未摆脱巨人的凝视和压抑，面临着比羸弱时更多的烦恼和挑战。

今天的中国，不少人受益于物质和知识的充盈，但千载难逢的变局也容不得有丝毫懈怠和大意，我们所饥渴的，正是“铁人”王进喜苦中求成的精神之钙。

“铁人”王进喜早已远去，但“铁人”精神却永不褪色。

谷文昌

人生一粒种　漫山木麻黄

我们共产党人好比种子，人民好比土地。我们到了一个地方，就要同那里的人民结合起来，在人民中间生根、开花。

清明，敬宗祭祖。从1987年谷文昌的骨灰迁到东山，“先祭谷公，后祭祖宗”，就在这里相沿成习。

谷文昌，一个在时间上距我们如此“遥远”的人。一个河南林县的打石匠，1943年加入中国共产党，1950年随部队南下至福建。在海岛东山县工作14年，任过10年县委书记。曾因工作出色被省委书记点名调任省林业厅副厅长，“文革”期间被下放当过公社大队社员。

直到去世前，他仍改不了家乡口音，一家人依旧习惯吃面条烙饼。然而，就是这样一位异乡干部，遗言“请把我的骨灰撒在东山”“我要和东山的百姓在一起，和东山的大树在一起”。1987年，他魂归东山，当地百姓泣泪相迎，自发捐资建纪念馆、塑雕像，自愿为他守一辈子墓。

多年过去，他从未离开过人们的视野，走出人们的记忆。岁月的洗礼，反而让他的形象愈加清晰挺拔，愈加撼动人心。

一个人的生命能有多长？一个人的生命能有多重？

谷文昌来告诉你。

“不把人民拯救出苦难，共产党来干什么！”

身为党员干部，只有牢记责任，为党分忧，为民谋利，才能谋出个“百年犹得济苍生”

轻轻踏上陵园台阶，静静来到谷文昌墓前，黄石麟点上一支烟，吸了一口，小心翼翼插在墓前一个石雕的香炉里。香炉上，刻着几个字——“谷公，人民敬仰”。

这位东山县委宣传部原副部长，退休后，专心致力于谷文昌精神研究。每隔一两天，他都要到谷公墓前转转，与谷公“对话”，说说过去，谈谈现在。“越了解谷文昌，越感到他的伟大，越思念他。”

墓前香炉，一度是个谜。不久前刚获知，此炉是当年杏陈镇一位名叫陈春和的老人所铸。老人现在83岁了，面对记者，连连摆手：谁打的、谁送的不重要。重要的是，谷公活在我们心里，东山人敬他爱他。

如果不是谷文昌纪念馆里收集的那些史料照片，我们难以想象，这个富饶美丽的生态海岛，昔日竟是“沙滩无草光溜溜，风沙无情田屋休”的荒凉沙岛。

一年四季6级以上大风多达150多天，森林覆盖率仅0.12%；百年间，风沙不断吞没家园，天花、眼病泛滥，外出当苦力、当乞丐的十之有一；当地有 7 个“蔡姓”村，被风沙埋得只剩 4 个。这是解放初《东山县志》上的记载。

1950 年，谷文昌随解放军南下支队，解放了离台湾最近的闽南海岛东山。旧社会的“三座大山”被推翻了，但压在东山人祖祖辈辈头上的风、沙、旱“三座大山”，还横亘在面前：群众分到了土地，但种不出粮食，分地又有什么用？

下乡路上，当时还是县长的谷文昌，碰到一群村民，身穿破衣、手提空篮，一打听，要去乞讨。乞讨？！东山解放都 3 年了，居然还发生这样的事。“我这个县长，对不住群众呀！”

“不把人民拯救出苦难，共产党来干什么！”“挖掉东山穷根，必先治服风沙”，东山县第一次党代会上写下决议：“十年内全面实现绿化，根本解决风沙灾害。”

半世纪后，谷书记的接任者，已到了第十八任。在现任县委书记黄水木看来，这绝不只是“历史”。

“什么叫‘人民对美好生活的向往，就是我们奋斗的目标’？一个时代有一个时代的历史使命，但永远不变的，是执政为民的理念与情怀。当年老书记的选择，就是最生动的示范！”

然而，实现这个奋斗目标，谈何容易？

沙刚搬走，风一吹，又埋上。只能靠造林来固沙。造什么林？相思、苦楝、黄桦……十几种树轮种了个遍，无一成活。

屡战屡败，有人气馁。“这沙灾，连神仙都治不好，听天由命吧。”

谷文昌对天发誓：“不治服风沙，就让风沙把我埋掉。”

屡败屡战，再聚人心。1955 年，谷文昌担任东山第三任县委书记。为了找到合适的海防林种，谷文昌和技术人员翻尽资料，大海寻踪。听说广东电白县成功种活了一种名为木麻黄的树，谷文昌立即派人前去。捧着树苗，他像孩子捧着地瓜一样兴奋。

“上战秃头山，下战飞沙滩”。1958 年一开春，一连 4 天，数十万株木麻黄遍植全岛。

然而，失败又至。持续一个多月的倒春寒，冻死了几乎全部树苗，也寒透了所有人的心。几近绝望之际，技术员小林告诉谷书记，白埕村有 9 株还活着！谷文昌抚摸着那几株新绿的幼苗，就像抚摸婴儿的脸蛋儿，“能活 9 株，就一定能活 9000 株、9 万株！”

希望，从这点点绿色开始。成立三人技术小组，开展“旬旬造林”试验，气温、湿度，风向、风力，详细记录在案。晴天种，雨天更种。终于，9 株木麻黄，变成了 20 亩丰产试验林，又海潮般向各村漫去……

东山从此有了这样壮观的场面：一下雨，广播里马上播送造林紧急通知，各级干部带头冲进雨幕。百里长滩，千军万马，歌声与风声齐飞，汗水与雨水交织。

3 年过去，421 座山头、3 万亩沙滩，尽披绿装，万亩防沙林、水土保持林，在童山、赤地、沙丘上傲然崛起，环护着田园村舍。

“神仙都难治”的风沙，被共产党治服了。人种树、树保地、地生粮、粮养人，东山从此，美丽化蝶。

如果说，治沙造林给东山人带来的是有形的财富、享不尽的“红利”，那么另一项德政，更实实在在地收获人心。

溃败台湾前，国民党残部疯狂抓壮丁，从仅有 1.2 万余户的东山，抓走 4792 名青壮年，留下了日夜思儿的白发爹娘、倚门望夫的新婚少妇、无依无靠的鳏寡孤独。依照两岸当时硝烟对立的情势，这些壮丁家属是不折不扣的“敌伪家属”。一旦扣上“敌伪”帽子，就是阶级敌人。

“壮丁们是被捆绑走的，他们的家属是受害人。”“共产党人要敢于面对实际，对人民负责。”时任东山第一区区委书记的谷文昌，向县委建议：把“敌伪家属”改成“兵灾家属”。

东山县委经认真调研并报上级同意后，采纳了这个建议，一律称作“兵灾家属”，并决定对这些家属，政治上不歧视，经济上平等对待，生活困难给予救济，孤寡老人由乡村照顾。

两字之差，天地之分。一项德政，十万人心！

两年后的“东山保卫战”，验证了这一切。

1953 年 7 月，国民党部队万余人突袭东山，我守岛部队不过千人，兵力悬殊。东山群众特别是妇女，肩挑手拎，车轮滚滚，为前线运水送粮。刘阿婆家里曾被抓走 3 名壮丁，她不仅挑水支前，还隐藏保护了两名负伤的解放军战士。

“国民党抓走我们的亲人，共产党把我们当成亲人养。哪怕做鬼，我也愿为共产党守岛！”保卫战后在评选立功受奖的东山群众时，那些失去亲人的妇女竟占了一半以上，刘阿婆也荣获一等功臣。

东山之胜，胜在民心！

人心是最大的政治，担当是最大的责任。

“兵灾家属”后代、现在的“寡妇村”纪念馆老馆长黄镇国，有着切身体会。“老百姓最质朴。你为百姓谋利，你替群众解忧，他们就真心拥护你。”

今年 86 岁的靳国富，是当年与谷文昌搭档的县委副书记。他感叹：基层干部离群众最近，是党的宗旨的具体执行者，党的政策的一线传播者。群众看我们党，形象好不好，与民亲不亲，就看我们这些基层干部的言行，对政策的执行落实。

金杯银杯不如老百姓的口碑，“这个道理，是当年刻在我们骨子里的。现在，也万万不能忘。”靳国富说。

“喊破嗓子，不如干出样子”“指挥不在第一线，等于空头指挥”

身为党员干部，怀揣公仆情怀，从群众中来，到群众中去，群众就和你心连心

每当想起与谷文昌的最后一面，朱财茂止不住泪盈眼眶。

那天，曾担任东山县委通讯员的朱财茂，前往漳州，探望正与癌症做最后斗争的老领导。两人聊着聊着，谷文昌说到了树：“我前不久才知道，木麻黄的寿命不长。你回到县里反映一下，要记得更新换代，否则，风沙再来，东山人民又要受苦啦！”

“唉，都什么时候了，自己的命都顾不上了，满脑子还想着老百姓。”朱财茂语带哽咽。

追寻谷文昌的故事，有一些谜般的地方。

其时，风沙灾害不仅困扰东山，也是沿海地区共同面对的大难题。从平潭到东山，沿海各地都成立了国有林场，积极破解防风固沙难题。

可为什么，沿海防护林的成功，偏偏是在自然条件最为恶劣的东山率先实现？

当时在福建省林业厅造林处工作的曹如杨非常好奇。决心到东山探个究竟，见见那位“造林书记”。

书记下乡了。嗯，等他回来。

天渐渐暗了，书记还没影。县委同志笑了，“谷书记最讨厌那种只会拿着阴阳盘东转转西看看、华而不实的‘风水先生’做派了，几天之内，可能都不会回来……”小曹抓起小包直奔村子。

那时没车，靠的是自行车和走路。这一追，追了两天，从白埕到西埔，跑了大半个东山。每到一处，不是听村民说“书记刚走”，就是“哎呀，谷书记上星期刚来”。

人没见着，小曹却有了答案：能这么沉得下去、靠前指挥的干部，啥问题不能解决？

谷文昌爱说两句话。一句，“喊破嗓子，不如干出样子”；一句，“好的动机不一定收到好的效果。要把动机和效果统一起来，必须深入群众，吃透情况。”

当年的公社党委书记林子策记忆犹新。大饥荒时，谷文昌到村里了解灾情。中午开饭，桌上只有番薯和几碗清澈见底的稀粥。队长不忍，偷偷蒸了碗米饭。谷文昌一惊，谢绝了：“我是党的干部，就得和群众吃一样的饭、受一样的苦、干一样的活，群众才会信任我们。”

当年的通讯员陈掌国印象深刻。每次下乡，谷文昌至少要交三个朋友，一个老贫农、一个队长和一个最困难的农民。全县 60 多个村 400 多名生产队长，他几乎都能叫出名字。

东山谷文昌纪念馆里，有一张放大的黑白照片，每位参观者必会久久驻足。那是 1970 年，下放到宁化县的谷文昌，被任命为隆陂水库的总指挥。照片中，一脸病容的他抬着巨大石条。石重杠沉，压得他上身佝偻，肩膀与头紧贴着怀中的大石。

这可是 56 岁的老人啊！

身边人常劝，你是领导，年纪又大，不用冲在一线。谷文昌反驳，“发号召容易，真正干成一件事却不那么容易。事业要成功，领导是关键，指挥不在第一线，等于空头指挥。”

他总说，“关键时刻，干部在不在场效果大不一样”。植树造林，治理风沙，修建水库，战天斗地的场景里，总有他瘦削的身影。“谷公带头，哪能不听？”许多人回忆起当年“一声令下，人人出动”的场面，激动不已。

有作为不能乱作为，苦干不是蛮干，实干更得会干。那一年，宁化县革委会下命令，水库提前上坝填土，向国庆献礼。此时涵管清基尚未完成，强行填土隐患巨大。顾不上头顶着一顶“走资派”黑帽，反复征求技术人员意见后，谷文昌向县领导据理力争，终于说服他们，延缓了施工进度。

“这是个尊重知识分子、尊重科学规律的人！”在那个一不小心就被“白专”的年代，谷文昌的执着担当与实事求是，让无数技术人员感激知遇之恩。

"跟着谷文昌干，我们都愿替他'卖命'。"人心，斗志，就这么紧紧聚起。

一个爱民如子、为民请命的"不惜命"书记，一支"肯卖命"的干部和技术人员队伍，一方热土下"同一条心"的百姓，汇聚起来的这股巨大能量，什么难关冲不过，什么险滩涉不了，什么梦想不能实现？

谁是真心实干的，谁是玩虚弄假的，群众心里明镜一般。谁把群众放心中，群众自然会拥他在心中。谁与群众同坐一条板凳，群众也会和他同一条心。

谷文昌就是最好的例子。

"不带私心搞革命，一心一意为人民"

身为党员干部，无论何种境遇，理想支撑主心骨，信念稳作压舱石

一头短短的白发，根根直立。虽年过古稀，却直率如当年。"谷公是个好人，他真真切切地改变了我一生。"

被"改变"的这个人，名叫张瑞栋。宁化县一名普通的水利工程师。

在记者离开宁化不久，老张特地寄来一封信。信里说：你们好好写，老谷是一个真正的共产党员，是一个真正能够改变人思想的共产党员。不靠说，靠做。

谷文昌留下的工作笔记上写有这样两句："不带私心搞革命，一心一意为人民。"

这是他一生的信仰！

入闽前，谷文昌担任中国人民解放军长江支队第五大队第三中队党小组长。部队原来的任务是接管苏沪杭，情势突转，上级要求他们随军南下，接管福建东山。听说语言不通，气候湿热，"三个蚊子能炒一盘菜"，很多北方人犯怵了。

谷文昌第一个举手："共产党员，党说要去哪里，就去哪里。"

"他对'共产党人'这几个字有深刻的理解。"福建解放军长江支队历史研究会副秘书长李晋榕十分感慨。

张瑞栋和谷文昌相处的日子仅一年多，时间很短，却影响一生。

1969 年冬，时任省林业厅副厅长的谷文昌，全家下放至闽西北偏远的山区——宁化县禾口公社红旗大队。7 个多月后，对农田水利颇为内行的谷文昌被任命为隆陂水库的施工总指挥。在那里，小张认识了老谷。

逆境最能见襟怀。

张瑞栋原是水利局水利规划队员，被精简下放回乡务农，后又调入指挥部任施工技术员。从一个县技术员变成一个大队农民技术员，从挣工资的变成了挣工分的，小张闹起了情绪。

老谷觉察后，跟小张谈心。“我是经过沟沟坎坎的人，但我始终坚定，任何时候都要相信党，相信党组织。”“我都愿意为改变禾口穷苦面貌拼上这条老命，你是禾口人，有什么理由不为父老乡亲出力呢？”

换别人，小张会认为这是说教，可说者是老谷，他听进去了。

因为老谷，就是这么做的。

下放期间，谷文昌每月准时交纳 3 元党费，他从没忘记自己是名共产党员。哪里有困难，哪里就是他的新战场：到生产队当农民，夫妻俩一年拾粪积肥上万斤；守在田里检查虫害，领着技术员日夜试验，终于让所在村子，在全社第一个实现了亩产过《农业发展纲要四十条》，全村人也终于吃粮从年头吃到年尾不断顿。“谷文昌，谷满仓”，名字就这么传响。

被“点将”到隆陂水库任总指挥，本来被安排住旧祠堂，但谷文昌坚决不肯，要和 80 位民工一起睡工棚，竹片当床板，稻草当褥子。每天清晨 5 点起床，打石、挖土、挑土、推土，什么都干……

“一个 56 岁的老革命，一个省厅级大干部，论委屈，老谷岂不比我更大？”

小张从此安心。这一安，便在基层一线安了 30 年。因工作出色，他被评为福建省劳动模范。张瑞栋也牢牢记住了那句话：无论任何时候、什么岗位、任何境遇，都要相信党，牢记自己是党的人。

真正的信仰，是从心里长出来的！

对党忠诚的人，党更不会忘记。

从福建到浙江到中南海，习近平总书记多次提过谷文昌，还在一篇题为《“潜绩”与“显绩”》的文章中，称赞他“在老百姓心中树起了一座不朽的丰碑。”今年 1 月，与全国 200 多位县委书记座谈，在叮嘱大家要做心中有党、心中有民、心中有责、心中有戒的“四有”干部时，总书记又一次深情谈起谷文昌。

在福建，至今还流传着“谷文昌与两位省委书记”的故事。

一位是叶飞。东山造林成功，时任福建省委书记叶飞闻知，大为赞扬。1963 年，在全省“年度农业生产先进单位和先进生产者代表大会”上，叶飞点名谷文昌介绍东山经验。不久，谷文昌调至省林业厅任副厅长，轰动全省。

另一位是项南。1981 年 1 月 30 日，谷文昌在向家人留下“埋骨东山”遗愿后，与世长辞。闻知此讯，刚刚主持省委工作的项南，立即赶到医院，向谷文昌遗体告别，叮嘱《福建日报》在一版发消息，并亲自动手，在版样上改标题。

“谷公让我们看到，信仰这东西，不抽象，很具体，有时就是说的一句话，干的一件事。”曾长期在谷文昌身边工作、退休前担任东山县委组织部部长的林木喜，很是感慨。他经常问一些年轻干部：换个位置，换个情境，你能像谷文昌那样吗？

“当领导的要先把自己的手洗净，把自己的腰杆挺直”

身为党员干部，永握戒尺，公私分明，为官心中“畏”，才有群众心头“敬”

楼下的玉兰，迎着春风灿烂绽放。二楼窗户外往来的嘈杂，清晰可闻。谷文昌的小儿子谷豫东，不时地看看手表，惦记着即将放学的外孙女……

这是漳州芗城新村一座 110 平方米的普通旧房，谷文昌的五个子女们，聚在一起，像今天中国亿万个家庭一样，普通、平淡，但是和睦、快乐、满足。

今年春节前夕，东山县委常委、组织部部长沈志雄，按照惯例，准备去漳州看望谷家。但谷家子女却婉言谢绝了。

理由是：去年母亲走了，他们没有资格再享受东山县领导年年来看望的待遇。唯有更好的按父亲母亲生前要求的去做，才能告慰老人。

说者平静，闻者动容。

这样的事，并非首次。

谷文昌去世后一周，爱人史英萍便拆除了家中的电话，连同谷文昌的自行车，一并上交：“这是老谷交代的，活着因公使用，死后还给国家。”

公与私，情与法，利与义，谷家人想得明白，活得本分，划得清楚。谷家家风中照见的，是谷文昌生前恪守的当官底线。

谷文昌定下“为官两原则”：“只要对百姓有利的事，哪怕排除万难也要做到；凡是对党威信有损害的事，哪怕再小也不能做。”

他常对身边人、对家里人说，“当领导的要先把自己的手洗净，把自己的腰杆挺直。”

蹲点湖尾村，谷文昌和村民一起劳动，一起喝地瓜汤，原本就有胃病、肺病的他，得了水肿病，痛得在床上打滚。警卫员看不下去，溜回县委秘书室开证明，买回一斤饼干。一向好脾气的谷文昌发火了："赶快退回去！群众在挨饿，我怎么吃得下？"

到外地开会，安排好了住房，却常常不见人影。他嫌住宿费贵，干脆和通讯员一起，找了家一晚 1.2 元的房同住，"怕浪费公家的钱"。

调到省城，他随身只带两个旧木箱和两瓮咸菜。家里也只是添置了几把藤椅、一张石桌。别人奇怪：怎么不买木制的？"我当林业厅副厅长，家里一下多了好几件木家具，我怕别人说是揩公家油，以后别人还不都得跟着学？"

怕？！这个从枪林弹雨中走来的汉子，不怕牺牲、不怕艰苦、不怕风沙，却独独"怕脱离群众""怕给公家浪费"。此"怕"才令党生威！一柄戒尺，划清公私；一面畏镜，照见党性。

怕？！这个走到哪里就造福到哪里的县委书记，不怕失败、不怕委屈、不怕磨难，却偏偏怕党的事业干不好、党的形象受损害，此"怕"换来万民敬。

"用权以廉、持身以正，谷文昌身上的这种宝贵品质，正是今天各级干部不可缺失的精神钙质。"沈志雄感叹，多一点对谷文昌的了解，就多一些"今天太需要谷文昌式干部"的感悟。

离开东山前，记者再次来到谷文昌陵园。

像东山人一样，点燃一根烟，小心翼翼地插进石制的香炉。香炉里，已经有了 67 根烟蒂。

一人，一树，一林，一岛，远离故土，脚踏贫瘠，根扎千尺，任凭风雨，面朝大海，泽荫后世。

人生一粒种，漫山木麻黄……

孔繁森

领导干部的楷模

20 世纪 90 年代，有这样一位共产党员，他的理想，他的信念，他的人格，他的情操，使千万人的心灵为之震撼。

他，就是原中共阿里地委书记孔繁森。他把自己的一腔热血洒在西藏高原。

两次进藏，历时十载

在党的召唤面前，在人生的选择中，他的精神境界一次次得到升华

1993 年 4 月 4 日，孔繁森告别拉萨赴阿里上任。

越野车载着他，向西急驶而去。回顾过去的路，思谋未来的路，他的心早已飞向了阿里。

孔繁森先后两次进藏，这时已在高原工作 6 年。按说，他现在应该东进返乡。然而，他却接受了一项更艰巨的任务，驱车向西，奔赴自然条件更恶劣的地区，挑起阿里地委书记的重担。

号称“世界屋脊”的西藏高原，高寒缺氧，气候恶劣，而阿里又是西藏最艰苦的地区。那里平均海拔 4500 米，空气中的含氧量不足海平面的一半，最低气温零下 40 多摄氏度。由于历史和自然的原因，当地的经济发展仍比其他地区缓慢，群众生活仍比较贫困。那里更需要像孔繁森这样年富力强的优秀干部。自治区领导同志征求孔繁森的意见时，他坚决而干脆地回答：“我是党的干部，服从组织安排。”

像这样的工作调动，孔繁森经历过多次。每一次，他都把党和人民的需要作为自己的唯一选择。

孔繁森 1944 年出生在山东聊城一个贫苦的农民家庭。在党的培养教育下，他参军、入党，后来转业到地方工作。1979 年，国家要从内地抽调一批干部到西藏工作，当时担任中共聊城地委宣传部副部长的孔繁森欣然赴藏。他并非不知道西藏天高地远，并非不知道那里生活艰苦，并非不知道远离家乡和亲人意味着什么。但他更清楚地知道，这是祖国和人民的需要，这是党的召唤。

从踏上西藏高原那天起，孔繁森就暗下决心：把自己的一切献给祖国这块神圣的土地，献给勤劳、勇敢的藏族人民。孔繁森进藏本来是作为日喀则地委宣传部副部长选调的，报到后，区党委见他年轻体壮、意气风发，决定改派他到海拔 4700 多米的岗巴县担任县委副书记。征询他的意见，回答仍很痛快：“我年纪轻，没问题，大不了多喘几口粗气。”那时，党的十一届三中全会刚刚开过，为了在农牧区推广家庭联产承包责任制，带领群众脱贫致富，他亲自到一个乡试点，又把经验在全县推广。在岗巴 3 年，他几乎跑遍了全县的乡村牧区，每到一地就访贫问苦，宣传党的政策，和群众一起收割、打场、挖泥塘，与当地群众结下了深厚的情谊。有一次，他骑马下乡，

从马背上摔下来，昏迷不醒。当地的藏族群众抬着他走了30里山路，把他送到医院抢救。当他从昏迷中醒来时，看到很多藏族群众守护在身边。1981年，孔繁森奉调回山东离开岗巴时，藏族同胞依依不舍地含泪为他送行。

在西藏工作3年，孔繁森深深爱上了这片壮丽、神奇的高原，深深爱上了这里的藏族人民。同时，他也深深感受到当地群众要求改变贫穷面貌的迫切愿望。回到山东后，他曾表示："我这条命，是藏族老百姓给捡回来的。如果有机会，我愿再次踏上那片令人终生难忘的土地，去工作，去奋斗！"

光阴似箭。1988年，工作几经调动的孔繁森已担任聊城地区行署副专员。这时，又一次严峻的考验摆在他面前。

这一年，山东省在选派进藏干部时，认为孔繁森政治上成熟，又有在西藏工作的经验，便准备让他带队。组织上问他有什么困难，他还是那句话："我是党的干部，服从组织安排。"其实，孔繁森心里很清楚，家里确有不少困难：自己的身体状况不如从前了；年近九旬的老母，生活已不能自理；三个孩子尚未成年，需要有人照看；妻子动过几次大手术，体弱多病。自己一走，全家的生活重担又要压在妻子一人肩上。他不会忘记第一次进藏时家里的情景，里里外外都是妻子操劳。有一次，她去刨地瓜，五岁的儿子没人照看，掉进地窖里爬不上来……孔繁森觉得对不起妻子，对不起孩子。

无情未必真豪杰

把对家乡、对亲人的爱深深地埋在心底，把博大无私的爱献给了祖国和人民

从拉萨到阿里地委、行署所在地狮泉河镇，将近2000公里坎坷不平的路程。孔繁森离开拉萨两天后，进入阿里地区措勤县境。藏北大草原那雄浑、壮美的景色展现在他面前：远方，绵延起伏的雪山在蓝天的映衬下格外壮丽，广袤无垠的草原一直伸展到遥远的天际。近旁，一座座用石块垒成的玛尼堆披挂着祈祷吉祥的五彩经幡，一堆堆高寒地带特有的红柳丛在阳光下像火一样耀眼。天空，时而白云朵朵，时而乌云密布；原野，时而大雪纷飞，时而风沙弥漫……眼前这一切，使他激动不已。为了祖国西南边陲这神圣的土地，多少先辈曾在这里奋斗拼搏、流血牺牲。如今，党把自己派到这里，这是多么光荣而又艰巨的使命。一种崇高的责任感和神圣的使命感在他心中油然而生。

进入阿里地界，孔繁森的调查研究也开始了。当天夜里，他风尘仆仆地到达措勤

县委所在地。第二天上午，他不顾旅途劳累，召集县委、县政府的干部开会，听取汇报，并结合贯彻党的十四大会议精神，商讨如何发挥当地优势，探索适应社会主义市场经济体制的发展途径。随后，他又去看望和慰问驻当地的武警部队官兵。

经过对沿途措勤、改则和革吉三个县的实地调查，孔繁森透过这些地方贫困落后的现状，看到了当地蕴藏的巨大优势，即：丰富的畜产品和矿产品资源。他兴奋地对同行的同志说："随着社会主义市场经济体制的建立，我国的经济必将进入一个新的快速发展时期，对原材料的需求将进一步增长。这对有着丰富资源的阿里来说，无疑是一个极好的发展契机。我们一定要抓住这个有利时机，加快阿里经济发展的步伐。"

为了寻找阿里的发展优势，全地区 106 个乡，他跑了 98 个，雪域高原上留下了他的深深足迹。4 月 25 日，孔繁森主持召开地委、行署联席会议。他给大家布置的第一项工作就是：解放思想，转变观念，在原有基础上进一步寻找阿里发展的优势，从困难中寻找光明的前途。会后，孔繁森和地委、行署其他领导成员分头带队到基层调查研究。

到阿里赴任前，孔繁森已把自治区的各有关部门跑了个遍，将阿里地区的自然概况和历年来经济统计数字都抄在笔记本上。为了进一步摸清阿里的情况，他一个县、一个区、一个乡地跑。从措勤到札达，从普兰到日土，实地考察，求计问策，寻找带领群众脱贫致富的路子。在阿里不到两年的时间里，从南方的边境口岸到藏北大草原，从班公湖到喜马拉雅山谷地，全地区 106 个乡，他跑了 98 个，行程 8 万多公里。

阿里地广人稀，面积 30.5 万平方公里，相当于两个山东省，而人口只有 6 万多。有时，开着越野车在空旷的荒野上奔波一天也看不到一户人家、一顶帐篷。饿了，他们就吃口风干的牛肉；渴了，就喝口山上流下来的雪水。旅途虽然艰苦，但孔繁森却风趣地对随行的同志说："高原上的水绝对没有污染，是世界上最优质的矿泉水，等开发出来得用美元来买呢！"他那乐观的情绪，常常感染着周围的同志。

有经验的人都知道，在高原生活，一场严重的感冒有时也会夺去一个人的生命。而孔繁森恰恰一到阿里就感冒了，咳嗽不止。为了不耽误工作，他就大剂量地服药。病情重了，就一边输液，一边工作。一个多月下来，体重减轻了 14 公斤。由于过度劳累，他的直肠纤维瘤复发，鲜血浸透内裤，可他一直瞒着别人。等大家都入睡后，他才把内裤换下，悄悄洗干净。

在广泛深入调查研究的基础上，阿里经济发展的思路在孔繁森的脑海中渐渐清晰起来。在地委、行署联席会议上，孔繁森列举了阿里发展的六大优势：畜产品优势、矿产品优势、旅游优势、边贸优势、政策优势、人口少的优势。

“率领群众致富，是我们的天职。每一个党员干部，都应当与人民同甘苦、共命运。这样，我们党才有威信，国家才有希望。阿里虽说偏僻落后，但发展潜力也很大。关键是要带领群众真抓实干。我有信心和全地区人民同舟共济、艰苦创业，共同建设一个文明、富裕的新阿里。”

孔繁森激情满怀的讲话，使在场的干部热血沸腾。

沧海横流，方显英雄本色

艰难困苦，对于坚强的共产党人来说，则往往是一种无声的召唤

1994年初，正当孔繁森带领全地区人民为实现阿里发展的宏伟蓝图而奋斗时，一场罕见的特大暴风雪席卷了阿里高原。

漫天大雪，吞没了农田、牧场和村庄。凛冽的寒风，把各县受灾的消息传到狮泉河。

“立即行动起来！到灾区去，到群众中去，组织抗灾，恢复生产，重建家园。”在孔繁森的带领下，地委、行署迅速组织了十多个工作组分赴各灾区。厚厚的积雪封死了道路，他们就用铁锹挖，用汽车碾。大家只有一个信念：尽快把党和政府的关怀送到灾区。

在革吉县和改则县，孔繁森目睹了暴风雪给牧民造成的严重危害：大片大片的牧草被冰雪覆盖，成群成群的牲畜因冻饿而死，许多群众陷入缺衣少粮的困境。

孔繁森的心在颤抖！

他挨家挨户地走访灾民，分发救济粮和救济款。风雪中，他高声地鼓励大家：“有党和政府在，再大的灾害也压不垮我们。我们一定能帮助大家渡过难关！”

2月26日，孔繁森来到受灾最严重的革吉县亚热区曲仓乡。这里海拔5800米，是阿里最高的一个牧业点。乡党委书记嘎玛钦尧愁眉不展地说：“大雪连续下了一个星期，最深的地方没到膝盖。全乡有8人被冻伤，牲畜大部分死亡。”

孔繁森心情沉重地把全乡每户牧民的损失情况一一记在笔记本上，然后用坚定的语气对嘎玛钦尧说：“现在的首要任务是保护人。先保人，再保畜，一定要把群众的情绪稳住，团结起来同灾害作斗争，尽量把损失减少到最低限度。”

雪花在凛冽的寒风中狂飞乱舞。一会儿工夫，大家都变成了雪人。人们穿着大衣，

还是感到阵阵发冷。孔繁森看到一位藏族老阿妈把外衣脱给了在风雪中哀号的小羊羔，自己却在零下20多摄氏度的严寒中冻得瑟瑟发抖，他的眼睛湿润了。他用手捂住脸，强忍着不让泪水流出来，猛地转身回到越野车上脱下自己的一套毛衣毛裤，递给老阿妈。老阿妈伸出已经冻僵的双手，接过那还带着体温的毛衣，嘴唇颤抖着久久说不出一句话。

顶风冒雪，孔繁森背着他每次下乡都随身携带的小药箱，走村串户，慰问受灾群众，给被冻伤的牧民们看病。他早年在部队医院当过兵，粗通医术。来西藏工作后，为了解决当地缺医少药的困难，他做了大量工作。每次下乡前，他都要买上几百块钱的药，为农牧民看病治病。一次，有位70多岁的藏族老人肺病发作，浓痰堵塞了咽喉，危在旦夕。当时，没有其他医疗器械可用，孔繁森就将听诊器的胶管伸进老人嘴里，又对着胶管将痰一口一口地吸出来，然后又为老人打针服药，直到转危为安。

长时间的高山反应，持续不断的超负荷工作，使孔繁森本来就带病的身体更加虚弱。他感到眼前阵阵发黑，身上不住地冒虚汗，但还是坚持着给冻伤的牧民一一做了检查。尔后，又把解决曲仓乡受灾牧民的搬迁、转场和买牛的资金及口粮、油料等问题一一研究落实，直忙到凌晨2点多钟，才躺下休息。

奔波劳累了一天的孔繁森躺在帐篷里，剧烈的头疼使他怎么也睡不着。凌晨3时许，他感到心跳加快，胸闷气短，天旋地转。有高原生活经验和医学常识的孔繁森，预感到死神正向自己逼近……

对孔繁森来说，生与死早已置之度外。在赴藏前，他就请人写过“是七尺男儿生能舍己，作千秋鬼雄死不还乡”的条幅。进西藏后，他又写下了“青山处处埋忠骨，一腔热血洒高原”的豪迈誓言。让他放心不下的，是那远在家乡的老母亲和妻子、儿女。昏昏沉沉中，他强支起虚弱的身体，打开手电筒，在笔记本上给同行的小梁写下了这样的交代：

小梁：

不知为什么我头痛得怎么也睡不着。人有旦夕祸福。万一我发生了不幸，千万不能让我母亲和家属、孩子知道。请你每月以我的名义给我家写一封平安信。我在哪里发生不幸，就把我埋在哪里……

这一夜，孔繁森终于挺过来了。他，没有倒下。

经过两个月的艰苦奋战，阿里地区的各族干部群众在地委和行署的领导下，终于战胜了雪灾，全地区没有冻死、饿死一个人。但这场雪灾毕竟也给阿里造成了严重的经济损失。雪灾和连续几年的旱灾、风灾，使孔繁森深深感到：光靠救济不能从根本上消除自然灾害的威胁，只有尽快建立起抗灾防灾基地，才能使群众具有抵御自然灾害的能力。他在地委、行署联席会议上提出了这一想法，得到大家一致赞同。

三个藏族孤儿，900 毫升鲜血

他向人民奉献的是比血还浓的炽热情感，是博大、深沉和无私的爱

这是解放军西藏军区总医院血库一张献血证明，上面写着：

兹有孔繁森同志于 1993 年曾先后三次来我库自愿献血 900 毫升，已按医院规定付给献血营养费 900 元整。

在这张献血证明的背后，是一个催人泪下的故事——

1992 年，拉萨市墨竹工卡等县发生地震。当时在拉萨任副市长的孔繁森立即赶赴灾区。在羊日岗乡的地震废墟上，三个失去父母、无家可归的藏族孤儿曲尼、曲印和贡桑哭喊着扑到他的怀里。孔繁森抚慰着三个孩子：党，就是你们的亲人。一定会让你们有饭吃，有衣穿，有房子住，还要送你们上学。他嘱咐当地干部务必要安置好这三个孩子。孔繁森紧张地忙于救灾，也一直牵挂着三个孩子。不久，他再次来到羊日岗乡，决定亲自承担起抚养这三个孤儿的责任。

一个人孤身在外，又要工作，又要带孩子，辛苦和劳累可想而知。晚上，工作了一天的孔繁森回到家，先要给孩子们做好饭菜，然后再教他们读书认字。夜里，就和孩子们挤在同一张床上。那时，曲尼 12 岁，曲印 7 岁，贡桑只有 5 岁，睡觉时经常把尿撒在床上，他就不厌其烦地换洗床单。节假日，只要有空，他总要带孩子们去商店、逛公园，给他们买衣物，陪他们玩，就像对待他自己的亲生儿女一样。

尽管孔繁森自己的家庭负担比较重，但每次下乡，他总要把钱分给那些生活贫困的藏族群众，往往刚过半个月，工资就花得所剩无几，有时连交伙食费的钱都不够了。收养孤儿后，经济上更加拮据。过去他一个人，生活上能凑合就凑合，可他不能让孩子们受委屈。

1993年春的一天，孔繁森悄悄来到西藏军区总医院血库，要求献血。殷红的鲜血，从孔繁森的体内缓缓流进针管。这是一位共产党员的鲜血，是从一位日夜操劳的领导干部的血管里流出来的血！

孔繁森生活极其节俭，经常吃的是白饭就榨菜，工作一忙，开水泡馒头和方便面也是常有的事。他穿的许多内衣打着补丁，连块香皂都舍不得买。每次去拉萨回阿里，他总要买上一些价格低廉的生活日用品，因为有地区差价，这样可以省点钱。孔繁森对自己，就是这样节俭、吝啬，而对他人、对藏族同胞，却是那么慷慨大方。在西藏工作的近10年时间，他几乎没有往家里寄过钱，省下的工资，大部分花在藏族群众身上。为此，他曾多次流露出对家人的内疚之情。但为了帮助那些有困难的藏族同胞，他只好委屈自己的家人。

孔繁森是清贫的，同时也是富有的

他拥有人世间最美好的心灵，最丰富的情感，最高尚的精神境界

"太阳和月亮有着同一个母亲，她的名字叫光明；汉族和藏族拥有同一个母亲，她的名字叫中国"——这是孔繁森非常喜爱的一首歌。他曾多次对人这样讲，每当看到藏族的老人，就会想到自己的父母；每当看到藏族的孩子，就仿佛见到自己的儿女。在拉萨当副市长期间，全市56所敬老院和社会福利院，他走访过48所，把党和政府的关怀、温暖送到孤寡老人和孩子们的心田。

在拉萨市堆龙德庆县桑达乡敬老院里，有个叫琼宗的老人，至今保存着孔繁森送给她的一双棉鞋。老人永远不会忘记那个隆冬的早晨，孔繁森副市长冒着寒风来到敬老院，发现老人的鞋子破了，脚被冻得又红又肿，便心疼地把老人的双脚抱在自己的怀里。第二天，他又托人给老人送去了一双新棉鞋。不久，他又给敬老院的老人们送去了半导体收音机。接过孔繁森自己掏钱买的收音机，老人们的眼睛湿润了。一个叫旺姆的老人激动地对孔繁森说："还是新社会好哇！要是在解放前，像您这样的崩布拉（当官的）连见都见不到呀！"离开敬老院时，老人们自动站成一排，依依不舍地为他送行。

有人说，他做的好事就像盛开的邦锦花，洒满草原。也许在有些人看来，这些事太普通，太平凡了。然而，就像那奔腾浩荡的雅鲁藏布江，最初的源头不过是阿里高原上

的一条小溪，正是这点点滴滴的平凡小事，铸就了一个共产党员品格的崇高和伟大。

“冰山愈冷情愈热，耿耿忠心照雪山。”正如孔繁森在一首诗中所写，他把自己一颗火热的心献给了西藏高原，献给了党的事业。他对藏族同胞的爱、对祖国人民的爱，就像高原上的蓝天一样，那样的纯洁，那样的深沉，那样的博大。他始终在努力实践着自己最喜爱的那句名言：“一个人爱的最高境界是爱别人，一个共产党员爱的最高境界是爱人民。”

令人痛惜的意外事情发生了。

1994 年 11 月 29 日，孔繁森在去新疆塔城考察边贸的途中，在一场车祸中不幸殉职，时年 50 岁。噩耗传到阿里，传到拉萨，传到山东，人们简直不敢相信。

“出师未捷身先死，长使英雄泪满襟。”

人们在料理孔繁森的后事时，看到两件令人心碎的遗物：一是他仅有的钱款——8.6 元；一是他的“绝笔”——去世前 4 天写的关于发展阿里经济的 12 条建议。

这就是孔繁森留下的遗产，这就是一个共产党员的高尚情怀！

雪山含悲，江河呜咽。

许多人站在孔繁森的遗像前泣不成声，泪如雨下。数不清的哈达敬献在他的灵前，堆得像洁白的雪山。

在阿里，在拉萨，在聊城……成千上万的人在呼唤着同一个名字——孔繁森。“一尘不染，两袖清风，视名利安危淡似狮泉河水。二离桑梓，独恋雪域，置民族团结重如冈底斯山。”

一幅幅低垂的挽联，诉说着人们的巨大悲痛，倾吐着人们的无限哀思和崇敬之情。

就像那许许多多把自己的青春、热血和生命都献给了西藏高原的先辈那样，党和人民的好儿子孔繁森，也把他那高大的身躯融入这片壮丽、神奇的土地，在无数人的心中树起一座不朽的丰碑。

（本文有删节；作者为新华社记者、人民日报记者、西藏日报记者、大众日报记者）

王 伟

在大海中永生

春天的鲜花为英雄绽放，南海的波涛为英雄吟唱。多少年了，神州大地一直传颂着一个英雄的名字——“海空卫士”王伟。

北京，人民大会堂。4月20日上午，“海空卫士”王伟的妻子阮国琴和他的父母成为举世瞩目的主角。

“王伟同志为了保卫国家主权和安全，献出了年轻的生命”；“王伟同志的精神是永存的，人民会永远记住他。”这是中国政府对王伟的高度肯定，回荡在人民大会堂，回响在祖国的万里河山。

短短20天，党中央和中央军委已经多次对搜寻王伟作出指示；签署命令授予王伟“海空卫士”荣誉称号；发出向王伟学习的号召。这是党中央和中央军委对一名卫国献身的普通军人的最高褒奖。

胸怀祖国　让理想在岗位上闪光

2001年3月31日，星期六。晚6时30分，王伟从飞行中队给妻子打电话，略带歉意地告诉她：“队里人手紧张，我替别人顶班，今晚就不回家了。”阮国琴万万没有想到，这竟是他们夫妻的最后诀别。

4月1日。王伟用忠诚飞完了生命的最后航程。

壮丽的人生瞬间，源于对崇高理想的不懈追求。还是一名中学生时，王伟就坚定了从军报国理想。他在日记中写道：能成为一只翱翔蓝天的雄鹰，是我人生最大的追求！正是这种追求，使他放弃了报考地方大学的机会，放弃了具有发展潜质的艺术特长，放弃了难得的经商机会。

1986年6月，王伟如愿成为一名光荣的军校飞行学员。四年的军校锻炼，他用忠诚诠释了责任的含义，以每门功课全优的成绩取得了翱翔蓝天的通行证。

通往理想的路，充满艰辛，伴随奉献。在追求理想的航程中，王伟不断挑战自我，超越自我，让理想插上忠诚的翅膀，随战鹰在祖国的海空跃升。

王伟自幼向往大海。在他看来，望着辽阔无垠的大海，会使人的胸襟像大海一样无私坦荡；听着生生不息的波涛声，会使人的意志变得勇敢坚强。1991年6月，王伟从空军某航校毕业时，主动要求到海军部队工作。在选择去向时，他又毅然提出到天涯海角，守卫祖国的南大门。尽管亲友们希望他能分到离家乡近一点的上海、杭州或是常州，尽管他也希望作为父母的独生子能多尽一份孝心，减少一份父母的牵挂，但他却初衷不改。面对劝说的亲朋好友，他深情地说：“美好的生活人人向往，但总得要有人做出牺牲。对我来说，祖国的需要永远是唯一的选择。”结婚后不久，王伟又说服双方老人，动员妻子随军到部队。海南陵水与浙江湖州，无论是生活条件还是气候条件，都不可同日而语。妻子随军后，没有像样的工作，只好在部队服务社上班，收入也比在湖州少得多。但妻子没有埋怨他，她理解丈夫对飞行事业的执著：在王伟的心目中，没有比驾驶战机为祖国巡逻更神圣、更自豪的了。

阮国琴清楚地记得，王伟探家时，一位转业到民航工作的航校同学到他家做客，向王伟介绍他的收入高出部队十多倍，还有自己的房子和汽车。当这位同学询问王伟今后的打算时，王伟平静地回答：“挣钱的机会人人都有，但穿上军装报效祖国的机会不是每一个人都能争取到的。”在这个假期里，每当听到天空有飞机轰鸣声，王伟就会兴奋地跑到外面，仰天注视，迟迟不肯进家门。细心的妻子知道丈夫离不开他的神圣岗位，离不开他魂牵梦萦的战鹰，只好让他提前归队。

作为共和国的一名年轻飞行员，王伟用他的行动实践着“让理想在飞行岗位上闪光”的誓言。部队每次改装新机种，他总是第一个报名参加。一次，王伟得知某型战机的改装任务即将开始，为了争取这次机会，他动员第一次怀孕的妻子做流产手术。王伟动情地对妻子说：“我不想错过飞新机种的机会，趁年轻，飞上十个八个机种，是我最大的愿望。”妻子含泪答应了他。如愿以偿的王伟，全身心地投入到对新装备的钻研和掌握中。为了检验自己对新机型的精通程度，他让战友轮流考问他，并自告奋勇当起“擂主”，希望有人问倒他。几个月后，他第一个驾驭新型战机巡航祖国海空。

1998 年春，已经飞过两种机型的王伟，了解到部队即将装备国产先进歼击机，又一次报名申请首批飞行。有人劝他：“一旦改装，又是从零开始，你又成了一名新飞行员。像你这样的飞行技术，在别的部队早已干上大队长了。”王伟却不为所动。他说：“我不在乎当官，只要能早一天飞上新机种，无论个人付出多大的代价我也愿意。”短短几年间，王伟凭着对飞行事业的忠诚，赢得了熟练掌握三种新型战机的过硬飞行本领，成为一名守卫祖国南大门的海天骄子。

在某飞行团的飞行日志上，记载着王伟闪光的航迹：截至今年 3 月 31 日，他已安全飞行 1152 小时 6 分钟，起飞 2000 余架次。这一组数字，是他用青春谱写的一曲理想壮歌。

苦练精飞　用汗水磨砺倚天长剑

在15年飞行生涯中，王伟不断书写着一个个骄人的“第一”：

在飞行学院同期学员中，他第一个放单飞翱翔蓝天；

在飞行部队3次装备更新中，他每次都是第一个担负战备值班任务；

在同一批飞行员中，他第一个飞满1000小时，成为能飞4种气象的“全天候”飞行员；

在同龄飞行员中，他战斗起飞的次数最多，执行重大任务的次数最多。

这一个个“第一”，是王伟苦练精飞的印证。

“水兵爱大海，骑兵爱草原，要问飞行员爱什么，我爱祖国的蓝天……”这首《我爱祖国的蓝天》是飞行员最爱听、最爱唱的一首歌曲。在海军航空兵某部迎接新飞行员的联欢会上，初来乍到的王伟自告奋勇地站起来，指挥大家唱出了心中的壮志豪情。

为掌握过硬的飞行本领，每次装备更新，王伟都坚持苦练精飞，刻苦钻研装备原理，反复练习每一个飞行动作。他积累的训练笔记，常被打印成册，成为战友们的学习教材。他在全团率先把飞行理论、战术理论知识运用计算机编程，转化成形象逼真的图形，增强学习效果。面对新的技术领域，他一项一项钻研，当天学的内容，当天消化吸收，就是回到家里或在外场值班，也要掏出笔记本，记上一条原理，背上一组数据。有时为弄通一条原理，他趴在原理图前来回推导，常常三四个小时不挪动一步。

2000年初春，团里组织夜间编队科目训练，王伟飞僚机。夜间训练光线较暗，他觉得夜间长机、僚机的距离不好判断，倘若距离判断不好就会诱发一些不安全因素。那些天里，王伟除了向老同志请教外，还暗地里琢磨点子。正巧那段时间同室的战友出差在外，他就在熄灯之后悄悄加夜班。有一天晚上，他躺在床上还想着夜航编队飞行的事。突然发现从门缝里透进一缕月光，一下子触动了他的灵感，他翻身坐起，拿出两只手电筒，分别比作长机和僚机的航行灯，独自一人在房间里来回行走，反复体会，用这种方法，来判断自己与长机的距离。正式夜间编队训练那天，他果然飞出了好成绩。

王伟有非常强烈的“前沿”意识，目光始终盯着现代高技术的制高点。团里成立新战法研究小组，他第一个报名参加；团里的战法研究室，他去的最多。去年，团里进行一项战法研究，王伟主动承担了图上演示部分。他利用三维动画，把战法表演得惟妙惟肖，并制成多媒体供大家借鉴。在王伟看来，一个优秀的飞行员必须是一个智能型的，不仅要会空中精飞还要动脑飞。他的战法研究非常广泛，不但把对手的各型飞机研究透，还把对手的舰船摸个清；他不但研究打飞机，还研究打导弹。无论是舰机对抗，还是异型机合练；不管是他扮演红方，还是充当蓝军，都能出色地完成任务。

严格训练，科学操作，按章飞行，锻造了王伟矫健的翅膀。一本《国际航空飞行规定》被王伟翻阅得卷起了毛边，里面的重要条款，他都烂熟于心。在全师“飞行法规和国际法知识竞赛”中，他以满分的成绩获得优胜奖。王伟还有一样须臾不离的“宝贝”，那就是他的掌上电脑，里面储存了《空中特殊情况处置手册》，只要有空儿他就打开，认真复习。他在2000多架次的飞行经历中，积累了丰富的海上飞行经验，从未发生过“错、忘、漏”现象和事故征候。

胸存凌云志，天高任我飞。王伟不断向飞行训练的高水平跃升。无论是飞行的高难技巧，还是编队的战斗动作，他都能沉着冷静，挥洒自如。在一次海上联合演习中，王伟担任四机编队的四号机飞行。在空中，后面的飞行必须配合前面的飞机，越在后面操纵难度就越大，王伟的四号机是最后一架，难度可想而知。为了配合默契，编队美观，王伟把风向、风速、云雾、能见度、地面参照物等飞行参数在电脑中进行定量分析，制定出各种预案，打成卡片分发给每位机组人员。通过严密精确的训练，他们在编队飞行中完成了密集队形穿云等高难动作，一秒不差飞抵指定空域，受到观看这次演习的军委首长的称赞。

不辱使命　用热血铸起尊严丰碑

4月1日8时36分，一阵战斗警报声骤然响起。王伟和赵宇百米冲刺般跑向战机。他们记不清有过多少次这样的警报声划破甜美的梦乡，记不清有过多少回如此紧张的起飞打破节假日的安宁。

多年来，美国军用侦察机频繁到我国近海活动，在我沿海实施空中侦察，对我国家安全构成严重威胁。位于南海前哨的海军航空兵某部，为捍卫国家主权一次次派出战机进行跟踪监视，王伟和他的战友最多时一天紧急起飞3批次执行任务。他们在对美国军用侦察机一次又一次跟踪监视中，大义凛然，坚定无畏，忠诚履行着捍卫国家主权与尊严的神圣使命。

前年除夕，全国人民正欢天喜地迎接传统佳节。中午 11 时 30 分，一阵急促尖厉的警报响起，担负战斗值班的王伟和段辉扔下饭碗，驾机升空。目标越来越近，是美国的军用大型电子侦察机！他们发现座舱里的美国飞行员个个戴着一顶“圣诞帽”。在西方，慈祥的“圣诞老人”为人们送去祝福，是平安与祥和的象征。而此时，一个国家的军用侦察机飞行员戴着“圣诞帽”抵近另外一个主权国家的领空，送来的“圣诞礼物”却是威胁和挑衅！

2000 年 1 月 24 日，新世纪第一个春节。美国军用侦察机又来侦察骚扰，他们似乎专挑这样的时候跑来捣乱。王伟和战友高秉礼，奉命去和“老对手”周旋。7 天的春节假期里，他俩两次战斗起飞。

对抵近我国侦察的外国军用飞机实施跟踪监视，是维护我国国家安全的需要，完全符合国际惯例。

今天，“不速之客”又来了！王伟和赵宇紧急升空，战鹰仰首直刺海天，上升高度，调整航向，空中编队，向目标飞去……

几分钟后，王伟和赵宇发现左前方有一架大型飞机。他们向目标接近，很快判明这是美国的 EP-3 型军用电子侦察机，正向我海南岛三亚外海抵近侦察。王伟、赵宇迅速调整航向，驾驶战鹰与美机同向同速飞行。

王伟和赵宇都是多次和狡猾的美国军用侦察机打交道了，熟知美国军用侦察机常常利用双方飞机性能上的差异，尤其是利用侦察机擅长低速飞行的长处，玩弄各种花招和伎俩，如“减慢速度”、“贴云飞行”等，企图摆脱我机跟踪。狂妄傲慢的美机还经常忽上忽下，突然左右坡度转弯，一次次做出极危险动作，挑衅我方飞行员。

这一次，王伟和赵宇当然知道该怎样对付这个“老对手”。他们沉着冷静，在我海南岛一侧平稳编队飞行，美国 EP-3 飞机在外侧。突然，美机大动作转向，向王伟的飞机撞压过来！美机左机翼外侧螺旋桨将王伟驾驶的飞行垂直尾翼打成碎片。王伟的战机发出一阵惨烈的怒吼，呈右滚下俯状坠落。

此时，长机赵宇难以相信，从翻滚坠落的飞机上依然传来了王伟镇定的报告声：“飞机控制失灵。”王伟还在继续驾驶着已经完全失控的战机。

1 秒，2 秒……8 秒，9 秒……将个人生死置之度外的王伟与坠落的战机在空中翻滚，他在用自己血肉之躯为救护战机作最后的冲刺。赵宇大声命令：“跳伞！”

没有回音，但闻惊天动海的呼啸；尽管匆忙，却是从容不迫的告别。王伟离开了自己心爱的战机，犹如一颗流星用自己最后的光芒，在海天之际划出一道壮丽的彩虹。

降落伞缓缓下落，一只不屈的雄鹰在南中国海盘旋、盘旋……

战机悲壮地扑向大海，激起冲天巨浪，竖立起一座尊严的丰碑。

热爱生活　用爱心书写真实的人生

这些天来，在王伟工作和生活的营区、宿舍，一簇簇鲜艳夺目的三角梅、九里香等花卉，在春天的阳光沐浴下竞相绽放。望着这些由王伟亲手培植的造型各异的盆景，战友们禁不住潸然泪下。

王伟十分钟爱生命力极强的三角梅。工作之余，他把它们塑造成各式各样的战鹰雄姿，有的像战斗机，有的像轰炸机，还有的像两架战斗机在编队飞行。他把对飞行事业的热爱和对美好生活的追求，溶进一花一木之中。

王伟像一团火，对生活充满着激情。笔记本的封面上，他用钢笔勾勒出自己戴着飞行头盔的头像，左上角画着一架直插云霄的战鹰，左下角竖写着一行遒劲有力的楷书“天高任我飞”。

在王伟的电脑里，存放着一幅尚未完成的画稿。上方是一位全副武装的飞行员驾战鹰翱翔海空，下方是一艘大型战舰的轮廓。在打草稿时，站在身旁的妻子阮国琴评价道：“你这幅画蛮有超前意识。”王伟对妻子说：“当代军人不把目光盯着未来就不称职。”今年 3 月 30 日晚上，离家到部队值班的王伟告诉妻子：“等五一放假，我就把它画完。”王伟走得太匆忙，匆忙得来不及再用色彩语言抒发他的凌云壮志，而他留给人们的是一幅用生命热血画成的英雄画卷。

热爱生活的王伟，用自己的才华创造着美好生活的空间。为丰富军营文化生活，他发挥文艺特长，教战友们唱歌，部队组织歌咏比赛，他总是担任指挥和领唱；他酷爱美术，创作的一幅幅反映飞行员火热生活的油画，多次在上级组织的比赛中获奖；他喜爱摄影，为战友和亲人们拍下了一个又一个难忘瞬间；他为中队、大队出的一期期板报，为飞行员俱乐部设计的形象标志，新颖别致，独具匠心，为军营增添了一道道亮丽的风景线。

“一个人把自己最宝贵的东西奉献给祖国和人民，他的一生也就最壮丽。”为战友，为他人，王伟捧出了一颗炽热真挚的博大爱心。战士史册华被分到炊事班后，工作打不起精神。为帮助小史正确对待工作分工，王伟一有时间就找他谈心，陪他下棋，约他散步，还送上一些烹饪方面的书。王伟兄长般的真情关爱感动了小史，他逐渐安心炊事工作，不久还当上了班长，加入了党组织。

在团里，战友们有事都愿找王伟帮忙。战友要理发，他随叫随到；帮报考军校的战士辅导功课，他不厌其烦；兄弟单位请他写美术字，他从不推辞。飞行员刘长松的女儿患急性肺炎住院，王伟听说后，便主动找团领导要求替他值班，让刘长松回家照顾女儿。战友叶潮嵩想学电脑，王伟手把手地教，使他很快掌握了微机操作技能；大队文书潘家伟经常为飞行员家里换煤气罐，跑来跑去很辛苦，王伟就把自己的一辆自行车送给了小潘……

王伟深爱着他的亲人。在妻子阮国琴的眼里，他是一个温柔体贴的好丈夫。妻子随军后，由于飞行员的特殊职业要求，他们总是离多聚少。王伟每周只有一两天能回家吃饭，每次回家他总要扎上围裙，做上几道妻子爱吃的家乡菜。去年 8 月，在他们结婚纪念日这一天，王伟特意买了一块漂亮的真丝面料，为妻子裁制了一条新颖的时装裙子。今年二三月间，阮国琴生病住院，王伟昼夜陪护着，为妻子煲汤熬药，洗脸洗脚，有几次累得在病房里打起了呼噜。他给妻子许下诺言：“等你身体康复后，带你回老家看望父母，陪陪我们的儿子，好好享受一下阖家团聚的天伦之乐……”

王伟，亲人在呼唤你，战友在呼唤你，人民在呼唤你！

你在春天里离去，遍野的山花为你编织绚丽的花环；你在海空中离去，白云碧涛为你书写不朽的挽联。

英雄王伟，你在大海中永生！

杨善洲

心中长绿一善洲

在林场穿行，郁郁葱葱的山林一眼望不到边，密的牛都钻不进去。呼吸着清新微凉的空气，根本想不起当年秃山荒岭的样子。人们不敢相信：偌大一片林场，是杨善洲这样一位退休老人带着人从无到有，一棵树、一棵树“造”出来的！

在云南省保山市，群众自发地赞扬一位共产党员，就是原保山地委书记杨善洲。杨善洲1951年参加工作，次年入党，先后任区委书记、县委书记、地委书记，两袖清风、一心为公。1988年退休后，他回家乡施甸大亮山带着人造林20多年，共建成了7.2万亩林场（其中人工造林5.6万亩，阔叶林1.6万亩），让荒山变成绿洲。2009年4月，他把价值数亿元的林场经营管理权，无偿转交县林业局。2010年10月10日，老书记因病逝世。

2018年12月，在庆祝改革开放40周年大会上，党中央、国务院授予100名同志“改革先锋”称号，杨善洲作为“不忘初心、奉献一生的退休干部楷模”获此殊荣。

如今走进大亮山林场“杨善洲干部学院”，多少人曾在他的遗像前默然肃立。睹物思人，遥想老书记一生的桩桩件件，眼前潺潺流水，头顶松涛阵阵，从此“心中常绿一善洲”。

2010年8月上旬，我曾经到保山采访杨善洲，和他有过两次当面长谈。之后数次报道老书记事迹，并加入云南省“杨善洲精神研究会”。他的形象没有随着时间流逝淡化模糊，反而愈发清晰，思之如沐春风。老书记是一座宝山，事迹广为传颂。笔者不揣冒昧，撷取耳闻目睹的几簇“岭峰”，记述他山高水长的风范。

本 色

2010年8月13日，我们对老书记的第一次采访在他小女儿家进行。他一身灰色中山装，左上衣口袋里插着一支笔，面容清瘦，鸭舌帽遮不住一头华发。时年杨善洲已是84岁老人，他费好大劲才戴上助听器，4年哮喘让他讲话有些吃力。

杨善洲有三个女儿，分别是杨惠菊、杨惠兰和杨惠琴。他退休后一直住小女儿家。杨惠琴说，爸爸平时生活很简单，早饭有时就是馒头咸菜，他住的那个屋是水泥地板。女儿怕湿气重，想改造一下他不让，就铺了层地板革。女儿拿他也没办法，后来也想通了——孝不如顺嘛！杨善洲接受采访时穿的中山装，是他最贵的一身衣服，600多元，重要场合才穿出来。

采访结束到了晚饭时间，当地宣传部领导试探着约老书记一起吃饭，说还可以再聊聊，他竟然答应了。说“竟然”，是因为当地同志告诉我们，老书记很少在外面吃饭，“很难请”。当时我私下问老书记为啥“难请”？他闪烁其词，我也大概明白了：那时没有“光盘行动”，有时点一桌子菜剩的多，老书记心疼，后面一来二去索性“眼不见心不烦”了。吃完饭时，老人把一张餐巾纸撕成两半，用一半，另一半揣进兜里，说：“吃好了就走吧。”

老书记当领导多年，但朴素是给人的第一印象。他出身穷苦农家，是佃户，10岁丧父，15岁出去跟人赶马。以后无论走到哪里，他都保持了农家质朴的本色，到老化身一老农。

1988年他退休后上大亮山造林时，因为缺树苗，他带人育苗，为此到街上捡果核，有人亲眼看到他翻垃圾桶！一次老书记在街上捡果核，被当年的一个部下看到了，劝他：“老书记，你不要捡了，多不光彩啊！”他笑着说：“我这么弯弯腰，林场就有苗种了，有什么不光彩的？等果子成熟了，我就光彩了。”这片“捡”来的果园，竟有50多亩。

笔者来到杨善洲曾住过的油毛毡房。在丛林里的一片空地上，当年的油毛毡房已经朽烂，几张破席子从房顶垂下来，剩下的床腿是硬木桩子。当年房前屋后的小树苗，已长成一搂粗的大树，空气潮湿，树干上长了密实的青苔。回忆起当年筚路蓝缕的艰辛，林场职工哼唱：“好个大亮山，半年雨水半年霜；前胸烤着栗炭火，后背积起马牙霜。”他们还幽默地说，老书记当年“冬天当团长（烤火围成一团），夏天当县（陷）长（下雨后都是泥巴路）”。

老书记在山上住了五六年窝棚和油毛毡房，人们只知其苦，还不知道他也乐在其中。他对我说，山上空气清新鸟语花香，白天种树干活，晚上烤火冲壳子（方言，聊天的意思），大家简简单单高高兴兴，也是很好的生活方式！

说老书记质朴，还因为他爱下乡，干农活是个“好把式”。给他当过秘书的祝正光介绍，当时老书记除了开会以外，很少在机关待着，他心里想着群众的生活，想着生产。他的秘书不好当，要苦得起累得起。他把工作布置好就下基层了，从保山到施甸县，60多公里的路，都到县委了，有时人家还没上班，回来也天黑了。他和群众打成一片，碰到插秧的插秧、碰到种苞谷就种苞谷，好衣服肯定穿不成。为提高粮食产量，他自己还种了半亩“样板田”。

大 爱

许多闻听老书记事迹的人，难以理解接受的，是他一心扑在工作上，对家庭欠账太多，甚至觉得老书记“有些绝情”。对此，他的三女婿杨江勇动情解读：在和父亲相处的17年里，有些人认为父亲是个不太顾家不爱家的人，我可以负责任地说，他是一个有血有肉、有情有义的人。

先说明一点，老书记对“亏欠家庭”完全认账，这也是他心里觉得还不完的“一笔账”。采访结束临别时，老书记坦陈：我这一辈子，最愧疚的是对家里照顾不够。当时回一次家，老母亲就说，你在外面好好干，不要犯错误。后来退休，我全力以赴地照顾家庭，修房子、买牛、买马我都尽力，现在心里安逸些了。如果我退休就死了，这账不知道要欠到哪辈子。

1970年，杨善洲夫人张玉珍生三女儿杨慧琴，家里缺粮，一家人靠野菜掺杂粮度日。乡民政干部看到后，送去50斤救济大米和30斤粮票。后来杨善洲知道了，责怪张玉珍说：“我是党的干部，我们不要占公家的便宜，大米和粮票用了要还给公家！”差不多过了半年，张玉珍东拼西凑，才还清这笔粮款。她说：“他就是这样一个人，公家归公家，个人归个人，我晓得他的性格，我可以少吃点，只是娃娃们饿着可怜啊！”

1995年，杨善洲早已退休到大亮山植树造林去了。家里人借了5万多元在施甸县城附近买了一块地，勉强盖起了一栋房子。老伴张玉珍专门找到他：能不能凑点钱帮儿女们还还账？杨善洲东拼西凑拿出9600元，老伴说：9600元，能还5万？杨善洲摆了摆手：你还不知道？我真没钱。为了不拖累儿女，房子没入住就又卖出去了。此事广为流传：“施甸有个杨老当（‘文革’期间被定为‘当权派’），清正廉洁心不贪；盖了新房住不起，还说破窝也避寒。”

身为地委书记多年，杨善洲的钱哪里去了？他身边工作的人说：老书记用钱很“散”，到哪个村看到有人生活太困难，就掏出工资去买点粮食、被子接济；哪个生产队没钱买籽种，他也掏钱帮着买。老秘书苏家祥解释：“他把大家当成了自家，还能有多少钱给家里？”

二女儿杨慧兰没考上大学，想回施甸，报考了当地公安局，还特意给杨善洲打了电话，请爸爸打个招呼。结果录取名单没有她，爸爸根本没打招呼。杨善洲去世后，在整理遗物时，杨慧兰读到了爸爸多年来埋藏在心底的歉疚：“我出来工作，家庭是很困难的，家有老母亲、老伴儿，后来又有三个娃娃，就靠老伴儿在家养老供小，我根本没有时间照顾家庭……我对家庭欠债很多……我从地委书记的位置上退下来，回到大亮山种树，除了想为家乡做点实事，就是想离家近一点，每个月都争取回家看看。”

杨江勇回忆，1996 年母亲因胆结石住院 16 天，2005 年因肺气肿住院 13 天。两次住院，杨善州都从大亮山赶回来，一直守在母亲身边。他每天都会早早地买好早点带给母亲，守到夜里很晚才回家。每次吃饭，他都要自己端到母亲床前。但自己生病了，却不要母亲去看他。就在父亲最后一次生病住院时，母亲到医院去看望他。父亲一看见母亲就说：“你怎么来了？你晕车，以后别来了，我不会有事的。”母亲说：“我来看你一眼，你好了我们就一起回去。”

对于工作和家庭的关系，杨善洲有过解答，他说：“一个人老是给自家算，不替别人想，这不是一个共产党员；真正的共产党员就是要经常给别家算，经常替别家想。”

报　恩

老书记一辈子坚守共产党人的精神家园，“干革命就干到脚直眼闭”；退休后自找苦吃，钻山沟植树造林 22 年。他的原动力何在？或者说，老书记“初心”是啥？

2010 年，就曾有记者问起类似问题。老书记的回答实实在在。他说，“说实话，‘为共产主义献身’的道理开始我也不懂，一个农民嘛，说‘献身’啦、‘牺牲’啦、‘完全彻底’啦，还没那么高的思想境界。我家在旧社会是一个‘三无家庭’：无土地、无房屋，甚至无族别，我的爷爷辈，原属少数民族中的布朗族，因为穷，连个住的地方都没有，只好寄住在一个姓刘的大地主家的一片山地上，成为了‘押山户’，没有任何权利，连民族归属都属于这片山林的主人——土地改革时，刘家在族别上填的是‘汉族’，我们杨家就成‘汉族’了。”

他接着说：“1950 年施甸县解放，为了保卫新生的人民政权，当时我作为民兵被招进区政府。一次，一位领导在会上讲，今后的土地要分给广大的劳苦大众。对这个说法，我有点怀疑，就举手提问：‘共产党说话算数吗？’那领导斩钉截铁说：‘共产党说话历来都是算数的！’我说：‘好！那我今天来了，就跟着你们干，一直干到脚直眼闭！’这就是我入党的最初原因。”

他说，“我杨善洲入党、参加工作，都是在还‘债’——还共产党给我们全家的恩情债。现在的年轻人可能理解不了：一个农民没有土地，等于一个人手中没有饭碗，那是一种什么滋味啊。现在我家里、我手中都有了一个吃饭的饭碗——这饭碗是谁给的？是共产党给的呀！我不报恩谁报恩？古人说的'知恩图报'，一个人连这点都不懂，说得不客气一点：跟畜生、跟猪狗有什么两样呢？"

其实，老书记还要报群众的恩情。他多次讲过少年时的经历。1944 年滇西抗战爆发时，杨善洲被拉去前线抬伤病员，与一个叫汤向朝的壮年农民做搭档。从松山前线抬担架运伤员，除了爬高黎贡山，还要跨怒江峡谷，来回 80 多公里。途中，汤向朝怕 17 岁的他滑下悬崖，用绳索把他拴套在担架上。每到爬山时，就叫瘦小的杨善洲抬前面，下坡时又叫他走在后面，总是把重的一头留给自己。

保山地区传统文化厚重，明朝名将邓子龙征战腾越的故事，老书记幼小时便耳熟能详，知恩图报、是非善恶的种子，早早就种进了心里。

理解了老书记的"初心"，知道这"初心"有多么纯粹炙热，就不难理解他的用权做事——他从未把权力当成自己的，一直秉承着"共产党的干部不能糊弄群众"。

他常说，为人民服务不是空喊口号，如果看到群众的生活没有得到改善，我们就该检讨；作为领导干部，我们要为没有尽到职责而难过，这是每个共产党员起码的觉悟。

老书记不糊弄群众的事例多，大到"让保山的群众吃饱肚子"，小到和一村一寨的约定。而上大亮山种树并无偿捐献，也有一诺千金的原因。老书记告诉我们，自己当地委书记时，家乡的人也来找过几次。他就说，你们不要来了，我这个书记不是只给施甸当，等退休后，我给你们办件实事——等退休后开过三场座谈会，他就拉起人马上山造林践诺去了。

遗 风

大亮山林场联营面积达 7.2 万亩，涉及 3 个乡镇，11 个村委会，50 多个村民小组，2 万多人。20 世纪 80 年代初期，杨善洲就曾来做过调查。长期乱砍滥伐，大亮山一带山不长树、地不产粮，群众一人种三亩，三亩不够吃。粮食亩产低，便扩大种植面积，一个村每年开荒 50 多亩。大亮山山光水枯，群众吃水要到几公里外的地方，人挑马驮，在太平地、雷打树等村庄，借水要写进人情簿，村民结婚，常用几挑水做贺礼。杨善洲说："山不绿，地瘦薄，是大亮山的穷根子。"

如今车在林场穿行，郁郁葱葱的山林一眼望不到边，密的牛都钻不进去。当年的土路，都已经硬化了。呼吸着清新微凉的空气，根本想不起当年秃山荒岭的样子。人们不敢相信：偌大一片林场，是一个退休老人带着人从无到有，一棵树、一棵树“造”出来的！2010年，正值云南省连年大旱，许多地方人畜饮水困难，但大亮山地区因为生态好，受影响不算大。

对老书记造林期间大亮山林场的性质，需要事先说明。林场采取的是“国社联营”方式：村集体投入土地，林场负责栽树养护，受益按照国家八成、村民两成分配。1988年抽调18个人组建起来林场，职工工资由财政拨款。

那么，怎么看老书记留下的这笔林海遗产？有人算账说，5万多亩华山松大部分成林，总价值3亿多，林子每年都在长，真是一笔绿色存款！林场周围的群众说，社会效益算不完；林业专家会说，生态效益无法估量；林业干部会说，老书记带了干部群众绿化荒山的好头；媒体则说是精神财富。

老书记倒是没看那么重，他又回到报恩的心思上，说：有人说，我种了20多年的树，已经成材了，根据规定，我可以从中分点钱，一下就成富翁了！可我差的账，这几座山哪里能还得清？

其实，对老书记这个典型，刚开始当地也有些不同声音，主要是认为他抓工业不太在行，是个“粮书记、糖专员”，比如烟厂当时没落后保山是一大损失。他的老秘书苏加祥认为，这个说法有失公允，也有特定的历史背景。当时，杨书记也曾带着地区专员去跑烟厂的事，但后来省里领导考虑保山是云南粮仓，发展烟草就一定会影响粮食生产，不赞成把烟厂放在保山。

而老书记对粮食和土地的感情，对群众的关心，人们心里都有杆秤。

2010年8月20日，杨善洲因患严重肺心病住进了医院。消息传出后，人们不约而同地来探望，以不同的形式为老书记健康祈福……

2010年10月10日，杨善洲溘然长世，终年84岁。他留下遗言：丧事简办；不接礼品；不酬客；不铺张；不浪费。根据他的嘱托：死后将其部分骨灰运回老家陪伴亏欠一生的妻子，其余的洒向大亮山茫茫林海。

杨善洲骨灰运往大亮山那天，一些曾与他一起赶过马的老伙计扶着拐杖，相邀沿途跪送。或许在他们心里，那一刻杨善洲又回到了身边，是马帮里那个令人自豪的赶马人……

王继才

守岛卫国，三十二年向海生

这个世界从来没有理所应当的和平，没有坐享其成的繁荣。正是像王继才这样的人默默负重前行，才让祖国人民岁月静好。

平凡的事业、崇高的精神，更不乏后继者。

迎着朝阳，五星红旗在开山岛升起。海风呼啸，国旗猎猎飘扬。

新来的哨兵对着徐徐升起的国旗立正、敬礼。32 年来，这面国旗第一次没有由王继才升起。哨兵说，王继才一定也在远远凝望着国旗，“他没有走远，不会走远。”

把时间向前数 32 年，不论风雨雷电，王继才都和妻子王仕花一起，护送国旗走过 208 级台阶，迎着东方的鱼肚白，挥舞手臂、徐徐升旗，立正肃穆、庄严敬礼。那轮朝阳，早已习惯与小小孤岛上的这面旗帜牵手。

渔民远行回家，也习惯性地抬起头，看见岛上的国旗，就知道家已不远，渔民们说，“心里有了依靠，踏实了。”

可这样的时间走过 32 年后，王继才，却无法再抚摸这面五星红旗。

7 月 27 日，全国“时代楷模”、江苏省连云港市灌云县开山岛民兵哨所所长王继才在执勤期间突发疾病，经抢救无效去世，年仅 58 岁。32 年未换岗的哨所，进行了第一次换岗。

对王继才同志先进事迹，中共中央总书记、国家主席、中央军委主席习近平作出重要指示强调，王继才同志守岛卫国 32 年，用无怨无悔的坚守和付出，在平凡的岗位上书写了不平凡的人生华章。我们要大力倡导这种爱国奉献精神，使之成为新时代奋斗者的价值追求。

王继才是个再平凡不过的人，但他并不平庸，他将孤独、枯燥、清苦的日子，过出了价值。他忠于信仰、不忘初心，谱就了壮丽的人生篇章。

长期与世隔绝，孤独煎熬却不忘播撒希望

“树木、花朵都代表希望，后来人再上岛，就不会这么孤单了”

石多泥土少，台风时常扰；飞鸟不做窝，渔民不上岛。

北纬 34° 31′，东经 119° 52′，距离连云港灌云县燕尾港 12 海里，海面突兀地耸立着一座灰色小岛——开山岛。这个仅有 0.013 平方公里的孤岛，是黄海前哨，不能无人值守，1985 年部队撤编后设立民兵哨所。1986 年 7 月，王继才夫妇成为开山岛的第五批守岛人。前四批人员，都因环境恶劣、生活寂寞而相继离开，其中守岛时间最长的也只有 13 天。

原来，岛上只有几排空荡荡的营房、满山的怪石、陡峭的悬崖、呼啸的海风。

夏天，太阳晒得人能脱层皮；冬天，海风吹得人难以忍受。

“登岛前，我曾设想了一万种岛上的恶劣情况，可真的待在这里1天，就受不了了。”这阵子在岛上待过一个昼夜的工作人员摇摇头说，“湿热、风大、水少、蚊虫多……”

1986年，王继才瞒着家人独自上了岛。第一晚，王继才害怕，一宿没敢合眼，煤油灯也亮了一夜。“就盼着天亮，第二天只要有船来，我就走。”从那天起，王继才害怕就喝酒，感到孤独就抽烟。很快，他抽完了带上岛的30盒烟、喝完了30瓶白酒……

王继才独自守岛48天后，王仕花决定辞职上岛。回忆起岛上第一晚，王仕花仍微微有些颤抖，“海风扯着嗓子往屋里钻，屋外似乎满是老鼠、蛇发出的声音……我特别害怕，让老王睡在靠门的地方，把门挡着，我蜷缩在最里头……那一夜，太黑太黑，太漫长太漫长了。”

32年来，夫妇俩每天都在重复“那一晚”。他们把人生最美好的年华，都留在了这座孤绝的小岛。王继才说，“祖国的海岛，你不守，我不守，谁来守？”

“前20年，伴着我们的只有煤油灯、煤炭炉、收音机……其中的滋味，别人没法知道，我也没法描述。”王仕花说。光收音机，他们就听坏了20台，煤油灯用坏了10多盏。

与孤独做伴，他们并没有消沉。日复一日，夫妻俩以岛为家，升旗、巡岛、观天象、护航标、写日志，从未间断，出色完成战备值勤任务。岛上至今留存着许多面被风雨撕扯过的国旗、40多本海防日志。

老王总琢磨：如何让后来人不再像他们这样孤独？

在满是石头的岛上种树、种花，让这个“家”变绿、变温馨、变热闹，是老王想出的办法：“树木、花朵都代表希望，后来人再上岛，就不会这么孤单了。”

他托渔民从岸上一点点捎来泥土，用石头垒砌一个个小园子。第一年，栽下100多棵白杨，全死了；第二年，种下50多棵槐树，没有一棵活下来。

人能活下来，树咋就不能！

第三年，一斤多的苦楝树种子撒下去，夫妇俩从喝的水中挤出淡水，悉心浇灌下，终于长出一棵小苗……

几十年过去。“你看，岛上现在生长着数十株苦楝树、3棵桃树、2棵梨树、3棵葡萄，还有柿子、草莓、菊花、牵牛花……有阴凉，有花香，还有果子招待客人。”细数着一花一木，王仕花露出了久违的笑容。

前人栽树，后人乘凉。树大如盖，果实累累。

这座孤岛，不再孤单。

尝尽穷困苦涩，面对各种诱惑仍不为所动

“别人有车有房，我守岛卫国，别人传万贯家财，我传精神财富”

老王临终前的一些日子，岛上的油桃熟了。

有人来到开山岛，他就乐此不疲地洗上一盆。“真甜”“好吃”，听到这，老王满足地笑了。

“他多有成就感啊，开山岛终于也能滋润出甜味来了！”王仕花说。

开山岛上没有淡水、没有食物。此前，断粮断水的日子每年都会遇到一两回，而断粮时间最长的一次将近 20 天。

那年，台风连续刮了 17 天，岛上粮食吃完了。无奈之下，王继才就带着王仕花在礁石上捡海螺充饥。那些半死不活的牡蛎，腥臭的味道实在难以下咽。等救援人员上岛时，两个人已经 3 天没吃一口饭。

“度日如年，差点儿送命。”王仕花这么描述与死神擦肩而过的那些日子，语气已然不急不慌。她的内心，不知埋藏了多少苦楚。

考验，远不只这些。

孤悬海中的开山岛，常人不愿来，但却是走私、偷渡等违法犯罪分子觊觎的“宝地”。

1999 年，孙某把厚厚一沓百元大钞放在王继才面前，想在岛上开办赌博、色情场所。

当时，王继才每月工资只有 150 元，大女儿因为家庭拮据辍学，儿子上学、盖房子还欠了 10 多万元的债务……贫穷，几乎要击垮这个家庭。

“打住，钱你拿走。”老王斩钉截铁，“我不会为钱出卖良心、突破底线。”

眼见王继才不为所动，利欲熏心的各路人用上各种手段威逼利诱，而王继才软硬不吃，即便被狠狠鞭打、儿子被死亡威胁，也不为所动。

苦，他已经尝够了。但在原则面前，他似乎又特别容易忘记苦。

“他真能忘掉这苦吗？”记者问。

“肯定忘不掉。”王仕花不假思索，“老王浑身是病，从来舍不得看。我们吃穿都是节省又节省，恨不得一分钱掰成八瓣花……但穷，也要穷得有志气啊！守国，可不能为国丢脸啊！”

人生价值，在于精神的丰富、信仰的坚定。

1987 年 7 月，王仕花眼看就要临产，大风突然来了，无法下岛。十万火急，老王抓起步话机联系镇武装部部长的家属，在医生的指导下，老王给妻子接了生。收起差点“母子不保”的悲伤，老王给儿子取名“志国”，老王说：“志字上面一个‘士’，下面一个‘心’，就是希望他当一名战士，心中有祖国，立志要报国！”

其实，这些年也有不少人看中王继才的勤劳踏实，想带他下岛“干事业”。老王起初看着别人的小日子过得红红火火，也很羡慕。后来他说，“人各有志，别人有车有房，是他们的活法，我守岛卫国，做一名合格的党员、民兵，教会孩子忠诚，是我的活法。别人传万贯家财，我传精神财富。”王仕花有一阵不太理解，“后来我和孩子们也慢慢认可他了。”

王继才，就像这岛上傲然生长的苦楝树，不怕贫瘠，不惧海风，还硬是在苦涩的果子里，生出了甘甜。

收起离合悲欢，把忠诚担当献给祖国海防

“守岛不仅守的是我们一个家，守的是身后千家万户”

“要是老王在，岛上来这么多客人，他会很高兴吗？”记者问。

“肯定会。”王仕花的眼泪止不住地就来了，往事像放电影一样，“他是最爱处朋友的热心人，对来岛上的人，他都会拿出一切招待……”

老王每次上岸，会拨通朋友们的电话，一起聊聊天。老王多年的好友、船老大包正富说，“他喜欢热闹，人缘好得很。”

老王还有点“小浪漫”。“夏天热得睡不着，我们就睡在房顶上，对着天空，他教我数星星，看牛郎，说织女……偶尔老王也让我唱歌，我就哼哼几句《大海啊故乡》《最浪漫的事》。唱得不好，他却高兴地鼓掌，说好听……”没说几句，王仕花已经泣

不成声。

然而就是这样的老王，离岛过春节的次数屈指可数，老父、老母去世时都不在身边，岸上孩子们的房间着火差点丧命，大女儿结婚没能到现场……

“无论在岛上吃过多少苦，受过多少累，他总是乐呵呵的。”先后登岛几十次的灌云县电视台记者徐云邦回忆，“但每次提到父母和子女，他总会沉默不语，有时还背过身去，偷偷抹一把眼泪。”

“老王他面上不疼，心里疼啊！”王仕花说。

32 年间，每个人都能有不同的人生选择。而王继才的选择是，收起自己的离合悲欢，把温情留给他人，把忠诚和担当交给祖国。

开山岛海域，礁石林立，海况复杂。过去卫星导航不发达，王继才夫妇会在岛上点上灯火，让过往的渔船看清航道；遇到雾天，他们就用盆敲，发出响声，让渔船避开小岛。而有渔船断粮、断水、发出疾病求助，他们也总是尽全力帮助。

“看到这些漂泊在外的渔民，我们总会想起自己，想起亲人。帮助他们，觉得就像在为亲人做事，为自己解难。”王仕花说。

回忆起 22 年前在开山岛附近突发阑尾炎被王继才帮助的经历，潘弗荣感慨地说，“王大哥是给我第二次生命的人。”

老王也是给这座岛美丽颜色的人。“每次升起国旗，才觉得这座岛是有颜色的。”老王常说，“岛虽小，也是国家的领土，我要让国旗永远在岛上高高飘扬。”可是在岛上升旗，经常要面对恶劣的天气。

一次遇到台风，老王怕国旗被刮跑，顶风跑到山顶将国旗抱在怀中。返回途中一脚踩空，从半山腰滚下来，摔断两根肋骨。王仕花赶紧冲过去，王继才对疼痛轻描淡写，却咬紧牙关说：“旗帜就是阵地，人在旗帜在，旗在阵地在。”

一身铁骨，热血满腔。

外面的世界飞速发展、多姿多彩，老王都看在眼里。再回头看看年迈的父母、年轻的妻子、年幼的孩子，他不掩饰“自己也曾动摇过”。

1995 年，老王的儿子到了入学的年纪，他鼓起勇气去辞职。彼时县武装部的老政委生病卧床，没等老王开口，政委就拉住他的手说：“继才啊，你要答应我，一定要把那个岛守下去，你下岛就真的找不到守岛人了。”老王把到了嘴边的话又咽了回去。

后来不久，老政委就去世了。“老政委对我说的话是他的临终遗愿，他到死都不放心开山岛，我做出了承诺，就一定要守下去，再苦再累也要守下去！”老王曾这样回忆。

老父、老母、二舅都明白忠孝、家国的道理，支持他守岛。二舅参加了抗日战争、解放战争、抗美援朝，和很多战友相比，二舅幸运地活了下来。王继才觉得，“岛上再艰难，也没有枪林弹雨的危险，我怎么能守不好？”

近些年，有人对他说，和平年代，守岛已经“没多大意义”，近 60 岁的人，也可以治治病、歇息下了。老王却不以为然，“现在海洋安全形势很严峻，居安要思危啊！”

他，深明大义。

这个世界从来没有理所应当的和平，没有坐享其成的繁荣。正是像王继才这样的人默默负重前行，才让祖国人民岁月静好。“我慢慢明白，守岛不仅守的是我们一个家，守的是身后千家万户。”王仕花手指前方。岸边灯火跳动，生活宁静安详。

祖国、人民，将永远铭记这些忠于祖国、奉献祖国的人。

平凡但不平庸，普通人也能书写壮丽篇章

“做了应该做的事，得到这么多荣誉，以后只能再踏踏实实多做点事情”

人们说，“王继才夫妇都是平凡的人，却做出了崇高的事业。”

王仕花说，“小小的岛上，做的每件事都是普通的事、分内的事。”

平凡的人，平凡的事，给人最多感动。

岛上有 78 间旧营房，在烈日、海风、海浪侵蚀中，墙壁和门窗经常损坏。这时，王继才夫妇就会寻找材料，一点点地补、一点点地修，“战士们随时都有可能回来，我王继才随时准备着向他们移交一个漂亮、完整的军营。”

2006 年，开山岛旧码头的砖石出现大面积脱落。为了节省国家经费，王继才决定自己动手。两个人，两年时间，每天 10 多个小时。他们下海淘沙、搬石头、和水泥、抹砂浆，很多地方修了被冲、冲了再修，码头被一点点重建起来。

岛上建了新码头，王继才生怕好好的栏杆在海风侵蚀中生锈，默默地将栏杆漆好，到现在，栏杆依旧崭新。

……

老王没有丰功伟绩，但事业的崇高，不仅仅在于本身是否宏大壮丽，更在于不懈的坚守、付出和可贵的赤子之心。

2015 年 2 月 11 日，在全国军民迎新春茶话会上，习近平总书记亲切接见了王继才，王继才深受鼓舞。这些年来，王继才夫妇光荣地入了党，获得了 100 多项荣誉，他们初心依旧，“做了应该做的事，得到这么多荣誉，以后只能再踏踏实实多做点事情。”

平凡的事业、崇高的精神，总不乏后继者。就好像那棵好不容易活过来的苦楝树，已经撒播了无数的种子，孕育了数十棵生命。如今，在王继才精神的感召下，9 名民兵组成的队伍上岛驻守，他们分成 3 组，每组一周轮流执勤……儿子王志国也进入了边防检查站，“我一定要像父母守护开山岛那样，站好岗、守好国。”

人民有信仰，民族有希望，国家有力量。甘于寂寞、甘于清贫、爱国奉献、公而忘私，正是一个个像王继才这样的人在为国家富强、民族复兴大业添砖加瓦、开创未来。

小小开山岛，
黄海最前哨。
方圆百米一座礁，
海上轻舟迎风摇。
……
我为祖国守海岛，
万里海疆春光好。
我为人民放好哨，
锦绣河山更富饶。
……

老王，你看——朝阳又升起，国旗在飘扬。

卓嘎和央宗

守望玉麦

家是玉麦，国是中国。这是身为共产党员的桑杰曲巴给孩子最刻骨铭心的教育。卓嘎说，她自懂事起，邻国军人就不断侵扰这里。有一年夏天，一群荷枪实弹的邻国兵把他们的国旗插在了玉麦的高山上，还在通往山外要道上设卡。桑杰曲巴把旗扯了下来，冲着设卡的人吼：“我的爷爷曾在这里放牧，我的阿爸曾在这里放牧，我们也在这里放牧，这是我们中国人祖祖辈辈生活的土地！”

“短短不到 2 年，玉麦能发生这么大的变化，真是做梦都想不到。”刚把山上的20 多头牦牛赶回家，姐姐卓嘎指着一排排新居开心地说。

两年前所见那个只有 9 户人家的静谧玉麦乡，如今是个繁忙的工地。卓嘎、央宗姐妹家低矮的石头房不见了，取而代之的是统一规划建设的装配式三层小楼。“新房子跟以前相比，强太多了。一楼有一个 40 多平方米的大厅，开个甜茶馆带买鸡血藤手镯、竹编制品等，足够了。”妹妹央宗说，最让她自豪的是，儿子索郎顿珠大学毕业后如愿回到玉麦乡当了公务员。

西藏自治区山南市隆子县玉麦乡，地处海拔 3600 多米、每年大雪封山半年多的边境高原上，桑杰曲巴带着女儿卓嘎、央宗姐妹，两代人几十年如一日，秉承“家是玉麦，国是中国，放牧守边是职责”的理念，默默守护着祖国的领土。

2017 年 10 月 28 日，习近平总书记给卓嘎、央宗姐妹回信，希望她们“继续传承爱国守边的精神，带动更多牧民群众像格桑花一样扎根在雪域边陲，做神圣国土的守护者、幸福家园的建设者”，并相信“在大家的共同努力下，玉麦这个曾经的‘三人乡’，一定能建成幸福、美丽的小康乡，乡亲们的日子也一定会越过越红火！”

家是玉麦，国是中国

桑杰曲巴老人给卓嘎、央宗姐妹最刻骨铭心的教育

现年 58 岁的卓嘎，1987 年至 2011 年担任玉麦乡乡长。此前，自 1960 年在这块三千多平方公里的土地上设立了玉麦乡，她父亲桑杰曲巴一直任乡长。“玉麦天翻地覆的变化，源于党的治边稳藏好政策，特别是去年 10 月 28 日习近平总书记给我们的那封回信。”卓嘎说。

地处喜马拉雅山脉南麓玉麦乡，离隆子县城不过 200 公里，但隔着日拉山等几座海拔超 5000 米的大山，几成边陲孤岛，被人称为“三人乡”——大部分时间里，是桑杰曲巴和女儿卓嘎、央宗生活在这里，一栋房子，既是乡政府，也是他们的家。通过放牧，父女仨守护着祖国的疆土。

“这里有苍莽林海和无边的草场，是个美丽富饶的地方。听我父亲讲，原有乡里20 多户近 300 人口，1959 年和平解放前，大部分人听信谣言，叛逃到邻国了。为了改善我们的生活条件，政府曾动员玉麦居民迁往内地，因此到 1990 年，真的只有我

们一家三口住这里了。”央宗说。

姐妹俩清楚地记得，1978 年冬，拉肚子一个多月的母亲实在支撑不住了，阿爸顶风冒雪硬闯日拉山，用牦牛驮着母亲前往县城就医。但走了三天三夜他也没能走出大山，姐妹俩只看到父亲一个人失魂落魄地回来了。

家是玉麦，国是中国。这是身为共产党员的桑杰曲巴给孩子最刻骨铭心的教育。卓嘎说，她自懂事起，邻国军人就不断侵扰这里。有一年夏天，一群荷枪实弹的邻国兵把他们的国旗插在了玉麦的高山上，还在通往山外要道上设卡。桑杰曲巴这旗扯了下来，冲着设卡的人吼：“我的爷爷曾在这里放牧，我的阿爸曾在这里放牧，我们也在这里放牧，这是我们中国人祖祖辈辈生活的土地！”

不久之后，桑杰曲巴把家从半山腰的玉碓搬到了谷底的玉麦，向边境推进了 5 公里。他找来几块红布，一针一线地缝制了出三面五星红旗，插到了村口。他告诉孩子：“这是我们中国的国旗，比我们的生命还重要。”

从那时起，卓嘎和央宗记住了，守护好了祖先留下来的这片牧场，就是守卫了国家。

让五星红旗永远在我们祖祖辈辈放牧的土地上飘扬

“生活艰苦，日子孤寂，但有祖国，家就有希望。”央宗回忆说。

1987 年，年老体弱的桑杰曲巴把乡长的岗位让给了卓嘎，央宗当副乡长。1996 年，从扎日乡回迁了 2 户人家，隆子县第一次向这里派了 2 名干部，玉麦由此彻底告别了“三人乡”。这一年，卓嘎、央宗姐妹入了党，玉麦因此有了乡党支部。

1997 年，有媒体报道了玉麦“三人乡”的情况，桑杰曲巴一家人放牧守边的事迹传遍了祖国大江南北。来自内地的信件也第一次翻越崇山峻岭，来到卓嘎、央宗面前。央宗笑着说，尚未婚嫁的姐姐卓嘎，那一年竟然收到了七麻袋的求爱信。

“当时阿爸的态度很明确，就是我们姐妹要是嫁出玉麦，那么谁来放牧守边？当时我们都很苦恼，最终无法面对阿爸追问，于是我们都嫁在玉麦。我们向阿爸发誓，一生守在玉麦，让五星红旗永远在我们祖祖辈辈放牧的土地上飘扬。”回忆那段往事，55 岁的央宗仍有些激动，“家是玉麦，国是中国，这一点，无论面对多大的挫折或者诱惑，我们姐妹俩从来没有动摇过。”

也因此，卓嘎35岁、央宗27岁才结婚成家，这在当时的边境牧区，几乎是不可思议的晚婚了。

山上的杜鹃花谢了又开，山下的竹子长了一茬又一茬。随着国家日渐强大，玉麦的喜事也多起来了。

2001年9月，老阿爸最大的心愿实现了——通往山外的公路修通了。当第一辆汽车开到玉麦的时候，老阿爸给这个“铁牦牛”献了哈达。这一年，桑杰曲巴坐着“铁牦牛”去梦寐以求的拉萨，卓嘎了却心愿，去了湖南韶山瞻仰毛主席故居。

2001年底，玉麦乡已经有了5户25人，有了边防派出所，有了小学和卫生院。这年冬天，77岁的桑杰曲巴老人含笑走了。

卓嘎、央宗姐妹清楚地记得，父亲临终时把乡亲们叫到屋里，叮嘱道：“你们不能因为玉麦穷就离开这里。这是祖辈生活的地方，是我们中国的土地，一草一木都要守护好！”

越来越多的牧民群众像格桑花一样扎根雪域边陲

“党的十八大以来，玉麦乡9户32人，家家户户的生活真的比蜜甜，各种惠民稳边政策向边境一线倾斜，人均收入一下子超过5万元。我们四处找人帮忙，要赶在十九大之前给习近平总书记写信，报告我们边疆人民的幸福生活，一定守好国土报党恩。”卓嘎说。

2017年10月28日，习近平总书记给卓嘎、央宗姐妹回信了，肯定她们父女两代接力为国守边的行为，并希望她们“继续传承爱国守边的精神，带动更多牧民群众像格桑花一样扎根在雪域边陲，做神圣国土的守护者、幸福家园的建设者”。

总书记的回信，极大地鼓舞了卓嘎、央宗姐妹放牧守边的决心，也带给她们荣誉和责任。去年，卓嘎被当选为全国人大代表，央宗被推选为西藏自治区政协委员，姐妹俩成为各大媒体争相采访报道的明星式人物。

成了“时代楷模”的卓嘎、央宗姐妹，在玉麦乡还是保持牧民的本分。现在57岁的卓嘎有三个女儿，55岁的央宗有一双儿女，他们放牧着140多头牦牛，继承父亲桑杰曲巴放牧巡边的遗愿，守护着玉麦的每一寸土地。

玉麦作为西藏加快推进边境小康村建设的样本，这里正在修建标准更高的公路。

7 月雨季来临，尽管新修的曲玉公路经常因塌方而中断，但以公路建设为先导的基础设施，正改变着玉麦的一切。

“要不是修通了曲玉公路，每年冬季大雪封山，连鸟都飞不进了。”现年 53 岁的乡邮递员的白玛江村说，玉麦被称为“高原孤岛”每年 11 至第二年 5 月大雪封山，对外交通完全断绝，1996 年，他随妻子那贡来到这里，结束了玉麦“三人乡”的格局。

原来只有 9 户人家、一条不到 200 米长水泥路的玉麦乡，随着申请来此落户守边的居民越来越多，如今到处都是建设工地。2017 年 10 月记者认识的“扎西商店”老板次旦扎西，敏锐地抓住了修路带来的商机，2018 年 4 月就与邻居次仁曲杰合伙，贷款买了一台 100 多万元的挖掘机，现在成了全村的首富。

“我现在泽当镇帮尼玛杰布选土方车，玉麦有技术、有条件的，瞄准道路施工需求买车，一定能赚钱。”次旦扎西在电话那头，高声对记者说。泽当镇，是山南市的党委、政府所在地。尼玛杰布，是上年年底从加玉乡搬到玉麦的建档立卡贫困户。尼玛杰布会开车，想买一台 50 万元左右的土方车。乡里鼓励他，给他 26 万元贷款。主动帮他的次旦扎西说：“只要他能吃得了苦，在玉麦工地上干，连人带车，每个月赚四五万元，没有任何问题。”

“目前全乡只有卓嘎家因为三个孩子都还在内地上学，没有买车。”乡党委书记达娃说。长期以来外出完全依靠人扛马驮的玉麦乡，在短短不到两年时间内，已经普及了机动车，其中越野车 2 台、皮卡 2 台、大卡车 2 台、货车 2 台。

村民争说变化大

“别看玉麦人不多，在外上学的孩子可不少，如今有 5 名在校大学生了呢。”玉麦乡党支部书记达娃自豪地说。总书记回信后，山外很多人都申请到这里来守边护边，玉麦人气越来越旺，去年全乡居民人均收入超过 6 万元。

崭新的轻钢龙骨装配式楼房，藏历新年之前就已经建好了，人均面积 50 多平方米。老居民都入住了，新居民也已经搬了 4 户，等大雪封山过后就该全搬了。

去年底从 200 多公里外的隆子县加玉乡搬来的仓决曲珍，与 74 岁的父亲次瓦郎杰，在新居里嗑着瓜子，絮絮聊着往事。加玉属于农区，新建的藏式柜子上的塑料瓶里，摆着女主人精心培植的豌豆苗和青稞苗。“玉麦是牧区，没有田地，种不了这些。”

仓决曲珍说。

尽管还不适应大雪封山的玉麦生活，但谈起这里的新家，仓决曲珍几乎手舞足蹈：“玉麦的房子，最满意的就是有自来水，有卫生间，只要按一下，水一冲，脏东西就不见了。”

“其实，两年前的玉麦，跟你们老家也差不了多少，那时候上次厕所，冷得一路都打哆嗦。”卓玛拉宗说，家家都是自己搭建的石头木板房，全乡只有2个厕所，一个是常年没人清理的旱厕，一个是搭在水渠上的“水厕”——乡干部在一条雪山融水的沟渠上搭了一间棚子，里面放了两个大木板，这就是当时最卫生的厕所了。

卓玛拉宗是玉麦最早开商店、最早使用微信支付的人，很早就与丈夫开了“白玛商店”，经营百货和甜茶馆。2017年10月第一次到玉麦，记者就住在她家二楼四处漏风的木板房内。如今，“白玛商店”已经成了乡里最大的超市，二楼改造成为的家庭旅馆，里面有淋浴房、抽水马桶、洗衣机。

“这个乡邮所我经营了23年，两年前，往往大半年也收发不了一邮袋的东西，你看现在，隔两天就能运来满满四五邮袋的快件。”白玛江村是全乡最不爱说话的人，说起总书记给玉麦姐妹回信后的变化，也兴奋起来，带记者看他的邮件库房，“这个3月6日上午从兰州市区寄出来的京东快件，路上只走了20天，昨天傍晚就到玉麦了。”他说，两年前这里能看到的最新一期《人民日报》，都是四五个月之前的，网购快件，此前他更是闻所未闻。

据介绍，这些来自全国各地的网购包裹，主要来自是村里的年轻人、在附近施工的工人以及戍边的战士。

因为路修通了，卓玛拉宗家5岁多的旦增潘多，有幸成为全乡第一个能上幼儿园的孩子。通过新修通的曲麦公路，目前在林芝市县登木乡上幼儿园。

有了人气，商店、餐馆、家庭旅馆、甜茶馆越开越多，竹器、鸡血藤手镯等手工艺品也经常卖断货。

传统上只会放牧的群众，走上了多元化的增收致富路

经历了历史上第一个大雪没能“封山”的冬季，春天的玉麦到处热闹非凡。守边、固边还要兴边。人口多了，基础设施有了，玉麦人开始琢磨新路子，发展新产业。

“从去年冬天忙到现在，再过两三个月，玉麦群众将第一次吃到本地产的蔬菜，吃上自己种的蘑菇了。”在居民区往南约1公里的山谷，乡人大主席索朗杰布正带着七八个乡干部挥汗如雨，往新建成的钢架玻璃大棚内搬运从山上滚落下来的桦树腐木。

“前边两个大棚换好土了，用来种蔬菜。后面两个大棚试种食用菌，半腐木就是干这个用的，技术员过两天来了就能开试了。”索朗杰布擦了擦手上的泥，端起一碗青茶，说起了乡里的构想：总书记嘱咐我们做神圣国土的守护者、幸福家园的建设者，大家不能都放牧啊。乡里有产业分工。从保护生态出发，山上的牦牛要控制在600头，现在都400多头了。我们的目标是打造玉麦良种牦牛基地，控制规模，缩短养殖周期，达到草畜平衡。新鲜蔬菜在我们这儿可是宝贝，将来一部分村民可以从事这一产业，以合作社的方式经营。

这两年来，玉麦群众发展产业的愿望很强烈，去年开荒种了3亩茶叶，但由于气候条件不行，用厚厚的黑色塑料膜包裹的茶树，十七八个月下来，至今还只有筷子那么高，根本发不出嫩叶。

也因此，玉麦乡党支部发动干部动手，建设了这4个总面积4000平方米的大棚，计划从大棚种植入手，引领原来只会放牧的乡里群众，尝试走出一条多元化的增收致富路。

种养之外，玉麦的旅游发展也呼之欲出。赏杜鹃花，观高山湖泊，穿云杉林，体验高山牧场……玉麦“布拉加日”精品旅游徒步路线正在建设，已投资1000万元。

“曲麦公路通车后，我们事实上就成了林芝的郊区，借助林芝市日益红火的旅游业，玉麦也可以考虑发展高端民宿，比如卓玛拉宗经营头脑灵活，这些年来商店和农家乐都经营得很好，我们现在就在考虑她家能否尝试搞高端民宿，藏式院子就每天接待一家客人，把软硬件环境搞好，让客人能静下心来，在这里享受高品质的吃住环境，我觉得也是个路子。”在新规划建设的游客中心、玉麦酒店蓝图前，乡长胡学民憧憬道。

央宗的儿子索朗顿珠是玉麦乡第一个大学毕业生，去年如愿以偿回到玉麦成为乡政府的干部。“我是西藏大学旅游专业毕业的，玉麦开发旅游项目，这下可有用武之地啦。”腼腆的小伙子很是兴奋。

山顶上，层冰积雪；山腰上，牦牛悠闲散步；山脚下，路还在向远处延伸，工地的机器还在轰鸣，冷清寂静的玉麦热闹沸腾，这里群众的日子正过得越来越红火。

张富清

永远的军姿

战友没有忘记他，时代没有忘记他。

一条独腿擎天而立的张富清，“唰”地敬了一个军礼，这是时隔64年的一个军礼，也是他展示给时代的英姿，永远的军姿。

稍息，立正！

张富清，抬头、挺胸、收腹，十指并拢，中指紧贴裤缝，眼睛平视前方，向前，这是你到中国人民解放军 359 旅 718 团 2 营 6 连的第一个军姿。

那是 1948 年的四月天，陕北塬上的野花初绽，连长李文才英姿勃发地走了过来，立在他面前，像一座塔，拍了拍他的肩膀。

锁起来的烽火岁月与赫赫战功

中秋节刚过，塬上的风便有了几丝秋意。

傍晚，张富清倚在村头石碾旁打盹，他实在是太困了。一场战斗刚打完，疲惫至极，修整的间隙，身子刚倚上石碾他就睡着了。刚结束的澄城、郃阳之战，张富清的 6 连战友大半壮烈牺牲。耳边有响动，睁开惺忪睡眼，一看周围好多陌生面孔，都是新补上来的战士。

连长李文才大声喊道，四班长！

张富清一跃而起，连长同志，什么任务？

今晚进攻永丰城，你的任务是担任第一突击队。李文才指着两位国字脸、身材魁梧的战士说，他们俩归你指挥，你们组成三人突击组，你任组长，趁着夜色摸进永丰城，炸掉敌人的碉堡。多年之后，我试探着询问张富清是否记得昔日那两位战友的名字，老人说：一个都不记得了。并肩战斗的战友还没来得及彼此熟悉，便倒在了解放全中国的路上。

明白！连长。张富清朗声答道。

富清，李文才叮嘱道，你有炸碉堡的经验，这我知道，打壶梯山，你任突击组长，攻下敌人碉堡，巩固了阵地，为连队发起总攻开辟了缺口，是好样的！但攻永丰城，敌人的火力网会更密集，你们一定要计划周全，选准突击口，给大部队开出一片攻击截面。

是！连长，保证完成任务！

还有，给我活着回来！

暮霭四合，静寂的黄昏接近于死寂，那是一场恶战降临前反常的平静。玉米地里传来了蟋蟀无忧无虑的鸣叫，长一声，短一声，对即将上演的血雨腥风浑然不觉。天彻底黑了，夜色是最好的掩护。突击组每人背两个炸药包，胸前插满手榴弹，张富清一挥手，出发！

三名勇士匍匐向前，跨过壕沟，顺利抵达城墙处事先侦查好的敌人的视觉盲区，搭人梯爬上了城墙。张富清卧俯于垛堞之下，观察永丰城里的情形，碉堡林立，沟壑纵横。他迅速判断出最佳爆破点，果断分派好任务，然后三个人分头隐蔽，等待时机。

时间一分一秒逼近约定的时间，三人突击组分头从四米多高的城墙一跃而下。张富清落地的时候，一群敌人围了过来，他端起冲锋枪迅速扫射，一下子打倒了七八个。酣战中，他突然感到头皮像被大锤猛地砸了一下，一阵眩晕。顾不上细想，张富清一点点迂回靠近着敌人的碉堡和防线，穿过铁丝网，穿过路障，目标就在正前方。探照灯明晃晃的，碉堡里的说话声依稀可闻。张富清耐着性子，向前，向前，一寸一寸地向前，终于抵达了碉堡。他在黑暗中找了一个绝佳的爆破位置，用刺刀挖了一个土坑，先将 8 枚手榴弹放进去，然后把炸药包覆在其上。一切准备就绪，张富清旋开手榴弹的盖子，扯住事先拴在引线上的一根长长的布条，瞄准时机，看好地形，顺势往山坡下一滚，撤退的同时拉响了手榴弹，“轰隆”一声巨响，第一个碉堡被炸掉了。

第一个碉堡炸飞了，永丰城随即乱成一片。此刻，张富清却心存疑虑，他开始担心他的另外两位战友，按照约定，他们会同时起爆，但是此时他并没有听到其他的爆炸声。他像一匹孤狼，隐蔽在草丛中伺机行动。现在的任务是去解决第二个碉堡。刚才的爆炸吸引了更多的敌人的火力。他们意识到了危险，却不敢贸然走出碉堡，只能从碉堡的射击孔向外漫无目标地疯狂扫射。子弹像蔽日的蝗虫漫天飞舞，一阵比一阵密集。张富清沉着冷静，他仔细观察着夜色中子弹的飞行弧线，为自己选定了一条安全的匍匐路线，悄悄地接近着目标。子弹在耳边呼啸而过，死神一次又一次与他擦肩而过，此时浮现在张富清心中的，只剩下他对连长的承诺：“保证完成任务！”如有神助般，张富清安全潜行到第二个碉堡前，如法炮制，“轰隆”一声过后，第二个碉堡又被他炸毁了。

碉堡被一个又一个地拔除，不明就里的敌人开始变得更加疯狂，他们用更加密集的火力织成了一张大网。张富清继续战斗，打退敌人数次反扑，坚持到天明。

拂晓时分，总攻开始了。大部队上来了，二营六连攻上来了，七连、八连也上来了，突击队炸毁碉堡，为总攻辟出了一条血路，永丰城头插上了鲜艳的红旗。枪声渐渐平息，战场一片狼藉。张富清在人群中焦急地寻找，寻找熟悉的面孔，但是一个也没有！

连长呢？那个拍着自己的肩膀让他活着回来的连长呢？

突击队的战友呢？我们的任务完成了，你们在哪里？

张富清焦急地寻找着，可是他失望了，没有一张是他熟悉的脸孔。情急之下，他又陷入了昏迷。后来，团政治处的人告诉张富清，那天晚上，为了攻下永丰城，一夜伤亡了 8 个连长，连长牺牲了副连长代，副连长牺牲了一排长代，一排长牺牲了二排长代……永丰城，成为张富清心底永远的痛楚。

战功赫赫的张富清被一次又一次嘉奖、表彰，无论是军功章还是奖状和证书，他都不认为那是属于他自己的，沉甸甸的军功章、烫金的证书本该属于那些曾经与他并肩浴血奋战却倒在黎明前夜的战友们，而他只是比战友们幸运，在枪林弹雨中活了下来。他甚至感到内疚，活下来的为什么是自己？而另外的战友却倒在了敌人的枪口之下？张富清的心疼啊，每一次被表彰、嘉奖，他都会想，和牺牲的战友相比，自己有什么资格张扬呢。转业到地方的时候，他把昔日的烽火岁月和赫赫战功一并封存在一个皮箱里，用一把锁头将那段血与火之歌锁了起来。

没想到父亲竟然是一名英雄

2018 年 12 月，新成立的来凤县退役军人事务管理局采集退役军人信息。

这天，张富清的小儿子张健全回家对父亲说，县里正在对退伍军人开展登记。张富清听后，什么话也没有说，沉默了半天，问，一定要采集吗？

当然，这是党中央国务院对退伍军人的关怀。

那好吧，就按党的指示办。张富清说，柜子上面有一个棕色的皮箱，你把它拿下来。

50 多岁的张健全一下子愣住了，他依稀知道父亲当过兵，但从来没有听父亲谈起过那段日子。这个积灰的皮箱里会有什么呢？张健全接过父亲手中的钥匙，把开了父亲尘封的记忆。

当天下午快下班的时候，他便带着父亲的包裹来到了来凤县退伍军人事务管理局。包裹里是 3 枚奖章、1 份西北野战军报功书、1 本立功证书。立功证书上，一行钢笔字写着："张富清在解放战争中舍生忘死，荣获西北野战军军一等功一次，师一等功、二等功各一次，团一等功一次，两次荣获'战斗英雄'称号。"报功书这样写道：

"贵府张富清同志为民族与人民解放事业，光荣参加我西北野战军第二纵队三五九旅七一八团二营六连，任副排长。因在陕西永丰城战斗中勇敢杀敌，荣获特等功，实为贵府之光、我军之荣。特此驰报鸿禧。"

负责信息录入的工作人员被其中一枚"人民功臣"奖章震惊了，他们深知这枚奖章的分量。

这一夜，张健全久久不能入睡。父亲皮箱里的东西深深震撼着他，他没想到自己的父亲竟然是一个英雄。2019 年春节，张健全与同学湖北日报新媒体中心副总编张儒海小聚，席间，他向老同学讲起了父亲皮箱里的军功章。张儒海敏锐地捕捉到了其中蕴含的新闻价值，同时也心存顾虑，老爷子能接受记者的采访吗？他们商定以"省里来人了解情况"为由，让老人接受记者的采访，因为这不仅仅是宣传个人，更多的是宣传一种时代精神。

很快，张富清的事迹便见报了。但张富清看到报道后却不高兴了，他责怪儿子，你不是说是省里来人了解情况吗？怎么成了记者采访？再有媒体采访，老人怎么也不接受了。后来，一位记者的一席话打动了张富清，"您把当年的故事讲出来，就是对社会做贡献，就是为党做贡献，一点也不亚于当年上战场炸碉堡。"张富清这才打开心结。

变动的是岗位，不变的是初心

20 世纪 50 年代中期，张富清转业，响应祖国号召到最需要的地方去。那一年，他和妻子孙玉兰坐轮船逆水而上，整整坐了四天的船，到了宜昌，再到巴东，上岸，又坐了两天的车，沿着盘山公路缓缓而上，汽车马力不够，到了上坡的时候，所有人都得下车，一步一步地推，翻过一座又一座山，终于抵达了来凤县城。

张富清被分配到城关镇担任粮管所所长。一天，一个单位的干部来买米，找到张富清张口就说要买细米。张富清说，没有细米，只有糙米。那位干部说，我就是要买细米。张富清说，粮管所只有一种米，你要的这里没有。无计可施的那位干部打电话给来凤县副县长，副县长的电话打到粮管所，让张富清把细米卖给这位干部。张富清坚持原则，对不起，这里真的没有细米。副县长一气之下挂断了电话。听着"嘟嘟"的忙音，张富清陷入了深思，他把目光投向窗外，排队卖粮的群众用口袋欢天喜地地装着糙米，他觉得自己没错，干部不能搞特殊，战争年代的优良作风在和平年代更不能丢弃。

35 岁的那年，张富清在恩施地委党校学习了两年后，被派往三胡区担任分管供销、财贸、食品、粮油工作的副区长。他二话不说，带着妻子和孩子们就上任去了。彼时的共和国正经历着一场天灾人祸，大食堂、大炼钢铁的后遗症逐渐显露出来。整个国度陷入了大饥荒，那是属于一代人的饥饿记忆。就在这个时候，张富清突然接到了一封电报，是从他的老家陕西洋县发来的。母病，盼归。但山高路遥，这里与老家远隔千里，交通不便，来回往返需要一个月的时间。当时，区里办了一个财贸系统的培训班，他在负责，实在走不开，思忖良久，张富清决定留下来，他东拼西凑借了 200 块钱寄回老家，附上一封长信，劝慰母亲安心治病，并一再保证等忙完这一阵子就回家看望她老人家。过了没多久，老家的电报又来了，母亲走了。那一晚，张富清向着家乡的方向长跪不起，他内疚啊，生他、养他、教他的小脚母亲走了，作为儿子不但没有床前尽孝，就连最后一面都没有见上。从这一天开始，自己就是没有娘的孩子了！张富清号啕大哭。他向着老家的方向磕了三个响头，妈，恕儿不孝，恕儿不孝啊！

十年浩劫中，张富清第一批被打倒批斗。乐观的他时刻宽慰着家人：日子不会一直这样的，一定会好起来的，要相信党，相信国家。

张富清的大女儿叫张建珍，聪明伶俐，活泼好动。小建珍小学三年级那年，突发高烧，当时张富清正好出差在外，家里只有妻子一个人。两天后，张富清回到家，女儿已经错过最佳治疗期，命虽然保住了，却留下了严重的后遗症，智商永远停留在了十岁，癔症发作时口吐白沫，神志不清。张富清想尽一切可能替女儿求医问药，皆以失望告终。妻子安慰他，认命吧！只要咱俩不死，咱就陪着建珍。张富清流下两行清泪，那咱们三个就白头到老吧！

1975 年，51 岁的张富清恢复工作，调往酉水上游古镇卯洞公社任革委会副主任。那是一个春和景明的日子，张富清带着他们的四个孩子坐着拖拉机，一路翻山越岭，沿着酉水走过绿水镇，走过漫水乡，终于到了卯洞。年过半百的张富清以时不我待、只争朝夕的劲头全情投入到工作中，他带领乡亲们修路、开荒植树、办畜牧场，他要把丢失的十年找回来。以前的高洞区没有公路，只有一条修了近十年却未曾修好的路基，那是高洞与外界沟通的唯一的道路。张富清带领施工队伍沿着酉水的支流，步行走到了指挥部，和民工一起吃住在悬崖峭壁之上，同吃同住同劳动。修路中遇到很多难题，张富清与大家一起抡大锤、打炮眼、开山放炮，和大家一起手挖肩抬。两年多的时间，他既当指挥员，又当战斗员，使海拔1000多米的高洞终于通了公路。四年后，张富清工作调整离开的那天早上，十里八乡的乡亲们翻山越岭赶来送他，这是人民给予一名真正的共产党员的最高礼遇。

改革开放的大幕揭开，张富清被调回到来凤县城，先后担任县外贸局副局长，建设银行来凤支行主持工作的副行长，直到光荣离休。

重新站起，一座屹立不倒的山

88岁的张富清在省城第一人民医院外科醒来了。他摸了摸自己的左腿，裤管空空，醒来后的张富清说的第一句是：没跟你妈说吧？没有，小儿子张健全回答道。张富清缓了缓神，继续说，那就别告诉她们了。

那是2012年夏天，张富清的左腿脓肿发炎，疼痛难挨。又过了些日子，突然流出了黄黄的脓液，人也开始发烧。儿子张建国、张健全带他去来凤县第一人民医院就诊，医生说是膝关节腔发炎，白色连珠菌感染。治疗方案是在关节两边打洞，从膝盖穿过一个引流管，每天用盐水冲，但病变的滑膜都被冲出来了，仍然不见好转。后来转至州医院就诊，州医院也只有这个冲洗的办法，最后转到了湖北省人民医院骨科，低烧变成了高烧，病危通知书连着下了三次。骨科医生给出的最终治疗意见是截肢。孩子们慎重地商议之后，决定告诉父亲真相：不截肢就有生命危险，截肢才有生存的机会。

我同意截肢。听完儿女们的一席话，张富清没有一丝的犹豫。

在武汉住了两个多月院，劫后余生的张富清回家了。老妻和大女儿建珍站在楼下等他，看到儿子将张富清抱下车来，左腿裤管空空，孙玉兰一时之间接受不了，几乎晕厥倒地。她抚摸着老伴的残肢，哭道，你这是咋了呀！张富清淡然一笑，别哭了，缺了一条腿，捡回来一条命。玉兰，我会站起来的！

疼吗？建珍轻声问爸爸。

有点疼，建珍给爸爸吹吹吧，你一吹爸爸就不疼了！

有时候建珍走路摔倒了，张富清就给女儿吹摔疼的地方，一边吹一边哄她：建珍乖，吹吹就不疼了！

爸爸乖，建珍给你吹吹，吹吹就不疼了！

泪水模糊了张富清的双眼。乖女儿，爸爸不疼了！

回到家后的第二天，张富清就开始锻炼站起来。每天清晨，他戴上 10 多斤的义肢练习行走。新生的嫩肉一次次被磨破，血水透来衣服渗出来。跌倒了，爬起来；再跌倒，再爬起来，头撞在了卧室的墙上，血溅墙角，包扎一下，接着走。义肢太硬，搁得新长嫩肉伤痕爆裂，流血，结痂，再流血，他手一摸，钻心的痛。站不稳，扶着墙，留下了一个个血手印。到了第八个月，张富清终于可以正常行走了。张富清兑现了自己的诺言，他重新站起来了，腰板挺拔笔直，用挺拔的军姿拥抱着岁月。他站起来的第一天，就像健康时一样进厨房忙活开了，给家人做他最擅长的刀削面，将厨房灶台擦拭得干干净净，一尘不染。在妻子和孩子们心中，张富清永远是座屹立不倒的大山。

时隔 60 多年的军礼

张富清的故事在华夏大地持续传送，消息传到了他的老部队新疆阿克苏新疆军区某红军团。部队很快就与来凤县武装部取得了联系。

2019 年 3 月 2 日，来凤县武装部为张富清准备了一套老军装。看着熟悉的“解放黄”，老人难掩激动的心情。他换好衣服，戴上军帽，从容熟练地整理军容，从帽檐、领章、口袋、军衣下摆、腰带，顺序而下，直至十指贴裤缝，整整齐齐，不留一丝褶皱。

一个小时之后，老部队来人了。一条独腿擎天而立的张富清，“唰”地敬了一个军礼，这是时隔 64 年的一个军礼，也是他展示给时代的英姿，永远的军姿。

风雷

遇事无难易，而勇于敢为。

吴南生

办特区的“孙悟空”

在深圳百姓眼里，吴南生是任劳任怨的“拓荒牛”；在时任广东省委第一书记习仲勋眼里，他是敢大闹天宫的“孙悟空”。他那句“要杀头，就杀我”至今回响在很多人耳边。在广东，几乎无人不知吴南生。

在距离改革开放40周年纪念日还有8个月的时候，吴南生去世了。

今天，深圳博物馆三层的改革开放史展厅入口处，醒目地写着邓小平那句话："中央没有钱，可以给些政策，你们自己去搞，杀出一条血路来！"一位参观者说："那时深圳还是不毛之地，邓小平这句话对广东的领导干部们来说，既是一句振聋发聩的豪言壮语，又是给他们出的一道难题。"

这个难题交到了吴南生等人的手上。

1980年成立的深圳、珠海、汕头、厦门四个经济特区，有三个在广东。吴南生出任广东省经济特区管理委员会主任、深圳市委第一书记（当时第一书记主持工作）。在深圳百姓眼里，他是任劳任怨的"拓荒牛"；在时任广东省委第一书记习仲勋眼里，他是敢大闹天宫的"孙悟空"。他那句"要杀头，就杀我"至今回响在很多人耳边。在广东，几乎无人不知吴南生，当地人都尊称他"吴老"。

"如果要杀头，就杀我好啦"

1978年四五月间，中共中央、国务院决定选派三个代表团（组），出访考察经济，一路赴西欧的法国、联邦德国、瑞士、丹麦、比利时，一路赴东欧的罗马尼亚、南斯拉夫，另一路赴港澳。

去港澳的考察组回京后，写了《港澳经济考察报告》：可借鉴港澳的经验，把靠近港澳的广东宝安、珠海划为出口基地，力争经过三五年努力，在内地建设成具有相当水平的对外生产基地、加工基地和吸引港澳同胞的游览区。中共中央、国务院"总的同意"，并要求"说干就干，把它办起来"。创办经济特区的思想开始萌芽。

当年12月召开的十一届三中全会，作出了把党的工作重点转移到经济建设上来的重要决定。1979年初，时任广东省委书记的吴南生率领一个工作组奔赴汕头市，传达十一届三中全会精神。汕头是吴南生的家乡，没想到这次回到阔别27年的故乡，看见的竟是满目疮痍。

"那些我所熟悉的楼房，残旧不堪，摇摇欲坠；街道两旁，到处都是用竹子搭起来的横七竖八的竹棚，里面住满了成千上万的男男女女……城市公共设施残破，道路不平，电灯不明，电话不灵，经常停电，夜里漆黑一片。市容环境卫生脏乱不堪，由于自来水管年久失修，下水道损坏严重，马路污水横流，有些人甚至把粪便往街上倒，臭气熏天。眼前的汕头，比我们小孩子的时候还穷啊！”吴南生生前曾回忆说。

新中国成立初期，汕头和香港的差距并不大。30 年过去了，香港成为“亚洲四小龙”之一，而汕头变得如此凄凉，吴南生当时的心境可想而知。叶剑英是广东梅县人，曾对吴南生说：“南生啊，我们家乡实在是太穷了，你们有什么办法没有？快想想办法，把经济搞上去啊！”

1977 年冬，叶剑英、邓小平在广州接见广东省干部。回乡探访的海外华侨也很关心家乡发展，吴南生同他们进行了交谈，问道：“有什么最快的办法？”新加坡侨商罗新权说：“你敢不敢搞自由港？这样是最快的。你看我们的香港、台湾和新加坡能够那么快地发展起来，就是靠这个。台湾叫‘出口加工区’，香港叫‘自由港’。”

1979 年 2 月 21 日深夜，吴南生一边发高烧，一边向广东省委发了一份 1300 字的电报，提议在汕头划出一块地方，彻底开放，利用外资发展经济，打破计划经济的旧框框，把市场经济引进来，扭转汕头经济落后、群众生活困难的局面。

七天后，吴南生回到广州。3 月 3 日，吴南生在广东省委常委会上说：“三中全会决定改革开放，我提议广东先走一步。我是喜欢下象棋的人，懂得先走一步，叫做‘先手’，就先掌握主动权。我提议在汕头划出一块地方搞试验，用各种优惠的政策来吸引外资，把国外先进的东西吸引到这块地方来……汕头地处粤东，偏于一隅，万一办不成，失败了，也不会影响太大。如果省委同意，我愿意到汕头搞试验。如果要杀头，就杀我好啦！”

与会的省委常委都赞成吴南生的设想。当时名字定不下来。叫“出口加工区”，台湾已这么叫了；学香港叫“自由港”，又怕被认为搞资本主义。最后定了一个“贸易合作区”的名号上报中央。福建省委得知此事，认为福建华侨不少，也向中央提出实行特殊政策的要求。

提出“经济特区”名称

1979 年 7 月 15 日，中共中央、国务院决定在深圳、珠海、汕头、厦门试办“出口特区”，并指出可先在深圳、珠海两市试办，待取得经验后，再考虑在汕头、厦门设置的问题。这就是为人们所称赞的“50 号文件”。

此时文件里出现的名称还是“出口特区”，“经济特区”这四个字是吴南生后来提的，其理由是，“我们办特区的目的，绝不是像世界上一些国家和地区的出口加工区那样，单纯为了解决就业和外汇收入问题，我们的特区不仅办工业，还要办农业、科研、商贸、旅游、住宅、文化等事业”。

9月，时任国务院副总理谷牧陪同丹麦女王由广西桂林抵达广东。谷牧说：“中央是要广东先行一步，要广东大搞，小脚女人小步走就起不了这个作用。办特区，就看你们广东的了，你们要有点像孙悟空那样大闹天宫的精神，受条条框框束缚不行。”于是吴南生开始负责广东三个特区的规划和筹建工作，朋友们称呼他“孙悟空”。

从此，吴南生开始了他愚公移山建设特区的事业。

深圳经济特区成立之初，罗湖一带下了一场大暴雨，无数个水塘、洼地被灌满。吴南生生前回忆道：“香港来的小姐一下火车，都要把高跟鞋脱下来拎着。我们集中了全国108个工程师，住在欣园招待所，都是平房，地势很低，一下大雨，水就上来了，图纸被冲得乱七八糟。”

工程师对他说：“你敢不敢搬掉罗湖山？这样可以填平洼地，罗湖这一块就是宝地。”吴南生觉得这个建议很好，同意动工，他还从这次“愚公移山”中总结了经验：“罗湖旁边都是农村，那些农民怎么办？弄不好他暴动啊。我们从日本、我国香港进口一大批吊车、铲车、载重汽车，让罗湖农民开，把农民都变成工人了。深圳搞多少年没有发生什么闹事的，一开头就把他们安排好了。”

1981年，横亘在罗湖桥边的罗湖山被铲平，罗湖区腾出0.8平方公里的宝贵用地，深圳大规模的经济建设由此开始。

“只做不说，多做少说，做了再说”

来深圳特区投资的第一家外资企业是泰国和美国合办的正大康地公司。

时任正大集团董事长谢国民是华裔，其父谢易初和吴南生都是汕头人。正大康地公司行政部经理陈健礼说：“1980年初达成协议，正大康地投资3000万美元建立饲料加工厂、种鸡场、孵化场、种猪场等，是当时深圳最大的企业。有人受‘左’的思想束缚，觉得让资本家进来不就是搞资本主义吗？是吴老拍板同意的。”

然而，有些老干部到深圳参观后说：除了天空飘扬的国旗外，深圳已经见不到红色。“有的报纸刊登文章，讲旧中国租界的由来，影射特区出租土地就是新的租界；

还有的说经济特区成了走私通道；有人悄悄给中央写信说深圳80%的干部烂掉了。非议非常多。当时的一个说法是‘冷空气南下’。”

深圳市委宣传部原副部长吴松营说：“这个时候，吴老给了一个‘约法三章’的名言：只做不说，多做少说，做了再说。总之就是趁那些反对特区的人糊里糊涂弄不清楚看不明白的时候把经济搞上去再说。”

1982年1月，中共中央发出紧急通知，指出鉴于广东省及各地和中央一些部门的干部，有走私贩私，贪污受贿，把大量国家财产窃为己有等违法犯罪行为，全党一定要抓住不放。2月，中央书记处在北京召开广东、福建两省座谈会，讨论如何贯彻执行中央紧急通知。

时任广东省委第一书记任仲夷回忆此次会议时说：“对广东对外开放出现的一些问题，中纪委一位领导同志说，广东是见怪不怪，习以为常。我不同意这一看法，不能笼统这样讲，见怪不怪不对，少见多怪也不对，更多的还是有人自己少见多怪，对一些新人新事看不惯，接受不了，横加指责，干预过多。国务院有关领导同志说，广东‘放羊’了，对下面管理不严，放任自流。我和田夫（刘田夫，时任广东省长）对此表示不同看法，认为不存在‘放羊’问题。我和田夫在会上还提出，应当划清因经验不足而造成工作失误和违法犯罪的界限。胡耀邦等中央领导明确表示，中央给广东的政策不会变，但是要总结经验，继续前进。”

两省座谈会结束后，吴南生回到广东，感到压力很大。他知道这些非议主要针对的是特区。

吴南生生前回忆说：“省委开生活会，我不知道要干什么，坐下来了，省长说，‘南生啊，今天开生活会，有人说资本家送给你一部汽车，有没有？’我说，‘哪有这样的事？’一位老同志说，‘没有？停在迎宾馆的那部车是谁的？’这一说我就知道了。我说，现在只有从香港到广州的大飞机，广州到汕头没有大飞机，有一种苏联出的小飞机，碰到有风就停飞了。那车是侨商罗新权为了帮助开发汕头特区，特别放在咱们这里的，我一次都没坐过。”

1984年春，邓小平来到特区，给珠海题词：“珠海经济特区好”。给深圳题词：“深圳的发展和经验证明，我们建立经济特区的政策是正确的”。吴南生说：“这一题词让那些有关兴办经济特区是是非非的议论基本画上句号，也给我们这些特区建设者吃了‘定心丸’！”

1992年春，邓小平再次来到特区视察，并发表南方谈话，坚定了特区和全国的改革开放发展方向。

“我们提着脑袋闹革命、办特区，为的就是理想”

筹建经济特区，成了吴南生和那一辈改革者最闪耀的时刻，他们无疑被载入中国的改革史。

在另一段历史上，也少不了吴南生的名字，那就是抗战史——1937年，抗战烽烟燃起，这个15岁的潮汕少年加入了中国共产党。他对父亲说：“您的儿子参加革命了，准备死了！”

1945年日本投降后，毛泽东动员大家去东北建设工业基地，以夺取革命的最后胜利。去东北前，老同志们给吴南生和许英（吴南生妻子）办了婚礼——用砂锅煮了一小锅糯米饭，一铲子铲到锅底，寓意“一甜到底”。

2015年，在抗战胜利70周年前夕，吴南生忆及此事仍是喜滋滋：“一转眼70年了，真的是甜到底啊！”

新中国成立后，吴南生调回广东工作，从此鲜少离开。晚年，他这样回答年轻人的提问，“我们这一辈人提着脑袋闹革命、办特区，为的就是理想，哪里想过当什么官？‘昔如埋剑常思出，今作浮云不计程。’我是90多岁的老人了，能尽的力量已十分有限。希望青年人不忘历史、坚守信仰。”

这就是吴南生，可爱的吴南生。他的故事就像他1979年出版的那本书书名一样：松柏常青。

李　灏

改革，是深圳的根和魂

正是这位“改革家”“探索者”，在破除体制机制障碍、探索社会主义市场经济的道路上，接二连三地进行大刀阔斧的改革，为深圳的发展和腾飞奠定坚实的基础，也为中国改革开放试出了经验，探出了路子。

年过九旬的李灏白发满头，精神矍铄。尽管精力和记忆力都大不如前，但谈起深圳的改革、开放、创新，他的脸上格外神采奕奕。1985 年，时任国务院副秘书长、党组副书记一职的李灏调任深圳，成为深圳特区历史上任期最长的市委书记。

“改革，是深圳的根和魂。”正是这位“改革家”“探索者”，在破除体制机制障碍、探索社会主义市场经济的道路上，接二连三地进行大刀阔斧的改革，为深圳的发展和腾飞奠定坚实的基础，也为中国改革开放试出了经验，探出了路子。

“我要上‘前线’了”

时钟的指针拨回至 1985 年，当时的深圳经济特区，方兴未艾，正面临多方面的质疑和巨大的舆论压力。

一方面，在计划经济时代，各地建设都要靠政府列入计划才得以启动。全国各地都要发展，财政就会有困难。而深圳建设中，存在规模过大、投入太多、借债数额大等问题，为财政带来了巨大的压力。有人甚至提出了“深圳办经济特区，内地就变灾区”的不满。

另一方面，1985 年初，香港《信报》曾连续发表 12 篇评论文章，认为深圳建立在“假大空”基础上，已经到了“内寒外热，百病缠身”的境地，几乎将特区建设的成就说得一无是处。

在这个关头，中央决定派李灏来深圳工作。此时到深圳，摆在面前的，是显而易见的各种巨大困难。李灏深知这项工作的重要性，同时也对自己能否胜任信心不足。“离京赴深前我曾说，我要上‘前线’了，当时真是这个心情，感觉特区的舆论压力很大。”他回忆。

除了这份毅然决然的信念，离京前，李灏还打定主意，要为深圳的改革争取一点“权力”。

1984 年，时任深圳市委书记梁湘曾经推出工资改革方案，改革了劳动分配制度，把深圳的工资提高了一点。省里觉得标准太高，要求停止执行。这让李灏十分担忧。

“我做的改革决定，是不是省里也会收回？那特区不是一点权力都没有了吗？改革是个系统工程，不能这可以改，那不可以改。”离京前，在与国务院领导谈话中，李灏抓住机会进一步对特区建设的一些重大问题进行了阐述，特别是深圳的功能任务和改革权问题。

这次谈话，明确了深圳仍是改革开放的试验场。深圳在改革开放中有一定权力，允许突破一些不合时宜的、束缚生产力发展的规章制度，并且明确了对于一些重大的紧急问题和政策措施，深圳特区在报广东省委、省政府的同时，可以直接向中央、国务院及总理请示报告。

在这次谈话中，李灏还提出，希望将上述这几点"向国家体改委和省里传达，特别是到那时为止，国家体改委还没有将深圳的改革列入议程"。这一要求也得到了肯定的答复。

"有了这个权，我觉得来深圳就有点意思啦。"李灏明白，到深圳，他最重要的任务，就是在调整改革中谋取更大的发展，把深圳的各项工作调整好，进入正常的轨道。

"他这是合理不合法，太冤"

都说"新官上任三把火"，李灏来到深圳后，经过 20 多天的调研，就提出了四项改革措施：成立外汇调剂中心、成立深圳市投资管理公司、建立深圳市规划委员会、设立监察局。每一项措施都具有创造性意义，并影响深远。

其中，建立外汇调剂机构，是当时最迫切的改革。当时，全国所有的外汇统一由中央管理，基层外汇机构没有权力管理外汇。出口企业收入的外汇，不管是否收支平衡，必须全部上交兑换成人民币，亏了由中央补助，赚了的统统收上去。

这样的制度，一方面使得出口企业缺乏创汇积极性，不利于深圳走外向型经济的发展之路。另一方面，虚高的挂牌汇率，让黑市"倒卖"外汇的行为屡禁不止。

刚刚上任，李灏就碰上了"特发倒卖外汇案"。面对北京来的调查组，李灏据理力争。他表示，企业拿三四块人民币的成本出口换汇成一个美元，官方结算只给两块八人民币，企业必然亏损。因此在"黑市"上，一美元可以兑换到四五块人民币，应该是符合经济规律的，个人并没有从中牟利。

"他这是合理不合法。你们抓人抓得太冤枉了。"

那么，如何让外汇交易合理又合法？李灏想到，建立外汇调剂市场。

1985 年 11 月，深圳市成立了我国第一家外汇调剂中心，委托深圳市人民银行具体操作。外汇买卖双方可以到外汇调剂中心参加调剂，市场作价。

同时，为了对政府机关开办的企业进行有效管理，李灏提出成立深圳市投资管理公司，管理一百多家市属国有企业。1987 年 7 月，中国第一家国有资产管理机构——深圳市投资管理公司正式挂牌成立。

1989 年，深圳完成了全市国有企业清产核资，开启了国有资产监督管理体制改革的序幕，探索了政资分开、政企分开，以产权为纽带，加强国有资产管理的新路子。

而建立城市规划委员会则是城市发展的需要。李灏回忆，特区建设初期，一切规划都靠北京。“我说，规划既要听中央、省里的意见，但整体上规划权还是要掌握在地方手上。”从李灏开始，谁当市长谁就当特区规划委员会的主任。这项制度传统一直延续至今。

此外，建立监察局是一项带有开创性的重大行政体制改革。监察局成立的目的，是针对腐败问题。与检察院、反贪局不同，监察局的主要职责是“监察同级”，重点是监察市政府领导班子，并首倡“立法、教育、办案”的六字监察方针。

“这几项改革，有的很顺利，有的从决定到成立，经历了两年时间。其中的艰难可想而知。在改革推进过程中，化解了矛盾风险，站稳了脚步，管好了队伍，管好了资产，就为下一步经济发展铺平了道路。”李灏说。

“不调整就没有出路”

除了继续推进改革，当时的深圳还有一些难题亟待解决。经过最初几年的高速发展，深圳经济急剧升温，逐渐超过了自身的承受能力。

李灏回忆说，由于深圳基建规模过大，资金全面紧张，也给市财政不断增加压力。不得已，市财政只有向银行贷款用于基建，几年下来透支近八亿元。而在基建规模过大和投资结构不合理的大背景下，外汇和财政收支不平衡等一些问题也逐渐浮出水面。

1986 年初，中央及时召开全国经济特区工作会议，对深圳的发展指明了方向。会议指出，深圳是全国改革开放的试验田，主要作用是先走一步，创造出新鲜经验来，深圳把工作重点转向建立以工业为主的外向型经济上来，由过去的铺摊子、打基础，转到抓生产、上水平、求效益上来。

"这次大调整，是深圳建立特区以来面临的第一次严峻考验，有人用壮士断臂来形容，血淋淋的。但是，不调整就没有出路。"李灏用了两年时间，对基建规模、债务等进行了全方位的调整。

调整中，最难的任务是压基建规模。这项工作涉及面广，一些干部职工对此也不够理解。"我在深圳工作的八年中，压力最大的就是这个时期。"在李灏眼里，基建规模调整是一场艰难的"攻坚战"，为此他承受了巨大的压力。

最终，深圳啃下了这块"硬骨头"。1986 年，深圳对全市 1500 多项基建项目进行了全面清理，基建规模被压缩一半以上，施工队伍裁减近十万人，20 层以上的高楼停建了 60 多栋。

李灏指出，调整必须与改革结合起来，走出"一放就乱，一收就死"的怪圈，为特区长远发展、为建立新体制新机制打下一个基础。这大调整的两年，也是深圳改革措施最多的两年，如规定政府不为企业担保贷款、国有企业股份制改造、土地使用权拍卖、公开招聘局级干部等。

经过调整，深圳的经济开始进入正常轨道，再未出现过大的起伏。

"1988 年全国开始治理整顿经济秩序的时候，我们已经走出了调整的阵痛，开始了又一轮改革发展的急行军。"李灏说。

"要按国际惯例打篮球"

5 月的深圳，已颇为炎热，就在我们到访的当天上午，李灏还顶着烈日，到深圳龙岗区考察了证券山公园建设进展，并参观了在该公园举办的"先行先试中国资本市场探索之路"展览。这座公园将建设各项证券主题文化设施，展现新中国证券事业的发展历程。

证券事业的发展，要从股份制改革说起。"尽管我们率先成立了投资管理公司，解决政企不分的问题、有限与无限的问题，但还不能解决国有企业自身的问题，还必须进行股份制改革，营造一个'按国际惯例打篮球的地方'。"李灏说。

1986 年 10 月，《深圳经济特区国营企业股份化试点暂行规定》出台，将赛格集团公司、建设集团公司、物资总公司等六家市属大型国营企业作为试点单位，开始了我国最早的国营企业股份制改革。

对国有企业进行股份制改造，建立新型的股份制企业，必然出现股权的流动，证券市场也应运而生。人们所说的"深市老五股"：深发展、深万科、深金田、深安达、深原野先后完成股票发行和进入柜台交易。1987年9月27日，深圳成立了经济特区证券公司，标志着深圳股票市场正式诞生了。

"1988年，我去英国、法国、意大利三国考察。在座谈会上，英国一家基金公司经理说，我们不能直接投资你们的工厂企业，只能买你们的股票。"李灏说，这个问题对他来说很新鲜，同时也给他提了个醒：面对日益增长的股票交易量，仅靠柜台交易是不行的。

回国后，李灏马上开始筹备建设证券市场，聘请香港新鸿基证券公司当顾问，帮助起草证券市场整体方案，起草各种法规制度，培训干部等。当年11月，深圳市政府成立了资本市场领导小组，并着手进行证券交易所各项筹建工作。

1990年11月，深圳证券交易所筹备工作基本就绪，计算机操作交易系统也完善了。参观时，李灏问，既然准备完成，为什么不开？工作人员表示，没批下来。李灏当即表示："批不批政府会负责，你们一定要开，先实验嘛。"

在1990年12月1日，深圳证券交易所正式成立并开始试营业，直到1991年批下来，才补办了开业仪式。"这是先生孩子后登记。"李灏说。

深圳证交所的成立，不但掀起了炒股热，更带动了证券、基金、银行等金融机构和金融业的发展，引领了深圳高端要素市场和高端服务业的迅速发展，同时奠定了深圳在全国资本市场体系中的重要位置。

如今，深交所上市公司数量，已从最初的"老五家"增长至2017年的2089家，总市值高达235761亿元，形成了主板、中小板、创业板的多层次资本市场体系，呈现出证券业、基金业和期货业共同蓬勃发展的良好局面。

"搞改革，没有胆量办不成事"

2015年，光启马丁飞行包在中国首发，当时已89岁高龄的李灏兴致勃勃地体验了这项新发明。他头戴3D眼镜，握紧方向杆，感受了一把"飞翔"的感觉。他对新兴事物的好奇，对创新的热情，并没有随着年龄的增长而退去。

"有人说我胆大，敢大胆改革往前冲，有我在他们就不怕。其实，别看我个头大，其实胆子很小。”谈起胆量，李灏总是这么说。

主政深圳期间，李灏正是以“敢为天下先”的精神，大胆冲破计划经济体制，率先探索和初步建立起深圳社会主义市场经济体制的基本框架，树立起“特区”这块金字招牌，为全国起到了率先垂范的作用。

如今深圳的发展日新月异。李灏主政时建设的深南大道，已经成了城市最重要的主干道。道路两旁，一座座地标建筑拔地而起，花团锦簇、绿树成荫。随着道路向东西伸展，深圳，这个改革开放的窗口，也就完整地展现在眼前了。

李灏回忆说，刚南下时，他经广州中转，几经周折才到达深圳。因此，他十分重视交通基础设施建设，尤其是盐田港和深圳机场的建设，为深圳发展外向型经济，建设国际化大都市提供了有力支撑。只用了短短二十来年，深圳的港口和机场数量就已经双双跃居全国前列。

离休后，李灏依然对深圳的发展怀着一份关心和热忱。

2001 年，深圳读书月组委会聘请李灏为读书月总顾问，每年读书月的开幕式上，都能见到他的身影。如今，深圳读书月已经走进千家万户，融入市民生活，成为深圳市民的文化庆典、城市的文化名片和实现市民文化权利的重要载体。

2005 年 12 月，在李灏的倡导下，深圳经济特区研究会成立，他担任首任会长。李灏对研究会的同事说，“你们的一个重要任务就是守住特区，别把特区搞丢了。”

同时，他热情鼓励支持以促进改革创新为宗旨的深圳创新发展研究院，担任创新发展研究院的顾问，连续多年参加创新发展研究院举办的“大梅沙论坛”。

“这几年深圳的变化很大。”李灏认为，近年来深圳市推出不少改革和创新举措，又有许多令人欣喜的发展。“从开放程度和国际影响看，经济特区建设在不断增加创新优势、迈上新台阶。”

“小心谨慎还是要的，但开拓创新精神更重要。国家要发展，民族要兴旺，搞改革，搞开放，没有胆量办不成事。”李灏说，很多的事情，如果等到十拿九稳才去做，就贻误了发展的良机。只要正面效果好，符合“四个有利于”就可以尝试去做。“我相信，深圳的下一个 30 年，一定会更加美好！”

厉以宁

成功的改革不可逆转

从“厉股份”到“厉民营”，在中国经济发展的不同阶段，从他学术观点中提炼出的名号，总代表着当时讨论的焦点——他就是厉以宁。

每次出席公开活动，厉以宁都是在全场潮水般的掌声中，缓步走上讲台，从手腕上摘下手表，放到桌上，然后直奔主题。讲到现实问题时，他表情严肃，提高声音。从 1978 年的解放思想开始，他见证、参与了改革开放 40 年中的每一次前进与彷徨。

下决心探寻一条社会主义经济的新道路

1978 年，中央停止“上山下乡”，上千万返城知识青年的就业一下子成了大问题。1980 年 4 月，中共中央书记处研究室和国家劳动总局联合召开劳动就业座谈会，时任北京大学经济系副教授的厉以宁受邀出席。

从反右到“文革”，20 年的动荡中，作为北京大学的教职人员，厉以宁虽然坐了 20 年冷板凳，但记了大量读书笔记，写了颇有见地的文章，一小本一小本藏到床铺下。改革开放后，正是凭借“文革”期间积蓄的这些“家底”，他担起中国经济学界领路人的重任。曾有人笑言，厉以宁出名太容易了，把过去那些压在床底下的稿子拿出来发表就够了。一句玩笑，几多辛酸。

这 20 年的坎坷也让厉以宁的经济观点发生了剧烈变化。“多次下放，使我看到农村的贫困和城乡人民生活水平的低下，我发现自己在大学阶段所学的那套东西同现实的距离是那么大。中国要富强，人民要过上好日子，看来不能再依靠计划经济的模式了。”厉以宁下决心探寻一条社会主义经济的新道路。

正是在这次劳动就业座谈会上，厉以宁第一次提出股份制，认为“可以号召大家集资，兴办一些企业，企业也可以通过发行股票扩大经营解决就业问题”。三个月后，他在中央的一次工作会议上再提股份制，一些学者赞同这个大胆的想法，时任国务院副总理万里也表示支持，但反对者仍占多数，甚至有人说厉以宁“明修国企改革的栈道，暗度私有化的陈仓”。1986 年 9 月，厉以宁在《人民日报》上发表了《我国所有制改革的设想》一文，此后又多次为国有企业股份制改造大声疾呼，从此得了个“厉股份”的称号。质疑声一直伴随左右，但他不卑不亢：“排除那些扣帽子式的所谓‘争论’，正常的学术争论是学术繁荣的必由之路。”

1987 年 5 月，承包制作为股份制的替代方案被提出来。“首钢的周冠五是承包制的代表人物，在他的带领下，改革后的头三年，首钢净利润年均增长 45%。”但厉以宁认为，承包制仍然不完善，它在把部分剩余控制权和剩余索取权交给承包者后，企业产权的界定反而更模糊了，发包者与承包者之间的利益冲突加剧，双方更容易发生侵权的行为。1995 年，首钢因过度扩张陷入困境，周冠五被免职。随后，首钢走上股份制道路。

1997 年 1 月，第三次全国工业普查结果出炉，39 个大行业中，有 18 个是全行业亏损，股份制改革势在必行。9 月，股份制正式写入十五大报告。厉以宁说，这是中央在正式文件中第一次对传统所有制理论作出重大修正。从此，石油、电力、电信、民航、银行等领域的国有企业纷纷转变成股份制企业。

2009 年 11 月 22 日，厉以宁 80 岁生日那天，第二届中国经济理论创新奖（2009）揭晓，国有企业股份制改革理论以 84 票赞成获奖。厉以宁接过奖杯，会场掌声雷动。股份制理论从提出到获奖用了近 30 年，这 30 年的经济腾飞是对厉以宁最好的致敬。

主持起草《证券法》

1992 年 6 月，厉以宁担任《证券交易法》起草组组长，从股份制的倡导者转变成了相关法律草案的起草者。

1993 年 1 月，《证券交易法（草案）》第三稿讨论会召开，将《证券交易法》改名为《证券法》。1994 年 3 月，《证券法（草案）》进入第四稿讨论，因为小组成员分歧严重，讨论被迫搁浅长达三年。其间，证券市场发展混乱，坐庄、内幕消息、造假等现象频生。1997 年，亚洲金融危机爆发，出台《证券法》的呼声再次高涨。

1998 年 10 月，全国人大常委会再次审议《证券法（草案）》时，各方在法条的适用范围上又发生了分歧。全国人大法律委员会主张“股票、公司债的发行依照《公司法》的规定，《公司法》未规定的，适用于本法。政府债券、金融债券、投资基金券的发行，由法律法规另行规定”。起草组成员、北京大学教授曹凤岐看到此稿，顿时气上心头：“（都适用别的法律）那《证券法》还调整什么？”作为全国人大财政经济委员会副主任委员、起草组组长，厉以宁表态说：“第二条如不修改，绝不通过这个稿子。”最终，会议接受了财经委的意见，将第二条改为“（都）适用本法”，“本法没有规定的，适用于其他法律”。1998 年 12 月 29 日，在第九届全国人大常委会第六次会议上，《证券法》以 135 票赞成、1 票弃权、2 人未按表决器的结果高票获得通过。

一年后，中央成立《证券投资基金法》起草小组，仍由厉以宁任组长。

2003 年 10 月，该法案在第十届全国人大常委会第五次会议上以高票获得通过。

“民营经济之春”

此后，厉以宁在民营经济研究上投入了更多精力。2003 年下半年开始，刚担任全国政协常委、经济委员会副主任的厉以宁牵头成立了一个 20 多人的调研组，在辽宁、广东、浙江、深圳等省市频频召开座谈会，拜访当地企业家。一个多月后，调研组汇集了一份长达 17 页的调研报告，提出放宽非公有制经济市场准入、拓宽融资渠道、加大对非公有制经济的财税金融支持等建议。2004 年 2 月 13 日，这份报告连同厉以宁的一封信递交到国务院。时任总理温家宝当天批示：“促进非公经济发展，应有一个通盘考虑，着手研究一些重大的政策性问题，形成一个政策性指导文件。”

2005 年 2 月 25 日，新华社发布《国务院关于鼓励支持和引导个体私营等非公有制经济发展的若干意见》，允许非公有资本进入电力、电信、铁路、民航、石油、金融等行业和领域。这是新中国成立以来首部以促进非公有制经济发展为主题的中央政府文件，因文件内容共 36 条，被简称为“非公经济 36 条”，2005 年也被称为“中国民营经济之春”。

但在实施过程中，厉以宁发现，政策应有细则，但“非公经济 36 条”还是比较笼统。以至于有人讲，“36 条”准入的门是个“玻璃门”，能看见里面，但进不去。或者说，是个进去了又不得不在非市场因素干扰下被迫退出的“弹簧门”。2010 年全国两会期间，厉以宁在温家宝出席的政协经济、农业联组会议上第一个发言，详细阐述了民营经济发展中的困难。温家宝随即回应：“要放宽民营经济的准入，解决所谓‘玻璃门’和‘弹簧门’的问题，真正自愿投资。投资能够达到我们期待的结构转型方向的，我们都应该支持。”

2010 年 5 月 13 日，国务院发布《国务院关于鼓励和引导民间投资健康发展的若干意见》。其中，“允许”变成了“鼓励”，在市场准入的条件、范围、扶持政策等方面做了更明确、宽松的规定，中国民营经济又一次迎来春天。

对学生论文中的标点错误都细心改正

“我从来不想从政，只想做一个学者。”30 余年教书生涯里，厉以宁培养了大量优秀学生，其中不乏政界要人和许多商界精英。

厉以宁说，80 多岁了，他仍坚持给本科生上大课，听课的学生挤满教室。据一位大三学生回忆：“厉老师讲课大多数时间不用讲稿，只在卡片上列出提纲。讲课时，他或站，或坐，或走动，脸上挂着轻松的笑容，一双眼睛闪闪发光。他会忽然注视着某个同学，请他发表自己的看法，或者讲完一段后问大家，‘你们看有没有道理？’”

厉以宁批改学生的论文非常认真。他的一位学生回忆说：“我当厉老师学生的时候只是一个名不见经传的干部，而厉老师已经是很有影响、受人尊重的著名教授。他审阅我的硕士论文时，从题目、结构、观点到打印格式，都给予细心指导，花费了大量心血，甚至用错的标点符号，他都发现并向我指出来。厉老师这种扶持后生、诲人不倦的精神，每每想起，我都十分感动。”

滕飞是北京大学光华管理学院党委副书记，2000 年至 2010 年间师从厉以宁。滕飞回忆道：“有一次跟厉老师到贵州毕节去调研，厉老师婉拒了当地政府安排的参观活动，主动提出‘我们自己走走看看吧’。他走到哪儿，就直接跟那儿的农民聊天，获得第一手资料。”

滕飞说，厉以宁像普通人那样生活，也像学者那样观察生活。“厉老师没请保姆，自己做饭，还常去菜市场买菜，老百姓感受到的东西就是厉老师感受到的东西，所以他能真实了解目前经济运行得到底怎么样，非常有质感。”

2004 年，著名经济学家董辅礽重病在床，无法继续辅导博士生，便恳请厉以宁将他的几位博士生收入门下。厉以宁欣然答应：“我和董老师是多年好友，董老师的学生就是我的学生。”曾任中国铝业国际贸易公司副总经理的程志强就是这几位博士生之一。他说，自己又在厉老师的指导下读了博士后，在企业工作期间，只要有时间，他就和厉老师一起做研究。

“携手同行五十秋，双双白了少年头”

学术之外，厉以宁对家庭充满了柔情。他与夫人何玉春的缘分始于湖南沅陵。当时，厉家租住在沅陵何家的房子里，厉以宁与何玉春的哥哥何重义是雅礼中学的同学，但当时 7 岁的何玉春对厉以宁并没多少印象。1957 年，何玉春已从华中工学院电力系毕业，分配到辽宁鞍山钢铁公司发电厂工作，她去探望随哥哥定居北京的母亲，和厉以宁重逢。两人一见钟情，开始了“异地恋”。

一天，何玉春接到厉以宁的信，信中只有16个字："春：满院梨花正恼人。寻谁去？听雨到清晨。"这首《十六字令》被同学们称为"世间最短的情书"。当时，厉以宁是"有问题的人"，工资比何玉春还低2元，但何玉春毅然选择了他。1958年春节，两人在北京结婚。婚后第五天，厉以宁要去京郊劳动，何玉春得回鞍山工作，厉以宁满怀离愁，又写下一首诗："昨夜频频双举杯，今朝默默两分飞。新婚初解愁滋味，咽泪炉前备早炊。"

从此是13年的两地分居，每年只有两周探亲时间。1958年底，他们的女儿厉放出生；1963年，儿子厉伟出生。1969年，厉以宁下放江西，将一双小儿女留在北京，交给自己的母亲照料。

1970年12月，何玉春放弃一切调到江西。夫妻俩住在放农具的茅草房里，房间一角还有黄鼠狼做的窝。能在一起，已经让厉以宁无比满足："往事难留一笑中，离愁十载去无踪。银锄共筑田边路，茅屋同遮雨后风。朝露冷，晚霞红，门前夜夜稻香浓。纵然汗渍斑斑在，胜似关山隔万重。"

改革开放后，国内外学术机构竞相邀请厉以宁讲学、考察，何玉春常伴其左右。厉以宁身兼多项社会职务，何玉春就当"秘书"：在收发室，学生们经常看到何师母替厉老师取信件，有时多得拿不动；在家里，她是厉以宁著作的第一读者，厉以宁说："她是电气专业的高级工程师，经济学不是她的本行，她在阅读书稿时，感到这儿或那儿还不够简明，不易被人们看懂，我就进行修改，直到她满意了为止。"

2008年，在金婚时，厉以宁写道："携手同行五十秋，双双白了少年头。凄风苦雨从容过，无悔今生不自愁。"北大的女教师无不感慨：何老师是世界上最幸福的女人，不在于厉以宁有多大名气，而在于厉以宁为她写诗，从青春年少写到了满头白发，从新婚宴尔写到了儿孙满堂。

直到现在，只要两个人一起出去就写写诗。"她会摄影，她的照片我认为好的，出了集子的，每一幅我都配上诗，已经出版了两卷，第一卷名叫《心宽无处不桃源》，第二卷名叫《沉沙无意却成洲》，都是我诗里的句子。"厉以宁说。

当被问道："夫人收到这些情诗很高兴吧？"厉以宁赶紧分辩："这不是情诗，都这么大年纪了还写什么情诗。"一屋子人被他逗得哈哈大笑，他也乐呵呵的，快乐如顽童。

厉以宁的学生程志强说："厉老师不仅在治学上是个大家，在治家上也是一个大家。”夫妻两地分居13年，厉以宁既当爹又当妈，着意培养孩子的进取心。他曾说：“如果孩子有能力，我不必留钱给他们，因为他们有能力自己挣；如果孩子没有能力，留钱给他又有什么用呢？”女儿厉放出国留学时与一名澳大利亚小伙子结婚，现在就职于香港一家金融机构。儿子厉伟获得北大经济学硕士学位后前往深圳创业，现任一家创业投资有限公司的董事长。厉以宁共有四个孙子、孙女和外孙，最大的一个已经上大学了，学的是海洋环保。

采访的最后，记者问厉以宁，在经历了战争、动乱，也经历了功成名就之后，有什么人生体会能留给年轻人。他说：“我的一生分三个阶段：抗日战争时期，经历了逃难、轰炸；新中国成立后，经历了各种运动，特别是在‘文革’时劳动改造了很多年；1979年以后仍然有些波动，但没有太大影响了。一个人受些磨难是有意义的，能锻炼人。回首过去，无论什么境遇下，我都坚持自己的观点。可以不说话，但不要说假话。”

高尚全

敢讲真话的改革家

高尚全敢讲真话，会讲真话，更会讲故事、打比方。深奥的理论，经过他鲜活的语言，就变成了简单明白、人人能懂的道理。

高尚全今年九十高龄了。

即将鲐背之年，老先生依然“朝九晚五”——每天早上九点前到他那位于皂君庙的办公室，经常一忙就是一整天，晚上五六点才回家。

拜访他时，我去了那栋小楼。隐藏在老街的一处小院背后，灰扑扑的颜色，有些旧。小楼只有两层，门楣处一块小小的牌子上写着“中国经济体制改革研究会”，毫不起眼。走到近前，才能看清上面的字。

中国改革开放汇聚了各方面的智慧，高尚全就是其中一位参与者与推动者。

早在20世纪50年代，他就敏锐地意识到了计划经济的缺陷，公开呼吁要给企业一定的自治权。从1982年起，他在国家经济体制改革委员会从事经济体制改革的研究、设计和有关领导工作，六次参加中央重大文件的起草。香港回归，是他主持了特区筹委会经济小组工作。步入新世纪，他又是最早提出政府治理改革的学者之一。

改革，改革……

这是他一生的魂牵梦绕、情思所寄，是他重复频次最高的词语。

与改革结下“前缘”

高尚全出生在上海嘉定的乡村。以他的家境，念完小学本该去当学徒，学一份谋生的手艺了。命运在这时拐了一个弯。族中一位开工厂的舅父见他聪慧，书也念得不错，便说愿意资助他继续上学。初中在县城，离家遥远，高尚全就搬进舅父的厂子里，与工人们吃住在一起。他心中感激舅父，又不想“吃闲饭”，于是平时总帮着厂里干活儿。几年下来，工人会做的，他都会了。让他记忆最深的，就是发电。那时候电力很紧张，常常要靠人工发电——通过蹬踩，带动机械运转，像蹬自行车一样。高尚全蹬过好多次。

初中毕业，高尚全考上了圣约翰大学附属高中，到了上海。高中念完，被圣约翰大学经济系和复旦大学海洋系同时录取，他选择了前者。

圣约翰大学是中国第一所现代高等教会学府，素有“东方哈佛”之称，从这里走出了顾维钧、宋子文、孔祥熙、林语堂、邹韬奋、贝聿铭、周有光、荣毅仁、经叔平、鲁平、钱李仁、朱良、董乐山等一批风云人物，投身政坛、商界、科学、文化、艺术等各领域的都有，可以说深深影响了中国历史的进程。

很幸运地，高尚全成为圣约翰大学的最后一届毕业生。学校采用当时最先进的教学方法，活跃的思想氛围，创新的教育理念，培养了他爱思考的习惯和开放的心态。

大学毕业，高尚全不愿继续待在上海，想去外面“见识一下”。于是，他来到东北，被分配在东北人民政府工业部机械工业局工作；七个月后，各大经济区撤销，又调到了位于上海的第一机械工业部。

1956 年 12 月 6 日，《人民日报》第二版发表了一篇文章，叫《企业要有一定的自治权》，旁边还配发了一幅漫画，讽刺各种手续的繁杂。这便是高尚全的得意之作。

当时，他已经在一机部干了三年，耳濡目染，发现了不少让人哭笑不得的怪现象。

比如说吧，沈阳有两个相邻的厂，一个冶炼厂，一个变压器厂，冶炼厂生产铜，恰好，变压器厂也需要很多铜。原本，只需要跨过一道墙，这生意就成了。但当时的计划经济体制是通过部门来实行的，冶炼厂的铜被冶金部调往全国各地，变压器厂需要的铜却是由一机部从全国各地调过来。一进一出，不仅耽误的时间长，还白白浪费了那么多人力物力。

又比如说，一机部的招待所里，常年住着 1000 多号人。这些人是哪儿来的呢？他们都是各企业派来的代表。企业无法自己做决定，没有生产任务了，没有原材料了，没有电了……什么都得找部里，可谓那个年代的“跑部钱进”。科里没几个人，却要管全国的事，根本管不过来，官僚主义也滋生起来。

1956 年夏天，上海的天气特别热。那时还没有空调，为了不影响生产，有家企业想买个鼓风机，就打报告申请。芝麻大的事儿，竟要经过七个部门的层层审批。等申请批下来，夏天早已经过去了。

所见所闻，令高尚全如鲠在喉，不吐不快。年轻人“不知天高地厚”，就向《人民日报》投了稿。没想到，文章很快刊登出来，中央人民广播电台还作了转播。当时，高尚全正陪着时任一机部副部长的汪道涵在沈阳出差。他至今还记得，汪道涵扭头对他说了一句：“小高，你听，广播里面有你的文章。”语气里分明是赞赏。

高尚全大受鼓舞。经此一事，他算是与改革结下了“前缘”。改革开放以后，这篇文章还引起了国际机构重视，联合国开发计划署署长威廉 · 德雷普热情地告诉他，这篇文章已被联合国译成英文，还加了序，并由衷地称他“中国前驱的改革家”。

然而，当时的思想氛围，仍是保守势力占了上风。很多人顽固地认为，社会主义只能是计划经济，计划经济政府就得统统管起来。很快，“反右”运动到来，因为这篇文章，高尚全差点被打成右派。好在一机部是个大部，人多，“大目标”也比较多，5%

的“右派指标”很快便摊派完了。当时才20多岁的高尚全只是个“小角色”，侥幸从这场风暴中安然脱身。到了“文革”期间，还有人给他贴大字报。

此番遭遇，并没有让高尚全变得“谨慎”。他一辈子敢于直言。他跟我说，搞改革的人，需要一点“逆向思维”和创新精神。但在我看来，更重要的，还有他那种“虽千万人吾往矣”的勇气。

“认为对的，我就要说”

1993年11月，中共十四届三中全会通过的《中共中央关于建立社会主义市场经济体制若干问题的决定》中，第一次提出了“资本市场”和“劳动力市场”，可谓重大突破。而“劳动力市场”的出炉，就是高尚全力争的结果。

在起草《决定》时，组里多次讨论，领导都没通过，只同意写“劳动就业市场”。高尚全一直“耿耿于怀”。修改稿到中央政治局常委会讨论时，高尚全也列席了，这样的会议，本轮不到他发言，但他抓住机会，鼓足勇气举手示意，一口气数出五条理由，坚持应该使用“劳动力市场”一词。

时任中共中央总书记的江泽民同志认真听完他的发言，问：“这么提，社会上能接受吗？”高尚全笃定地说：“只要是中央提出的，肯定能！”

也许是他强烈的信心感染了大家。最后，经过进一步的研究，在起草小组组长温家宝的努力和政治局常委的支持下，“劳动力市场”终于被写进了文件。

还有一次，高尚全应邀到山东做报告。当时，山东诸城出了一个“陈卖光”，闹得沸沸扬扬。诸城有一批“大跃进”时期建立的国有小企业，亏损严重，这位叫陈光的县委书记为了解决实际困难，提出将它们改制出售，所以得了这么个绰号。很多人反对，说他出卖国有资产，走资本主义道路。

报告现场，有人问高尚全对这件事怎么看。他毫不客气地讲了一大段：

“诸城的改革姓‘资’还是姓‘社’，判断的标准，只能按小平同志说的是否符合‘三个有利于’。我看到一个对300个诸城青年职工的问卷调查，问卷的题目是‘假如有人偷国家工厂的东西，你怎么办？’答案有三个选项，一是与小偷做斗争；二是装作看不见；三是你偷我也偷。问卷回收的结果，选择与小偷做斗争的只有14人；选择装作看不见的220人；选择你偷我也偷的66人。这说明，这种企业财产的组织形式，职工并不关心。所以有人说，国外有一个加拿大，中国有个‘大家拿’……”

他又说，有人总认为，国有化才是社会主义，其实恩格斯早就说过，无条件地把任何一种国有化，甚至俾斯麦的国有化，都说成是社会主义的，这是一种“冒牌的社会主义”。日本有人妄想把钓鱼岛“国有化”，这难道也是社会主义吗？

这番批评，可谓辛辣至极，也十分大胆。

后来，高尚全跟我说：“其实他们心里也明白，就是想借我的口来讲。他们自己不敢说，怕担上责任。我不怕。认为对的，我就要说。”

被高尚全的仗义执言所“拯救”的，还有如今大名鼎鼎的华为。

1997 年，高尚全在参加党的十五大报告起草时，有人给中央写信“举报”华为科技公司，说它姓“资”不姓“社”。理由是：华为国家没有投资，是非公有制企业，又搞了职工持股，背离了社会主义方向。高尚全敏锐地感觉到，这关系到改革中必须弄清的重大原则和方向。他主动提出去深圳实地调研。

调研的结果令他很兴奋。华为的创始人任正非以 2.1 万元起步，国家没有投入一分钱，企业却给国家创造了巨大的税收和财富，解决了十几万人的就业，职工也分享到了发展的成果。这样的企业，应该是改革的典型啊！怎么不姓“社”呢？高尚全认为，它恰恰“回答了什么是社会主义、怎样建设社会主义的问题”。

后来，党的十五大报告中明确提出的“劳动者的劳动联合和劳动者的资本联合为主的新型集体经济，尤其要提倡和鼓励”，其中就有华为的启示。

而这些情况，作为“当事人”的华为一直被“蒙在鼓里”。很多年以后，任正非才从浙江大学管理学院院长吴晓波口中听说了这个故事，十分感激，也很感动。他专门来找高尚全，当面道谢：“您怎么做了好事也不告诉我？”高尚全说：“用不着（告诉），我做这些事不是为了你们一个企业，也不是图别人的感谢。”

任正非一再邀请他去华为看看，他总也未能成行。直到有一次他到深圳开会，才再次走进华为的大门。

“所以，到现在我没花过华为一分钱。”老爷子笑着说。

改革是无止境的任务

高尚全特别会讲故事、打比方。深奥的理论，经过他鲜活的语言，就变成了简单明白、人人能懂的道理。

他讲社会主义和市场经济的关系，用吃饭打比方。“市场经济是一般，社会主义条件是特殊。特殊是一般基础上的特殊，不是完全颠覆式的特殊。人饿了要吃饭，这是一般规律；只是外国人吃西餐，中国人吃中餐，武汉人爱吃热干面，北京人爱吃炸酱面，这就是不同国家不同地区的特殊。但你不能用特殊否定一般，不能因为我们不吃西餐，就否定饿了要吃饭。”

他讲建立劳动力市场的必要性。“新加坡总理李光耀对中国的改革是肯定的，但他说我们的汽车司机态度欠佳。为什么呢？因为司机认为我是工人阶级，是主人，你坐车的是仆人，主人怎么会给仆人服务呢？这是混淆了作为整体的工人阶级和单个工人的概念……我在一机部工作时，有个局长要乘车出去开会。刚坐上车，司机就说车子坏了，你下来帮我推一下吧。局长于是下来推，出了一身汗，司机才说可以上车了。后来听说，那辆车一点毛病都没有，司机那天心情不好，故意刁难。你看，这就是用行政手段配置劳动力的弊端。”

有这项“绝技”压身，高尚全做报告不用稿子，只用脑子。前些年演讲前，他还要准备一个提纲，到了 70 多岁以后，连提纲也不用了。

“不念稿子，现场气氛会更好嘛。”他开玩笑说，“还可以防止老年痴呆。”有人夸高尚全讲话总是很有新意。他归因于自己对新事物的关注。

他愿意尝试新工具。记得有一次，我给他发点资料，为了使他方便，特意用短信发过去，他却奇怪地问：你怎么不用微信？言下之意，似乎是在疑惑：你以为我连微信都没有？问得我不禁一乐。我见过许多老人，其中不乏比他年轻十几岁的，连电脑上网都没弄明白的也是常有的，他却早已紧紧跟上了“移动互联”的潮流。

他也非常关心时事。中兴被制裁的案子掀起了轩然大波，他说，网上的讨论有好处，能让我们对国情有更清醒的认识。“成天说中国要引领世界了、有六个方面超过美国了……对于这种声音要警惕，要当心‘捧杀’。在很多方面，我们还有很大的差距。”

他尤其推崇新思想。他爱读《乔布斯传》和《硅谷钢铁侠》，对乔布斯的经历和埃隆·马斯克几次面临破产都如数家珍，也对他们的创新精神佩服不已。“把人送到火星上去生活，敢想啊！这不就是最大的创新？”2018 年 4 月底，他在“2018 中国改革论坛”上发言，讲建设创新型国家要“五力（动力、活力、创新力、执行力、竞争力）并举”，其中强调最多的就是“创新力”。

在中国改革的每一次重要关口，高尚全从未缺席。

从1984年到2003年，中央作出的综合改革基本上都是每十年一次——1984年是《中共中央关于经济体制改革的决定》，1993年是《中共中央关于建立社会主义市场经济体制若干问题的决定》，2003年是《中共中央关于完善社会主义市场经济体制若干问题的决定》。这三次改革的《决定》，高尚全都参与建言献策。

到了2013年，眼看又是十年过去了，他觉得中央又到了应当作出决定的时候，于是给中央提了两次建议。第一次是关于十八届三中全会的主题，他建议将文件命名为《中共中央关于全面深化改革的决定》，建议将建立官员财产公示制度作为突破口，尤其是要率先公示不动产，把在反腐败中罚没的财产作为扶贫基金，还建议成立一个强有力的中央全面深化改革领导小组；第二次是建议发挥智库的作用，调动广大群众的积极参与。这些建议，均受到中央的重视。

每当这样的时刻，高尚全内心的满足都无与伦比。

“这是作为一个改革者梦寐以求的事情。”直到现在，只要出现在公众场合，他仍是三句话不离“改革”。媒体说他一辈子只做了一件事，就是改革，所以称他为“高改革”。

而在“改革者”的标签之外，他似乎没有别的生活。很少有人知道他的家庭。他的发妻早在30多年前就因小脑萎缩离他而去，伤痛之余，他更加一心扑在事业上。唯一的儿子考大学、找工作，都是靠自己，“小高”都快退休了，单位也没人知道他是高尚全的儿子；而唯一的孙女至今仍待业在家。高尚全从来没利用职务之便为他们铺过路、架过桥。如今，高尚全已经有了第二任妻子，日子过得和和美美，但他能够陪着家人的时间，仍旧少得可怜……

“有很多人问我图个啥。我放心不下呀！觉得这是我的责任。”改革是无止境的任务，需要他无止境的思考，“尤其是当改革碰到困惑的时候，更应当发出自己的声音。”

搞了一辈子改革，有没有遇到过别人的威胁或是收买？我问他。

“收买没有过，威胁嘛，不能说没有。”这些年来，有人千方百计地给他这样的人扣上“资本主义”的帽子。但他浑不在意。

在他看来，如今的改革还面临不少挑战和问题，需要大家直切忧患、合力解决。深化改革要听取各方意见，包括那些批评和质疑的。“国家多听听不同的意见，有好处的。”

是的，高尚全一向敢讲真话，永远不乏勇气。

胡福明

以真理的精神追求真理

记《实践是检验真理的唯一标准》的主要作者胡福明教授

“我以为，只要是全心全意为人民着想，为人民谋利益，一心一意搞现代化建设，坚持改革开放，使得人民生活水平不断提高，国家富起来强起来，军队更强大，那么中国就一定会有更好的前途……”胡福明，这位时代老人诉说了一个朴素而真挚的愿景。

还是那张狭小的书桌，还是那一摞摞哲学书籍，在胡福明的书房里，似乎仍存在着他四十年前的沉潜之气。2018 年五四青年节这天，胡福明安静地坐在书桌前，凝神聆听习近平总书记在纪念马克思诞辰 200 周年大会上的讲话。他夹起香烟，不禁沉思起来……于动情处，他拿起笔，在泛黄的纸页上颤巍巍地写下两个字——真理。

真理！

1978 年 5 月 11 日，《光明日报》发表特约评论员文章《实践是检验真理的唯一标准》，新华社随即转发。这篇文章在广大干部群众中引起强烈反响，引发了关于真理标准问题的讨论。作为这篇文章的主要作者，胡福明当时正任教于南京大学哲学系。

在《实践是检验真理的唯一标准》发表40周年之际，我们再次见到了胡福明教授。

学习是一件幸福的事

1935 年，胡福明出生在江苏省无锡县长安镇的一个农村家庭。因为家境贫寒，上小学和初中时，胡福明就因交不起学费失学过几次。失学在家的时候，他就帮父亲种田。只有等到空闲时，他才能抱着弟弟跑到学校，站在墙外听老师讲课，一待就是半天。面对求知若渴的孩子，父亲决定，家里就算卖粮食挨饿，也一定要供胡福明读书。

1952 年，17 岁的胡福明考上了无锡师范学校的春季班。“教室里有电灯，晚上能在灯光下读书，是多么幸福的事啊！”至今，胡福明还对无锡师范学校炽烈的灯光念念不忘。在学校里，胡福明将所有时间都用在读书上。即使后来毕业分配到江苏省总工会干部学校工作，他每天下了班，也还是扎在书堆里。

聊起胡福明的勤奋劲儿，胡福明的妻子张丽华忍不住说道：“他每天晚上看书至少要到十一二点。”

机会总是垂青有准备的人。1955 年，胡福明成功考取了北京大学中文系。自小饱尝民生疾苦的他，曾梦想当一名作家，能为群众发声，于是他选择了新闻学专业。“我认为从事新闻工作可以深入了解社会，这是搞文学创作的基本要求。”但是，他很快又发现，新闻工作者需要敏锐的头脑，而胡福明觉得自己并不适合。于是，他又主动到哲学系去听选修课，自学哲学。毕业时，国家刚好要培养一批马克思主义理论工作者，为此要从应届生中选送有志学习的人继续深造。就这样，1959 年的夏天，胡福明被中国人民大学哲学研究班录取，从此再也没有离开过哲学。

虽然没当成作家，但胡福明那颗“为天地立心，为生民立命”的心还在，这驱使着胡福明更加刻苦地读书。他重视学习马列原著，认为原著才是作者的真实思想。面对这些书籍，他如饥似渴，先是逐章阅读，然后逐字逐句阅读，给每个段落归纳内容，分析论点与论据。每读完一节，他便给每一节的内容进行概括，写心得体会。如此，读完全章，再给全章作小结，写感想……每每读完一本书，他几乎可以背诵全书的论点和各章各节的基本观点。生活被哲学的灯塔照亮，他徜徉在深奥的哲学书籍里，甚至达到了忘我的境界。这个年轻的读书人，也许从未想过，在此阶段所打下的深厚功底，多年以后激起一场时代大潮。这是命运的偶然，或许也是历史的必然。

1961 年北京的仲夏，在胡福明的记忆里是甜蜜的，他完成了自己的人生大事，与从家乡无锡赶来的张丽华结婚了。1962 年 12 月，面临毕业分配，中国人民大学的校领导 6 次找胡福明谈话，动员他留校。但因为妻子在无锡当小学老师，他想回南方，就申请分配到了南京大学任教。于是，胡福明的另一段人生开始了。当年从乡下田埂上走出来的穷小子，成为中国高等学府的青年教师。常言道：“凿井者，起于三寸之坎，以就万仞之深。”彼时，读书近二十载的胡福明，还需要将人生这本大书，慢慢读透。

人民是历史的真正主人

“文革”期间，胡福明遭到批斗。“肉体上的痛苦是次要的，思想上的折磨是我最无法忍受的。”说到动情处，胡福明的双眼不禁蒙上了一层泪水。

1976 年，“四人帮”被粉碎。胡福明同全国老百姓一样开心，他以饮酒吃蟹的方式来庆贺“四人帮”的倒台。南京大学师生自发聚集到大操场列队上街游行，那段时间，胡福明开心得像个孩子。他认识到“文革”已经结束，开始积极参加批判“四人帮”的斗争，陆续发表了许多文章，着重从政治理论上揭批“四人帮”。

但不久后，胡福明又变得忧心忡忡起来。1977 年 2 月 7 日，“两报一刊”发表《学好文件抓住纲》的社论，提出了“两个凡是”。揭批“四人帮”、拨乱反正、平反冤假错案，突然降温、刹车。南大校园当时私下批“文革”的很多，但从没有听说过要批“两个凡是”。

1977年的三四月间，正是胡福明思想斗争最为激烈的时期。“我这辈子从来不失眠，但两段时间除外。第一段是被打成‘黑帮’之后，白天被批斗、游街，我晚上睡不着，想不明白。第二次失眠，便是在那个时候了。”胡福明说。

他开始酝酿写文章了。长期与哲学打交道的胡福明敏锐地捕捉到，破解所有问题的总开关就是破除“两个凡是”，否定“句句是真理”，否定“天才论”。

“我始终相信，人民才是历史的主人，人民一旦觉醒了，是没有一种力量能使他们屈服的。”胡福明凝视着书桌上的五星红旗，感慨地说。

总有一种使命在催促人

就在胡福明把文章的主题和结构大概定下来的时候，家里出了一件大事：妻子张丽华在体检时查出肿瘤。

胡福明急了，放下手里的一切工作，带着生病的妻子四处奔走。“‘文革’时她被我牵连，接连又被病痛折磨。”对于妻子，胡福明的言语中有着满满的愧疚，“如果她再出事，我真不知道该怎么办了。”好在查出是良性肿瘤，全家人都松了口气。一心想陪伴妻子的胡福明，索性在医院的走廊里过夜。

南京的夏天无比闷热，蚊虫众多，深夜难眠，胡福明发现医院走廊里的灯光尚可，便在走廊里搁一条凳子，把书一批批地带到医院。早已翻了无数遍的《马克思恩格斯选集》《列宁选集》《毛泽东选集》再一次铺排在眼前，走廊的灯光有些昏暗，但他的心却通透得像面镜子。“两个凡是”是违反马克思主义认识论的。他现在就是要以实践标准来批判“两个凡是”，批判唯心论、先验论和形而上学。

他忘我地在马列著作中挑选着语录、资料，寻找有关实践标准的论述，蹲着身子在凳子上草拟文章提纲，累了就用几条凳子拼起来，眯一会儿。面对每一部分的论证材料，写了又改，改了又写。他全然不顾走廊里来来往往的人群。这么多年来，他太需要痛痛快快地说些什么了！他仿佛再一次回到了学生时代，回到那些没日没夜啃啮哲学书籍的日子里，每一笔每一画，胡福明的手都在颤抖……

一个星期以后，妻子出院，胡福明的提纲也接近完成。为了防止再受打击，胡福明撰写文章的时候，并未和同事们提及，免得连累他们。同时也未告诉家人，怕家人担心自己。“一人做事一人当，传统上也有‘文责自负’的规矩，要进地狱，我一个人去！”他的眉眼间透着一股知识分子的执拗劲儿。

1977 年 9 月初，胡福明从南京大学邮局门口，将 8000 字左右题为《实践是检验真理的标准》的文章，寄给了曾向他约稿的《光明日报》哲学组组长王强华。走出邮局的那一刹那，他在心里想着：“此生不得安宁了。”

文章寄出后，整整四个月没有一点消息。那几个月，只要看到邮递员，他总会上前查看有没有自己的来信。一直到 1978 年 1 月 19 日，胡福明才收到了王强华的来信及文章小样，希望作者将文章做进一步修改。4 月，恰巧胡福明到北京开全国哲学讨论会，王强华便把他接到报社，讨论改稿事宜。于是他白天参加会议，晚上讨论修改文章。第二天一早，《光明日报》的编辑就把修改的大样拿去，傍晚又把重新排版后的大样送来。

胡福明南京大学的同事李华钰，当时也在参加哲学讨论会，回忆起当时的情形，至今历历在目：“《光明日报》的同志就修改文章的问题，不止一次和他进行了讨论。他晚上回来和我们谈起讨论的内容，我们都表示支持他的观点。”后来，光明日报社总编辑杨西光看了清样，表示“这是一篇重要文章，放在哲学版可惜了”，于是胡福明、杨西光、马沛文、王强华，还有中央党校的孙长江、吴江等人共同参与讨论修改，以增加文章的针对性和战斗力。所以，胡福明一直强调这篇文章是集体智慧的结晶。

1978 年 5 月 10 日，中央党校内部刊物《理论动态》发表经胡耀邦同志审定的《实践是检验真理的唯一标准》一文。5 月 11 日，《光明日报》以特约评论员名义，公开发表了这篇文章。新华社于当天转发了文章全文。

这篇文章及其引发的关于真理标准问题的讨论，受到邓小平同志等老一辈无产阶级革命家关注。邓小平同志在各种场合反复强调，要坚持实事求是、一切从实际出发、理论与实践相结合这样一个马克思主义的根本观点、根本方法。他在 1978 年 6 月全军政治工作会议上的讲话，在以后视察东北三省，都对党的思想路线问题，对怎样正确看待马克思列宁主义、毛泽东思想，作了深刻而精辟的阐述，尖锐地批评了那种违背实事求是，搞“照抄照搬”的唯心主义和形而上学观点。邓小平同志以巨大的理论勇气和政治魄力，有力地推动了真理标准问题讨论的深入开展。

真理标准问题讨论冲破了“两个凡是”的严重束缚，推动了全国性的马克思主义思想解放运动，从此，解放思想成为中国人民思想乐章的主旋律；从此，改革开放大潮在中国大地不断涌起。

时代呼唤有担当的人

胡福明有抽烟的习惯，他抽起烟来，一根接着一根，他笑着说烟能让他不断地思考下去。的确是这样，经历了那一场轰轰烈烈的真理标准问题讨论后，胡福明依然在思索的路上：我国建设社会主义要坚持把马克思主义普遍原理与中国实际相结合，走自己的路。1980 年，他写出了另一篇自己很满意的文章《关于我国社会主义发展的特点》，在《社会科学》杂志上发表。虽然反响不如第一篇大，但对于胡福明来说，保持一个学者的严肃思考至关重要。

在妻子张丽华的眼里，胡福明除了“勤”，便是“真”。工作状态下的胡福明，为了深入了解社会，常常深入基层调研，有时候数月才回家一趟。张丽华曾抱怨“家就是你的旅馆、饭馆”，但后来慢慢懂得了，“他对人对事，都是抱着一颗真心。他是真心实意地希望国家好，每个人都好……”

因为真，他发奋读书，想为国家社会做力所能及之事；因为真，他敢于说出别人不敢说的真话，从而掀起一场时代风波；因为真，他砥砺前行，始终未曾停止自己思索的步伐。

“我以为，只要是全心全意为人民着想，为人民谋利益，一心一意搞现代化建设，坚持改革开放，使得人民生活水平不断提高，国家富起来强起来，军队更强大，那么中国就一定会有更好的前途……”这位时代老人诉说了一个朴素而真挚的愿景。

赵启正

善讲中国故事的改革者

“讲好中国故事”，这是赵启正数十年来一个个角色的叠加和升华。而随着中国的发展和进步，这个故事也变得越来越精彩，越来越生动。

回望过去的岁月，难以数清赵启正转换过多少个角色。1991 年，他出任上海市副市长，1993 年兼任浦东新区首任党工委书记、管委会主任，一干就是五年，以杰出的沟通能力和执着的投入，把浦东的故事变成了讲述伟大中国梦的最好例子。1998 年至 2005 年，他出任国务院新闻办公室主任，提出“向世界说明中国”的理念。2008 年，他出任第十一届全国政协外事委员会主任，任职期间他积极倡导和践行公共外交理念，还以新闻发言人的身份与各国记者交流，生动地传播着中国形象。

“讲好中国故事”，这是赵启正数十年来一个个角色的叠加和升华。而随着中国的发展和进步，这个故事也变得越来越精彩，越来越生动。

“在地球仪旁思考”的“浦东赵”

浦东新区管委会最初设在浦东大道 141 号，原是黄浦区文化馆和上海船厂的旧楼，周边到处是棚屋简房，不出几公里就能看见农田。但是在这里流行一句豪气十足的口号：“在地球仪旁思考浦东开发”。这句口号被贴在机关食堂的进门处，管委会人人皆知。

当年出任浦东新区党工委书记、管委会主任的赵启正，不惧怕挑战，而且善于思考。他来自一个知识分子家庭，父母都是大学物理系教授，家中兄弟三人有两个学物理。他从中国科技大学核物理专业毕业后，曾在中国核工业部第二设计院、航天部上海广播器材厂工作 21 年。当年科研条件有限，他刚工作时不仅缺少国外科研资料，连实验仪器都难得一见。就在那种条件下，他和同事艰苦攻关，他多次被评为上海市和航天部劳动模范、先进工作者。

在赵启正看来，“在地球仪旁思考”，就是要在浦东开发中谋求经济全球化格局中上海的重要位置，通过浦东开发来振兴上海，使之先成为亚洲的区域经济中心之一，再成为世界的经济中心之一。深入的思考，让他谈起浦东总是特别有说服力。

其实，当年向外国人介绍浦东是很困难的，他们根本不知道浦东这个地名，更不知道它在哪里。有一次，一家美国航空公司总裁和赵启正在和平饭店会谈，他望着黄浦江问：“从这里到浦东远吗？是上高速公路还是坐飞机？”当时，身为浦东新区一把手的赵启正的一大任务就是要让不出名的浦东尽快出名。他想，能不能通过和迪士尼合作来扬名浦东呢？于是，他在 1993 年访问了迪士尼，向当时的总裁威尔斯介绍了浦东的四点优势：第一，经济发达；第二，海陆空交通方便；第三，位于长三角城市群中；第四，四季气候宜人，全年皆可开放。威尔斯完全被说服了，赵启正还没回国，迪士尼就派团到上海考察了，结论是浦东适合开迪士尼乐园。可惜的是威尔斯两个月后因直升机撞山离世，致使这件事多年以后才变为现实。

浦东开发成功起步后，又出现另一种担忧。比如英国有几位议员当面就问赵启正，浦东开发是不是为了与香港竞争。1997 年香港回归前，BBC 派采访组到上海采访赵启正。他引用英谚说，两盏灯总比一盏灯亮，香港、上海就是亚洲经济走廊上的两盏明灯，“它们相映生辉”。英国副首相赫塞尔廷访问上海时，和赵启正谈起香港和上海这两个金融中心的关系，赵启正用一个比喻就说明白了：香港是“批发型金融中心”，只有中血管、大血管与内地的大城市有联系；上海是“零售型金融中心”，和各城市有千丝万缕的微血管相连。赫塞尔廷立刻明白了：这就像英国的两个金融中心伦敦和爱丁堡的关系一样。

浦东新区的建设成就——那些能用数字描述的和看得见摸得着的，是被称为“浦东赵”的赵启正讲述中国故事的最好“硬成果”。杨浦大桥建成后，赵启正喜欢送给外宾一种“沉甸甸”的礼品——杨浦大桥上中国自行制造的斜拉索钢缆横切块，有碗口大小，大约两厘米厚，装在精致的礼盒内，不仅生动展现了浦东的建设成果，还是“中国建造”的最直观体现。

“廉政也是重要的投资环境”，这也是赵启正的思考所得。1993 年的一天，几个英国记者向他提出一个尖锐的问题：“当浦东开发成功的那一天，你们的贪腐会不会也走向顶峰？”赵启正说：“当你看到浦东开发的辉煌之日，同时会看到一个廉洁的浦东。”当年的浦东新区，提出“一流的党建带动一流的开发”，设立了“三条高压线”：领导干部不准直接谈地价，不准干预项目招投标，不准因动迁等私事为人打招呼，甚至在招商宣传手册上，也印上了“在浦东办事，无须请客送礼”等。浦东开发的成绩里，有廉政建设的功劳。浦东开发之初各方面条件简陋，需要讲好故事来争取投资者，但讲信用是最有说服力的“讲故事”方式。比如，浦东开发提出基础设施先行、金融贸易先行、高新技术产业化先行的策略，赵启正说“问题在于我们能不能切实做到”。日本森大厦集团总裁森稔大胆地在浦东兴建森茂大厦。他说：“你们在这里规划了绿地，我就在这投资，因为与绿地为邻的房子价值高，你们说到做到了。”由此他下决心又投资建设了三倍于前者的摩天大厦环球金融中心。

基辛格博士是最早看好浦东开发的西方重量级人物。他告诉赵启正："我看浦东开发是行动，不是口号"，并且强调，浦东新区最宝贵的成绩不是那些高楼大厦和高科技工厂，而是"可信任的国际公共关系"。

研究跨文化的沟通艺术

理科出身的赵启正，谦虚地说自己"很缺乏关于美学、宗教学、历史等人文类知识，所以需要学习"。他偏爱哲学，因为"年纪大的人，都喜欢读哲学，作为对自己以往生活和经历的一种反思和重新认识"。

亨廷顿的《文明的冲突》一书，把世界上的矛盾归结为源自不同文明间的冲突，赵启正说，"这样的说法并不全面"。他说，各民族文化间确实存在差异，但对待差异的不同态度，会带来不同结果：如果对待差异是尊重的，那么文化可以互补；如果是漫不经心的，就会引起误会；如果彼此歧视，就会引起冲突；在特殊的情况下，被别有用心的政治家利用，就会发生战争。在他看来，能够接受其他文化，承认不同文化的优点，这是和谐文化与和谐社会的要素。

赵启正曾出版《向世界说明中国》一书，收录了他担任国务院新闻办主任期间的数十篇公开演讲和媒体访谈。他引用戴高乐将军的话说：人和人之间的距离比地球和月亮的距离还大。但他仍希望，世界上其他国家和民族，能够克服地理上和文化上的距离，了解一个真实的、充满活力的当代中国。

作为官员，赵启正的立场毫无疑问是政府的，但他的思维方式和语言却是新闻记者的：敏锐，直率，灵活。他说，与外国媒体和外国人打交道的基础，必须是对外国文化的理解。"千万不要轻易把外国人估计成了解中国的人，而应该把他们想象成关于中国的知识只有外国高中毕业生的平均水平，将中国的事儿要努力用外国人熟悉的方式表达。"1999 年，在国务院新闻办策划组织的"法国中国文化周"活动中，横穿浦东的世纪大道模型在预展上没有引起法国人的注意。时任国务院新闻办主任赵启正在"世纪大道"的名称前加上一个注释——中国的香榭丽舍大街，立即引起了观众的兴趣。

2006 年，有些外国人宣扬中国不会成为超级大国，"因为今天中国出口的是电视机而不是思想观念"。对此，赵启正说，与对外贸易的巨大业绩相比，中国在对外文化交流方面存在严重的"赤字"。他大声疾呼：要把对外传播和输出文化作为国家文化发展战略的重要组成部分。而加强对外文化传播的最大难点，就在于传播的方式。“外国人的思维方式和我们不一样，想让他们明白我们的想法、做法和价值观，就要力求达到一种文化的翻译效果。”他提出要“中国故事，国际表达”。

在和外国领导人的交往中，赵启正同样展现了“赵氏风格”的沟通艺术。比如，幽默就是一种拉近距离的方式。有一次，时任俄罗斯总统叶利钦来访，当时还在上海工作的赵启正接待了他。赵启正读过叶利钦的传记，记得其中有这样一件趣事：叶利钦学生时代曾和一位老师吵架，老师要求学校开除他，结果在叶利钦的抗争下，学校反而把那位老师开除了。见面时，叶利钦问赵启正对他有多少了解，赵启正特意提起此事，并开玩笑地问：“在俄罗斯，像您这样的学生多吗？”叶利钦笑着说：“不多，就我一个，所以我当了总统，他们都没有当上。”

直率是另外一种沟通方法。尤其是和西方领导人打交道，坦率地表达立场往往更能赢得尊重。一位曾在赵启正领导下工作多年的干部讲过这样一个故事。乔治·布什卸任美国总统后访问上海，要到浦东新区看看。赵启正向他介绍浦东开发开放的情况，并在讲解陆家嘴规划的模型时用了激光指示器。老布什眼睛一亮，说鲍威尔指挥“沙漠风暴”战役时也用了这种指示器。赵启正说：“可是，他指哪儿，那儿的楼就倒下去了，我指到哪儿，那儿高楼就长起来。”老布什笑着点头，表示同意。

真实故事则往往是对外国人最有说服力的。赵启正多次举过一个例子。他在上海工作时，曾陪印度领导人到一个农妇家庭参观。外宾问农妇：“为什么你的儿子和儿媳的房间比你们的大？”农妇说，因为儿媳是家里的第一客人，要好好待她。外宾在笑声中，立刻理解了中国妇女的社会地位。这位重要外宾说，这位农妇说得比此前乡长念稿子的那些数字成绩更令他印象深刻。

汪道涵荐书，促成《江边对话》

不再担任政府公职后，赵启正很高兴自己终于有了更多的读书时间。他说以前“欠的很多债”，现在可以慢慢还了。在他曾经阅读的大量书籍中，有一本《宗教与科学》，是汪道涵先生向他推荐的。汪老说：“这书虽薄，但值得一读。”汪老还高度评价了赵启正与宗教领袖路易·帕罗的对话记录《江边对话》一书的出版。

这场发生在黄浦江畔的对话，不仅凝结成书，而且引起了中西方学术界、宗教界乃至政界人物的密切关注，被学者季羡林评价为“开创之举”。一个中国人，一个美国人；一个政府官员，一个神学家；一个无神论者，一个宗教领袖。身份如此悬殊的两个人，打破了意识形态的隔阂，对话直面东西方文化的差异、宗教徒与非宗教人士的分歧，甚至触及宗教的核心问题，例如“上帝到底是否存在”。

翻阅《江边对话》，“终极关切”“三星堆文化”“宇宙大爆炸”这样看似高深艰涩的字眼不时冒出，但是依然紧紧抓住了读者的眼睛。因为对话双方坦诚地探讨了彼此的信仰，对上帝、今世来生的看法，他们毫不回避彼此的分歧，而这些问题在每个人的心中都若隐若现地存在着。

可以想象，在这样的对话中，双方都有回答不了的问题。“我让帕罗用实验证明上帝确实存在，他让我做个实验证明上帝并不存在。结果我们俩谁都做不到。”赵启正坦白地说。

但分歧并不妨碍双方彼此之间的尊敬。帕罗就表示通过对话，自己感到很惊奇：原来无神论者也很有思想，很有学问。他在序言中写道：“让我们在深刻的分歧之上，仍能彼此尊重，彼此相爱，建立诚挚的友谊。”赵启正也在序言中表示：“我不指望读者能赞同本书的多少观点，但我希望读者能赞同我们两人对话的态度。”

《江边对话》的中英文版本在国内外同步出版后，国内中文版很快就重印；在国外，媒体反应非常积极。《南华早报》的文章惊讶道：“看在上帝的份儿上，怎么一个无神论者会跟布道者拥抱？”也许在一些西方媒体看来，中国共产党的一个高官能够直率地和美国著名的宗教领袖对话，本身就是一次突破，而对话中有多少差异和分歧倒在其次。据说，很多美国政要都读过此书，希望以此了解中国在宗教方面的情况。

赵启正说，自己进行并公开这次对话的目的，一来是向西方社会介绍中国的宗教政策和宗教现状；二来是使中国读者了解不同的宗教观；更重要的是用行动告诉世界，不同意识形态、不同信仰的民族之间，也可以进行友好对话。

对于赵启正来说，这次对话使他第一次深切了解到宗教人士对一些问题的思考方法与我们有差异，而且差异较大。“但问题并不在于差异，而在于对待差异的态度。”

一个精彩的“原生态苹果”

有朋友称赵启正是“理性的理想主义者”。2006年起，他出任中国人民大学新闻学院院长、博士生导师，很乐意与年轻人交流沟通，并把自己的经验智慧同年轻一代分享。他也处处做有心人，为年轻老师和研究生找机会找平台。在担任全国政协新闻发言人期间，他每次都会带一批研究生和年轻老师走进实战现场，参加发布会的准备全过程。

和年轻人一起，赵启正的态度犹如家中长辈一般亲切。他在中央电视台《开讲啦》节目担任嘉宾时，有大学生问他，如果自己是他的孙辈，向他撒个娇他会怎么对待。赵启正说："那我太高兴了，对我是个莫大的安慰。在家里，我完全是个非常平常的人，别的老爷爷有的优点，我想我都有。"

当然，他也把自己对理想的看法坦率地和年轻人交流。他在演讲时对大学生们说，中国梦就是由我们千万个中国人的梦想组成的。"中国梦最主要是你们的梦。我们的梦都是希望你们成为很有光芒的人，能够给社会做贡献。"

赵启正说："知识可以从学校得来，但是智慧却要有足够的阅历甚至挫折才能形成。假设一个 30 岁的人拥有 40 岁人的智慧，他这一生很可能成功。所以，年轻人和年纪大的人要多交往。年纪大的人可以把他的经验和阅历提炼出来，告诉年轻人；也可以从年轻人身上吸取他们的激情，重新认识生活。"

曾有学者归纳，赵启正总是用一个关键词、一个核心观念、一个动人故事来组成典型的"赵式答问"。这当中蕴藏了他成功讲述中国故事的经验。在传道授业之余，赵启正的著述硕果累累，先后出版了《向世界说明中国 · 赵启正演讲谈话录》《向世界说明中国（续编）· 赵启正的沟通艺术》《江边对话：一位无神论者和一位基督徒的友好交流》《浦东逻辑：浦东开发与经济全球化》《交流，使人生更美好——赵启正、吴建民对话录》《公共外交与跨文化交流》等畅销著作，有的被重印九次，有的被译为英、西班牙、德、俄、日、韩、乌克兰等文字，备受读者欢迎。

赵启正曾经以"原生态苹果"来比喻舆论宣传和信息生产：要把自然生长的原生态苹果献给受众，不必非要为人家提炼出维生素 C。这个生动的比喻，至今令人印象深刻。300 多年前，英国伍尔斯索普庄园一棵苹果树落下的苹果，让牛顿悟到了万有引力，开创了经典力学理论的新时代。今天，在中国变得越来越有吸引力的时代，赵启正拿出的"原生态苹果"，或许也会让我们的社会生活变得更加精彩。

杜润生

中国农村改革之父

杜润生九十大寿时，弟子们曾在起草“一号文件”的京西宾馆相聚。那一次，杜润生提到了自己一直惦念的两件事：“用市场机制激励人，用民主政治团结人。”这两件事，也是杜润生对后辈们的期待。

2015年10月9日，102岁的“中国农村改革之父”杜润生走了。“兼收并蓄，有办法使歧见趋一致；德高望重，无山头却门生遍九州”，这是他的学生翁永曦送别恩师的挽联。

20世纪80年代初曾任中央农村政策研究室（简称“农研室”）副主任的翁永曦，离开农研室已30多年，但当他谈起农研室原主任杜润生，眼眸立刻变得明亮。“杜老永远活在我们心中。”这句话说出了他的心声。

谈到杜润生在农村体制改革上的贡献，翁永曦说：“他干了大得人心的事。”说到激动处，他熄灭了没抽完的烟，不自觉地轻拍桌子：“杜老教导我们要守住底线、敢讲真话。”“很多政治人物生前死后毁誉参半，唯杜老，连反对他观点的人都很尊敬他，这太不容易了！”

启动农村改革的“参谋长”

“他受过那么多的委屈，干成那么大的事情。”翁永曦用一位老领导对杜润生的两句评价，作为接受采访的开场白。

杜润生一生，与“农”有缘，因“农”坎坷。他曾就读于北平师范大学文史系，新中国成立之初，他领导中南新解放区的土改运动，曾获毛泽东肯定。他后来撰文提出“土改解除了农民与封建地主的依附、被依附关系”，但是，“土改完成后，向农民给出什么样的制度环境成为新的重大问题”。在农业合作化运动中，身为中央农村工作部秘书长的杜润生提出要坚持自愿原则，不要一哄而起，这自然受到毛泽东的严厉批评，被指责为“小足女人走路”，“站在富农、富裕中农立场上替他们说话”。杜润生因此离开了中央农村工作部，在历次政治运动中屡遭批判，一晃就是20多年。

1979年，66岁的杜润生迎来了人生中又一个春天。他被任命为国家农业委员会副主任，分管农村政策研究。“他是站在改革风口浪尖上的人，是启动农村经济体制改革乃至中国经济体制改革的参谋长。”说起那段激情燃烧的岁月，翁永曦仍难掩激动：“杜老获此口碑，首先是因为他干了一件大得人心的事。中国的农民问题，我们党倾注了极大的精力，但很长时间没有解决好。我记得万里同志曾经说过，我们党对农民是有承诺的。要让农民吃饱肚子，过上好日子。”杜润生将此当做自己的使命。

翁永曦说：“杜老不是决策者，是个高级幕僚。上世纪70年代末，他要研究和解答三个问题：一是包产到户有没有显著效果；二是这种形式有没有合理性和普遍性；三是这种形式是否与社会主义兼容。”

翁永曦多次用“用事实说话”来形容杜润生的风格。“很多官员是看领导眼色说话，杜老不是。他组织了一批干部和学者，包括一些体制外有过插队经历的年轻人下去调研。他用‘土地绣花’来形容农民包产到户后的积极性。安徽凤阳县包干到户一两年后，农民从缺粮吃到出现‘卖粮难’。包产到户的效果是值得肯定的。而且，农业是有生命物质的生产，没有中间产品，从播种插秧到田间管理再到秋收有连续性，更适合家庭承包，具有合理性和普遍性。”

“兼容问题很难办。杜老想出了‘家庭联产承包责任制’这个中性的词，代替‘包产到户’的说法，这个提法谁都很难反对——因为无论工业、教育、科技、商业，干什么都要讲责任嘛。”

1982 年，杜润生主持起草了中央“一号文件”，首次正式承认包产到户的“合法性”，用农民兴高采烈的说法，就是给包产到户上了社会主义的户口。此后他任中央农村政策研究室主任兼国务院农村发展研究中心主任，连续主持起草了五个“一号文件”。翁永曦说：“责任制如星火燎原、不推自广。八亿农民不再依附于人民公社，获得了经济自由。这不仅改变了中国农村的面貌，改善了农民的生活，对中国政治文明的进步也起到了重要作用。杜老参与的改革，恢复了农民对党的拥护，夯实了党的执政基础，得民心，得党心。”

“9 号院”的灵魂人物

杜润生也是改变翁永曦命运的人。几十年后，翁永曦依然记得第一次见杜润生时的情景。

1979 年 10 月，翁永曦刚被分配到中国农民报社当记者。有一天，他奉命将社论清样送到国家农委，请时任农委副主任的杜润生审稿。翁永曦骑车来到农委，走进杜润生的办公室。正在看文件的杜润生抬起头来，“小伙子，我没见过你啊。”

“我刚来报社工作。”“哦？原来干吗的？”

“农村插队，八年整、十年头。”

杜润生来了兴趣，撂下笔，直起身子：“时间不短啊，说说，有啥体会？”

翁永曦没思想准备，实话实说："农村太穷，农民太苦，我觉得国家农业政策应该建立在务农有利可图的基础上。"

"这算一条，有第二条没有？"

"有，我从小受到的教育就是'万花筒里看世界'，相信'大河有水小河满'。到了农村才发现，无论是自然界还是经济界都只能是'小河有水大河满'。"

杜润生没再说啥。一个星期后，调令来了——翁永曦被调到国家农委政策研究室工作。后来国家农委撤销，成立农研室，杜润生任主任，办公地点在西黄城根南街 9 号。从此，"9 号院"就成了农研室的代称，而"9 号院的灵魂是杜润生"。

翁永曦回忆，杜润生曾让他到大学应届毕业生中"招兵买马"。杜润生说："年轻人没有条条框框，我们部门需要年轻人。"他没规定招什么样人，而翁永曦招来的年轻人让他挺满意：独立思考，敢讲真话，注重实际。后来，"9 号院"成为"三农"理论与政策研究的最高殿堂，也成为中央各部委里思想最活跃、探讨改革最积极的地方之一。王岐山、段应碧、陈锡文、杜鹰、林毅夫、张木生、周其仁、戴小京等都曾经在"9 号院"工作，成为杜的门生。习近平、刘源当年在地方工作时，受聘为农研室的特约研究员，每年"一号文件"起草前，也常被请到"9 号院"参加讨论。

宽厚、民主、真放手

"杜老那是真放手、真信任我们这帮年轻人啊。"翁永曦说，"我刚到农委那会儿，就是个普通干部，有一天，杜老把我叫去说，'中央准备未来十年向农业投入 1500 亿，你考虑考虑，拿个方案吧。'我当时就懵了。那时，我一个月工资才 46 元，那年代 1500 亿能抵现在几万亿吧。我还只是个科员，上面有处长、局长，杜老就把这么重的担子压过来了。"

"在杜老手下工作，最沉重的是被杜老信任，我们就是玩命也要对得起这份信任。"翁永曦说，农村联产承包制实行后，新华社有份内参，反映内蒙古出现集体资产流失问题。"杜老说，小翁你去，听听周惠同志（时任自治区党委第一书记）的看法。居然让我一个白丁去见自治区一把手！我去了，周惠说了三点：情况属实；农民要承包，不能逆着民意；大变革有得必有失。我向杜老汇报时，概括为凡事皆有利弊，'两害相权取其轻'。杜老点头说，再看一看吧。"这件事被"轻放"，没造成大的影响。

杜润生唯实。翁永曦记得他常说，中国的事不在于想要干什么，而在于只能干什么。向杜润生汇报工作，翁永曦总结出“三段式”：问题、症结、办法。“哪怕不同意你的解决方案，杜老也会帮助分析，并提出改进的建议。他最不满意的是那种只知道说出问题，等着领导发话的人。”

翁永曦告诉记者，他“这一辈子只被杜老表扬过一次”。但是，“杜老宽厚，跟着他能学到很多东西”。他特别钦佩杜润生的工作作风。“他很注意听取反对意见。那时候农口有几位同志激烈地反对一些改革措施，他在开会讨论时就特意吩咐要把他们请来。听到不同意见，他不会轻易打断对方的发言，总是耐心听完才逐条分析其中的利弊。”

翁永曦后来被任命为农研室副主任，成为当时全国最年轻的副部级干部，后代职到安徽凤阳兼任县委书记。翁永曦告诉记者，在凤阳时，杜润生依旧关心着他。定期派人送去文件，经常召他回农研室开会。“杜老说，包产到户也有它的问题，要继续坚持深入调查研究，找到受农民欢迎的解决办法。”翁永曦后来离开官场、下海经商，杜润生仍和他保持着师生之谊。

“老爷子就是心宽”

杜润生在工作上一丝不苟，生活中却很“马虎”。翁永曦说：“那时候，我上他家谈事，到中午了老头儿说‘就在我这儿吃吧’，说完他进厨房了。我想，我得帮忙吧，就跟了进去，一看，老爷子正拎着一口小锅，在里面和面。然后，一手端着锅，一手拿根筷子，把面一截一截拨到灶上另一口开水锅里。煮熟了捞出来，蘸点酱油和醋，我们就这么吃。老爷子说，这叫拨鱼儿，山西的农家饭。过去在太行山打仗，后来‘文革’挨斗，他自己弄饭吃，就吃这个，简单。”

翁永曦跟杜润生去太原出差，晚上逛小吃街。当时条件简陋，挂盏汽灯、摆个桌子就是个摊位。“老头儿闻着家乡小吃的香味就走不动了，说‘咱们吃一碗’。我劝他，‘您看，他们刷碗都只用这一桶水，不干净。’老头儿乐了：‘不怕，天黑，看不见。’”

离休后，杜润生很长一段时间依旧每天看文件，关注着各种前卫的理论。他爱游泳，爱打网球，也喜欢到各地走访、调研。20 世纪 90 年代初，杜润生去广州，看望下海创业的翁永曦。两人晚上散步到一个迪斯科舞厅门口。“他说进去看看。里面一个大舞池，听着舞曲他也跳了起来。”翁永曦说着，模仿杜润生的舞姿，先提一只脚，另一只脚蹦，然后换一只脚再蹦。

“杜老说，别人跳狐步，他跳的是猴步。”杜润生还唱了首《潇洒走一回》，字正腔圆。听到老人唱“岁月不知多少人间的忧伤，何不潇洒走一回”，翁永曦感叹：“老爷子就是心宽。”

每年的 7 月 18 日，都有上百人来给杜润生庆祝生日。95 岁后，杜润生的听力和记忆力都衰退了，常年住在医院，但内心依然关注着农民的利益。

杜润生去世后，翁永曦赶去家中吊唁。“我们都以杜老的学生为荣。人生能有这样的良师益友，太幸运了。”他提到，杜润生九十大寿时，弟子们曾在起草“一号文件”的京西宾馆相聚。那一次，杜润生提到了自己一直惦念的两件事：“用市场机制激励人，用民主政治团结人。”这两件事，也是杜润生对后辈们的期待。

林毅夫

“我是中国经济的客观派”

在外界看来，对于中国和中国经济，林毅夫一直是坚定的乐观派，而他自己却说：“我不是悲观派，也不是乐观派，而是客观派。”在他眼中，中国在 21 世纪的崛起、中华民族的复兴不是被感情所左右的文字表述，而是一种客观存在的历史必然，这正是他 40 年前游过海峡的动力。

五年前，我第一次见到林毅夫是在北京八大处附近的“两会”代表驻地，作为全国政协委员的他略显疲惫。在十天时间里，除了参加会议，他还要在北京大学讲授公开课。

林毅夫的课在北大是场场爆满，即使是能容纳 400 人的大教室，也往往被各个专业的学生挤满，来得晚的靠墙站，或者在讲台前席地而坐，外人猛一进去，找不到林毅夫在哪儿。中国顶尖大学教授、国际知名经济学家、全国政协委员，带着三重身份的林毅夫总是成为舆论关注的焦点，而他自己除了发表学术观点外一直很低调。

一晃五年过去，在 2018 年 4 月举办的博鳌亚洲论坛上，林毅夫依然是媒体追逐的人物。他坚定地认为，中国在未来十年中能保持年均 6% 的 GDP 增长率，到 2030 年可能成为全球第一大经济体。

在外界看来，对于中国和中国经济，林毅夫一直是坚定的乐观派，而他自己却说：“我不是悲观派，也不是乐观派，而是客观派。”在他眼中，中国在 21 世纪的崛起、中华民族的复兴不是被感情所左右的文字表述，而是一种客观存在的历史必然，这正是他 40 年前游过海峡的动力。

曾是“狂热的国家主义者”

林毅夫的特殊，不仅因为他在经济学界的名望和地位，还因为他特殊的身份：从被蒋经国接见的台军“未来之星”，到大陆的官方智囊，他人生经历的跌宕起伏，足以拍一部传记电影。对于自己人生经历的“敏感”之处，林毅夫处之泰然：“我从来没把自己当外人，别人就不会把我当外人。”

1952 年 10 月 15 日，家住台湾宜兰的农民林火树生了第三个儿子，取名林正义，希望儿子长大后为人正直，富有正义感，这就是后来的林毅夫。

林家并不富裕，林正义从小就要帮家里干活，同时刻苦地完成了中学学业。1971 年，他考入台湾大学农学院农业工程系水利专业，这似乎是这位寒门子弟的最好出路。

从 20 世纪 60 年代起，美国渐渐疏远台湾，国民党当局对社会的控制随国际形势的变化而日趋严厉，台湾民间因此陷入迷茫和不安，大学生普遍感觉“经济上没有前途，政治上没有出路，思想上没有方向”。林正义考上台大的 1971 年，台湾岛内外风波不断：当年 7 月，时任美国总统尼克松宣布访华；同年底，台湾被驱逐出联合国。一时间，岛内民众信心受挫。这个年轻人在种种刺激下，开始思考个人与社会的命运。

刚入学时，林正义是“一个狂热的国家主义者”，曾为台湾失去联合国席位而怒不可遏，热衷于学生运动。大一时，他在参加军训期间，决定放弃在台大读书的机会，投笔从戎，转到陆军军官学校。在台大，学生弃学投军这种事是几十年来的头一遭。林正义的决定引起了巨大轰动，被报纸大篇幅报道，还被评为台湾“十大杰出青年”，甚至惊动了蒋经国，获得了他的接见和当面表扬。

从军后，林正义改名林正谊，成为军中重点培养对象。1975 年，他以优异的成绩从军校毕业，以军职身份进入政治大学企管研究所深造。1978 年，拿到硕士学位的林正谊重返部队，被派到两岸对峙的最前线金门马山连担任连长，那里是离大陆最近的据点，据说退潮时离对岸直线距离只有 2300 米，用望远镜可以清楚地看到对岸军民的活动。

也是在那一年，大陆开始发生接二连三的变化：1978 年 12 月，中共中央召开十一届三中全会；1979 年元旦，全国人大常委会发表《告台湾同胞书》，时任国防部部长徐向前宣布停止对金门的炮击。时局的变化，让林正谊的想法有了翻天覆地的改变，一个惊人的计划也开始在他心中酝酿。

游了三个小时来到大陆

1979 年 5 月 16 日深夜，林正谊在金门海边下了水，游了三个小时渡过海峡，投奔大陆。

林正谊离台时，夫人陈云英、孩子和父母都留在了台湾。此后，他没有再踏上台湾的土地。几经辗转，林正谊来到北京，成为北大经济系的一名硕士研究生，并改名林毅夫。几年后，他在美国攻读博士学位期间与妻子取得了联系。1983 年，陈云英带着两个孩子赴美，一家人终于团聚。

曾有说法称，林毅夫是抱着两个篮球游过海峡的。对此，林毅夫夫妇在 2008 年的一次新闻发布会上予以了否认。陈云英说，丈夫是个游泳健将，但没有人能抱着篮球游过台湾海峡，“不信你抱抱看！”林毅夫这时插进来说：“尤其是两个篮球。”

1980 年，林毅夫给表兄李建兴写过一封长信，解释了他之所以冒险来大陆的原因，至今读来仍令人心潮澎湃：

台湾的未来，现在正处于十字路口，长期维持那种妾身未明的身份，对台湾一千七百万同胞来说，并非终久之计。因此何去何从，我辈应当发挥应尽的影响力。正如你来信所说，台湾不该独立，更不应该再次沦为次殖民地。那么台湾到底应该往何处去，这个问题长久以来，一直是我心中思索的主题。基于对文化、历史、政治、经济和军事的认识，我觉得回归祖国是历史的必然，也是最佳的选择方案。

回到大陆后，林毅夫参观了许多地方。他发现虽然当时的大陆在经济建设方面还相当落后，但基本上每个人都可以吃得饱、穿得暖，他不禁感叹："这在中国五千年的历史上，不能不说是一项突出的成就。"

更重要的是，改革开放让整个大陆在以一种飞快的速度发展，人民充满朝气和信心。因为爱好历史，林毅夫特地参观了许多名胜古迹，最令他感到震撼的是战国时代秦国李冰父子在成都所筑的都江堰。

"由于都江堰，四川成为天府之国，而始建迄今已近三千年，但是它还在惠及众生。当我站在江边，听那滔滔的水声，真让我有大丈夫若不像李冰父子为后世子孙千万年之幸福，贡献一己之力量，实有愧此生之叹！"

1980 年，刚刚获得诺贝尔经济学奖的芝加哥大学荣誉教授舒尔茨访问北大。林毅夫是当时为数不多的英语流利的学生，因此被派去做翻译。舒尔茨对他十分赏识。1982 年，在舒尔茨的力荐下，从北大硕士毕业的林毅夫前往芝加哥大学攻读博士学位，成为舒尔茨的嫡传弟子。

林毅夫一直对中国农村经济有着超乎寻常的关注。他认为，农民问题是中国现代化要解决的根本问题。因此，他的博士论文也以中国农村经济改革为题，被导师舒尔茨誉为"新制度经济学的经典之作"。

完成博士论文后，舒尔茨挽留林毅夫留在美国，他婉言谢绝。在他看来，1987 年的美国社会高度发达，几乎没有新的空间，而中国正在从计划经济转向市场经济，大有可为。此外还有更重要的一点，就是植根于他内心深处的家国情怀。

"我深深地相信，中华民族是有希望、有前途的。而作为一个中国人，是值得骄傲，是可以抬头挺胸昂立于世界之上的。"于是，林毅夫成为新中国第一位取得外国博士学位后回国工作的社会科学家。

从“西天取经”到立足国情

林毅夫常说自己是自鸦片战争以来的中国第六代知识分子。鸦片战争以后，“天朝上国”变成“人为刀俎，我为鱼肉”的饱受列强欺凌的国家，一代又一代知识分子追求的是国家富强、民族复兴，让人民过上幸福生活。

林毅夫曾经跟很多知识分子一样，认为西方的强大一定有其道理，只要把那些道理学会就可以让中国富强起来。所以，他出国留学时抱着“西天取经”的想法。芝加哥大学当时被认为是现代经济学的最高殿堂，林毅夫还特地带去一幅唐玄奘西天取经的拓片，悬挂在寝室里以自勉。

留学的收获很大，西方经济学理论逻辑严谨，可以解释中国出现的很多问题。比如国有企业里的工人没有积极性，按照西方理论是因为当时中国推行的是八级工资制，干好和干坏差别不大；还有改革初期出现的“倒爷”现象，西方认为当政府对价格进行扭曲时，政府就必须用行政计划的方式配置资源，但是在改革过程中开放了部分市场，导致市场价格比计划价格高，因此很多人想方设法把低价物资倒卖到高价市场去套利。

1987 年回国时，林毅夫信心满满，认为已经学到世界最先进的理论，足以改造中国经济。到 1988 年，中国出现了 18.5% 的通货膨胀率，按芝加哥大学的理论，林毅夫认为应该提高银行利率，增加投资成本，让人们更愿意储蓄而不是投资和消费，社会总需求减少，通货膨胀率就会降下来。但中国政府当时采取的是行政手段，用砍投资、砍项目的方式减少需求，看起来是一种“不理性、愚笨”的方式，却引发了林毅夫的深刻思考：“从 1978 年到 1987 年，中国平均经济增长速度是 9.9%。能维持这样高的增长速度，决策者一定是很理性的，那为什么要用行政干预的方式，而不靠市场手段来治理通货膨胀？”

经过仔细了解，林毅夫才知道是因为大型国有企业都在资本密集的行业里，如果把利率提高，大型国企就会有严重的亏损，政府只能给予财政补贴，导致财政赤字增加，于是就要增发货币，结果还是通货膨胀。

林毅夫这才意识到，西方用提高利率来治理通胀的目的，就是让那些经营不善的企业在市场竞争中被淘汰掉，以此提高经济效益、恢复市场均衡。但中国的情况不一样，采取的措施当然也不一样。

1988 年对林毅夫来讲是一个分水岭，他从一个笃信“西天取经”的知识分子变成了一个根据国情来研究中国问题的人。他告诫自己必须把现有理论抛开，研究中国经济现象背后的限制条件是什么，决策者的目标是什么，然后考虑采取怎样的措施。

1995 年，林毅夫在北京大学创立了中国经济研究中心，这是全国第一个专业的现代经济学研究机构。在之后的十余年中，这里成为中国经济学研究的最前沿，不仅为海内外培养了大量的经济学人才，也成为中国政府决策部门重要的智库之一，林毅夫本人也逐渐成为中国最具影响力的经济学家之一。

世界银行第一位中国副行长

在 2013 年的“两会”上，林毅夫的提案是让中国的劳动生产力“走向非洲”，鼓励国内企业把产品附加值较低的制造环节向非洲转移，实现劳动密集型产业的转型升级。这个提案来自他在世界银行任职时的所见所闻。

2008 年 5 月，林毅夫出任世行首席经济学家兼主管发展经济学的副行长。他是第一位在世行担任这么高职务的中国人，更是世行历史上首位来自欧美国家之外的首席经济学家。

当时，世界上仍有大约 14 亿人饿着肚子入睡，还有超过 1/6 的人口在贫困线上挣扎。如何缩小发展中国家与发达国家间的差距，成为林毅夫在世行思考最多的问题。

“我从中国的经验中寻找答案。作为首席经济学家，我认为自己是一位世界公民，对所有国家都负有责任。”履新伊始，林毅夫就格外关注第三世界国家的经济发展。上任后的第七天，他去了全世界最贫穷的地区——撒哈拉以南的非洲国家。后来，他的足迹遍布埃塞俄比亚、卢旺达、坦桑尼亚、莫桑比克、加纳等国。那里的经济发展状况，特别是生产制造业的水平令他感到震惊。

“1979 年，我刚到大陆的时候，这里的人均收入连当时撒哈拉以南非洲国家的 1/3 都不到，但在之后的几十年里，中国保持了平均 9.9% 的经济增长率，非洲国家却始终裹足不前。”林毅夫认为，非洲国家经济发展滞后的原因是过度模仿西方：“自二战后，他们一直沿着西方的主流经济发展模式走，经过了整整两代人，还是没能摆脱贫困。”

在林毅夫看来，撒哈拉以南的非洲国家的经济现状，与内地 20 世纪 80 年代初期非常接近：社会相对稳定，劳动力丰富、成本低，政府也相对有效率，发展经济的积极性很高。这些国家要摆脱贫困，可以借鉴中国发展的经验。

与此同时，中国经济经过几十年的发展，制造业遇到了一个瓶颈：工人的工资水平迅速提高，无论沿海还是内地都在闹“用工荒”；通货膨胀等因素带来生产成本的提高，让很多企业难以承受。过去以廉价劳动力称霸世界的中国劳动密集型产业，已经到了必须升级的时刻。

“内地的状况，在 20 世纪 60 年代的日本和 80 年代的亚洲四小龙身上都发生过。从他们的经验看，生产环节向外转移是一个必然的趋势。”林毅夫说。把劳动力密集型产业的生产环节转移到工资相对低的地方，有利于企业向高附加值产业转型和升级。拥有 10 亿人口的非洲国家工资水平非常低，劳动力却极其丰富，非常适合发展各种劳动力密集型加工制造行业。

之后几年，林毅夫对这个想法进行了反复论证。比如埃塞俄比亚，人均年收入只有 300 多美元，几乎所有产品都从中国进口。这里拥有丰富的皮革资源，也有充足的劳动力，但全国从事制鞋出口的工人只有 8000 多人。

2011 年 3 月，林毅夫向时任埃塞俄比亚总理梅莱斯提议，到中国招募制鞋企业来投资。同年 8 月，梅莱斯亲自来华举办招商活动。

两个月后，广东一家企业在埃塞俄比亚设立代表处，并招收了 86 名当地员工到东莞接受培训。很快，两条生产线建立起来，机器、设备、主要原材料从中国进口，而 600 名工人都是当地的。2012 年 10 月，工厂开始赢利，年底已经成为埃塞俄比亚最大出口企业。

“通过这样的做法所取得的效益，既可以帮中国避免陷入‘中等收入陷阱’，也可以争取到非洲国家对我们的支持。”在林毅夫看来，这是中非互利共赢的长久之策。

“贫穷不是发展中国家的命运”

在很多人看来，林毅夫是中国学者中与诺贝尔经济学奖距离最近的人之一。他最广为人知的经济理论是“比较优势”，即充分利用中国劳动力多且相对便宜的优势，发展劳动力相对密集的产业，以此带来经济的长期快速增长。有业内人士认为，林毅夫的理论是对过去以发展重工业为代表的赶超战略的转型，也是他对中国经济发展战略的最主要贡献。

在中国的经济改革方面，林毅夫一直致力于走渐进式的道路，认为这样更适合中国的国情。尤其是在总结了东欧等国的经验之后，他反对“休克疗法”。虽是芝加哥经济学派的嫡传弟子，他却没有选择该学派的自由市场理论，尤其是对国企的改革方面。

按西方的理论，国有企业改革的核心在于打破国有制度，因此一些经济学者推崇私有化改革方案。林毅夫则认为，产权是否私有与企业自身能力并无必然关系，私有化不能解决根本问题，问题的关键在于市场是否透明有效。因此，他一直强调在市场的基础上发挥政府作用，在他看来，对于发展中国家而言，政府干预的重要性不言而喻。

林毅夫的理论在经济学界有广泛争议，但他依然创下了中国经济学家的很多个第一。2007 年，他在剑桥大学的“马歇尔讲座”发表演讲。“马歇尔讲座”是世界顶级经济学讲坛，每年从全世界著名的经济学者中挑选出一位担任主讲人，林毅夫是走上这个讲坛的第一位中国学者。在演讲的结尾，他说：“我认为贫穷并不是发展中国家的命运。”

2012 年从世行卸任后，林毅夫回到了熟悉的北大校园。对于中国经济的未来，他始终抱有极大期望。当外界质疑他是否过于乐观时，林毅夫表示：“我从来不认为自己是乐观派，我是客观派。但是大家都悲观，客观就变成乐观了。”

2018 年 3 月，在北京大学国家发展研究院举办的纪念中国改革开放 40 周年系列讲座上，作为名誉院长的林毅夫是第一讲的嘉宾。他表示，40 年来中国发生了翻天覆地的变化：人均国内生产总值从 155 美元增加到 8836 美元；经济总量在 2009 年超过日本，成为世界第二大经济体；2014 年，按照购买力平价计算，中国的经济规模超过美国，成为世界第一大经济体；在改革开放的过程中，超过七亿中国人摆脱了贫困。

在林毅夫看来，改革开放 40 年、新中国成立 70 年最大的财富，不仅是让 14 亿中国人的生活得到改善，而且是可以改变全世界更多人生活的可能。到目前为止，全世界有 85% 的人生活在发展中国家，共同的愿望就是过上好日子，中国从自身成功实践中总结出的理论能帮助他们实现美好愿景。作为这个过程的见证者和推动者，林毅夫表示：“我非常幸运地经历了中国创造奇迹的时代。”

现在，这个奇迹还在继续。

求索

千淘万漉虽辛苦，

吹尽狂沙始到金。

李四光

改变地球观的人

在半个多世纪的科学活动中，李四光对攻破种种难关，始终充满信心。他勇于追求真理的科学精神像一面旗帜，为后来者开拓新领域、发现新理论和开展新实践树立了光辉榜样。

“我们看世界上有许多人把世界上的事往往平常看过。讲到学术，大家也就不知不觉抱有一种人云亦云的态度，人类进步甚慢的大原因，恐怕就在这里。”1920 年，一位年轻的中国学者在法国巴黎对留法勤工俭学年会上如是说。

这位提倡“不能为已成的学说压倒”，要“为真理奋斗”的学者就是李四光。身为中国当代伟大的科学家之一，李四光尊重实践，勤于探索，勇于创新，为中国地质事业做出巨大贡献。正如伽利略说的“追求科学真理需要特殊的勇敢”，他从未被纷繁复杂的世界、天经地义的学说所压倒，一生都在勇敢地追求真理。

非难声中创立地质力学

一个具有独创性的科学家，一定拥有火一般追求真理的愿望，无休止地探索新事物的热情。

科学是一项充满艰辛的事业，每一个革命性的新发现，新理论的出现，总与当时流行的占统治地位的观念相冲突。如果是超时代的发现，则常被当时社会所拒绝，以致被视为异端邪说。所以，一个做出划时代贡献的科学家，不仅需要具备超人的德才学识，而且要有为真理而不顾一切的斗争勇气。

李四光就是这样的科学家。他在科学上最为突出的成就是创建地质力学（用力学原理研究地壳构造和地壳运动的规律的一门科学）。这一学科被认为是地质学史上自赖尔的地质渐变论、魏格纳的大陆漂移说以来最重大的变革，足可与国际上的现代板块构造说并驾齐驱。

然而正如人们所知，新事物的产生从来不是一蹴而就的，地质力学的创立经历了一个艰难曲折的过程。20 世纪初，对地壳运动的起源问题，世界上的地质学家基本形成两大派别，一派主张以垂直运动为主，一派主张以水平运动为主。在这两大派别中，前一派曾居正统地位，后一派属于新起之说，也曾轰动一时，特别是魏格纳的大陆漂移说，引起了广泛的注意。

在当时垂直运动学派在国内外地质学界显然处于优势的情况下，李四光于 1926 年 5 月 3 日，在中国地质学会第四次年会上，作了“地球表面形象变迁之主因”的演讲。他在批判了一些传统学派的同时，对主张以水平运动为主的苏士、泰勒、魏格纳和约里等人的理论，给予很高的评价，认为他们的理论是“革命性理论”，但他也指出这些理论存在不足之处：一是没有能够回答地壳运动的方向，二是没有能够找出发动地壳运动的根本原因，或是所需要的力。针对这些问题，李四光进行了一系列的研究工作，依据地球这个旋转体的力学分析和计算，运用当时掌握的若干地质事实，推论了地壳运动的方向和起源。

李四光用力学观点研究地壳构造和地壳运动的规律，发展了地质科学的认识论和方法论，更将辩证法带进了地质学，确立了一个新的地球观，甫一提出就受到持传统地球观的外国地质权威的非难和指责。一位美国地质专家曾公然指责说：在中国这个地方，居然有人谈这么重大的问题，真令人吃惊。他还质问李四光：你在哪国留学？你的老师是谁？对于这些问题，李四光只是蔑视一笑，不予理睬。

从1926年发表开创性论文，到1962年、1970年发表系统理论性著作《地质力学概论》《地壳构造和地壳运动》，李四光自发自觉地运用唯物辩证法做指导，结合中国和东亚地质构造的特点，研究全球地质构造，逐渐形成了地质力学的完整理论体系。与从大陆漂移说发展而来现代板块构造说相比，地质力学在矿产、地震和水文工程地质等领域获得更为广泛的应用并卓见成效，经受了实践的检验，显示出巨大的优越性和旺盛的生命力。

正如李四光在不同场合多次强调的：真正做学问，既要尊重前人的研究成果，尊重事实根据；又要允许怀疑，提倡怀疑，“不怀疑不能成真理”。他在科学研究上，总是敢于怀疑，勇于走自己的路。中国第四纪冰川的发现与确立，也是李四光足以彪炳史册的学术贡献。

冰川的确定，是中国地质史上的一件大事，也是世界上研究地质的人的一件大事。中国冰川的存在是客观事实，但由于种种原因，成了长期争论的一桩事。早在1922年，李四光就开始研究冰川了。那年他到山西大同考察煤矿，在大同和太行山东麓发现了第四纪冰川漂砾。他就此写了一篇文章，发表之后，李希霍芬、安特生、德日进和巴博尔等外国地质学家以及中国一些地质学家都不承认那是冰川遗迹。

对于李四光的解释，那些持反对意见的国内外地质学家虽然不同意，但却提不出其他合理的说法，这令李四光不能不感到失望。然而他不愿去做口舌之争，而是反思是不是由于冰川遗迹发现得太少，不够构成系统的证据，打不破人们已经习惯的成见。此后十余年，他不辞辛劳，在全国各地收集更多的资料，安徽九华山、浙江天目山、湖北恩施和江西庐山等地，都留下他发现冰川遗迹的脚印。

特别是庐山的冰川遗迹，李四光研究得最为详细。1937 年，他完成了《冰期之庐山》的书稿，这一部科学专著，全面系统论述了庐山地区第四纪冰川遗迹，并将其划分为四个冰期，可以与欧洲的冰期相对比。专著出来后，国内外评价很高。在事实面前，大部分反对者无话可说。在经历一系列挫折、困难和失望的打击下，李四光坚持追求真理，终于打破了旧观点的桎梏，打开了中国第四纪地质研究的大门。

在实践中推翻中国贫油论

过去很长一段时期，中国都被认为是一个石油不丰富的国家。1915 年至 1917 年，美孚石油公司的两名工程师率领一个钻井队，在陕北一带打了 7 口探井，花了 300 万美元，因收获不大走掉了。1922 年，美国斯坦福大学布莱克威尔德来中国调查地质，回去写了《中国和西伯利亚的石油资源》一文，断言中国“永远不能生产大量石油”。国内一些地质学家人云亦云，争相附和，形成一出中西结合的“中国贫油论”的合唱。

但是，李四光根据自己对中国地质的深入研究，对“中国贫油论”一直持反对态度。早在 1928 年，他在《燃料的问题》一文中指出：“美孚的失败，并不能证明中国没有油田可采。中国西北方出油的希望虽然最大，然而还有许多地方并非没有希望。”

1935 年，李四光在英国讲学期间表示在中国东部有可能找到石油。1939 年在英国出版的《中国地质学》一书中，他再次指出在中国东部新华夏系沉降带如华北平原，通过地震和深钻的方法可以找到有重要经济价值的沉积物即石油。

1953 年是中国第一个五年计划的头一年。作为工业的血液，当时天然石油资源的储量远远落后于工农业建设和国防建设发展的需要。同年年底，毛主席、周总理和其他中央领导同志把李四光找去，征询他对中国石油资源的看法，并对他说：要进行建设，石油是不可缺少的，天上飞的、地上跑的，没有石油都转不动。中国石油资源究竟怎么样？你是地质部长，你看怎么办？

李四光根据数十年来对地质力学的研究，从他所建立的构造体系，特别是新华夏构造体系的观点，分析了中国的地质条件，表示在中国辽阔的领域内，天然石油资源的蕴藏量应当是丰富的，关键是需要抓紧做地质勘探和石油普查工作。

20 世纪 50 年代，李四光运用地质力学理论指导了全国石油地质普查的战略选区工作。1955 年 1 月地质部组成了新疆、柴达木、鄂尔多斯、四川和华北五个石油普查大队。6 月，又组织松辽平原勘探组。1955 年成为中国石油地质普查工作大丰收的一年。这一年，发现了很多可能储油的构造，同时通过对华北平原、松辽平原的概略普查，认为这两个地区具有较好的含油远景，值得进一步开展工作。

经过三年的普查，石油普查大队在新疆、青海、四川、江苏、贵州、广西及华北、东北等有希望的含油远景区，找到了几百个可能的储油构造。并在柴达木油砂山、冷湖和马海等构造上，探到了具有工业价值的油流。虽然石油地质工作成果令人鼓舞，但是到第二个五年计划开始的时候，还未能肯定一个产量很大的油田，石油资源仍然非常紧张。

当时，李四光刚动完手术在北京养病，但他对石油工作一直非常关心，多次同地质部其他领导同志一起研究如何打开这个局面。根据他的意见，石油地质普查工作在保持西北、西南继续前进的同时，把工作重点转向工业基础较强、交通比较便利的东部地区。松辽、四川、苏北和华北等地区被列为全国石油普查的重点地区。

1958 年 2 月，石油工业部和地质部共同发出了“三年攻下松辽”的号召。1959 年 9 月 24 日，石油工业部在黑龙江省肇州县高台子构造松基三井首次获得自喷工业油流。9 月 26 日，地质部在吉林省扶余县雅达红构造扶二十七井，也获得了工业油流，从而中国东部找油工作取得了具有历史意义的突破，迎来了 1960 年大庆油田大会战的胜利。

大庆油田的发现成为一个重要突破。在这之后，李四光更加强调构造体系对油区的控制，对全国石油地质工作提出了新的战略部署。在不太长的时间内，石油普查队伍接连取得重大成果。华北、下辽河和江汉等地区相继发现了一批油田，肯定了中国很有希望的几大油区。

1963 年，第二届全国人民代表大会举行第四次会议。会上，李富春副总理代表国务院做报告，正式宣布松辽油田的成就。过去，中国的石油绝大部分依靠进口，现在已经可以基本自给了，与会代表听闻后非常振奋。1964 年第三届全国人民代表大会期间，毛主席在人民大会堂单独接见李四光，称赞他“太极拳打得不错”，指的就是他用地质力学理论指导找油。李四光当时跟毛主席说：“我没有做什么实际工作，工作都是广大从事石油地质工作的同志们做的，我不过是出了一点主意。”

可以说，中国石油工业能有今日，从一个贫油的国家，一跃而为年产亿吨以上的石油生产国，固然石油部的广大职工在勘探开发中立了大功，但地质部石油普查队为石油的开发，起到了开路先锋的作用。在找油上，李四光打破了洋人的迷信，创造性地提出了自己的看法。他逝世前两年，还在紧锣密鼓地做石油开发十年规划。如今，石油普查勘探工作开展了几十年，不论是在内陆或海洋，都陆续有一些新突破，特别是在近海地区如北部湾、珠江口以及东海，有的已经喷油，有的发现了多层油砂，充分展现了李四光当年指明的广阔前景。

倾注心血研究地震预报

中国是一个地震多发的国家。地震工作和生产建设有非常密切的关系。修一个水库也好，盖一个工厂也好，首先要弄清该地的地震情况，特别是地震的级别以及附近岩石的性质，否则就可能出问题。

李四光一直很重视开展地震地质和地震预报工作。1953 年，中国科学院成立地震工作委员会，他亲自兼任主任委员。1955 年，在《旋卷构造及其他有关中国西北部活动性构造体系复合问题》一书中，他专门论述了中国西北部活动性构造体系与地震带分布的关系。1632 年，广东新丰江水库发生地震，他立即组织力量开始探索地震预报方法，进行详细地震地质观察、断层位移测量等工作。

1966 年 3 月 8 日 5 时，河北邢台地区发生七级以上的强烈地震，震区位于隆尧、宁晋、新河和巨鹿四县接壤地带，人民生命财产遭到巨大损失。当天下午，周恩来总理召开救灾工作会议，李四光也参加了。周总理问在座的同志：“地震能否预报？”有人认为，苏、日、美等科技发达的国家，特别是日本，作为多震国家都没有解决地震预报问题，言下之意是中国更解决不了。周总理听了后有些失望，他征求李四光的意见。李四光回答：“我看地震是可以预报的。不过我们得艰苦细致地工作，以探索发生地震的规律是什么。”周总理听了很高兴。

李四光认为，地震地质工作的主要任务是侦察地震这个地下“敌人”的潜伏场所，并监视它的活动，通过综合分析有关的资料就有可能推测地震发展的趋势。地震的发生，主要是由于地壳运动在岩层中引起的地应力与岩石抵抗能之间的矛盾逐步发展和激发的结果。在李四光看来，地震预报最重要的是要抓住起主导作用的因素，即地应力。早在邢台地震前，他就指导工作人员研制出了测量地应力的元件和装置。

邢台地震当天，李四光组织了一个地震地质考察小队，深入震区，在隆尧县尧山打了一口测量地应力的浅孔，在孔内紧贴孔壁的三个不用方向安置了电感器，进行地应力变化的观测。为了更好地进行对比和研究，他还请河北省地质局在尧山附近打了一口百米左右的试井。那些日子，李四光几乎天天守在办公室等待尧山的消息。他把每天的地应力变化绘制成曲线图，仔细分析研究，监视震情的演变。

那段时间，周总理几次召开会议讨论邢台地震发展趋势。一次会上，有人提出从邢台地区小震分布和动物异常的情况来看，近期还可能发生一次较大的地震。他们圈出若干个县，建议发预报。周总理请李四光发表意见。李四光把随身带着的尧山地应力变化曲线图给周总理看，并详细介绍。根据资料，李四光认为邢台地区已经发生两次强震和万余次较小的地震，基岩至少是上层破坏得很厉害了，即使再有地应力积累情况的重演，大部分通过裂隙的活动就能释放能量，再发生强烈地震的可能性不大。

随后，在另一次会上，李四光明确提出："从构造体系上看，深县、沧州和河间这些地区发生地震的可能性是不能忽视的。"这个问题直接关系到京津地区的安全。一年之后，即 1967 年 3 月，河间地区发生了 6.3 级地震，证实了李四光的这一推测。1967 年 10 月 20 日，李四光在国家科委地震办公室研究地下水观测的会上指出："应向滦县、迁安地区做些观测。如果这些地区活动的话，那就很难排除大地震的发生。"十年以后，1976 年 7 月 28 日，唐山发生了 7.8 级地震。

多年来，世界上不少国家都在研究地震预报，但鲜有令人满意的答案。中国也是如此。地震能不能预报？李四光坚信，地震是可以预报的。在他看来，世界上没有解决的问题，为什么我们就不能解决？ 1966 年 5 月 28 日，周总理在接见邢台地震科学讨论会代表时的讲话时，称赞了李四光这种"独排众议"的精神。

1969 年，中央决定成立地震工作领导小组，由李四光担任组长。为指导全国的地震工作，保卫京津地区的安全，李四光分析研究大量资料，多次跋山涉水，深入房山、延庆、密云和三河等地区，调查地震地质现象，视察地震地质工作。这时，他已是八十高龄的老人，而且动脉瘤随时有破裂的危险，但他不顾个人安危，把心血倾注在社会主义建设和亿万人民生命财产安全上。直到逝世的前一天，他还恳切地对医生说："只要再给我半年的时间，地震预报的探索工作，就会看到结果的。"

在半个多世纪的科学活动中，李四光对攻破种种难关，始终充满信心。他勇于追求真理的科学精神像一面旗帜，为后来者开拓新领域、发现新理论和开展新实践树立了光辉榜样。

华罗庚

无悔，为了百万人的数学

从旧社会的筚路蓝缕到抗日战争的烽火连天，从欧风美雨的沐浴洗礼到新中国“时间开始了”的豪情壮志，从动荡岁月的政治飘摇到改革开放的放眼未来，华罗庚的一生，牢牢依靠自己的纸、笔和头脑，不懈追求数学的美与用，追求知识的创造与撒播，深深嵌进20世纪中国历史里，刻着一代中国人的梦想和为这梦想走过的艰辛道路。

华罗庚的名字注定和“传奇”联系在一起。一个初中学历的人跻身世界级科学家行列，一位开创了中国解析数论、矩阵几何学、典型群和自守函数论等诸多研究领域的“中国现代数学之父”，芝加哥科学技术博物馆列出的当今世界88位数学伟人之一，“华氏定理”“华氏不等式”“华—王方法”至今仍是世界数学史经典……如果这些还不够，那看一看华罗庚1950年放弃美国教职、慷慨回到新中国引发的舆论震撼，看一看他1979年在“文革”结束以后首次出国访学赢得的世界学界的惊喜目光，“如果说今天许多中国数学家能在科学前沿做出突出贡献，如果说数学在中国受到异乎寻常的普遍重视，这在很大程度上应归功于作为学者与教师的华罗庚所起的推动作用”。

从旧社会的筚路蓝缕到抗日战争的烽火连天，从欧风美雨的沐浴洗礼到新中国“时间开始了”的豪情壮志，从动荡岁月的政治飘摇到改革开放的放眼未来，华罗庚一一走过经历过，做出过选择，也承受着评议。他的一生，牢牢依靠自己的纸、笔和头脑，不懈追求数学的美与用，追求知识的创造与撒播，深深嵌进20世纪中国历史里，刻着一代中国人的梦想和为这梦想走过的艰辛道路。

天才是“努力”的充分发挥

1930年的一天，清华园幽静的工字厅内，算学系教员们在办公室传阅着一本《科学》杂志，上面登有署名“华罗庚”的一篇文章《苏家驹之代数的五次方程式解法不能成立之理由》。文章对大教授苏家驹解法的反驳有理有据，推演细致，从容不迫。时任系主任、也是著名数学家熊庆来很是纳闷，华罗庚何许人，留学何方？恰巧算学系教员唐培经知道华罗庚这个人，他们是金坛老乡，彼此通过信，但从未谋面。唐培经写信去家乡问询一番之后，告诉熊庆来，这个华罗庚刻苦自学数学，钻研颇深，但目前处境困难，辍学在家。当听说华罗庚只是一个初中毕业生时，熊庆来更为惊奇了。经与系里几位先生商量，他决定调华罗庚来清华，“藉清华学术研究空气，可使其进一步研习”。

1931年8月，唐培经拿着照片在火车站迎接华罗庚，接二连三出来的旅客都不是他要找的人，直到最后，一个戴着眼镜、身体羸弱的青年背着简单的行李，一瘸一拐地走了出来。原来他比想象中的还要困难。因为几年前一场流行性瘟疫，华罗庚卧病半年，后来病虽痊愈，却因久卧不动，肌肉组织坏死，左腿残废。走起路来，总是左腿先画一个大圆圈，右腿再跨上一小步，被戏称为按“圆规与直线”行走。

这番经历和这般形象，很容易让人把华罗庚想作“天才”。但日后华罗庚名满中华的时候，他一再说，哪里有什么天才，天才不过是“努力”的充分发挥。

华罗庚小时候说话不清，行动不灵，寡言少欢，乡里人取绰号“罗呆子”。小学时因成绩不好，没拿到毕业证书，只拿到修业证书。初中一年级，数学经过补考才及格。当他因家贫辍学，回到金坛帮助父亲经营小店时，他所拥有的全部就是最高学历“金坛初中毕业”、一本“大代数”、一本“解析几何”、一本 50 页的“微积分”，还有省吃俭用购买的《学艺》与《科学》两本杂志。

在金坛中学恩师王维克的鼓励下，华罗庚开始自学数学。他比对面豆腐店磨豆腐的人起得还早，把店里包棉花的纸都用来演算习题。为了钻研数学，还一再与父母起冲突，以至于他成名之后，西方一本数学杂志上曾刊登过一幅漫画：华罗庚抱着几本破书，被拿着烧火棍的父亲追得团团转，因为父亲威胁儿子，要把他的数学书掷进火炉里去。华罗庚就是凭着这段自学经历单枪匹马地闯进清华教授们的学术视野。这一生他都受益于自学，也经常在讲座和报纸上同青年们谈自学的重要性：我们一生没有老师比有老师的时候长得多。历史上的人才总是青出于蓝胜于蓝。为什么？就是学生除了从老师那里学以外，还多一个自学。历史上每一个发明创造都离不开自学。在当时全社会受教育水平还不高的背景下，他的经验之谈对广大求知若渴的青年来说极有说服力与感召力。

被安排到清华大学算学系做图书室助理员的华罗庚，边工作边学习边研究，如鱼得水地游弋在数学海洋里，能力和水平飞速提高。据说连熊庆来遇到难题，也会叫他：“华先生，你来看一下这道题怎样解？”1933 年，23 岁的华罗庚调任助教，并开始教微积分课。等到 1938 年，他自英国访学回来，跨越讲师、副教授，直接被聘为教授，实现破格“三级跳”，这是全国公立私立大学前所未有的。得以服众的正是他数倍于他人的努力，数篇发表在国际期刊上的重量级论文，以及在国内数学界如日中天的影响力。

弄斧到班门，下棋找高手

1936 年，华罗庚启程去英国剑桥大学访学，师从德高望重的英国数学家哈代。华罗庚到达剑桥大学时，哈代正在美国旅行。他在看完推荐信及华罗庚的论文后，据说曾留下一张纸条："华来时，请转告他，他可以在两年之内获得博士学位。"通常若要在剑桥大学获得博士学位，至少要三四年，甚至更长时间。这已经是一种破例，但华罗庚谢绝了。他只要求做一个访问学者，"我来剑桥大学是为了求学问，不是为了学位"。一年多的时间内，他听了七八门课，写了十几篇论文，其中著名的《论高斯的完整三角和估计问题》及关于"塔内问题"的研究成果，被国际数学界称为"华氏定理"。后来哈代与赖特合写的名著《数论入门》也着重提到华罗庚的几个结果。这也许是近代中国数学家最早被外国名家引用的结果。

中国古代有个说法，切忌班门弄斧。华罗庚的看法反过来：弄斧必到班门！与之类似的是，他还提倡"下棋找高手"，"人说不到黄河心不死，我说到了黄河志更高"。他享受与高手过招的速度与激情。如果说在清华时，他的研究仍较为零散，也不属于数论之主流或重大课题，那么到剑桥后，他在"班门"之前真正做出了世界第一流的研究，引起国际重视，达到他人生第一个学术高峰。

1938 年，华罗庚主动将书桌从碧波荡漾的剑桥搬到烽烟万里的云南昆明。因为日寇入侵，清华大学已经迁移此处，与北京大学、南开大学组成赫赫有名的西南联大。战时工作与生活的艰辛可想而知。华罗庚曾经被炸弹活埋在防空洞里，也曾带着全家人与闻一多一家共住一处、隔帘而居，但这些都不妨碍他饿着肚子在昏暗的灯下写出第一部数学专著《堆垒素数论》——这部至今都当之无愧名列世界数学王国经典的作品。

西南联大数学系本就是藏龙卧虎之地，华罗庚、陈省身和许宝騄并称数学系"三杰"，他们竞相争取开设新课，借以扩大自己的数学知识领域，一系列主题讨论班也开展得如火如荼。战时信息闭塞，文献奇缺，所以研究不能依赖文献，必须立足于自己的原始思想，并有很强的开拓能力才行，华罗庚被国外学者称赞的"直接法"这时候表现得尤其鲜明，日渐形成他的研究风格。所谓"直接法"，即用尽量简单初等的数学工具及单刀直入的方法来处理数学中的一些重要问题，其前提是必须不断地对已取得的结果的证明进行删繁就简的工作。身为当时世界数论学家的领袖之一，华罗庚敏感地意识到，如果固守数论领域，再写几篇文章，自己的学术生命也许就到头了，他开始向自守函数论、矩阵几何学、典型群与多复变函数论等方面拓展。今天看来，这些领域依然超前和领先，而当时未尝不是身处抗战的封锁局势之下，华罗庚数学研究的突围之举。

1950：一个转折

1950 年 3 月 11 日，新华社向全世界播送了著名科学家华罗庚自美国回北京途经香港时写下的《致中国全体留美学生的公开信》。信中一句"'梁园虽好，非久居之乡'，归去来兮"，引发众多留学生的共鸣，也让百废待兴、刚刚启动建设热潮的祖国人民闻之动容。

然而，当按下历史的"回放"镜头，有人说，1950 年是华罗庚人生的转折点，也有人在追问：如果不回国，华罗庚的后半生是否会大为不同？

1946 年春夏之交，抗战胜利的喜悦还未消逝，华罗庚被选派赴美研学，与曾昭抡、孙本旺、唐敖庆、朱光亚、李政道和王瑞駪一行七人启程，自那时起，他开启了一生中最恬静的一段时光。先是到盛极一时的美国普林斯顿高等研究院做研究，又在普林斯顿大学数学系教授数论课。1946 年冬天，还在美国治好了腿疾。1948 年春，38 岁的华罗庚应伊利诺依大学之聘任数学系正教授，伊大对他非常礼遇，除聘请他外，还可以由他选择两位杰出青年代数学家，建设一个代数研究中心。这一年，妻子吴筱元带着孩子们到美国与他团聚。国内也有佳音传来：中央研究院选举出第一届院士 81 人，其中数学家 5 人，分别是华罗庚、陈省身、许宝騄、苏步青和姜立夫。

一切看上去都惬意而美好。

可是听到新中国成立的消息，华罗庚提出回国计划。同在美国的学者徐贤修回忆："伊利诺依大学竭诚挽留，甚至于有'你先回去看看，你的孩子由伊大照料'的建议，但是华先生怀着一种'中国人应当站起来'的心情，举家成行了。我与华先生是道义之交，当时只觉得'人各有志'，不必多言了。"华罗庚的"志"在于让中国数学赶上世界水平，这是他多年的理想，他相信自己的愿望会得到中国共产党与中国政府的支持。他在公开信中说："为了抉择真理，我们应当回去；为了国家民族，我们应当回去；为了为人民服务，我们也应当回去；就是为了个人出路，也应当早日回去，建立我们工作的基础，为我们伟大祖国的建设和发展而奋斗！"

带着这种确信，他回来了。

被委以重任的工作就是筹备中国科学院数学研究所并担任所长。50 年代的数学所成为中国最重要的数学研究中心，培养了一批杰出的青年数学家。陈景润、王元和陆启铿等世界知名的数学家，都是华罗庚的弟子。1953 年上半年，数学所科研人员有 32 人，其中 17 人后来当选为中科院学部委员（院士），成材率之高，让人惊叹。作家徐迟在著名的报告文学作品《哥德巴赫猜想》中，将华罗庚之于陈景润的知遇之恩类比于当年熊庆来发现华罗庚。在厦门大学做图书管理员的陈景润痴迷数学，曾把华罗庚的《堆垒素数论》撕开，一张张放在身上，走到哪学到哪。他发现《堆垒素数论》有需要改进的地方，就写信把结果寄给了华罗庚。华罗庚很是赏识，将其调来数学所，日后才有陈景润摘得哥德巴赫猜想这一数学王冠上的明珠的故事。

除了培养数学家，华罗庚还对数学普及工作投入巨大热情。1946 年访问苏联时，苏联的数学竞赛活动给他留下深刻印象。大数学家为中学教师与参赛选手作通俗演讲、为中学生撰写普及性的数学读物，让他认同和向往。1956 年，华罗庚倡导在中国举办中学生数学竞赛活动，得到数学界欢迎与支持。华罗庚亲自为参赛学生与中学教师作了《从杨辉三角谈起》《从孙子的“神奇妙算”谈起》等讲座，为数学竞赛打下了普及数学教育、弘扬中国数学文化的底色。只可惜随着政治运动的逼近，这些活动被迫下马。

风雨飘摇之下，理论研究停了，学生们散了，埋首纯粹数学世界已不再可能。华罗庚说人生有三劫，少年时家贫辍学是其一，抗战艰辛岁月是其二，其三便是“文革”。由于他在新中国成立前与国民政府的联系及其留美经历，在 20 世纪 50 年代以来的政治运动中，华罗庚屡遭冲击。“文革”十年，“四人帮”更是加害于他，甚至试图让陈景润诬告华罗庚，说他在《堆垒素数论》的再版中剽窃了自己的观点。

对国际数学界来说，华罗庚从此销声匿迹。

我有一笔账，天下人算不清

可以想象，1979 年 3 月，当华罗庚应英国伯明翰大学之邀访问英国，再次出现在世界舞台上的时候，对西方学术界来说这是怎样的惊喜。数学家哈贝斯坦回忆道：“1979 年华罗庚在欧洲突然出现，对我们许多人来说，是一个罗曼蒂克事件，它使神话变成了现实。长期以来（似乎是命中注定的）华罗庚在我们的数学编年史上，仅是一个令人崇敬的名字。但他本人意外地、端庄地出现在我们面前时：庄重而活泼，富于生气与智慧，安宁而又不停地探寻新的成就。这时，我们才意识到他在国际舞台上消失了 30 年使人们蒙受多大的损失啊！……‘欢迎你回来！’”

1980年，时隔30年之后，华罗庚再次造访美国。他带领中国数学家代表团走访芝加哥，有一天的安排是参观著名的芝加哥科学技术博物馆，华罗庚主动缺席了。代表们在镶嵌于墙上的88个在世伟大数学家的名字中找到了“华罗庚”。盯着那三个熠熠生辉的名字，恐怕不少人都会在心里发问：如果华罗庚不曾回国，这30年里他可以做出多少成就？他的“伟大”会增色多少？

但华罗庚晚年常说一句话：“我有一笔账，天下人算不清。”

他不曾后悔过自己的选择。这30多年里，除却他全身心投入的人才培养和数学普及工作，在数学研究上，华罗庚完成了从纯粹数学向应用数学的转向。在中国大西南的铁路建设现场，由于雷管引线受潮导致的一场爆破事故，深深刺痛了华罗庚的心。如何用优选法将参数选好，提高工艺水平，使之不出或少出废品？在讲求速度和效率的大生产时代，如何用统筹法来安排生产计划，提高生产管理水平？这是华罗庚找到的理论联系实际的路径，也是他作为一个穷苦人出身的大数学家最想发挥数学之用的地方。从20世纪60年代起，华罗庚带着学生花了20年时间在全国各地推广“双法”（统筹法和优选法），接触的学校、公社和矿场企业无以计数，培养的一线业务骨干、解决的大小问题、为国家节省的资源和创造的经济价值也无以计数。或许正如普林斯顿高等研究院塞尔伯格所说的那样，“要是华罗庚像他的许多同胞那样，在第二次世界大战之后，仍然留在美国的话，毫无疑问，他会对数学作出更多贡献；但另一方面，他回国对中国是十分重要的。很难想象，如果他不曾回国，中国的数学会是什么样。”

1985年6月12日，华罗庚应邀在日本作学术报告时突发心脏病离世。这次报告的主题是他自己定的：回顾他从50年代开始的后半生工作。报告前两天，他谢绝一切活动安排，独自陷入回忆，并且试图用颤巍巍的双手写下报告提纲。报告当天，华罗庚非常激动，讲到兴奋处，像挥舞教鞭一样挥舞着自己的拐杖，他像一下子回到了自己的年轻时光——那时候着迷于数学的奥妙，相信知识的力量，对用数学研究造福人类的道路充满希望。而今，在生命的终点处，他依然着迷，依然相信，依然充满希望，并用这着迷、相信和希望给自己的后半生一个庄严的肯定。

一位大数学家受人崇敬的从来不仅仅是非凡的头脑和智慧，还有非凡的精神和境界；一位大数学家为之投身的从来不仅仅是数学的王国，还有与他血肉相连、生息与共的祖国。华罗庚的一生或许可以在他给英国伯明翰大学演讲的题目里找到答案——《为了百万人的数学》。

邓稼先

假如可以再生　我仍选择中国

邓稼先是中华民族核武器事业的奠基人和开拓者。1996 年 7 月 29 日，邓稼先逝世 10 周年的日子，我国进行了最后一次（第 45 次）核爆试验。试验成功的当天，我国政府即发表声明：“中华人民共和国郑重宣布，从 1996 年 7 月 30 日起，中国开始暂停核试验。”从此，寂静的罗布泊将被人们永远怀念。

历史常常会有一些重要的、光明的和希望的节点，在岁月堆积的厚厚幕墙上，熠熠生辉，像浩瀚而永恒的星空，令人仰望。

1964 年 10 月 16 日，我国成功爆炸第一颗原子弹。

1986 年 7 月 29 日，邓稼先用最后的呼吸回应了 28 年前的领衔受命：死而无憾。

1996 年 7 月 29 日，在邓稼先逝世 10 周年的日子，我国进行了最后一次（第 45 次）核爆试验。

著名物理学家杨振宁先生在一篇文章中写道："甲午战争和八国联军的时代，恐怕是中华民族五千年历史上最黑暗最悲惨的时代。那是任人宰割的时代，是有亡国灭种的危险的时代。今天，一个世纪以后，中国人站起来了。这是千千万万人努力的结果，是许许多多可歌可泣的英雄人物创造出来的，在 20 世纪人类历史上可能是最重要的、影响最深远的巨大转变。对这巨大转变做出了巨大贡献的有一位长期以来鲜为人知的科学家：邓稼先。"

立志报国，人生大义

1958 年 8 月。

一天，钱三强把邓稼先叫到办公室。钱三强时任中科院原子能研究所所长。他看着邓稼先，幽默地说："稼先同志，国家要放一个大炮仗，调你去做这项工作，怎样？"

"大炮仗？"邓稼先稍一沉吟，马上明白国家要研制原子弹。在钱三强谈了工作的意义和任务之后，邓稼先全都懂了。不过，这项工作之艰巨、自己后半生将为此付出的代价，一切的一切，在当时他当然不得而知。

若想在世界强林中生存，中国必须拥有自己的核武器。

重担落在了邓稼先的肩上。

那是一个改变命运的夜晚。

邓稼先躺在床上，翻来覆去睡不着。邓稼先对妻子说："我今后恐怕照顾不了这个家了，这些全靠你了。"

隔了一会儿，邓稼先突然用完全不同的语气坚定而自信地说："我的生命就献给未来的工作了。做好了这件事，我这一生就过得很有意义，就是为它死了也值得！"

从此，邓稼先必须隐姓埋名，不能发表学术论文，不能公开做报告，不能出国，不能和某些朋友随便交往，不能说自己在什么地方，更不能说在干什么。上不告父母，下不告妻子儿女。一辈子都将无人知晓，一辈子都不会看到自己声名的成长，甚至到死也只能默默无闻。这种秘密工作的禁忌实在是太多了。

“做好了这件事，我这一生就过得很有意义，就是为它死了也值得！”这句话，坚决、悲壮、义无反顾，那是震撼在他心灵最深处的声音，谁知竟是一语成谶呢？

立志报国，是邓稼先的一切。

三年努力，终于叩开原子弹理论设计的大门

1958 年，中国研制原子弹起步时，与美国相比有很大的差距。美国在当时工业已经很发达，能制造汽车、飞机和军舰，而我国在 20 世纪 50 年代末才刚刚能生产大卡车，这给研制原子弹工作带来很大困难。

但是，众所周知，中国有一个巨大的优势，那就是共产党的威望和号召力、人民的积极性和凝聚力。在整个原子弹的研制过程中，除了中国核武器研究院九院这个主战场之外，先后有 26 个部（院）和 20 个省、市、自治区（包括九百多家工厂、科研机构和大专院校）参加了攻关会战。在尖端技术研究、专用设备和新型材料的研制方面，我国科学界有 20 多个研究所和许多部门参与解决近千项研制中的课题。这弥补了我国工业水平落后的不足。

然而，更重要的差距不是工业，而是人才。

邓稼先接受任务时是 34 岁，虽然是美国普渡大学毕业的博士，但还只是中科院的一名副研究员。起初，邓稼先只领导着 28 个新毕业的大学生，他们的平均年龄不超出 23 岁。理论部成立之后，除了继续调入一批刚毕业的大学生之外，后来也调入了王淦昌、彭桓武和郭永怀等高水平的资深科学家，但是在数量上显然少于当年的美国，在总体水平上，也比不上像玻尔那样一些世界顶尖的科学家。

这其中的困难，一般人难以想象，内行人却十分清楚。1959 年，周恩来总理传达了中央决策：“自己动手，从头摸起，准备用 8 年时间搞出原子弹。”

邓稼先感到担子更重了。

邓稼先选定了中子物理、流体力学和高温高压下的物质性质三个方面作为主攻方向。这为我国原子弹理论设计做出了最重要的贡献，是一座里程碑。理论部的科研人

员按照这三个方向，编为三个组。

邓稼先全面掌握三个组，分身参加各组的讨论，给予指导。从1960年开始，邓稼先领着这些年轻人，分三个组突击，进行大量的计算。此后，他们的工作进入一个齐头并进的繁忙期，一方面是推公式、搞粗估和求近似值，然后再深入一步。另一方面是搞精确的计算。推公式是困难的，需要理论水平、深刻的洞察力和做学问的灵气。精确计算非常枯燥，要求又极为严格，同样需要在各方面有很高的水平。他们计算的是常人难以想象的大量数字，算完的纸带子和计算机的穿孔带子一扎扎一捆捆放入麻包中，从地板堆到天花板，堆满了一屋子。

这是大伙儿不停机日夜三班倒的成就和记录。他们当时使用的工具实在是太落后了，一般用的是手摇计算机，大小和西瓜差不多，算乘法正着摇；算除法，就往后倒着摇。此外，他们还常常靠拉计算尺。他们就是用简陋的计算机完成了需要的运算。

拼命工作了大约三个年头，他们的工作取得了相当大的进展。邓稼先开始做关于第一颗原子弹蓝图的报告，终于叩开了原子弹理论设计的大门。

激动人心的巅峰时刻

1964年10月16日，一个永远值得记忆的日子。在新疆罗布泊，这块沉寂了1600多年的楼兰古国旧址上，静静地矗立着一座120米高的铁塔。成千上万带着不同任务的人在远远近近地观察着它，观察着它的顶端上托着的那个代号596的球体。

那个球体，就是中国人自己制造的第一颗原子弹。大家对这个不同寻常的炸弹寄予了希望，寄予了深情，但同时又被它深深地揪着心。

激动人心的时刻就要来了。

为了这一刻，邓稼先是“为了这件事死了也值得的人”。

下午三时整，随着启爆零时的到来，一道强光闪过，一个巨大的火球腾空而起，直冲云天，好像升起了半个太阳。数秒钟后，一声天崩地裂般的惊雷震撼长空，气浪奔涌，排山倒海，令人心魄悸动。

所有在场观测的人都被震撼了，许多人张着嘴，醒不过神来。许多人是在看到烟云形成蘑菇状大火球的时候，才突然醒悟过来，激动地欢呼雀跃，热泪奔流。人们举起双手，斜着身子顺势倒在沙坡上，两脚乱蹬着沙石。此刻，一切常规的鼓掌和雀跃都无法抒发胸中兴奋的激情，似乎只有在满地石头的戈壁滩上打滚，才能稍微获得一些心理上的满足和情感的发泄。

邓稼先什么话都说不出来了。他感到胸中有一股热浪在翻腾，不停地翻腾，什么也想不到了，什么也来不及去想了。六年来的辛劳、煎熬，都随着这颗原子弹的烟云一起升上了天空，也变成了一朵美丽的大蘑菇。在巨大的幸福面前，理智终究敌不过情感的冲力，滚烫的泪水夺眶而出。

中国有了原子弹，在国内外引起了巨大反响。中华民族精神大振，港澳同胞及海外侨胞扬眉吐气。

中国第一颗原子弹的爆炸，改变了世界的形势和中国的地位，其影响之深广超越了国家界限，超越了民族界限，超越了肤色界限，意义难以估量。

仅仅在相隔 2 年零 8 个月之后，也就是 1967 年 6 月 17 日，我国爆炸成功了第一颗氢弹。

从原子弹到氢弹，美国用了 7 年零 4 个月，苏联用了 4 年，英国用了 4 年零 7 个月，法国用了 8 年零 6 个月。

世界再一次被中国震撼。

将生死置之度外

20 世纪 70 年代末的那次核试验，飞机空投时降落伞没有打开，核弹从高空直接摔到了地上。天空没有出现蘑菇云。

核弹哪里去了？

大家无比地揪心，因为这样的事情有可能引起严重后果。指挥部立即派出一百多名防化兵到出事地点寻找。防化兵们奔跑在荒无人烟的戈壁滩上，始终没有发现核弹的痕迹。这是一个不能不了了之的事情，邓稼先决定亲自去找。许多同志都反对他去，但是，他还是坚持亲自去。

放射性钚，在大自然中的半衰期是两万四千年，如果侵入人体，就极易被骨髓所吸收。它在人体内的半衰期是 200 年，亦即进入人体后 200 年还剩一半。这就是说，它将终生伤害着“吃剂量”人的身体，永无解除之日。仅仅一克钚就可以毒死 100 万只鸽子。我们不难想象它对人体的伤害。

这一切，邓稼先当然清楚。他平时对别人的安全都非常关心，但此时却偏偏将自己的健康和生死置之度外。

吉普车在颠簸中向戈壁深处驶去。一路上，邓稼先的脑子里在不停地思索，究竟是什么事故？有几种可能性？最坏的结果是什么？

邓稼先什么都想到了，就是没想到是因为降落伞没有打开，造成核弹从飞机上直摔下来，偏离预定的爆心处很远。

到了发生事故地区的边缘，邓稼先要汽车停下来。他把钚对人体的伤害忘得一干二净，或者，他根本没忘，但是却全然不顾。他弯着腰，一步一步走在戈壁滩上。锐利的目光四处扫视，边走边找。终于，碎弹被他找到了。

高度的责任感让邓稼先在一瞬间变成了一个“傻子”，他竟然用双手捧起了碎弹片，这可是一个含有剧毒的危险放射物啊。看到碎弹片，他立即放心了，最担心的后果终于没有出现。他的精神骤然松弛，拖着疲惫不堪的步子，向远处的吉普车走去。

就是这一次，强烈的射线严重地损害了邓稼先的身体。从他寻找部件时留下的照片可以看到，邓稼先仅穿了件简易防护服。而当时残损部件放出的射线，至少需要三米厚的混凝土才可以防住。

几天之后，邓稼先回到北京住进医院做检查。检查结果表明，他的尿里有很强放射性，白血胞内染色体已经成粉末状，数量虽在正常范围，但白血胞的功能不好，肝脏也受损。一位医生说了实话：他几乎所有的化验指标都是不正常的。

按道理邓稼先应该到疗养院去。受的放射性剂量这样大，疗养虽然不能解决根本问题，但对身体无疑有很大好处。可是他没有去，他离不开工作。直到他离开人世，也没有去疗养过一天。

从那以后。邓稼先衰老得很快，头发白了，工作疲劳也不容易消除，有时他非常怕冷，感觉自己的身体越来越不行了……

为了国家，牺牲小家

在我国的核武事业中，邓稼先奉献的是生命，妻子许鹿希牺牲的是幸福。在邓稼先的心里，充满了对家人的愧疚。为了国家，他就顾不上自己的小家了。

1953 年，邓稼先和许鹿希结为幸福的伉俪。

“从他被调去搞原子弹，到1986年他去世，前后28年间，我们聚少离多。他的工作保密性太强了，而且当时纪律十分苛刻、严格，他不能多说，我也不能多问。甚至我的北京医科大学的同事都不能来家里，免得出事。至于他突然回来和突然走以及什么时候回来我根本不知道，什么时候该走的时候，一个电话，汽车马上就在楼底下等着，警卫员一来就马上走了。”许鹿希说。

许多人都曾问过许鹿希，为什么能够忍受和丈夫分离长达28年？她说，是因为她不仅见过“洋人”，还见过“洋鬼子”；不仅见过飞机，还见过敌人的飞机在空中盘旋轰炸自己的家园；不仅挨过饿，还被敌人的炮火逼着躲进防空洞忍饥挨冻。她说，因为有了这些与邓稼先共同的经历，才使她能够理解邓稼先，理解他的事业，她觉得自己也有一份责任，一份对祖国的责任。为了国家的富强，他们没有什么是不能忍受的。

第一颗原子弹爆炸成功的消息发布后，人们又蹦又跳，高兴极了。“很多人问我，1964年10月16日晚上，你是不是和大伙儿一样，手里举着红色号外，高兴得又蹦又跳，欢呼第一颗原子弹爆炸成功了？我如实地回答说：不是，我当时只觉得提到嗓子眼儿的心，落下去了。谢天谢地，终于搞成了！”“从原子弹、氢弹，到中子弹……我们担心极了，一个接一个地担心。每成功一次，我们家属也只是相互串门问候一下而已！”许鹿希说。

许鹿希和邓稼先结婚33年，朝夕相处的日子不过6年，而能过快乐而平凡家庭生活的只是结婚后的前5年，其余时间，许鹿希除了思念就是担心。在邓稼先生命的最后一年，他也不能完全属于她。因为邓稼先虽然到了生命的尽头，可是他的事业却处在关键、敏感的时期，他害怕有可能功亏一篑，为此他忧心如焚。

鞠躬尽瘁，死而后已

邓稼先被确诊为直肠癌那一天，是1985年7月31日。从这一天到1986年7月29日，是许鹿希与丈夫相处的最后一段日子。思念的终结竟是永别。

这最后一年，邓稼先除了与病痛作斗争，一天也没有闲着，他在与时间赛跑，与生命赛跑，他要完成自己最后的心愿，他要兑现对国家的庄严承诺。

8月10日。做第一次大手术。许鹿希噙着泪水守候着。果然，手术后的诊断是“癌症属中期偏晚，已有淋巴结及周围组织转移。预后不良。”

邓稼先的时间不多了。其间，他做过两次大手术、两次小手术，还有化疗、放疗和中药的治疗，结果都未能控制住癌症的恶化。

一段时间的化疗之后，因为白血胞数目太低，血象太差，必须中断治疗。医生同意邓稼先回家休养两三个月。

预感到了什么，邓稼先的脑子反而更加清醒有条理起来。他要抢时间，把几件必做的事情尽快做完。他最关心的就是我国核武器事业的发展。他请于敏同志来，谈关于我国核武器发展的设想，要和于敏等人一块研究起草一份向中央的建议书。他感到核武器同别的尖端科学一样，世界各大国都在全力以赴向前迅跑，我们必须眼睛盯着，心里想着，手上干着，不然就要挨打。这是他心魂所系的地方。他决心抓住回家养病的机会，集中全力来干这件事。

邓稼先和同志们反复商讨，并由他和于敏两人在 1986 年 4 月 2 日联合署名写成了一份给中央的关于我国核武器发展的极为重要的建议书。这是为国家领导人做最后决策提供的重要参考材料。

写建议书时，他开始做化疗，向血管内点滴药水，一次治疗要好几个小时。他只能躺着或靠坐着，边做治疗边看材料。身旁的妻子不断轻轻地给他擦拭满头的虚汗。

病房，实际上成了邓稼先的办公室。在两次治疗的空隙，他常常坐在橡皮圈上伏案修改。靠着坚强的毅力，忍受着病痛残忍的折磨，他终于改完了建议书的稿子。这是一个临近人生终点的科学家对祖国最后的牵挂。

经过和九院的同事们反复研究讨论，多次修改，在邓稼先逝世前的三个多月，终于完成了给中央的建议书。建议书详细提出了中国要达到的主要目标和实现目标的具体途径及措施。在他去世之后，九院的继任者们依此继续前进十年，使我国最终达到了那个高度。

如今，我们回过头来看这份建议书的重要性，不论怎样估计都不会过分，因为，在还有人挥舞着核大棒进行恐吓的地球上，它能使我国人民平安地过上长久的搞经济建设的幸福日子。

1986 年 5 月 16 日，邓稼先做了第二次大手术，清扫癌瘤侵犯的部位，以减少疼痛和延缓病程的发展速度。但是，癌组织已侵及手术刀达不到的要害之处了。手术以后，邓稼先的身体越来越虚弱。

除了和别人谈工作，邓稼先还拼命干着另一件事，就是写那本预计 80 万字的大部头的书。他开了一个很长的书单子，让人回基地时一本一本从他的书架上挑选出来，全部带到病房。他将这些资料藏在壁橱和衣柜里，不让护士发现。

疼痛越来越厉害。有天，他对前来探望的一位亲属说："痛起来像用杀猪刀捅一样。"每次大痛，他便汗流不止，但他从来不叫嚷，最多只是哼几声。

"我经常嘱咐医生给他注射止痛剂，因为在最后的日子里，他太疼痛了。如果不用止痛剂，他疼都会疼死的！"许鹿希说到这里，已是潸然泪下。

后期，邓稼先很少谈工作了。他的身体越来越差，虚弱得下床走几步就是一身大汗。

有一天，邓稼先拉着许鹿希的手，向她描述原子弹爆炸时的壮丽景象：奇异的闪光，比雷声大得多的响声翻滚过来，一股挡不住的烟柱笔直地升起……沉浸在那自己创造的"大漠孤烟直，长河落日圆"的诗意中，他的声音虽然微弱，却是那么坚定："我不爱武器，我爱和平，但为了和平，我们需要武器。假如生命终结后可以再生，那么，我仍选择中国，选择核事业。"那天，在舒伯特迷人的音乐中，邓稼先又一次拉着许鹿希的手，默默地吟诵着肖贝尔的歌词：你安慰了我生命中的痛苦，使我心中充满了温暖和爱情……

邓稼先疼痛难忍，许鹿希虽然是医学博士，很心疼，但也束手无策，她只能抱着他哭泣。

1986 年 6 月 24 日，全国各大报显著版面刊登着同样的文章——《两弹元勋邓稼先》。此刻，世人才知道邓稼先是干什么的。

1986 年 7 月 29 日，邓稼先终因全身大出血而与世长辞。邓稼先用最后的呼吸回应了 28 年前的领衔受命：死而无憾。他临终前留下的话仍是如何在尖端武器方面努力，并叮咛"不要让人家把我们落得太远……"

1996 年 7 月 29 日，邓稼先逝世 10 周年的日子，我国进行了最后一次（第 45 次）核爆试验。试验成功的当天，我国政府即发表声明："中华人民共和国郑重宣布，从 1996 年 7 月 30 日起，中国开始暂停核试验。"从此，寂静的罗布泊将被人们永远怀念。

"鞠躬尽瘁，死而后已。"这是对邓稼先一生光辉的写照。

朱光亚

沉默寡言的两弹一星元勋

五十春秋呕心沥血，毕生奉献功勋卓著。回顾自己的一生，朱光亚说："我这一辈子主要做的就这一件事——搞中国的核武器。"

这是 1950 年初，时年 26 岁的留美学生朱光亚在归国途中，亲笔起草《致全美中国留学生的一封公开信》：“我们已经站起来了，回去吧，赶快回去吧！祖国在迫切地等待我们！”

这封让人热血沸腾的信，不仅反映了朱光亚当年回国效力的迫切心情，更是他毕生奉献民族复兴的真实写照。

新中国成立的消息传来，更坚定了他回国的决心

1924 年 12 月 25 日生于湖北宜昌的朱光亚，从中学起就对自然科学产生了浓厚兴趣。1941 年至 1945 年，他先后在重庆中央大学物理系、西南联合大学物理系学习，毕业后任西南联合大学物理系助教。

1945 年，美国在日本投掷的两颗原子弹，唤起了中国人制造原子弹的梦想。1946 年，国民政府遴选吴大猷、曾昭抡和华罗庚 3 名科学家赴美考察；吴大猷推举两名助手同行，一名是李政道，另一名就是朱光亚。

到美国不久，他就认识到一个残酷的事实：美国根本不想对中国公开原子能技术。很快，赴美考察小组被迫解散，人员各奔东西。但朱光亚并没有放弃，同年 9 月，他进入吴大猷的母校密执安大学，从事核物理学的学习和研究。

在核物理学的天地里，他刻苦学习，以全 A 的成绩连续 4 年获得奖学金，并发表了多篇优秀论文，顺利取得物理学博士学位。

异国道路上的一帆风顺，并未让朱光亚忘记大洋彼岸的祖国。1949 年 10 月 1 日新中国成立的消息传来，更坚定了他回国的决心。1950 年 2 月底，他自筹经费，告别同学杨振宁、李政道，和学业尚未完成的女友、后来的妻子许慧君，赶在美国发布中国留学生回国禁令之前，取道香港回到新中国。

回国途中，他联合 51 名旅美留学生，牵头起草了《致全美中国留学生的一封公开信》。1950 年 3 月 18 日，这封公开信刊登在《留美学生通讯》上，炽热的爱国情怀感动了海外学子，许多中国留学生在其感召下陆续回到新中国的怀抱。

那一晚，他生平第一次喝醉了酒

回国 4 天之后，朱光亚就登上了北京大学物理系的讲台。1955 年，党中央作出发

展原子能工业的战略决策，朱光亚从东北人民大学（现吉林大学）回到北大，担负培养新中国第一批原子能专业人才的重任。他的学生中，许多人成为中国核事业的骨干。

1959 年，苏联突然单方面撕毁合作协议，撤走在华专家，我国的原子弹科研项目被迫停顿。朱光亚临危受命，调任二机部核武器研究所副所长和第四技术委员会副主任，担起了中国核武器研制攻关的技术领导重担。

"两弹一星"元勋钱三强，一直把这次荐贤视为选拔科技帅才的成功范例：朱光亚还属于当时科技界的"中"字辈，论资历不那么深，论名气没有那么大。那么为什么要选拔他，他有什么长处呢？钱三强列了四条：第一，朱光亚具有较高的业务水平和判断事物的能力；第二，有较强的组织观念和科学组织能力；第三能团结人，既与年长些的室主任合作得很好，又受到青年科技人员的尊重；第四年富力强，精力旺盛。

由于援华苏联核武器专家平时就严密封锁有关核武器的机密情报和关键技术，撤走时又毁掉了所有带不走的资料，中国的核武器研制举步维艰。朱光亚提出，就从苏联专家所作报告中留下的"残缺碎片"入手！经过夜以继日的艰苦奋斗，中国的原子弹设计理论终于有了重大突破。

1962 年 9 月，二机部提出争取在 1964 年下半年或 1965 年上半年爆炸第一颗原子弹的奋斗目标。为此，朱光亚编写了《原子弹装置科研、设计、制造与试验计划纲要及必须解决的关键问题》与《原子弹装置国家试验项目与准备工作的初步建议与原子弹装置塔上爆炸试验大纲》两份纲领性文件，明确提出核爆炸试验分"两步走"的计划。后来的实践证明，这是一个切实可行的方案，对中央正确决策起到了关键作用。

1964 年 10 月 16 日，我国第一颗原子弹爆炸成功。由于走错了路，朱光亚等人还没赶到山头的观测站，原子弹就爆炸了。看着正在升腾的蘑菇云，一向刚强内敛的他禁不住潸然泪下。那一晚，朱光亚生平第一次喝醉了酒。

仅仅过了两年零 8 个月，我国第一颗氢弹也爆炸成功。这两声巨响向全世界宣告：新中国已跻身核大国行列。

凭借对祖国的忠诚和对事业的执着，在当时极端恶劣的自然条件和极度简陋的设备条件下，朱光亚等"两弹一星"元勋们创造了奇迹：从第一颗原子弹到安装在导弹上的核弹头，美国用了 13 年，苏联用了 6 年，中国仅用了 2 年；从原子弹到氢弹，美国用了 7 年 3 个月，苏联 6 年 3 个月，中国则只用了 2 年 2 个月。

除了献身于中国的核武器事业，朱光亚还组织指导了中国第一座核电站——秦山

30 万千瓦核电站的建设，参与了改革开放以来历次国家科技中长期发展规划的研究制定，为中国工程院的筹建发展等作出了重要贡献。2005 年，从国防科工委（现解放军总装备部）科技委主任的岗位上退休后，80 多岁的他依然关心着国家的科技事业。

五十春秋呕心沥血，毕生奉献功勋卓著。回顾自己的一生，朱光亚说："我这一辈子主要做的就这一件事——搞中国的核武器。"

我个人只是集体中的一员，做了一些工作

1999 年，在新中国成立 50 周年之际，中共中央、国务院和中央军委做出决定，授予朱光亚等 23 名科学家"两弹一星"功勋奖章。

在同事眼里，朱光亚广受赞誉。"两弹一星"元勋彭桓武曾称赞他"细致安排争好省，全盘计划善沟通，周旋内外现玲珑"；"两弹一星"元勋程开甲称赞他"深思熟虑，把握航道"。在领导看来，他是"杰出的科技帅才"。

朱光亚本人则说："核武器事业是集体的事业，所有的一切荣誉都是集体的。我仅仅是其中的一员，是一个代表"；"中国核武器事业……倾注着集体的智慧和心血。有许多科学家、工程技术人员做出了杰出的贡献，也有很多人做出了牺牲，有些同志甚至贡献出了宝贵的生命。"

时至今日，朱光亚的故事依然少为人知。这一方面与他从事的事业有关，但同时也是他一贯低调的作风使然。多少年来，一直很少有描写他的文章，其实不是没有人写，而是写了文章到他那里过不了关，不是被扣下来，就是因不同意发表而被退回。他总说，先写别人吧，我的以后再说。

据中国工程院原秘书长葛能全回忆，2001 年清华大学在建校 90 周年之际，为 23 位"两弹一星"元勋出了一本传记，送给全体校友。在这本数十万字的书中，朱光亚只提交了一篇文章《原子弹综述》。"这篇不到 6000 字的文章，写了当年中央怎么决策、科学家怎么攻关等，没有一个地方专门写他自己。"

2004 年朱光亚 80 岁生日时，为表彰他对我国科技事业作出的杰出贡献，我国国家天文台发现的、国际编号为 10388 号小行星被命名为"朱光亚星"。在命名仪式上，他说：以我的名字命名一颗小行星，我很不敢当……我个人只是集体中的一员，做了一些工作。

廉洁到连一个杯子都上交

尽管身居高位，朱光亚的生活一直非常简朴。据曾在朱光亚身边工作10年的秘书陈建平回忆，他那时候经常穿着一件旧布的军装在办公室，对吃的也不讲究。“他应酬非常少，很少有请别人吃饭或者别人请他吃饭，一年大概也就那么几次，而且是非常近非常熟的。开会一般也不在外面吃饭。”

1996年10月，他获得何梁何利杰出成就奖，决定把100万元港币奖金全部捐给中国工程科技基金。

“我真的不忍心他这样做，因为我知道他的家庭经济并不宽裕，孩子的生活也都非常简朴。而100万元港币不是个小数目，即使存入银行，当时每年的利息少说也有10多万。”据葛能全回忆，他当时建议朱光亚捐一部分，留一部分。朱光亚平静地说：“就按我说的办吧。”

颁奖仪式结束，葛能全拿到奖金支票后，又忍不住向朱光亚重提自己的建议。朱光亚则表示：“不变了”。

不仅如此，朱光亚还反复叮嘱葛能全，对自己捐款这件事不要宣传，不要张扬。很长一段时间，就是中国工程院内部，很多人都不知道这件事。

据葛能全回忆，朱光亚把出差、访问收到的纪念品一律交公。“他交公的东西包括照相机、手机等这些当年还很高档、很贵重的东西，甚至廉洁到连一个杯子都上交。”

即便是1998年6月他离开工程院领导岗位时，也反复叮嘱：办公室里所有公费购买的书籍，一册也不能带走，都要整理好，做好移交。

在《我们的父亲朱光亚》一书中，朱明远和夫人顾小英写道：“宁静而致远，这就是父亲这位‘两弹元勋’的人生境界，他正是以这样的淡泊名利和无私奉献成就了科技强国的伟业。”

院士只是一个荣誉称号，不宜作为一种称谓来用

听多说少、严谨细致，是朱光亚留给人们的普遍印象。对此，中国工程院原院长徐匡迪印象尤其深刻。他回忆说，“到北京工作后我去看朱院长，见面后简单向他报

告，我已来报到，应该怎么着手工作，请他指点。当时光亚同志只是微笑着看着我不说话，大概有好几分钟。后来其他人讲了许多话，他只是不断点头。当我站起来要走的时候，他也站起来，坚持要送我到电梯口。从办公室到电梯口这段，他拉着我的手，讲了一句话：'工程院最重要的就是坚持院士标准，把好用人关。'"

"朱院长虽然话不多，却非常关键，可以说语重心长。"徐匡迪不胜感慨。

对于朱光亚的严谨，与他打交道40多年的中国工程院原副院长杜琬祥颇有领教。他说，朱光亚曾是国家863计划领导小组的成员之一，负责航空航天和激光领域的工作。激光领域的专家每次开会他都参加，会后要写一个纪要，送他阅后再定稿。纪要中有一部分，写参加会议的有某某院士、院长和所长等。"朱光亚看完后，拿起铅笔，很工整地在'院士'两个字上画了个圈，并在旁边写了一句话：院士不是职称，不是职务，只是一个荣誉称号，不易作为一种称谓来用。"杜琬祥说，"之后我多次在不同的场合谈过朱光亚的这个意见，它的含义是深刻的，对于今天科技队伍的建设很有意义。"

认真细致到极致

在对父亲的回忆中，朱明远印象最深刻的就是父亲的认真细致，已经到了一种"极致"。他讲了这样一件事，有一次朱光亚在外面开会，让秘书回家取一份文件。"父亲告诉秘书说，那份文件在第几个保险柜，第几格，从左到右第几摞，从上往下数第几份。"

"在这方面父亲对自己的影响非常大。"朱明远说，在工作中他的细心在同事中一直是有口皆碑的，但在家里却常被父亲说是"马大哈"。

"要做到父亲那样的严谨细致真是太难了。"

现在应该特别注意鼓励学生独立思考

最让中国工程院首任常务副院长朱高峰难忘的，是朱光亚"民主作风突出、尊重别人"。他回忆说，在主席团会议和院办公会议上，大家都能畅所欲言，没有任何顾虑，有不同意见、有争议是经常的。"他善于倾听大家意见，在意见一时不能统一的时候，他不轻易决策，而是待大家思考后再议。”

朱高峰举了一个例子：在成立工程管理学部问题上，工程院原本想在1998年的院士大会上表决通过，但当了解到院士中有较多不同意见时，朱光亚当即决定：在当次大会上不再表决，以后再议。

杜琬祥对此也有切身体验。1991年，朱光亚率团去美国，交流核军备控制的最新进展，这也是他1950年回国后首次出国。“在与美国科学家交流的过程中，虽然朱光亚是重大策划的牵头人与组织者，却很少说话，而是把发言的机会让给我国的中青年科学家，他只是在关键的时刻才作简短表述。”杜祥宛回忆说。

一直到晚年，朱光亚还特别强调“要学术民主”。2006年9月25日，在彭桓武院士科技思想座谈会上，他提交了书面发言《学习彭桓武先生培养创新型人才》。朱光亚详细回忆：彭先生说，他在英国留学时听他的师兄海特勒讲过这样一件事，上世纪三四十年代德国和法国理论物理学发展差别很大，德国很先进，人才济济；法国则不怎么样。造成这种情况的一个重要原因实际上是学术专制和民主的问题……为此，朱光亚指出：“我们现在的科技界、教育界，尽管少有一统天下的权威人物，但是在有些单位内部，学术专制、学术垄断的现象不同程度地存在，对开展创新工作、培养创新人才非常不利。”

他在书面发言中还强调，“要给学生留下探索的空间”，“要鼓励独立思考”。他说，我们的传统文化不欣赏标新立异、与众不同，往往过于要求人们安分守己、与周围保持一致，非常不适合敢冒险、个性强的创新型人才成长。现在应该特别注意鼓励学生独立思考，只有这样才不至于人云亦云、亦步亦趋，才能培养出优秀的创新型人才。

“这就是父亲，多年来，一直是习惯于默默地工作，默默地思考，默默地奉献，默默地以行动来影响与感召他周围的人。”在《我们的父亲朱光亚》中，顾小英、朱明远这样写道。他们说，之所以用自己的笔去跟随父亲的足迹，记下父亲在他们心中的一切，因为这是来自一颗纯洁无私的高尚心灵的心语，“对我们来说，这也是来自父辈的一份弥足珍贵的心理馈赠，它胜过世间一切有价的财富，它是真正的无价之宝”。

于 敏

国之巨匠

正是因为有如于敏一样的一大批埋头苦干、拼命硬干的人，中国的面貌才发生了翻天覆地的变化，炎黄子孙的腰杆才更加挺直，中国的国际影响力才显著提升并日益走近世界舞台中央，实现中华民族伟大复兴的目标才更加接近。

人们对他的评价是：国之巨匠，惊天事业，沉默人生。

但他曾对我平静地说过：一个人的名字，早晚是要没有的，能把微薄的理论融进祖国的强盛中，便足以自慰了。

他的名字叫于敏。

作为曾经的新华社记者，1999 年至 2004 年的五年时间里，我多次采访为“两弹”献身的元勋，于敏就是其中之一。包括新华社在内的世界各大通讯社，先后播发了我写于敏的长篇通讯《丹青难写是精神》。这之前，很少有关于于敏的全面报道。

2018 年 12 月 18 日，庆祝改革开放 40 周年大会在京举行，党中央国务院表彰了 100 名改革先锋，于敏成为被表彰的第一人。听到这个名字，我眼前立刻浮现出一个 10 多年前定格的形象：中等身材，高度近视，稍驼的背，微胖的体型，朴素的穿着，稀疏的华发，未曾开口先有笑意的脸……慈祥、谦和、睿智。

《人民日报》的公示语这样写道：他是我国著名的核物理学家，长期主持核物理理论研究、设计，解决了大量理论问题，为我国核武器的发展做出了重要贡献。20 世纪 80 年代以来，在二代核武器研制中，突破关键技术，使我国核武器技术发展迈上了一个新台阶，对我国科技自主创新能力的提升和国际实力的增强做出了开创性贡献。荣获“两弹一星”功勋奖章、国家最高科学技术奖、“全国五一劳动奖章”和“全国敬业奉献模范”称号。

此外，他还曾获得国家科技进步奖特等奖 3 项、一等奖 3 项，国家自然科学奖一等奖 1 项。1980 年当选为中国科学院院士。

2019 年 1 月 17 日他走完了人生的最后里程，享年 93 岁。

人民和历史，都将永远铭记邓稼先和于敏在中国核武器事业的发展里程中所起的决定性作用。邓稼先逝世后的 20 多年里，于敏是中国核武器事业的重要引领者。直到几年前，于敏的意见和建议，对这一领域的决策仍然有着重要影响。

一颗优秀的种子

1926 年 8 月 16 日，于敏出生于河北省宁河县芦台镇（今属天津市）一个普普通通的家庭里。爷爷于绍舟算是读书人，曾在乡间办过学堂，教书育人，耕读持家，哺育后代。父亲于兆鲲“学历”比爷爷还要高一些，相当于现在的高中生吧，毕业后就在天津财政局谋到了一份工作，靠自己的知识更靠自己的勤劳本分维持着一家人的生活。母亲是一位贤惠善良的家庭妇女。今天看来，上溯三代，于敏的家族，虽不能称作名门望族，却是书香门第，是一个有着“道德传家、诗书继世”基因的家族，也是一个有着深厚传统文化印记的中国家庭，一个勤俭勤劳的家庭。为此，于家，在当地的十里八村是一个颇受敬重的家庭。于敏有一个姐姐，毕业于北京师范大学，而且在读书时就加入中国共产党，对于那个年代的女性，上大学者可谓寥若晨星，加入先进组织的更是凤毛麟角，但对于敏家族似乎是个例外，亦可见家族之学养、族人之聪慧和读书之首要。这不能不说对于敏这颗优秀的种子实在是再好不过的土壤了。他还有一个弟弟和妹妹，早年夭折。

于敏出生在一个外敌入侵、国难当头、战争频仍、山河破碎和民不聊生的苦难时代，因此终身敬佩岳飞、文天祥和林则徐等爱国英雄也就不难理解。

1944 年于敏考入北京大学工学院。两年后，转入理学院去念物理，并将自己的专业方向定为理论物理。理论物理研究的对象广泛，需要智商高的人来做。于敏的性格、智商和兴趣显然是适合学理论物理的。

1949 年，于敏本科毕业后，又考取了研究生。中科院近代物理研究所是 1950 年成立的，成立初，钱三强任所长，王淦昌和彭桓武任副所长。搞原子核物理，既要抓理论研究，又要抓实验研究，于是近代物理所成立了理论研究组。全组共有八人，年龄最小的是于敏。这期间，于敏废寝忘食，广泛阅读了大量的文献，详细了解了国际上相关领域的发展情况，发表了多篇颇有分量的论文。不但打下了十分坚固的基础，而且在以后的核物理研究中，很快就站到了原子核物理的发展前沿。

一个大科学家之所以为大之处

经艰苦努力，于敏对原子核理论的发展形成了自己的思路。他把原子核理论分为三个层次，即实验现象和规律、唯象理论，以及基础理论。他发表的《关于重原子核的壳物理理论》《关于原子核独立粒子结构的力学基础》等论文，被普遍认为，在当时是具有相当高水平的。

20 世纪 60 年代初，国外有科学家提出原子核内具有能隙现象后，于敏敏锐及时地组织开始这方面的研究，不到两年就提出了原子核的“相干”结构理论。后来，和张宗烨、余有文等人又进一步把这种相干结构扩展到三个和四个粒子相干的集团。他们发表的《一个具有等间隔能谱的费米系统》和《原子核在短程力下的相干效应》等研究成果，在当时位居国际前列，引起极大关注。

于敏的同事郑绍唐告诉我，于敏记忆力惊人，平时很少记笔记。但他满脑子装的都是数据，靠大量的数据，他能很快对一个事物作出物理判断，许多人是不具备这个能力的。有一次，一位法国的核物理学家到原子能所做有关康普顿散射的报告。报告过程中，报告人还没有讲完实验结果，于敏就小声地对坐在旁边的何祚庥说，这个分支的比是10的负4次方至10的负6次方数量级。后来报告人给出的结果，果然如于敏所估计的。当时何祚庥觉得太神了，心中非常纳闷。报告结束后，何祚庥问于敏是怎么回事，于敏才告诉他如何进行量纲分析和数量级估计。

这也就是一个大科学家之所以为“大”之处。在此十年间，于敏先后发表论文、著作和译著20篇。1959年夏天，在成都举办了一期原子核理论培训班，于敏和北京大学的杨立铭教授担任主讲。他们所讲的内容后来被出版社编成书，取名《原子核理论讲义》，成为我国20余年间唯一的一部原子核理论专著。

钱三强在谈到于敏时也说：“于敏填补了我国原子核理论的空白。”留学英国、被选为皇家爱尔兰科学院院士的彭桓武则认为：“原子核理论是于敏自己在国内搞的，他是开创性的，是出类拔萃的人，是国际一流的科学家。”

老院长胡仁宇说：“他具有深厚的物理学功底，能准确了解每个新事物的目的、意义，以及与我院事业的关系。”他举例说：“早在20世纪激光发明以后，他就敏锐地察觉到，这是一种使能量在时空中高度压缩的技术，有可能在实验室里创造出瞬时局部的高温高压，实现与核爆相类似的物理环境。于是在70年代中期就开始利用激光做能源，进行核爆过程的模拟研究探索。经过30多年的努力已建成了相关的理论、实践、技术和工程队伍，为中物院事业不断向前发展作出了重大贡献。”

但于敏又是一个普通的脑力劳动者。著名核物理学家王淦昌就说：“我所接触的我国物理学家中，最重视物理实验的人是于敏。”严谨治学、一丝不苟是于敏最大的特点。于敏对自己的要求是，不但要知其然，必须要知其所以然。无论是作为理论部的副主任，还是作为副院长，他从来不满足于听汇报。凡事自己要亲自看纸带画图纸。

在中物院，有一件人所共知的事。一次，大家看到国外报道了一个重要元素的新的截面数据。如果实验数据是对的，将对核反应大有好处。但是，这个数据是否真实？

鉴别的办法一般只有重做这个实验。这不仅要花大量的钱，而且还要花两三年的时间。一时所有的人莫衷一是。于敏对这个数据也不放心。为此，他花了不少时间来论证它。有一天晚上，他突然抓住妻子的手兴奋地说："我搞清楚了。钱和时间都可以省下了。"

第二天，他很早就来到办公室，再次进行了缜密的思考和检验。上班后，向同事宣布，这个数据是错误的。不久，国外的报刊也报道那个数据是错误的。

同事刘恭良介绍说，1976 年夏天，他正在上海算程序。其中有一个，算了很多遍，结果都不对。大家被难住了：如果说计算机有问题吧，可前面算的都是对的；如果说计算机没有问题吧，这个结果确实是错的。就在大家手足无措的时候，于敏来了。他通过对大量纸带的研究，逐渐把出错的地方集中到一个小的范围内，然后确定是计算机出了问题。根据于敏的判断，通过检验计算机，发现果然是一个插件有问题。这个插件在前面的几次计算中没有用到过。于敏告诉大家，搞科学，首先要有物理判断，没有物理判断的人就是计算机的奴隶。

在私下，于敏被人们称为中国的"氢弹之父"，虽然他自己坚决反对。但就凭这一点，足见他在中国核武器事业方面的举足轻重地位和杰出贡献。

1964 年 10 月 16 日，我国成功地爆炸了第一颗原子弹。两年之后的 12 月 28 日，又在罗布泊进行了首次氢弹原理试验。1967 年 6 月 17 日，我国用飞机空投进行了全当量氢弹实验，取得了圆满成功，标志着我国成功地爆炸了第一颗氢弹。

之后，中物院的工作进入了"相对平稳"的阶段，这个时候不少人选择了离开。于敏说，他也想过离开中物院出国深造。而且机会对他来说特别多。1962 年，诺贝尔物理奖获得者 A. 玻尔来北京访问，亲口邀请于敏到哥本哈根去工作，但他反复权衡了自己的得失和国家的得失后就放弃了。他说："邓稼先离开了，周光召离开了，掌握物理设计全面的也就是自己了。在这个时候把任务全交给下面，显然是不行的。"即使后来的科学院院长钱三强几次提出：于敏是科学院的人，原子弹、氢弹已经搞出来了，我要发调令调你回来了。于敏每次都是拱手笑道："感谢一片好心。"其实除了上述原因外，于敏已经清醒地意识到：虽然我国成功地爆炸了原子弹、氢弹，但是任务远远没有完成，"两弹"最终必须成为武器，这就需要大幅度地提高。这一过程同样须掌握好方向，不能走一点弯路。否则同样是对国家人财物的大量浪费。

正是由于于敏等科学家们的先见之明，中国在禁止地上核试验后，及时转入地下核试验，随即又在全面核禁试前取得了应有的试验数据，使中国的核武器事业始终没有受到影响。

20世纪80年代初，于敏意识到，惯性约束聚变在国防上和能源上的重要意义，为引起大家的注意，他做了“激光聚变热物理研究现状”的报告，并立即组织指导了理论研究的开展。

1986年初，邓稼先和他对世界核武器科学技术发展趋势作了深刻分析，对我国所处发展阶段作了准确估计，向中央提出了加速核试验的建议。事实证明，这项建议对我国核武器发展起了重要作用。

1988年，他与王淦昌、王大珩院士一起上书邓小平等中央领导，建议加速发展我国惯性约束聚变研究并将它列入我国高技术发展计划。他们的建议被采纳后，我国的惯性聚变研究进入了新的阶段。

1993年后，他给新任院领导写信，提出核禁试后一定要把经验的东西上升到科学的高度，用经过实验校验的精密的计算机模拟来保障库存核武器的安全、可靠和有效性。

退休后的于敏仍然关注着这一领域的最新动向。在采访中，他告诉我，“中华民族不欺负旁人，也不受旁人欺负，核武器是一种保障手段，这种民族感情是我的精神动力。”他还声色凝重地和我说：现在的核武器又进入了一个新的历史阶段。它有两个明显特点：一是某些核大国的核战略有了根本性改变。过去是威慑性的，现在变为实战；二是某些核大国加紧研究部署反导系统，使得核对他没有威慑性，是新的垄断。我们当初是为了打破核垄断才研制核武器的。今天如果丧失了我们的威慑能力，我们就退回到了50年代，就要受到核讹诈、核威胁。但我们还不能搞核竞赛，不能被一些超级大国拖垮。我们要用创新的、符合我们国情的方法，打破垄断保持我们的威慑。同时他也说，“我想核武器最终会被销毁！”

用实际行动诠释“两弹一星”精神

中物院的科学家们，取得的成就是辉煌和令人震惊的。但他们创造辉煌的环境和条件同样令人震惊。他们常年转战的是新疆、青海的荒野戈壁和四川的深山老林。工作条件之艰苦难以想象的。

1969年，我国首次地下核试验和一次大型空爆热试验并行准备，连着做。于敏参加了这两次试验。当时，他的身体很虚弱，走路都很困难，上台阶要用手帮着抬腿才能慢慢地上去。热试验前，当于敏被同事们搀着到小山岗上看火球时，由于操劳过度和心力交瘁，第一次在工作现场休克。大家赶紧让他就地躺下，给他喂水。过了很长时间，他才慢慢地恢复过来。

1969 年 1 月，于敏和同事一起踏上了去往西南的专列。因为临时加车，有站就停，有车就让，车速很慢。有时在深山峡谷中一停就是好几个小时。除了少数老弱病残者坐硬卧车厢外，大部分人挤在没有厕所的大闷罐车厢内。于敏本来身体不好，加上长途跋涉无法好好休息导致胃病发作，整整四天四夜，差点把他折磨死。

到了大西南的深山沟，住房、办公房还在抢建，条件恶劣，工作无从开展，可是热核试验的时间很紧，所以没过几天，上面只好又做决定，家属留在深山，科研人员全部返京。于敏带着还没有休息过来的身体、还没有治好的病只身回到了北京。

沉重的精神压力和过度的劳累，回到北京后的于敏的病情日益加重。军管组考虑到于敏的贡献和身体状况，特许妻子孙玉芹 10 月回京探亲。一天深夜，于敏感到身体很难受，就喊醒了妻子。妻子见他气喘心急，赶紧扶他起来喂水。不料于敏突然休克过去。孙玉芹赶紧叫醒邻居帮忙，一起把他送到医院，经过抢救才转危为安。后来许多人想起来都后怕：如果那晚孙玉芹不在身边，也许后来的一切就都不存在了。正是因为这个原因，军管组同意，作为特例，将于敏的妻子迁回北京。

1973 年由于在青藏高原连续工作多时，在返回北京的列车上他开始便血，回到北京后被立即送进了北京医学院第三附属医院检查，在急诊室输液时，又一次休克在病床上。

于敏虽然身体不好，但是，从来没有因为身体情况耽误过工作。到退休前为止，他八上高原，七到戈壁，为我国的核武器事业，隐姓埋名，殚精竭虑，鞠躬尽瘁，用实际行动诠释了“热爱祖国、无私奉献，自力更生、艰苦奋斗，大力协同、勇于登攀”的“两弹一星精神”。

国之巨匠

我曾问于敏，在这个世界上，您最崇拜谁？

他笑了笑说，“我不喜欢‘崇拜’这两个字。但这个世界上有我不少敬佩的人。

比如，有贡献的科学家、政治家，只要他对人民做好事，对国家做好事，我都敬佩，但我最敬佩的还是民族英雄。比如，岳飞、文天祥、林则徐等。‘苟利国家生死以，岂因祸福避趋之’是林则徐高尚境界的写照。岳飞把‘精忠报国’作为座右铭，才有身经 126 战，没有一次败仗的辉煌。”

从于敏对这些英雄人物的熟悉程度，不难发现他对他们的敬佩之情，以及这些人对他的影响之深。

正是因为有如于敏一样的一大批埋头苦干、拼命硬干的人，中国的面貌才发生了翻天覆地的变化，炎黄子孙的腰杆才更加挺直，中国的国际影响力才显著提升并日益走近世界舞台中央，实现中华民族伟大复兴的目标才更加接近。

于敏，国之巨匠，中华民族的脊梁！

袁隆平

田里的雕像

一个俯身扑在稻田里的身影，张开双手，拥抱着如尼亚加拉大瀑布般的稻穗，这双手，仿佛搂紧了人类的命根子。这副面孔，这个形象，已经成为世界上传播率最高的中国形象之一。

“我不在家，就在试验田；不在试验田，就在去试验田的路上。”这是袁隆平常说的一句话，带着特有的袁隆平式幽默，却也透出一股倔强的认真劲儿。

“勿言牛老行苦迟，我今八十耕犹力。”仔细一想，他还真与陆放翁有某些相似之处，放达，乐观，老而弥坚。如果说陆游在反映生活的深度和广度上都达到了同代诗人难以企及的艺术高度，袁隆平在杂交水稻研究的深度和广度上无疑也达到了同代科学家难以企及的科学高度。他有放翁放达的一面，却没有放翁诗中的嗟老叹衰。兴许是多年来训练有素，哪怕走在狭窄的田埂上，他的脚步也很有节奏感。

一条路在他的脚下延伸着，仿佛一生都在抵达之中。我亦步亦趋地跟在他身后，一直在琢磨，那一直支撑着他的原动力到底是什么？你若问他，他便笑道：“这还真是很难说，我自己都不晓得，应该说是为了实现自己的梦想和抱负，可能也和我的性格有关吧，我就是这样的人，就是要挑战自己，想能有更多的突破，永远不会停下前进的脚步……”

此时，小暑已过，大暑将至，在火炉长沙，正值一年中气温最高且又潮湿、闷热的三伏天，这季节最好是“伏”在家中，静静地享受阴凉与清福。眼前这位老人不是没有这个福分，却没有这样的享受，因为那田里的稻禾让他牵肠挂肚啊。

“我就是个种了一辈子稻子的农民”

偌大一片稻田，在一座省城已经十分鲜见了。

这是杂交水稻的试验田，又何尝不是改革开放的试验田？1978 年被称为中国改革开放的元年，注定是要铭刻在亿万中国人心坎上的一年，一个依然年轻的共和国迈进了一个黄金时代，而此时已年近天命之年的袁隆平也进入了春秋鼎盛的岁月。这年早春，那被冬日的阴云长久笼罩的北京，云开日出，而那让人们期待已久的春风，也给在春寒料峭中匆匆行走的人们吹来了丝丝暖意。袁隆平也从他南方的稻田里匆匆赶来了，赶来参加他绝对不能缺席的一次划时代的盛会——全国科学大会在北京人民大会堂隆重开幕，这是一个伟大时代启航的盛典，邓小平那充满了震撼力和穿透力的讲话，成为开启一个伟大时代的关键词，他指出“现代化的关键是科学技术现代化”，重申了“科学技术是生产力”这一马克思主义基本观点，再次明确提出“知识分子是工人阶级的一部分”，就这几句话，让一向不关心政治的袁隆平猛然间有了切身的体验，他感觉那长期束缚着自己的无形的绳子终于松绑了，那长期禁锢着自己的桎梏也应声而解了。在人民大会堂举行了闭幕式和授奖仪式，袁隆平获得了全国科学大会奖，这也是袁隆平获得的第一个国家级奖项。在时任中国科学院院长郭沫若那篇《科学的春天》充满激情、充满诗意的祝福与呼唤中，大会徐徐闭幕了，而“我们民族历史上最灿烂的科学的春天到来了”。后来有人评说，“全国科学大会是中国全面推进改革开放的先声，由此开启了一个大国从颓败到中兴的不朽神话”。

就在这一年，袁隆平晋升为湖南省农业科学院研究员，有了一片属于自己的试验田，从此，一位享誉世界的“杂交水稻之父”就在试验田里年复一年地耕耘、播种，把杂交水稻的种子播撒到九州大地和世界五大洲。他的世界其实就在稻田里，这是他生活的全部重心，甚至是世界的中心。

袁老弯着腰，把头长久地栽在禾丛里，那古铜色的脸上绿光摇曳，连汗珠子也是绿色的。一个老农与稻禾之间发生的轻微碰触声，忽然触动了我记忆中的一个暗设机关，他这模样让我蓦地想起了自己最熟悉的一个老农，那是我那种了一辈子稻子的父亲。怎么看，眼前这位老人，就像是我那面朝黄土背朝天、在农田里耕耘了一辈子的农民父亲啊！

不是像，他老人家就是这样说的：“其实我就是一个在田里种了一辈子稻子的农民！”

诚然，他又绝非我父亲那样的普通农民。这样一位依然健在的人，早已提前进入了民间信仰，在无数吃饱了肚子的老百姓心中，他就是一个当代神农，一个活生生的“米菩萨”。这可让他犯难了，他一听这话就连连摆手说：

“不敢当，实在不敢当啊，菩萨在老百姓心中是能救苦救难的，我又何德何能，我不过是中国稻田里的一介农民而已。”可他越是这样低调地为人处世，那些对他感恩戴德的农民越是觉得这样委屈了他老人家。于是，便有了一个农民为袁隆平塑像的故事。那是一个被反复讲述、过度诠释的故事，但很多人都在突出强调事情的表面，却忽略了存在于事物背后的本质。

那个农民叫曹宏球，他生于斯长于斯的那一方水土我去看过，自古以来就是湘南的一个稻香村，但他在 15 岁之前，一直过着“野菜野果当杂粮，红薯要当半年粮”的日子。到了 1975 年，他们村开始种植杂交稻，从此告别了半饥半饱的日子。过了几年，从大集体一变而为大包干，又加之袁隆平一直在不断推高杂交水稻产量，粮食亩产一次又一次飞跃，农家人日子也越过越红火。一个丰衣足食的农民，一心想着怎么报答他心中的“米菩萨”，1996 年，他给袁隆平写了一封信，说出了一个农民心中最朴素的真理，“是邓小平给我们送来了好政策，您又给我们送来了好种子，使得我家如今不仅衣食无忧，住上了小楼，还有五六万元的存款”，他情真意切地表达了为袁隆平塑像的心愿，并请求袁隆平先生提供几张不同角度和不同姿势的照片，作为雕像的参照。他最担心的是，别把一个“米菩萨”的形象雕走样、走神了。

袁隆平的第一反应就是婉言谢绝。他在回信中说：“你们的这份情意我领了，但我为国家和人民做了一点贡献那是应该的，不值得你们如此敬仰和崇拜。从你的来信看来，你家虽有一些积蓄，但尚不算很富有。因此，我建议你把钱用到扩大再生产上去，好进一步发家致富。倘若你一定要积德行善，社会上也还有很多公益事业可做。请你务必不要把钱浪费在为我塑什么石雕像上，我实在承受不起你的这般厚爱。请你尊重我的意见，并恕我不给你寄照片。”

袁隆平的态度很坚决，但曹宏球和乡亲们的态度也非常坚决，不管袁隆平本人答不答应，他们都要为他塑像。袁隆平的照片在当时也不难找到，很多报刊上都有袁隆平的照片。经人指点，他来到河北省曲阳县一家雕刻厂，经厂家测算报价，需要 30 万元。这可让曹宏球犯难了，他满打满算，也就能拿出五万八。不过，这个满脸胡楂的农民还真是很有能耐，他找到厂长，把自己的心愿从头至尾诉说了一番。厂长听了，连眼圈儿都红了，他也是挨过饿的，只要挨过饿的人谁不打心眼里感激袁隆平啊。他当即表示：“为他老人家塑像，赔本我们也干，这样吧，你交四万八就成了，留下一万回家搞生产，别的你就不用操心了，我们一定把袁先生的像塑好！”

当袁隆平的雕像从河北千里迢迢运回曹宏球的家乡郴州华塘镇塔水村，为了找到一个长远的安放处，又有和曹宏球一同富裕起来的村民捐出了两亩稻田，建起了一个“稻仙园”。稻仙，意思跟“米菩萨”差不多。在接下来的日子里还有一些小插曲，一次是袁隆平听说曹宏球家遭灾，赶紧让人给他送去了两万块钱。还有一次，由于那尊雕像长时间日晒雨淋，曹宏球跑到长沙来找袁隆平，袁隆平一听他要钱是为了维护雕像，态度一下又变得坚决了，这钱，他一分钱也不能给。

又不能不说曹宏球还真是一个很有脑子的农民，那个“稻仙园”并没有像人们预料的那样难以为继，如今已从最初的两亩园扩大到了 80 亩，曹宏球以此为依托，还创办了产供销一条龙的“稻仙园养蜂场”，除了生产原生态的稻花蜜，还有价格不菲的花粉、蜂胶和蜂王浆。尽管种稻早已不是曹宏球的主业，但他一直守望着这片让他们吃饱了肚子的稻田，也守望着农民心中的“米菩萨”。而在星移斗转的时空变化之中，曹宏球那种作为农民的朴素感恩之情也在潜移默化，渐渐进入了一个更高的境界。他是这样说的：

“我为袁隆平院士塑像是为了让社会更加崇尚科学，我雕刻出来的不仅仅是‘米菩萨’袁隆平的躯体，更是一面科学的旗帜！”

我一直觉得，最值得关注的并非一个农民为袁隆平塑像的故事，而是一个农民这么多年来走过的路，那是从崇拜偶像到崇尚科学、靠科技致富的一条路，这也是袁隆平最希望看到的一条路，一条中国农村和农民的真正出路。

“这个奖比诺贝尔奖的价值更高”

袁隆平一直把自己当做亿万农民中的一个，他的故事其实就是一个农民和亿万个农民的故事。他有很多农民朋友，也有许多素昧平生的农民慕名而来找他。他的门永远是向农民敞开的，他也没有关门的习惯。可他实在太忙了，他身边的工作人员只能替他挡挡驾。有一次，几个来找他的农民在袁隆平办公楼的门口被挡住了，袁隆平听见楼下的动静，赶忙下楼，把那几个鞋子上直掉泥渣子的农民迎进自己的办公室，又是让座，又是倒茶。几个农民开始还有些紧张拘谨，一看袁隆平这样平易近人，模样也跟自己差不多，一个个都放开了手脚，有的还跷起二郎腿，就像在自己家里一样。

每次送走了这些农民朋友，他办公室的地板就会落下许多带着泥土的脚板印，袁隆平却笑着对那些脸色有些难看的工作人员说：“这就是接地气啊，我们这些搞农业科研的，不能关起门来搞试验，要多与农民打交道，农民比我们更清楚种子好不好，我们不但要按照农民的需求来培育种子，还要知道农村粮食生产方面最新、最真实的情况啊！”

由于长年累月与农民打交道，农民心里想啥，袁隆平心里很清楚，用农民的话说，“饿肚子的时候想吃饱，吃饱了肚子想发家”。心思对路了，才会聊到一块儿。农民说，杂交水稻可以吃饱肚子却挣不来票子，由于种粮食不挣钱，很多粮田都种上烟叶了，还有些好端端的田地都抛荒了。这也是袁隆平最大的担忧，一方面，谷贱伤农，如果粮食减产就是致命的问题，长了嘴的都是要吃饭的，饭碗里一粒米都不能少。另一方面呢，光靠种粮确实很难致富，为此，他多年来琢磨出了一个法子，就是让农民“曲线致富”，譬如说他发明的“种三产四”工程，三亩田的水稻就能打出四亩田的稻子，以前一亩田也养活不了一个人，如今三分地就能养活一个人。这样就可以把节省下来的田地和劳动力用来搞多种经营，种蔬菜、水果、茶叶等经济效益更高的作物，这样农民不就富起来了吗？这样的典型还真不少，为他塑像的曹宏球就是一个。

他多年来担任湖南省政协副主席、全国政协常委，一直在为农民的利益鼓与呼。尽管他在“2016 年两会再次请假，已连续缺席三次”成为媒体关注的一个新闻，但他对农民的关心从未缺席。就在今年（按：指 2016 年）两会召开之际，他再次发声，呼吁要改变现行的“吃大锅饭”般发放粮食直补资金的做法，只有把钱补贴给那些真正种植粮食的农民，才更有利于调动那些真正种植粮食的农民的种粮积极性，只有保护粮农的利益，才能确保国家粮食安全。而在如何让农民增收的同时，他也一直为如何减轻农民的种子钱而精打细算。他所在单位研发出了一种高产优质新品种，原打算每斤稻种定价 12 元，在征求袁隆平意见时，他一下发火了，“一斤 12 元，为什么卖这么贵？这不是坑农吗？农民有这么多钱吗？”最后，减到了每斤 9 元钱的微利销售，他还问有没有降价空间。

一个心里装着农民的人，也被农民装在心中。2012 年秋收过后，几个农民从远在湘西溆浦县的乡下赶到长沙，他们就像进城里走亲戚一样，给袁隆平送来了土鸡和土鸡蛋。袁隆平待这些农民也像亲戚一样，他们这么远送来的东西，他也会收下，但都会折算成钱给他们，这不是买卖和交易，而是亲人间的人情往来。不过，这些农民还不只是给他来送土特产，他们是特意来给袁隆平颁奖的。原来，这年，袁隆平选择他们村为超级稻百亩示范片，平均亩产突破 900 公斤大关。这次来送匾的唐老倌，惊喜地告诉袁隆平：

“我活到 64 四岁了，还从没见过这么好的稻子啊，别说我，我们村里一些八九十岁的老人，也都说从来没见过！”老乡们说，“不但产量高，煮出来的饭也特别好呷，那个香啊！”唐老倌乐得跟小孩似的，说到那大米饭时还连连咂着嘴，一忘形，连口水都流出来了，他还觉得有些不好意思，急忙用手遮住了嘴巴。几个老乡一下乐了，袁隆平也乐了。

那个大奖牌上写作“天降神农，造福人类”八个大字，对于前边那四个字他不大乐意，但后边那四个字正是他毕生的追求。他郑重地接受了这个由农民颁发的奖牌，笑呵呵地说："我领到过很多奖，农民给我颁奖还是头一次，在我看来，这个奖比诺贝尔奖的价值更高，更荣耀！"

这是他的心里话，他一直打心眼里从农民的心愿上去理解他们，也是打心眼里感激他们，他培育出的每一粒种子，都必须通过农民辛勤的播种、耕耘，才能开花结果，聚沙成塔，如果说保障 13 亿人的粮食安全是居于塔顶的国家政策，那么这亿万农民就是保障国家粮食安全的最坚实的底部。谁能养活中国？谁在养活中国？说到底就是这数以亿计的农民，只有依靠他们，中国人才能一直把饭碗牢牢地端在自己手里。

"中国人有能力解决吃饭问题"

稻田里的太阳，蒸发出一股股炙人的水汽和热浪，但那个被耀眼的阳光照亮的身影在我眼前越来越清晰。

像他的身影一样清晰的，还有稻田里插着的一块"超优千号"的标志牌，这一强优势超级杂交稻组合，就是他最新研制出的"神秘核武器"，也是中国超级稻第五期攻关的首选品种。那优势一看就无与伦比，从立夏播种到现在，也就两个来月吧，这稻禾的剑叶已举得高高的。这家伙也确实挺神奇，在去年的多个百亩示范片试种，已达到了每公顷 16 吨的产量目标，但袁隆平的攻关目标是每公顷 17 吨，那是迄今无人登临的一个高峰。

当一位老农俯身观察稻子时，那古铜色的脸上绿光摇曳，连汗珠子也是绿色的，一个隆起的后背上透出几圈汗渍，像背着一幅地图。阳光照在他的脖子上，仿佛产生了光合作用，像光芒焕发的紫铜一样。一个姿态，就这样长久地保持着，感觉他正把那甜丝丝的清香深深地往肺腑里吸，他又微微闭着眼，像触摸婴儿一样深情地抚摸着，一个老农与稻禾之间发生的轻微碰触声，如同耳语般，迷人而神秘，仿佛存在某种呼应。我谛听到了一种声音，仿佛血液，正从一个生命静静地注入另一种生命。

当他转过身来，对着阳光察看稻花时，他宽阔的额头在阳光下闪烁着黑陶般的釉光。他那抚摸与呼吸的姿态，让我在瞬间发现，这才是一尊活生生的雕像，看上去比稻仙园里的那尊雕像更像一尊雕像，这不是用石头雕出来的供人仰望和膜拜的雕像，而是风雨日月雕塑出来的一尊采日月之精华、吸天地之灵气的雕像。

一个俯身扑在稻田里的身影，张开双手，拥抱着如尼亚加拉大瀑布般的稻穗，这双手，仿佛搂紧了人类的命根子。这副面孔，这个形象，被载入了《中国国家形象片——人物篇》，已经成为世界上传播率最高的中国形象之一。一个人，一辈子，该要吸收多少阳光，才会变成这样一个老而弥坚的形象，阳光不仅赋予了他伟大的头脑和灵魂，也塑造了一个农学家特有的形象，一副如同黑釉般透亮的脸孔，那犀利的眼神，依然透着内心的明亮。我感觉他的血液和骨骼都已被阳光深深地渗透了，那刚毅的、健康的色泽，不只是来自阳光的直射，他本身就是一个发光体，浑身都在焕发着内在的光芒。

他曾说过："原来我只想搞到 80 岁就告老还乡，但现在我要奋斗终生。"他也曾说过，当他成为"90 后"时，希望中国超级稻亩产突破 1000 公斤大关，这是中国超级稻的第四期攻关目标，结果比他的预期提前五年就实现了。从 2015 年开始，他又向第五期超级稻目标发起了攻关。他这一辈子都在攻关。我时常觉得他仿佛在生命与科学的两极中舞蹈。一方面，他在向人生或生命的极限挑战，一个奔九旬的人了，依然保持着异乎寻常的精力和创造的激情；另一方面，他是向科学的极限挑战。这里且不说此前的三系法、两系法杂交水稻走过了多么艰苦卓绝的路，只说中国超级稻从第一期到第五期的连续攻关，从亩产 700 公斤到 1000 公斤，每一次攻关都是创纪录的巅峰之作，这也让中国杂交水稻一直保持领先世界的绝对优势。

而现在，请听听他的心声："我还想再活十年，十年后，一系法杂交稻肯定能搞成功，中国人完全有能力解决自己的吃饭问题！"

肯定！他一向是不说满话的，但这次他说的是肯定。我注意到，他说这话时，眼里闪烁出一种奇异的、甚至是神奇的亮光。我也深信，随着他向水稻高产的极限、向人生与生命的极限发起挑战，一个人和一粒种子的故事还将续写，那不是传奇，更不是神话。事实上，他早已不是在向世界挑战，而是一直在向自己挑战，而对于他，没有最高，只有更高。我知道，世上从来没有永生之人，科学探索也永远没有极限，从不承认终极真理，但有永恒的追求。而我眼前这位老人，已经抵达或正在抵达的境界，或如卡尔维诺所谓，已进入了"时间的永恒存在或循环的本质"，那就是与天地同在的、辽阔而博大的爱与拯救……

林巧稚

像春蚕一样奉献最后一根丝

在从事妇女儿童健康事业 60 余年中，林巧稚留下了坚实的足迹：她是北京协和医院第一位中国籍妇产科主任，首届中国科学院唯一的女性学部委员，在胎儿宫内呼吸、女性盆腔疾病、妇科肿瘤和新生儿溶血症等方面的研究做出了突出贡献。她终身未婚，孑然一身；虽然不曾做过母亲，却用双手接生了 5 万多名婴儿，被誉为“万婴之母”。

“快拿来！产钳！产钳……”1983 年 4 月 22 日清晨，北京协和医院的病房里，梦中的林巧稚语调急促。

护士推门而入，轻声呼唤，林巧稚睁开眼睛，疲倦地说：“真累啊……昨晚上我和姜梅大夫接生了 3 个孩子。”

这样的梦，林巧稚已经连续做了好几个晚上，但这却是她最后一次分享梦中迎接新生命的喜悦。当天上午，林巧稚血压骤降，进入昏迷状态。“我要走了，不要再抢救了，不要费药了……”这是她弥留之际的最后一句话。这位中国现代妇产科学的主要开拓者和奠基人的生命时钟，停摆在 12 时 47 分。

“只要我一息尚存，我存在的场所便是病房，存在的价值便是医治病人。”这是林巧稚对自己一生的期许，也是她从医生涯的真实写照。

在从事妇女儿童健康事业 60 余年中，林巧稚留下了坚实的足迹：她是北京协和医院第一位中国籍妇产科主任，首届中国科学院唯一的女性学部委员，在胎儿宫内呼吸、女性盆腔疾病、妇科肿瘤和新生儿溶血症等方面的研究做出了突出贡献。她终身未婚，孑然一身；虽然不曾做过母亲，却用双手接生了 5 万多名婴儿，被誉为“万婴之母”。

为妇女争口气：协和第一位中国籍妇产科主任

1901 年 12 月 23 日黄昏，福建省厦门市鼓浪屿的一座小楼里，婴儿的啼哭宣告了一个新生命的到来，她就是林巧稚。林巧稚 5 岁那年，在一个凄苦的夜晚，患宫颈癌多年的母亲与世长辞，痛失慈母之爱在她幼小的心灵中埋下了学医的种子。

时间伴着林巧稚对母亲的思念缓缓前行，学医的种子破土而出。当 20 岁的林巧稚以优异的成绩从厦门女子师范学校（当地人称“高等女学”）毕业时，立志要做一名救死扶伤的医生。为了实现这个愿望，1921 年夏，林巧稚离开家乡，乘船到上海，参加协和医科大学（今协和医学院）的考试。

协和医科大学的录取率之低是众所周知的。在厦门到上海的客轮上，同行的女伴问林巧稚：“你怎么敢去考啊？”林巧稚答道：“既然招人，总会有人要考上的……考不上，我就不回去了，留在上海谋生。”

让林巧稚没想到的是，已经做好万全准备的她，在最后一场颇有把握的英语考试中出了“意外”。考试中途，一位女生中暑，她投入急救，以致英文试卷未能答完。原以为自己可能落榜的林巧稚，却在忐忑的等待中收到了协和医科大学的录取通知书。除了综合各科成绩优异之外，无私果断地处理考场上的突发事件，最终为她赢得了录取机会。

1921 年初秋，林巧稚第一次站在协和医科大学青砖绿瓦的建筑前。在这里，她度过了 8 年时光，系统学习了解剖学、生理学和细菌学等课程，完成了医院临床实习。寒窗苦读，迎来硕果累累。1929 年 6 月毕业时，林巧稚交出了亮眼的成绩单，更赢得了学校授予的毕业生最高荣誉奖“文海奖”，这是每届只有一名毕业生能获得的殊荣。

优秀毕业生林巧稚选择了在当时并不受重视的妇产科，成为协和医院聘请的第一名女住院医师。根据协和医院的相关规定，妇产科医生不得不在家庭和从医的天平上择其一，她毅然选择了后者。

对这个选择，林巧稚曾经和朋友谈起：“我是个‘蒲尔非森’（Professional）型的妇女。要搞事业，就必须把家庭‘哥依瓦波’（give up）。”

1933 年，林巧稚有了再次选择的机会。当时，她正赴奥地利考察。在首都维也纳刚住下，便接到院方电报：“请林巧稚女士回国后改做公共卫生工作……”拿着电报的林巧稚想了很久，也想到了国内“女的搞不了手术”的论调。她立志从自己做起，要为妇女争一口气，回电表明自己的想法：“我选择终生从事妇产科学工作……”

林巧稚在协和读书、工作的那几年，国家动荡，战乱四起。在炮火连天的岁月，她把对祖国命运的担忧转化为替同胞解除病痛的工作中。

在好友冰心所写的《我的同班》中，笔下“L 大姐”的原型正是林巧稚——“她的敏捷矫健的双手，又接下了成千累百的中华民族的孩童。她不但接引他们出世，还指导他们的父母，在有限的食物里找出无限的滋养料。”

因林巧稚在工作中的出色表现，20 世纪 40 年代，她接替美国医师惠狄克，成为协和医院妇产科第一位中国籍女主任。从此，协和妇产科的发展就和林巧稚的名字联系在一起。

在妇产科学世界中探索：个人命运与祖国和人民联在一起

年少时，离林巧稚家不远的地方，有一片被辟出来的洋人球场，绿草茵茵，但中国孩子却没资格进去。中国人被歧视的类似画面深深地印在林巧稚的脑海中，也让她在未来的岁月中，把对事业的追求与祖国和人民的命运紧紧联系在一起。

1932 年 7 月，林巧稚被派往英国学习深造，先后到曼彻斯特大学医学院、伦敦大学医学院等地学习、访问，全身心地投入到对妇产科学的探索中。

学习期间，林巧稚不仅学习了妇产科学界颇具盛名的妇科手术操作方法——曼彻斯特法，还在英国皇家医学院布朗博士指导下，研究并撰写了论文《小儿宫内呼吸》，论文一经发表，便引起了英国医学界的重视。

条件优越的实验室、发达的医学技术……英国的科研条件反而让林巧稚更加思念苦难中的祖国。一位住在伦敦郊外的华侨，常在周末邀请中国留学生到家中做客，“如何使祖国富强起来”成了常去的林巧稚和留学生们必谈的话题。她希望自己早日学成归国，为减轻同胞病痛尽己之力。

1939 年，天津塘沽港，提着皮鞭的日本兵不时吆喝，来回巡视。拿着行李箱准备乘船赴美学习的林巧稚看到这一情景，内心悲愤，更加坚定了学成报国的决心。

林巧稚此次美国之行的目的地是芝加哥大学医学院，研究宫缩和胎儿宫内呼吸。每天她第一个进实验室，衣着整洁，连白罩衣的领钩、袖扣都扣得整整齐齐。“你们看密斯林，人家是怎样工作的！”科室主任将林巧稚视为医生的楷模。

林巧稚确实以实际行动做出了榜样。芝加哥大学规定，成绩优异者的照片可以陈列在教学楼的走廊里。由于卓著的工作成绩，林巧稚的照片很快就被挂到了引人注目的地方。

次年春，在芝加哥大学的礼堂，芝加哥自然科学荣誉学会新会员的名单宣布，林巧稚名列其中。被这个在美国学术界颇有影响的团体接纳，正是她学术成就获得认可的佐证。

芝加哥大学著名妇产科专家艾蒂尔博士十分赏识林巧稚，邀请她留在美国。林巧稚答道：“我来这儿进修的目的，就是回国能更好地为我们中国姐妹治病……战争，我不害怕！既然我的同胞都在战争的翅膀覆盖下生活，我也应当回到那儿去。”

心怀身在战乱、遍体鳞伤的祖国母亲，迎着国内抗日战争的硝烟，林巧稚毅然踏上了归国的行程。

多年后，当林巧稚再次出国考察，心境已是迥然不同。1953 年，她代表新中国出访，赴维亚纳参加世界医学会议；1972 年出访美国、加拿大；1978 年出访西欧。“解放前，我搭乘邮船，一叶孤舟漂洋，不胜凄凉。而今，前面是五星红旗引路，后有 8 亿人民相依……”林巧稚说。

病人是第一位的：“我要当一辈子值班医生”

从担任住院医师，在一个风雪之夜第一次拿起手术刀，到之后岁月中经历的无数次手术，漫长的行医生涯中，林巧稚放在第一位的始终是病人。她常说，自己的伴侣是床头连着医院的电话机，生平最爱听的声音是婴儿出生后的第一声啼哭。

中国工程院院士、北京协和医学院教授郎景和在《妇女的保护神——纪念林巧稚大夫》一文中写道：“人们信赖她、尊敬她，不仅因为她有丰富的经验、高超的技术，还因为她对患者有无限的爱和关切……她的一启齿、一举手、一投足，都体现出对患者深切的爱。”

“我愿意当一辈子值班医生。”这是林巧稚从踏入医学界的大门到病重住院，一直坚守的信念，她也以实际行动践行了这句话，怀抱“不为良相　当为良医”的志向，将所有的精力都奉献给了妇产科学事业。

1941 年是林巧稚从医生涯中的一个十字路口，当年太平洋战争爆发，日军进驻协和医院，医护人员被遣散，只能各谋生计。林巧稚最终选择留在北平，在东堂子胡同 10 号挂牌行医，牌子上刻着“医学博士林巧稚医师妇产科”。

诊所开业后，不少病人慕名而来，有官僚富豪，也有穷苦百姓。林巧稚或在诊所坐诊，或提着药箱穿行于北平的大小胡同。在进出诊所的奔波中，她对平民百姓的病痛有了更深的感受。遇到贫病交困的病人，分文不收，甚至还要给点资助。

一天傍晚，一辆人力三轮车停在诊所门口。林巧稚有些纳闷：“我没要车呀。”车夫答：“是我家里的，难产……”

听罢，林巧稚绰起诊包，随车夫赶到他家里。见到产妇时，羊水已破，胎位不正。在林巧稚的努力下，晨光熹微中，一声婴啼，孩子终于生了下来。看着眼前骨瘦如柴的母亲、瘦小孱弱的婴儿，累了一晚的林巧稚打开诊包，拿出常备在身边的钱，递给车夫说：“钱不多，给她买点鸡蛋，补补身子。”

根据后来整理的数据，从开门问诊到最后关门停诊，林巧稚这个小小的诊所总共存留了 8887 名患者的病历。

当林巧稚关闭家庭诊所，再次回到协和医院时，已是1948年。从那时起，她又开始坚守奋战在临床一线。

1962年初，林巧稚收到一封来自内蒙古包头市的一封信。写信人焦海棠已生过4个孩子，但每次婴儿出生后不几天就全身发黄逝去。如今她怀上了第5个孩子，希望林巧稚能救孩子一命。

根据来信内容，林巧稚判断孩子患的是新生儿溶血症，当时国内尚无婴儿患该病成活的先例。接受这样的病人，对当时已经赫赫有名的林巧稚来说风险太大。但她查阅了国内外各种资料，组织各科专家会诊，制定了对新生儿进行全身换血的方案，通知焦海棠到京住院待产。孩子出生后，皮肤果然开始发黄。林巧稚现场拍板："总要有人来闯这第一关。就这样干吧！出了问题我来承担。"

就这样，中国首例新生儿溶血病手术取得成功，患儿获得了新生。父母为了表达感激之情，给孩子起名为"协和"。

林巧稚用自己的担当和医术，既抢救了小婴儿，也填补了中国医学科学的一个空白。这成功的背后正是她对病人的无限热忱和极端负责，在她的手下，抢救出的小生命并不只"协和"一个，这些孩子的名字虽然不同，或叫"念林"，或叫"爱林"……但对林巧稚的感激之情却是相同的。

留下宝贵财富：中国现代妇产科学奠基人

1949年10月1日，中华人民共和国宣告成立，一个崭新的时代开始了。作为一名与中华民族一起历经沧桑的医者，1952年，林巧稚在《人民日报》上发表《打开"协和"窗户看祖国》一文，在知识界引起了强烈反响。

"过去30年，我从'协和'窗户内看祖国，炮声愈响，我把窗户关得愈紧……打开30多年关紧的窗户，伸出头去歌唱我们亲爱的祖国，从今走向繁荣富强……"那时的林巧稚，虽已年过50岁，却迸发出新的能量，一心投入妇产科的发展中。

从20世纪50年代初起，林巧稚根据国际上妇产科的发展动态，重视学科建设和相关专业人才的选拔和培养。在郎景和（北京协和医院妇产科主任）看来，林巧稚非常重要的一个贡献，是在协和医院为妇产科领域中的几个亚专业或者亚学科成功奠基，比如产科、妇科以及妇科肿瘤、生殖内分泌和计划生育等。

沿着时间轴的行进，伴随着中国妇产科学事业的发展，林巧稚的脚步越来越快。

在中国第一个妇产专科医院北京妇产医院的筹建过程中，为选择一个位置适中的院址，林巧稚同一批专家教授、工程技术人员，跑遍了北京城。同时，和医院工程师详细讨论产房和婴儿室的大小、位置，论证最适合孕产妇需要的室内设计，连“座椅要考虑到让她们喂奶时坐着舒适”都想到了。没等脚手架拆除干净，林巧稚就到医院亲自走了一遍。医院正式接诊后，她身系两职，除了主持协和医院妇产科，每周还安排时间到妇产医院指导工作。

1958 年，林巧稚组织了一次对北京某地区 5 万人口的普查普治试点。她和助手们走门串户进行调查，收集到了珍贵的一手数据，掌握了研究子宫颈癌的第一手材料，从理论上增进了对诱发子宫颈癌的病因的了解。这些材料经过分析总结，形成了《北京市 88988 居民区子宫颈癌普查结果初步报告》，引起了国内外同行的关注。

1965 年，已是 64 岁的林巧稚参加了医疗队到湖南湘阴县湖区巡回医疗。3 个月的时间里，在两只药箱上架一块板做成的妇科检查床上，林巧稚为 1300 多名妇女做了检查和治疗。“16 年来，我从一个 40 多岁的壮年人到 60 出外头发斑白的老年人，从在协和医院的玻璃窗里淡然地看着人群，到打开协和医院的玻璃窗，走到了农村广阔的天地，为广大农民送医送药，这是一个巨大的变化……从农民兄弟的渴望与感激的眼神里，我看出他们是多么迫切地需要我们。”回京后，林巧稚动情地描述了此次巡回医疗带给她的触动。

即使晚年抱病，林巧稚仍组织学生们花费 4 年多时间，分析 3900 余份病历，参阅 900 多篇主要文献，制图 200 余幅，于 1980 年完成了 51 万余字的著作《妇科肿瘤》。

“我们要像春蚕一样，把最后一根丝吐出来贡献给人民。”这是 1965 年周恩来总理出席中华医学会第一届妇产科学术会议时讲话中所提到的。这句话一直激励着主持那次会议的林巧稚，她也用自己为中国妇产科学事业奉献的一生，践行了这句话。

顾方舟

心系一事，矢志不渝

2019 年 1 月 2 日凌晨，顾方舟在北京病逝。消息传出，全国悲痛，大家纷纷追念感谢，有网友说糖丸是童年最甜的回忆。他的甜甜的糖丸，让中国千千万万的孩子远离病魔的侵害，他实现了自己职业选择时的初衷和临危受命的坚守：选择公共卫生，让千百万人受益。就是要为脊髓灰质炎干一辈子！

2000 年 10 月，世界卫生组织宣布，西太平洋地区已阻断脊髓灰质炎（简称脊灰）野病毒传播、实现无脊灰的目标，标志着我国进入无脊灰状态。作为国家消灭脊髓灰质炎证实工作委员会的委员，顾方舟是在我国签字的代表之一，那也成为他生命中的重要时刻。

选择公共卫生可以让千百万人受益

顾方舟幼年丧父，为了养活家中年幼的孩子，母亲毅然去杭州学习助产，后带着孩子们离开家乡宁波，去天津挂牌营业成为职业妇女，靠做助产士谋生。

顾方舟回忆说："母亲总是教育我，你以后要考医学院当个医生。当医生是人家求你来治病，你不用去求人家。因为我母亲是助产士，没有权力处理难产，接生时一些突发的病自己也没办法处理，所以必须要求别人。因此从小她就教育我们要自立，要靠自己。"

1944 年，顾方舟考入了北京大学医学院，进入小班，开始为期六年的学习。如果不是从小就感受"亡国奴"的屈辱，即使到了大学，国家仍处于内忧外患的战争环境中，可能顾方舟会顺着母亲的心愿，成为一名优秀的外科医生。但就像蒋南翔校长说的，"华北之大，竟容不下一张安静的书桌！"这种民族危亡的时候，他们没办法只关注学业，独善其身。

当时学校里的地下党还有进步同学对顾方舟的影响很大。有一位教微生物学的方亮教授，他联系上联合国善后救济总署，得到了一笔钱和物资，于是想了一个主意，组织一些思想比较要求进步的同学在暑假，到北京郊区一个叫什坊院的地方义诊。义诊不是当天来回，是租了当地老百姓的一个院落住在那。他们到那以后，白天去村里巡诊、看病和发药，或者分一些毛毯给穷人；晚上吃完晚饭就开始学习，学习毛泽东同志的《目前形势和我们的任务》、艾思奇的《大众哲学》等等。除了学习他们还集体开会、讨论，大家彼此提问题，互相说自己的看法，同学们自己来解答。顾方舟说："当时我头一次听到'人生观'这个名词，你活着是为什么，我以前从来没有想过这个。在这一段时间里，我开始考虑人活一辈子为了什么。在旧社会，人都是为自己的生存奔命，没有谁说我要为了别人怎么样。经过什坊院这段时间，我慢慢懂得了，一个人活着不是光为自己，还要为了大众，所以我人生观的初步建立，是这时候开始的。"

公共卫生是顾方舟很喜欢的课程，教这门课的教授叫严镜清，毕业于老协和，是哈佛大学公共卫生学院的硕士，他对顾方舟的影响很大。公共卫生包括的范围很广，比如妇幼卫生、学校卫生、工业卫生和营养卫生等等。讲公共卫生，必然涉及到社会上存在的问题。比如妇幼卫生，中国当时婴幼儿的死亡率和产妇死亡率非常高，妇女生孩子，没有相应的医疗条件和正确的知识，很多人还是在家里生产，有时候碰到难产，大人孩子就都完了；再有工厂卫生，工人的工作环境脏乱差，安全都得不到任何保障，更不用谈健康。顾方舟说，严教授给我们讲这个课的时候，特别带有感情，他很同情这些人的遭遇，希望能为他们做些生活上的改善。对他们的糟糕境遇，顾方舟也感同身受。

因此，对自己最终选择了公共卫生的道路，顾方舟这么说："我没有按照我妈妈希望的那样，去当一个医生。当医生多好，白大褂一穿，听诊器一挂，看病就有钱。可是我没有选择当医生，我选择了走公共卫生的道路。当医生固然能救很多人，可从事公共卫生，却可以让千百万人受益。"

选择脊灰活疫苗还是死疫苗

20 世纪 50 年代，脊髓灰质炎在国内流行猖獗，它主要造成七岁以下儿童轻重不同的肢体畸形、肌肉萎缩甚至瘫痪，而且一旦造成肢体损伤，无法彻底治愈，也是困扰世界的难题。当时我国每年流行发病率有十万分之二三，流行年个别地方如南宁和上海，达到过十万分之三十几，非常严重。1955 年，江苏南通爆发了一次脊髓灰质炎的流行，发病近 2000 个孩子。

1959 年，中国医学科学院派顾方舟一行四人到苏联了解脊灰灭活疫苗（也叫死疫苗）的情况。当时美国的索尔克已经发明了脊灰死疫苗，且上市销售，但是他们对中国实行禁运，我国只能靠跟苏联的关系来了解情况。顾方舟是第一批留苏的学生，没有语言障碍，而且已经研究过一段时间的脊灰，因此这个任务责无旁贷落到他头上。

他们到了莫斯科以后，被安排到了俄罗斯联邦疫苗与血清研究所，那边正在做死疫苗。生产死疫苗很不容易：首先需要在猴子的肾脏细胞中培养脊灰病毒，这需要用一种培养液，包含几十种氨基酸、小胎牛的血清等成分。单培养液的花费就很高，像小胎牛的血清，我们国家没有商品化，要取用也很麻烦。病毒培养出来以后，要用福尔马林把病毒杀死，然后经过一系列的处理和检测，出来的疫苗叫死疫苗。同时，要获得免疫，需要把死疫苗往人身体里注射。孩子要打三次才能获得足够的免疫力，甚至还得加强一次，等于注射四次。

在了解死疫苗的同时，顾方舟通过研究生时导师和同学的关系，包括查阅文献，了解到有一批科学家共三个研究小组还在研究减毒活疫苗。其中赛宾领导的小组，得出的脊灰病毒毒力最低，认同度很高。同时苏联和美国还有一个技术协定，双方共同来研究活疫苗。

他们去的那年，正好在莫斯科召开一次国际性的脊灰疫苗学术会议，他们也参与了。会上有两派争论得非常激烈：有一派主张用死疫苗，因为活疫苗刚发明出来不久，对人到底有没有害处，检验的时间还不够。有专家强调说，活疫苗的毒力可能返祖，给孩子吃了以后，他得排泄出来，排出来就会传播，传播过程当中疫苗病毒会不会毒力恢复？毒力返祖是当时争论最尖锐的问题，也是大家最害怕的，有免疫学者拿出实验室的证据，的确有这个可能。另外一派坚持说，活疫苗使用没问题，而且肠道都可以免疫，免疫得非常彻底。两派当时都提出了自己的论据，当时也没有结论，一定是死疫苗好或者活疫苗好。顾方舟当时在会上没有发言，他一边听他们争论一边琢磨，这种可能的返祖现象到底是理论问题还是实践问题。

私下里，顾方舟也跟自己的同学和导师讨论。他的导师丘马可夫，是主张用活疫苗的，这对他影响比较大。他还通过同学，拿到了赛宾生产的活疫苗样品以及苏联生产的活疫苗。

后来他给卫生部写信说：我在这了解到，除了死疫苗，还有一种减毒活疫苗。我认为根据我们中国的国情，要想预防脊髓灰质炎，降低发病率，只能采用减毒活疫苗这条技术路线。

死疫苗打一针就需要几十块钱，而且需要打四针，我们中国一年有一千到两千万的新生儿，光是经济账算下来，我们承担不起；第二，组织生产疫苗得巨大的规模，因为不光是新生儿要打疫苗，得这个病的年龄段是七岁以下的学龄前儿童；第三，要培训一大批防疫队伍，给孩子注射不简单，还涉及安全注射的问题。

卫生部最后采纳了顾方舟的建议，采取了活疫苗的技术路线。事实证明，采用活疫苗的技术路线是中国消灭脊髓灰质炎一个决定性的措施。

做人体实验，我儿子小东算一个

考察结束回到北京之后，由顾方舟牵头当组长，北京生物制品研究所、成都生物制品研究所几家单位的同志迅速组成协作组，抓紧时间进行实验性的生产。第一批试生产的量大约是 500 万人份。

试生产结束以后，得需要检定。一种生物制品生产出来，要经过多道检定程序。比如细胞培养这个步骤，要看里面有没有别的病毒，单位病毒含量够不够；猴子脑内和脊髓内注射是一项毒力实验，需要判断病毒注射到猴子脑内或者脊髓内之后，它会不会发病，以此判断毒力是否过大。其他还有近 20 项检定，都有对应标准，项项都得合格通过。像美国的索尔克死疫苗，曾经出现过一个很严重的事故，打了疫苗以后，孩子得了脊灰，后来检查发现是灭活不够彻底。

因此，各项检定都非常严格。检定结束以后，还必须经过三期临床实验。临床实验就是人的临床实验，动物的已经都做完通过了。第一期需要少数的人。因为它是预防脊灰，脊灰都是小孩子得的，所以需要几个孩子来做安全实验。

让小孩子来试吃，哪个家长愿意，从哪找几个小孩子呢？当时是 1960 年，顾方舟的第一个孩子刚出生不久，还不到一岁。顾方舟想到了自己的孩子。他说我那孩子小东算一个，你们还有谁愿意参加？实验室的同事们有几位也有孩子，两岁、三岁的都有，后来他们实验室人的大约五六个孩子参加了这个实验。

他后来也承认，当时的确很担心，因为做实验的时间刚好是六七月份，是这个病的流行高峰时节，万一碰上怎么办？那近一个月的观察时间，应该也是这群整天忙于工作的、实验室里年轻的爸爸们最关心孩子的时段，见面最常问的就是孩子怎么样，有没有发烧，有没有异常症状。

一个人为了自己的理想自己去冒险去奉献，相对容易，但让自己的孩子去冒险，身为父母设身处地的考虑，能想象他那种仗义、平淡背后的纠结和担心，两难和愧疚。

一辈子就干这一件事，矢志不渝

这一批 500 万份的疫苗结果出来了，效果很好，达到了流行病学的效果——降低发病率，削平季节高峰，而且安全。大家都知道这个疫苗成功了。可是中国的孩子不只 500 万，需要疫苗的有上亿的孩子，要生产这么多疫苗，而且保证这些疫苗是安全的，这个任务又落到了顾方舟的肩膀上。

1958 年，顾方舟随沈其震院长到云南昆明考察选址，因为备战备荒等原因限制，最终选定玉案山花红洞作为脊灰疫苗的研究生产和猿猴繁育基地，也就是后来的中国医学科学院医学生物学研究所（简称昆明所）。当时花红洞一片荒芜，没有电，没有道路，什么都没有。要在这里建几万平方米的实验室、宿舍和动物房，一切都是从零开始。

事情定下来以后，除了基建设施，还得选派人员。那时候派人非常困难，因为当时昆明还没有通火车，而且是特别偏僻的一个地方，据说医学科学院找了好几位老革命约谈都没成功，谁也不愿意带着一家老小往山沟里头钻。

顾方舟举家搬到昆明是在 1964 年，去之前他老伴在病毒研究所工作。当时也有不少人劝他，你户口都要跟着走的，你一个人去就可以了。他说当时他想这不行，我一个人去，人家说你没有长期在那的打算，是不是干一段时间就回北京了。后来他跟老伴说，这不光是业务问题，还涉及到以后再调人，人家就要看顾方舟是怎么样的态度。他也跟母亲说好了，全家都搬到那去。那时候他下定了决心，就在昆明那扎下去，为这个事业干一辈子。

实验室建好以后，顾方舟整体负责生产，一方面要组织捕猴子、养猴子，培养病毒、生产疫苗，另一方面，要把细胞培养、病毒培养，疫苗的成品、半成品怎么检定，怎样确保它的安全性等这一套从苏联学到的规程，结合中国的实际情况，变成自己的，把生产和检定的规程做出来。

脊灰疫苗刚研究出来的时候是液体的，他们是滴在饼干或者馒头上给孩子吃，但给孩子吃液体的东西他们很抗拒。后来顾方舟想到小孩都喜欢吃糖，如果滚成糖丸，孩子们肯定喜欢。1962 年，糖丸剂型研制成功。

那活疫苗返祖的可能怎么解决呢？顾方舟提出来，这是免疫策略的问题，要根据这个病的流行病学的性质来设计免疫策略，在实践中解决。主要有两条指导思想：

第一个，一定要以乡、镇和县为单位，甚至于后来扩大到以省为单位。一定要在这个人群里，七岁以下适龄的孩子，服用疫苗的百分率一定要大于 95%。目的就在于要建立一个免疫屏障。孩子们吃了疫苗以后，病毒不能再相互传播，外面的病毒也无法进入。再一个就是要限定一定的时间内，95% 的口服率不能是断断续续的，一定要集中在一定的时间之内，大约是 7 到 10 天。

一个都不能少

1994 年，我国在湖南发现最后一例由野病毒引起的脊灰，2000 年，世界卫生组织证实我国为无脊灰国家。但这不代表对脊灰的防控任务从此结束了。2011 年，我国新疆地区又爆发了脊灰，后来查明是从巴基斯坦过来的发病儿童，因为当地免疫不充分，引起了爆发。后来国家扩大了当地的免疫范围和群体，在新疆以及邻近省份如西藏，14 岁以下儿童都补服疫苗，昆明所一次生产了 1 个亿的疫苗，最后解决了问题。因为病毒的传播性，必须全世界都消灭脊灰，这个病才算彻底根除，所以我国还需要继续维持无脊灰状态。

活疫苗返祖的问题在实际应用中解决了，但还有一个问题。它可能引起一些本身有免疫缺陷的孩子发病，比如无 γ 球蛋白的孩子。给这些孩子服用疫苗以后，由于他本身体质的问题，反而容易得脊灰。有人对免疫缺陷人群的比例做过一个统计，发生率大概在百万分之一到二百万分之一。

这些孩子当然用死疫苗比较安全，可是要用死疫苗取代活疫苗，对国家来说是一笔巨大的支出。但从伦理上、道德上来说，无论人数多少，不能让孩子因为吃了疫苗得病。

因此在 2013 年参加卫生部会议的时候，顾方舟提出一个解决方案：可以考虑灭活疫苗先只打 1 针。打了 1 针有一定的基础以后，再给孩子吃活疫苗，那就不是百万分之一的几率了，风险就更小了。

我国于 2016 年 5 月 1 日起，开始实施新的脊灰疫苗免疫策略，停用三价脊灰减毒活疫苗（tOPV），用二价脊灰减毒活疫苗（bOPV）替代 tOPV，并将脊灰灭活疫苗（IPV）纳入国家免疫规划。

2019 年 1 月 2 日凌晨，顾方舟在北京病逝。消息传出，全国悲痛，大家纷纷追念感谢，有网友说糖丸是童年最甜的回忆。他的甜甜的糖丸，让中国千千万万的孩子远离病魔的侵害，他实现了自己职业选择时的初衷和临危受命的坚守：选择公共卫生，让千百万人受益，就是要为脊髓灰质炎干一辈子！

棱角屠呦呦

屠呦呦是一位很有个性的科学家，这种耿直的性格也形成了她不啰唆、果断的风格。在生活中，屠呦呦被同事们评价为“为人低调，而且是长期低调”。她的名片很简单：单位、姓名、职务、单位地址和电话。

她不是海归，是本土学者；不是院士，是纯粹的科学家；并非完人，而是低调的“直人”。

1978 年 3 月，全国科学大会召开，宣布“科学的春天”到来。同年 6 月，有媒体敏锐地捕捉到“治疟新药‘青蒿素’研制成功”的消息，捕捉到一个新时代即将开启的心跳。12 月，十一届三中全会召开，拨乱反正，改革开放的春潮在神州大地上涌动，而这种改革创新的闯劲也一直持续到现在。

中国从来不乏科学创新的成就和欣喜。但屠呦呦获得诺贝尔生理学或医学奖的消息传入国内时，惊讶、赞许、质疑等各种声音在舆论场混响，却是 40 年来少有。众声喧哗中，大多数人似乎对屠呦呦一无所知，醒来时，才发现她的身上并没有世俗意义上的那般耀眼：她不是海归，只是本土的、中国式的学者；不是院士，只是一个纯粹的科学家；不是完人，只是一个耿直的知识女性。

一夜之间，这位默默无闻的科学家为大众所熟知，也愈加引起人们探讨的兴趣。或许她的成就有太多探究、阐述的维度，但有一点毋庸置疑，那就是改革开放的“时势”成就了这位痴迷科学、执着不休的“英雄”。

“呦呦鹿鸣，食野之蒿”

屠呦呦的故乡在浙江宁波。她是一个殷实之家的掌上明珠。早在 1930 年 12 月 30 日，当父亲以《诗经》中“呦呦鹿鸣，食野之蒿”为其取名时，便已注定了屠呦呦与青蒿的缘分。

2015 年 10 月 6 日，记者追寻屠呦呦的成长足迹来到宁波。这座城市传统人文景点不少，有现存最早的私家藏书楼天一阁，有宁波府城隍庙……如今，又多了屠呦呦的旧居。

屠呦呦的旧居位于宁波市开明街 26 号，建于民国初年，为屠呦呦舅舅姚庆三（经济学家，曾任香港甬港联谊会会长）所有。据《鄞县志》记载，开明街在宋元明清四朝，均是宁波人的活动中心，不少大户人家都选择在此砌起白墙黛瓦。这其中不乏当时便已名声在外的“宁波帮”，他们主要经营的行业是药材业和成衣业。说屠呦呦自幼熟悉中药，并非夸张。

屠呦呦在三个哥哥之后出生，是家中唯一的女孩，因此备受宠爱。她的父亲是一名银行职员，但工作并不稳定，靠出租祖辈遗留的房产作为主要经济来源。父亲很重视教育，20 世纪 30 年代末，屠呦呦到了该读书的年纪，虽逢时局动荡，依然接受了完整的教育。她五岁入幼儿园，其后进入“翰香学堂”读小学。“翰香学堂”建于 1906 年，内设藏书楼一座，古今藏书达 5000 余卷，是名副其实的“书香校园”，蔡元培、马寅初等著名学者和社会名流先后来校讲学，当时宁波便有“小学翰香，中学效实”的说法。

屠家楼顶有个摆满各类古典医书的小阁间，这里是屠呦呦童年时的阅览室：《黄帝内经》《神农本草经》《伤寒杂病论》《千金方》《四部医典》《本草纲目》《温热论》《临证指南医案》……虽然因识字不多且读得磕磕绊绊，但这里是她医学梦想萌发的温床。

1945 年，屠呦呦入读宁波私立甬江女中初中。次年一场灾难降临，她不幸染上肺结核，被迫暂停了学业。那时得此病，能活下来实属不易，经过两年多的治疗调理，她得以好转并继续学业。也就在这时，屠呦呦对医学产生了浓厚的兴趣。

屠呦呦获得诺贝尔生理学或医学奖后，宁波的两所中学——效实中学和宁波中学一下子热了起来，因为屠呦呦的高中生涯是在这两所学校度过的。她在效实中学读了高一、高二，后来转学去了宁波中学读高三。

记者在两所中学了解到，读书时的屠呦呦“长相清秀，戴眼镜，梳麻花辫”；读中学时，她“成绩在中上游，并不拔尖”。效实中学至今还保留着屠呦呦高中的学籍册和成绩单，她当时的学号是 A342。据学校一位老师说，当时屠呦呦的学习成绩不是非常突出，成绩单上有 90 多分的，也有 60 多分的。但屠呦呦那时就有个特点，只要她喜欢的事情，就会坚持下去，努力去做。

落选院士

1951 年春，屠呦呦从宁波中学毕业，考入北京医学院，选择了一个在当时比较冷门的专业——生药学。她觉得这个专业可以接近具有悠久历史的中医药领域，又符合自己的志趣和理想。北京大学医学部医学史专家张大庆告诉记者，大学期间，屠呦呦学习非常勤奋，在大课上表现优异，后来在实习期间跟从生药学家楼之岑学习，在专业课程中，她对植物化学、本草学和植物分类学有着极大的兴趣。1955 年，屠呦呦大学毕业，被分配到卫生部直属的中医研究院（现中医科学院）工作。

当时正值中医研究院初创期，条件艰苦，设备奇缺，实验室连基本通风设施都没有，“研究人员就戴个棉纱口罩，连如今的雾霾都防不了，更别提各种有毒物质了”。中医科学院中药研究所副所长朱晓新告诉记者。一开始，屠呦呦从事的是中药生药和炮制研究。在实验室工作之外，她还常常“一头汗两腿泥”地去野外采集样本，先后解决了中药半边莲及银柴胡的品种混乱问题；结合历代古籍和各省经验，完成《中药炮炙经验集成》的主要编著工作。

1965 年，屠呦呦转而从事植物化学研究，这成为她能参加“523”任务的原因之一，也促使了她与自己生命中最重要的“神草”相遇。

“在做青蒿素研究的时候，屠呦呦真可以称得上是坚忍不拔。”中医科学院首席研究员姜廷良说。“没有待过实验室的人不会明白，成百上千次反复的尝试有多么枯燥、寂寞，没有非凡的毅力，不可能战胜那些失败的恐惧和迷茫，不可能获得真正的成果。”朱晓新说。

目前，85 岁的屠呦呦已经看不了电脑，听力和视力情况不佳，但仍活跃在科研和教学工作中，是中国中医科学院中药研究所终身研究员兼首席研究员，并担任青蒿素研究开发中心主任。“很多媒体追问她在发现青蒿素后，是否从事其他项目，事实上屠老师自担任青蒿素研究开发中心主任后，一直带领团队在做一些青蒿素的专项研究，因为疟疾在中国并不是传播广泛的疾病，所以他们也会做相关适应症的拓展研究，试图扩大青蒿素在我国的应用领域。”一位研究人员说。

由于没有博士学位、留洋背景和院士头衔，屠呦呦曾被媒体报道为“三无科学家”。她曾四次申报院士，但都没有成功。外界普遍认为，这与青蒿素的发现多年来被强调是集体成果有关。“任何一个发现青蒿素的人想评院士，就会遭到参与项目的其他人反对。所以与青蒿素有关的科研人员都没有评上院士。”一位知情人士透露。早在屠呦呦获得国家科委国家发明奖二等奖时，就有人专门到科技部投诉，认为屠呦呦“将成绩独占”，还加上了一条“罪名”，在引用别人论文的时候只写前三个人，后面用“等”代替了，认为“这明显是抹杀他人的劳动成果”。

“好在屠呦呦秉性坚强，对院士评选一事并无多言。近年修改的院士评选规则规定，年龄超过 70 岁的只能参加一次评选，她现在已经 85 岁，不会再参评。她虽然不是院士，但是作为一个纯粹的科学家，她终其一生都奉献给了青蒿素事业。”上述知情人士说。

“她是一位有个性的科学家”

屠呦呦的老同事李连达院士说过，屠呦呦“不善交际”，“比较直率，讲真话，不会拍马，比如在会议上、个别谈话也好，她赞同的意见，马上肯定；不赞同的话，就直言相谏，不管对方是老朋友还是领导”。姜廷良也告诉记者：“她这个人比较认真，也直爽，心里怎么想的嘴上就会怎么说，为此也造成了大家对她的一些误会。比如说在青蒿素的研究中，对双氢青蒿素的评估，大家有一些不同意见，一般人会顾及人情和面子，表达得比较婉转，但她就会直接说：‘你说得不对。’”

“其实很多科学家都是这样，认准一件事就会特别坚持，不会轻易地改变自己的想法。”张大庆认为，屠呦呦是一位很有个性的科学家，这种耿直的性格也形成了她不啰唆、做事果断的风格。“我们之间的沟通往往非常简单直接，有事说事，说完就了。”张大庆说。“她的耿直在工作上表现为极度的认真，有时候我问她一个数据，结果她第二天打电话给我，说她总算查到了原始出处，这才告诉我具体数据。”姜廷良说。

在生活中，她被同事们评价为“为人低调，而且是长期低调”。宁波市科技系统曾经拿到一张屠呦呦的名片，上面的内容很简单：单位、姓名、职务、单位地址和电话。整张名片还有大片的空白。“每次效实中学在北京召开校友会，屠教授跟先生一起来，签到、开会、聊天、聚餐，她从来没有发过言，活动结束后，又与先生一起默默地走了。”效实中学北京校友会的前会长陶瑜瑾告诉记者，“只有在谈到科研工作的时候，她才会滔滔不绝，恨不得跟你说一下午，但说到其他话题，她就很少发表看法。”

令陶瑜瑾印象深刻的是屠呦呦曾对他说过的一番话。“我是搞研究的，只想老老实实做学问，把自己的事情做好，把课题做好，没有心思也没有时间想别的。我这把年纪了，身体又不太好，从来没有想过去国外，更没想到要得什么奖。”陶瑜瑾记得，那是在 2011 年，屠呦呦获得拉斯克奖的那天晚上，一位工程院院士给陶瑜瑾发了一封电子邮件报告喜讯，他也立刻给屠呦呦打电话道喜。但是屠呦呦很平静，诚恳地表达了谢意，并说了上述这番话。

2012 年，效实中学举行百年校庆。陶瑜瑾劝屠呦呦回母校参加校庆，但屠呦呦身体不太好，陶瑜瑾便建议她寄本专著给校长以示心意。“她说，她也不认识校长，就寄给学校办公室吧，第二天她就去邮局寄出了那本《青蒿及青蒿素类药物》。”还有一次，陶瑜瑾向屠呦呦提议复印拉斯克奖以及其他奖项的奖状给学校，屠呦呦一口拒绝了。“她当时说，她跟单位说好了，这些奖状是她个人的也是公家的，不给任何其他单位复印，单位支持她的决定。”陶瑜瑾说。

获得诺贝尔奖后，屠呦呦家中挤满了赶来采访的媒体和赶来祝贺的领导。“家乡领导也想来看望屠呦呦，但是说了两次都被她拒绝了。最终因为家乡人的关系，屠呦呦见了他们一面，谈了 20 分钟。看得出她身体不好，十分疲倦，但还是坚持把家乡的客人送到电梯口。有人说，她是不是拿了诺贝尔奖就瞧不起人了？家乡人来了还三番四次拒绝？其实不是的。她一向直爽，我们以前想去看她，她都直接问，‘我们在电话里多说一会儿不行吗？’这种性格，理解她的人自会理解。”陶瑜瑾说。

有一个美满家庭

屠呦呦拥有一个美满的家庭。丈夫李廷钊是其同学，初高中也在效实中学读书，两人的爱情曾是一段佳话。

屠呦呦的好友陈效中告诉媒体，早在高中时李廷钊便暗恋屠呦呦，但毕业后到苏联留学，回国到北京时，见曾经的暗恋对象还未结婚，就大胆表白了，两人恋爱了。1963 年，两人结婚。李廷钊曾先后在宝钢、北京的钢铁研究院工作，两人婚后生了两个女儿。

结婚后，屠呦呦一门心思放在科研工作上。陈效中说：“生活上，她是个特别粗线条的人。有一次，她的身份证找不到了，让我帮忙找找。我打开她的箱子，发现里面东西放得乱七八糟的，不像一般女生收拾得那么利索，大家都笑话她。还有一次，我们几个人来宁波开会，她因为还要出席一个重要会议，多留了一晚，第二天单独坐火车回京。结果，停靠途中站点的时候，她下火车散步，竟然错过开车时间被落下了。结婚之后，她家务事不太会做，买菜之类的事都要丈夫帮忙。”陶瑜瑾则告诉记者：“现在李老师在家，家里的事都是李老师管，他是个很好的丈夫。”

李廷钊性格温和、宽厚。每当有记者采访屠呦呦时，他总是在一旁招呼帮忙，还会偶尔和等待采访的记者谈起自己的专业——冶金工程，但对于妻子的事情只字不提。李廷钊说：“获奖和我没有关系，我不好讲。”

“他们是典型的知识分子家庭。”张大庆说，“这么多年，两人在事业上各干各的，但一直彼此支持。”1969 年，屠呦呦加入“523”任务时，在宝钢工作的李廷钊也同样忙碌，“两个人都要经常出差，那个时候大家都觉得干革命工作，就该舍小家为大家。”为了不影响工作，他们咬牙把不到四岁的大女儿送到别人家寄住，把尚在襁褓中的小女儿送回了宁波老家。

长期的分离曾一度造成了亲情的疏离。“大女儿接回来的时候都不愿叫爸妈，小女儿更是前两年才把户口从宁波迁回北京。”李廷钊说。对于今天家中摆满女儿和外孙女照片的屠呦呦而言，当年的她别无选择。“这其实是那个年代科研工作者的一种常态。”张大庆说，“幸好她的两个女儿都很出色，大女儿目前在英国剑桥大学做行政教务工作，小女儿很活泼，现在北京工作。”

钟南山

白衣天使

钟南山最大的快乐，就是给病人看病，一是解决病人的疾苦，二是科研不能离开一线，否则就是无源之水，无本之木，一手资料永远是他自己的所见所闻。“不唯书，不唯上，只唯实”，操守已化为本能。

广州，狭长拥挤的沿江西路老街上，一幢30层的大楼特别醒目，因为它的名称在楼的最高处：广州医科大学附属第一医院及广州呼吸疾病研究所。患者远远就能看到。15年前，抗击SARS——“非典”胜利后，时任广东省委书记的张德江，要到中央任职了，临行前他问抗击“非典”的功臣钟南山院士有没有什么要求要提。于是，经过钟南山的申请，就有了这幢大楼，广州医科大学附属第一医院，从此结束了全国“袖珍”三甲医院的历史。

这家医院越来越蜚声国际，钟南山作为其下属机构广州呼吸健康研究院的缔造者，获得美国胸科医师学会（ACCP）2017年年度“呼吸医学伟人”（Giant of Respiratory Medicine）的称号。这是美国呼吸医学界首次把这样的称号颁给中国医学家。在中国，抗击“非典”胜利之后，钟南山被大家称作“呼吸医学领军人物”。

钟南山回忆1979年他被国家派往英国皇家医学院进修，看到中国与英国的医学水平差距极大，1982年到香港开医学会议，还是深感差距极大。而如今，中国的胸肺医学研究及医疗水平与英国已不分伯仲，他欣慰地说，今天，中国的胸肺医学研究达到国际先进水平甚至领跑某些领域。

2008年钟南山与他的团队在世界医学权威杂志《柳叶刀》发表论文《羧甲司坦对慢性阻塞性肺疾病急性发作的作用》，这是他的团队经过六年双盲对照实验，对廉价老药羧甲司坦研究的重大成果。这篇论文的成功，不仅对慢性阻塞性肺疾病治疗是重大突破，而且拯救了因为廉价濒临停产的国企老药。

2014年他与团队再次于《柳叶刀呼吸医学》发表《高剂量N-乙酰半胱氨酸预防慢阻肺急性发作》的论文。这些含硫氢基的廉价化合物已经被列入2015世界卫生组织《慢性阻塞性肺疾病的诊治指南》的治疗药物中。

慢性阻塞性肺疾病在我国将近有一亿人患病，其中90%以上均为早期。

但在我国及国际的防治指南上，却关注不到这10%的中晚期病人，治疗效果较差。2009年在一次罗马国际慢阻肺大会上，钟南山就提出“早诊早治”的观点，经过近八年的努力，他的团队终于首次证实慢阻肺在早期无症状时进行治疗可以使肺功能明显改善，并且有一定的可逆性。研究结果于2017年底在《新英格兰医学杂志》上发表，为慢阻肺的防治提出新的战略，即要像对糖尿病、高血压那样在早期无症状或极少症状时就进行干预，可以明显改善疾病的进程。钟南山期待这个早防早治新战略能在中国广泛开展，在不到十年的时间就能明显提高慢阻肺患者的生活质量，降低病死率。而不像高血压、糖尿病那样，需要 20 多年的实践，才懂得早诊早治的意义。

同样，钟南山团队和国际几家著名的医学研究院共同组织了全球哮喘早诊早治的多中心临床试验，也证明早期治疗可以明显改善患者的生活质量，

研究结果也在 2018 年的《新英格兰医学杂志》发表。这是我国两千多年前《黄帝内经》所述的“上医治未病”在慢性气道疾病诊治中的最好体现。

“不唯书，不唯上，只唯实”

医院大楼前面是八层的老门诊楼，一部分老门诊楼的病房仍在六层、七层和八层，82 岁的钟南山院士正在查房，和蔼、体贴的他总是让病人变得踏实。在这栋楼查房或者出诊，他还和中年时一样从不乘电梯，他的步履风一样快，从一层病房出来到另一层病房，一群研究生博士生忙不迭小跑随后，一转眼，又不见了导师的踪影。

他时常抽暇锻炼身体，首先是为了更精力充沛地工作，不坠青云之志，不忘初心，牢记使命，永远奋斗，所以他喊出的“青春万岁”，声音是那么洪亮。

他仍然每周出诊。他每每健步如飞经过诊室前坐等的患者和家属，人群里低低地发出“钟南山、钟南山”的声音。几十年如一日，他会在出诊时间之前到诊室。每一个病人进来时，他总是站立着迎着病人：“老张啊，好点了吗？”“老李啊，有十来年没见吧？”有的病人干脆就是来找他“话疗”的，而他就像病人的故交，每个病人都有倾诉的渴望，他总是那么安静地听着每一个病人的述说。有的老年人，聊的已经不是自己的病，而是挂念儿女、着急生气的家务事，但是聊过一场之后，病人说说笑笑自己就站起来，好像聊完大天要走了，“哎？我怎么哪儿都不难受了？”刚进门时的胸闷气短全没了。钟南山和病人“话疗”，甚至谈笑风生，如果不是他穿着白大褂，真是不太好分辨哪个是病人，哪个是医生。钟南山对待每一个病人的细心体贴，都是由于敬畏生命，是在履行誓言，遵从信仰。

他最大的快乐，就是给病人看病，一是解决病人的疾苦，二是科研不能离开一线，否则就是无源之水，无本之木，一手资料永远是他自己的所见所闻。“不唯书，不唯上，只唯实”，操守已化为本能。

一位陕西的老太太由三位家人搀扶着挪进门来，老人家瘦弱不堪，面如灰土，鼻端带着氧气：“大夫，你看俺还能活不？”声音像从很远的地方发出的。“不要紧，啊。”

他搀扶她慢慢坐下，双手从老人肩上轻轻抚下，老人的紧张感就放松了，他坐在对面俯下身来对视着她的眼睛，老太太抬起眼皮，她的双眼里照进了光亮。这个普通的老太太，大概不会明白什么叫院士，什么叫“白求恩奖章获得者”，甚至可能不懂“抗击‘非典’英雄”……但是对她来说最实际的，莫过于“你看俺还能活不？”……

一对中年夫妇进门“扑通”跪下：“谢谢钟大夫救命之恩！”……

一位年轻的小伙子双眼含泪：“谢谢钟大夫，您这句话救了我们全家——原来我得的不是癌症”……

傍晚，诊室外安静了。我手指一块赞美他的素匾——“大医济世”，问他的感想。过了好一会儿，他认真地问：“你是不是说我对病人还比较有责任心啊？”此时，82岁的钟南山院士，像个单纯的少年。

“哦”，他又若有所思，把从前说过的那句话，重新实实在在地对我说了一遍：“其实，我就是一个看病的大夫。”

“白衣天使”是患者对医护人员的尊称，其寓意是：纯洁、善良、富有爱心，是奉上天的差遣到人间来治病救人的天使。因他们从事救死扶伤的神圣事业，给人类带来希望和快乐，所以被誉为“白衣天使”。在中国，15年前有一些名字永恒地诠释了“白衣天使”的含义：叶欣、卫保周、王晶、李晓红……他们牺牲于2003年“非典”疫情救死扶伤的战场。对于英雄来说，牺牲不是目的，但是英雄却意味着付出生命。而白衣天使的天职，是以爱心乃至鲜血和生命来救死扶伤。他们的终极之美，与英雄无异。

“实践是检验真理的唯一标准”

2018年5月27日，钟南山深夜到达北京。在北京，他经历了大学生活、十项全能的运动员生涯、甜蜜的爱情、下放改造，甚至生离死别，这里是让他尝尽苦辣酸甜的故地。酒店餐厅没有夜宵，他凑合到天亮。第二天，中国科学院第十九次院士大会、中国工程院第十四次院士大会开幕，习近平出席会议并发表了重要讲话。他说，习主席关于科技强国的一番话语，让他感到欣喜：“我可以大胆地推进产学研一体的实践了。”

当47年前钟南山历经坎坷成为一位名副其实的医生时，他只是信心满满要向自己的医学家父亲钟世藩那样，执着于事业直至最后一刻。1978 年中国知识分子迎来改革开放的春天，第一届全国科学大会在京召开，老科学工作者们喜极而泣，“十年生死两茫茫”，许多人抱头痛哭。钟南山作为广东省的代表参加了这次历史盛会，所见所闻令他感慨万千。他与侯恕合写的论文《中西医结合分型诊断和治疗慢性气管炎》，被评为全国科学大会成果一等奖。报告文学《哥德巴赫猜想》一书中的主人公、那位摘取数学领域皇冠的科学家陈景润，就坐在代表席中，钟南山的心情久久都不能平静，陈景润消瘦但却精神矍铄的神情与气韵，深深印入他的脑海。

“实践是检验真理的唯一标准”，中国人由衷地为这句话叫好。至 2018 年，它整整伴随了中国改革开放 40 年风雨历程！而 2003 年一场瘟疫，让共和国亲历了活生生的历史检验！

2008 年我因采写《钟南山传》来到广州。我需要为一个个疑问找到答案：钟南山是中国工程院院士，呼吸疾病研究与治疗的领军人物，2003 年疫情袭来时，他承载了危难关头的千钧之重，而一个血肉之躯，何以毅然决然把个人的生死安危置之度外？当他急于查明病毒，却为何触及“国家机密”？当他连续工作 38 小时，体力不支病倒之后，为什么面临回家养病的窘境？大病初愈，他重返“非典”一线，为什么非要冒着二次病倒的危险仔细查看每一个病人的口腔？在得到有力的一手数据之后，他又是经历多少周折，顶着多大压力，力排众议，勇敢质疑权威的声音，为“非典”病人的救治方案指明了方向？为什么“查看过每一个病人口腔”的结果，竟赢得国际医学权威的竖指赞叹？被普遍关注的皮质激素的使用，导致那么多病人股骨头坏死，与他究竟有怎样的关联？当疫情肆虐之时，医务人员纷纷感染病倒，他为什么敢冒着天大的危险挺身请缨：“把重病人都送到我这里来！”而这之后的情形又是怎样？当国际社会普遍指责中国瞒报疫情时，他不顾劳累走访多个国家和地区，用有力的事实和依据，让国际社会了解到中国政府对抗疫情所做的努力，这，又何以是他自愿的行为？德高望重的前副总理吴仪，为什么在危难之时表明对他的器重？前总理温家宝出访，为何让他陪同？当 2004 年“非典”再次显露迹象，他追根溯源，果决建言捕杀唯一的线索：果子狸，切断冠状病毒的传播之链，这其中他又是顶着多少争议？

“非典”由广东波及北京乃至全国，甚至世界，不知来路，无从针对，无章可循，尤其是毫无防备，可谓问天无路，而当大批的患者纷纷倒下，大剂量的抗生素治疗无效，那是怎样的不堪？！

初试皮质激素

“非典”时期很多病人一经发现，已经处于危重状态：肺组织变硬，不能自主呼吸。此时的关键是早期发现，早期处理。其一是早期使用无创通气，让萎陷的肺打开；其二是使用合适剂量的皮质激素，减少肺部的炎症和损伤。

由于广东省最早发现“非典”病情，所以临床治疗中最早使用皮质激素。广东人可谓身先士卒，为中国乃至世界最后征服SARS——“非典”铺了路。广东使用无创通气及皮质激素治疗“非典”患者收到了很好的效果，在被救治的病人中，出现股骨头坏死者，广东仅为2.6%，在全世界是最低的。

继2002年12月第一例“毒王”降临广东，之后患者暴增，医务人员相继倒下。2003年1月下旬，呼吸疾病研究所的女医生吴华副主任医师和另几位医生被“非典”病人感染。当时大病初愈的钟南山看到连伤几员大将，心中又痛又急，眼泪不知不觉流出眼眶。这是他一手缔造的呼吸疾病研究所，现在面临前所未有的挑战，而这场战役到底要打多大，打多久?

实践证明，吴华康复的过程，为钟南山使用皮质激素提供了最好的支持和佐证。病倒的第四天吴华开始住院，当时接受了大剂量的抗生素静脉注射，但高烧照样不退，作为医生的吴华自己要求使用皮质激素。出于对坚持用抗生素专家的尊重，吴华不得不接受抗生素的继续治疗。但是后来医生见吴华用皮质激素效果不错，就允许她继续用。吴华深知皮质激素的过量使用会导致股骨头坏死等许多副作用，所以用量很谨慎，恢复得很好，一点气促的感觉都没有了，走路快步如飞都没有问题。她和家人一起到悉尼去探亲，回来以后恢复得很好，马上就上班了。

当时多数人主张用抗生素治疗“非典”，但是，钟南山和他的团队查过的病人，绝大多数没有衣原体感染，使用抗衣原体的抗生素一点效果都没有。

“毕竟我在一线！”他说，只是从死去的患者尸解找凭证，就在全国范围内宣称应该将抗生素作为主要治疗手段，“这怎么行啊！”钟南山忧心不已。

钟南山和广东的团队制定的无创通气法与皮质激素疗法由广东省卫生厅于2003年3月9日以《广东省医院收治“非典”型肺炎病人工作指引》的文件形式，下发各地市与省直、部属医疗单位。

说实话，佑苍生

钟南山力主不能掩盖疫情，要对中央说实话，要国内乃至国际通力合作对待共同的敌人——“非典”。当 2003 年 1 月初，满世界找不到答案的危急之时，钟南山把“非典”病人病毒样本交给在香港的学生，希望通过合作的形式找到病原，以便及早找到针对性的治疗方法。

他终于急累交加病倒在“非典”一线，为了不惊动大家，不影响战友们的士气，他这个一线的“指挥官”，由儿子陪着静静地回家治疗。几天后他就又拖着尚未痊愈的病躯回到了救治一线。护士为他穿上并不厚重的防护衣，本来身强力壮的他，却因为体弱不堪“重负”。他一脚踏进重症监护室，力量就又一下子回到身上，因为这里是死神与天使分分秒秒争夺生命的战场。

钟南山每天用体恤的目光、慈心的话语查看一个又一个病人，他恨不能生出巨大的翅膀，驱散迷雾，降服疫魔，护佑苍生。多一个患者殒命，他的心就多一次滴血；多一个患者生还，他就多了一个幸福的节日。一位体质健壮却重度染病的患者，用过激素之后身体反应亢奋，五六个医生也压不住，但当他透过防护服认出了走过来的钟南山，惊喜之中立刻不再抗拒：“我知道您是钟医生”，然后顺从地躺在他的臂弯上。中央电视台的记者王志扛着摄像机记录着这里的一切，他流着眼泪说：“如果我们倒下了，就在这里治疗。”这之后钟南山在王志制作的《面对面》节目，对王志述说医务人员舍生忘死的救护时，这位 67 岁的铁汉，双泪纵横。

一次钟南山缓缓地走出病房，回到办公室，一位久候的记者轻唤了他一声“钟院士”，他回过头的一瞬，这位记者按下了快门，用图片永远地记录下了他清癯却双目炯炯的脸。

当“非典”病人速速挤满了广州乃至广东省的各大医院，危局之下，钟南山大声地请求：“把重病人都送到我这里来！”

2003 年 4 月，一年一度的清明节，每年随家人给父亲扫墓，钟南山都是默默不语。可是今年此时，在一生正直不阿的父亲面前，钟南山合手当胸竟喃喃不休：“爸爸，怎么办？我想说出事实，可又不能……”

钟南山最直接的一次“对着干”，还让领导下不了台，是在 2003 年 4 月世界卫生组织针对“非典”疫情在北京召开的记者招待会上。事先，钟南山被提醒：说话委婉一些。钟南山也想说几句能过关的好话就算了。然而面对各路记者的反复盘问，钟南山终于忍不住了：“什么现在已经控制？根本就没有控制！”有个外国记者追问：“中国医护人员的防护有没有到位？”钟南山立刻回答：“没有！”

他的真话，让四座骇然。许多人问过钟南山，这样“对着干”难道就不怕吗？他说：“我想了，我不过就是个大夫，你总不能不让我看病吧？”

2003 年 4 月底，时任总书记胡锦涛在张德江、黄华华等领导的陪同下，考察广东抗非一线的成果。中央电视台《新闻联播》将这一消息传遍全国。当胡锦涛沉吟片刻说道：“大协作！”广东的专家欢喜不已。搞国际协作，是钟南山梦寐以求的啊，他独立一隅，眼眶噙满了泪水……

2004 年 7 月 20 日，第七次全国归侨侨眷代表大会上，钟南山被评为“侨界十杰”。时任中共中央总书记胡锦涛亲自为他颁奖，并对他说：“你在‘非典’防治中做出了突出贡献，人民感谢你。”

“有的人很少流泪，那个时候却会泪流满面；有的人很少动心，那个时候却会怦然心动。在那充满疑虑充满期待的日子，有一个人让我们踏实，让我们感动……”

这是中央电视台“感动中国2003年度人物”颁奖盛典中，主持人敬一丹的开场白。鲜花和掌声是对英雄的礼赞，铭刻人民心中的是：难忘。《感动中国》的推选委员这样感言：钟南山院士，在“非典”袭来的时候，他置个人安危于度外，积极救治病人，还卓有成效地探索出防治“非典”的经验。他是为人民健康做出巨大贡献的英雄。

杨利伟

“中国人来到了太空”

五千年飞天梦想，八万里巡天遨游。成功往返天地间，圆千年夙愿，振亿万民心，扬国威军威，杨利伟在中华民族英雄史册上写下了首位航天员的名字。而在未来中国空间站建设、载人登月的太空新时代，他将继续致力于让中国人的脚步更高更远更稳。

杨利伟至今记得，他代表祖国出征那一天的所有细节。

2003年10月15日一早，飞船预计9点整发射，进舱时间是6点15分。

当时钟指向早上6点时，离进舱还有15分钟，杨利伟感受到了这十几分钟的漫长。当时他已经在高达50多米的发射平台上了，平台相当狭窄。现场只剩下四个人：杨利伟、一位教员、一位工程师和一位医生。几个人默默无语，只听见塔架发出的机械声，除此之外没有任何声音。火箭已经加注完毕，有足足430吨的燃料，相当于一个巨型炸弹。而这四个人，此刻就是站在炸弹顶端的人。远处，几台摄像机对着他们，大家都感到紧张，气氛有些凝滞。大家你看我，我看你，几分钟里没有人说话。这时，三位工作人员中的一个为了缓和气氛，提议说给杨利伟讲个笑话，可是谁都讲不出来。

过了一会儿，负责关舱门的工程师开口了，他问杨利伟："知不知道当年给苏联航天员加加林关舱门的工程师现在在干什么？"

杨利伟答："还真不知道。"

工程师说："他现在成了俄罗斯航天博物馆的馆长。"

6时15分，杨利伟接到了进舱命令。进舱之后，他用了十几分钟完成接收飞船程序，并把确认单交给工程师。

关舱门前，工程师对杨利伟说："利伟，明天见。"杨利伟微笑着答：

"馆长，咱们明天见。"

这似乎是一种彼此的默契与信任。当杨利伟成功返航后，在欢迎仪式上又见到了这位工程师，他们笑着拥抱，共同庆祝中国首次载人飞行的圆满成功。杨利伟对工程师说："咱们又见面了，馆长。"

此后，这位工程师一直被杨利伟称作"馆长"。

实现飞上蓝天的梦想

1965年6月21日，杨利伟出生在辽宁省葫芦岛市绥中县一个普通家庭，一家五口人，父母、姐姐、他和弟弟，父亲在县里的土产公司上班，母亲是一名中学老师。

上幼儿园时，他的名字还是"杨立伟"，等到上了小学认了字，自己觉得"站立"的"立"哪有"胜利"的"利"有气势啊，于是自己改成了"杨利伟"。

20世纪70年代，是一个崇拜英雄、渴望胜利的年代。孩子们都是从小听着董存瑞、黄继光、邱少云、雷锋这些英雄故事长大的。杨利伟特别渴望看书买书，但家里确实没钱，当时小人书几分钱一本，他就出去捡废品卖，一分钱一分钱慢慢攒，攒够几毛就买一套，逐渐积攒了很多小人书，全都是像《水浒传》《岳飞传》《铁道游击队》之类惩奸除恶、保家卫国的英雄故事。

小伙伴们在一块儿，最常干的就是玩打仗游戏，有一次他还把一个叫二宝的同学的脑袋砸破了，看到二宝头破血流，杨利伟心里实在是万分愧疚，就把自己存钱罐里攒了很长时间存下来的不到十块钱交给了老师，请老师转给二宝当医药费。通过这事他也明白了一个道理：当英雄不是好勇斗狠、蛮干硬拼，而是要把本事用在保护弱小、避免朋友受到伤害上。

后来有一次，小伙伴一起去河里游泳，同学小胖游到一半没力气了，一边扑腾一边往下沉。杨利伟已经游到岸边了，听到他喊“救命”，便赶忙回去拽他，俩人一边挣扎一边向岸边游，呛了很多水，终于游回了岸。从那以后，小伙伴们都叫他“杨哥”，他也第一次体会到了当英雄的感觉。

家乡绥中有个军用机场，有一年八一建军节，学校组织去机场看飞行，杨利伟吃惊地看着银色的飞机腾空而起，又从天而降，看见飞行员穿着飞行衣、戴着飞行帽，从飞机上下来，高大而神气，心里又崇拜又羡慕。从那以后，他就经常在机场旁边一站许久，看飞机、看飞行员跳伞，似乎就在那时，飞上蓝天的梦想逐渐在心里扎下了根。

1983 年 6 月，杨利伟顺利通过招飞考试，成为保定航校 1700 多名飞行学员中的一员。报到后，航校要组织入校摸底考试，成绩不合格就会被退学。那段时间，他整天捧书苦读，把争强好胜的劲头全部用到了学习上，成绩逐渐名列前茅。

在军校的最初几个月，从神经到身体，整天都是紧绷着的。一开始不适应，但是过了这一段，这种严格的纪律观念就渗入每天的言行举止，养成了一种习惯，让人感到遵守纪律规范成了很自然的事，这也影响到了杨利伟以后的工作和生活，包括以后成了战斗机飞行员和航天员，虽然在某些方面要求更加严格，但他并没有感到有多大困难。正是青年时期那些艰苦的训练、严格的纪律、身体和精神上的锻炼，在潜移默化中塑造了他。军人做事追求极致，强调执行力，要做到胆大心细、准确认真，尤其作为飞行员、航天员，任何细小的误差和失误，都有可能影响到任务的完成、威胁到生命的安全，军中无小事，往往细节决定成败、决定生死。

在军旅生活那些紧张、痛苦和单调之中，也有一种特别的阳刚与明亮的美感，尽管学习训练非常紧张、艰苦和严格，但并不排斥军人们的爱好和个性，反而有助于培养在发展兴趣爱好上的毅力。杨利伟在航校期间，喜欢上了唱歌、弹吉他，成了文艺骨干，后来到航天员大队，又成了航天员乐队的黑管乐手，还经常当晚会的节目主持人。

1984 年夏天，杨利伟和几十个同学被转到新疆的空军第八航校去学飞战斗机。八航校训练任务重、淘汰压力大，他们那一期近 70 名同学，到四年后毕业时，只飞出来十几个人。大家时刻面临压力，都希望第一批放单飞，避免停飞和淘汰。大部分课目，杨利伟都做到了第一批放单飞，但是在抗过载和高速翻滚两个课目上遇到了障碍，为了克服它，他在正常训练之外给自己“加餐”——左手捏右耳、右手捏左耳，原地打圈，锻炼前庭功能。

1985 年，杨利伟顺利完成了初教 6 和歼教 5 单飞训练。随着飞行次数越来越多，技术越来越娴熟，就有意尝试一些动作，玩一些花样。初教机一般只能飞到四五千米，他和同学们有时故意在空中较量，看谁还能飞得再高一些。向上爬升中有时忘了时间，等意识到按正常飞行已经不能准时回到机场，而不能准时就算不合格，情急之下就驾机向下猛扎，在规定时间内返回。飞低空时，会故意飞得很低，有时从 50 米的低空快速掠过，巨大的轰鸣和强烈的气流，把地面的羊群惊得四散奔逃。飞行员大多都有这样的顽皮故事，它是飞行快乐的一种释放，源自对自己和战机的熟知，也是在充分掌控的前提下，对危险的边界的体验与品味。

1987 年夏天，杨利伟的军校生涯结束了。毕业离校前，他领到了人生中的第一笔工资，120 多块钱。同学们每人都到街上买了一双皮鞋，骄傲地穿去逛街，街上的行人看着他们指指点点议论——要的就是这种“拉风”的效果啊！他们听见了，还尽量装作若无其事的样子，但最后大家还是憋不住劲，一路笑着回了航校。

毕业后，杨利伟所在的中队被集体分到空军某师驻甘肃的一个飞行团。大伙儿坐着小火车来到一个县城，到了部队才发现这里比茫茫戈壁的新疆还要荒凉。在甘肃一年多之后，他又随部队转场到了陕西，飞“强 5”轻型超音速强击机。

1992 年夏天，杨利伟遭遇了终生难忘的“空中停车”事故。那是在马兰机场执行训练任务，当时他驾驶着飞机，飞得很低，贴着白花花的地面高速前进。就在此时，飞机突然发出巨大的响声。霎时间仪表显示气缸温度骤然升高，发动机的转速急剧下降。

杨利伟的第一反应就是：遇到“空中停车”特情了！

这时候的飞机是在一种失控的状态下飞行，借助于惯性，它仍然飞得挺快，待动力不再供给的时候，飞机很可能失速，像中弹一样跌落下去。

关键时刻，杨利伟根本没时间想有什么后果，而是在几秒钟之内迅速做出判断，找到故障的原因，并拿出解决方案。一架飞机价值不菲，是国家的一大笔财产，杨利伟丝毫没有弃机逃生的念头，只是想着一定要把飞机飞回去。

他冷静下来后，稳稳地握住操纵杆，慢慢地收油门，依靠剩下的一个可以工作的发动机把飞机一点点往上拉。因为飞机离地面太近，而超低空阶段无线电又不通，因此飞机到一定高度时，杨利伟才能把情况报告给地面。

500 米、1000 米、1500 米……凭借一个人的判断，杨利伟驾驶着飞机慢慢上升，终于越过天山山脉，然后向着机场飞去，稳稳降落在跑道上。平稳落地之后，战友们跑过来把他接下去，此时他才发现自己的衣服都被汗水湿透了。团长激动地抱住他，当场就宣布给他立三等功。

尽管当时很紧张，但杨利伟下来之后心情很快就平静下来。按规定要休息几天，调整一下心态。对于普通人来说，遇到如此大的险情只有克服心理障碍才能继续飞。但是他并没有休息，第二天照常投入到飞行训练中。

1992 年底，部队精简整编，杨利伟所在的空军师被整个裁掉，飞行员集体转到驻川航空兵某团。当时家里经济条件不太好，有亲朋好友劝他转去民航工作，也能增加些收入。但他的理想是当战斗机王牌飞行员，去开四平八稳的民航飞机实在不是自己的愿望。当时杨利伟已经是飞行近千小时的二级战斗机飞行员了，而安全飞行 1000 小时以上就可以参评一级飞行员。

在爱人张玉梅的理解和支持下，1993 年初，杨利伟来到了驻川航空兵某团，由“强 5”改飞“歼 6”，用了两年多时间，飞完了歼击机的基础课目，掌握了全部技能。后来，他又被提拔为中队长，又调到团里当了领航主任。到 1996 年为止，作为飞行员，杨利伟基本年年飞全勤，总共安全飞行 1350 小时，成为一级飞行员。

中国航天史翻开新的一页

1995 年 9 月，经中央军委批准，载人航天工程指挥部从空军现役飞行员中选拔预备航天员。

杨利伟是在意外、兴奋和一无所知的茫然中得到参加航天员选拔的通知的。在最短的时间内，他对当一名航天员意味着什么做了大致了解。从“两弹一星”到载人航天，有老一辈革命家和科学家的心血付出，有千千万万无名英雄的默默奉献，到了90年代，中国航天员响应时代的呼唤出现了。

杨利伟觉得，他们这一代飞行员，无疑是幸运的，因为将有机会去实现中华民族伟大的飞天梦。

1996年初，886名飞行员在青岛空军疗养院参加外围体检和初选。体检用了整整一个月，几乎动用了一切可能手段，对他们进行了从头到脚的逐项检查。许多身体条件和知识水平看似无可挑剔的飞行员，可能因为一个小问题就被刷掉了。这一关下来，886人变成了90人，然后从90人中又筛选出60人，到北京接受复检。杨利伟提前3天就到了空军总医院接受检查，

十来天的复检结束后，又淘汰了20人。

1996年8月，他们又被送到中国航天员中心做特殊功能检查。检查中用到的很多设备仪器和方法，都是杨利伟以前从来没见过的，做起来感觉相当痛苦。比如在离心机上飞速旋转，经受七倍于体重的超重，测试胸背向、头盆向的超重耐力；在压力试验舱，要模拟上升到5000米、10000米高空，检查耳气压功能、低压缺氧耐力和减压病的易感性；在旋转座椅和秋千上检查前庭功能；进行下体负压、立位耐力、心理功能等测试。这些检查内容，直到今天，每名航天员依然在经常训练，以保持身体的状态和各项机能。检查结束后，预选航天员只剩下了20人。

1996年12月，这些预选结束了全部测试，却没有宣布结果，只是要这些人回部队等消息。1997年，航天员中心专家组来到杨利伟所在部队，分别同他的战友和妻子进行谈话考核。

专家们问他的妻子：“如果杨利伟被选为航天员，今后的生活有所变动，你能习惯吗？”“当航天员有危险，你同意吗？”……

妻子玉梅的回答很干脆：“习惯！这些年都是这么过来的。”“利伟当飞行员这么多年了，有危险不算什么事情，他看重自己的事业，无论他做啥，我都支持。”

就这样，1997年底，包括杨利伟在内的12名飞行员来到了北京。

1998年1月5日，中国航天史翻开了新的一页——中国人民解放军航天员大队

正式成立了。那天，杨利伟和战友们在国旗下庄严宣誓，并在旗上庄重签下自己的名字。

从此，12 人和先前加入航天员队伍的两名“国际航天员”证书拥有者吴杰、李庆龙便一同“隐居”起来，成了北京航天城里最神秘、最难以接近、最不自由的人。严格的管理既是对航天员的保护，也是他们成为一名合格航天员的保证。这是因为，入队以后，他们要在五年时间学完航天医学、地理气象学、高等数学、自动控制等基础理论和体质训练、心理训练、航天环境耐力和适应性训练、航天专业技术训练、飞行程序与任务模拟训练、救生与生存等八大类近百个训练科目。

于是，通过层层选拔和严格考核、正式成为中国人民解放军航天员大队预备航天员的这些人，开始了中国第一代航天员紧张而又艰苦的训练生活。

14 名航天员里，有一大半人年龄比杨利伟小，学历比他高，有的还是双学士，杨利伟感到了很现实的压力。面对强手，他不服输的个性又一次爆发了，从第一门课开始，就特别用功，也深信只要一点点地积累，坚持不懈地努力，就能取得好的成绩。

为了完成飞船模拟器训练，杨利伟把能找到的舱内设备图和电路图都找来，贴在宿舍的墙上，随时默记，还专门花一万多块钱买了台摄像机，那时工资每月才 2000 多块钱。他把模拟器各舱段内的每个角落，都拍了照片、录了录像，反复观看、随时练习，训练课结束后，那些密密麻麻的图表和键钮都印在了脑海里，对它们比对自己手上的纹路还熟悉，一闭上眼睛，座舱里所有的仪表、电门，都清清楚楚地出现在面前，随便说出一个设备名称，马上就会想到它的颜色、位置和作用。航天员飞行手册，像一本厚厚的辞典，基本都能背下来，他还把航天员的好多操作，编成了口诀和顺口溜，用一个字代表一个动作，朗朗上口、好记易学。

体质训练是杨利伟的强项。2001 年他 36 岁，百米比赛跑了 11 秒 97，创造了单位运动会的百米纪录。他的前庭功能、超重耐力等，也都是航天员中最好的。在航天员的全部学习训练课目结业总评中，杨利伟综合成绩排名第一。

当然，杨利伟至今也不觉得，自己有过人的聪明，关键是用心和用功，而用功的关键在于讲究学习的方式方法，提高学习效率。困难和挫折就像湍急河水里湿滑的石头，一不留神就可能让你滑倒，然而了解了这些困难、战胜了这些挫折，却又可以摸着石头过河，让它们变成帮助你渡过河流的助力。在一次次体能和心理的超负荷训练后，他慢慢摸索到一条规律：当一件事坚持到快要坚持不下去的时候，实际上就已经接近成功了。

备战神舟五号任务期间，杨利伟遇到了人生最大的困难。那是 2001 年底，妻子玉梅得了严重的肾病，经常腰疼，却因为丈夫训练紧张，而五岁的儿子又需要人照顾，一直拖了大半年没有去检查，直到出现尿血才慌忙去了 301 医院，当时就留院治疗，并做了穿刺手术。玉梅术后第二天，杨利伟要去吉林进行飞行训练，这些训练都是一次性的，无法补课，走还是不走，他的心里充满痛苦和矛盾。那晚，他在妻子病床前坐了整整一夜，第二天早上称体重，竟然掉了一斤半。妻子看出了他的心思，故作轻松地动员他按计划去参加这次训练。接下来的一年多时间里，玉梅每个月都有 10 天要在医院里度过，每次杨利伟都要提前开好转院单，把她送到医院办好手续，再赶回航天城继续自己的训练。玉梅住院时，儿子没人照顾，大队特批杨利伟可以住在家里。每天照顾孩子入睡，晚上 10 点后他开始自己的学习，第二天清晨把孩子送上学校的班车，再赶回去继续训练。

2003 年“非典”肆虐，正是备战首飞任务的关键时期，航天员们完全封闭，与家人隔离，家里的一切大事小情都交给了单位的领导和同事。他们像对自己的家人一样，照顾好航天员的家庭，让他们全身心投入训练。杨利伟一直为此心存感激。

中国飞天第一人

勇士出征，以酒壮行。飞天勇士出征，以水相送。

神舟五号宣布完首飞航天员后，“神五”备份航天员、后来的“神七”航天员翟志刚拿来一杯红酒，和聂海胜一起在杨利伟的矿泉水里点了一滴，对他说：“你放心去，我们在北京等你。”

三个战友站起身来举杯相碰，一饮而尽。这个送行前的简单仪式从此成为航天员大队的传统。

其实在几个月前，中华民族的飞天序幕，就开始了倒计时。

2003 年 5 月中旬，航天员们开始进行任务前的关键考核，考核内容包括笔试、口试、实际操作和身体素质全面考评。7 月 3 日，载人航天工程航天员选评委员会评定结果揭晓：14 名航天员全部具备了独立执行航天飞行任务的能力，予以结业并同时获得三级航天员资格。中国航天员大队的训练淘汰率为零，这在世界航天界绝无仅有，按照美国和俄罗斯的经验，航天员在训练中的淘汰率一般为50%。

接下来，专家们在14名通过考核的航天员中，选出5名表现更为突出的进入下一阶段，又经过为期2个月的强化训练，选出3人进入首飞梯队，最后通过具体针对首飞任务的训练模拟，确定执行任务的1名航天员。这种考核排位，是十分残酷的，在很多课目中，第一名和最后一名的分差也只有一两分甚至零点几分。

2003年9月中旬，全体航天员来到酒泉卫星发射中心载人航天发射场，进行最后的训练和选拔。杨利伟和翟志刚、聂海胜三人首飞梯队进行了“人—船—箭—地”联合检查演练。

那年国庆节，航天员中心给首飞梯队三人放了三天假。这三天，杨利伟哪儿也没有去，就和父母、妻子和儿子待在家里，和他们一起吃饭聊天。在此之前，他已经有半年时间没回家了。执行任务前，能和家人团聚，感觉非常温暖，那是一名即将出征的军人，对亲人和家庭的依恋和珍惜。

2003年10月12日，杨利伟和翟志刚、聂海胜就要告别亲人、战友，奔赴酒泉卫星发射中心了。头一天晚上，杨利伟特意回了趟家。平时，家里的电子闹钟都是他调，他就拿起闹钟对玉梅说，“我走了，你也不会调表，我教教你吧。”说得似乎很随意，但他其实是想了很久才说出来的。玉梅一下就听出了他的意思，一把抢过闹钟，坚决地说：“不，我等你回来给我调！”

第二天清晨，整个航天城的老老少少，都来为他们送行，在那样热烈的欢送场面中，杨利伟和翟志刚、聂海胜平静地登车，离开了航天城。

2003年10月14日下午，载人航天工程指挥部在酒泉卫星发射中心召开会议，确定杨利伟为首飞航天员，翟志刚、聂海胜为备份航天员。按照要求，他们直到飞船升空的最后一秒，都会时刻做好准备。当晚7点，杨利伟收到执行首飞任务的消息。尽管心里热流涌动，但他还是尽量保持心理稳定，平静地说：“感谢祖国和人民给了我这个机会，我一定以一颗平常心去做好准备，完成首飞任务。”

2003年10月15日凌晨2时，随行医生将杨利伟和翟志刚、聂海胜唤醒，开始任务前的体检和各项测试。

其实，每次载人飞行任务，无论是杨利伟还是后来的航天员们，无论是谁，在那种情况下都无法克制自己的情感。

钻进飞船，杨利伟按程序做着各项准备工作。医学监视数据显示，直到9点钟火箭发射那一刻，他的心律始终保持在 76 下。

时间在一分一秒地过去。离火箭点火起飞的时刻越来越近了。此时，他想到了指挥大厅里的科技人员，想到了自己肩负的重大使命，想到了身边的战友在关注着我，该用什么方式表达一下心意和决心呢？

“10、9、8、7……”当指挥员倒计时口令传来时，杨利伟情不自禁地举起了右手，向祖国和人民敬了一个庄严的军礼！心里默念着，放心吧首长，放心吧祖国！表达一名军人、一名航天员内心的使命感和信心。

如今，这个令人动容的动作也不经意间成了航天员们在发射前的“标配”。

往往，当一个英雄诞生，普通人会不由自主地被他的光环所吸引，却鲜有人探究传奇背后的风险和代价。

9 时整，在震耳欲聋的轰鸣声中，火箭拔地而起，载着杨利伟飞向太空。他全身用力，肌肉紧张，整个人收得像一块铁。飞船逐渐加速，负荷逐步加大，但他感到那种压力远不像训练中那么大，全身的肌肉才渐渐放松下来。

火箭在上升到三四十公里的高度时，突然与飞船产生了强烈共振，舱内的一切，包括杨利伟自己都开始急剧振动，加之这个振动叠加了 8 个 G 的负荷，他感到眼前一片漆黑、五脏六腑似乎都要震碎了，以为自己要牺牲了。这是杨利伟在地面成百上千次训练时从未经历的。“坚持一下……再坚持一下！”杨利伟咬紧牙关坚持着！共振似乎是太空在考验这位来自中国的首个造访者，不适感竟很快减轻了。杨利伟感到从没有过的轻松和舒服，如释千钧重负，如同一次重生。

飞天途中，前路艰险，许多不可预知因素地面无法完全模拟，低频共振就是其中之一。众所周知，飞船舱 10 赫兹以下的低频振动会与人的内脏产生剧烈共振，直接威胁航天员的生命安全。科研人员虽然料想到并做了相应处理，杨利伟所经历的却始料未及。这一次共振持续了 26 秒，如此短暂，却又如此漫长，来势汹汹，却阻挡不了中国航天员征服太空的脚步。

后来，经过科技人员共同努力，终于解决了这一共振问题，在以后的飞行任务中再没发生此类情况。

火箭继续往大气层外飞去，速度越来越快，逃逸塔分离，助推器分离，一、二级火箭分离，整流罩分离……就在那一瞬间，杨利伟突然感觉到自己的身体似乎飘起来了，他意识到，飞船已经脱离地球引力，真的来到了太空。

还来不及体验失重的奇妙感受时，杨利伟觉得好像头朝下脚朝上，十分难受。他意识到这是在太空失重状态下出现的一种错觉，如果不及时克服，就很可能诱发“空间运动病”，影响任务的完成。他用平时训练的方法，凭着顽强的意志很快就调整过来，恢复了正常。

来到茫茫无际的太空，杨利伟看到了一幅神奇美妙的景色。舷窗外，阳光把飞船太阳能帆板照得格外明亮，那下边就是人类居住了几百万年的美丽地球。蔚蓝色的地球披着淡淡的云层，长长的海岸线在大陆和海洋间清晰可辨。飞船绕着地球高速飞行，90 分钟一圈，一会儿白天，一会儿黑夜。黑白交替之间，地球边缘仿佛镶了一道漂亮的金边，景色十分迷人。他赶紧拿起摄像机，把这美丽的景观拍摄下来。此时此刻，他由衷地为祖国的科技发展水平和综合国力的不断强盛感到自豪，为中国人飞上美丽的太空感到骄傲。

独自在太空飞行，但一想到亿万祖国人民翘首以待，杨利伟觉得不是一个人在飞，觉得自己是代表着所有中国人甚至是人类来到了太空。于是他拿起太空笔，在工作日志的背面写上了这样一句话：“为了人类的和平与进步，中国人来到了太空”，并在舱内镜头前向祖国人民、世界人民展示。

“为了人类的和平与进步”，是中国发展载人航天事业的初衷；“中国人来到了太空”既描述了一个历史时刻，也表达了为祖国航天事业感到无比自豪的心情。

当飞船飞行到第七圈时，杨利伟又在太空展示了中国国旗和联合国旗，表达了中国人民和平利用太空、造福全人类的美好愿望。

进入太空的机会太珍贵了。根据飞船飞行程序的安排，杨利伟可以在太空中休息六个小时，但他只睡了半个多小时。因为首次太空飞行，对他来说机会太难得，时间太宝贵了。他除了完成规定的飞行程序和任务外，抓紧分分秒秒，尽可能多地体验在太空中的失重感受，多做一些动作，多拍一些资料，为今后的训练和任务多积累经验。

杨利伟把飞行手册、摄像机皮包、笔和电池板等物品抛在空中，用手轻轻一推，它们就会飘动旋转，非常有趣。他还解开束缚带让自己飘在空中，一会儿倒立，一会儿旋转，做各种动作体会失重情况下身体的感受。他把这一切都录了下来，带回了地面。

当飞船飞行到第八圈时，北京指挥中心通知杨利伟与家人进行天地通话。这个程序事先没有安排，当听到这个消息时，他非常激动。这使他想起了当航天员这几年来，父母、爱人和孩子对他的巨大支持和付出。这些年，他欠家人的实在太多太多了。由于航天员职业的特殊要求，节假日他不能陪伴她们，连上街给孩子买件衣服的机会都很少。

天地通话开始了。耳机里传来妻子的声音："利伟，你怎么样？""我们看到你了，我们都为你感到骄傲！咱爸、咱妈和孩子都来了，我们期待你归来！"

杨利伟回答："感觉非常好，放心吧。谢谢你们的支持和鼓励！"接着他 8 岁的儿子问他："爸爸，你看到什么了？"他高兴地对儿子说："我看到咱们美丽的家了！我想，这个家，就是我们伟大的祖国，这个家，就是我们美丽的家乡！"

赶上航天事业蓬勃发展的好时代

2003 年 10 月 16 日 4 时 31 分，杨利伟在神舟五号飞船上接到了返航的命令。6 时许，飞船脱离原来的轨道，沿返回轨道向着陆场飞行。

返回阶段，是整个飞行的最关键也是最危险的阶段。在这个阶段，飞船要以每秒 8 公里的速度穿越"黑障区"，船体要经受几千度高温的考验，航天员要承受比发射升空时更让人难受的载荷冲击力。按照程序规定，杨利伟精心做好了各项准备。

6 时 04 分，飞船飞至距地面 100 公里，逐步进入稠密大气层。这时，从未见过的惊险一幕出现了：飞船与大气摩擦产生的高温，把舷窗外面烧得一片通红，在通红的窗外，飞船表面防烧蚀层剥落产生的红色白色碎片不停划过。一瞬间飞船变成了一团大火球，杨利伟仿佛是坐在一个熊熊燃烧的炼丹炉中。更令人害怕的是，飞船右侧的舷窗竟然开始出现裂纹。当时他心里特别紧张，心想，这回看来是真的要光荣了。后来才知道，这个裂纹是舷窗外的防烧涂层，而不是玻璃窗本身。

几分钟后，与地面的通信恢复了，杨利伟知道 40 多公里的"黑障区"已顺利穿过，再过几分钟，就要着陆了。他仔细观察着各种仪表，牢牢握紧操作杆，准确判断着陆程序的执行情况。随着引导伞、减速伞和主伞相继打开，飞船速度逐渐慢下来。由于强大的惯性作用，飞船出现自身旋转和大幅度来回摆动，巨大的冲击力冲撞着他的全身。离地面越来越近，随着"嘭"的一声巨响，飞船返回舱防热大底抛掉了。就在飞船即将落地的一瞬间，杨利伟准确判断反冲发动机已经点火。在确定飞船已经落地后，他迅速切断伞绳。

6时23分，飞船降落在内蒙古四子王旗阿木古郎草原腹地，而这一时刻，正好是当天天安门升国旗的时刻，这真是一个无法设计的巧合。

飞船落地时，杨利伟的嘴唇被头戴式麦克风磕了一下，鲜血一下子流了下来。但他顾不得了，为了这次飞行，命都可以不要，流点血又算得了什么？！

杨利伟向指挥部报告："我是神舟五号，我已安全着陆。"几分钟后，着陆场搜救队员就来到返回舱旁边，帮他打开舱门。开舱门那个年轻士兵叫李涛，一看到他，杨利伟的第一个念头就是——可见着亲人了！

神舟五号飞行结束了，中华民族的千年飞天梦想实现了，杨利伟也从一个与外界接触甚少的人，一下子变成了公众人物，甚至成了"名人"。但他深深知道，是祖国和人民选择了他，是千千万万科技人员托举着他飞上太空，而飞天正是每名航天员的职业和事业、初心和使命。树高千尺唯有根深，江流万里不忘本源。只有不忘初心、牢记使命，才能飞得更高更远。

飞天归来，祖国和人民给了他崇高的荣誉，他也发誓要倍加珍惜这份光荣，争取创造更大辉煌。

2008年7月12日，杨利伟被授予少将军衔，成为中国航天员队伍里第一位将军，先后担任中国航天员中心副主任和中国载人航天工程办公室副主任、中国载人航天工程办公室主任。从一名士兵成长为一名将军，从一名担负飞行任务的航天员成长为一名载人航天工程组织管理者，杨利伟庆幸自己赶上了祖国航天事业蓬勃发展的好时代，才有了实现理想的机遇和平台。

每次参加国际会议和航天交流，国外航天界的同行总是盛赞中国航天事业的飞速发展，惊叹于中国的成就。到美国参加会议时，曾经和阿姆斯特朗一同登月的美国宇航员奥尔德林，专门来到杨利伟住的酒店拜访。80多岁的老先生激动地说："没有中国人的太空是不完美的。祝贺你！祝贺中国！"

五千年飞天梦想，八万里巡天遨游。成功往返天地间，圆千年夙愿，振亿万民心，扬国威军威，杨利伟在中华民族英雄史册上写下了首位航天员的名字。而在未来中国空间站建设、载人登月的太空新时代，他将继续致力于让中国人的脚步更高更远更稳。

黄大年

心有大我　以身许国

在黄大年不再更新的微信朋友圈，鲜活的文字依然动人："竭尽全力、鞠躬尽瘁、不计得失。从海漂到海归，得益于国家强大的后盾。只要大家努力和坚持，一定能实现强国梦……青春无悔、中年无怨、到老无憾。"

黄大年，广西南宁人，吉林大学地球探测科学与技术学院教授，东北地区第一批“千人计划”特聘专家。1977 年，中国恢复高考，黄大年考入长春地质学院（2000 年并入吉林大学）应用地球物理系，先后完成了本科与硕士研究生学业，并留校任教。1982 年，青年黄大年即立报国之志，他写下心声，送与同学作毕业赠言——“振兴中华，乃我辈之责”。1992 年黄大年留学英国，取得博士学位，并通过不懈努力，成长为国际知名战略科学家。

2009 年，怀着一腔“要在硕果累累年富力强时报效祖国”的爱国情怀，黄大年从英国剑桥返回祖国，被选为国家“深部探测关键仪器装备研制与实验项目”首席科学家。7 年间，夙兴夜寐，黄大年带领团队在航空地球物理领域取得一系列卓越成就，以拼命三郎精神叩开“地球之门”，抢占国际前沿科技制高点。

积劳成疾，天不假年，2017 年 1 月 8 日，黄大年病逝于长春。他用短暂的一生书写了新时期知识分子的爱国情怀。2017 年 5 月，中共中央总书记、国家主席、中央军委主席习近平对黄大年同志先进事迹做出重要指示指出，黄大年同志秉持科技报国理想，把为祖国富强、民族振兴、人民幸福贡献力量作为毕生追求，为我国教育科研事业作出了突出贡献，他的先进事迹感人肺腑。我们要以黄大年同志为榜样，学习他心有大我、至诚报国的爱国情怀，学习他教书育人、敢为人先的敬业精神，学习他淡泊名利、甘于奉献的高尚情操，把爱国之情、报国之志融入祖国改革发展的伟大事业之中、融入人民创造历史的伟大奋斗之中，从自己做起，从本职岗位做起，为实现“两个一百年”奋斗目标、实现中华民族伟大复兴的中国梦贡献智慧和力量。

时刻听从祖国的召唤

2009 年的平安夜，黄大年坚定地登上回国航班。

身后，是剑桥大学旁的花园别墅；是弃在停车场的豪车和满满两仓库药品；是学医的妻子放声痛哭、忍痛关闭的两个私人诊所；是仍在英国求学的女儿……

黄大年 1958 年出生在广西南宁一个知识分子家庭。1977 年，国家恢复高考后，他每晚在油灯下刻苦读书。高考头一天，他走了近一天的山路，才走到考点。

20 年弹指一挥间。1996 年，黄大年以排名第一的成绩获得英国利兹大学地球物理学博士学位。

2009 年 4 月，接到吉林大学地球探测科学与技术学院院长刘财传来的国家“海外高层次人才引进计划”后，黄大年表示马上回国。他觉得，作为高端科技人员，在硕果累累的时候回来更有价值。当时，黄大年已在英国剑桥 ARKeX 航空地球物理公司任高级研究员 12 年，是航空地球物理研究领域享誉世界的科学家，主持研发的许多成果都处于世界领先地位。

黄大年的学生周文月追忆，她问老师为什么抛下那么多毅然回国。黄大年回答：这是必然。我们这些长年在国外的专家，对祖国的爱很深很深。

每一次人生选择都是对人生信念的一次注脚。1988 年，黄大年在入党志愿书上曾写道“若能做一朵小小的浪花奔腾，呼啸着加入献身者的滚滚洪流中，推动历史向前发展，才是一生中最值得骄傲和自豪的事情。”

走下飞机，长春以漫天飞雪迎接游子回家。康河柔波、剑桥水草，怎及游子心中白雪飘飘的北国那似父亲般粗犷的拥抱——多年前，弥留的父亲打电话留下最后的遗言，“孩子，你是有祖国的。”

回国后第六天，黄大年与吉大正式签下全职教授合同，开启了“拼命黄郎”工作模式。

锻造国之利器，叩开“地球之门”

7 年间，黄大年仿佛铸剑者，为祖国在航空地球物理领域的目标——巡天探地潜海，向深地深空深海进军铺路筑桥、锻造利器。

“通俗地讲，就是要透视地球，给地球做 CT。军用、民用都有大用场。”黄大年的助手、吉林大学移动平台探测技术研发中心于平教授说，比如地震海啸等地质灾害的发生，都有深层次机理，必须向地球深部进军，了解地球深部地质构造。

作为地球深部探测计划的重要部分，探测技术装备必须突破发达国家的技术封锁。回国后，黄大年成为国家“深部探测关键仪器装备研制与实验项目”首席科学家。数年间，国家财政投入约 4.4 亿元，项目以吉林大学为中心，汇集了 400 多名来自高校和中科院的优秀科技人员，取得一系列重大成果：

固定翼无人机航磁探测系统工程样机研制成功，填补了国内无人机大面积探测的技术空白；无缆自定位地震勘探系统工程样机研制突破关键技术，为开展大面积地震勘探提供了技术支持和坚实基础；成功研制出万米大陆科学钻探工程样机“地壳一号”，为实施我国超深井大陆科学钻探工程提供了强有力的技术装备支持……这些成果，为实施国家地球探测计划奠定了技术经验和人才储备，全面提高了我国在地球深部探测重型装备方面的自主研发能力。

2011 年，黄大年负责组织高科技联合攻关团队，承接科技部“863 计划”航空探测装备主题项目，开展军民两用技术研究。超高精密机械和电子技术、纳米和微电机技术、高温和低温超导原理技术等多项关键技术进步显著，快速移动平台探测技术装备研发也首次攻克瓶颈，突破国外封锁。

刘财说，黄大年回国前，我国对于航空重力测量的研究，尤其是重力梯度仪的研制，仅停留在理论和实验室样机研究阶段；现在已经进入了工程样机研究阶段。在数据获取的能力和精度上，我国与国际的研发速度相比至少缩短了 10 年。而在算法上，则达到了与国际持平的水平。

为了祖国的事业燃烧自己

黄大年经常工作到凌晨两三点，除了加班，他平均每年还要出差 130 多天，而且乘坐的大都是午夜航班，只为节省时间多工作。

2015 年，黄大年爱人生病入院。半夜飞回长春，他先回家给老伴煮了面条送过来，然后就拿起笔记本电脑蜷缩在陪护椅上开始工作。

“黄老师出差时，经常中午把电话调成免提，在办公室为学生远程讲课。他常说，我有一身本领，想尽快教给学生。”黄大年的秘书王郁涵回忆。

“坐火车坐飞机，不是改 PPT 就是看资料，什么事都要做到极致。入住酒店后第一件事从来都是工作。每次劝他注意休息，他只是笑笑。”学生周飞回忆。

黄大年全身心扑在工作上。他的学生们背后送给他一个外号——“拼命黄郎”。

地探学院所在的地质宫大楼每晚 10 点关门。可黄大年却经常在办公室里工作到凌晨两三点才离开。有时出差回来就直接赶回办公室准备第二天的工作。楼下传达室的大爷深夜总被叫醒，开始时还跟学生抱怨，让学生们劝劝老师早点下班。可后来，传达室的大爷也对黄老师产生了深深敬意，请学生转告：黄老师，您无论多晚进出，喊一声就行。

2016年12月14日，是黄大年胆管癌手术的日期。

“12日晚上8点多，黄老师让我去办公室汇报一个项目。那天，他不是像每次那样埋首书桌前忙碌，而是静静地看着外面。谈了两个多小时，他仔细告诉我以后应该怎么做。”学生王泰涵回忆。第二天术前检查，他又让王泰涵陪他，因为昨天的任务没有说完。“手术前一天，老师手肿得厉害，但他仍和平常一样，掏出笔记本，又详细交代了昨天的规划。”王泰涵哭着说。

“人生的战场无所不在。”手术前夜黄大年发朋友圈感慨。2016年的平安夜，病体难支的黄大年是在病房度过的。2017年1月4日，黄大年陷入深度昏迷，直至8日离世。

7年间，黄大年把所有的心血和爱献给了祖国、献给了事业、献给了他的学生，却唯独没有自己。“为了祖国的事业，黄大年就像个充分燃烧的能量球。”国家“千人计划”专家王献昌说。

心静如止水，专注干事业

黄大年的办公室很简朴，桌上摆放两台电脑，五组书架一字排开，里面有各种中英文专业书籍。书架最右侧下面塞着一床撒花棉被，应该在许多加班的不眠之夜陪伴温暖过主人；窗前地上放着一对大哑铃，无声地提示人们黄大年热爱锻炼希望保持健康的愿望；墙上的记事板钉着几十张名片，日历平铺在墙，记满了报告、讨论、验收和出差目的地……

“来吉大第一天，辅导员在车站扛过他的行李，一路嘘寒问暖送到宿舍。大年常动情地提及这件往事，‘吉大于我有恩’。”吉林大学地球探测科学与技术学院党委书记黄忠民说，这些年，他感恩、奉献，却从未提过任何要求。

让学生马国庆印象最深的是，有个项目结题的前一天，老师发现本子印刷上有个小纰漏，于是带大家工作到凌晨两点多改好。自己又接着认真地对PPT进行审改。“老师虽然离开了，但他身上的这种科研精神，让我们不敢有一丝懈怠。”

黄大年恨不得把一天时间榨成一年过，对待学生却很慷慨。学生有问题，他总是不厌其烦，举一反三，悉心做答。14日手术，博士生周文月在12日晚上12点多，还收到老师微信：去剑桥的推荐信给你写好了。

“以前感觉家国天下很遥远。老师的言传身教，让我感觉为祖国做些事情，是我们的责任。”周文月说，“老师经常教育我们，要做出得去、回得来的人才，将来我会像黄老师一样回来报效祖国。”

“2014 年 9 月，在出席中国侨界特殊贡献将颁奖的当天晚饭后，大年老师让我帮忙借一间会议室。他说，这次活动汇集了国内外多个科技领域的专家，机会难得，我想抓住这个机会和专家们好好聊聊。听说是大年老师召集的，来了很多人。会议室很简陋，大年老师进屋后，环视一下，打开笔记本，盘腿席地而坐，一边演示一边讲解一边讨论，坐累了，就支起左腿，再累了就支起右腿。专家们自发地交流了 4 个多小时。”吉林大学欧美同学会秘书长任波说，大年老师心静如水，有的只是对于事业的专注。

身为中科院院士评审专家的黄大年自己并不是院士，大家都劝他申报院士。他说：我呀，真的没有时间，评院士要花很多时间整理一些东西的，还是把手头的事情先做好。

细心贴心，亦师亦友

黄老师在大家的眼中心里是这样的：

金丝半框眼镜，目光坚毅平和；身姿挺拔，走路风风火火；眼有神彩，声音磁性；喜欢穿休闲装、牛仔裤，很新潮；博学且多才多艺，是摄影高手、羽毛球健将，麦霸型美声歌手。最爱《我爱你中国》《故乡的云》，齐秦的歌也比较拿手。

喜欢吃地质宫门口 3 元一棒的烤玉米，中午饭常常是面包咖啡，简单且节省时间；每次出差回来，背着双肩包，会先走进学生的实验室、工作室，跟大家交流，最近怎么样，做了什么，有什么问题；逻辑思维能力强，语速快，说话不重复，没有口头语，一口标准的普通话。

“特别会生活，很完美的人。有一次我女儿吃到了他做的咖喱饭，从此爱上咖喱。他有个朋友曾发表过一篇文章《老黄家的菜刀》，写的就是他的厨艺，他的脆皮猪排，曾让国外的朋友们念念不忘。在英国时，他常自己下厨为女儿做饭。也指导过我，怎么做，孩子会爱吃。”于平说。

黄忠民眼中的黄大年“单纯、坦荡、为人谦和热情”：对每个到办公室找他的人，他都会站起相迎，不分你是领导，还是学生。

“心胸开阔，却很细心。有一次夏日午饭后，大家一起到楼下广场散步，一位女同学穿着高跟鞋，走着很费劲。黄老师说：天这么好，孩子们，咱们光脚走，怎么样，还能做足底按摩啦。那天，所有人都开心地光着脚板走了一个中午。”学生乔中坤回忆。

“每次出国，会带两个大空箱子，给大家带各种小礼物。”任波说，看似粗犷的男人，是那么细腻。

“为国家发展，结合你个人的兴趣，为你设计方向。老师有个文件夹，记录着对每个学生的规划。他给学生认真改论文，却从不让挂名。”学生卢鹏羽说，黄老师是可以掏心窝子聊天的人。

2010 年，无偿担任本科生“李四光试验班”的班主任后，黄大年给班上的 24 名同学每人买了一台笔记本电脑。

夏天闷热，黄大年让学中医的爱人煮绿豆汤、山楂水和菊花茶给学生喝；学生丢了钱包，他给掏生活费；学生母亲罹患疾病，他毫不犹豫地提供经济援助；他为参加国际学术会议的学生报销路费，甚至还资助过多名出国留学的学生……

言传身教下，黄大年的学生们非常刻苦，寒暑假，基本不休几天，年后的初四、五就自发陆续返校了。

“黄老师玩起来像孩子一样，特别开心。”学生袁志毅回忆，两年前秋天净月徒步，细心的黄老师给每个人喷上防晒喷雾。“不如我们赛跑吧”，老师带头就跑起来了……

“用他博大的爱去团结、凝聚世界上各类热爱科学的人，他是最优秀的爱国人士。邓稼先是遥远的仰视，大年就是我们身边的榜样。”任波说，手术前一天，大年还嘱托我们以他的名义给尚在海外负笈求学的留学人员发送电子新年贺卡，鼓励他们回来报效祖国。

“感性细心贴心。亦师亦友亦兄弟”学生乔中坤说，每个学生对他的感情都一样深，他病了，仿佛是父母生病，转身走出病房眼泪哗哗地掉。

病重时，他想吃杨桃、黄瓤西瓜，我们满长春找，只买到了杨桃。第二天中午，一位学生背着包从长沙坐飞机到长春，中饭都没吃，从机场直奔病房，包里面只有两个西瓜四个杨桃。

追悼会上，黄老师的女儿在英国刚生孩子回不来，学生们站在家属席上“我们都是他的孩子”。来宾散去，几十位学生跪在老师面前，长跪不起，痛哭失声。

清明节，学生们去殡仪馆看望老师。晚上回来，在老师的办公室点上心形的一圈蜡烛，摆上酒和好吃的，在老师的遗像旁，学生们陪着老师唠嗑，倾诉无尽思念：

我们都很努力，把老师的想法变为现实；

对老师的思念，我们要转为前进动力；

如果这次您只是出差该有多好；

我们努力，成为您希望我们成为的样子；

如果有下辈子，还做您的学生……

大年老师的离去，让无数人为之动容。吉林大学艺术学院副教授姚丽华说，是大年老师让我找到了歌者之心。大年老师去世后，她嗓子肿着，进录音棚录了《我爱你中国》献给大年老师；一位常接送黄老师去机场的出租车司机，痛哭失声，黄老师是我这辈子拉过的最伟大的人了……

“是一个让你见一次就忘不掉的人。”吉林大学常务副校长邴正说：“每次见他，都被他忘我的工作热情所感染。他是一个传统和现代相结合的科学家——既有传统的献身精神，更有走在现代科学前沿的创新精神”。

“悲从中来，不可断绝。”吉林大学校长李元元在黄大年追悼会上致辞时几度哽咽，“黄大年的崇高品德和奉献精神将永远铭刻在我们心中，激励大家积极投身于国家改革发展、民族复兴的伟大事业中。

“从2010年相识起，我和大年学长就经常沟通。每一次接触，我都能真切地感受到他对祖国和科学事业的深深热爱。”中科院院士施一公说。

“生命除了长度，还有深度和高度。怎样让有限的生命更有意义？大年用他走过的足迹给了我们答案……”任波说。

如今，黄大年永远地离开了，但很多人觉得，他似乎没有离开。在地探学院所在的长春地质宫大楼5楼，黄大年老师的办公室已布置成黄大年纪念室，标满行程的日历依然挂在墙上。一拨又一拨来学习的人们，用心用情感受学习着黄大年的“大我”精神，体会什么是不忘初心，什么是爱国情怀。

在黄大年老师不再更新的微信朋友圈，鲜活的文字依然动人：“竭尽全力、鞠躬尽瘁、不计得失。从海漂到海归，得益于国家强大的后盾。只要大家努力和坚持，一定能实现强国梦……青春无悔、中年无怨、到老无憾。”

张青松

冰雪南极不了情

“此次南极之行，我一定努力争取最好的结果，顺利归来。万一我回不来，请不要把我的遗体运回，就让我永远留在那里，作为我国科学工作者第一次考察南极的标记。”

这是张青松临出发去南极前给所在党支部信中的一段话，其为祖国的南极科考事业奉献一切的拳拳之心和赤子之情力透纸背。

2019年5月末的一天，纽约曼哈顿岛中央公园阳光明媚，春意正浓，一位头发花白的中国老人信步绿树红花之间，尽情地品味着春日异域繁华之都里的清幽与宁静。吸引他的除了这里别样的景致，还有公园里颇为独特的地形地貌。虽然已83岁的耄耋之年，但他依然身板硬朗，手脚灵便。只见他时而蹲下身来仔细观察，时而环视四周，认真地勘察、对照比较。大型鼓丘、羊背石、冰擦痕、磨光面、槽谷……他一边辨识鉴别，一边举起相机记录下这些典型的冰川地貌痕迹特征。这里的冰川地貌典型而普遍，能否证明北美第四纪末冰盖曾延伸到纽约呢？仿佛就在一瞬间，他从闲暇逍遥的异域漫游回归到专心专注的科学考察，从走马观花的越洋游客变成了严谨严肃的地质地貌学家。仿佛就在一瞬间，他有又回到了热火朝天战斗过的南极雪野。

他，就是南极长城站副站长、中国科学院地理科学与资源研究所研究员张青松。

作为新中国南极科考的两位先行者之一，他曾先后4次进入南极，不仅完成了中国人踏足南极的夙愿，而且以勤恳的态度、坚强的意志、顽强的作风和忘我的奋斗取得了丰硕的南极科考成果，赢得了国内外同行的尊敬。特别值得一提的是，他在南极科考中的研究成果和积累的丰富经验为中国第一座南极考察站长城站建设奠定了坚实基础，他更是以满腔热情和冲天干劲投身长城站建站工作，并出任长城站副站长，为新中国南极事业的发展做出了卓越贡献。

意外的冰雪奇缘

“此次南极之行，我一定努力争取最好的结果，顺利归来。万一我回不来，请不要把我的遗体运回，就让我永远留在那里，作为我国科学工作者第一次考察南极的标记。”

这是张青松临出发去南极前给所在党支部信中的一段话，其为祖国的南极科考事业奉献一切的拳拳之心和赤子之情力透纸背。就在此十多天前，1979年12月19日，他还在外地与同事们一起为第二年召开的青藏高原国际学术讨论会做准备，突然间，他收到一封加急电报，召其火速回京，领受出国任务。就这样，他回京后被赋予了和海洋局的董兆乾一起去澳大利亚的南极凯西科考站考察访问的重任。

对此，时年43岁、一直从事青藏高原地质地貌研究的张青松颇感意外。时间紧急，他无暇多想，开始进行紧锣密鼓的准备工作，一方面广泛阅读与南极有关的书籍等资料，另一方面准备相关科考器具。在此过程中，他对南极气候条件的恶劣程度和危险性有了进一步认识，而 1979 年 11 月 28 日发生的南极一场惨烈的空难让他觉得有必要对最坏打算做好心理准备和必要交代。为了不让妻子家人担忧，他隐瞒了相关信息，只是在临行前给党支部写了封信。

南极科考虽然充满风险，甚至有性命之虞，但是对于中国科学工作者来说，无疑是莫大的幸运，因为截至当时，中国南极科考还未正式开始，中国科学家没有条件和机会造访那块神秘大陆。作为科学家，张青松对挺进南极的机会梦寐以求。他在兴奋、欣喜的同时，也思考着幸运之神眷顾自己的缘由。他后来联系时代背景，大体上总结了 1 条根本原因，3 条具体原因。他认为，根本原因在于改革开放的中国朝气蓬勃，吸引了世界目光，各国期待与中国扩大交往与合作。在此背景下，澳大利亚政府邀请两名中国科学工作者到澳大利亚南极站考察访问，以此进一步提升两国关系。在中科院遴选人员过程中，张青松以“身体棒”“野外工作经验丰富”和“英语好”三大优势成功入选。

凯西站的中国来客

1980 年 1 月 12 日，南纬 77 度 51 分、东经 166 度 37 分，南极洲罗斯岛麦克默多科考站机场，一架大力神运输机平稳降落，从机上走下来的人中有两位黄头发、黑眼睛的中国人，他们是张青松和同伴董兆乾。他们沿梯拾级而下，踏上南极大陆。满怀欣喜兴奋之情，他们仔细地打量着这块期待已久而又完全陌生的世界。一位外国同行用摄像机记录下他们刚置身于那个冰雪天地的样子：羽绒服显得臃肿厚重，但拉链全敞开着，没有丝毫寒不可耐的窘状；虽然墨镜遮挡住了眼睛，但是灿烂的笑容颇具感染力，他们的身后远处的背景就是活跃的南极埃里伯斯火山。这是中国科学家的身影第一次出现在这块冰雪大陆，也成为中国南极科考开始的一大标志。张青松和董兆乾因此被称为“最早登陆南极的中国科学家”，他们的名字被载入诸多关于中国南极科考发展史的著述中。

张青松和同伴此次赴南极是应澳大利亚政府之邀，到该国南极凯西科考站进行考察访问。澳方不仅精心周到安排考察行程，而且该国南极局局长麦科亲自全程陪同。他们一抵达凯西科考站就感受到全站人员的浓厚情谊，大家把他们视为大家庭中的一员，向其开放所有设备，及时提供各种帮助。澳方的开放精神深深感染了张青松，他真切感受到南极科考是全人类共同的事业，推进深入认识南极是各国共同的目标，为了这一共同的事业和目标，各个科学家守望相助，携手努力。同时，张青松也更加深刻地体会到，由于种种原因，中国在南极科考中是后来者，与澳大利亚、美国等国家差距甚远，必须加倍努力。他也深刻认识到，自己作为国家派遣应邀到访澳大利亚南极科考站的科学家是非常幸运的，而肩负的责任非常重大、承担的使命无比光荣。

时值南极夏季，他不仅亲身体验到极昼里太阳终日不落的壮丽景象，而且获得了更多科考和学习的时间。失去了昼夜交替的时间参照，他索性以自己身体的承受极限来设定作息，争分夺秒地进行科学考察和学习。然而，对张青松和同伴来说，这些并不容易。南极恶劣的天气气候条件意味着野外考察不仅要调动和使用丰富的专业知识，而且要规避各类风险，保障人身安全。凭着勤奋学习的劲头、顽强的毅力和之前在青藏高原野外考察积累的经验，张青松细致考察了南极的地质地貌、冰川水文和动植物资源等，收集到大量参考材料。

不知不觉，约两个月的考察访问进入尾声，张青松搭乘塔拉顿号运输船踏上了归程，没想到刚出发不久，遭遇到此行最严峻的考验：肆虐的南大洋风暴让偌大的船只像飘零的落叶，狂风巨浪的颠簸整整持续了一天一夜。为了把自己固定起来，他紧抓扶手躺在床上，持续剧烈的颠簸磨烂了背部皮肉，再加上不停地呕吐，那感觉真是“生不如死”。这大概是他深入骨髓的一段记忆，以致多年以后，一谈到首次南极之行，张青松都会谈到这一段，流露出劫后余生的庆幸。1980 年 3 月 21 日，他回到北京，之后与董兆乾合作撰写并提交了 5 万多字的综合考察报告，为中国组织南极考察、派出首支南极考察队和制订建立南极考察站计划提供了丰富材料，奠定了坚实基础。

不是站长的站长

回到北京不到 9 个月，1980 年 12 月 15 日，张青松再次踏上了南极大陆，这次他的驻扎地为澳大利亚戴维斯科考站。与第一次南极科考是完全被动接受挑选不同，这次科考在一定意义上说是他主动选择和争取的结果。

在第一次南极科考接近尾声时，张青松了解到，在澳大利亚戴维斯站，还没有人专门从事湖泊沉积和贝壳化石的研究，而这属于他的老本行。此前多年，他一直从事青藏高原地质地貌研究，发表了一批研究成果，积累了丰富经验。于是，他向澳大利亚南极局局长提出加入 1980 ～ 1981 年澳大利亚戴维斯站越冬考察队的申请，对方欣然应允。之后，他的申请获得中国有关方面批准，并被赋予了两项大任务：独立研究戴维斯站地区的地貌与第四纪环境变化；学习建站和管理经验，为中国建设南极考察站做好准备。张青松又迎来了一次在南极大显身手的机会。这一次，他的科考工作将从又一个南极之夏的极昼开始，随后转入漫长而寒冷的严冬。作为“中国南极越冬科考第一人”，他正在走出自己新的科研路径，同时也翻开了中国南极科考新的篇章。

在南极科考站的每一分钟都是那样弥足珍贵，张青松对这来之不易的机会格外珍惜。他盘算着距离戴维斯站的夏至 12 月 21 日还有 36 个极昼，他必须充分利用好这段时间，才能把夏季考察任务赶完。所谓“充分利用”其实就是像他上次在凯西科考站时那样“多干活少睡觉”。于是，同行们发现，这位 44 岁、全科考站最年长的中国大哥俨然是位拼命三郎，每天忙着外出考察，开挖剖面、采集标本、布设冰缘地貌测阵……每天常常工作 18—20 小时。

在恶劣的科考环境下，承受高强度工作，良好身体素质的优势和野外考察的经验优势就充分体现出来了。对于张青松来说，这类的考验他在凯西站经历过，在世界屋脊青藏高原的野外科考中也多次体验过。曾经，他在青藏高原海拔近 5000 米的道班连续工作 5 天，每天测量剖面、采集化石、古地磁和沉积物样品、绘制地图……他没想到，自己在青藏高原艰苦磨砺而得的野外考察经验有一天会在遥远的南极大陆上派上这么大用场。

见证他辛勤努力的除了身边的同行、极昼里始终做伴的太阳，还有在那一箱一箱野外采集的标本和样本。不知不觉中，他发现自己已经采集了满满 8 箱。1981 年 2 月底，这些标本和样品装上船运至澳大利亚，之后发往中国。

3 月开始，南极进入漫长而严寒的冬季，中国大哥终于不再像夏日那样频繁外出考察、一刻不停地忙碌，他除了做自己的工作之外，还乐于助人，时常给别人打下手。在此过程中，他认真观察、努力钻研，学习科考站建站的知识和管理运行的方法。他的英语交际能力这时已得到很大提高，可以轻松自如地与大家交流交往。开朗的性格、彬彬有礼的举止和乐于助人的精神使他深受大家的喜爱与尊敬。

1982 年 2 月，张青松完成本次南极科考的所有项目后回国。随后，他向国家南极考察委员会提交了相关报告。在报告中，他提出了可供中国建立科考站的 3 个地址：

南极半岛、拉斯曼丘陵和维多利亚地阿德雷角。

回归祖国后的张青松着手研究之前他在戴维斯站附近采集的 8 大箱标本和样品，在此后相当长的一段时间，他与本单位、中科院南京地质古生物所、中科院地球物理所、中国地质科学院和北京大学等科研单位科研人员协同合作，陆续撰写了 20 多篇学术论文，出版了论文集。这些学术论文和论文集是中国最早的南极考察的成果，填补了国内在此领域的空白，获得了中国科学院科技进步成果二等奖等荣誉。

南极雪野“筑长城”

1984 年 11 月 20 日，上海黄浦江畔国家海洋局东海分局码头，新检修过的“向阳红 10 号”远洋考察船和海军“J121”打捞救生船起锚，缓缓驶离，驶向太平洋。在接下来的近 2 个月航程中，他们将穿过赤道进入南半球，再从东半球进入西半球，经南美洲大陆最南端的合恩角进入大西洋，而后横渡德雷克海峡，进入乔治王岛麦克斯韦尔海湾。张青松和众多科考队员们一起站在甲板上向码头上送行的人群挥手作别，这是他 4 年之内的第三次踏上南极之旅。与之前作为客人和合作伙伴到访别国南极科考站不同，这一次他作为中国自己科考队的成员赶赴南极，完成中国第一座南极科考站长城站的建设任务。作为有南极科考经历特别是第一个在南极越冬科考的中国科学家，张青松被委任为本次南极科考的副队长，协助队长做好相关统筹协调工作，带领这支 590 多人的队伍赶赴冰雪南极，去完成党和国家交给的建站任务。

茫茫大洋虽然壮美，但经常遭遇的风暴让很多队员特别是第一次乘船的队员痛苦不堪。有了之前的大洋航行的经历的张青松对此相对比较适应，他兢兢业业做好各项工作，繁忙而充实。只是手头闲下来时，他会想起家人，特别是惦念住在江苏常州年事已高且患病的父母。临行前不久，他非常想顺道短暂探望一下他们，但遗憾的是两次都未能如愿。惊涛骇浪在前、责任使命在肩，张青松下决心把对家园的思念化作干劲，把自己全部的知识和经验、满腔的热情和积聚的力量奉献给祖国的南极科考事业，早日让中国“长城”屹立于南极的冰原雪野之中。

12 月 24 日，考察船开始向着以海上风暴和漂流冰山著称的德雷克海峡进发，“向阳红 10 号”和“J121”都降低航速，导航雷达和声呐等装备都全天候开启，全体科考队员都进入高度戒备状态。让人惊喜的是，船队幸运地赶上了德雷克海峡罕有的好天气，风平浪静，一片祥和。12 月 27 日，科考队顺利通过，进入乔治王岛近海海域。这里是南极大陆边缘，维度相对较低位置的海湾，是没有抗冰能力的中国科考船较容易抵达的区域，在此区域建设永久科考站是中国当时最现实可行的选择。张青松曾在提交的报告中，提出的 3 个建站选址虽然综合条件都很好，但是中国还不具备抵达和建站的能力，只能暂时作罢，把目标位置选在了乔治王岛麦克斯威尔湾附近。

对科考队而言，接来下最紧要最重要的工作是选择具体的建站位置。科考队之前实际上已预选了一个地方，但是大家赶到地方发现该地已经被乌拉圭科考队占据了。面对意外情况，科考队该做何选择呢？科考队队长和总指挥认为，应该坚持之前的方案，仍在预选区域建站。这就意味着必须与乌拉圭科考队分享该区域。张青松根据自己长期从事地质地貌研究的专业背景和在南极科考获得的知识和经验，提出不同意见。他认为，预选地登陆困难，地质地貌条件差，场地相对小，架设通讯网和气象观测站困难；此外，与乌拉圭科考队分享该地容易造成纠纷，不利于将来开展科考工作。他在判读航空照片和实地考察、取样分析基础上提出备选方案即菲尔德斯半岛东岸区域，他认为该地条件更合适，是更好选择。

为了解决分歧，推进选址科学化，为中国南极科考事业发展负责，科考队充分发扬了民主。张青松征得领导同意，召集科考班、通讯班和“向阳红 10 号”副船长就选址问题开会讨论，大家一致支持张青松的观点，认为他建议的位置最佳，十分有利于建站和科考。他的选址建议很快成为很多队员的共识和科考队的主流观点，最终为科考队临时党委所接受并报请国内批准。事后证明，这的确是一个科学而富有远见的选择，为之后的科研工作的开展及较大规模的改扩建预留了足够的空间和余地。

对上述选址之争和自己在关键时刻力陈己见的勇气，张青松显得很坦然淡然。他说，自己只是尽到作为一名国家科学工作者应尽的责任和义务，科学就是要求真务实，科学家就是要敢于坚持真理。在长城站选址问题上，他就事论事，无任何私心杂念，不是为了个人抢风头，也不是成心让有关领导难看。对科考队临时党委当时的表现，他由衷赞赏，面对争论，临时党委坚持国家利益至上，尊重科学，既充分发扬了民主，又审时度势地坚持了统一，是完全正确的。

1985 年 2 月 14 日，随着“长城站”字样的铜质站标被精心镶嵌入位，经过 45 天奋战，中国第一座南极科考站宣告建成。22 日时 10 时许，盛大的新站落成典礼在漫天飞雪中开始举行，庄严的义勇军进行曲响起，鲜艳的五星红旗迎风招展。接着锣鼓喧天、鞭炮齐鸣，现场一片欢腾。张青松与同伴都尽情享受着胜利的喜悦。

南极站建成就意味着中国首次南极科考任务基本结束了。然而，对于考察队里像张青松和科考班里有科研情结的科学家来说，这次南极之行无疑留下了一大遗憾：在“一切为了建站”的思想指导下，他们干的全是建站的活儿，未能开展专门的极地科研工作。身处南极独特的环境之中，却没有机会大展手脚好好探索一番，他们的心情可想而知。张青松的遗憾直到约 3 年之后他第四次造访南极，再次来到长城站时才有弥补的机会，在同行的帮助下，他对极地冰缘地貌进行了定量研究，并发表了至今仍具有国际学术影响力的重要论文。

踏足三极人未老

1989 年 2 月，张青松离开长城站，这是他最后一次作别南极，然而，他与冰雪的故事仍在继续。他之后一度回归到老本行青藏高原地质地貌研究，继续与高原积雪打交道。20 世纪 90 年代中期，他 3 次率队登陆北极地区，踏上冰雪阿拉斯加，从事气候与环境变化研究。2001 年，张青松光荣退休。

回顾近 40 年职业生涯，张青松自豪于自己是中国为数不多踏足“世界三极”（南极、北极、青藏高原）的科学家。就这冰雪三极给职业生涯带来的影响而言，他认为青藏高原让自己取得的学术成就最大，南极给自己带来的社会知名度最高。张青松强调自己已经退休 18 年了，这些成就和知名度都属于过去，好汉不提当年勇，俱往矣。

一入南极终生缘，张青松所谓“俱往矣”的是科研学术和知名度，而不是他的兴趣和关注点，多年来，他一直密切关注南极科考，特别是中国南极科考的进步和发展。昆仑站、泰山站建设运行，南极第五站选址罗斯海，“雪龙号”大修，“雪龙 2 号”建成、海试、交付，“雪鹰 601”固定翼飞机入列……这些都是他关切的信息。他不仅通过各类媒体渠道关心了解这些信息，而且还通过业内的朋友，及时了解最新进展情况。他还时不时在微信朋友圈里发关于极地科考的文章和图片，还会加上几句自己的看法和评论。

作为中国南极科考先行者，张青松主动把面向社会的科普特别是青少年科普当做退休生活的一项重要内容。他尽最大努力向听众和读者讲述自己的科考经历经验、心得体会。了解他的朋友知道，他的问题或答案，永远离不开那个古老的冰雪故事。

躬耕

甘瓜抱苦蒂，

美枣生荆棘。

吴仁宝

动为苍生谋

华西经验究竟能否复制、借鉴到什么程度仍是悬而未决的问题；或许，它只有在火热的脱贫攻坚实践中方显功力；但“动为苍生谋”的吴仁宝式基层领头羊将是我们前仆后继始终学习的榜样。

但愿苍生俱饱暖，不辞辛苦出山林。

1961 年，江苏省华阴县一处名为华西的村落迎来了命运中的关键人物：将在中国改革发展奋进史上留下一抹亮色的农民吴仁宝。从此，他的名字与这座村落的命运紧紧地缠绕在了一起，他也开始了自己半个多世纪的风雨跋涉。

50 多年后，翻开这方土地的村志，没有人不感到震惊，其每一步都踏在了改革发展的节奏上，始终挺立在时代的潮头：

——60 年代，学大寨；

——70 年代，造田亩；

——80 年代，开工厂；

——90 年代，建城郭；

——新世纪，育新人。

"弄潮儿向涛头立，手把红旗旗不湿"。近一个甲子的光阴，不过须臾一瞬。如今，撑起一支长篙，向岁月深处回溯：在水与岸的较量，青荇与泥土的缠绕中，那片足以照亮未来的星辉，开始慢慢浮现在我们的眼前。

"让穷人过上好日子"

生于斯，死于斯，必辉煌于斯。

2013 年 3 月 18 日 18 时 58 分，华西云裹塔，江阴烟胧沙。为世界所关注的中国农民吴仁宝在自己终生奋斗、牵挂的土地上去世。卸去往日的欢闹和色彩，华西村在夜幕中陷入一片深远的静穆；机器轰隆隆的转动声从远处传来，显示出它稳健、持久、强有力的脉动，似乎与 85 年前的枪炮、战火、轰炸共振着。

1928 年 12 月，东北易帜，轰轰烈烈的北伐战争宣告胜利，满目疮痍的中国大地终于获得一阵短暂的喘息。就在一个月前，江南吴家基（现江苏省江阴市华西村）的吴发祥家迎来了一个崭新的生命，他为自己的孙子取名吴顺宝：希望自己的后辈能够顺利度过这个满是贫穷、祸乱与硝烟的年代。有人考证，吴仁宝这个名字是他在新中国成立以后参加革命工作时给自己改的。仁者为人，这是我们几千年来重要的文化密码之一。可以解释为仁爱的人才能称其是人，也可以解释为仁爱的人理应为更多的人尽心。尽管现代汉语的表述不同，但根底处的意味都是一样的，即对所有的人心怀仁爱。纵观吴仁宝的一生，始终为更多的人谋求富足与幸福，无疑是他一生的用心和初心。

与同时代的人们一样，吴仁宝早年遭际了太多的困顿与挣扎，也淬炼出自己一生的夙愿与追寻。家中困顿，11 岁的吴仁宝放弃私塾，离开家当起了放牛娃；家中断粮，吴仁宝便携幼弟捕鱼换钱；通货膨胀，“生意”行不通，吴仁宝转身当起了长工。穷则思变，每一次山穷水尽都可看见少年挣扎中的刚毅。然而，命运似乎总是格外垂青那些仰视它的斗士。迫于贫穷，少年吞下冷嘲热讽，咽下委屈羞辱；身陷困顿，少年忍受着生离，目睹了死别。1949 年 4 月 21 日，毛泽东和朱德发布了《向全国进军的命令》，这预示着解放全中国的号角即将吹响，也预示着全中国即将彻底走出几十年来的战争旋涡，更预示每一个中国人都将迎来重整家园、获得新生的扬帆时刻。但就在战争结束前期，在国民党丧心病狂地抓捕壮丁以填补军力的压迫中，因担心儿子被迫从军，吴仁宝的母亲在焦虑、恐惧与愤恨中怅然离世，甚至没来得及看一眼自己即将进门的儿媳妇。赊来一口薄棺，吴仁宝殓葬了母亲。他后来回忆说，“要不是穷，也不可能丧事和婚事放在一起。”

和着江水滔滔，吴仁宝迎来了中华人民共和国的诞生。1961 年，扎实肯干、表现突出的吴仁宝成为华西新一届领导班子成员。

人们或许都没有想到，从此这个人名与自己的故乡华西村紧紧地连在了一起，为世界所关注。每一次时代的跨越，吴仁宝都显示出奔流在江水之源的勇敢与智慧，凝聚在血缘深处的坚定与刚毅。每次回望，吴仁宝无不感慨：“我是穷过来的，看到有人穷我就心疼，最大的心愿就是让穷人过好日子，这是我的原动力。”

“安得广厦千万间，大庇天下寒士俱欢颜，风雨不动安如山”。吴仁宝的原动力何尝不是那个时代人们翘首以盼的美好生活？何尝不是一名共产党员的奋斗初心？

从“赶上时代”到“引领时代”

回首吴仁宝牵头的华西村，他们以智慧、刚毅和仁爱的勇气、骨气和大气，闯出了一条脱贫路、致富路和幸福路，实现了从“赶上时代”到“引领时代”的伟大跨越，也带出了一大批走出贫困、走向致富的华西式村落。他们以长江为带，交相闪耀：

——20 世纪 60 年代，贫瘠与穷困是当时华西村的真实写照，有言云“高田岗，高田岗，半月不雨苗枯黄；低田荡，低田荡，一场大雨白茫茫”。正当吴仁宝绞尽脑汁谋脱贫的时候，“农业学大寨”的号召在一声惊雷中炸响。1964 年 2 月 10 日，《人民日报》发表《大寨之路》的报道，详细介绍了山西省昔阳县虎头山的大寨奋斗之路。吴仁宝就此开始了白天走天地、夜里写未来的日子：最终他描绘出了华西村第一个十五年规划。据吴协恩（吴仁宝小儿子，即今华西村党委书记）回忆，“我们靠着‘头昏肚痛不算病，腰酸肩痛不脱劲，烂手烂脚不缺勤，不达目标不罢休’的精神，最后只花了七年时间，就把原来1200多块七高八低的零星田块，改造成高产稳产大田，成为‘全国农业先进单位’。曾经的‘做煞大队’，也变成了‘幸福大队’。”

——进入改革开放的伟大历史时期，另辟蹊径办工厂，从脱贫走向致富。1992年3月，邓小平南方谈话见诸媒体，在外出差的吴仁宝兴奋不已，凌晨一点召集党委成员开会。这一次他收获了举足轻重的一桶金，华西的工业也有望迈上一个新台阶。如众所知，华西村的工业从一盘大石磨起家，有自己的“地下”小五金厂；可见第二产业从来都在吴仁宝的规划内；乘着改革开放的春风，华西集团成立并迅速成为一家大型的乡镇企业。

——一统五分，走向共同富裕的幸福路。爱民如子，正是中国共产党的情怀与初衷。步入21世纪的开局之年，吴仁宝提出一统五分的并村计划，即连同江畔的诸多村落共同谋求发展，共建大华西。为了共同的目标，凝聚一切力量，惠泽一切群体：团结就是力量。这个不断被证明的真理在他们身上得到了最完美的呈现和反哺。有关资料显示，自2001年以来，华西村不仅在土地和人口上得到扩容，解决周边村落就业和养老问题的成绩也十分可观。关注华西村的人们都知道，这种创办第二个华西村的共富理念早在20世纪就开始了：华明村、三余巷村就是华西经验的实践先行地；宁夏、黑龙江等地后来也相继展开。

可以说，吴仁宝和华西村一起浇铸出了一个社会主义新农村的时代榜样，也为全国乃至全世界提出脱贫致富的华西方案。

2011年，为我们所熟知的龙希国际大酒店落成，华西也迎来了自己的知天命之年。83岁的吴仁宝一如既往地承诺：“生命不息，工作不止。”除了几十年如一日地早起、听广播、“巡视”华西村的每一寸土地之外，他只要有空就会为慕名而来的游客做题为“社会主义富华西”的宣讲。

“有福同享，有难官当”

2003年1月2日，74岁的吴仁宝带领全家祖孙四代向全体村民作新年宣誓：“凡是要求干部村民做到的，我吴仁宝一家先要做到；凡是要求干部村民不做的，我吴仁宝一家首先不做。请各位村民监督我们一家人的工作。”同年 7 月，吴仁宝卸任党委书记，小儿子吴协恩成为华西村的新书记。

万众瞩目的中心势必会受到来自四面八方的好奇、猜想甚至非议：有人在质疑华西村搞“家族制”。吴仁宝回答道：“我的几个子女的确全在华西村当官，但那不是因为他们是我的子女，而是他们真的为华西村做出了贡献。我们培养接班人，不是培养个人，而是培养群体。”

在质疑、猜度的背后，其实是对华西村历史发展的不熟悉、对华西发展根本动力的不了解，对华西新“掌门”的不放心。但爱之深，责之切，这些关注背后更多的是对华西未来发展的深深期待和殷殷关切。

或许这些事实能够提示我们“华西村党委书记”这七个字背后的真正内涵：

艰苦奋斗，共走脱贫致富路，是吴协恩的原则。在吴协恩看来，“华西之所以能成为‘中国第一村’，很关键的一条是华西有个代代相传的好基因，就是能吃别人吃不了的苦，艰苦奋斗，吃苦耐劳，永不服输，决不放弃”。早在 23 年前，为了贯彻落实国家的扶贫政策，华西村和黑龙江肇东小山屯村结成了帮扶对子，当时率领部分华西人共同北上、建设省外新华西的就是吴协恩。吴协恩引领华西人一去就是三年，其间与当地的村民同吃苦、共创业：筑起了十多公里引水沟，使 3500 亩荒地实现了引水治碱，种上了水稻，还办起了工厂，当地人均收入从 1000 多元提高到 4000 多元，最终帮助这里实现了脱贫。后来吴协恩又分别到宁夏银川、江西吉安驻扎，艰苦奋斗、共同脱贫致富一直都是华西村也是吴协恩的原则。

开拓创新，同改革与时俱进，是吴协恩的思路。生于忧患，死于安乐。刚刚就任党委书记，吴协恩就敏锐地观察到产业结构调整是华西村即将面对的难题和挑战，也是实现华西村发展新跨越的必由之路。据此，吴协恩紧抓实时政策的风向，为了实现可持续发展，在钢铁、化纤火热的时候仍然大刀阔斧地陆续关停了多家能耗高、效率低的企业；同时乘着“一带一路”等惠民政策的东风，致力于激光芯片、网络游戏、海洋工程等高科技产业的创新与研发，影响波及海内外；此外，加快华西村人才引进和第三产业的发展。乘风破浪会有时，直挂云帆济沧海！经过共同努力，华西村取得了令人瞩目的成绩并再次成为社会的焦点。吴协恩在多次接受采访时都强调道：“守业是守不住的，须依据时代变化，不断创新发展，才能真正构建一个百年华西。”

想民所想，急民所急，这是吴协恩的信仰。血脉相连处，自见赓续。吴协恩接过华西村的同时，实际上也接过了以父亲为代表的一代华西人的精神信仰：只有将自己的一切付出浇铸到全村各项事业的发展中，才能最大程度地实现自己；只有将自己的一切所得汇入全村村民的奋斗再实践中，才能最大程度地产生回报。回顾吴仁宝的一生，他确实把自己所有的时间、精力、心血，所得的一切物质财富，所悟的一切精神经验都用到了华西村的致富、发展和未来规划上。对于富足的华西，吴仁宝丝毫不执着于物质与待遇。他的收入在村里并不算高，他的家庭在村里也不算富，更是村里最后才搬进别墅的；即便是在离任时，他也只是个“村官”。“腰缠万贯，不过一日三餐；房子再大，休息时只需床铺一张”——这是吴仁宝的心态，也是一代华西人的精神气质。作为华西村党委书记、华西集团董事长的吴协恩又何尝不是如此：几十年如一日地将自己的全部时间奉献给华西，身担 35 平方公里大华西的发展重担，领跑三万余人的幸福之路，却拿着“村官”的待遇。

时间拉回到 2003 年 8 月，吴协恩和新一代华西人在人民英雄纪念碑前的庄严宣誓仍萦绕耳际：“有福民享，有难官当。三年目标 500 亿。”回首 12 年前的华西村，一个个誓言都已实现，华西人对美好生活的期待也一次次被满足。

我们不禁感叹，华西村党委书记确如是。

瞩目全球大发展的时代机遇，面对新时代新境遇，以吴协恩为代表的新一代华西人将承继上一代的精神气质，凭借自身的敏感、与时俱进、开拓创新，不断兑现对人民一次又一次的庄严承诺！事实上，华西村每一次波澜壮阔的改革实践都在不断向全国、向全世界证明社会主义集中力量办大事的优越性，也证明了我们党在全面共赴小康之路上一个都不能少的决心和信心！

火车跑得快，全靠车头带

经过 40 年改革开放的伟大实践，中国已经成为世界第二大经济体，然而脱贫攻坚仍是我们目前最艰巨的任务；让贫困人口和贫困地区同全国一道进入全面小康社会更是我们党的庄严承诺。

消除贫苦自古以来就是人们追求美好幸福生活的基本权利也是基本前提。不可否认的是，脱贫攻坚对于不少地区来说仍是一场硬仗。其实只要贫困的幽灵仍飘荡在新时代中国的大地上，就需要有吴仁宝式的基层领头羊，就需要有华西村式的村民团结，就需要有团结起来克服困难、干大事的勇气和决心。

单丝不成线，独木不成林。回顾华西村的每一次飞跃，都是凝聚力量、共同筑梦的一次伟大征程。没有华西村民的支持与共同努力，就不会有华西村一次又一次地走在时代前列。吴仁宝在对外宣讲时，也不止一次地强调集体的力量和人民的智慧："建设新农村必须壮大集体经济，集体经济强大了，就能集中力量办大事"，"我看历史，看现实，也看未来。作为一个村要经济发展，一定要凝聚人心"。

火车跑得快，全靠车头带。促成华西村逐步走向脱贫、致富、谋幸福之路的火车头是吴仁宝，打响脱贫攻坚战的火车头也将是千千万万个吴仁宝式的人物。时间回到吴仁宝就职华西党支部书记的前一年，中国青年出版社首次出版了柳青的《创业史》，其中梁生宝的形象很值得今天再一次忖度：一位诞生在苦难中的农民想要依靠自己的吃苦耐劳、勤俭朴实来摆脱贫困，屡战屡败；通过合作互助，依靠集体的力量，梁生宝终于摆脱了贫困，摆脱了压迫，最终成长为一名基层干部。历史总是惊人地相似：这种集中力量、共谋发展的大同之路与吴仁宝及华西村开辟的康庄大道有异曲同工之处——在政策的指引下，吴仁宝凝聚人民的力量，以集体的姿势站立，走共同创业之路，最终实现共同富裕。

但愿苍生俱饱暖，不辞辛苦出山林。可以说，于谦的诗不仅道出了中国知识分子的担当，也道出了中国共产党人矢志不渝的使命与初心。吴仁宝及华西村的发展经纬与精神气质为社会主义新农村建设筑了形，立了魂；也为打赢脱贫致富攻坚战贡献了华西方案、华西精神和华西力量。

华西经验究竟能否复制、借鉴到什么程度仍是悬而未决的问题；或许，它只有在火热的脱贫攻坚实践中方显功力；但"动为苍生谋"的吴仁宝式基层领头羊将是我们前仆后继始终学习的榜样。

张瑞敏

企业是时代的产物，必须与时俱进

对过去，张瑞敏心怀感激，但过去的都已经过去，未来任重道远。海尔仍奔跑在发展的路上，且永无止境。“有一天，当你无论走到全世界哪个地方，人们都会说，海尔，我知道，这是一个著名的品牌。这就够了。”

张瑞敏，共和国的同龄人；海尔，改革开放40年中成长起来的民族企业。张瑞敏和海尔的过去与未来，某种意义上也折射出中国当代企业家和民族企业的发展与命运。从集体小厂到中国家电第一厂家，海尔抓住了改革开放的机会；从中国名牌到世界名牌，张瑞敏大刀阔斧地“再造海尔”。

整整十年前，美国金融危机波及全球，中国企业出口受挫，民族品牌屡遭并购。那一年，我们专赴青岛采访，见到了久未在公开场合露面的张瑞敏，他当时说的话令人记忆犹新：“全球化战略的道路崎岖坎坷，却是中国民族企业的唯一出路。”

时间证明，张瑞敏是对的。不久前，海尔宣布将在德国的中欧国际交易所上市，如果进展顺利，与共和国同龄的张瑞敏今年将去交易所敲钟。

30多年前，张瑞敏第一次出国就是去德国，准备引进亚洲第一条四星级电冰箱生产线。因为价格昂贵，他试着砍价，德国人却傲慢地说：“德国设备就这个质量，这个价格，你们可以不买。”张瑞敏深受刺激，发誓要做出中国自己的品牌。时至今日，海尔不仅在德国，在整个欧洲都拥有了较高的知名度，这中间凝聚了张瑞敏半生的心血。

要么成为世界名牌，要么死路一条

1984年，海尔是亏空147万元的集体小厂，张瑞敏被派去当厂长，上任第一天就接到53张请调报告，“工人上午8点来，9点走，10点在大院里扔个手榴弹都炸不死人”。张瑞敏为此宣布了13条规定，其中一条是“不准在车间里大小便”。

2017年，海尔集团收入达到2419亿元，同比增长20%；集团利税突破300亿元，全球经营利润增长41%。

奇迹的背后隐含着怎样的成功秘诀？张瑞敏说，其实既简单又艰难——就是永远能够自我否定，越成功就越要“自以为非”，而不是“自以为是”。

20世纪90年代初，国内家电市场异常红火，海尔跻身全国首届十大驰名商标，一张海尔冰箱票在厂门口被卖到1000多元。张瑞敏却冷静地提出：“每一个成功者的背后都潜伏着失败的危机。要想长盛不衰，只有学‘不死鸟’，自我革新，再赢一次。”于是，在光卖冰箱就能挣大钱的时候，海尔率先打破单一产品模式，进军洗衣机、空调、电视等家电市场；在成为中国家电第一品牌，很多人看来可以高枕无忧的时候，海尔又提出打造世界名牌，率先启动全球化战略，把工厂办到了美国。

这么多年，张瑞敏养成了习惯，越是在海尔发展非常顺利的时候，越是别人都说海尔已经很好了的时候，他就越在思考，下一步的挑战在哪里，下一步的困难在什么地方。他相信，市场和体育赛场一样，所有的第一名都是被自己打败的。

在大家都感觉良好的时候，还要“自以为非”、挑毛病找困难，张瑞敏也时常感到很困惑。“你可能找不准下一步的方向，你会受到很多的质疑。特别是理想中的正确结果还没有出现之前，你要承受很多压力，这个努力的过程很痛苦。”

2000 年 3 月，海尔美国电冰箱工厂在美国南卡罗来纳州开姆顿市正式投入生产。建厂后三年内，海尔在美国的年销售额增长了八倍，达到 2.5 亿美元。截至 2006 年年底，海尔是美国市场最大的小冰箱、公寓冰箱和酒柜厂商，分别占据美国 50%、20% 和 60% 的市场份额，也是美国第三大空调厂商，占据 20% 的市场份额。2007 年，海尔美国的销售额达到 6.5 亿美元。

2005 年底，海尔正式启动全球化品牌战略，引来不少质疑和非议。有人怀疑海尔是否具备了走向世界的实力，还不如在国内发展，或者到农村去；有人提出国际化应该通过并购等成本更低的方式实现。张瑞敏却坚定地说，打造世界名牌是海尔没有选择的选择。在全球化市场中，企业只有两类：食肉的和食草的，后者迟早要被前者吞掉。可口可乐的老板来中国考察市场，就对身边人提出：“为什么不让门口卖茶叶蛋的老太太，也卖可口可乐？”跨国企业的触角已然伸向全球每个角落。从美国到欧洲到亚洲，从城市到郊区到农村，无论在哪里，海尔都会遇到惠尔普、西门子、飞利浦这样的跨国企业，竞争无从躲避。张瑞敏清晰地认识到，选择只有两个：要么成为世界名牌，要么死路一条。

打造品牌没有捷径可走

在利润薄如刀刃的全球家电市场，面对几十年、甚至上百年发展历史的国际级竞争对手，后来居上又谈何容易？张瑞敏曾在美国的商场里与客户沟通——

“喜欢海尔的产品吗？”

“还不错。”

“认可吗？”

“认可。”

“会买吗？”

"不会。"

"为什么？"

"因为GE、惠尔普这些牌子，从我奶奶辈就开始用了，为什么要相信海尔？"

这就是海尔面对的困境。打造品牌没有捷径可走，必须千方百计赢得客户的心。在美国，海尔从接受新事物相对较快的学生冰箱市场切入，2008年占有率已达50%，居第一位。金融危机爆发时，海尔的全球销售网络遍布160多个国家，拥有61个贸易公司、8个设计研发中心、29个制造工厂和16个工业园。当中国很多企业因为出口放缓而备受压力甚至濒临倒闭时，海尔在美国的工厂，已经在为当地市场生产附加值较高的产品，弥补了出口减少的损失。

这一切在很大程度上得益于张瑞敏的"名牌战略"，这是他自上任开始就坚持的企业战略。

1985年，有客户反映海尔冰箱有毛病，张瑞敏到库房检查，发现76台冰箱的确存在问题。有人提议低价卖给员工，张瑞敏却抡起铁锤，让冰箱成了废铁。"我要是允许把这76台冰箱卖了，就等于允许你们明天再生产760台、7600台次品。"

据媒体报道，当时不少职工心疼得流泪，一台冰箱800多元，相当于一个普通职工两年的工资，而且当时市场供不应求，"纸糊的冰箱也能卖出去"。多年后，这把铁锤被国家博物馆收藏。

就是凭借这样的决心，张瑞敏带领海尔一步步树立起产品口碑和品牌形象。20世纪90年代，海尔已经是国内家电第一品牌。随后，海尔从单一生产冰箱，发展到涉足全部白色家电产品，又从国内市场走向国际市场，创造了从无到有、从小到大、从弱到强的发展奇迹。

2008年3月，海尔第二次入选英国《金融时报》评选的"中国十大世界级品牌"；2018年1月，欧睿国际公布的数据显示，海尔以10.5%的品牌份额第九次蝉联全球大型家用电器品牌零售第一，目前品牌估值为2900多亿元。

脱胎换骨"再造海尔"

过去十多年，是海尔参与全球竞争的阶段。与世界一流的企业竞争，需要打造世界一流的企业。在张瑞敏看来，海尔早年的成功不是因为企业本身很优秀，而是抓住了改革开放的机会，当走向全球市场时，必须从企业自身入手，对流程、组织和人才管理进行大刀阔斧的改革，“再造”一个海尔。“全面重塑，脱胎换骨！”

“再造”的最大难点在于改变人的观念。过去海尔高速发展，有很多成功案例，许多人认为，海尔只要按照过去成功的办法做下去就行了。让人们放弃过去被证明是成功的做法，并非易事。为此，张瑞敏亲自为集团高层进行战略理念上的培训辅导，集团整体也进行自上而下的逐级辅导。

在管理实践中，张瑞敏将中国传统文化精髓与丰田、戴尔等公司的经营管理理念融会贯通，创造了富有中国特色的“海尔模式”，赢得了世界管理界的高度评价。海尔推行“人单合一”的全新管理模式。单，狭义上是订单；广义上是目标。即企业为每个员工创造一个特定的环境，使其在这个空间里有创新的价值；每个人和自己的工作目标都能一一对应结合；每个人变成一个小的经营体，既相对独立又目标明确。这些在企业管理方面的创新之举，被美国哈佛大学和南加州大学、瑞士洛桑国际管理学院、法国欧洲管理学院、日本神户大学等商学院写成了教学案例。

流程再造、组织再造、人的再造，张瑞敏把自己定位成“造钟师”。他要把海尔打造成一部精密的机器，依靠一套有效的机制，使企业能够有序有效地运转，在正确的时间做出正确的决策。他不希望再做“报时人”，靠少数人的感觉，带领企业抓住机遇。他很欣赏管理大师德鲁克的话：“管理得好的工厂，总是单调乏味，没有任何激动人心的事情发生。”因为一切已经有条不紊。

1999 年，美国《财富》杂志曾撰文报道《中国海尔的威力》，高度肯定海尔成绩的同时，评价它仍是“小池塘中的大鱼”。这句评价一直被张瑞敏记在心里。他深知，在经济全球化的大潮中，不可能再有安享小池塘美景的幸福时光，要么游向大海，要么被淹没、被吃掉。他和海尔早就确立了海一样宏伟的目标，所以能够敞开海一样宽阔的胸怀。这胸怀，包容了从小池塘游向大海所经历的痛苦和艰难；这胸怀，承载着有朝一日领略大海无限风光的光荣与梦想！

经过“再造”的涅槃，海尔的国际竞争力脱胎换骨。2010 年，海尔在全球大型家电市场份额方面排名第一，连续两年蝉联全球白色家电第一品牌。

从“中国第一”到“全球第一”的目标完成了，张瑞敏却没有满足。这位山东汉子坚信：“企业是时代的产物，必须与时俱进。如果跟不上时代的发展，就会被淘汰。而要跟上时代的步伐，则需要颠覆自己传统的观念。因此，海尔一直在颠覆中前进。”

用创新穿过面前的"墙"

创新，是海尔的企业精神，也是张瑞敏管理思想的核心和根本。

"人类被束缚在地球上，不是因为地球引力，而是因为缺乏创造力。"张瑞敏非常喜欢这句话。他相信，只要有创新力，就一定能战胜一切困难。正如佛教禅宗的一句话——"凡墙都是门"，只要你创新，所有竖在你面前的墙都可以通过；如果不创新，即使你面前是一扇门，也过不去。

这些年，张瑞敏一直在潜心研究互联网时代海尔商业模式的创新。他深刻地认识到："互联网的迅猛发展如此彻底地改变着我们的生活和工作，进而改变着我们的思想和观念。每个人都变成了一个互联网的终端，拥有自己的网络空间、社交空间和精神空间。在这个空间里，每个人都是自己这个世界的中心，有多少人就会有多少个小小的世界。世界变'碎'了。"

张瑞敏向全球客户承诺：在变"碎"了的未来世界，海尔也应是"碎"的。每一个自主经营体都是一个自主决策的小"海尔"，潜心捕捉客户的个性化需求，第一时间为客户送上最有竞争力的解决方案。

如何满足互联网时代客户的个性化需求？对于以大规模制造为强项的中国企业来说是巨大的挑战。以前，一个产品可以制造100万台，但现在的市场，需求的不是每个型号100万台，而是100个型号100万台。这就带来两个困难：一是如何实现大规模定制的生产流程；二是怎样做到准确把握这100个需求。

"我们需要一个转型。"张瑞敏做出了回答。从企业层面讲，海尔要从制造业向服务业转型；从员工层面讲，每个人都应该主动地发现用户的需求，创造用户需求，成为创新的主体。

什么是服务业？以用户需求为中心，满足用户的个性化需求，卖服务，就是服务业。什么是制造业？以企业为中心，生产、库存、销售，卖产品，就是制造业。后者意味着企业以自己的意愿向客户提供产品。前者是从客户的意愿出发，提供客户需要的产品——这正是海尔的目标，"要成为互联网时代领先的世界品牌"。

张瑞敏自豪地说："我们的产品是即需即供的，没有库存。客户需要产品，我们马上生产，马上供货；客户没有需要，我们不生产，也不会压货。中国过去的模式恰好相反，很容易压货，然后是一系列纠纷，卖不掉，得降价。不降，就退回厂里。很多品牌卖到最后还亏钱，因为他们的产品不是客户需要的。”

对于全球化和国际化，张瑞敏也有独到的见解。“原来的公司需要国际化，现在的公司需要全球化。两者很不同。国际化是用企业自身的资源，在国际上闯荡出一条路。公司在母国之外的多个国家有组织，这就叫跨国公司。全球化是以全球的资源实现公司在全球的目标。”在他看来，IBM 就是整合全球资源优势的典范——工厂放在中国，因为最好的制造业工人在中国；信息服务在印度，因为性能价格比最优；研发在美国，因为技术优势最突出。海尔也是这样，为打造全球化的品牌，在研发、制造、营销等环节，整合全球资源。

海尔是“海”，有海一样的胸怀和海一样的理想。正如美国《财富》杂志所说：“种种迹象表明，海尔集团开始进入有史以来最好的发展时期，而张瑞敏仍将保持无可比拟的巨大影响力。”

在新世纪的第一个十年刚刚过去的时候，张瑞敏在给海尔员工的信中写道：“我们一起站在一个新的年代的门口，憧憬美好的未来。但美好的未来不会在睡梦中不期而至，它需要我们从未来看今天，从今天起按未来的趋势创造美好的未来。”

现在，新世纪的第二个十年也接近尾声。纵观改革开放 40 年来海尔的发展历程，张瑞敏感慨万千。改革开放的每个时期都给企业创造了不同的发展条件，而海尔正是根据改革开放所提供的外部条件，与时俱进地去创造对企业有利的内部环境。用张瑞敏的话说：“没有改革开放这个温度，再好的鸡蛋也孵不出小鸡来。”

如果说过去 40 年给张瑞敏和许多中国企业家创造了难得的发展机遇，那么今后 40 年将是更大的挑战。做得好，就把成果发扬光大；做不成，就会前功尽弃。对过去，张瑞敏心怀感激，但过去的都已经过去，未来任重道远。海尔仍奔跑在发展的路上，且永无止境。张瑞敏 40 年前的理想仍不过时，而且适用于任何“中国制造”的产品：“有一天，当你无论走到全世界哪个地方，人们都会说，海尔，我知道，这是一个著名的品牌。这就够了。”

柳传志

立意高远的偏执狂

标志性的企业家在今天的地位就如同克劳塞维茨时代的君主或统帅，他们理所当然地继承起了无数风流人物的衣钵，包括荣耀、景仰、地位，当然还有义务。在中国，柳传志就是这样的人。

“40年前让咱们做梦，就不管你怎么努力做好梦，也绝对梦想不到40年后的中国会是今天这个样子”，生于中国抗日战争末期的柳传志，在一次企业家年会上发言，对改革开放带来翻天覆地的巨大变化充满感慨。

作为改革开放事业的见证者和传奇式人物，他像一滴水奔涌在时代大潮里，他的感受也更为真切。正如他自己所说，“挨过饿的人吃红烧肉，跟没挨过饿的人的感觉是不一样的。”

时光回到十多年前的2004年。那年12月8日，联想集团有限公司董事局主席柳传志宣布，出价12.5亿美元，收购美国IBM公司全球个人电脑（PC）业务。

此次收购完成后，联想集团将成为年收入超过百亿美元的世界第三大PC厂商。

那时整个世界都在谈论联想、谈论柳传志，而他的回应是：“我不会用言语去回应质疑，我只用具体的业绩赢取信任。”“中国企业是有机会走出去的。联想的并购是中国企业国际化的一种探索，是中国资本在使用外国资本、人才为我服务的尝试。”

标志性的企业家在今天的地位就如同克劳塞维茨时代的君主或统帅，他们理所当然地继承起了无数风流人物的衣钵，包括荣耀、景仰、地位，当然还有义务。在中国，柳传志就是这样的人。

人们相信，重要的不是联想集团的生死存亡，而是联想之类企业、柳传志这样的企业家，与中国现代化进程、中国改革开放事业间高度的关联。

半路出家　投身商海

在中科院计算所干了13年研究工作后，他在不惑之年义无反顾地下海了

生于1944年的柳传志与其多数同龄人一样，大好青春在十年“文革”中白白地被消耗了，及至回首已到中年。“我们这个年龄的人，大学毕业正赶上‘文化大革命’，有精力不知道干什么好，想做什么都做不了，心里非常愤懑。”在柳传志的这句话里，“愤懑”一词，或因传递出强烈不安于现状的含意，而隐隐暗示其已经具有某种企业家的精神。

这种颇为无聊的生活从他半路出家前“打一枪换个地方”中可见一斑。

1961至1967年，柳传志在西安军事电讯工程学院学习；1967至1968年，就业于国防科委成都十院十所；1968至1970年，在广东珠海白藤农场劳动锻炼；1970至1983年，调中科院计算所工作；1983至1984年，在中科院干部局工作。

碰巧的是，从西安到成都，再到珠海，最后到北京，他的足迹踏遍了中国版图上东南西北的四方重镇。按照“读万卷书，行万里路”的标准，青年时代之于柳传志或许确实有些无所事事的缺憾，但也很难说，其日后为人称道的老于江湖是否就是在那时走南闯北中练就的。

一部中国民营经济的发展史必定烙有其源头的深刻印记。及至20世纪80年代，近乎全民性的躁动、迷惘、不知所措，驱动着一艘艘小舢板不明就里地下水了，这其中，竟然不乏后来的成功者。

条件匮乏，近乎原始、荒唐的起始造就一代财富故事的大同小异。柳传志“传奇”的起点因离谱反而显得平常无奇：中关村街上哗啦一下办起了一片公司，中科院计算所也有人出去办公司，或者给人打工、验收机器，一天收入三四十元。当时计算所一个月的奖金也就30多元，这对该所正常的科研冲击很大。对此局面，计算所所长曾茂朝想：能不能计算所自己办个公司，积累点钱，上缴给所里，解决所里的实际困难。柳传志以往表现出来的组织能力使曾茂朝觉得他是最佳人选。

而柳传志在这边，做了13年磁记录电路的研究。“虽然也连续得过好几个奖，但做完以后，却什么用都没有，一点价值都没有。只是到最后，1980年我们做了一个双密度磁带记录器，送到陕西省一个飞机试飞研究所用了起来。我们心里特别高兴，但就在这时候，我们开始接触国外的东西，发现自己所做的东西，和国外差得太远。这使得我坚决地想跳出来。”

“突然来了个机会，特别想做事。科学院有些公司的总经理回首过去，总喜欢讲他们从前在科研上都多有成就，是领导硬让他们改行。我可不是，我是自己非改行不可。”

机缘凑巧，40岁的柳传志“憋得不行”下海了。

志存高远　聚沙成塔

起点低，只有立意高才可能制定出利于企业发展的长远战略

1984年的中关村，11个人、20万元资金，柳传志起步阶段可谓窘迫。回过头来看，他这一代企业家往往既受制于时代又受益于时代。短短十数年后，小作坊成了大企业。

没有资金，联想只能替人家卖机器，但柳传志多了个心眼，琢磨用户的需求是什么，怎样的价格和服务才能更吸引用户。他相信，学会做贸易是实现高科技产业化

的第一步。“不把贸易做通了，再好的产品你也不知道怎样卖；不把制造业搞精良了，再好的科研会被制造业的粗糙掩盖了。搞科研的人最怕做贸易，主要是这段苦他没吃过，一定要干下去，一定要对市场有个理解。会做贸易以后，看问题才会有穿透力。”

到了 1987、1988 年，柳传志的“贸易”做得颇有声色。联想代理的 ASTPC，一个月能卖好几百台。打通了销售渠道以后，柳传志要自己生产。

“因为我们是计算所的人，总觉得自己有这个能力做。但当时是计划经济，联想很小，国家不可能给我们生产批文，我们怎么说都没用，因为潜在的能力没有人相信。于是决定到海外试试，海外没有计划管着你。就这样，我们把外向型和产业化并作一步跨了。”

1988 年，柳传志带着 30 万港币闯荡香江。初来乍到，只能和在内地一样，先从做贸易开始，通过贸易积累资金，了解海外市场。接着，联想选择了板卡业务，然后打回内地，为联想 PC 的成功奠定了基础。“我当时一心要形成产业，做贸易只是权宜之计。今天我这样说，不是我学了《毛选》事后才说这番话。你们可以翻翻 1988 年的报纸，我当时就是这样说的。”很自然，世事沧桑，1988 年他的豪言壮语到十多年后才为人所知。

现在，每每见诸报端的柳传志关于经营管理的宏论多少让人有些似曾相识的感觉。其实，在那个全民下海的年代，泥沙俱下、鱼龙混杂，少有知识阶层白手起家闯出路子的。而这本身就说明：理念也许并不重要，在决定企业家成功的诸多因素中，特别是一切还都不是建立在规范的基础上的时候，性格与追求才是更为关键的因素。

拒绝诱惑往往是件最困难的事，但柳传志还是先知先觉地意识到了如何才能立足长远谋发展，“立意高，才可能制定出战略，才可能一步步地按照你的立意去做。立意低，只能蒙着做，做到什么样子是什么样子，做公司等于撞大运。当时典型做生意的办法有三种：一是靠批文；二是拿平价外汇；三是走私。拿到批文后，一台 XT 机器能卖四万多元，而我们不想这样做”。

“1987、1988 年的时候，公司高层就此发生过一次讨论。我们的办公室主任一心想要把我们公司办成像科海那样——总公司下面一大堆小公司，每个公司都独立做进出口，虽然每个公司都在做重复的事情，但是每个公司都赚钱。我原本并没有强调‘大船结构’，当时提出‘大船结构’只是为了反对‘小船大家漂’。”

至于何谓“立意高”或者“立意低”，技术出身的柳传志多少有些模糊的认识：“北戴河火车站卖馅饼的老太太，分析吃客都是一次客，因此，她把馅饼做得外面挺油，里面没什么馅，坑一把是一把，这就是她的立意。而盛锡福鞋帽店做的是回头客，所以，他的鞋怎么做也要合适。”所以，同样是卖馅饼，也可以有立意很高的卖法，比如通过卖馅饼开连锁店。

从结果来看，也许这就够了。

厚积薄发 一鸣惊人

他精心谋划了一场惊天动地的大收购，新联想——全球第三大个人电脑企业诞生

“进军海外成功以后，胆子越来越大，敢往上做了。从进军海外开始，我们第一次制定了一个长远战略目标，以及分几步去实现。学会了制定战略，然后把战略目标分解成具体的步骤。目标太高了，我们就把土垒成台阶，一台阶一台阶往上走。”回首往昔，柳传志明显有着成功者惯有的自我欣赏。

当然，他有资格这么做。从 20 万元起家，20 年间飞速发展；2002 年，营业额达到 202 亿港币；2003 年，联想电脑的市场份额达 28.99%，从 1996 年以来连续九年位居国内市场销量第一；至 2004 年 3 月底，联想集团已连续 16 个季度获得亚太市场（除日本外）的第一。

更精彩的还在后头。“2000 年做到 30 亿美元，我是有把握的，这话等于立了军令状，说出去一定要做到。100 亿美元的目标，我只是提了一个朦胧的目标，到今天我也没有把它说实，因为从 30 亿美元到 100 亿美元，是多大的一个飞跃？ 2000 年以后，世界计算机产业又发生什么样的变化？现在还不是看得很清楚。另外，到了 100 亿美元以后是不是还不够进 500 强，

那时候是不是门槛又高了呢？这些都是未知数，但我们是冲着 500 强去的，

坚决要向世界 500 强目标挺进，也许在我的手里实现不了，但是到了杨元庆、郭为手上非实现不可。”

一万年太久，只争朝夕。虽然柳传志也曾定下心来踏踏实实地跟在微软、IBM、英特尔后面“吃土”。“吃土就是我们赛跑的时候，跑在前面的人说，你在后面吃土吧，他跑得快，我在后面吃土，这没错，咱们现在必须踏踏实实地做工业，搞好销售渠道。”他又说，“但我们心里希望是领跑的，最起码不要老跑在别人后面。”

柳传志到底没有耐心再用20年时间演绎龟兔赛跑的故事。于是，尽管到2004年12月8日之前，“国际化”已成为中国商界最时髦的词汇之一，且不乏海尔、华为和TCL这样的大胆试水者，但联想的大收购还是使其一跃即登到过去20年来中国企业在海外破冰之旅的最巅峰：此前，尚未有过一家中国企业吞下更大、更加成熟的西方标志性企业的资产。

伴随这一近乎疯狂的收购行为而来的，是一家PC年销售量1400万台、年销售收入约130亿美元的全球第三大个人电脑企业——新联想的诞生。

至此，经过21年的发展，联想正式成为一家拥有1.9万多名员工、七大全球研发中心、四大PC生产基地、销售网络遍布160多个国家和地区的国际化企业。

心怀感恩　惜别昨日

退居联想控股总裁位置，带着成功企业家的偏执，开始走下一段人生路

如今，日见膨胀的“联想系”在内部被称为“联想大家庭”，系联想控股旗下五大子公司的总和。其代表人物分别是：联想集团董事局主席杨元庆、神州数码总裁郭为、联想投资总裁朱立南、融科智地总裁陈国栋与弘毅投资总裁赵令欢。

已经退居联想控股总裁位置的柳传志完全放弃了中国企业传统的中央集权架构，联想控股的主要职能被局限在定方向、选人才、配资源、监督和考核，不介入子公司具体业务。虽然杨元庆与郭为早已名声在外，可在“大家长”柳传志看来，在联想第二代接班人的遴选中，五大少帅仍旧不分远近亲疏。

“简单地说就是德才兼备”，柳传志日前披露了他对“大家庭”接班人的选择标准：“德”指的是事业心与责任心，“才”指的是要有很强的学习能力与工作能力。就“才”而言，大家（指五大少帅）都差不多，但在“德”方面，我要求的不是普通的事业心，而是要把联想的事业当成命来做，心胸要宽。

然而，树欲静而风不止。

当此将留未留之际，关于柳传志的去留再度风言四起。但不管怎样，年逾花甲的柳传志终归不能像当年那样再演追款传奇了：“那件事情真是九死一生。我们第一次从海外进机器，进出口商拿了我们的钱跑了。我在深圳住了三个月，玩命地追。三个月中，一到夜里两点钟我就被吓醒，心狂跳不止。等追回款，机器买回来，我也成

了‘横路敬二’，说话语无伦次，后来到海军总医院连续休息了两个多月，才逐渐调整过来。”

功成名就的柳传志应该知足了。相比他同时代最知名的企业家纷纷倒在路上：万润南在政治上栽了大跟头，金燕静因为走私而锒铛入狱，禹作敏打死了人，牟其中犯了诈骗罪……而他却始终“不在改革中犯错误”，以“常青树”的姿态屹立在中关村。

无论如何，幸运也好，洞察世事也罢，这位企业家最终完好的结局实则亦是中国之幸。

柳传志常说，“如果完全没有计算所的背景，没有计算所赋予的各种营养，联想的发展会有很多困难。年轻同志不能忘了这个，心里要弄清楚，你做出的成绩主要部分应该归国家。心里想不透这一点，做着做着，就会出现问题。”而对比其亿万身家的合作者，柳传志又说：“我挺值。我和科学院老同志比，他们今天还在那里做科研，他们什么享受都没有，而我生活条件在国内已经是一流了，做的事情又符合国家的需求，还需要什么呢？”

而这，究竟是柳传志浸淫江湖数十载的感悟，还是他原本坚守的人生信条？我们已经不得而知。

据说柳传志现在对高尔夫球兴趣正浓。按照惯例，教练开始总要花上一个来小时来培养学员的兴趣，而在他第一次去学打球时便说：“你不用培养了，我是非打不可。我既然已经说了，就一定要学会。”

此外，柳传志最喜欢看的三本书则是——《再造宏碁》《道路，只有一条》，以及《只有偏执狂才能生存》。

刘永好

那个养鹌鹑的人

政策春风化雨，新希望集团的发展实现了历史性的跨越。刘永好掰着指头，1000 块钱起步，一步一步往前赶。混合型所有制改革往深里做、往细里做，改革的活水给新希望平添强劲动力。

望京，那是一个望着北京的地方。新希望集团北京总部所在的大楼在望京地段高耸，凝望着北京，融合在中国，遥望着世界。

刘永好端坐在眼前，稳沉。

光环笼罩着他，新希望集团董事长、中国民生银行副董事长，全国政协委员。但最打动他心弦的，并不是这个那个光环，而是一个“称号”。2018 年 12 月 18 日，党中央、国务院授予刘永好改革先锋称号，颁授改革先锋奖章，并评他为民营企业家的优秀代表。他的内心波涛起伏，久久难以平静……

鹌鹑飞进了生活

沿着政策的指向，民营经济破壳了

我们的谈话，从农民称谓开始。

“你有那么多头衔，为什么特别在意你是农民朋友的朋友？喜欢称谓自己是老农民？”

沉默。

喝着一口咖啡，刘永好的思绪回到了 1982 年。“对新希望集团来讲，那是一个起点。而对我来讲，那就是一个鹌鹑的时代呀！”他那双炯炯有神的眼睛里，闪过对那段奋斗日子的无限眷念——

四川省新津县五津公社古家村，岷江冲积平原上一个普通的村庄。就像一对量子纠缠，冥冥之中，刘永好的命运和古家村一直纠缠在一起。

在那个红旗如海歌如潮的时代，古家村迎来一拨又一拨从城里来的后生，上山下乡，接受贫下中农再教育。

稚嫩的刘永好，懵懵懂懂地来到古家村，跟农民学养殖，学种植，早上上工，晚上下工，熟悉了村中人，了解了村里事，最重要的是，4 年下来，他不仅跟农村、农业和农民结下了深厚的感情，而且养成了思考农村出路的习惯。农产品价格低，农民收入少，农村基础设施落后，农业的出路在哪里呢？

直到后来的后来，他才猛醒，原来这就是他民营企业之路的出发点和初心。

不久，远在北京的一个决定，刘永好的命运被再次改变，让他从农村又回到城市。

那是 1977 年 9 月，教育部在北京召开全国高等学校招生工作会议，决定恢复已经停止了 10 年的全国高等院校招生考试，以统一考试、择优录取的方式选拔人才上大学。

对那一代年轻人来说，这是具有重大转折意义的决定。恢复高考的招生对象是：工人农民、上山下乡和回乡知识青年、复员军人、干部和应届高中毕业生。在这样一个历史性的机遇面前，刘永好放下了已经习惯的锄头，拿起了书和笔，考上了德阳机器制造学校。知识海洋中勤勉的他，一路顺风顺水，毕业后来到四川省机械技工学校，执起教鞭，育化后生，他教电子，也教机械……

80 年代，一个伟大变革的时代，一个大潮如涌的时代，一个机遇充沛的时代！

在安静的四川省机械技工学校郁郁葱葱的校园里，刘永好如饥似渴，学政治，学经济，看世界。

伟大的时代，萌发出伟大的梦想。

云卷云舒，守着铁饭碗，衣食大可无忧，但刘永好不安分。干事创业的冲动，是朦胧的，但始终没有着落。被猛击一掌的，是 1979 年的“真理标准讨论”。

“当个体户好不好？我行不行？实践是检验真理的唯一标准。”大哥刘永言在成都 906 厂计算机所，二哥刘永行从事电子设备的设计维修，三哥刘永美在农业部门，哥儿四个一合计，那就干电子行业吧！

有技术，得有厂房才行啊，工厂办在哪里好呢？古家村再一次跳入眼帘！

对呀，就在古家村创业！哥儿四个的铁饭碗就这样，被打得稀碎！哥儿几个东拼西凑，东挪西借，甚至把家里的手表和自行车都卖了，凑了 1000 块钱，要干一番大事业。

生产队长听说后，不住地说：“这个主意好！真好！”他们一算，大概五六块钱就能够装出一个晶体管收音机来，到街上卖十来块钱，也挺不错。后来，大队书记一听说工厂要分钱给个人，断然制止，这个事就没做成。不久，政策给哥儿几个送来了新的礼物，个体户当不成，可以当农村的专业户！ 1982 年 1 月 1 日，中共中央批转《全国农村工作会议纪要》，肯定包产到户等各种生产责任制都是社会主义集体经济的生产责任制。

因为揣着创业的心，所以文件里的话，让刘永好无比憧憬——

实践证明，党的十一届三中全会以来，我们的农村政策是正确的，我国农村经济近几年的变化、发展是令人鼓舞的。但是必须看到，我们农业的基础毕竟比较脆弱，工作中也还存在不少问题。所以，一定要加强调查研究，及时地了解新情况，解决新问题，继续艰苦工作，力争 1982 年农业有一个更大的发展。文件里的每一句话，都在打动着刘永好。

农村实行家庭联产承包责任制，必须有专业户，哥儿几个又提出申请当专业户。他们直接找到当时的新津县县委书记，这位书记说：“好呀！欢迎你们，但是有一个条件：每年带动10个农户，科技兴农！”

就这样，刘永好再一次来到古家村。干什么好呢？哥儿几个选来选去，最终，以古家村为中心养鹌鹑，使四川新津成了全中国最大的鹌鹑养殖基地，后来又成为全世界第一的养殖基地。“我们带动农民和周边老百姓养鹌鹑，规模超过了1000万只，供鹌鹑种，卖饲料，收购鹌鹑蛋，把鹌鹑蛋和鹌鹑肉卖到五星级酒店，占据了成都市场，最后卖到全国。”

功夫不负有心人。养鹌鹑的最初六年时间里，小小的育新良种场，净利润累计达到1000万元。民营经济就这样，在哥儿四个的手中，破壳了，就像鹌鹑破壳一样，刘家兄弟们甭提有多高兴了。

刘永好说：“也就是在那个时代，中国一大批民营企业在政策的阳光雨露下，开始破土而出！”

小鹌鹑瞄着大象走路

民营经济需要榜样，榜样的力量是无穷的

养鹌鹑，养了个世界第一！

下一步怎么办？刘永好说：“养殖场确实赚了一些钱，当时想，这个鹌鹑可能始终是个小产业。中国人喜欢吃猪肉，养猪是个大事儿，而养猪就得用饲料。”

当时，泰国正大集团在成都投资一亿元建了一家饲料厂，虽然价格贵，但因为对猪的增肥效果奇好，所以农民购买“正大”饲料还需要排长队。于是，就有些农民问：“你们为什么不生产和正大一样的猪饲料呢？”

刘永好和几位兄长商量起了新的产业规划，讨论新厂名称的时候，哥儿几个突然感到从未有过的生存压力：由于党的政策在农村取得了成功，一批根植于农村的乡村企业成长起来，一些人先富了起来，会不会“枪打出头鸟”的议论在社会上开始蔓延。

“中央政策那么坚定，给民营企业遮风挡雨。”为了给民营企业吃上定心丸，中央明确，让一些人先富起来，先富带后富。1986年，国家科委主任宋健同志视察了育

新良种场，大为赞赏，欣然题词：“中国的经济振兴寄希望于社会主义企业家”。

一方面是政策的激励和领导的鼓励，一方面是改革开放大潮一浪接着一浪，哥儿几个对未来充满无限憧憬，最终把饲料企业定名为“希望”，一个充满未来意蕴的响当当的名号。

谁能想到，若干年后这个公司也像正大集团一样红遍全国呢？

但一开始，希望饲料公司就卡壳了。因为，饲料粮食原料找不来。

那个时候，饲料粮供应还是双轨制，全国的民营企业都刚刚破壳，要想买到计划内的粮食，没有粮票，是不可能的。要市场上买粮食，要比计划内的粮食价格高出两三倍，这个成本没法消化。

为了最低成本又最大收益地搞猪饲料，刘永好开动了脑筋：“我们回到了养鹌鹑的原点，但这个养鹌鹑，和原来的养鹌鹑在经营意义上已经发生了本质的变化。”

养鹌鹑，把鹌鹑蛋拿去换鸡蛋，鸡蛋卖了以后，凭鸡蛋票，去粮食局买饲料粮。这样折腾了一下，总算小批量买到了一定的计划内的粮食，再买一部分市场的粮食，高价和中价搭配。

“由于我们的质量比较好，价格又不高，受到了市场的欢迎。”刘永好说：“这是我们民营企业适应市场的需要所做的第一次转型。”

思路一变天地宽，哥儿几个开始撸起袖子干了。1987 年，希望饲料公司在古家村买了 10 亩地，投资了 400 万元，建立了希望科学技术研究所和饲料厂，又投入 400 万元作为科研经费，找了国内外一批专家进行研制开发。

刘永好认为，一切要从质量开始。砸锅卖铁，也得抓饲料质量。希望科学技术研究所不舍昼夜，与国内 13 个省市的有关院校和科研机构联合攻关，终于在 1989 年开发出“希望”牌高档饲料。刘永好很欣慰：“我们用 3 年时间研究出了有自有知识产权的、能够跟外资企业媲美的成果。”

好消息接踵而至。希望饲料攻关项目被列为国家级“星火计划”科研项目，连续获得国家“七五”星火成果博览会金奖，全国饲料工业新技术、新产品特别金奖，首届中国农业博览会金奖，产销量连续三年居西南三省第一位，成为可以和正大饲料媲美的拳头产品。与此同时，投资 1000 元起家的育新良种场也发展成为拥有 11 家下属企业、自有资产 1.3 亿元和三年产值 3 亿多元的希望饲料集团。

鸟儿长大了，就要向着大海飞翔，向着太阳飞翔。

"我们也因此荣获国家科技大奖，成为国家级星火示范企业。在与外资企业的竞争中，我们逐渐成长、发展、壮大起来了，这是一个转折点。"

民营企业不断发展壮大，就在不断发展的历程中，民营企业管理的松散性桎梏了民营企业发展的质量。因为，民营企业的先天性，决定了民营企业的家族性。家族性有团结干事的先天属性，但家族性往往又成为企业发展的阻碍。

希望饲料公司前进的道路上，也遇到了这个发展瓶颈。

下一步怎么走？1992年，哥儿几个反复协商，一个新决定产生了。刀锋向内，获得更大的自由和发展空间，打破民营企业的宿命，哥儿几个研究决定，将希望公司分家。大家的共识是——饲料是"万岁产业"，分家原则坚持主业不动摇，规范化、规模化，走向全国。哥儿几个合计，把希望饲料厂作为共有管理资产，将希望公司利润平分成四份，一人一份。学计算机的刘永言投入到高新科技领域，喜欢树木花草的陈育新选择了房地产，刘永行和刘永好则继续坚守饲料行业。

转眼就是三年，小平南方谈话，那是东方风来满眼春：思想再解放一点，胆子再大一点，步子再快一点，成为中国经济前进的主流。对希望集团来讲，这是超常规发展的三年。

到1995年核算时，刘永好和二哥永行的希望集团年产值已经15亿元，饲料年生产能力100万吨，拥有28家下属公司。尝到管理转型的甜美滋味之后，这一年，二人决定通过"一人一半"的方式更加明晰产权。

那天晚上的分家会议只有兄妹五人参加，刘永行以长江为界划分了南北各13间工厂，刘永好选择了长江以南的13间工厂。双方还约定不侵占对方市场，十年不过江。四人共有的新津希望饲料厂还是平分，但各自从股份里抽出十分之一给妹妹。

四兄弟后来分别成立了大陆希望、东方希望、华西希望和南方希望四家公司，民营企业希望饲料公司自此开枝散叶……企业从家族化管理走向了现代管理之路。

刘永好十分感慨："鹌鹑就这样分家了。分家的目的，是走得更远，飞得更高！"

鹌鹑，不姓资，姓社

混合所有改制，股权激励，走现代企业之路

古家村是一个梦开始的地方。梦中有的是憧憬，但也有凉风。

育新养殖场不断壮大的过程中，社会上从来就没有停止姓社还是姓资的议论，声音大的时候，刘永好就想着这个议论；声音小的时候，刘永好就暂时想不起来这个议论。

“但在内心深处，这个结，一直挥之不去。”刘永好说：“那个时候，对养殖场是姓社还是姓资，内心一直没有答案。夜深人静的时候，这个问题常常浮现在眼前。”

每每中央有新文件的时候，哥儿几个就争先阅读。“还记得，在月明星稀的古家村夜晚，我们弟兄四人如饥似渴学习十二大文件。”

党的十二大明确把经济建设、政治建设和思想文化建设确定为建设社会主义的三大目标。邓小平在大会开幕词中提出，把马克思主义普遍真理同我国的具体实践结合起来，走自己的道路，建设有中国特色社会主义。

党的决议让育新养殖场充满了干劲。然而，1991 年社会上再一次讨论姓社姓资的问题时，刘永好心头一阵紧似一阵。

刘永好说：“90 年代，突然出现了姓资姓社的讨论，有很多不同声音，感觉社会要发生很大变化。是不是国家不允许做民营企业了？我们几个兄弟想了好久，最后决定又一起去找新津县县委书记，提出干脆把我们的工厂交出去算了。”

那个时候，希望饲料公司已经有好几百人，肯定是中国当时规模比较大的私营企业。但是社会上对此还是有不少争议，于是刘永好停止了做广告，规模适当地放小、收缩。谁知道第二年，1992 年邓小平发表南方讲话。“发展才是硬道理”，给中国改革开放带来了春风，给了他们一个春天般的振奋。这个时候，他们才相信自己没做错，坚决去干，于是开始大踏步地前进。

接下来，古家村的这只小鹌鹑就顺风顺水了。

1993 年，希望饲料开始从成都到全国各地建工厂。当时很多计划经济时代的饲料厂不行了，他们兼并收购了近 20 家企业。这一年，他们有了 30 多家工厂。全国的工厂要统一管理，他们便想借鉴国外集团化的方式。但是，去工商局申请组建希望集团时，对方从来没听说过集团概念，后来刘永好跑了十几趟国家工商局，国家最终允许组办集团化的企业。于是他们拿到了中国第一家私营企业集团的牌照……

党的民营经济政策，让全国民营经济迅速成长起来。“从改革开放开始，到 90 年代初，我觉得民营企业在中国应该有自己的声音，因为我们是社会主义市场经济的重要补充力量。”刘永好这样说。

那是1993年的春天，刘永好作为全国政协委员第一次在两会上做了一个迄今为止他都颇感自豪的发言，题目是“私营企业有希望”。在那次发言中，刘永好着重讲了三条：一是私营企业的发展，归功于党的改革开放政策，只有时刻关注国家改革开放的进程，坚决执行党的政策，民营企业才会兴旺发达。二是民营企业可以对社会做出应有的贡献。围绕饲料产供销一条龙，希望公司在全国设立了5000多个销售点，吸纳了10000人就业。希望公司三年生产30万吨饲料，由于配合饲料转换效率高，相当于节约30万吨粮食，增加了30万亩良田，起到了节约耕地的作用。希望公司的发展促进了古家村的巨变。古家村家家有小楼房，户户门口直通水泥路，有十几户还买了汽车，全村有70%的人从事与饲料产、供、销有关的行业。古家村一跃而成四川省首批亿元村之一。三是社会主义市场经济体制的确立，是私营企业的希望。党把私营企业看成是由计划经济向社会主义市场经济过渡的重要力量，非常英明，民营企业要抓住这次历史的机遇，轰轰烈烈大干一场。

党的政策给民营经济保驾护航，民营企业轻装上阵了。从1993年到2003年的十年中，刘永好的南方希望饲料公司最终变成了新希望集团。刘永好说：“股权激励，混合型所有制改革，让小鹌鹑舞出了大身段。”

1996年，新希望走出农门，参与创建民生银行；1998年走出家门，四川新希望农牧有限公司在深交所上市；1999年，新希望走出国门，到越南开办工厂，迈出了国际化的第一步。这期间，全国民营企业风起云涌，取得了长足的发展，到十五大召开前，全国民营企业已经接近100万家！

在民营企业砥砺奋进中，党的十五大明确指出私营企业是社会主义市场经济的重要组成部分。政策上，这是我国民营经济发展的一座伟大的里程碑。

政策还在不断给民营经济提供悉心呵护。为了给民营经济发展创造更加有力、有利的制度环境，2005年国务院出台的《关于鼓励支持和引导个体私营等非公有制经济发展的若干意见》（由被称为“非公36条”）。刘永好说：“这是共和国历史上的一件大事，其重大意义足可以同联产承包责任制比肩。”

参与“非公36条”政策的前期调研，是刘永好莫大的幸事。2003年他担任全国政协经济委员会副主任。他提建议，先对民营经济发展做一个系统调研，看看民营经济的现状、成就和面临的困难，为党和政府制定政策提供基础资料和参考。大家都很赞同。最终，会议决定把非公有制经济发展研究和政策建议作为2003年重点调研题目，全国经济委员会决定由厉以宁教授和刘永好任双组长。通过近一年调研，调研组形成了两个基本判断：一是改革开放在深入，民营企业在不断进步发展；二是民营企业在发展壮大的同时，也面临着不平衡的问题，有一些体制、机制和市场壁垒方面的问题没有解决。根据调研得来的情况，经过认真分析，调研组写了一份报告，报给国务院。

以问题为导向，解决民营企业发展遇到的问题，报告在四个方面对政策有重大贡献力：一是市场准入，很多领域民营企业进不去，因为没有明确文件说民营企业可以进入；二是融资难、融资贵，银行对民营企业融资有一定歧视；三是法制环境，对民营企业的法律保护，与公有制经济还是有差距，呼吁一视同仁给予平等法律保护；四是一些政策不全面、不到位，对民营企业健康发展形成了事实上的限制。

2005 年 2 月 19 日，《关于鼓励支持和引导个体私营等非公有制经济发展的若干意见》正式出台。在全面深化改革、全面推进开放中，民营经济作为中国经济的重要成分，步入了中国特色社会主义新时代。

习近平总书记在党的十九大报告中指出，发展是解决我国一切问题的基础和关键，发展必须是科学发展，必须坚定不移贯彻创新、协调、绿色、开放和共享的发展理念。必须坚持和完善我国社会主义基本经济制度和分配制度，毫不动摇巩固和发展公有制经济，毫不动摇鼓励、支持和引导非公有制经济发展，使市场在资源配置中起决定性作用，更好发挥政府作用，推动新型工业化、信息化、城镇化和农业现代化同步发展，主动参与和推动全球化进程，发展更高层次的开放型经济，不断壮大我国经济实力和综合国力。

新希望坐不住了，全国的民营企业坐不住了。坚持新理念，不断开拓发展新空间，新希望集团摩拳擦掌。

中国经济在坚毅地前行，但有时也有波折。在国内国际错综纷杂的形势下，民营经济这艘巨轮也遇到汹涌的波涛。民营经济使命完成论出笼了，民营经济退出论出笼了。谣言止于真相，谬论止于真理。越是在这样的关键时刻，越是需要给民营经济把舵，越是需要给民营企业定向。

2018 年 11 月 1 日，习近平总书记在京主持召开民营企业座谈会并发表重要讲话。总书记强调，公有制主体、多种所有制经济共同发展的基本经济制度，是中国特色社会主义重要组成部分，也是完善社会主义市场经济的必然要求。非公有经济在我国经济社会中的地位和作用没有变，我们毫不动摇鼓励、支持和引导非公有经济发展的方针政策没有变，我们致力于为非公有制经济发展营造良好环境和提供更多机会的方针政策没有变。在全面建成小康社会、进而全面建设社会主义现代化国家的征程中，我国民营经济职能要壮大、不能弱化，而且要走向更加广阔的舞台。

总书记的“三个没有变”，让刘永好心头腾起层层热浪。转换新机制，布局新赛道，探索新科技，担当新责任，任用新青年，新希望集团面向新时代，创造了一个又一个“不可能”的真实奇迹！

政策春风化雨，新希望集团的发展实现了历史性的跨越。刘永好掰着指头，1000块钱起步，一步一步往前赶。混合型所有制改革往深里做、往细里做，改革的活水给新希望平添强劲动力。2011 年之前，公司业绩年化增长率达到 10%，2011 年销售额超过 800 亿元。到 2018 年，公司销售额突破 1300 亿元。像新希望一样，我国广大民营企业奋力前行、善作善成，正为中国特色社会主义经济建设不断添砖加瓦！

刘永好坦言：“实践充分证明，民营企业是改革开放的参与者、见证者和受益者，既承担着发展的使命，又担当着社会责任。”

“春江潮水连海平，海上明月共潮声。”这是一个最好的时代，这是一个智慧的年代，这是一个信任的时期，这是一个光明的季节，这是希望之春。

推开窗户，刘永好极目远眺——

投入新时代，拥抱新时代，打造民营企业的百年老店，新型、大型、有良心；活下去，活得好，活得精彩，活得美妙，新希望这只“小鹌鹑”正在灿烂阳光下展翅飞翔……

宗庆后

我是从底层崛起的凡人

出生于 20 世纪 40 年代的宗庆后，可以说真正见证了中国从“站起来”到“富起来”，他相信，“强起来”的这一天并不遥远。

杭州清泰街160号，立着一座已有些年代感的六层小楼。30多年前，娃哈哈的前身——杭州上城区校办企业经销部就是在这里起家的。那一年，宗庆后42岁。如今，年过古稀的他仍然是这个中国最大食品饮料企业的掌门人，他的办公地点也从未离开过这里。他每天7点上班，晚上11点下班，经常住在办公室。接受记者采访的前一天晚上，他就睡在办公室。采访当天早晨，记者8点到达他的办公室时，他已经开始了一天的工作。

15年的“魔鬼历练”

有人用“四个千万”概括浙商精神：走遍千山万水，历尽千辛万苦，道出千言万语，想出千方万法。浙商以勤奋著称，而宗庆后的勤奋，在浙商里又是出了名的。他每天工作16个小时以上，没有节假日；一年当中，有超过200天的时间奔走在全国各地的生产基地和一线市场。他像一部永不知疲倦的马达，时刻在满负荷运转着，以保持对市场的敏锐洞察。

如今，70多岁的宗庆后依然精神矍铄，反应敏捷，维持着高强度的工作节奏。在他自己看来，这离不开年轻时经受的15年“魔鬼历练”打下的基础。

宗庆后出生在旧中国，祖父曾是张作霖手下的财政部长，父亲也曾在国民党政府任职。他5岁时，新中国成立，父亲失去工作，家境衰落，年幼的他随父母颠沛流离。他成长的年代，是物质极度匮乏的时代，青年时期又赶上“上山下乡”，经历了一段艰苦的岁月。

宗庆后从小学习成绩优异，但由于家里孩子多，父母收入微薄，家境困窘，他也曾体味过吃不饱饭的日子，早早地明白了生活的艰辛和不易。1961年是三年自然灾害的最后一年。那一年，宗庆后初中毕业，他听说在师范学校读书不仅吃饭不要钱，还能发放生活津贴，便萌生了报考师范学校的念头。可当他去报名的时候，却突然被学校告知：你的家庭成分不好，报考师范必须是贫下中农出身。

对宗庆后来说，已经不是第一次受到这样的打击。此前，同样因为家庭出身问题，他无法加入共青团。既然没法选择自己的出身，更无力改变眼前的现实，懂事的他便下定决心，早点辍学出去工作赚钱。

就这样，宗庆后离开了校园，踏上了社会，与自己的少年时代和校园生活彻底告别。他先是跟人学修汽车，后来又四处打零工。机灵聪敏的他还尝试过不少谋生的小买卖，曾走街串巷叫卖爆炒米，在寒冷的冬夜到火车站卖煮红薯，虽然挣到了一些钱补贴家用，但他心里明白，这并不是他想要的人生。

直到 1963 年，意外听到的一则消息改变了宗庆后的人生轨迹，他开启了一段新的人生旅程。随后这 15 年的经历，在宗庆后的生命中留下了难以磨灭的印记。

一天，有人告诉宗庆后一个消息，说舟山马目农场正在杭州招收知识青年，不论家庭成分，谁都可以报名参加。这对于当时已经厌倦了在街头叫卖的宗庆后来说，几乎是唯一改变命运的机会。他紧紧抓住了这根“救命稻草”。

杭州到舟山并不算远，但中间隔了一条长长的海峡，18 岁的宗庆后第一次离家，踏上了未知的旅途。马目农场是一个荒无人烟、寸草不生的地方，本是关押犯人的劳改所，被称为“舟山西伯利亚”。“那里偏远而荒凉，绝非理想中的热土”，宗庆后事后回忆起来说，他觉得当时被自己的想象力戏弄了。

农场里的日常工作就是超负荷的体力劳动，不是挖沟修坝，就是拉土堆石，这样的劳动强度让许多城里来的年轻人都难以承受、叫苦连天，有人晚上偷偷躲在被窝里。宗庆后以一颗倔强的心坚持了下来，他原本瘦弱的身体在劳动中变得结实。由于表现突出，他还被评为舟山地区的“上山下乡积极分子”。一年后，马目农场收缩，宗庆后辗转来到绍兴茶场，一样的高强度体力劳动，种茶、割稻、造地，甚至开山打石，他沉下心来，一干就是十几年。

如今，谈起那段艰苦的岁月，他认为，这段经历于他而言最大的好处便是练就了强健的体魄，锻造了坚不可摧的意志。“年轻的时候吃点苦是一种财富，最可怕的是老年吃苦头，那是真的苦。”

这段历练带来的宝贵财富贯穿了他的整个创业历程。娃哈哈刚生产果奶的时候，热销得不得了，有一次装货的工人不够了，来不及发货。宗庆后过去一看，二话不说，把外套一脱，就冲了上去，装完货，浑身像水洗了一样。多年后，在那场轰动国际的“达娃大战”中，宗庆后在跨国公司达能时任总裁扬言要让其“在法律诉讼中度过余生”的威胁之下，以超强的心理承受能力和意志力绝地反击，最终赢得了这场持续两年半的战争，保卫了民族品牌的尊严。

用脚丈量中国市场

“我是一个普通人，从底层崛起的凡人。幸运的是，我生于一个大时代。”宗庆后在自己的一本传记中这样写道。

宗庆后的确碰上了一个大时代。1978 年的冬天，邓小平在北京宣告了对内改革和对外开放的国策，整个中国处在一个伟大的转折点上。宗庆后也迎来了他人生的转折点。在经历了 15 年的下乡劳动之后，这一年，33 岁的宗庆后终于得以回到杭州。

宗庆后的母亲是小学教师，为了儿子能够返城，她不到 55 岁便提前退休。因为学历不够，宗庆后只能顶替母亲去校办工厂做工人。这家校办厂叫工农纸箱厂。宗庆后成了一名供销员，其实就是踏着三轮车卖纸板箱，给不同单位送货。

宗庆后对于市场的敏感在那个时候便可见端倪。他跑了一段时间供销后，发现当时国家工业正在复苏，电表厂却寥寥无几，电表在市场上很紧俏。他便悄悄去一家电表厂考察，发现技术含量并不算高。于是，他跑去厂长那里建议，最终如愿以偿地在内部办起了一个小小的电表厂。等样品出来后，宗庆后背着样品到处跑展销会，付不起摊位费，就索性在门外摆地摊，扯着嗓子吆喝。虽然这个厂只维持了一年就因竞争加剧而停办，但对宗庆后来说，这是一次宝贵的历练。

宗庆后告诉记者，当时，北京已经传出了改革开放的消息，但形势还不甚明朗。“那个时候还没有明确个人可以搞企业，温州那边（浙南模式）也还没有起来，还只是有些人在搞一点小生意。”但宗庆后已经强烈地预感到，时代不一样了，一场变革正酝酿而生。他深知，自己必须为此做好准备。

宗庆后在校办工厂一干就是 10 年。“我用脚来丈量中国的市场，深入到穷乡僻壤、犄角旮旯，‘中国市场地图’就是这样在水里火里、摸爬滚打中摸透的。”后来，他将之称为创办娃哈哈的“秘密武器”。

在他 42 岁那年，机会终于来了。当时，杭州市上城区文教局要对下属的校办企业经销部采用承包经营的方式，并公开选拔经销部负责人。宗庆后毛遂自荐，当场夸下了当年创利 10 万元的“海口”。而文教局要求的当年创利指标仅为 4 万元，按人均创利标准计算也已经远超当时国企的人均利润指标。“当时大家都觉得不可思议，但其实我心里是有底的。”宗庆后说。这底气，就来自在校办工厂做推销员、办厂中厂的磨砺与积累。

在之后的 30 多年，宗庆后从蹬三轮车送校簿、卖冰棍开始，将这个只有 3 个人的校办企业经销部打造成拥有 3 万余名员工的中国食品饮料行业巨头，品牌价值超过 500 亿元。多年来，他亲力亲为，大权独揽，公司几乎所有重大市场决策都是他一人拍板，出差在外的日子，办公室每天晚上要给他发送几十份工作传真，他再用电话做批示或者签字回传，遥控指挥公司的各项事务。

“都说我在娃哈哈大权独揽，这一点说得对，第一代民营企业家都有点这样，不集权内耗太大，根本做不起来，这是时代造成的。”

只有实业做强了，中国才会强大

从 2010 年首次登上胡润百富榜中国内地“首富”的宝座开始，宗庆后在 2012 年又一次问鼎该榜单。而近几年，这一“首富”宝座却在房地产商和互联网公司的创始人之间来回更迭。在互联网经济席卷世界，人工智能、物联网、新零售等一批新概念的冲击之下，娃哈哈这一传统的民族品牌似乎显得有些“落伍”。

“有人说娃哈哈这几年走下坡路了，您认为呢？”记者问。

“2015 年和 2016 年下坡路确实走得厉害。”宗庆后并没有避讳。但他向记者强调，这并不是因为娃哈哈“落伍”了，而是因为一些网络谣言带来的负面影响。2014 年，关于营养快线、爽歪歪“风干后变凝胶”“导致白血病”“含肉毒杆菌”等一系列网络谣言迅猛传播，引发了消费者对娃哈哈产品的恐慌情绪。而这两种产品恰恰是娃哈哈的两大主打产品，单是营养快线一年的销量就达到四亿箱。

“谣言出来后，营养快线销量下降了 1.5 亿箱，爽歪歪下降了 8000 万箱。”宗庆后认为，这是导致娃哈哈近年业绩下滑的主要原因。他多次在公开场合澄清这一事实，娃哈哈方面也向有关部门进行了举报，谣言才有所平息。但经过了这一波谣言的“洗礼”，宗庆后对娃哈哈的品牌和产品也更加坚定了信心。“日本最有名的饮品出现质量问题后就倒闭了，当年三株口服液在湖南的官司纠纷也直接导致了它的消亡。娃哈哈虽然受到谣言影响，但总算活下来了。这证明我们这个品牌还是可以的，换个企业的话早就倒掉了。”

事实上，创业 30 多年来，资金充沛的娃哈哈之所以始终专注主业，既没有投身房地产，也不涉及金融，并不是因为跟不上时代潮流，而是源自宗庆后的实业情怀。“实体经济是创造财富的经济，没有实体经济搞什么都搞不好。清朝末期我们就提出来要实业救国，实业不发展的话国家就不会发展，老百姓也不会富裕起来。”

心直口快的宗庆后曾在多个场合提出警告，中国经济近些年存在“脱实向虚”的问题。“过多投入房地产以后，回过头来再想好好做企业是很困难的。因为房地产是暴利，实体经济不可能有那么大的利润。很多实体企业遇到困难是因为它不专心，没有专注地去提高自身的技术水平和装备水平，没有开创新的产品。”

他希望年轻一代的企业家、创业者能更多地专注于实业，只有实业做强了，中国才会真正强大。“娃哈哈这么多年一直坚持实业，相信实业真正创造财富，而资本运作只是通过虚拟将财富再分配，而非创造财富。如果大家都去分配财富，而没有人去创造财富，那国家就垮掉了。”

“中国经济永远不会差”

创业至今，最令宗庆后自豪的不是家族财富的积累，也不是“首富”的光环。事实上，他的生活异常简朴，说是“吝啬”也不为过。他常年穿一件普通夹克，喜欢穿布鞋，除了喝杯茶、抽两支烟，几乎没有别的消费。有人专门统计过，认为他一年的个人消费不超过5万块钱。

令他感到自豪与满足的，是办企业这么多年为国家、为社会所做出的贡献。“我交税就交了500多亿元，我们的经销商、批发商也很多，为社会提供了很多就业岗位。”

早在1994年，娃哈哈就在西部贫困地区投资办厂，走上了产业投入、实业扶贫的路子。截至2017年底，娃哈哈集团先后在重庆涪陵、四川广元、湖北红安等17个省市投资85亿元，建立了71家分公司，吸纳当地就业近1.3万人，有力拉动了当地经济和社会的发展，还带动了更多企业前去投资。宗庆后见证并推动了食品饮料行业在中国的发展，“我们的食品饮料行业目前在世界上已经处于领先水平，创造了很多好产品。因为中国人是最会吃、吃得最好的，所以也带动了世界范围内整个行业的发展。比如美国以前饮料品种很单一，就可乐、橙汁、雪碧，现在也有了很多别的种类。”

采访当天，恰逢中国2017年GDP增速数据出炉，据国家统计局公布，2017年中国GDP增速为6.9%。近几年来，中国的GDP增速放缓，经济进入新常态，国际上不乏一些唱衰中国经济的声音出现。作为最深入感受中国经济脉搏的人，宗庆后对这种声音不以为然，“暂时放缓没什么太大的关系，我们的经济还有很大的继续增长的空间”。

“中国的经济永远不会差，因为中国人勤奋、聪明，而且人人都想当老板，人人都想当富豪，所以都在拼命，都在创造财富。政府也鼓励老百姓勤劳致富，会逐渐放开审批权限，给企业营造更好的发展环境，这样经济很快就上来了。”出生于 20 世纪 40 年代的宗庆后，可以说真正见证了中国从“站起来”到“富起来”，他相信，“强起来”的这一天并不遥远。

新中国成立已经第 70 个年头，这 70 年里，广袤的中国大地上，无数人靠勤劳和智慧改变了命运。宗庆后便是这个大时代里，通过个人奋斗实现人生价值的一个缩影。当他首次问鼎“首富”宝座的时候，曾有人问他为什么会有今日的成就。他回答：“其实我并不比别人聪明，我所有的只是一门心思地做成一件事的冲动，并且甘愿为此冒险。我还有‘只争朝夕’的精神。”

或许，正是这样一种精神，将一穷二白的中国推向了世界经济的浪潮之巅。

李书福

“汽车狂人”和他的复兴计划

20 余年的造车时光，“汽车狂人”李书福由一个小人物一步步成长为一个企业家，吉利也由摩托车制造厂发展为规模庞大的汽车帝国。

2010年3月28日，瑞典哥德堡，中国浙江吉利控股集团有限公司董事长李书福，与美国福特汽车公司首席财务官刘易斯·布思，郑重地在一份协议书上签下了各自的名字。中国人以100%的控股，成为顶级品牌汽车沃尔沃轿车公司的老板！

2018年2月，李书福以约90亿美元价格收购了奔驰母公司戴姆勒（Daimler）9.69%股份，成为其最大股东。相比起来，吉利这一回所展现出的全球抱负，不仅国内民众的反应十分平静，国外媒体和民众也不再惊讶，戴姆勒方面更表示，“我们欢迎企业家李书福成为定位长期的股东。”

从临海市800亩的沼泽地，到全资收购沃尔沃、成为奔驰最大股东；从当年收购时的舆论普遍质疑到如今的习以为常甚至充满期许……20余年的造车时光，“汽车狂人”李书福由一个小人物一步步成长为一个企业家，吉利也由摩托车制造厂发展为规模庞大的汽车帝国。

对于李书福的成功，很多人可能会归结于他的思维敏捷，他近乎无畏的朴素理想，以及中国民营企业家的坚韧和执着……或许都很有道理。但出生于新中国成立初期、目睹了十多年道路探索的李书福，在近期的个人自述却说：吉利因为这40年的历史机遇，从无到有，从小到大，由弱变强，从小山村走向全中国、走向全世界，所有这一切都应归功于改革开放的好政策。

传奇，还要从改革开放春雷在那个放牛娃心中激起千层浪花、散发无穷涟漪开始……

20多岁成千万富翁

1963年，李书福出生在浙江省台州一个贫穷的山村。党的十一届三中全会召开，刚上初一的李书福便产生了浓厚的兴趣，开始研究会议文件，琢磨方针和政策。随着改革开放步伐的不断加快，李书福逐渐对学习失去了耐心，“人在学校，心在游离”。没等到高中毕业，就“开始规划参与市场经济活动的各种梦想”，最终也以3分之差与大学失之交臂。

拿着父亲给的120块钱，李书福做起了照相生意。最开始，他只能背着相机在公园里或大街上给人拍照。半年后，他用积攒起来的钱，租了一个店面，开起了照相馆。

李书福偶然发现，家乡有些工人生产的冰箱零部件销路很好。他也开始在家生产，做好就亲自送到冰箱厂去卖。1984 年，李书福和几个兄弟合伙办了黄岩县石曲冰箱配件厂，21 岁的他担任厂长。一年后，他做了一个更大胆的决定：生产电冰箱。到了 1989 年，他的北极花电冰箱厂的年产值超过千万，每天到工厂拉货的车子排起了长队。

这时国家对电冰箱实行定点生产制度，民营的北极花电冰箱厂不在其列。

冰箱厂关门之后，李书福南下到深圳大学"充电"。但他的兴趣并不在读书上。逛装潢材料市场时，李书福发现有一种进口装修材料的市场前景很不错，便中断学业回到台州，联合几个兄弟重新创业。他的工厂生产出了中国第一张镁铝曲板，后来又成为全国第一家铝塑板生产厂商。直到今天，它仍然是吉利集团的主要利润来源之一。

海南房地产热又让他心动。他带着几千万元的资金来到海南，却遭遇地产泡沫破灭，几乎血本无归。对于这段经历，李书福不愿多提，但他并不惧怕失败。他说："失败，这些都是实践的过程，是在学校里学不到的。"炒房失败后，李书福意识到自己只能做实业。带着这条深刻的教训，他又一次回到浙江。

动了造车念头

在深圳学习期间，李书福花六万元买了一辆中华牌轿车。"轿车是什么？不就是四个轮子、一个方向盘、一个发动机、一个车壳，里面两个沙发吗？"凭着这股无畏的劲头，李书福把目光投向了全新的领域。

20 世纪 90 年代，汽车行业还没有向民营企业开放。李书福找到台州市黄岩区经委的领导，刚把要搞汽车的想法说出口，就得到了一句"不可能"的答复；找到省机械厅，答案还是"不可能"，还多了一句："你去北京也没用，国家不同意，工厂不能建，汽车就是生产出来也不能上牌。"

李书福没有就此放弃。他决定走迂回路线，先办摩托车厂。"在（对摩托车厂的）参观中，我发现制造摩托车原来如此简单，里面有很大的利润空间。"

一开始，李书福对摩托车一窍不通。他买来样车，把它拆掉琢磨其中的原理，再按照市场需求进行改良。一年以后，李书福造出了中国第一辆踏板摩托车，产品投放市场后一直供不应求。但李书福始终不忘为将来建汽车厂布局。他在浙江临海经济开发区买了一块 850 亩的地，名义上说是要生产摩托车，实际上却在筹建"吉利豪情汽车工业园区”。

李书福的造车梦是从模仿开始的。1996年，奔驰刚刚推出新车，李书福就买了两辆。后来他又到一汽，把红旗车的底盘、发动机、变速箱都买回来研究，最后果真“依葫芦画瓢”造出了一辆车。“玻璃钢的，红旗轿车的底盘、发动机，外观跟奔驰E200一模一样。”李书福兴奋地开着这辆车上街兜风，却很快受到警告：没有生产许可证造出来的车是“犯法的”。

在一次饭桌上的聊天中，李书福得知四川德阳监狱下属的一个汽车厂有生产经营权。他急急忙忙赶到德阳，与其合资成立了“四川吉利波音汽车有限公司”，后来改名为吉利汽车制造有限公司。

1998年8月8日，吉利生产的第一辆车下线，李书福专门搞了一个“下线仪式”，发出去700多张邀请函。但由于当时这辆车尚未列入国家规定的生产目录，来捧场的只有一位副省长。“我当时真想哭。办了100桌酒席，却没有来宾，这是什么滋味？”李书福在多年后谈起当时的场景时，仍有些心酸。

“请给我一次失败的机会”

1999年，时任国家发展计划委员会主任的曾培炎视察吉利集团，李书福对他说：“请国家允许民营企业家做轿车梦。如果失败，就请给我一次失败的机会吧。”

漫长的等待终于有了结果。2001年11月，在我国加入世界贸易组织之前，吉利豪情登上汽车生产企业产品名录，吉利集团成为中国首家获得轿车生产资格的民营企业。

在创业初期，李书福用廉价轿车打开了国内市场。当时的吉利美日和吉利豪情，每辆价格都在三万多元。高档一点的吉利优利欧售价也不过四万元。超低价位引发了同类小轿车的降价风潮，汽车不再是有钱人的专属。

但享有价格优势的同时，吉利却成为廉价低端的代名词，它甚至被戏谑道：“开吉利车要有一不怕死、二不怕苦的精神。”另外，因为过于模仿其他汽车，吉利也没少吃官司，李书福的处境十分尴尬，情绪也极端低落。有人说他快疯了——见人就讲自己是怎么造出三万元轿车来的。有一回，他与同事喝酒后号啕大哭：“我一不偷、二不抢，每天从早晨6点半工作到晚上11点，辛辛苦苦办企业，为什么别人总嘲笑我？”

也许就是从那时起，李书福萌生了收购世界级汽车品牌的念头。与此同时，李书福也在改变自己。过去他连 30 元以上的衬衣都舍不得穿，现在却穿起了西服。

2007 年，吉利开始实施全方位战略转型，从“造老百姓买得起的好车”转向“造最安全、最环保、最节能的好车”。现在的吉利已经不再造四万元以下的汽车。实施战略转型的第三年，吉利汽车销量达 33 万辆，比 2008 年净增十多万辆，同比增长达 48%；实现销售收入 165 亿元，同比增长 28%。一个全新强大的吉利汽车品牌形象正日渐清晰起来。

和吉利的销售业绩同样让人印象深刻的，还有李书福的“疯狂言论”：

“要像卖白菜一样卖汽车”“让中国的汽车走向世界，而不是让全世界的汽车跑遍全中国”……正是这些言论，让李书福获得了“汽车狂人”的称号。

经营这个巨大的产业帝国，曾有记者问他有没有压力，李书福的回答是：“我没有压力，真是没有压力，什么叫压力我不懂，因为我是农村来的。你说我怕什么，失败了没有关系，回去种地、养龟、养虾，对不对？承包两亩地，一亩地种菜，一亩地种水稻，怕什么呢？有吃有喝。”没有这样的心态，李书福也许很难坚持到现在。

八年“独爱”沃尔沃

2002 年，拿到汽车生产许可证不久的李书福，就在一次内部会议上对员工们宣布：“我们要收购世界名牌沃尔沃！”但当时，收购沃尔沃只能以“梦”的形式留在李书福的大脑中，因为他“没钱、没本事做成（这件）事情”。

2002 年，李书福一度谋划着要收购英国罗孚汽车，但因缺乏经验，又“不懂规矩”，最终慢了一步，输给了南京汽车公司。四年后，他又盯上了奔驰汽车的时尚车型 Smart，但对方根本看不上吉利集团，一上来就提出了让他难以接受的苛刻条件。

两次失败后，李书福终于迎来了机会。2006 年，吉利集团赢得英国百年汽车企业锰铜控股公司的垂青，双方合资成立了上海英伦帝华合资公司，在上海生产知名的伦敦黑色面包出租车，实现了“英国品牌中国造”。2008 年，李书福又趁着金融危机带来的机会，拿下全球排名第二的澳大利亚 DSI 自动变速器公司。

了解李书福的人都说，他所做的这一切，都是为了向他的“沃尔沃梦”靠拢。全球知名汽车品牌多的是，李书福为何“独爱”沃尔沃呢？这是因为，沃尔沃几乎能满足他对汽车品牌的所有要求：

首先，他需要用沃尔沃这个有着 80 多年历史的国际名牌，使自己走上高端路线。吉利集团财务顾问在一份报告中说：“沃尔沃是一家具备造血和持续发展能力的公司；拥有 4000 名高素质研发人才队伍；拥有低碳的发动机生产技术；有分布于全球 100 多个国家的 2400 多家经销商……”

其次，他一直想成为中国汽车界倡导“节能、环保、安全车”理念的带头人，而沃尔沃正是以节能、环保和安全性闻名全球的。李书福说：“福特和沃尔沃这十年来，花了上百亿美元研究新能源技术，就这一点，我觉得用 18 亿美元买下来很划算。”

1999 年，美国福特公司收购沃尔沃轿车公司，但用尽千方百计也没能扭转其连年亏损的局面。

曲折收购路

在接受采访时，李书福透露，2007 年，他曾经去了一趟英国，到汇丰控股公司的总部“找钱”。得到对方的融资支持后，他亲往美国拜访福特公司高层。当时，福特公司深陷财政困境，亏损额高达 126 亿美元，为此不得不甩掉捷豹、路虎等知名品牌，但即便如此，它仍然舍不得出售沃尔沃。

虽然碰了一鼻子灰，但李书福仍不死心。他曾连续两年跑到美国底特律参加车展，目的就是找机会和福特公司的首席财务官喝杯咖啡，“聊聊沃尔沃”。对方却告诉李书福，福特的重组自救计划已初见成效，不会考虑卖沃尔沃。“我们福特一年的销售额是 150 亿美元，折合人民币是 1000 多亿元。”这句话背后的意思很明显：只有福特公司这样的跨国企业，才有资格拥有沃尔沃。

最初，在福特公司高层看来，吉利集团收购沃尔沃的计划，完全是“蛇吞象”式的妄想，是自不量力的表现。然而，李书福软磨硬泡的时间长了，福特公司的很多人都记住了这个黄皮肤、笑眯眯、执着的中国民营企业家。因此，2008 年底，当福特公司决定甩掉沃尔沃这个“包袱”的时候，首先想到的就是李书福。

2009 年初，李书福接待了一位远道而来的客人——福特公司独立董事约翰·桑顿。桑顿拜访吉利集团，只有一个目的：考察有意收购沃尔沃的买家的实力和诚意。

结果，他得出这样的结论：福特公司应该认真考虑吉利集团的收购提议。

在福特总部，李书福的收购提议被讨论了好几个月。但出于保护知识产权等方面的考虑，董事会内部始终未能达成一致。

为了说服福特公司，李书福通过一家英国公司，找到了全球顶尖的律师事务所富尔德、会计师事务所德勤、著名汽车咨询公司罗兰贝格和著名企业并购公关公司博然思维，组建了一个200多人的谈判团队。“谈判的艰苦程度是难以想象的，光是双方准备的资料和谈判记录，就重达几十公斤，吉利集团谈判团队的成员，由于经常往返于国内和欧洲之间，常常早上醒来时都反应不过来自己身在何处。”一位曾参与谈判的人士说。

李书福还“挖”来了四位业界的顶级精英——原华泰汽车集团总裁童志远、原英国石油公司的高管张芃和袁小林、原菲亚特动力科技中国区总裁沈晖，打造全新的管理团队。这个团队既了解国际并购事务的规程，也熟悉与欧美国家政府打交道的套路，因此成为吉利集团收购沃尔沃行动的决策机构。工会问题是中国企业在海外收购行动中经常遇到的“拦路虎”，李书福也碰上了这个难题。一次，在和沃尔沃公司的工会代表谈判时，对方给李书福出了一道难题，问他能不能用三个词来说明为什么吉利是最合适的竞购者。当时，场上的气氛有些尴尬，主持人本打算出来圆场，但李书福摆摆手，决定自己面对这道难题。英文不太好的他回答说：“我想说的三个词就是I love you。我爱你们，我爱沃尔沃这个品牌。运营好沃尔沃品牌以及爱护沃尔沃的员工、保障员工的利益，是吉利的责任和义务！”李书福的这番表白，赢得了现场一阵热烈的掌声。

2009年10月31日，福特公司终于在两个竞购者——法国雷诺汽车公司和中国吉利集团当中做出了选择：吉利集团被列为优先竞购者。

2009年12月，福特对外宣布已和吉利达成框架协议。

此时，没有人再讥讽李书福“痴心妄想”，2010年3月28日的签字仪式，只是他为自己的梦想画上一个句号而已。

沃尔沃复兴计划

如今，外界最关心的是，李书福将如何运营沃尔沃这个品牌。

3 月 28 日，李书福在签约仪式上的发言一语中的：“吉利不生产沃尔沃，沃尔沃也不生产吉利。”他说，沃尔沃是一只“应该回归森林的老虎”，要解放这只“老虎”，就需要恢复沃尔沃自身的价值。据悉，沃尔沃目前的管理团队将被保留。

李书福已为沃尔沃制定了一份“复兴计划”——其一，沃尔沃在瑞典和比利时分别有两个汽车组装厂，在瑞典还有一个发动机生产厂，李书福决定把这些主要的研发和生产基地都留在欧洲。他说：“我们不想要一款在‘第三世界’制造的豪华车形象，而是想要一款欧洲豪华车的形象，尽管它是由中国厂家拥有的。”其二，通过在中国设厂，利用中国相对廉价的劳动力，大幅削减沃尔沃轿车的生产成本。有消息称，李书福计划在北京或天津建立年产 30 万辆沃尔沃轿车的新工厂。其三，销量方面，李书福计划在未来四到五年的时间内，把沃尔沃的年销量从现在的 40 万辆提升至 100 万辆。其四，技术和产品革新方面，他希望每年都有新产品在瑞典工厂下线。为此，他将保障沃尔沃的开发费用，以便研发出效率更高、排量更小、更环保、重量更轻的发动机……

尽管李书福自谦地说“牵牛的我能有今天的日子，我已经感激不尽”，但世人知道，李书福的汽车梦想绝不只停留于收购沃尔沃、入股戴姆勒。他会沐浴着改革开放的春风带领吉利创造什么样的新传奇，我们拭目以待。

王　石

“我给自己的定位就是职业经理人”

王石见证了经济特区的诞生和成长，参与了最早一波国企股价制改革浪潮，成为最早一批职业经理人之一，把一家深圳小公司打造成全国知名的大型房地产企业，为 MBA 课堂贡献了诸多鲜活的案例。

说王石是中国最具大众知名度的企业家之一，毫不为过。他是中国知名房地产企业万科的创始人，有“中国地产教父”之称。1991 年，他带领万科登陆深圳证券交易所，成为中国最早的一批上市公司之一，股票代码为 000002。2010 年，万科成为中国第一家销售额超过 1000 亿元的房地产企业。

在万通控股董事长冯仑眼中，王石是企业家精神的杰出代表。“顽强的毅力、超强的韧性和执着的奋斗精神，王石体现得最集中。”冯仑说，“最磨炼人的地方，他都赶上了。他是锡伯族人，锡伯族是草原上的民族。他祖籍安徽金寨，出生在广西，年轻时当汽车兵，在新疆戈壁滩上开车，这都是得较劲的荒僻地方。他登山，只用了几年时间，七大洲最高峰都登过了，还上了两回珠峰，南北极也去过了。而且 60 岁开始学外语。多较劲的人！”

绝不行贿

王石出生于 1951 年 1 月，1974 年进入兰州铁道学院（今兰州交通大学）就读给排水专业。改革开放之初，王石还是广州铁路局的一名技术员。这份工作也算“铁饭碗”，可似乎与改革开放大潮关系不大。1980 年，他参加了广东省对外经济贸易委员会的招聘考试，被录取，负责招商引资工作。

1983 年的一次深圳之行，让他发现，深圳第一家外资企业、生产饲料的正大康地公司的玉米原料，都是通过香港从美国、泰国和中国东北进货。经过打听得知，原来是东北到深圳的货运航线尚未开通。他找到广州海运局，开通了大连到深圳的航线，东北的玉米从此可以直接运到深圳。

不久，香港报纸报道鸡饲料可能含有致癌物质，香港的食用鸡很快就卖不动了，珠三角的养鸡场不再采购玉米，东北的玉米也积压在仓库。王石“不相信香港人不吃鸡”，决定用赊账的方式把大连粮油进出口公司的 1 万多吨玉米全部采购回来。货船还没到深圳，香港传来消息，之前的报道有误，饲料中根本没有致癌物，王石手上的玉米转眼间成了抢手货。仅此一役，他就赚了 300 万元，这是他的第一桶金。

同时，王石计划把深圳生产的饲料产品通过铁路运到外地卖，但那时尚处计划经济向市场经济的过渡阶段，饲料产品并未纳入铁道部门的货运计划，只能申请计划外指标，而计划外指标很难申请。王石打听到货运主任的住处和抽烟的喜好，想和他套套近乎，就花 20 元买了两条香烟给货运主任送去。“为了获得商业上的某种好处给对方送礼，我还是第一遭。”王石说。货运主任看到桌上香烟，没问怎么回事就说：“要车皮的吧！”“能给批两个计划外车皮吗？”王石连忙问道。

货运主任把烟回递给王石，说：“烟你拿回去，明天直接去货运办公室找我。别说两个车皮，就是十个也批给你。”王石愣住了。原来，货运主任早就注意到货场那个城里人模样的年轻人，经常同民工一起卸玉米。“不像是犯错误的惩罚，也不像包工头。我觉得你这个年轻人想干一番事业，没想到你还找上门来了。你知道计划外车皮的行情吗？”见王石又愣住了，货运主任说，“一个车皮红包 100 元，两条烟只是行情的 1/10。”

车皮办下来了，王石也悟出一番道理：“在商业社会里，金钱不是万能的，金钱是买不来尊重和荣誉的。货运主任的精神需求很简单：欣赏这位城里年轻人的做事态度和吃苦精神，愿意无偿伸出援助之手，从支持行为中获得精神的满足感。既然是在做令人敬佩的事业，为什么还要通过物质的诉求，直白地讲，用行贿手法来获取计划外车皮呢？想想送烟的动机，不禁让我汗颜！”从此，他给自己和万科立下规矩：绝不行贿。

2009 年，王石在一个公开场合被问到，企业家、登山家、不行贿 3 个符号，最喜欢哪一个？“我没有选择‘企业家’和‘登山家’，而是选择了‘不行贿’。”王石说，“我曾参加一个企业家论坛，发言时讲到万科的不行贿。后来发言的一位企业家嘉宾说：‘王石先生不行贿，我很佩服，但那只是个案，因为在中国不行贿，一事无成，比如说我自己就行贿。’他说完这句话，台下 300 多名听众报以热烈掌声。我说我不行贿，下面没有掌声；坦诚行贿者却令人喝彩。发人深省。”

王石不喜欢中国的官商文化。前几年，对晋商的研究和推崇席卷商业圈子时，王石发表了相反的看法，认为明朝政府在山西大同一带驻扎数十万重兵，防范蒙古残部，但军饷没有着落，政府便以贩盐的指标为交换，鼓励盐贩子把粮食送到部队，这就是晋商的起源，他们靠政府赋予的特权起家，是中国官商文化的结果，有什么值得推崇的？

放弃唾手可得的股权

王石另一个为人称道的做法是不要企业股权，甘当职业经理人。

通过倒卖玉米、饲料赚钱后，王石开办了深圳现代科教仪器展销中心。这是一家国有公司，王石为法人代表，经营从日本进口的电器、仪器产品，同时还办服装厂、手表厂、饮料厂、印刷厂等。用王石的话来说，“除了黄、赌、毒、军火不做之外，基本都涉及了”。

1988 年，王石投资第一个土地发展项目“深圳市宝安县新安镇固戍村皇岗岭万科工业区”，从此进入房地产行业。同年，公司的股份制改造方案获得深圳市政府批准。股改后，公司名称定为万科企业股份有限公司，它也是中国实行股份制改造的第一批国有企业之一。

当时，公司拥有净资产 1300 万元，再以一元一股向社会公开募集资金 2800 万元，股份合计为 4100 万股。对于那 1300 万元的净资产，股份制改造要有明确的所有权归属。据王石回忆，万科最初申请五五分成，即国家和企业职工各一半。他对深圳主抓体制改革的副市长朱悦宁说：“从法律上看，公司持国营牌照，风险由国家承担，但从资金投入的角度看，国家却没投一分钱，说全是国家的也不合适，因为资产是我和员工们赤手空拳做起来的。既然如此，各一半，五五分成如何？”朱悦宁不同意，提出四六分。

“你四我六？”王石问。“怎么能让国家占小头呢？哈哈哈，当然是国家六、你四啦！”王石对这个结果也很满意：“我心里想，别说四六了，二八，甚至一九我都干！产权界定清楚就好办！”

这样一来，万科职工应得的股票为 500 万股出头。这部分股票又该怎么细分呢？依据深圳市政府的股改文件，只允许有 10%，即 50 多万股量化到个人名下，其余的由集体持有。王石“明确了想法，放弃其中应得的个人股份”。他认为：“‘不患寡而患不均’是中国社会根深蒂固的传统观念，社会也向来有种仇富心态。个人突然有了钱，会把自己摆在一个极其不利的地位，尤其是像我如此爱出风头，天马行空独来独往，如果很有钱，弄不好会惹来杀身之祸。名利之间只能选择一项，或默不出声地赚钱，或两袖清风实现一番事业。我选择了后者。”时至今日，王石个人名下的万科股票也只占很小比例。

2016 年，王石回忆道：“1988 年万科进行股份制改造时，创始人团队放弃了唾手可得的股权，是为了避免公司成为少数创始成员独断专行的僵化组织……28 年过去了，我们的初衷丝毫未改。28 年中，我们这个行业诞生了难以计数的亿万富翁，却并不包括全球最大房地产企业管理团队中的任何一人。”不仅不要股份，1999 年，48 岁的王石连总经理职位也不要了。股改以来，他一直担任董事长兼总经理。辞任总经理的客观原因是：“上世纪 80 年代下海经商一族的文化层面不高，‘山中无老虎，猴子称大王’。1992 年之后，下海经商一族的文化层次发生了很大的变化，市场也发生了很大变化。我开始有危机感，脑中的想法越来越少。更有甚者，到了 1998 年，构思的周期要长达半年时间。怎么了？我不得不反省。”

王石的另一套说法是：“上世纪 80 年代，企业生长环境缺乏规范，创业者拥有的资源非常有限，这就需要所谓的强势人物带头杀开一条生路！等到企业解决了生存问题，有了长足发展，企业带头人的权威自然也就树立起来。但在不规范环境下培养出的权威人物，往往会带来伴随着夸大权威作用的个人崇拜，听不进专家建议的一言堂，决策时易于冲动，好大喜功，脾气暴躁等恶习。企业发展过了求生存的阶段，要想健康发展，创业者就要摆脱原始阶段的恶习，并在公司层面强调专业化，培养成熟的管理方法，逐渐弱化权威作用。中国内地目前不是缺少老板，不是缺少有产者，而是缺少职业经理人，缺少专业的律师、会计师、设计师、规划师。万科致力于培养的是职业经理人，我给自己的定位就是职业经理人。”

52 岁登顶珠峰

身体条件恶化也是王石辞任总经理的一个原因。

1995 年，王石 44 岁，医生在他的腰椎部位发现了血管瘤，而且已经压迫到神经。医生告诉他，这种情况可能导致瘫痪，做手术则存在风险，建议他不要运动，最好坐轮椅。王石不肯，他觉得要是坐上轮椅就“真的瘫痪”了。后来一位骨科专家对他说，如果这个血管瘤不变化，就没有必要开刀；但如果恶化，也就没有挽救的余地了。考虑之后，王石决定不做手术。他想趁着还能走动，去西藏进行一次“心灵之旅”。

1997 年，王石首次入藏。在珠峰大本营，他见到了中国登山队的高级教练金俊喜。此前由于雪崩，中日联合登山队的 17 名成员全部在梅里雪山遇难，金俊喜因身体不适提前撤下而躲过一劫。他从梅里雪山来到珠峰大本营，准备再次登山。王石问他：“为什么还要去？”金俊喜回答：“死去的已经死去了，但活着的还要面对，还要走完他们没有走完的路。”这对王石触动极大，他从此开启了挑战极限的征程。

2000年，王石在西藏创造了攀高6100米的中国滑翔伞最高纪录，以此作为自己的50岁生日礼物。2003年5月，王石第一次登上珠峰，又创下了当时中国人最高登顶年龄的纪录。

“很多人觉得我了不起，但他们的理由让我很不服气，说我‘年纪最大’，好像我的了不起只是年纪太大了还能登顶。”王石曾这样调侃。此后四年中，他又成功登上11座高峰。他最佩服的登山家是日本人三浦雄一郎，首次登珠峰时70岁，二次登顶时75岁。

强烈的征服欲是每一位成功企业家必备的素质，但王石表现得比其他人更突出。在传记里，他承认自己从小就很好胜。2003年，他对媒体回忆创业动机时说：“当时我作为三十出头的大学毕业生，放着广东省外经贸委这样的好工作不干，而是到深圳下海经商，引起过很多人的费解。一般人判断：人生在世，不是为名就是为利。但我既不图名也不图利，就是为了展示自己的才华。”

王石确实让人们看到了他的才华。2003年，他讲道，“1983年赤手空拳到了深圳”，第二年“白手起家组建万科”，并把万科打造成了全国最大的地产商、第一批上市的地产企业；1995年在内地上市的331家公司中，房地产企业有29家，至今具有配股资格的只有3家，万科是其中之一。

一位知名财经评论员说，与同龄企业家相比，王石的物质欲和权力欲都不算高。“作为万科创始人和精神领袖、中国地产界‘教父’，能在巅峰之时急流勇退，一般人是做不到的。”但王石毫不讳言自己的野心。在他写的《道路与梦想》一书中，讲创业之初的标题是“燕雀焉知鸿鹄之志”，还分成了上下两个章节。据和他一起在深圳登山的朋友说，王石不喜欢走成形的路，总是自己带一把砍刀，一边开路一边走。

对于登山的深层意义，王石曾说：“有时人生的目标不是很清晰，但总要给自己高一点的目标，达到后再给自己更高一点的目标。”在这个过程中，他挑战的是自己，战胜的也是自己。

硬气与真诚

在王石身上，与征服欲同在的，是他“霸道总裁”的性格和处事之道。在一个合作伙伴的印象中，王石“平时话不多，开会时也不会长篇大论、滔滔不绝”，但有时甩出的几句话就像他的名字一样硬。

王石登顶珠峰后，有评论认为他作为万科董事长，从事极限运动是对股东和股民不负责任。某媒体在采访中把这句话转述给王石，他立刻激愤地扔下一句："我不是工头！"这句话的本意是万科离开董事长也能正常运转，

但从王石口中说出来却充满了火药味。

这种性格从年轻时就给他带来过麻烦。1985 年，深圳市纪委接到检举信，派两名处长找王石谈话，说有人举报他在香港有两处房产、30 万港元存款。王石一听就怒了。"我说如果属实，应该在 30 后面加两个零，30 万有点看不起我，3000 万才与我的身份相称。"两名处长从未听过如此狂言。之后的事情可想而知，王石说，那是他经商过程中遭受的最大挫折之一。

对领导如此，对自己人就更直接了。据熟悉王石的财经作家周桦透露，有一年，万科的一名基层员工因公身亡，家属提出高额赔偿，主管人员拿不定主意，向王石请示，王石当场发飙："请示什么？！人家儿子都死了，赔！"主管照办了，但对王石的态度很不满意，事后写了一篇反馈意见，形容王石当时表情可憎，"脸都抽搐了"。

2015 年，"宝万之争"成为热门事件。潮汕商人姚振华和他的宝能系大举入股万科，遭到王石的排斥。2016 年 1 月，王石在"天山峰会"论坛上演讲："我们是个社会主义国家，如果你这个公司是一个纯外商或民营企业，(或让外资、民营资本）举足轻重会有危险。所以我的设计就是混合所有制，里头要有民营的活力，要有外资的规范、成熟，当然也要有适合中国国情的国有企业成分。这么多年来，万科一直是国有股占比最大，我过去设计是这样的，现在是这样的，将来也会是这样的。所以民营企业，不管我喜欢你，不喜欢你，你要想成为万科的第一大股东，我就告诉你，我不欢迎你。"江苏太平洋建设集团创始人、知名民营企业家严介和指责："王石表示不欢迎民营企业成为第一大股东，这是典型的歧视与排斥民营企业，代表了传统观念和习惯势力的傲慢与偏见。"

阿拉善 SEE 生态协会原秘书长聂晓华也对王石发飙的样子印象深刻。阿拉善 SEE 生态协会成立于 2004 年，王石曾担任前三届理事会成员。有一次竞选，王石不同意聂晓华任秘书长，理由是"你太强势"。聂晓华让他举例说明，王石急了："我说你强势，你不好好反思一下自己怎样强势，还要我举例说明！你这样的态度本身就很强势！"据聂晓华回忆，王石的话"像石头一样从嘴里甩出来"。两人大吵一架，最

后在他人的干预下才告一段落。

此事的后续发展又有所逆转。那次吵过后，王石经过考虑还是同意了聂晓华担任秘书长。不过，他的祝贺短信没有直接发给聂晓华本人，而是发给其他人，请别人“代为转达祝贺”。一个熟悉王石的人说：这就是王石式的硬，他坚持观点时态度非常强硬，但内心是在思考的，与任志强那种“冷酷到底”的硬有所不同。“有人说王石这些年膨胀了，我觉得没有。在一些问题上，他可能想了很多，但表述出来的没那么丰富，结果招致误解。我感觉他没有偶像包袱或个人崇拜情结，他可能很硬，但如果你有道理，他可以改变。无论是他的硬还是改变，都挺真诚。”

假如离开万科，王石还会不会如此强硬？在 2016 年的万科股东大会上，王石公开表态，称自己的去留已不重要，重要的是万科文化的延续。“如果（总经理）郁亮能带领着团队继续往前走，我可以另起炉灶。”2017 年 6 月，王石把董事长之职交给了郁亮。2018 年 4 月，67 岁的王石出任远大科技集团联席董事长。他说：“我与（远大集团）张跃总裁的交集始于对环保的共识。2002 年，我去了非洲乞力马扎罗山，由于气候变化，没能见到雪，后来去南极，发现南极也不是想象中那么冷。这让我对环保的重要性有了更切身的体会。远大的环保是很纯粹的，实际上，我是被远大的环保理念，还有生态农场深深感动了。远大是一家对自己负责、对家人负责、对客户负责、对供应商负责的企业。”从这些话中，人们只见真诚，不见强硬。

改革开放以来，王石见证了经济特区的诞生和成长，参与了最早一波国企股价制改革浪潮，成为最早一批职业经理人之一，把一家深圳小公司打造成全国知名的大型房地产企业，为 MBA 课堂贡献了诸多鲜活的案例。功已成，身未退。他当年登顶珠穆朗玛峰后，又登上了南极洲、欧洲、大洋洲的最高峰。如果万科是珠峰，远大集团或许是他将征服的又一座高峰。

马　云

一个中国企业家，对世界喊出“芝麻开门”

马云对财富的过度谦虚，以及在俄罗斯圣彼得堡国际经济论坛时宣称后悔创办阿里巴巴，让诸多网友给他起了个绰号“悔创阿里杰克马”，杰克（Jack）是马云的英文名。

马云把白衬衣的袖子卷起，以快于常人的步伐进入房间。落座后没什么时间客套，我们有整整一小时的时间，而他的行程安排以分钟计。话虽如此，当天的采访一推再推，换了两次时间。

这位遍身光环的商人直奔主题，谈吐干净利落，丝毫看不出来过去30天里，他乘坐私人飞机绕着地球飞了107个小时45分钟，见了几个国家的总统、总理，以及更多的企业家。他反应很快，大多数问题未等我话音落地便开始回答——也可能，对这位个子不高、长相独特的杭州人，世间已无太多秘密，他早被人们用放大镜分析过无数遍。

起 点

2017年2月3日下午，澳大利亚纽卡斯尔大学收到建校以来最大一笔捐款，2000万美元，这笔钱用来设立了“马云－莫利奖学金”。中国企业家马云出手便惊到了这座位于悉尼北部的港城。

谁是莫利？即便澳大利亚人，也几乎未曾听过这个名字。肯·莫利在中国改革开放开启后，于1980年来华旅游，在西湖边他遇到了一个16岁的少年，正故意搭讪外国人以学习英语。从此之后，莫利和儿子戴维，与这个叫马云的年轻人成为笔友。保持通信五年后，莫利邀请马云前往澳大利亚旅行。

谁料，仅仅申请签证，马云就失败了七次，最终在莫利帮助下，如约成行。在澳大利亚纽卡斯尔，马云待了29天，从此这个自称“100%中国制造”的年轻人，真正打开了看世界的眼睛。

如今回望，马云这段横跨近40年的经历，堪称一次个体意义上的“改革开放”。而对整个国家来说，改革开放40年，从一个生产力发展缓慢、人民面临温饱问题、科技教育落后的国家，一跃而至如今世界第二大经济体、世界舞台中心国家之一的位置。

当然，回到1999年，马云在杭州集聚起“十八罗汉”创办阿里巴巴之时，一切还不像如今看上去那么光鲜。那时的马云，已至少经历过如下这些惨痛事实——大学考了三回；找工作被拒绝过30多次；去肯德基应聘，24个人收下了23个，他是唯一被刷下来的那一个；替人去美国收账时，被想赖账的美国商人锁在一栋别墅里长达两天，幸运的是在这次经历中，他第一次接触了互联网；最初创业时，四处贷款无果，赴国外20多次融资被拒……

所以在起点上，他所拥有的只是梦想这种虚无缥缈的玩意儿。

成　功

为何叫阿里巴巴？成名之后，在达沃斯世界经济论坛上，马云再次被问到这个问题。他用英语娴熟地回答说，创业之初，在旧金山一家餐馆，他问一个服务员是否知道阿里巴巴，对方回答知道，至于原因，则是“芝麻开门”——“阿里巴巴与四十大盗”故事中的开门咒语。遂定此名。

马云和他的阿里巴巴，如同习得开门咒语般，打开了中国电子商务的大门，发现里面不但到处是财富，甚至还有改变社会的钥匙。

2003 年 7 月，阿里巴巴推出淘宝网；2004 年，推出网络交易支付工具支付宝；这两大产品在中国已家喻户晓。事业蒸蒸日上之际，这个商业帝国又推出了阿里云和蚂蚁金服。

让全世界瞩目的时刻出现在 2014 年，阿里巴巴在纽约证券交易所上市，经过了漫长的路演后，全球历史上 IPO 融资额最高的公司就此诞生。这是改革开放时代才会有的中国故事，阿里只用了 15 年就达到世界性成功。

有些出人意料的是，身处人生之巅的马云，没有亲自敲响开市钟，而是把这一殊荣让给了阿里巴巴 8 位客户。这不但是世界瞩目的成功故事，还是普通人的故事。

这样的故事，全世界都能听得懂。在全世界几乎每个繁忙的国际机场，马云的头像都在畅销书架上，与其他著名成功人士一道，成为人们的榜样。曾做过英语老师的马云，无论中英文演讲，都能点燃听众，这在中国企业家中极为罕见。

马云，Jack Ma（马云的英文名），两个名字，正在伴随中国崛起享誉世界。

革　命

北京东四环外的“盒马鲜生”店里，来自全世界的食品在地板和天花板上被分别迅速传送。地面上，顾客们从硕大的货架上拿走东西，只需扫两个码，包装袋上的条形码和手机上的二维码；天花板上，是顾客们在手机 APP 上完成的订单，被装进精巧的包装袋，挂到动感十足的传送带上前进。

科幻小说里的情景正在变为现实——一个当代中国人，可以在家里逛淘宝；可以用支付宝缴纳水、电、燃气、房租、话费；可以为信用卡还款；可以享受几百到上千项不等的政务服务……所有这些，都能在手机上完成。这一切在1978年无从想象。

马云并未止步。这两年，逆全球化浪潮兴起之际，中国正在扛起全球化的大旗，"一带一路"倡议正在得到越来越多国家的支持和响应。作为中国企业家，马云感慨，"习近平主席提出'一带一路'，是很了不起的创意和设想，对于我们企业来说也是非常好的机会"。

他乘坐着私人飞机，走过许多国家，"是想去看看我们能做些什么不同的事情出来，不是要想办法卖东西给人家，也不是要把当地便宜的劳动力和原材料拿过来，而是去当地创造就业，推动民生发展。"

一向以远见著称的马云，为阿里巴巴提出了102年老店的愿景。这一愿景中最新的内容，是eWTP（电子世界贸易平台），帮助全球发展中国家、中小企业、年轻人更方便地进入全球市场、参与全球经济，在这个平台上实现"全球买全球卖"。从博鳌到达沃斯，到他去的每一个国家，马云都在力推这一想法。2017年3月，阿里巴巴宣布将与马来西亚一起，在该国打造中国以外的第一个eWTP"数字中枢"。想法就此落地。

速度与规模，一直在马云的核心诉求中。

"马可·波罗跑来中国花了八年时间，回去又花了八年时间。"马云冲我摇摇头，"那个年代的'全球化'可能是几个皇帝说了算，现在则是六万家大企业共同决定。我们的职责是解决掉全球化进程中的抱怨和问题。"

不但要在规模上实现全球范围内的买卖，还要快，不是比马可·波罗快，而是实现24小时内抵达中国任何一个角落，72小时内抵达全世界任何一个角落。这也是为什么马云力推成立了"菜鸟网络"，除了已经将全球智慧物流网络覆盖224个国家和地区，并深入到中国2900多个区县，还在推动着无人机、智能物流等先进技术的实现。

理　想

阿里巴巴集团内部，每个人都有化名。马云给自己取名"风清扬"，这是金庸武侠小说《笑傲江湖》中华山派的一代宗师，在小说中代表着至高无上的剑术境界。其剑术主张“无招胜有招”，由剑魔“独孤求败”所创。

如今的马云，虽说远未到求一败而不得之境，却已气定神闲，甚至对自己惊人的财富值更多的是怨言，而非激动。

坐在我面前，马云语速不减地说，“阿里巴巴确实超过了我当初的想象，今天我已经跨越了对钱的追求。人生最幸福的时候是大学刚毕业，每月赚 91 块钱工资时。现在钱对我来说是一种资源，（思考的是）如何利用这些资源实现更多人的理想而非自己的理想——我自己觉得理想已经差不多了。”

马云对财富的过度谦虚，以及在俄罗斯圣彼得堡国际经济论坛时宣称后悔创办阿里巴巴，让诸多网友给他起了个绰号“悔创阿里杰克马”，杰克（Jack）是马云的英文名。

“我去硅谷讲课，来中国学习。”在杭州见到 Paytm 创始人维杰 · 夏尔马时，他刚从美国赶来。Paytm，这个印度本土的电子钱包，在短短两年内跃升为全球第三大电子钱包，第一名、第二名分别是来自中国的支付宝和微信支付。而这一切，开始于跟蚂蚁金服的战略合作，来自中国的工程师们，将 Paytm 的支付技术平台和风控系统重新搭建了一遍，把它变成了“印度版支付宝”。

而在澳大利亚，走访完悉尼和墨尔本两座大城市后，我发现包括其国有邮政在内的物流、仓储，以及保健品企业，每年最重大的活动之一便是为“双 11 购物节”做准备。这一全世界最大的电商购物节，不但已是中国人的节日，也正在成为全世界的狂欢。在俄罗斯，在美国，在西班牙，在地球难以计数的角落中，中国产品、中国技术乃至最终集大成的中国方案，都被电商这样一个小切口留下了痕迹。

就像这样，来自中国的经验，正在推向全世界。

也许，马云真正求的败，一直都写在阿里巴巴集团的官网醒目位置上，“让天下没有难做的生意”。或许，只要这世界上还有难做的生意，这个独特的思想者、实践者便不会止步。而中国的改革开放，即便已然举世瞩目，那股生生不息的劲头又何尝不是如此。

任正非

与世界喝一杯咖啡

30 多年过去，华为站在金字塔尖，依然以谦逊的学习、交流姿态，四处吸收能量。拿来主义、实用主义哲学，始终贯穿其中。

任正非信步走来，带着标志性的、有些憨厚的笑容，跟在场记者一一握手。其中绝大部分人他都不认识，也没见过。这一点有别于许多商业领袖，他们中大多数人会有几个相熟的记者。任正非漫长的职业生涯里，见记者次数屈指可数。以至于，他在2019年频繁见记者这件事，成为了许多媒体关心的问题。

而在尚未结束的这一年，他已经接受了超过20次采访，其中有中国媒体，更多的是世界主流媒体。

这绝对不是华为历史上轻松的时刻，任正非毫不掩饰这一点。在面对美国媒体时，他甚至以“特殊的阶段”形容当下。只是历览任正非与华为走过的路，当下似乎又不算多难。

“我真正理解活下去这句话的含义。”

任正非的难，曾是生死考验。

1944年出生的任正非，生长在十分穷苦的家庭，兄妹七人，加上父母共九人。他记忆中最为困难的三年自然灾害时期，全家需要每餐实行严格分饭制，控制所有人欲望的配给制。“不是这样，总会有一个、两个弟妹活不到今天。”

多年以后，任正非在一篇回忆父母的文章中感慨：“我真正能理解活下去这句话的含义。”

如今这个全球政要、富商和媒体的座上宾，曾有十分艰难的前半生。物质贫困、心理痛苦和成长障碍，一个都没少，处处都是人生逆境。“年轻时没有穿过像样的没有补丁的衣服”。多年以后，面对困境，他展现出罕见的淡定从容，便与人生经历息息相关。他不是没有辉煌过，即便在无人问津的日子里，他也在部队中，独立发明过新设备，甚至为此被报刊、杂志和电影广泛宣传。1978年，年仅33岁的任正非出席全国科学大会；1982年，出席党的第十二次全国代表大会。

1983年，这种日子戛然而止，国家整建制撤销基建工程兵，任正非复员转业。此后工作并不顺利。于是在那个躁动的年代，这位退伍军人投入改革开放卷起的浪潮，成为千军万马奔腾中一匹不那么年轻的马。1987年，他拿着3000元的军队复员费，集资21000元，注册了华为，一脚踏入通信领域。

那一年任正非已43岁，即便在今天创业公司遍地的氛围里，也绝对属于“高龄”

创业者。不过后来的故事人们都很熟悉，改变世界者，通常都有点藐视既有规范。

多年以后，爱立信 CEO 问任正非，在当时中国那么差的条件下，为何敢迈门槛这么高的通信产业。任正非的答案充满了独特的幽默感："我不知道这个产业门槛很高，就走进来了，走进来以后，我就退不出去了，退出去我一分钱都没有了，两万多块钱都花光了，退出去我就只有做乞丐了。"

那年月，通信行业对任正非的技术要求倒是不高。因为他所做的，其实是一家"皮包公司"，是"二道贩子"，以倒买倒卖交换机设备为生，从香港买来交换机，卖给县级邮电局和乡镇、矿山。皮包公司在改革开放之初非常流行，老板们通常打扮得派头十足，夹着皮包往返于买家卖家之间，赚来极高的利润，许多人就此过上了舒舒服服的日子。

华为看上去与那些公司并无区别，"十几个人，七八条枪"，既无产品，也无资本。

华为与那些公司的区别，是有一位野心勃勃的创始人。"我是一个人创建了华为，当时在中国叫个体户，想组织千军万马，是有些狂妄，不合时宜，是有些想吃天鹅肉的梦幻。"

相信傻干会成功

一些老华为人会讲这么个故事。

有一天午饭时间，大家正在餐厅吃饭，任正非从厨房快步走出来，挥舞着锅铲冲员工们演讲——20 年后，华为将是世界级的大公司，全球通信行业四分天下，华为有其一。

别觉得这是呓语，因为仅仅半年后，他就改口了——"全球通信行业三分天下，华为有其一"。

《下一个倒下的会不会是华为》中，详细记录了那个"夜班吹口哨"的时代，在充满梦想与干劲的创业前 10 年里，任正非总向员工描述一个不可能的未来。跟着他干，必须得够傻，才可能相信。

傻劲和笨功夫，相信傻干会成功，恰好是华为崛起的重要原因。如今华为在世界范围内已经有了 18 万员工，在通信领域早已实现了当年的梦想，不但三分天下，还排名第一。

具体来说，华为的企业管理哲学是——以客户为中心，以奋斗者为本，长期坚持艰苦奋斗。乍一看无甚新鲜，改革开放以来，商业文明浸润之下，从企业到个人，普遍理解这样的价值观。然而说易行难，坚持比开创难。

就一句“以客户为中心”，从任正非到华为诸多高管，论述了几十年之久，对员工的灌输方式用洗脑形容都毫不为过。即便成长为一家世界级公司后，依然表现出浓重的危机感。如今，华为的办公室遍布世界各地，相应的指挥权也并不留在深圳，而是“让听得见炮声的人来决策”。具体来说就是，把计划预算核算权力、销售决策权力授予一线。打不打仗，后方决定；怎么打仗，前方说了算。

更深层次的思考是，几十年来，华为之所以很少走弯路，就是因为在世界范围内，都没有一家通信公司跟客户贴得这么近，始终了解哪里需要突破，哪里需要创新，感知客户需求，然后最大程度地满足。

“以奋斗者为本”，更不是句空话。早期华为员工一报到，就会先去领一条毛巾被、一张床垫，以方便在办公室加班，甚至形成了著名的“垫子文化”。毫不惜力的奋斗文化，成为华为一张名片。即便外界褒贬不一，华为始终将其视作核心价值观。用任正非的话说，“华为初创时期，我每天工作 16 小时以上，自己没有房子，吃住都在办公室，从来没有节假日，想想这是十几万人 20 年的奋斗啊！”

“长期坚持艰苦奋斗”，是奋斗者在时间维度上的延续。任正非爱读历史，从中反思当下不足。他发现，葡萄牙曾不可一世，却在繁华过后，不得不退回欧洲一角；他反思，欧洲在过度的福利文化中，连连退却。他以内部讲话和一封封信件，敲打提醒着全体员工，华为尚不是一家成功的企业，而是正在成长的企业。从任正非发给员工们的文章题目便可窥见一斑——《狭路相逢勇者胜》《在自我批判中进步》《反骄破满》《华为的红旗能打多久》《华为的冬天》《活下去是企业的硬道理》《成功不是未来前进的可靠向导》《深淘滩，低作堰！》《前进的路上不会充满鲜花》……

至于任正非自己，或许他太太几十年的观察最为贴切——“他天天都像打了鸡血似的”。

奋斗者共享

“10 多年前我听说贝尔实验室一天发明一项专利，现在每天平均三项，实在太了不起了！我对贝尔实验室的感情胜过爱情……”这番话，是任正非 1997 年访问贝尔实验室时说的。

怎料时移世易，如今华为在全世界范围内的研发力量早已远超之。任正非说，华为每年研发经费投入已经达到150亿至200亿美元，未来5年总研发经费会超过1000亿美元。2018年，全球企业研发投入排行榜上，华为已高居中国第一、全球第五。

如此高昂的研发投入，却只对准了一个“城墙口”——信息传送领域，跟华为只有几百人时的“城墙口”无异。今天的华为，有15000多位从事基础研究的科学家和专家，负责“把金钱变成知识”；60000多位应用型人才则开发产品，负责“把知识变成金钱”。

华为对人才的重视，在2019年夏天泄露的一份总裁办电子邮件中，被侧面印证。8位2019届顶尖学生，年薪最高者可达201万元，应了电子邮件中那句“首先要用顶级的挑战和顶级的薪酬去吸引顶尖人才”。这份工资表被广泛流传，成为全社会讨论的话题。

一段轶事同样可以佐证。2014年，时任爱尔兰总理恩达·肯尼问华为轮值CEO郭平，为何在距离首都都柏林280公里之外的科克建立研究所？郭平的答案是，因为那里有一位网络架构的大牛，只愿意待在家乡，华为便为其专门组建了一支研究队伍。

借由一个人年幼时的经历，或可窥其一生。任正非反复强调的动荡与苦难，对他管理华为的方式带来了不可磨灭的影响。而他从父母身上学到的宽容、无私，不期然间成就了这家公司的格局。

创业32年后，作为华为创始人，任正非持有的华为股票只占总股数的1.14%。这个数字还在下降。真正持有华为股票者，是分布在170个国家的96768名员工，占了全体员工数的一半之多，持股者共同维护着华为的价值。任正非没有把华为变成个人的或是家族的，也没有过分追逐在富豪榜上身处何方。在艰苦地区工作的华为员工，连跳两级或者收入暴涨是家常便饭，任正非从不打算亏待这些全情付出的知识分子。在这套“奋斗者共享”的机制中，华为价值观深入骨髓。

任正非自己回忆，当初设置员工持股制度时，还专门向学过经济学的父亲请教，并得到了他的大力支持。

思想的力量

一双芭蕾舞者的脚，一只脚穿着舞鞋优雅光鲜，另一只脚却赤裸并伤痕累累。借用美国摄影家亨利·路特威勒的照片，华为向全世界传递着奋斗精神。华为公司董事、高级副总裁陈黎芳说，“那只伤痕累累的脚代表着任正非本人”。

这张图引起人们长时间讨论，甚至争议。喧嚣过后，这张图将在很长时间里代表华为。那只伤痕累累的脚并不追求完美，却充满力量，可以走向未来。

任正非一而再再而三地表达着类似的思考，关于对奋斗的极致追求，关于奋斗者的饱经沧桑。他说，“华为有什么神秘的？揭开面纱就是皱纹。”

很少有公司像华为这般痴迷于思想。2019 年，任正非接受的 20 多个采访，无论中外媒体，几乎每一个都被他引到了思想层面。他纵论信息革命史，讨论中外教育，探讨人工智能，担忧人类未来，思考 30 年后的社会形态，关切基础研究，关心人类幸福……那些关于利益的讨论，被他轻描淡写却并不敷衍地带过；那些关于现实困境的发问，在他那里不以为然。

思想，成为这家企业对内对外最好的武器。

这些采访，很快登上了国内外各大媒体的显要版面、重要时段。他年过古稀，不会说英语，没接受过完整大学教育，面临着来自超级大国的重压，却在世界面前淡定自若，背后正是思想的力量。围观任正非的采访实录，成为社交网络中一股潮流。动辄数万字的采访中，任正非金句迭出。过去 30 多年他对华为内部讲话，鼓舞着无数员工前仆后继，创造着通信行业的奇迹，如今外界开始感受到这股魅力。

任正非话语中既有常识的力量，也有反常识的力量。比如，他反对中国公司“自主创新”，因为只有踏在前人的肩膀上前进，才能缩短进入世界领先行列的进程；嘴上这么说，他的公司在研发投入上却一掷千金，从早期勉力跟随，到 5G 时代引领世界。从任正非到华为各高管，言必谈工业革命、信息革命和欧洲历史，人类过去几百年发展中的故事，在他们口中被反复打磨。仅听这些演讲，会误以为华为是家学术机构。

任正非在孤独岁月中的思考，如今在充满敌意的世界中，成为一剂良药。在华为，因为年龄差距，任正非向来与其他员工甚至管理层有一种导师与学生的潜在关系，如今这个 75 岁的老人，面对外界展现出了超强的意志力，以及大巧不工的谋略感。人们似乎很多年里，没在企业家身上感受过这种力量了。这是一种熟悉的力量，任正非熟稔毛泽东思想，熟练应用改革年代的实践哲学，以复杂而开放的思想，将华为推向了世界。每个成熟发达的社会，都会有几位大企业家推动社会前进。新中国成立70年，在自己的土壤上，成长出了几位真正的企业家，携带着时代密码，在滔滔洪流中举起红旗。

一杯咖啡吸收宇宙能量

很多人觉得，任正非在2019年站出来，与女儿孟晚舟被加拿大政府扣押不无关系。

华为经历过的危机并不少，以至于有记者问，华为当前主要是什么困难时，任正非的答案是："我们觉得除了困难，都是困难，没有不困难。"过去，任正非曾因决定不做小灵通，而在UT斯达康等对手带来的巨大压力下，得过严重的抑郁症；曾因爱将出逃，成立竞争公司，而一怒之下全力围剿；曾被思科在美国起诉；曾在至暗时刻，想委身卖给摩托罗拉而不得……

有华为观察者感叹：一部华为成长史，就是一部危机管理史。

即便如此，在百年未有之大变局中，牵一发而动全身并非危言耸听。这家走向世界的中国企业，早已被针对多年。从2003年思科起诉华为开始，在美国政府和媒体描述中，华为便具有了"可疑背景"，制造"不正当竞争"，危害"国家安全"；在一次次收购美国企业时，都会有政客出来叫停；受此波及，直到现在，华为不得不一遍遍在欧美国家重申，客户高于一切，网络安全和隐私保护是最高纲领。

在中国和平崛起中，这家遵纪守法的中国企业被广泛针对，创始人女儿被扣，每一环都不孤立。隐忍、封闭多年的华为，也开始意识到巨人难以遁形，实力对应责任，于是一改往日形象，频繁对外发声。

即便如此，他的话语中也未见慌乱。谈及被扣押的孟晚舟，他说"要感谢美国政府给孟晚舟插上了一个坚强的翅膀，她将来会飞翔得更好，我相信"，"由于加拿大事件，反而我们之间的关系变得更加亲密一点了"。

任正非的远征远未结束，前路依然不明，但他深知如何走下去。2017年12月11日，华为总裁办发给全体员工的电子邮件中，任正非解释了自己"一杯咖啡吸收宇宙能量"的想法——

"一杯咖啡吸收宇宙能量，并不是咖啡因有什么神奇作用。而是利用西方的一些习惯，表述开放、沟通与交流。你们进行的普遍客户关系，投标前的预案讨论、交付后的复盘、饭厅的交头接耳……我都认为在交流，吸收外界的能量，在优化自己。形式不重要，重要的是精神的神交。咖啡厅也只是一个交流场所，无论何时、何地都是交流的机会与场所，不要狭隘的理解形式。法国的花神咖啡馆是几百年来文人作家的交流场所；摩洛哥里克咖啡馆是二战期间各国间谍的交流场所，不是有《北非谍影》吗？老舍茶馆、成都的宽窄巷……是用品味吸收人们去交流，你约不到人，咖啡馆就是可被动获得机会的邂逅，不仅仅是学术。”

“我强调公司要开放，见识比知识还重要，交流常常会使你获得一些启发。”任正非说。

30 多年过去，华为站在金字塔尖，依然以谦逊的学习、交流姿态，四处吸收能量。拿来主义、实用主义哲学，始终贯穿其中。漫长的发展史中，绝大部分同时代企业早已消亡，绝大多数同类企业已不见踪迹，华为依然在这里，一年纳税上千亿，为全世界数十亿人带去廉价、优质的信息技术服务，为人类信息社会的未来探路。

而任正非自己，始终端着一杯咖啡，不知老之将至。

马化腾

腾讯，在十亿人指尖起舞

马化腾频频提到“梦想”二字。2010 年，他在给腾讯全体员工的一封信中写道：“腾讯的梦想不是让自己变成最强、最大的公司，而是最受人尊重的公司。”

2018年3月，北京，100多名中外记者站在人民大会堂南厅，看着全国人大代表马化腾走上红毯。

2018年两会增设了代表通道，马化腾出现在第一场。他身材精瘦、匀称，头发一丝不乱，一身得体西装。每次出现在公众面前时，这位潮汕商人都一副谦谦君子模样。

马化腾显然有备而来。当场宣布，微信全球月使用活跃用户总数，已经超过10亿。5分钟内，在几大新闻门户网站，以及微博、微信等平台上，这句话已被做成标题传遍了。

在话筒、录音笔和相机围堵中，马化腾穿过人海，艰难地迈入会场。此时此刻或许是个转折点，腾讯成为世上少数几个用户量超10亿的互联网巨头。即便放眼人类历史，10亿用户级别的平台也极为罕见。

不久前，围绕着腾讯、深圳与改革开放年代的话题，我专程采访了腾讯公司董事会主席兼首席执行官马化腾。

怎么想到创业？
更多的是想做产品

"读书时，我并没想过要自己创业，那时最向往的工作是写代码，做最好的产品经理。这个念头一直没有变。"马化腾说。

马化腾在深圳上大学时，常在校园里跑步。彼时若抬头望，既不会看到腾讯大厦、滨海大厦，也没有如今深圳高楼林立的天际线，校园外只有农田和农舍。唯一能预示一个商业帝国出现的，是他"那时脑子里充满了对外面商业世界的向往"。

马化腾读的是电子工程系计算机专业，其爱好恰也在此。从大学二年级开始，他把很多精力花在了C语言的学习上，这是世界上最流行、使用最广泛的程序设计语言之一。

"腾讯五虎"——五个创始人，除陈一丹在深圳大学化学系外，三人都是计算机系的同学。而且，陈一丹与马化腾在深圳中学时就是好友。

马化腾这样概括几人特征："我对产品比较在行，知道我要什么，怎么实现，这方面我想得比较清楚；张志东（腾讯原首席技术官）绝对是个学霸，技术能力很强；

陈一丹（腾讯原首席行政官）从政府部门出来，非常善于组建团队，对行政、法律和政府接待都很有经验；曾李青负责市场，长的派头很像老板，我们一起出去大家都叫他老板。”

马化腾说，“连我父母都没想到，我一个书呆子还可以开公司。我更多的是想做产品，没想过开公司，领导什么人。”

为何成功于深圳？

务实创新的氛围，成就了我们的梦想

“当时的深圳是中国最受关注，也最具争议的标本城市。那时在校园里最流行的一个词语是‘时不我待’。老师们经常教导我们说，如今是百年一遇的大时代。”马化腾感慨，“改革开放带来的红利，以及深圳务实创新的氛围，帮助我们不断成长，成就了我们的梦想。”

“深圳之于腾讯，如同硅谷之于苹果。这是一座年轻的充满活力的城市，始终走在改革开放的前列。”马化腾说，“我很感恩这个时代，同样也感恩深圳。”

在深圳，他们成为中国第一批接触网络的年轻人。马化腾成为第一代网民，并在1995 年开通了惠多网的深圳站，那时全国像这样的站点也不超过 10 个。风云突起之际，他在南方早早立起一面大旗。

从南向北，各地站点上所立着的，大都是日后声名显赫的互联网精英，如丁磊、雷军、求伯君和张小龙等。张朝阳即将带着尼葛洛庞帝的 2 万美元回国创业，这位麻省理工学院媒体实验室创始人尼葛洛庞帝的一本书《数字化生存》，预言了一个全新时代到来——“信息将成为举世共享的资源”。

尼葛洛庞帝无法预知的是，他的名言“预测未来的最好办法就是将它创造出来”，在中国南方的深圳，正由几个小伙子实践着。

如何突出重围？

探索路上善于接招

“腾讯的成功是一连串偶然机会的集合，靠的是在探索路上，善于接招。”早在

2002 年，马化腾便曾向媒体感慨。

毋庸讳言，中国互联网的前半段充斥着模仿甚至直接抄袭。比如，OICQ 的直接模仿对象是全世界第一款即时通讯软件 ICQ。没过多久，1999 年 8 月至 9 月，腾讯便两次收到美国在线发来的律师函，明确指出其行为侵权。腾讯只好将 OICQ 仓促改名 QQ。

如陈一丹所言，中国互联网公司皆生于草莽。然而，包括腾讯在内的中国公司，不断以微创新完成着弯道超车。

最为直接的例子是，2005 年，来自美国本土的聊天软件 MSN，在向 QQ 傲慢宣战后，大败而归。其所未料的是，在收到 ICQ 律师函几年后，QQ 早已超越了聊天功能，变成虚拟空间中的个性表达，语音、音乐、视频、网络游戏和在线交易无所不包。

没过几年，微信便复制了这一壮举。从模仿移动聊天工具 Kik 开始，微信在不断迭代中推出了诸多创新。其中，60 秒内的语音功能，成为现象级交流方式。而微信公众号平台，则已成为独一无二的生态体系。这些创新源自腾讯，为国外同类产品所未有。

怎样保持竞争力？

更民主，更多元

“赛马机制。”问及腾讯如何在内部鼓励创新，马化腾回答了四个字。

最著名的例子是，开发微信时，腾讯内部同时找了三个项目组研发，包括原 QQ 团队、成都团队和广州研究院的张小龙团队。最终，广州研究院的产品胜出。正是在特殊的机制下，残酷的社交媒体竞争还没走出腾讯，便完成了。

这无疑意味着巨大的资源浪费，却也大为降低了失败的可能性。马化腾说，“在公司内部往往需要一些冗余度，容忍失败，允许适度浪费，鼓励内部竞争和试错。”

正是在实践检验中，“谁提出，谁领军”“一旦做大，独立成军”成为腾讯内部不成文的规定。QQ 秀、QQ 空间和 QQ 游戏，都不是来自顶层设计，而是业务单元自下而上的尝试。

同样珍贵的是，非常民主的企业文化。

“很多员工刚进来，发现我们怎么吵得一塌糊涂，到后来会发现我们只是在讨论。

充分讨论后当然会慢一点，但能走得更深更远。”陈一丹回忆。

“大家都知根知底，互相之间的互补性很强。”马化腾告诉记者，“腾讯的企业文化也得益于此，更民主一点，更多元化一点。很多中途加入的人才也能够带着创始人的心态在公司里成长起来。”

是否有最难过的阶段？

没有哪一天高枕无忧

“腾讯从来没有哪一天可以高枕无忧，每一个时刻都可能是最危险的时刻”。马化腾向记者感慨，“我们曾几次遇到公司濒临倒闭的窘境，但最终还是挺过来了。”

腾讯档案室中，留了些泛黄的旧报纸。旧档案里，2002 年的“IT 经理人商业周刊”以《腾讯与自己赛跑》为题，对这家只有 4 岁的年轻企业进行了深度解读。从那时起，马化腾挂在嘴边的一句话便是：“我们的最大敌人不是别人，而是自己。”

马化腾还记得，OICQ 用户数一骑绝尘之际，腾讯的资金危机，竟然到了只剩 1 万元现金的地步，此时恰逢纳斯达克泡沫破灭……腾讯十分幸运，在 6 个月的时间窗口中，找到了投资者。这才有了后来的故事。

马化腾直言，互联网行业的变化异常残酷，没有侥幸，必须一直保持足够的敏锐度和危机感。“千亿元公司的没落是很常见的事情，我常说巨人倒下时，体温还是暖的。”

为何从封闭走向开放？

以前就像“八爪鱼”，现在只有“半条命”

“以前腾讯像个八爪鱼，什么都做，过去几年我们回归到自己的核心业务，专注做连接，聚焦在‘科技 + 文化’的战略上。”马化腾觉得，腾讯如今只有“半条命”，核心业务以外的领域，都交出去给各行各业的合作伙伴了。

微信上的“购物”一栏，打开便是京东首页。微信钱包里，“腾讯服务”只列了 8 个；“第三方服务”则列了 11 个，都来自腾讯的合作伙伴。有文章列举了互联网界对腾讯的不满，“它总是在一开始就亦步亦趋地跟随，然后细致地模仿，然后决绝地超越”。

那年发生的另外一件大事是著名的“3Q 大战”。2010 年 9 月 27 日，360 发布“隐私保护器”，专门搜集 QQ 软件是否侵犯用户隐私；腾讯宣布用户必须卸载 360 软件才可登录 QQ。大战一触即发，两家企业进行了旷日持久的诉讼。

这两件事，尤其是“3Q 大战”，成为腾讯一个重要转折点。硝烟未息之际，马化腾给全体员工发了一封邮件，“古往今来的历史告诉我们，被愤怒烧掉的只可能是自己。”他明确表态，“也许今天我还不能向大家断言会有哪些变化，但我们将尝试在腾讯未来的发展中注入更多开放、分享的元素。”

8 年后，2018 中国“互联网 +”数字经济峰会上，马化腾再次重申，腾讯要成为各行各业的数字化助手，助力各行各业实现数字化转型升级。

说到底，这是腾讯的一次“改革开放”——改革自我，开放给外界。

企业中什么角色重要？

我乐意当产品经理

“我非常乐意担当产品经理的角色，我会关注每一个细节，调动公司的人和资源持续改善，直到让用户满意为止。”马化腾表达着他对产品的热爱。“但在改善的过程中，最好不要单枪匹马。要发挥自己所长，同时要找伙伴一起来做，这样能够弥补自己的不足。”

马化腾所说的伙伴，一定包括“微信之父”张小龙。马化腾已经一向低调，与之相比张小龙更为深居简出，几乎没有媒体接触过，甚至在微信成功后，马化腾不得不亲自出面，替他应对采访。

张小龙是腾讯产品经理文化的绝佳代表。与马化腾一样，他以“用户体验”为核心价值观。微信简单干净的界面和操作方式，来自其极简主义的审美。他看上去不善言辞，却做出了全世界最热门的聊天软件之一，每月有超过 10 亿人在上面说个不停。

张小龙曾专门拿乔布斯和马化腾开过一个玩笑，他说，乔布斯能在 1 秒内让自己变成“白痴”，马化腾能在 3 秒内做到，而他自己则需要 5 秒。把产品做简单，自己要先变成傻瓜。

对最好的产品经理来说，魔鬼在细节中。有一次，张小龙问一个同事，微信 3.1

与3.0的会话列表有什么修改？对方回说没看出来。张小龙自答："会话列表每一行高度少了两个像素。"

如何面对十亿用户？

一切以用户价值为依归

"腾讯用户群体非常多元，涵盖各个年龄层，遍及全球各地。"马化腾说，腾讯诞生之初，就自然而然地产生了"强用户导向"的理念，并一直延续下来，"一切以用户价值为依归"。

互联网历史上，10亿级别的平台凤毛麟角。但是，腾讯对"海量用户"早已再熟悉不过，早在QQ时代就面对过数亿用户。

"我们是奔着因去的，不是奔着果去的。"在接受记者采访时，陈一丹的回答颇有些禅意。"面对10万用户和10亿用户时，区别的确很大。第一个是能力区别，你只有靠多年经验积累，才能到一定基准之上，为海量用户提供服务；第二个是责任区别，无论做加法还是减法，都要非常谨慎，从QQ到微信都是这样。"

马化腾说，腾讯有些创新可能看起来不显眼，但是确确实实地解决了当时用户普遍存在的需求。"平时我花大量时间使用我们的产品，从一个产品经理的角度把握产品走向和用户体验，找出不足，迭代完善。我自己一直坚持这么做，身体力行感染和带动他人。"

互联网改变中国，腾讯做什么？

助力改革开放，助力民族复兴

"过去，我们总在思考在商业上什么是对的。但是现在，我们要更多地想一想什么是能被社会所认同的。过去，我们在追求用户价值的同时，也享受奔向成功的速度和激情。但是现在，我们要在文化中更多地植入对国家、民族、行业、未来的责任和敬畏。"马化腾说。

年近20岁的腾讯，曾因诸多产品贴近年轻人，而被贴上低龄化标签。如今，伴随着互联网改变中国的进程，这家公司正以非常严肃的面目介入重大社会话题讨论。

比如，2013 年开始，马化腾在不同场合多次提及“互联网 +”。2015 年两会，马化腾提交了《关于以“互联网 +”为驱动，推进我国经济社会创新发展的建议》的议案。

从腾讯出发，对社会发展提出看法与办法，此非孤例。本报记者买到五本以马化腾为第一作者的书，《数字经济》《分享经济》《互联网 +》《指尖上的中国》《粤港澳大湾区》，每一本都关切重大话题，从实践者角色，整理了观察结果，提出了发展建议。

马化腾觉得，腾讯以及很多在深圳成长、发展起来的企业，都是改革开放的见证者、参与者和受益者。“站在新时代、新起点上，我们希望用科技创新、文化创新的力量来助力改革开放，助力民族、国家与文化的复兴。”

腾讯还有梦想吗？

让企业最受尊重

“我热爱仰望浩瀚的星空，也非常关心前进的方向以及脚踏实地跋涉的每一步。”马化腾说。

并不是每个人都认可腾讯。一篇名为《腾讯没有梦想》的文章，在 2018 年春天刷屏。文章认为，“腾讯正在丧失产品能力和创业精神，变成一家投资公司。”

一天之内，此文成为全民话题，多篇文章加入讨论。本质上，这些文章在讨论的，正是 2010 年之后，腾讯开放策略带来的现状。这似乎是两难，过去腾讯因参与一切而成为公敌，如今腾讯因开放而被认为没有梦想。

马化腾在对此的回复中，提到了“梦想”二字。这句话他在 2010 年在给全体员工的信中提到过：“腾讯的梦想不是让自己变成最强、最大的公司，而是最受人尊重的公司。”

腾讯有多在乎这个价值观？知乎上，一位叫胡帆的腾讯互动娱乐高级工程师晒出了腾讯食堂的餐巾纸外包装，上面写满腾讯价值观，“正直”“合作”“克制的力量”“一切以用户价值为依归”……

正中间是几个醒目的大字：“反思我们离最受尊敬还有多远。”

致和

凡事思所以然，
天下第一学问。

顾颉刚

廓清笼罩在古史上的迷雾

顾颉刚一生，嗜好学术，开宗立派，名满天下，同时毁誉伴身。无论知其罪其，都因他的古史考辨而起。

在对他、对他的观点讨论辩难中，中国历史研究乃至现代学术研究水平不断攀升，深度广度不断拓展，原本模糊不清的上古史也越发清晰起来。

梁启超写《李鸿章传》，第一句话是“天下惟庸人无咎无誉”。顾颉刚一生，嗜好学术，开宗立派，名满天下，同时毁誉伴身。无论知其罪其，都因他的古史考辨而起。

自从 20 世纪 20 年代，顾颉刚及其引领的古史辨派横空出世以来，誉之者，近百年来不绝于书；毁之者，近百年来亦未消歇。在对他、对他的观点讨论辩难中，中国历史研究乃至现代学术研究水平不断攀升，深度广度不断拓展，原本模糊不清的上古史也越发清晰起来。

从“大禹是条虫”说起

中国史学传统特别深厚，官私修史，代不乏人。史部著述，汗牛充栋。但是漫长的中华历史，越回溯，越茫昧无稽，似乎笼罩在一团云雾之中。当然，今人这种感觉，古人并不能体会。

顾颉刚发力考辨之前的古史，其实很“系统”了，三皇五帝尧舜禹、五德终始夏商周。各个朝代都有头有尾，比如《路史》说夏代有 490 年。民族出于一元，大家都是黄帝子孙；地域向来一统，东西南北四至明晰。这么一套混融的古史，保存在典籍中，一代代传诵下来，没有人从根本上怀疑。

顾颉刚怀疑了。

1923 年 5 月，他发表了《与钱玄同先生论古史书》，认为中国古史是层累地造成的，尧、舜、禹、稷的事迹都是靠不住的，甚至是虚构的。在推想禹的来源时，他附带提到：“禹，《说文》云：‘虫也，从禸，象形。’禸，《说文》云：‘兽足蹂地也。’以虫而有足蹂地，大约是蜥蜴之类。”

这下可捅了马蜂窝了。刘掞藜驳斥说，这属于想入非非，任情臆造的附会。柳诒徵直言，顾颉刚勇于疑古，疏于读书。胡堇人反问，假如大禹是一条虫，那么舜字本义《说文》训作蔓草，难道舜帝就是一种植物吗？

赞同者也不少，而且多是赞同他提出的新史观，并不纠缠大禹是不是虫这样的枝节问题。

胡适认为：“颉刚的‘层累地造成的中国古史’一个中心学说已替中国史学界开了一个新纪元了。”

傅斯年来信说：“你在这个学问中的地位，便恰如牛顿之在力学，达尔文之在生物学。”

郭沫若后来撰文写道："顾颉刚'层累地造成的古史'，的确是个卓识……他所提出的夏禹的问题，在前曾哄传一时，我当时耳食之余，还曾加以讥笑，到现在自己研究了一番过来，觉得他的识见是有先见之明。"

顾颉刚接受了批评意见，立即放弃了"禹是一条虫"的推断，并声明"这原是一个假定"。但是辩难仍在继续。"顾颉刚说大禹是一条虫"的说法在社会上不胫而走。反对者以此讽刺揶揄，旁观者当做茶余饭后的谈资，鲁迅也在小说中挖苦。直到今天，社会对于顾颉刚的一般印象仍停留在此，虽然这只是他所提观点中补充论证的一个假说，其成立与否并不影响其整体学术论证的科学性。

这也不难理解。学术界的讨论，凡是进入社会舆论层面，成为话题热点的，一定是因为某个结论或者说推论符合了传播规律，具有一定的新奇性甚至猎奇性。至于绵密的论证环节、枯燥的分析过程、精心的归纳总结，都被屏蔽掉了，只剩下"大禹是条虫"这种用今天的眼光看是典型的雷人语录。

1926 年，顾颉刚将所有赞成他和反对他的文章，收入《古史辨》第一册，从而使古史辨派开始走向学界。自此以后，二册、三册……多达七册的皇皇巨著《古史辨》，成为民国学术史上一个不可绕过的巨大存在，为中国古史、古文献的整理、研究、考索、辨伪的深入做出了巨大的贡献。

那么，顾颉刚总结的古史观到底是什么？意义何在？

"譬如积薪，后来居上"

1922 年，顾颉刚在起草《最早的上古史传说》时，把《诗经》《尚书》《论语》三部书中的古史观念作比较，发现禹的传说是西周时就有的，尧、舜的传说是春秋末年才产生的，伏羲、神农的出现就更晚了，"新鬼大而故鬼小"。

这种古史人物"越是起得后，越是排在前面"的现象，直接激发顾颉刚产生了如下假设："古史是层累地造成的，发生的次序和排列的系统恰是一个反背。"用《史记》中的说法就是，譬如积薪，后来居上。

具体来说就是：战国、秦、汉以来的古书中所讲的古史系统，是由先后不同时代的神话传说一层一层积累起来造成的，不同的古帝神话传说发生时代的先后次序和古书中所讲的古史系统排列的先后恰恰相反。1923 年，他分三个方面又做了进一步的阐发。

第一，时代愈后，传说的古史期愈长。如周代人心目中最古的人是禹，到孔子时更古的人有尧、舜，战国时更古的人有黄帝、神农，到秦有三皇，汉以后有盘古等。帝王世代不断增多。

第二，时代愈后，传说中的中心人物愈放愈大。如舜，在孔子时只是一个无为而治的圣君，《尧典》就成了一个“家齐而后国治”的圣人，到孟子时就成了一个孝子的模范了。古史人物的属性不断增多。

第三，通过这个史观，我们即使不能知道某一件事的真确的状况，但可以知道某一件事在传说中的最早的状况。即使不能知道东周时的东周史，也至少能知道战国时的东周史；即使不能知道夏、商时的夏、商史，也至少能知道东周时的夏、商史。可谓“以贾还贾，以孔还孔”。

顾颉刚所创立的“层累地造成的中国古史”观，并非无源之水。早在春秋末年子贡就说：“纣之不善不如是之甚也，是以君子恶居下流，天下之恶皆归焉。”（《论语·子张》）西汉初《淮南子·缪称训》说：“三代之称，千岁之积誉也；桀、纣之谤，千岁之积毁也。”晚至清代崔述也说，“其世愈后则其传闻愈繁”“世愈晚则其采择益杂”。

从这些论述中可见，前人已看到了古史弥增的表面现象，但都没有去深究其内在规律，只有到了顾颉刚才揭开了这内在秘密。

“我是一个桀骜不驯的人”

这一主张的产生，得益于时势和顾颉刚的个性。综合起来就是内外因交相作用的结果。

先说外因——时势。清代朴学讲求实事求是，对古文献的整理比以前各时代都要精密，都要深刻。更重要的是，“以前必要把学问归结于政治的应用，而清代学者则敢于脱离应用的束缚；以前总好规定崇奉的一尊，而清代学者为要回复古代的各种家派，无意中把一尊的束缚也解脱了。”顾颉刚说。这种对待学术的理性态度开启了辨伪学的新篇章。

到了清末民初，西方研究学术的科学方法传了进来，中国学者受到它的影响，对于治学方法有了根本的觉悟，要把中国古今的学术整理清楚，把几千年来的经学、历史、学术算一个总账，认清它们的历史价值。这就是整理国故运动，其呼声倡始于章太炎，而上轨道的进行则发轫于胡适的具体计划。“我生当其顷，亲炙他们的言论，又从学校的科学教育中略略认识科学的面目，又因性喜博览而对于古今学术有些知晓，所以能够自觉地承受。”顾颉刚说。

同时，新材料、古物出土增多。殷墟甲骨文、敦煌写本、西域简牍、清内阁大库明清档案一起被称为中国近代学术史上的“四大新发现”，透露出古代文化的一些真相，反映出存世书籍中所写的幻相，更使人对古书增高不信任的意念，一下子扩宽了学者的研究视野。

工具也更新了。胡适带了西方现代的史学方法回国，讲授中国哲学史，考证《水浒传》，辩论井田制，给中国学术界注入了一股新风。他提出的“大胆的假设，小心的求证”，更是为学术研究提供了科学的途径。顾颉刚总结自己的治学方法，足以看出胡适这一思路的影响：“开首发表主张的时候尽不妨大刀阔斧，作粗疏的裁断；但一层一层地逼进去时，便不得不做细针密缕的工作，写一个字也应该想几遍了。”

这么一来，在新方法支配下的材料，陡然呈现出一种新气象，使人不但要去辨伪，要去研究伪史的历史背景，而且要找出其中演变的线索。

再从内因——个性上看。“我是一个桀骜不驯的人，不肯随便听信他人的话，受他人的管束。我又是一个历史兴味极浓重的人，欢喜把一件事情考证得明明白白，看出它的来踪和去迹。我又是一个好奇心极发达的人，会得随处生出了问题而要求解答，在不曾得到解答的时候只觉得胸中烦闷的不可耐。”顾颉刚说，“因为有了这几项基本的性质，所以我敢于怀疑古书古史而把它做深入的研究，敢于推倒数千年的偶像而不稍吝惜，敢于在向来不发生问题的地方发生出问题而不丧气于他人的攻击。”

只有具备了这样的个性，才能面对“众口铄金”而昂然自立。须知，顾颉刚发前人所未发，向神圣的古史系统发动挑战，压力是很大的。因为假如三皇五帝是子虚乌有的，那么后来以此建构起来的道统、学统、政统就被釜底抽薪了，成为空中楼阁了。若没有强大的内心世界，没有一贯的实事求是精神，顾颉刚恐怕早已淹没在众人的口水中一蹶不振了。

因此，上面那段夫子自道，印证了时人的评价：顾颉刚为“最富于为学问而学问的趣味者”，而非“为生活而学问者”“为功利而学问者”。

这正如顾颉刚所说："我要过的生活，只有两种，一种是监禁式的，一种是充军式的。监禁式的生活是把我关在图书馆和研究室里，没有一点人事的纷扰；充军式的生活则是许我到各处地方去搜集材料，开辟学问的疆土。"

真是无可救药的学问嗜好！

总而言之，在曾任顾颉刚助手的王煦华看来，"古史是层累地造成的"这一史观既是中西文化交流后长出来的硕果，又是我国历代考辨古史从感性认识上升到理性认识的规律性总结，是我国辨伪史上一个巨大的飞跃，标志着我国古史考辨之学进入了一个新时代。

顾颉刚生逢其时，顺势而为，终成一代宗师。

伪古史"三大破"

虽然提出新史观以后，顾颉刚再也没有做理论上的深入阐述、系统研究。但运用这一史观，他对古史传说中的具体问题进行了深入的考辨。其中，有"三大破"不可不说：即一破三皇五帝的古史系统，二破中华民族出于一元的臆想，三破中国地域向来一统的说法。

《三字经》里说："自羲农，至黄帝。号三皇，居上世。唐有虞，号二帝。相揖逊，称盛世。"说评书的则经常这么开篇："自从盘古开天地，三皇五帝到如今。"这套流行的古史说法，顾颉刚认为是由神话传说层累地造成的。

他在《与钱玄同先生论古史书》中说：古史传说中的帝王，东周初年只有禹，这是从《诗经》上可以推知的；东周末年，有了尧、舜，这是从《论语》上可以看到的。《论语》两次连称尧、舜，一次连称舜、禹，可见当时确实以为尧、舜在禹之前，于是禹之前有了更古的尧、舜。

从战国到西汉，伪史充分地创造出来，在尧、舜之前更加上了多少古皇帝。自从秦灵公祭黄帝，经过了方士的鼓吹，于是黄帝立在尧、舜之前了。自从许行等人抬出了神农，于是神农又立在黄帝之前了。自从《周易·系辞》抬出了庖牺氏，于是庖牺氏又立在神农之前了。自从李斯等人说"有天皇，有地皇，有泰皇，泰皇最贵"，于是天皇、地皇、泰皇更立在庖牺氏之前了。自从汉代交通了苗族，把苗族的始祖传了过来，于是盘古成了开天辟地的人，更在天皇之前了。这正是，时代愈后，知道的古史愈靠前；文献越无征，知道的古史反而越多。三皇五帝系统，就这样层累地造成了。

与之相关，两千年来大家信从《帝系姓》《五帝德》等伪书中上古世系的说法，以为中华民族出于一元，都是黄帝的子孙；同时又信从《禹贡》《尧典》《史记·五帝本纪》等文中的说法，以为中国的疆域在黄帝时已是“东至于海，西至于空桐，南至于江，北逐荤粥”了，地域早就一统了。

先从民族来说，顾颉刚指出，自西周以至春秋初年，没有各个民族公认的始祖，那时人们只是把本族形成时的人作为始祖。民族出于一元的观念是经过春秋以后200多年的兼并战争、把无数种族合并到一起后才出现的。

他在《战国秦汉间人的造伪与辨伪》中说：“他们为要消灭许多小种族，就利用了同种的话来打破各方面的民族主义。本来楚的祖是祝融，到这时改为帝高阳了。本来秦是玄鸟陨卵，女修吞而生子的，到这时也是颛顼的苗裔了……本来越是纯粹南方民族，和诸夏没有丝毫关系的，到这时也是禹的子孙了。本来匈奴在极北，越在极南，无论如何联不起来的，到这时都成了夏的后裔了，禹是被称为颛顼之孙的，那么越和匈奴也同祖颛顼了。”商、周是两个很不同的种族，到这时商祖契、周祖后稷，都成了帝喾的儿子，变成了亲兄弟，连帝尧也是他们的兄弟。而颛顼和帝喾又是黄帝的孙子和曾孙。这样就出现了唐、虞、夏、商、周同出于黄帝的说法。

就地域来说，秦汉以前的中国只是没有统一的许多小国。《禹贡》《职方》《尧典》等所说的地域一统，是战国秦汉时的情况，而不是如这些书上所说的自黄帝以来早就已定局的地域。因此，必须打破地域向来一统的观念，以各个时代的地域为地域。顾颉刚认为西周时尚没有九州的观念。九州本是战国人的理想制度，汉武帝时，新开辟了疆土，就采用这个理想的制度来区划天下。

这“三大破”针对的都是古史研究中的根本性问题。虽然顾颉刚一向认为自己提出的只是假设，一旦遇到确凿证据，就会适时修改，他修正“大禹是条虫”就一例。但几十年下来，学术研究的新成果是在证明其是而非证伪。

“所以有疑为的是有信”

20世纪90年代，学术界出现了一股“走出疑古时代”的思潮。随着“夏商周断代工程”的推进，《夏商周年表》的公布，对于顾颉刚以及古史辨派的批判再次升温。

然而十多年过去了，顾颉刚的学术思想依然保持着旺盛的生命力。

对此，山东大学教授王学典认为，顾先生是现代中国史料批判运动的发起人和主要推动者。历史研究的一个铁则是“拿证据来”，只要这个铁则还不过时，只要历史研究还需要审查证据，顾颉刚和古史辨派的工作就不会过时。而中国历史上最需要严格审查的一批证据，就是关于上古史的文献，因这批文献全出自后人的追述和传说，其中几乎没有任何一手材料或原始文献可言。顾先生和古史辨派的巨大贡献就是按照现代史学的规范，对这批文献启动了审查程序。严格说来，这一审查迄今并未完成，甚至还会一直进行下去。

曾有人把对待古史的态度分为三派，一派是信古，一派是疑古，一派是释古。在顾颉刚看来，“疑古”不能自成一派，“因为他们所以有疑为的是有信；当先有所信，建立了信的标准，凡是不合于这标准者则疑之。‘信古派’信的是伪古，‘释古派’信的是真古，各有各的标准。‘释古派’所信的真古何从来？乃得之于疑古者之整理抉发。”

王煦华认为，顾颉刚古史研究的主要成就，是揭示出战国、秦、汉以来的古书，特别是经书上所载的古史，大多出于神话传说的演变，是由不同时代的神话传说一层一层积累起来的，从而把古书中的一些虚妄的伪史料清除出去，为进一步科学地研究中国古代史开辟了道路。

总有人说，《古史辨》的时代过去了。对此还是用顾颉刚自己的话回应吧：“这句话也我觉得不对，因为《古史辨》本不曾独占一个时代；以考证方式发现新事实，推倒旧史书，从宋到清不断地在做，《古史辨》只承接其流而已。至于没有考出结果来的，将来还得考……这项工作是上接千年，下推百世，又哪里说的到‘过去’？”

陈岱孙

以“经济救国”，与世纪同行

北京大学燕南园 55 号门前，立有一尊陈岱孙先生手拄拐杖、端坐凝神的铜像。“中央之美者，有岱岳。”高山仰止，景行行止。陈岱孙是北大人心中的丰碑，也是中国知识界的丰碑。

1995年10月31日，秋高气爽，阳光明媚，布满鲜花、绸带、彩屏的北京大学电教报告厅里，一场盛大的祝寿大会正在举行。当一位精神矍铄、身着玄色中山装的耄耋老人缓步进入报告厅时，座无虚席的全场立刻响起了雷鸣般的掌声。时任中共中央政治局常委、国务院副总理的朱镕基特意为祝寿会发来了贺信。贺信写道：

欣逢九五大寿，本已定于明日登门拜谒，敬贺寿辰，适因公须即日离京，未克践约，怅何如之。

先生年高德劭，学贯中西，授业育人，六十八年如一日，一代宗师，堪称桃李满天下。我于一九四七年入清华，虽非入门弟子，而先生之风范文章，素所景仰。清华经济管理学院成立后，始得求教于先生之机缘，得益良多。

今逢大寿，唯愿先生健康长寿，松柏常青，学生有幸，幸何如之。特此

恭祝华诞

朱镕基

一九九五年十月十九日

这位被朱镕基以“学生”自居，称其为“先生”，对之“风范文章，素所敬仰”的，就是被誉为“中国经济学界一代宗师”的陈岱孙先生。

受“华人与狗不许入内”刺激，走上“经济救国”之路

陈岱孙先生是20世纪的同龄人。1900年，陈岱孙出生于福建闽侯一个书香世家。幼时的陈岱孙，接受的是私塾教育。私塾课堂上讲到的“国家兴亡，匹夫有责”，“国富则力强，国贫则软弱”，很早就在他心里埋下了爱国的种子。

1918年夏，陈岱孙参加清华在上海高等科插班生入学考试。应考期间，陈岱孙到上海外滩散步，在黄埔滩公园门口的草地上，一块白底黑字写着“华人与狗不许入内”的木牌子深深刺痛了他，“我陡然止步了，瞪着这牌子，只觉得似乎全身的血都涌向头部。在这牌子前站多久才透过气来，我不知道。最后我掉头回店，嗒然若丧”。对于年轻的陈岱孙来说，这个“刺心刻骨的打击”，让他强烈的民族意识和爱国情怀开始在内心萌发。

陈岱孙如愿考取了清华高等科的三年级插班生。第一学年结束前夕，“政府接巴黎中国代表团来电，谓关于索还胶州租借之对日外交战争，业已失败”。随之，中国近代史上具有划时代意义的事件——五四运动爆发了。1919 年 5 月 4 日，3000 余名北京学生走上街头，高喊“誓死力争，还我青岛”，“外争国权、内惩国贼”，要求政府拒绝在巴黎和约上签字。5 日，清华学生宣布“从今日起与各校一致行动”，陈岱孙同清华学子们一起，加入到了游行、请愿、宣传的队伍之中。这次事件让他“进一步感到我中华民族可能遭到亡国的惨运，加强了某种‘救国论’的思想在我脑中的形成。我当时想起的是古书中所说的‘足食足兵’的重要性，而积贫积弱是导致横逆以致灭亡的根本原因，从而富强便成为当务之急。这也许是后来受到批判的一种‘经济救国论’的萌芽罢”。在这种朦胧的“经济救国”意识的驱动下，当年秋天，在升入高等科四年级时，陈岱孙毫不犹豫地修习了“经济学概论”课程。

1920 年，以优异成绩从清华毕业后，陈岱孙获得庚子赔款公费留美资格。接下来的近七年时间里，他先后在威斯康星州立大学、哈佛大学学习现代经济学。“上课之余，几乎每天都来自修室读书……我根本没星期日，只有星期七……这几年的寒暑假也根本取消了”。鞭策他如此发奋苦读的，是要“不负祖国的培养和希望，好好学习，学得一些有用的知识，回来为祖国效力”。获得博士学位后，27 岁的陈岱孙毅然回到满目疮痍的祖国，投身于教育事业。从清华园到西南联大，从中央财经学院到北大燕园，在近 70 年教学生涯中，他将学到的经济学知识无私地传授给了一代代中国学生。

多年之后，在回顾自己一生时，陈岱孙发自肺腑地说：“在过去这几十年中，我只做了一件事，就是一直在学校教书。几十年来，我有一个深刻的感受，就是看到一年年毕业同学走上工作岗位，为国家社会服务，作出成绩，感到无限的欣慰；体会到古人所说的‘得天下英才而教育之，一乐也’的情趣。”虽立足三尺讲台，但陈岱孙并不是一个书斋式的学者。在很多关键的历史时刻，他都挺身而出，为国家民族建言献策：抗战期间，他发表了一系列文章，或抨击国民党的亡国政策，或愤怒声讨日寇的侵略行径，或从经济的角度为抗战出谋划策；1946 年，他与闻一多、朱自清等联合发表《十教授的公开信》，呼吁停止内战，反对独裁，要求和平建国。陈岱孙教授从“经济救国”起步，尽其一生，孜孜探索，勤恳耕耘，令人肃然起敬。

坚守“纯以中文授课，不掺外文”的教学原则

1927年，陈岱孙应母校召唤，启程北上，赴清华任教。在上海候船时，他遇到了几位当时在清华读书的学生。聊天过程中，他了解到不少关于清华教学的情况。他们告诉陈岱孙，清华老师讲课时喜欢中英文掺杂并用，特别是讲到关键概念、术语时，须得借助外文原文才能解释清楚；只有一位讲授社会学的陈达教授，讲课时全用中义，不着西文一字。学生们语词、语气中，充满了对陈达教授的佩服、称道。

正所谓说者无意，听者有心。这件不经意得知的小事，触动了陈岱孙心中积压的往事。他想起了当年在上海看到“华人与狗不许入内”的木牌子带给他的刺痛感；想起了乘船回国途经印度、锡兰、马来西亚、新加坡等地时，当地老师用夹杂着英文的当地语言授课时带给他的“刺耳”感。“这可能是殖民地心态的表现！”得出这个结论后，陈岱孙下定决心：在自己的课堂上，绝不掺杂外文！

翻看陈岱孙教授的讲义，你找不到哪怕一个外文词汇。备课时，他把所有讲课中涉及的学术概念、术语、词句全都译成了中文。从第一天上课起，他就坚持纯以中文授课，只在必要时才在黑板上以原文作为注释。除自己身体力行外，他还认为，中国教师用纯粹的国语授课，应当是一个基本原则。“直至今日，我对于有人提倡为了提高学生外文程度，在一些专业课中，教师可以不用中文而用外文讲授的主张，还顽固地期期以为不可。”从到清华教书起，陈岱孙执教了几十年，这一习惯也一直坚持了几十年。

编写中国人自己的经济学教材

近代学制，始自清末。1902年8月，清廷公布了管学大臣张百熙主持拟定的一系列学制系统文件，统称《钦定学堂章程》。这是我国有系统地引入西方教育制度的开始。“章程”将大学堂分为预备科、大学专门分科和大学院三级：预备科即大学预科，大学专门分科相当于后来的本科学院，大学院则近似于今天的研究生院。在《钦定学堂章程》中，大学分设政治、文学、格致、农业、工艺、商务、医术等七个专门分科，课程名称和内容都沿袭自西方。教师们授课时，要么参照欧美资料自编讲义，要么索性直接使用外文教材。直到20个世纪20年代末，这种情况依然没有明显改观，国内

很多高校都还没有自编的教科书。

在陈岱孙看来，教材问题是当时高校一个亟待解决的问题。由于承担着清华《财政学》课程的教学工作，陈岱孙便以此入手，开始了编写中国自己的财政学教材的尝试。当时，国内尚没有英、法、美、苏等国财政学方面的相关资料；即便在国外，有关财政学的系统论著也还极为少见。为此，陈岱孙只得借着 1932—1933 年休假的机会，前往法、英两国，从搜集原始材料做起。在九个月的时间里，陈岱孙每天都埋头于各种资料、手册之中，争分夺秒、废寝忘食，以买、抄、读、记等方式，搜集了大量宝贵的资料并分批寄回国内。回国之后，陈岱孙对材料进行了系统整理，陆续完成一些章节的初稿，分存在清华大学新林院三号的家中和新图书馆楼下办公室的书柜内。

1937 年 7 月 7 日，日军挑起“卢沟桥事变”。7 月 29 日，北平失陷，同日，清华园陷落。陈岱孙因须“立即返津南下和梅校长商量迁校事宜。这就意味着我得抛弃我在校内的家，包括我研究课题的草稿和全部原始资料”。随后，清华园的校舍为敌军所侵占，公私财物全被毁掠。“我的家当然是在劫难逃”，陈岱孙为编撰财政学教材“所搜集的关于预算制度的资料和一些手稿”，也因战乱而遗失殆尽。

陈岱孙当时就意识到“战事不是短期可以解决的”，而何时能够重圆他编写本土教材之梦，也“完全是个不可知之数”。在西南联大异常艰苦的条件下，陈岱孙坚守教育阵地，坚持在教学的同时积累素材、编写讲义。20 世纪 50 年代，《经济学说史讲义》终得完成，成为新中国成立后由我国教授执笔撰写的第一部完整的经济学说史教材。1979 年，由他主持编写的《政治经济学史》教材，出版后被许多高校所采用，为“文革”浩劫后恢复和推动经济学说史教学和研究发挥了重要作用。

“经济者，经世济民也”

北京大学经济学院招生的时候，总有这么一句话：“报考北大经济学院，实现经世济民之志”。将经济解释为“经世济民”，就出自陈岱孙先生之手！他这样说过：“我们中国过去有一句话叫做‘经世济民’，‘经济’一词就是从‘经世济民’中撷略出来的。”直到今天，北京大学师生在解释“经济”这一概念时，依然沿用着“经济者，经世济民也”这一堪称完美而精辟的定义。

将经济学视作“致用之学”，是陈岱孙先生一贯坚持的观点。1953 年，陈岱孙调往北京大学经济系，1954 年开始担任北京大学经济系主任。从那时起，几乎每次新生入学，他都会讲经世济民的道理。在许多演讲和文章中，他都反复提及并论证过这一观点。在他看来，“致用”是古往今来一切经济理论的根本特征：我国古人在讲到“经世济民”或者“文章经济”时，“经济”都是联系实际的，是致用之学。同样，在西方经济史上，经济理论同样与实际相联系。“从古代起到古典学派，甚至到今天西方国家的庸俗经济学，它们的目的都是在解决实际问题。马克思主义的政治经济学更是理论联系实际、指导实际的典范。”1981 年在大连召开的“中国经济学团体联合会首届年会”上，陈岱孙如是说。

从“致用”出发，注意从中国国情出发考虑问题，是陈岱孙科学活动的一大特点。这在他对西方经济学的态度中表现得淋漓尽致。20 世纪 80 年代，在 20 多年的隔绝后，学界出现了一股不加辨别地推崇西方经济学的风气。针对此，陈岱孙第一时间撰写了《现代西方经济学的研究和我国社会主义经济现代化》一文，高屋建瓴地提出了如何对待西方经济学的观点。他写道：“在对待西方经济学对于我国经济现代化的作用上，我们既要看到这些国家经济制度和我国的社会经济制度的根本不同，从而，现代西方经济学作为一个整体，不能成为我们国民经济发展的指导理论。同时，我们又应该认识到，在若干具体经济问题的分析研究上，现代西方经济学确有可供我们借鉴、参考之处。”这篇文章首发于《北京大学学报》，1983 年 11 月 16 日被《人民日报》转载后，在学术界引起了巨大反响。陈岱孙以他丰富的学识和深邃的经济思想，身体力行地带我们走过了一段曲折但又充满活力的发展历程，有力地实践着他一贯的思想：经济科学是致用科学。

今天，在北京大学燕南园 55 号门前，立有一尊陈岱孙先生手拄拐杖、端坐凝神的铜像，铜像下方，刻着他生前常常说的一句话：“我这辈子只做了一件事，教书”。每次面对陈岱孙先生的铜像，我们仍不由得想起《淮南子》中的名句：“中央之美者，有岱岳。”高山仰止，景行行止。陈岱孙是“北大人”心中的丰碑，也是中国知识界的丰碑。

夏　鼐

中国文明是土生土长的文明

考古学在夏鼐手中，可谓得到了正本清源，实现了科学发展。“中国考古之学，不绝如缕，今日继绝起衰者，则舍君其谁……”1949 年，考古学者高去寻在给夏鼐的一封信中如此写道。

“我以为中国文明的产生，主要是由于本身的发展，但这并不排斥在发展过程中有时可能加上一些外来的影响……但是，中国文明还是在中国土地上土生土长的。”

1983年，夏鼐在日本讲演时，以确凿的考古学实物资料为依据，以不可动摇的考古学研究成果为基础，向世界作出了这一论断。

能够得出这一论断，皆因夏鼐在考古学领域辛勤工作了近半个世纪。

求学结缘考古学

考古学是随着欧风美雨东渐而来的。

直到20世纪20年代以前，我国历史上只有可以说是考古学前身的金石学。到19世纪末年以后，又逐步出现了研究新从安阳殷墟出土的甲骨文之学。但这些都不是从事科学考古发掘的成果。出现现代意义上的考古工作，得自于具有现代考古学知识的学者。

20世纪以来，主导中国考古学的学者大致可以分为三批：西方学者、欧美留学生、新中国培养的学者。

第一批学者主导中国考古学的时间大体从20世纪初至1928年殷墟发掘开始止，主要代表人物为斯坦因、伯希和、安特生等。

第二批学者主导中国考古学的时间大体从1928年殷墟发掘开始至1985年夏鼐去世止，主要代表人物为李济、梁思永、裴文中、夏鼐、曾昭燏等。

第三批学者主导中国考古学的时期从1985年起至今，主要代表人物是新中国成立前后至“文化大革命”以前毕业的大学生。他们主要是夏鼐、苏秉琦等先生培养的学生。从20世纪50年代开始，他们便成为中国田野考古的主力军。

夏鼐去世后，胡乔木撰文称：“完全应该公正地承认，夏鼐同志和他的合作者们，开创了我国考古学发展的新时代。”

这个新，体现在夏鼐做出的学术贡献以及开创的考古新局面上。而从求学时代起，夏鼐就和考古学这一当时的“新学”结下了不解之缘。

夏鼐字作铭，1910年出生于今天的浙江省温州市。1934年，他考取清华大学留美公费生的考古学部门，以求出国深造，学习近代考古学。

按照当时的规定，出国前要在国内准备并实习一年。因此，他于1935年春以实习生的身份在河南省安阳参加由梁思永主持的殷墟西北冈墓群的发掘，与梁思永、石璋如、尹达、胡厚宣等考古学者并肩作战，在实际工作中学得许多考古学的知识和技术。

1935年夏，夏鼐到伦敦大学攻读考古学，后参加了一系列考古发掘工作，1946年获得了埃及考古学博士学位。

夏鼐回国后不久，便在1941年夏至1942年，和吴金鼎、曾昭燏、高去寻等调查并发掘了四川省彭山县豆芽房和寨子山的崖墓。1944年至1945年，他和向达等负责西北科学考察团在甘肃省境内的考古工作，调查、发掘了敦煌的佛爷庙、月牙泉、玉门关，宁定的阳洼湾，民勤的沙井，武威的喇嘛湾，临洮的寺洼山，兰州的高坪、中山林、太平沟、十里店等遗址和墓地，有许多重要的收获。

1946年，国民党发动内战，田野调查发掘工作不得不停止。1948年冬到1949年春，中央研究院所藏图书、文物资料被迁运到台湾，历史语言研究所中的李济、董作宾、石璋如、高去寻等都随着殷墟出土的文物由大陆去台湾。夏鼐决意留在大陆。

就此之后，从1950年中国科学院考古所成立夏鼐担任副所长至1985年他去世，中国考古事业在夏鼐的领导和影响下不断向前发展，而其个人的学术研究也达到了一个新的高度。

考古领域三大学术成就

作为学贯中西、兼容并包的学者，夏鼐的学术成就可用“广开风气”四字形容。齐家文化的年代改订、史前考古学文化命名原则的确立和碳十四测年法的引入与研究应用，可以看作是夏鼐在史前考古领域最主要的学术贡献。

（1）破谬论

20世纪20年代初期，应聘来我国工作的瑞典学者安特生，根据甘肃地区缺乏地层关系的实物资料，将中国新石器时代划分为齐家、仰韶、马厂、辛店、寺洼、沙井六期，后又臆测各期的绝对年代。

1945年，夏鼐在甘肃阳洼湾齐家文化墓葬的发掘中，从齐家文化墓葬的填土中发现了甘肃仰韶文化（今称马家窑文化）的彩陶片，第一次从地层学上确认了甘肃仰韶文化的年代要早于齐家文化。他在《齐家期墓葬的新发现及其年代的改订》一文中说："这次我们发掘所得的地层上的证据，可以证明甘肃仰韶文化是应该较齐家文化为早。"

这一发掘成果，在学术史上具有重大意义，它彻底推翻了当时学术界鼎鼎大名的权威安特生的分期说，意味着外国学者主宰中国考古学的时代从此结束了。日本学者樋口隆康认为，这标志了中国史前考古学的新起点。

（2）立新规

必也正名乎。新中国成立以后，随着田野考古工作在全国范围的逐步展开，许多地方发现了前所未知的新石器时代文化遗存，过去习用的几种文化名称已经难于概括。如何正确进行新的文化区分和命名，便成为考古研究进一步发展的关键。

1959 年初，夏鼐发表《关于考古学上的文化命名问题》一文，对什么是考古学文化、划分考古学文化的标准，以及定名的条件和方法等问题，给予科学的明确回答。

夏鼐认为，考古学上的"文化"是指某一社会（尤其是原始社会）的文化在物质方面遗留下来可供观察的一群东西的总称，用以表示考古遗迹中（尤其是原始社会的遗迹中）所反映的共同体，通常以第一次发现典型遗迹的小地名来命名。而确定新的"文化"名称，需要具备三个条件：必须是有一群具有明确特征的类型品，这种类型品经常地共同伴出，而不是孤独的一种东西；这种共同伴出的类型品，最好是发现不止一处；必须对这一文化的内容有相当充分的认识，至少有一处遗址或墓地做过比较全面而深入的研究。

在理论上提出这一套关于考古学文化命名原则之后，夏鼐将之运用于实践中，命名了通用至今的马家窑文化、良渚文化、大汶口文化、二里头文化等。后来，他在《中国文明的起源》一文中提出"二里头文化如果不是中国文明的开始，也是接近于开始点了"这一著名论断。

（3）引新法

1946 年，美国化学家利比发现，任何一块古代人类的遗骨，一块有机物的残骸或者古代人类点起篝火留下的木炭，都可以通过测定其中包含的放射性碳素即碳十四的含量，反过来推断它的年代。当生物活着的时候，它们从大气中摄取一定量的碳同位素，一旦生物死亡，它们就会缓慢地衰变出来。他测出了碳 14 的半衰期是 5730 年，即每隔 5730 年碳十四含量就减少一半。这种方法应用于古物年代的鉴定，是相当精确可靠。

当利比的著作《放射性碳素断代》问世后，夏鼐立即意识到这是自然科学渗透到考古科学的重大事件。1955 年，他第一个向国内读者介绍了碳十四测定法如何为考古断代服务，并决定在考古研究所建立一个现代化的碳十四实验室。为此，夏鼐从中科院物理所要来已被打成右派的专家仇士华、蔡莲珍。他们白手起家，克服重重困难，终于建成了实验室。1966 年 3 月，他们用碳十四法测定了第一批考古样品的年代数据。若干年来，实验室的设备不断改进，测定工作的效率也进一步提高。经过多方面的检验，其测定的数据在很大程度上是可信的。这为中国考古学，尤其是以新石器时代为主的史前考古学的研究，提供了很大的助力。

1977 年，夏鼐发表《碳十四测定年代和中国史前考古学》一文，运用碳十四年代数据，全面系统地对我国新石器时代考古学诸文化的编年体系和各文化之间的相互关系进行论述，初步奠定了中国史前考古年代学的基础。

此外，该文尤其可贵的是更加明确地提出中国新石器文化的发展并非黄河流域一个中心的多元说。夏鼐指出，所谓文化类型的不同是“表明它们有不同的来源和发展过程，是与当地的地理环境适应而产生和发展的一种或一些文化。”又说：“当然这并不排除与黄河流域的新石器文化可能有互相影响，交光互影。这种看法似乎比那种一切都归于黄河流域新石器文化的影响的片面性的传播论，更切合于当时的实际情况，更能说明问题。”

要之，中国远古文化的发展由传统的黄河流域一元说改变为并非一个中心的多元说，这是中国史前时期考古研究的重大突破。

深研中西交通史

夏鼐曾以王国维的话自勉：异日发明光大我国之学术者，必在兼通世界学术之人，而不在一孔之陋儒。纵观其学术生涯，正是以这种兼通世界学术为毕生追求的。夏鼐在研究中西交通史方面做出的杰出贡献，正是这种追求的体现。

古丝路交通发达，对于贸易有极大的促进作用，大量遗存于今的货币则是贸易繁忙的明证。夏鼐研究过的外国货币包括波斯萨珊朝银币、拜占庭金币、阿拉伯金币、威尼斯银币以及西域铸造的外国字铭文的铜饼、汉佉二体钱等。

他对这些货币的国别、铸造年代、铸造地点、流通的历史背景、埋葬的年代和用途一一进行了精彩的考证。如西安唐墓出土的三枚阿拉伯金币，夏鼐准确考证出其铸造地点在大马士革，铸造时间分别为公元702年、718—719年、746—747年，它们是我国境内第一次发现的奥梅雅王朝的金币，也是我国所发现的最早的伊斯兰铸币，还是目前所知的唐代遗留下来的唯一的中阿交通的实物证据。

至于我国境内发现最多的外国货币——波斯萨珊朝银币，夏鼐对1974年以前所发现的33批、1100多枚银币作了系统研究，对其铸造年代、铸造地点以及与中西交通史有关的问题一一作了仔细探讨。他认为，这些银币的发现反映了萨珊帝国的权力起落和经济兴衰，也反映了它作为中国和东罗马（拜占庭）之间的贸易中间站的历史地位与发展情况，并且恰好能同中国史书的有关记载相互印证。

1974年，夏鼐的研究成果——《综述中国出土的波斯萨珊朝银币》一文发表，引起国内外学术界的广泛注意，来信索要此文单印本的人员络绎不绝，伊朗驻华使馆更是一下索要了20多份。

夏鼐对货币的研究并不限于表面，他的着眼点在于对古代中国与中亚、西亚乃至欧洲的陆、海路交通线进行探讨。如他通过对西宁出土的波斯萨珊朝银币的研究，并引证《法显传》《宋云行记》和《高僧传》等书，提出从公元4世纪末到6世纪初，中西交通路线除甘肃河西走廊一线外，西宁也在重要的孔道上。这条稍南的交通路线，其地位的重要在当时决不下于河西走廊。其之所以重要，应与吐谷浑的兴盛有关。在夏鼐提出此说以前，中西交通史研究者对这条路线却不够重视。这一科学结论对探索古代中西交通路线有着重大意义。

1963年，夏鼐发表《作为古代中非关系证据的瓷器》一文，以其渊博的学识和亲身的考古经历，历数埃及、苏丹、南非、刚果等地出土的中国古瓷，勾勒出古代中非之间贸易交流的路线与规模，使人们认识到古代中非海上交通不只限北非和中非，甚至还远及于南非和西非沿海地区。

此外，夏鼐还总结了汉代丝绸（绮、锦、刺绣）的特点，并对汉代织机作了复原研究。他认为，到了隋唐时期，中国丝绸吸收了波斯锦等西亚纺织品的技术，但西亚各国传统的纺织技术最初却是仿造中国的平纹组织，以后才发展为斜纹组织。换言之，中国在纺织技术上有许多创造发明，在织物图案上表现了高度的艺术水平，这些成就经过丝路传到西方，促进了西方在纺织技术上的发展，后来我们还吸收了西方发展技术上的优点，使我国的丝织物更臻完美。

中外交通史研究专家冯承钧说过，研究一国之文化，应旁考与其国历史有关系诸民族的事迹，缘历史种族不免有文化之互相灌输也。因文化之互相灌输，所以一国的历史，可以补他国的不足。

夏鼐的《〈真腊风土记〉校注》正是研究13世纪柬埔寨吴哥时代历史的补白之作，连柬埔寨本国文献中，也没有像这样一部详述他们中古时代文物风俗生活的书籍。夏鼐以数十年的积累，收集十多种刊本、抄本，以及中外学者的有关论著，博采众说，择善而从，使之成为目前最好的、可依赖的一种本子。这也充分反映他在文献考据方面深厚的功力。

对田野考古的热爱和一贯推重

王国维讲二重证据法，以地下材料补正纸上材料。夏鼐则注重考古材料与传世文献的结合。他说过：文献与考古材料，犹鸟之双翼、车之双轮，二者不可偏废。在二者的结合中，夏鼐尤重田野考古实践。在他看来，考古学“所根据的史料是古代留下来的遗迹和遗物，它可以结合文献，但主要的不是依靠文献资料”。

新中国成立之前，夏鼐就参加过多次中外田野考古实践。1950年，担任中国科学院考古所副所长刚不到一个月，他就组织发掘队到河南辉县进行建所以来的第一次考古发掘。

在辉县的发掘工作中，第一次在安阳以外发现了早于安阳殷墟的商代遗迹，从地域上和年代上扩大了对商文化的认识。从这一年的12月到次年的1月，夏鼐手执小铲，在琉璃阁发掘战国时代的车马坑，在冰雪严寒中成功地剔掘出19辆大型木车的遗存，初次显示了新中国田野考古工作的技术水平，在国际学术界受到重视和好评。

夏鼐在田野考古中，注重传帮带，把科学方法传授给大家。当时的队员、后来的考古学者王仲殊撰文回忆说：“在各处的调查发掘中，他把田野考古的方法传授给年轻的助手们，指示他们要严格划分土层，正确判定层位关系，仔细辨认土色、土质，不放过任何细微的现象……先生身体力行，使大家懂得必须在调查发掘工作中坚持亲自操作，既要学会认土、找边、剥人骨架，又要学会照相、绘图和测量。每天晚上，他都要检查大家的记录是否及时完成，记录的内容有无差错。遇到星期天，他带头用毛笔蘸墨在每一块陶片上书写出土坑位和层次的编号。”

这种科学严谨的工作作风，为此后中国田野考古工作的健康发展奠定了基础。夏鼐一向认为，考古学不是玩古董，考古发掘也不是刨墓挖宝，考古工作者的成绩如何，主要不是看他发掘出什么东西，而是要看他用什么方法发掘出这些东西而定。

夏鼐曾以苏联考古学家对乌克兰的黎波里文化遗址的发掘为例子，指出考古学家对该遗址的发掘，并不是为了挖取几片彩陶或几把石刀，他们是将整个废墟开掘出来，研究当时的物质文化的全貌。正如他在《关于考古学上文化的定名问题》一文中所说："考古学所研究的破铜、烂铁、碎陶片，并不是因为它们古色古香，因之对它们本身发生兴趣，而是想通过它们来研究古代各个社会的社会经济情况和生活面貌。"

这一点，从夏鼐对考古学所下的定义最能看明白：考古学是根据古代人类活动遗留下来的实物来研究人类古代情况的一门科学。

关于考古学的研究目标，夏鼐说：作为一门历史科学，考古学的研究不应限于对古代遗迹、遗物的描述和分类，也不应限于鉴定遗迹、遗物的年代和判明它们的用途与制造方法。考古学研究的最终目标在于阐明存在于历史发展过程中的规律，而马克思列宁主义的历史唯物论便是指导研究这种规律的理论基础。

如此一来，考古学在夏鼐手中，可谓得到了正本清源，实现了科学发展。"中国考古之学，不绝如缕，今日继绝起衰者，则舍君其谁……" 1949 年，随中央研究院历史语言研究所迁台的考古学者高去寻，在给夏鼐的一封信中如此写道。

是啊，继绝起衰，舍君其谁？

钱锺书

星汉灿烂，若出其里

五百年难得一遇的旷世奇才，古典文化的最高结晶之一，20 世纪人类最智慧的头颅，未来世代的灵感源泉。这是学界对钱锺书的评价，可见人们对他的敬仰之情。

钱锺书（1910—1998 年），江苏无锡人，字默存，号槐聚，中国现代作家、文学研究者，中国社会科学院副院长。

长篇小说《围城》，风格幽默，比喻精辟，充满着智慧和哲理，有现代《儒林外史》之称；《宋诗选注》列入中国古典文学读本丛书；《谈艺录》《管锥编》，立足中国传统文献，汲取西方文明精华，融会贯通，博大精深，是东西方文化比较研究的经典。

世之景仰者

一位孩子的母亲带着孩子到商场去购物，孩子回家后画了一幅画，妈妈吃惊地发现，孩子只画了许多人的腿。

20 世纪 80 年代，哈佛大学英美文学与比较文学专业的名教授哈里 · 莱文曾来中国拜访钱锺书。哈里 · 莱文是哈佛牛人，经常把学生拒之门外，给出的理由大多是“你有幸选过我一门课啦！应该把机会让给别人。”一番交流切磋后，莱文教授缓缓走出钱锺书家门，沉默良久，说了句很出人意料之外的话：“我很羞愧。我所知道的一切，他都知道，可他还有另外一个世界，而那个世界，我一无所知。”

五百年难得一遇的旷世奇才，古典文化的最高结晶之一，20 世纪人类最智慧的头颅，未来世代的灵感源泉。这是学界对钱锺书的评价，可见人们对他的敬仰之情。

以书为伴

1911 年周岁抓周时，抓了一本书。钱锺书说：“《红楼梦》贾宝玉抓周抓了胭脂，我一岁抓周抓到书，取名锺书，儿时玩戏不足信。”

钱锺书幼时常随伯父上茶馆喝茶。伯父花一个铜板给他买一个大酥饼吃，又花两个铜板向小书铺子或书摊租一本小说给他看。钱锺书还未上小学前，就开始囫囵吞枣地阅读《西游记》等文学经典。

1929 年，19 岁的钱锺书考入清华，志愿是：横扫清华图书馆。

校园流行一项课余活动——在校园咖啡馆里吃零食唠嗑。某次，钱锺书、曹禺、吴组缃都在场。曹禺悄悄对吴组缃开玩笑说：何不让钱锺书给你开几本英文淫书？吴组缃是个听人劝的人，立即趋步前往。钱锺书拿起纸一张，提笔就写，正反面都写满了才停。吴组缃拿来一看，纸上写出了近 40 本英文黄书的名字，还有作者、出版社、内容特征等信息。

钱锺书儿时伙伴黄永玉成人后喜欢打猎。他约钱锺书一起去捕杀野生动物，钱锺书不肯答应。他说：我可以给你开几部关于打猎的书。一口气列了四五十本。某次，钱锺书和他的一位学生逛书店。他对身边的学生说："你在这儿如果能找到一本我没读过的书，我就不算是你的老师。"学生出于好奇，便在店里专找那种从没有听说过的冷僻书籍问钱锺书看过没有。钱锺书立刻能说出此书是哪朝哪代何人所作，书中讲些什么内容。屡试不爽，从未出错。

旧中国，钱锺书"兵罅偷生"，深致惋叹者是"重之丧乱，图籍无存"。"文革"中，在九蒸九焙的改造中，他最难以忍受的是"没有书"。"文革"后期，钱锺书夫妇下放到五七干校进行思想改造，杨绛指着小山窝棚发问："可否终老于此？"钱锺书想了想，说："没有书读。"干校无书可读，钱锺书就反复地读随身携带的字典和笔记本。

"故国之外不是我的世界"

"四人帮"得势时，江青点名要钱锺书参加国宴。他将来人挡在门口，连连摆手说："我不去，我很忙。"

1977 年，胡乔木任中国社会科学院院长，1982 年 9 月当选为政治局委员，主管意识形态，人称"头号文化首长"。钱锺书是胡乔木的清华大学同学。为增添社科院的学术气氛，1982，胡乔木提名夏鼐、钱锺书做社科院副院长。钱锺书坚辞不果，提出以"不坐班，不开会，不要待遇"为条件，胡乔木无一不允。一年之后，他向乔木同志提出辞职，说是"尸位素餐，于心不安"。胡乔木却说："不著一字，尽得风流。"没批。杨绛说：钱锺书也只挂个空名，照旧领研究员的工资。他没有办公室，不用秘书，有车也不坐，除非到医院看病。

大隐隐于市。

钱锺书危邦也入，乱邦也居，无道也隐，有道也隐。

"人谓我狂，不知我之实狷。"狷者，"独善其身，有所不为"也。

钱锺书坚持不参加任何党派，自小打定主意做一名自由的思想者——free thinker。全身心钻研学问，与权力中心保持适当距离，不攀附，不站队。从不直接对政治发表观点：我没必要说，因为我不想当政治家；我说了会耽误我很多时间，我的时间就是我的生命。

抗日战争时期，钱锺书和杨绛坚守上海，没有离开中国。在沦陷区的生活极为艰难，但始终没有做汉奸。

杨绛曾在《我们仨》中写道：我们如要逃跑，不是无路可走。可是一个人在紧要关头，决定他何去何从的，也许总是他最基本的感情。我们是文化人，爱祖国的文化，爱祖国的文学，爱祖国的语言。我们是倔强的中国老百姓，不愿做外国人。

1941 年至 1946 年间，钱锺书接连完成了三本著作：《围城》《谈艺录》《写在人生边上》。

解放战争时期国民党兵败如山倒，许多有头有脸的学者文人纷纷逃离大陆。钱锺书面前晃动一支又一支橄榄枝：台湾大学外文系主任，香港大学文学院院长，联合国教科文组织高级官员，牛津大学教授……他逐一谢绝，不忘初心，坚守大陆。

"不是故国之外无世界，但不是我的世界。"

50 年代，钱锺书仍坚守书斋，又流俗世。

有人诘问：钱锺书怎么不是右派？杨绛妙答："凭什么钱锺书就该是右派？你把我打成右派，总得有把柄吧！""世间就没有什么能够推算的东西。我和钱锺书早就不再过问政治了，所以我们也不会在任何会议上发表我们的言论的。"

钱锺书说："If we don't have freedom of speech, at least we have freedom of silence."

孔子说："仁者不忧，知者不惑，勇者不惧"。1958 年，钱锺书路遇"右派"萧乾，热情地前去打招呼，两人就站在在街头闲聊了十多分钟。萧乾夫人文洁若大为感慨：那年月要是让哪个急于立功的"积极分子"撞见了，马上就会给汇报到人事部门去，成为日后挨整的资料，然而钱锺书好像什么事也没发生。

同样是在 1958 年被打成"右派"的吴兴华，那时也是有意回避亲友，以免连累别人。但钱锺书见面还是主动和他没话找话，一如既往。

在史无前例的无产阶级"文化大革命"爆发的 1966 年，夫人杨绛被"揪"了出来。3 天后，钱锺书也在劫难逃。批斗，扇耳光，扫厕所，剃阴阳头，挂牌子游街……别人羞愧难当，寻死觅活，钱锺书我行我素、泰然自若：顶着高帽子，胸前挂着大牌子昂首阔步，任凭街上的孩子哄闹取笑。"人不堪其忧，回也不改其乐。"

那时节，亿万中国人摇曳着小红书，如痴如醉，最亲密的家人、朋友都在反目成仇。可每当有人要钱锺书揭发谁谁谁时，他总是紧闭牙口，不肯吐半个字。在他看来，人世间最大的罪过莫过于 trahhison des clercs，即知识分子互相出卖。

“文革”后期，钱锺书和杨绛被下放到五七干校“劳动改造”。许多人不是唉声叹气，就是放任自流。钱锺书没有怨天尤人，没有患得患失，一如既往，劳动完就一头扎进书里。“饭疏食，饮水，曲肱而枕之，乐亦在其中矣。”

1979 年，李慎之看完四卷《管锥编》后，钦佩他“自说自话”，无一趋时语。他听后淡淡一笑，摇摇手说“天机不可泄漏”。

“我都姓了一辈子‘钱’了，还会迷信这东西吗？”

1991 年，18 家省级电视台，联合拍摄《中国当代名人录》，将他列入第一辑，却遭到他的婉拒。当友人告诉他对方有巨款酬谢时，他说：“我都姓了一辈子‘钱’了，还会迷信这东西吗？”

某学者好“钱学”，编《钱锺书研究》，第一辑出，销量甚多，荣誉踵至，遂于第二辑《编委笔谈》中自言“名利双收”。

钱锺书见而怒，道：“名研我钱锺书，意在彼书中钱！”

夫人杨绛笑钱锺书一辈子开不了钱庄。古典文学组的人找他借钱，他问：“你要借多少？”答：“1000。”钱锺书说：“这样吧，不要提借，我给你 500，不要来还了。”同一个人二次来借，他还是如法炮制，依旧对折送人。

他当副院长期间，给他开车的司机弟兄出车上街撞伤行人，急切中找钱锺书来借医药费。听清情况后，他问：“需要多少？”司机答：“3000。”他说：“这样吧，我给你 1500，不算你借，就不要还了。”“文革”期间与“四人帮”倒台之后，钱锺书、杨绛夫妇经常接济研究所生活困顿的年轻人。多数情况都是在重复昨天的故事：杨绛先说“我们知道你家里困难，我们想帮帮你……”钱锺书接着说：“我们比你宽裕，那些钱不用也就在那里放着。”

钱锺书、杨绛夫妇 2001 年上半年所获稿酬现金 72 万元及其后出版作品获得报酬的权利，捐赠给清华大学教育基金会，设立“好读书”奖学金，以鼓励家庭经济困难的优秀大学生努力学习、成才报国。

《围城》声名鹊起之际，无数导演想拍这部名作，钱锺书都拒绝的非常干脆，并说“拙作上荧屏不相宜”，把很多人拒之门外。一个叫黄蜀芹的女导演却仅凭父亲的一封信，就得到了这个拍摄机会。

原来，1940年，钱锺书夫妇在上海生活时，生活一度非常困难，经济上很是拮据，黄蜀芹的父亲黄佐临及时伸出了援手。他将杨绛的四幕喜剧《称心如意》和五幕喜剧《弄真成假》搬上舞台，并支付了一笔丰厚的报酬，为钱家解决了“筹米筹钱”的燃眉之急。时隔40年，钱锺书夫妇已是学术界的大师，但他们没有忘记当年的恩情，用自己的方式表达了感谢之意。在《围城》拍摄时，钱老也一直和黄蜀芹保持着书信来往，亲力亲为给了些意见。

“只想贡献一生，做做学问”

钱锺书说他“没有大的志气，只想贡献一生，做做学问”。杨绛则说：“钱锺书绝对不敢以大师自居。他从不厕身大师之列。他不开宗立派，不传授弟子。”他以逃避名流聚会为乐，说是“大有小学生逃学的快感”。钱锺书说：“大名气和大影响都是百分之九十的误会和曲解搀合成的东西。”

“四人帮”垮台后，钱先生的作品陆续重印，在海外赢得巨大声誉。有位外国女记者看过后致电钱先生，希望能登门拜访，遭到婉拒。“假如你吃了个鸡蛋觉得不错，何必认识那个下蛋的母鸡呢？”钱先生80寿辰时，有一些单位要为他祝寿。先生闻讯后，坚决不同意。他讲过一句极富哲理的话：“老去增年是减年。”还提过一件事，有人准备为他父亲开纪念会，被他婉言辞谢。“何苦来呢！找些不三不四的闲人，说些不痛不痒的废话，花些不明不白的冤钱。”

照相机式的记忆

乔冠华称他具备“照相机式的记忆”。郑朝宪则说：最聪明的人却要下最笨的功夫。

钱锺书撰写《管锥编》时，光是笔记就有五麻袋之多，历时三年才定稿。

黄永玉曾画过一幅《凤凰涅槃》，想送给外国某城市，怕外国友人看不懂画的意思，打算写段文字说明，可翻遍资料，问遍大师，也找不到“凤凰涅槃”的出处。无奈之下，给钱锺书打了个电话。

钱锺书听了来由之后直哎哟：“郭沫若 1921 年自己编出来的一首诗的题目。三教九流之外的发明，你哪里找去？”

“凤凰跳进火里再生的故事那是有的，古罗马钱币上有过浮雕纹样，也不是罗马的发明，可能是从希腊传过去的故事，说不定和埃及、中国都有点关系……”

“你去翻一翻大英百科……啊！不！你去翻翻中文本的《简明不列颠百科全书》，在第三本里可以找得到。”

黄永玉一翻，有了。

20 世纪 50 年代，钱锺书被调到中共中央毛泽东选集英译委员会参加翻译《毛泽东选集》。在翻译中，钱锺书发现《毛泽东选集》中有段文字说孙悟空钻进庞然大物牛魔王肚里去了，觉得不对。他坚持说“孙猴儿从来未钻入牛魔王腹中”。胡乔木从全国各地调来各种版本的《西游记》查看，钱锺书说的果然没有错。后来出版的《毛泽东选集》中这段文字改为：“铁扇公主虽然是一个厉害的妖精，孙行者却化为一个小虫钻进铁扇公主的心脏里去把她战败了。”

真性情，亦真幽默

有人问钱锺书：“听说您翻译过《毛泽东选集》，有无此事？”钱锺书答曰：“有。”随手取过案头一书示之，说：“此余与乔木同志共译德文本《毛泽东诗词》。”又云：“编译组中有一外国专家（指艾德勒）甚倨，国人所译，必加訾议，所服者惟余一人已而。”得意之情溢于言表。

20 世纪 80 年代，电视连续剧《西游记》热播。钱锺书爱看电视剧《西游记》，但与众不同，他边看、边学、边比划，口中念念有词，时而悟空，时而八戒，“老孙来也”，“猴哥救我”，一边手舞足蹈，乐此不疲。

仍嫌不过瘾，又歪歪斜斜模仿小学生字体和语气，写了好几篇短评，起了个化名装入信封，扔进邮筒里。

上海《新民晚报》的编辑收到信一看：“这是哪里的小孩写的，怎么连个地址都没有，稿费寄给谁？”再仔细看，文章写得真好，立马编排发稿。

据李慎之回忆，1982 年 6 月，胡乔木将其 70 岁生日前写的四首七律《有所思》寄请钱锺书“指正”。万没想到钱锺书兴致大发，严肃认真地大改特改起来，弄得胡乔木左右为难。

据杨宪益回忆，1989 年他曾写过两句打油诗，是“有烟有酒吾愿足，无官无党一身轻”。钱先生不知道在哪里看到了或听人说起，很感兴趣，给杨宪益写了一封信，说他很欣赏这个句子，但觉得“吾愿足”和“一身轻”对的不够工稳，建议改为“万事足”，以对“一身轻”。

20 个世纪 80 年代，钟叔河主编的《走向世界丛书》深得钱锺书赏识。钱锺书写信建议钟叔河将《走向世界丛书》各册序文结集出版。信中写道：“弟素不肯为人所序，世所共知，兹特为兄破例，聊示微意。”序中写道：“‘走向世界’？那还用说！难道能够不‘走向’它而走出它吗？哪怕你不情不愿，两脚仿佛拖着铁镣和铁球，你也只好走向这世界，因为你绝无办法走出这世界，即使两脚生了翅膀。中国‘走向世界’，事实上也是‘世界走向’中国；咱们开门出去也由于外面有人敲门，撞门，甚至破门、跳窗进来。”

“人外有人，天外有天”。钱锺书就是人外的那个人，天外的那个天。百年来，中国文学界与学术界诞生了一座又一座山峰，钱锺书是其中的珠穆朗玛峰。颜渊喟然叹曰：“仰之弥高，钻之弥坚”。

季羡林

为往圣继绝学，为万世开太平

季羡林以“为天地立心，为生民立命，为往圣继绝学，为万世开太平”的襟怀与器识，再次印证了生命的力量和价值。

2009年7月11日，一个哀恸的早晨。7时，301医院，98岁的季羡林先生驾鹤西去。

“风雨百年，铸造的是品格；大浪淘沙，沉淀的是真金。”两天来，在北京大学百年大讲堂，先师的灵前，浩瀚的花海、无言的泪水倾诉着人们的追思。在网上、在手机短信里，人们以自发的形式表达对逝者的哀悼。

“有的人活着，他已经死了；有的人死了，他还活着。”半个多世纪前，臧克家曾以诗歌道破生命的真谛。今天，这位大儒以“为天地立心，为生民立命，为往圣继绝学，为万世开太平”的襟怀与器识，再次印证了生命的力量和价值。

学　问

在将近一个世纪的生命征程中，季羡林一直奋力“向前走，向前走”

“仿佛一转瞬间，我竟活过了从心所欲不逾矩之年，又进入了耄耋的境界，要向期颐进军了。”8年前，季羡林在《九十述怀》中感慨：“我就像鲁迅笔下的那一位过客那样，我的任务就是向前走，向前走。”

在将近一个世纪的生命征程中，不论遭遇坎坷，还是一路坦荡，季羡林一直奋力“向前走，向前走”。

“我身体很好，能吃饭，能工作，精神好，还能给国家做事”，季羡林乐呵呵地说。然而，岁月不饶人，2005年，季羡林安装了心脏起搏器；2006年，又做了左腿骨髓炎手术。

但这都没有让他“向前走”的速度有丝毫减慢。“老当益壮，宁移白首之心。穷且益坚，不坠青云之志”，这种以使命和责任为发端、以严谨求实为阶梯的学术追求，决定了他淡泊名利、甘于寂寞的品格和风格。在喧嚷浮嚣的世风中，这位年过九旬的大师愈加散发出陈酿的芬芳和人格的魅力。

“以理想滋润生命，以生命护持理想。”季羡林坚信，学问的生命与理想来自浩浩汤汤的文化传统，“我现在目标是要活到150岁。因为中国国富了，民也强了，经济、科技都发达了，‘神五’‘神六’也上天了，我要再多活几十年，活到150岁！”季羡林乐观地说。

正是因着这种勤奋，十年浩劫中被发落到学生宿舍看大门的间隙里，季羡林翻译出了闻名世界的印度史诗《罗摩衍那》。9 万余椎心泣血的诗行，写下中国文化史浓重的一笔，树起中印文化交流史上的丰碑。正是因着这种勤奋，1983 年，70 多岁的季羡林从一本《弥勒会见记》残卷开始，以 10 年时间一个人完成了世界上最大规模的吐火罗文研究，以中、英文写成专著，并把世界吐火罗文的研究提高了一个台阶。

20 世纪 90 年代，80 多岁的季羡林的婶母、女儿、夫人、女婿相继离开了他。他变得更加沉默，他把更多的时间投入到了《中国蔗糖史》的研究和写作上。这是寂寞的 10 年，“在 80 岁到 90 岁这个 10 年内……颇有一些情节值得回忆，值得玩味。在长达两年的时间内，我每天跑一趟大图书馆，风雨无阻，寒暑无碍。燕园风光旖旎，四时景物不同。春天姹紫嫣红，夏天荷香盈塘，秋天红染霜叶，冬天六出蔽空。称之为人间仙境，也不为过。在这两年中，我几乎天天都在这样瑰丽的风光中行走，可是我都视而不见，甚至不视不见。未名湖的涟漪，博雅塔的倒影，被外人称为奇观的胜景，也未能逃过我的漠然、懵然、无动于衷。我心中想到的只是大图书馆中的盈室满架的图书，鼻子里闻到的只有那里的书香。”

在人生的轨道上，他执著不屈；在学术的追求中，他戮力前行。乐观、顽强，一次次逼退苦难，一次次与病魔对峙，与 20 世纪的风风雨雨相比，他强硬得就像海明威笔下的老渔翁。生也有涯，学无止境，正是在这无涯的学海中，他一次又一次突破自己。“学问不问有用无用，只问精不精”，季羡林曾这样答问。“焚膏继晷，兀兀穷年”，他如此形容自己的苦苦求索、精益求精的漫长学术岁月。正是在这精进的求索中，季羡林将人类文化分为四个体系：中国文化体系，印度文化体系，阿拉伯伊斯兰文化体系，自古希腊、罗马至今的欧美文化体系，而前三者共同组成东方文化体系，后一者为西方文化体系。

爱　国

以学问报效祖国是季羡林的人生目标，这是他勤勉治学、勤谨做人的动力所在

苟利国家生死以，岂因祸福避趋之。在季羡林的履历中，我们可以看得到简单干净的人生，以学问报效祖国则是他的终极目标，这是他勤勉治学、勤谨做人的动力所在。“平生爱国，不甘后人，即使把我烧成灰，我也是爱国的！”这是缠绵病榻的季羡林的铮铮话语。

1991 年，季羡林曾写过一篇《八十述怀》。在这篇文章里，他深情地“回头看”——“在灰蒙蒙的一团中，清晰地看到了一条路，路极长，是我一步一步地走过来的，这条路的顶端是在清平县的官庄。我看到了一片灰黄的土房，中间闪着苇塘里的水光，还有我大奶奶和母亲的面影。这条路延伸出来，我看到了泉城的大明湖。这条路又延伸出去，我看到了水木清华，接着又看到德国小城哥廷根斑斓的秋色，上面飘动着我那母亲似的女房东和祖父似的老教授的面影。路陡然又从万里之外折回到神州大地，我看到了红楼，看到了燕园的湖光塔影……”

20 世纪初叶，齐鲁大地的成长背景，为季羡林生命最初历程剪出苦难的轮廓。1911 年 8 月 6 日，季羡林出生于山东西部最穷的临清县中最穷的村，而他家又是全村最穷的人家。那时正值中华民族最危难的时刻，有识之士寻找着中华民族命运的最新答案。“回忆起自己的童年来，眼前没有红，没有绿，是一片灰黄。”季羡林说。

1930 年，季羡林同时考中北京大学、清华大学，他选择了清华大学西洋文学系，专业是德文。两所大学爱国、进步、民主、科学的治学传统和勤奋、严谨、求实、创新的学术风气，为他的学术道路夯下坚实的基础。1935 年，季羡林以交换研究生的身份到德国留学，开始学习他所热爱的梵文、佛学、印度学。“我要走的路终于找到了，”他在当时的日记中写道，“中国文化受印度文化的影响太大了。我要对中印文化关系彻底研究一下，或能有所发明。”

新中国成立之际，这位年轻学子便投身到塑造中华民族思想的大业中。1945 年 10 月，季羡林经瑞士东归，1946 年到北京大学创办东方语言文学系。他像是不知疲倦的导读者，以自己对祖国的思考、对民族的期待、对生命的真诚，在一个世纪的漫长征程中，引领人们打开了中国文化通向世界的大门。

修　身

季羡林学贯中西、享誉中外、德高望重，却始终保持着宽厚、谦卑、平和的秉性

6 年前，季羡林住进北京 301 医院。6 年多的时间里，季羡林经历了心肌衰竭、左腿骨髓炎、心脏病的考验。正是在这样的状况下，他写下了 20 多万字的《病榻杂记》。在这部书中，96 岁高龄的季羡林先生第一次阐明了他对这些年外界“加”在自

己头上的“国学大师”“学界（术）泰斗”“国宝”这三顶桂冠的看法——请人们把“头顶上的这三顶桂冠摘下来”。

“真正的大师是王国维、陈寅恪、吴宓，我算什么大师？我生得晚，不能望大师们的项背，不过是个杂家，一个杂牌军而已，不过生得晚些，活的时间长些罢了。我写的那些东西，除了部分在学术上有一定分量，小品、散文不过是小儿科，哪里称得上什么‘家’？”季羡林说。在“大师”汹涌的年代，这种清晰的自省弥足珍贵。

朴素的真理从朴素的生活开始，朴素的追求也一定会到达朴素的目标。北京大学的学子都知道，朴素的季先生常年一身旧中山装，一双布鞋，数十年如一日。因为这身打扮，他常常被误以为是学校的校工。一次，一位新入学的大学生把他当作校工，请他照看行李，他慨然答应，等到开学典礼上季羡林登台讲话，那位大学生才如梦初醒。

“我做人的标准是朴实、真实，一个人不要天天耍花腔，也不要一天愁衣服少了，一天愁好东西吃得太少了，我不要一个人这样子，人活着的目的，不是为了吃饭、穿衣，一个人为了吃饭穿衣而活着，这个人格儿不高。”一生信奉朴素、对自己过于苛刻的季羡林，对于别人却从不吝啬。2003 年末，在 301 医院住院的季羡林把爬格子所得的 15 万美元稿酬捐给了母校清华大学。在此之前，他把自己的图书、手稿以及所收藏的宋代名人绘画等个人收藏品捐给了北京大学。“摆在国家手里最放心。”

季羡林说过，自己喜欢的人是这样的：质朴，淳厚，诚恳，平易；骨头硬，心肠软；怀真情，讲真话；不阿谀奉承，不背后议论；不人前一面，人后一面；无哗众取宠之意，有实事求是之心；不是丝毫不考虑个人利益，而是多为别人考虑；关键是一个“真”字，是性情中人。

季羡林这代人深受大家热爱的原因在于，他们在道德品格上同样融合了中外知识分子的优秀传统。中国传统士大夫的仁爱和恕道，强烈的忧患意识和责任感，坚毅的气节和情操；西方人文主义知识分子的自由独立精神，尊重个性和人格平等观念，开放创新的意识；这些优秀传统都凝聚融化在他们身上。所以，他们能够做大学问，成大事业，有大贡献，他们是中国当代知识分子的旗帜和榜样。

费孝通

为世界奉献中国思想

在 20 世纪 90 年代，费孝通先生曾认为，21 世纪将会是一个文化大争辩的时期，全球化是一个大趋势。最终人类需要走向一个“和”的状态，他是一位和平主义者，他最大的愿望就是让人类社会“共存共荣”地，也就是“美美与共”地发展下去。他认为，这是未来人类发展的最重大的问题，也是他不断追问和论证的问题。

“志在富民”

费孝通于1910年出生于江苏吴江的一个乡绅家庭。他定义自己的社会属性是士绅阶级，文化属性是新学熏陶出来的知识分子。在那个年代的中国人，大多数还是在接受旧式的私塾教育，费孝通先生的家庭在当时是属于比较时髦和前卫的。他的两位舅舅，一位曾留学美国，一位曾留学欧洲，父亲则曾留学日本。19世纪末到20世纪初，由于西方文化的不断地扩张，致使中国不再是一个孤立的、自守的文化，而是在西方化的影响下重新发展出来的文化。费孝通的家族就是最早受到这一文化影响的家族之一，而费孝通自己则是在这一影响中成长起来的当代学者。正因为如此，费孝通先生从未上过私塾，是从他母亲最早开办的幼儿园里出来的，当时叫做“蒙养院”，它是中国最早具有现代教育意义的幼儿教育的模式，学唱歌，学脚踏风琴，在那时候是很新鲜的。费孝通说，童年的教育很重要，它决定了我的一生，也可以说，一个人是从家庭中开始成长起来的，家庭是人一生成长的出发点。

另一个对费孝通产生巨大影响的是他所处的时代。费孝通的青少年时期正是中国陷于最贫穷落后的时代，他目睹了当时中国人的苦难。为了拯救自己的祖国和同胞，费孝通毅然舍弃最初的医学学业而转学社会学，因为他觉得医治社会比医治人更重要。为了学以致用，以知识来帮助中国摆脱贫困，走向富强，他为自己立下的人生目标是“志在富民”。

从中国乡村的田野调查开始

费孝通常念叨的老师有五位，第一位是吴文藻教授，是费孝通在燕京大学学习社会学时期的老师，他是费孝通先生学习社会学和人类学的引路人。吴文藻认为，社会学要中国化，最主要的是要研究中国国情，即通过调查中国各地区的村社和城市的状况，提出改进中国社会结构的参考意见。他的这一倡导给予了费孝通极大的影响，成为费孝通一生研究的一大特色。第二位位就是潘光旦教授，他提倡社会学要以人为研究中心，尤其是将重点放在教育学的研究方面。他的这些思想对费孝通的生育制度的研究影响很大。

费孝通是由中西学者共同培养出来的一代骄子，除两位中国老师外，在他受教育的生涯中还遇到了三位外国老师。第一位外国老师是来自于美国芝加哥大学的派克（Robert Park）教授。1932 年，应吴文藻先生的邀请，派克教授来到到燕京大学做客座教授，传授实地调查的社区研究方法，费孝通是那里的本科生。第二位是受欧洲体质人类学教育的俄国老师史国禄教授，费孝通从燕京大学社会学系毕业后，考入清华大学到他的门下攻读硕士学位。费孝通受到吴文藻建立中国社会学学派和潘光旦的以人为研究中心的思想的影响，又受到派克的社区调查工作方法和史国禄的类型比较法的教育，为他去英国前进行的“开弦弓村的调查”打下了基础。

1936 年，在吴文藻先生的安排下，费孝通赴伦敦经济学院（LSE）攻读社会人类学博士学位，师从功能学派的领军人物马林诺夫斯基教授。

在那里，他以开弦弓村的调查所得的资料为基础，写成了一部博士论文，并在 1938 年秋天顺利通过答辩。这本著作的中文名字叫《江村经济》，英文名字叫《中国农民生活》。当时的人类学界所关注和研究的对象大多还是像美洲、非洲、大洋洲上的土著，不仅很少有人去研究文明国家，更少有人去研究自己的家乡。因此，费孝通的研究可以说是开启了当时人类学研究的先河。本书一出版就受到了广泛的关注。这本书于 1939 年在 Routledge 书店出版，后来列入了“国际社会学丛书”，到 1946 年短短的 7 年时间就再版三次。

费孝通的这本论文完成后，马林诺夫斯基亲自为其写序，他热情地写道：“本书的内容包含着一个公民对自己的人民观察的结果，这是一个土生土长的人在本乡人民中间进行的工作成果。如果说人贵有自知之明的话，那么一个研究自己民族的人类学当然是最艰巨的，同样这也是一个实地调查工作者的最珍贵的成就。”更重要的是“费博士看到了科学的价值在于为人类服务。”费孝通当年弃医转而学习社会学，目的就是要用社会科学的研究来医治中国社会的病症，显然，他一开始的目标就直指这一点，即以自己的研究来为人类服务，这与他后来提出的“迈向人民的人类学”的思考是一致的。而马林诺夫斯基一眼就看到了他的这位学生的志向。他说，“费博士是中国的一个年轻爱国者，他不仅充分地感觉到了中国目前的悲剧。而且还注意到了更大的问题，他的伟大的祖国进退维谷，是西化还是灭亡？既然是一个人类学者，他毕竟懂得在适应的过程是何等的困难。他懂得这一过程必须逐步地、缓慢地、机智的建立在旧的基础上。”的确，费孝通当时进入人类学与社会学的目的，社会责任高于学术追求。人类社会从传统农业社会进入到现代的工业社会的过程中，就是一个丢弃自己的传统开始走向西方化的过程，这是一个重新选择文化认同的痛苦过程，也就是说，现代化破坏了生命的世界性原始背景，人们失去了原有的生活依托，而要进入一个自己并不熟悉的外来文化体系，在这样的时刻，传统文化中的精英知识分子起着非常重要的作用，他们的研究引导着一个国家的发展方向。费孝通深深地理解这一点，他要用自己的研究来帮助祖国的发展，所以，马林诺夫斯基称其为爱国者。

费孝通的学术研究，是从做中国乡村的田野考察开始的，对于习惯于坐在书斋里的中国传统知识分子来讲，当时是开了一个新的研究方法的先河。在20世纪三四十年代，费孝通通过大量的实地调查，完成了《江村经济》《乡土中国》《生育制度》《乡土重建》《中国士绅》《机器与人性》等一系列深刻地反映了中国社会与文化以及社会变迁的专著与论文，其在学术界产生了巨大的影响力，以至于无论哪一个学科，要了解中国的社会与文化必须要学习费孝通的学术思想，不仅在中国，在国际上也一样，他的著作是所有国家研究中国问题学者的必读书目。

“用自己的脚走中国的现代化道路”

费孝通越对中国的社会和文化具有深刻的了解度，他越认为，中国是要走现代化的道路，但并不是盲目地跟在西方后面，需要用自己的脚走出来。为了探索中国式的现代化道路，他一生从未停止过思考，从年轻时思考中国乡村贫困的缘由，到晚年关注少数民族问题及小城镇的发展，再到关注世界的和平与人类所向往的美好生活；从关注对人的生态研究进入到对人的心态研究，再进入到对人的精神世界和情感世界的研究等。在他一生的研究中，隐含着一段中国近代社会发展史，每一个阶段都是中国社会的变革与发展在他学术思想中的投射。而这正是中国从传统的农业社会迈向现代的工业社会，再迈向后工业社会，迈向信息社会的过程；也是从相对封闭发展的国家迈向一个开放的、拥抱全球化的国际性的国家的过程；还是从一个贫穷落后的国家发展到世界第二大经济体国家的过程。在这样的过程中，中国社会经历了许多巨大而又曲折的变迁与重构，这样的变迁与重构不仅是物质上的，也是精神上的，不仅是经济上的，也是心理上的；其中包括了中国人从对自身文化的批判及抛弃到走向重新认同及自信，从对外来文化的抗拒及迟疑到学习及融入等心态的变化历程。在费孝通先生的不同阶段的研究中，我们都能深刻地感受这样的气息。

这主要在于：第一，他是一位社会学人类学家，中国社会是他的观察和研究对象，记录下其不同时期的变化，并加以研究本身就是他的职责。第二，他受过非常良好的现代教育，是一位当代非常敏锐的思想者，善于从中国半个多世纪的社会实践中提炼出重要的理论，并将其描述出来指导当代的中国社会发展。第三，他不仅在学界，在政界也有非常重要的地位，因此，他的许多研究都参与过中国政府的重大决策，并有机会指导当时的社会实践。第四，他受过良好的英文教育，其研究视野宽阔，关注人类社会的整体发展，具有世界性、全球性和前瞻性，因此，他的许多理论和研究不仅能够体现中国的时代性，还能体现世界的时代性。

"各美其美，美人之美，美美与共，天下大同"

当今整个人类世界让人最困惑和最需要解决的问题就是：人类是否能够继续和平的、可持续地发展下去？核武器和气候变化（更不用提恐怖主义，疾病、迁移、金融、食物和水资源等）是全球性的问题，需要各国共同努力解决，各个国家只是在本国内拥有主权，并不能独自有效地解决这些问题。因此，需要具有不同政治制度和持有不同文化观念的各个国家团结在一起，共同解决这些人类共同性的大问题。但如何才能团结，做到心心相通，共存共荣？可以说这样的问题成了费孝通晚年最关心的问题。

为此，他提出了"文化自觉"的学术思想，希望中国人能回到自己的历史文化中，去寻找中国自古以来积累下来的经验和智慧贡献给世界，与世界不同的民族共同建构一个新的共存共荣的美好的时代。在此基础上，他提出了"各美其美，美人之美，美美与共，天下大同"的十六字箴言，并写下了多篇文章阐述这些思考，希望以此来促进世界不同国家的相互理解，相互欣赏，为人类能够共存共荣地生活在地球上而提出中国方案和中国思考。

费孝通认为，在人类的早期，大家可以各自较少往来地生存在自己的地理空间中，可以过着与别人不相干的"各美其美"的生活，但随着工业文明的迅速发展，地球日益变小，成为了一个地球村，不同国家的人们不仅成为了抬头不见低头见的邻居，而且产生了世界统一的市场，跨国公司等，形成了经济上的全球一体共同体。在这样的背景中，我们就不能再各行其是了，需要有"美人之美"的心态，也就是要增强不同国家的相互了解和相互欣赏，也就是要从内心真正接纳对方。费孝通先生认为生态问题解决的只是共存的问题，只有心态才能解决共荣的问题，另外，还有一个情感世界的相通，人类共同美好生活的追求问题，这些都是费孝通晚年一直在思考和一直在研究的题目。

从一个点开始，却关注全人类

究其一生的研究，我们看到的是，他从一个点开始，即从研究家乡，研究乡村，到研究少数民族，到研究国家的发展，到最后关注人类未来的走向，人类情感的归属，美好生活的追求等，这是费孝通一生的学术走向和学术追求。近期有人提出“费孝通的思想是否过时？”编者的回答是，其不但没有过时，还是正当其时。

尤其是今天，当我们面临世界的各种纷争，乡村人口的疏离，少数民族团结需要进一步加强等国际、国内的问题时，我们越加感觉到费孝通先生的这些思考变得日益重要。丘吉尔称“你越能回溯历史，便越有可能展望未来”。阅读费先生的著作，不仅能让我们看到中国近代社会史的发展脉络，而且由于他的研究是来自“从实求知”的社会调查，许多研究能非常清晰地反映中国社会的真实面貌，因此，在阅读中，不仅能让我们回溯历史，展望未来，而且还能够更加深刻地理解中国社会和中国文化。

在 20 世纪 90 年代，费孝通先生曾认为，21 世纪将会是一个文化大争辩的时期，全球化是一个大趋势。最终人类需要走向一个“和”的状态，不然人类社会将有可能同归于尽，他不愿意看到这样的悲剧。到晚年，他提出来的所有问题都是在围绕着这一主题，他是一位和平主义者，他最大的愿望就是让人类社会“共存共荣”地、也就是“美美与共”地发展下去。他认为，这是未来人类发展的最重大的问题，也是他晚年不断追问和论证的问题。

未来不再是一个讲究效益的时代，而是讲究意义和价值的时代，因此，哪一个国家的理论思考能够走在前面，能率先提出系列的符合世界和平的可持续发展的价值观，哪一个国家就能在未来的发展中胜出。费孝通先生作为一辈子从事人类学、社会学研究的学者，其所思考的都是与此相关的问题，也因此，他的理论和思考能帮助我们解答或启迪我们去认识当今所面临的挑战，也可以在此基础上形成中国当代的思考、形成中国当代的可持续发展理论从而贡献给世界。

启　功

毕生“坚”与“净”

中学生，副教授。博不精，专不透。名虽扬，实不够。高不成，低不就。瘫趋左，派曾右。面微圆，皮欠厚。妻已亡，并无后。丧犹新，病照旧。六十六，非不寿。八宝山，渐相凑。计平生，谥曰陋。身与名，一齐臭。

——启功《自撰墓志铭》

“先生保重”

2006 年 6 月 30 日，北京西郊，香山脚下，万安公墓。

上午，一场朴素低调、不事张扬的骨灰安葬仪式在这里举行。

进大门前行约 10 米，右转，再前行 20 米，路的右侧，就是启功先生的长眠之地。上午 10 时，先生生前的至亲好友和同事学生一百余人，来到这里为先生送别。先生一向不愿麻烦别人，这最后的告别也没有惊动太多的人。

启功先生的墓地占地 3 平方米。墓茔东向，前望玉泉，后倚西山；苍松侍于左，坦途通于右。墓碑黑色，设计简洁大方，中间有个曲线的凹槽，形似先生一生喜爱的砚台。墓碑正面刻着逝者的名字和生卒年：“启功　1912—2005”；“夫人章宝琛　1910—1975”。启功先生用30年时间实现了对妻子的忠贞。阴阳相隔30年后，他们终于团圆了。墓碑背面刻着先生生前所喜爱的一则砚铭：“一拳之石取其坚，一勺之水取其净。”“坚”与“净”是先生一生的追求，先生自号“坚净翁”，卧室兼书房为“坚净居”。碑座上，刻着那篇广为人知的墓志铭：“中学生，副教授。博不精，专不透。名虽扬，实不够……”

在墓茔旁边一间小小的告别室里，先生的骨灰盒摆在正中的台子上，两边肃立着送别的亲人。哀乐响起，亲人默哀。启功先生的内侄双手托起先生的骨灰盒，慢步走出告别室，来到墓前。庄严的佛教歌曲在空中回荡，悲戚的声音响起来——“先生一路走好！”“先生保重！”带着亲人们的祝福，先生的骨灰移驻墓穴。两块石板封住了墓口，亲人们再看一眼逝去的长者，把花瓣撒在了墓座上。

泪水，顺着脸颊悄悄滑落，消失在黄土中。

一部大书

阳光穿过树叶的缝隙，洒下斑驳迷离的光影。偶尔几声鸟鸣虫嘶，映衬出墓园的寂静。微风吹过，墓旁的松树微微颔首，墓前的黄伞轻轻晃动。恍惚间，竟不知身在何处。

站在启功先生墓前，遥望西山，回顾先生传奇般的人生，心绪难平。

启功，字元白，亦字元伯，满族人，1912 年 7 月 26 日生于北京，雍正皇帝的第九世孙。虽为皇族贵胄，但家道早已衰落。他一岁丧父，十岁失去为他启蒙的曾祖父和祖父，家里就靠寡母和一个未出嫁的姑姑苦苦操持。在曾祖父和祖父的几位门生仗义相助下，他才得以在汇文学校读书。但因经济困难，他中学未毕业便辍学了，从此养家糊口，背上生活的重担。但他并未因此沉沦，而是发愤自学，先后师从贾羲民、吴镜汀习书法丹青，从戴绥之修古典文学，后来更拜陈垣为师，获闻学术流别与考证之学。几十年来他从未懈怠，终成一代大家。他在诗词、书法和绘画上均有骄人成就，有“诗书画三绝”之誉。他的画作取法自然，明净无尘，清劲秀润，耐人寻味，20 世纪 40 年代就在画坛崭露头角；他的书法博师古人，典雅挺秀，美而不俗，在当代书坛独树一帜，自成一家，被人们誉为“启体”，成为彪炳书坛的领袖；他的旧体诗词格律严谨工整，语言典雅丰赡，意境深远含蓄，学力深厚坚实，深具古典风韵，享誉国内外诗坛。他学识渊博，对古典文学、语言文字学、音韵学、训诂学、历史学、文献学、版本目录学和宗教学等等都有广泛的涉猎与研究；他是古书画鉴定专家，尤精碑帖之学，对古书画、碑帖的鉴定独具慧眼，见识卓异，造诣很深，几十年来为整理和保护国家珍贵文化遗产做出了卓越贡献。

先生一生成就当然不是这区区数百字所能尽述，然而从这样的简介中就可以看出，先生有着怎样波澜壮阔的人生，有着怎样璀璨辉煌的成就。著名学者钟敬文先生曾赠诗赞曰：“诗思清深诗语隽，文衡史鉴总菁华。先生自富千秋业，世论徒将墨法夸。”这样博学洽闻的大学者，确实令人景仰。启功先生如同一部大书，值得一辈子用心阅读。

至真，至善，至坚，至净

与先生一生的学术成就、艺术成就相比，人们更敬重的是他高尚的人格。

人们在谈到启功先生的时候，总是自然而然地要谈到他的为人。确实，启功先生具有中国传统知识分子特有的品格特征：正直善良、谦和慈祥、悲天悯人、淡泊名利、虚怀若谷、包容无际。可以说，中国文人的传统美德——仁义礼智信，他无一遗漏。凡是跟先生有过接触的人，只要他不怀有偏见，无不被先生的人品所感动。

先生为人至真。他对祖国、对民族、对人民抱有一颗热诚的赤子之心。他是真诚地热爱我们这个国家、热爱我们这个时代、热爱我们这个社会，真诚地盼望祖国统一、民族团结。他曾赋诗作画，欢呼香港、澳门回归；在各种外交场合，维护国家的利益与尊严，宣传介绍祖国悠久的传统文化。他以一颗博爱之心、忧世之心，密切关心着国家的发展建设。每当遇到自然灾害，他总是踊跃捐献善款。他诚恳待人，爱憎分明，从不隐瞒自己的真实想法和观点。

先生为人至善。他对妻子至爱，对母亲至孝，对师长至敬，对朋友至诚，对晚辈、学生关爱至切，和蔼可亲，悉心教诲。为资助考入北师大的贫寒学生，先生于 1990 年在香港举办书画义卖，筹集资金 160 余万元，设立了“励耘奖学助学基金”，用于资助和激励青年学生辛勤耕耘、严谨治学。对一切遇到困难的人，他总是毫不犹豫地慷慨相助；有时他的善良为小人所用，他也毫不后悔。他对小动物也充满爱心，从来不忍伤害。

先生为人至坚。“直如矢，道所履，平如砥，心所企。”这是先生喜爱的另一则砚铭，是对“坚”字最好的注解，也是先生道德操守的生动写照。先生温柔敦厚，平易近人，实则外柔内刚，刚直不阿。先生幼年失怙，少年失学，中年丧母，晚年丧妻，并曾被打成右派、准牛鬼蛇神，一生坎坷，历经磨难。但他没有被命运击倒，不仅顽强地生存下来，而且卓有成就，成为一代大家。先生平素为人谦和，宽厚待人，但为人方正，在原则问题上非常认真，绝不随波逐流、随声附和。我们常见的是他“笑脸弥勒”的一面，我也确曾几次见过他“怒目金刚”的一面，那都是在对待原则问题的时候。

先生为人至净。先生性格洒脱，胸襟旷达，淡泊名利，从不计较个人得失，一生不为金钱所动，不为功名所累。他心地纯净，不掺杂念。对人生的坎坷，他总能以乐观的精神、旷达的心胸加以化解，从不怨天尤人。对假冒他书法的行为、对一些人不负责任的议论，他一笑了之，表现得很超然。先生身为帝胄后裔，从不以此自炫，甚至不愿承认自己姓“爱新觉罗”，自称“本人姓启名功字元白，不吃祖宗饭，不当‘八旗子弟’，靠自己的本领谋生”。有人戏称他为“大熊猫”，先生一本正经地辟谣：“我不是大熊猫。大熊猫是国宝，我还有自知之明，哪敢自称国宝呢？”“宠辱无惊希正鹄”“何必牢骚常满腹”，这样的诗句常常在他的诗中出现，表现的正是他宽广的胸怀。他像一条静谧的河流，宁静平和、清澈见底。

“学为人师，行为世范。”“能与诸贤齐品目，不将世故系情怀。”“评书画论诗文一代宗师承于古创于今永垂鸿业标青史；从辅仁到师大两朝元老学为师行为范不息青衿仰令仪。”先生亲自拟定的校训、书写的对联以及后人敬献的挽联，不正是对老人一生道德文章最好的概括吗？

生命的达观

启功先生是 2005 年 6 月 30 日凌晨 2 时 56 分去世的。先生似乎特意选择了这样一个安静的时刻，悄悄地走了。

时光匆匆，转眼一年过去。尽管我相信入土为安的古训，可是，当墓穴被两块石板封住的时候，还是忍不住心如刀绞。从墓外到墓内只是小小的一步，可两块薄薄的石板却将我们和先生生死相隔。

在先生人生最后的十几年中，我有幸随侍左右，常常拜读这部大书。十几年，在历史长河中只是短短一瞬，可在人的一生中却是长长的一段。在千千万万人中，我是有福了。我悟性不高，至今未得书中精髓；可耳濡目染，已经获益非浅。先生高尚的人格时时感动着我，一桩桩看似不起眼的小事，如今回想起来，还是令我热泪盈眶。我至今忘不了先生手执铅笔为我修改习作时认真的表情；忘不了先生谈到工人下岗、农民负担时焦急的神态；也忘不了先生手持放大镜细看我的幼子照片时开心的大笑；我忘不了先生身体健康时每次执意把我送到楼梯口频频挥动的双手，更忘不了先生坐在轮椅上双手抱拳目送我离开时留恋的眼神。

为什么我的眼里满含泪水？为什么我的胸口隐隐作痛？为什么我的心里空空荡荡，若有所失？“故人不可见，汉水日东流。借问襄阳老，江山空蔡州。”“有人夜半持山去，顿觉浮岚暖翠空。”古人的一句句悼亡诗，现在想起来感触尤深。一座精神的大山移去了，心灵的依靠何在？

还是在盛年之际，先生就为自己提前写好了墓志铭，并表示“六十六，非不寿”，表现出对生命的达观。如今，距离“六十六”二十多年了，先生以93岁高龄辞世，是真正的“非不寿”。按照传统的说法，应该属于“喜丧”了。可是，人们为什么还是这样悲痛？是多么巨大的一种人格力量，至今令我们感动不已，怀念不已？

“开门撒手逐风飞，由人顶礼由人骂”

可是，就是这样一位善良慈祥、深受人们爱戴和敬重的文化老人，却也遭到某些人的攻击和诋毁。有人对先生的书法有这样那样的非议，有的说他写得太多太滥了，有的嘲笑他的字是“馆阁体”，有的借“收费”说三道四。但他们恰恰忘记了一点：启功先生从不把书法作为牟取利益的工具。社会上之所以有大量他的书法作品，一方面是因为喜欢他的书法的人太多了，认识或不认识的，懂不懂书法的，都想方设法索求；更重要的，是因为他从来没有把自己的字当回事，从不以此自矜，从不以书法家自居，从国家领导人到平头百姓，从学者教授到环卫工人，几乎是有求必应，免费供应。一些索字者不忍心“剥削”他老人家，或给点吃的，他和大家分享了；或给点玩的，他放在书柜里与朋友共同欣赏；或给点花的，他转头就交给学校或需要帮助的人。退一步讲，就算“收费”的话，也是劳动所得，而且是一位高龄多病的老人劳动所得，又有什么可以非议的呢？

启功先生的书法并非登峰造极，批评不得；启功先生也并非完人，毫无瑕疵。正常的学术批评、艺术探讨无可厚非。可是，那种人身攻击、造谣滋事是一切正直、善良的人们所不能容忍的，也终究是不能得逞的。事实也已证明，无论宵小之徒如何诋毁，都无损于先生可敬形象、高尚人格于半毫。人们还是一如既往地热爱着启功先生、敬重着启功先生。

为什么总是有人要往这位受到千万人爱戴、敬重的文化老人身上泼脏水？

对付这样的人，还是启功先生的办法高明。早在二十几年前，他就写下了这样的诗句：“开门撒手逐风飞，由人顶礼由人骂。”顶礼也罢，辱骂也罢，这一切与我何干？先生已乘鹤而去，留下一群俗人喋喋不休，争论去吧。

人淡如菊

有的人活着，他已经死了；

有的人死了，他还活着。

死者倘不埋在活人的心中，那就真真死掉了。

站在启功先生墓前，六月的阳光暖暖地照在身上。我凝视着先生的照片，先生慈祥的笑容在阳光下格外灿烂，我们似乎又在进行着轻松的对话——心灵的对话。一时间，我竟出离了悲伤。我又一次捧读着一本大书，对人生多了几分感悟，对生命多了几分敬畏，对荣辱多了几分超然，对得失多了几分洒脱。

万安公墓历史悠久，环境幽雅。启功先生生前的许多友好都先后安葬在这里，想来长眠于此地的启功先生也不会感到寂寞吧。

落花无言，人淡如菊。启功先生去了，可他没有死，因为他永远活在我们这些后人的心中。

汤一介

一介“书生”

“大师”即“人师”。在汤一介的意念里，能读出对过往的念念不忘，也能读出蕴藉在几千年里读书人骨子里的风骨，他决心不再向那些“带有欺骗性的言行妥协”。

诗书继世

1927年2月16日，汤一介生于天津，祖籍湖北黄梅县。按照族谱排序，汤一介属“一”字辈。于是父亲汤用彤先生为他取名“一介”，让他做汤家的“一介书生”。也有说法称，精通佛学的汤用彤另有用意。佛家说大千世界藏于一粒芥子之中。“一芥”与“一介”谐音，汤用彤希望儿子长大成人后，既要保有芥子微尘的谦卑胸怀，还要有包罗大千世界的阔大气象。

汤家是名副其实的书香门第。汤一介的祖父汤霖是庚寅年（1890）的进士，做过几任县官，颇富学名。父亲汤用彤是广为人知的哲学大师，早年留学哈佛，学贯中西，回国后先后任教于南开、北大，并出任北京大学副校长。

最好的家教莫过于言传身教，耳濡目染。汤用彤先生是近现代中国哲学界融会中西、并接通中文和梵文的大学问家，人品、学问俱佳。他没有任何不良嗜好，整日沉浸在书香中，乐此不疲，也因此成就了自己的大学问。

但他对汤一介的教导，少雷霆般的苛责，而多春风化雨的浸润。1942年，汤一介在读中学时，就很喜欢背诵古诗文。有一次，汤用彤找出《哀江南赋》，特意让汤一介读。年幼时，汤一介时常听父亲用湖北乡音吟诵庾信的《哀江南赋》和《桃花扇》中的《哀江南》，他似懂非懂。随着年龄的增长，他对家人的流离和国家的遭际有了更为直观的感知。1944年，汤一介在重庆南开中学读高中，再读此赋时，终于稍有领悟：“这首赋讲到庾信丧国之痛。”

直到晚年，汤一介仍旧时常提起：“我们小时候得睡午觉，父亲总是拍着我妹妹吟诵《哀江南》。”就这样，父亲汤用彤没有说多么高深的道理，也没有多么严苛的要求，在不经意的吟哦中，让汤一介从小便氤氲在书香之中，潜移默化地受到家庭的熏陶。耳濡目染间，汤一介接受了父亲从祖父那里传承的家训：“事不避难，义不逃责，素位而行，随遇而安，固吾人立身行己之大要也。”

有学人讲，入门容易入道难，各业如此。对于学派林立、版本众多、博大精深的中国传统学问来讲，寻得入门之法尤为不易。在钻研哲学之前，汤一介一直对西方文学、艺术有着浓厚的兴趣，汤用彤先生也听之任之、顺其自然。但一旦有可加引导的地方，汤用彤便悉心指点。

1944年夏，汤一介的妹妹因病去世，刚读完高一的汤一介悲痛不已，也暗自萌生对生与死的思索。有一天，他对父亲说："我能不能读读《妙法莲华经》？"汤用彤回答："可以。但我看你读不懂。"汤一介不相信，就硬着头皮读了些日子，果真什么也没读懂，只好放弃。这时候，汤用彤不紧不慢地教导儿子："做学问、读书要循序渐进，你可以先看看熊十力先生的《佛家名相通释》，把佛学的一些概念搞清，再读佛书也许好一些。"做学问，汤用彤十分严谨、不急不躁；教育儿子，汤用彤也是如此，轻易不说话，但却会适时而出循循善诱。

尽管有着他人难以奢望的良好基础，汤一介的求学路也并非全是坦途。1946 年，汤一介参加大学入学考试，不幸落榜，只好进入北京大学先修班学习。1947 年夏，汤一介如愿考入北京大学哲学系。1951 年，汤一介自北大哲学系毕业后留校任教。1956 年调到北大哲学系，担任父亲的学术助手，这使得他能更近、更系统地从父亲身上学习治学方法。

如父亲所愿，汤一介成了手持教鞭的书生和教师爷。

岁月无常

正式步入学术生涯，汤一介本以为能安然承接父亲的衣钵，在哲学领域开辟一片新的疆域。正当他抱着做哲学家的宏愿时，时代大潮滚滚而来，个体像泥沙一样挟裹其中，浩浩荡荡而去。

在晚年的自我评价中，汤一介毫不避讳地认为从 1950 到 1980 年，是他学术生命中空白的 30 年，犹如"没有思想的螺丝钉"，虽勤勤恳恳地工作，但没有独立的思考，在一波波运动中迷失了自己。

运动来临，犹如大潮袭来，每个个体都像八爪鱼，慌不择路地找寻附着物。汤一介跟着潮流，写批判冯友兰、吴晗等前辈的文章，"文革"开始后，他又成了"黑帮"，写交代材料、接受审查，在命运的泥淖里翻滚。身在运动中的人不知所措，每天在运动风暴边缘等待的人——夫人乐黛云，则提心吊胆。

受难年代的命运反转，便是进入"梁效"写作组。进入"梁效"（"文革"期间北京大学、清华大学大批判写作组笔名，即"两校"）大概也是汤一介"跟上那个时代"的努力。1973 年开始"批林批孔"，毛泽东指示北大找一些教员参加到清华大学编写的《林彪与孔孟之道》工作中去，冯友兰、汤一介、叶朗和周一良等皆在其列。汤一介后来回忆说，“从当时的思想状况说，我是很愿意到这个‘大批判组’中去的，因为这可以免去遭批判”。更深层的原因，可能是汤一介“对毛泽东是完全相信的，认为他一切都是对的，如果我有什么思想和毛泽东思想不一致，那一定是我错了”。如果用事后诸葛亮的眼光来看，一个学识渊博的哲学学者，也陷入了个人崇拜的热潮之中不能自拔，实在是有些可悲。

“梁效”写作组的掩护，让汤一介能够安静跻身于北大朗润园的一座小楼内，免受批斗的纷扰。他的主要职责是编写《林彪与孔孟之道》，编完后还要受命到各单位去讲解。如果有毛主席要读的材料，比如马王堆出土的帛书，江青拿来材料，材料组就进行注音、注解，有时候汤一介还要进行讲解。汤一介一时间有了“通天”的机缘，但却没能像某些人那样游刃有余，说到底，他只是一介书生。

1976 年 10 月，“四人帮”被抓起来，大批判组全体成员被集中起来，进行审查。审查期间，汤一介反复作了多次检查和揭发，又陷入到命运的泥淖里不能自拔。

曲折的时光对我们民族来说是悲痛的，对个人而言更是无奈又无助。对于历经苦难磋磨的汤一介而言，进入“梁效”是好运乍现，至少免了直接的皮肉之苦。但对于他的一生而言，这成为难以拂去的遗憾，甚至是污点，犯下了“不会得到别人谅解，自己也不能原谅自己”的错误。

从汤一介个人的学术生涯来说，失去的 30 年毋庸置疑是可惜的，但他独特的经历和理应饱含思想性的哲学学者身份特征，又令其成为那个年代的一块难得的化石和“版本”。当然，如今想来，我们更期待其学术价值高于版本价值。更令后来者警醒的，是他作为学识丰厚、饱含思辨的哲学学者，如何迷失于自我，迷惘于时代。

反对大师的大师

1978 年，汤一介被彻底平反。此时，他已经 51 岁了。历史老人开了个玩笑，辗转数十载后，汤一介终于又回到阔别已久的讲台。

站在北大的讲台上，汤一介开了第一门专题课——“魏晋玄学与佛教、道教”。汤一介讲课并非风趣幽默型，而是逻辑严谨，带着很强的问题意识，尽管并不生动，却很受欢迎。

出走半生归来，汤一介终于找寻到属于自己的舞台，真正开启了自己的学术生涯。

交了30年白卷之后，汤一介重新在自己的老本行里钻研求索。

在“魏晋玄学与佛教、道教”这门课的基础上，汤一介于1983年整理出版了第一部专著《郭象与魏晋玄学》，1984年又开始为哲学系开设“中国早期道教史”“魏晋南北朝时期的道教”“中国佛教资料选读”，相关的专著也陆续出版。家学的传承、几十年人生的阅历以及难得的阅读积累，终于让一个思想者寻回了思想的滋味。

汤一介以道家、道教为学术的切入点，蔓延至老庄周易及佛家。机缘巧合之下，汤一介把研究的重心转移到儒学的研究上，而且比预想的走得远、挖得深。1983年，汤一介去哈佛大学做罗氏基金访问学者，恰逢在加拿大蒙特利尔召开的第十七届世界哲学大学，并应邀出席其中的“中国哲学圆桌论坛”。那时候，新儒家极力将中国传统的“内圣之学”与西方的“科学民主”接轨，把个人的政治幻想和渴求附会在学术研究之中，冷眼旁观之下，汤一介对此持怀疑态度，撰写了文章《儒家思想第三期发展可能性的探讨》，提出儒家思想关于“真、善、美”的三个命题，即“天人合一”“知行合一”“情景合一”。汤一介的论述令人耳目一新，当场即赢得经久不息的掌声。一发不可收拾，从这时起，汤一介慢慢将学术重心转移到对儒家文化和思想的研究中来。

颇有意味的是，当多数人在80年代极力开眼看世界，在西方寻求药方启蒙中国时，汤一介等却把目光向内，向传统文化的深处开掘，以更加积极自信的姿态弘扬传统文化。

1984年，他出任中国文化书院的院长。1984年冬天，文化书院在青年政治学院开讲座，请了梁漱溟和冯友兰来讲。当时冯友兰还是“反动学术权威”，梁漱溟大概30年没有公开露面，消息传出去，大家在吃惊之余，涌动着对传统文化多年未曾有过的热情。张岱年、季羡林、金克木、任继愈、庞朴、孙长江……这些布满尘灰又如雷贯耳的名字，这些学富五车却又作风古朴的学人，都被中国文化书院纳入麾下。正如有人所写的那样，“一丝颤巍巍的谨慎铺展开的却是波澜壮阔的气势”“中国传统文化以一泻千里的姿态向外传播，人们也在大口吞吐着这些知识瑰宝”。

在谈及为何投入大量精力去办文化书院时，汤一介的回答简洁而雄心壮志，“并不是要恢复古代的书院，而是为了要有一个能推动中国社会和文化走向现代的地方。”相比于汤用彤老先生沉浸在学理的钻研中，汤一介多了几分对现实的思考和关怀，正如汤家数辈人一直传承的家训那样，“事不避难，义不逃责”。

复出以后的30年，汤一介声名鹊起、如日中天，头衔、荣誉纷至沓来。正值“国学热”兴起之际，一些人希望给汤一介戴上“国学大师”的王冠。对于有着深厚家学渊源和丰厚的学识的汤一介而言，“大师”的头衔本无可厚非，但他多次拒绝了。汤一介曾自述道：“我说现在没有大师，是因为还没有一个思想体系被普遍接受，还没有出过一本影响世界的划时代著作。”更深一层讲，汤一介对“大师”的称号有一种洁癖，他在为《未名讲坛》丛书作序时写道，“自古以来可以称得上‘大师’的应该是：既能以他的深邃的思想引导人，又能以他的人格魅力吸引人，他们是真、善、美的化身”。

“大师”即“人师”，在汤一介的意念里，能读出对过往的念念不忘，也能读出蕴藉在几千年里读书人骨子里的风骨，他决心不再向那些“带有欺骗性的言行妥协”。

雄心壮志的编书者

2014年5月4日，习近平总书记在北京大学考察时，专门看望了87岁高龄的汤一介先生，总书记与汤老先生携手而行的画面定格在历史的长河里，令世人感动。更让后世受益无穷的，是总书记对《儒藏》编纂情况的关心关怀，对中国传统文化的念兹在兹。这一天，世人了解了《儒藏》，了解了汤老先生晚年孜孜不倦的事业。

1989年秋天，汤一介先生和张岱年等人一起讨论“我们能做什么”时，就提出了编纂《儒藏》的设想。在中国传统文化思想中，儒、释、道历来三分天下。但在中国的历史上，却只有《佛藏》和《道藏》，而没有《儒藏》。作为中国传统文化的主体的儒家思想，却因各种原因没有一部与之地位相称的大文库，在汤一介看来，无论如何，整理儒学典籍的工作都应该做起来，“功成不必在我”。

从汉朝董仲舒“罢黜百家，独尊儒术”以来，历代统治者几乎无不重视儒家的政治、文化功能，儒家的价值观逐渐成为中国人价值观的核心、中国传统文化的主流，无数学人反复研读注解、撰写著述，典籍之多，犹如汪洋之海。儒家典籍的数量大约是佛教和道教的几十倍，粗略统计，全部文献约有1.5万至1.8万种，工程量的浩大让人望而却步。当时的时代风向也多崇外、薄古，西方哲学正源源不断流入中国，说到底，人们对传统文化还极为不自信。

经济的发展，也带动着时代风气的转变；物质生活的充盈，人们对精神生活的渴求也更为强烈；东升西落的苗头渐露，中国传统文化的地位也日渐抬升。不经意间，国学热成为一股风潮。最有代表性的，莫过于中国人民大学2002年成立孔子学院，之后成立国学院，作为一级学科招生。2002年11月，经过专家的反复论证，汤一介向北京大学正式提出编纂《儒藏》的设想，北京大学上报教育部。终于在2003年，教育部正式批准这一重大学术文化项目立项，76岁的汤一介欣然受命，成为《儒藏》工程首席专家。

《儒藏》工程包括编纂工作与研究工作。编纂工作分为两步：先编《儒藏》“精华编”，该编将收入中国四部之书及出土文献中具有代表性的儒家典籍文献503种，韩国、日本和越南历史上以汉文著述的重要儒学著作150余种，共分编为332册，约计2.6亿字；第二步编纂《儒藏》“大全编”，该编将收入儒家经典著作3000余种，约10亿字；此外还要编纂著录两万余部“儒家经典文献总目”。研究工作包括若干子项目，如：中日韩越四国《儒学史》、多卷本《中国经学史》、《儒、释、道三教关系史》、《中国儒学诠释史》、“儒家思想与儒家经典系列研究丛书”，等等。

编纂《儒藏》繁琐庞杂，是个慢活、细活、苦活，汤一介先生却义无反顾。对于一般编者而言，把书稿交给出版社审稿排版，再返回校对，没有异议便可印刷。但在《儒藏》的编纂过程中，汤一介先生反复增加检查程序，尽可能降低错误率。

《儒藏》注定要流传后世，也正因为此，汤先生始终怀着高度的责任感，认真对待每个环节，每个细节。正如他所言，“在中华民族走向伟大复兴的过程中，必须有中华文化的复兴来配合。今天，我们编纂《儒藏》可以说正在实现着400多年来中国学者、也可以说是中国人民的梦想。我最大的心愿就是把《儒藏》编好，将儒家文化瑰宝系统全面地收藏，成为全世界最权威的范本，之后一百年内不会有人超过。”这是一位书生在晚年的雄心壮志，却也是绵延不绝的儒家文化的一次集大成。

冯友兰先生曾讲：“人类几千年积累下来的智慧真是如山如海，像一团真火。这团真火要无穷无尽的燃料继续添上去，才能继续传下来。”义无反顾的汤一介先生，是真正将自己的生命当做燃料，来传续中国文化这团真火的人！

金冲及

镌刻历史　融入时代

历史像一个沙漏，金冲及是细数每一粒沙，并能够披沙拣金的人。

历史像一面镜子，金冲及是经常为它拂拭灰尘，并用这面镜子照见未来的人。

历史更像一把解剖刀，这把刀在金冲及的手中如庖丁解牛，游刃有余。

为民族立志

1930 年 12 月，金冲及出生在上海。他中学时就爱读史书，初中一年级的历史课程得了 98 分，小小年纪便读过《史记》《纲鉴易知录》、吕思勉《白话本国史》等书籍。

顺着古代史，金冲及又渐渐走进中国近代史以及历史研究方法这一领域，陆续阅读了李剑农《最近三十年中国政治史》、梁启超《中国历史研究法》和《补编》等学术著作。中学时代对历史书籍的大量阅读，对金冲及后来走向历史学研究起了引导入门的作用。

1947 年，金冲及考入复旦大学史地系（1949 年改为历史系）学习。之所以选择历史专业，他思想上有过斗争，因为以后找工作很困难。而那时的高校招生，是一所一所大学单独进行的，金冲及还报了另外一所大学的化工系，也被录取了，但他最终还是选择了前者。

进入大学之后，金冲及起初非常用功。但眼见社会状况的一天天崩坏和国民党当局的种种倒行逆施，他实在无法平静地埋头苦读了。

在 2003 年第 3、4 两期的《中共党史资料》上，刊登了金冲及中学好友丁彬荣保存的金冲及 1947 年底至 1948 年初共 40 天的日记。这些日记真实记录了当时的情形。

写这些日记时，金冲及才读大一。1947 年的严冬，上海街头每天都有冻死的难民，同济大学学生首先发起劝募寒衣的活动，复旦大学地下党组织抓住劝募寒衣和不久后的抗议九龙城事件这些合法活动，发动团结了一大批学生，开启了一个新局面。

1948 年 1 月 29 日，同济大学抗议校方开除 100 多名学生，进京请愿，复旦大学学生支持声援，国民党当局调动军警进行了残酷镇压。那天，金冲及始终在场，他目睹了军警马队冲入密集的学生队伍，用马刀乱砍；学生们退回同济大学礼堂举行抗议晚会时，淞沪警备司令突然登台，厉声讲话，军警们冲入会场；被赶出会场后，学生们在严冬的广场上被分成一堆一堆地坐着，面前是军警的一圈刺刀；最后在深夜中，学生们被军警武装押送回校，行列里有人低声哼唱着《跌倒算什么》。

这些刻骨铭心的场景，让金冲及终生难忘。那一次，他被校方记了一次“大过”。

面对如此情形，一个有正义感、有血性的年轻人怎能只埋头读书呢？民族危亡、国难当头，血淋淋的现实让金冲及横下了一条心，全身心投入当时的爱国民主运动中。

那段时间，金冲及认真学习了马克思主义和党的理论，他第一次看到了毛泽东《在延安文艺座谈会上的讲话》，当时封面上印的是“文章讲话，叶圣陶著”，仿佛是叶圣陶写的书，其实里面别有文章。这样编印主要是躲避国民党的检查。

1948年年初，金冲及秘密加入了党组织。8月，国民党政府特种刑事法庭以“扰乱治安、危害民国”的罪名传讯并通缉了他。在党组织的安排下，他被秘密地安全转移了。

上海解放后，金冲及重新回到复旦大学，先后担任校务委员会常务委员（学生代表）、学生会主席和第二届上海市各界人民代表会议代表。因为忙于各种社会活动，他常常缺课，即使如此，复旦大学的系统专业教育对他的影响依然很深。

当时，有一批名师给金冲及上过课，如周谷城、周予同、谭其骧、胡厚宣、蒋天枢、冯雪峰、唐弢和靳以等。正是在这些名家大师的熏陶之下，金冲及心中树起了一根“怎样才算是做学问”的标尺，逐渐懂得了研究历史的方法。

也正是这段时期，金冲及利用课外时间阅读了大量的马克思主义著作，这些基本理论和基础知识，在他头脑中深深扎了根，且终身受用。

为史学立心

1951年，金冲及从复旦大学历史系毕业留校，先后担任校团委书记、教务部副主任和教学科学部副主任等职。最初，他还是希望能回到自己最喜欢的历史专业，但一想到革命胜利来之不易，如果此时就各奔前程，自己良心上过不去。从那时起，直到2004年从中共中央文献研究室常务副主任的岗位上离休，除去“文革”中的几年，除去开会和调研，金冲及几乎每天都是坐在办公室里上班，前前后后共53年。

1952年，复旦大学党委鼓励有条件的党政干部在系里兼课，当时叫“双肩挑”。这自然是金冲及十分愿意的。全国院系调整后，教育部规定大学历史都要设置中国近代史课程，而此时的中国近代史主要是指从鸦片战争到五四运动这段历史时期。在过去的史学传统中，很多人不把中国近代史看作是一门学问，老先生们也极少涉及，这给了金冲及一个难得的机遇。

从1953年起，金冲及开始给复旦大学学生讲“中国近代史”，1960年起又陆续带过5个研究生（当时叫“副博士研究生”），这是新中国培养的第一批中国近代史教学和研究工作者。而在金冲及看来，讲课更是一次非常好的学习过程。

金冲及说，他第一次发表史学文章，事前并没有想很多。那是1954年，《历史研究》创刊号发表了胡绳的《中国近代史的分期问题》一文，影响很大。文中提出，可以用阶级斗争的表现作为中国近代史划分时期的标准。金冲及当时教这门课已经一年有余，有了一些想法，觉得应该把社会经济发展和阶级斗争状况结合起来，作为划分中国近代史不同时期的标准，两者是一致的或有联系的。

1955年春节，金冲及在办公室值班，想着该把这个意见提出来，就用一整天时间撰写了《关于中国近代历史分期问题的意见》，寄给《历史研究》编辑部和胡绳商榷。没想到《历史研究》很快就发表了，引起史学界的重视。金冲及也由此得到了胡绳的关注。

1955年，金冲及撰写的《论1895年到1900年英国和沙俄在中国的矛盾》一文，发表在复旦大学学报之上。这是他第一篇利用原始资料写成的长篇史学论文。1956年，他又发表了《云南护国运动的真正发动者是谁》，《人民日报》学术版专门介绍了这篇文章。

那几年，金冲及一年只写一篇论文。他认为，与其一年写十篇文章都在原地踏步，不如用心写好一篇文章，力求能有所长进，努力做到写一篇文章就进一步。“事实证明，在研究工作刚起步的时候，这样做是很有好处的。”金冲及说。

1965年，金冲及根据组织安排被调到文化部工作。没想到“文革”很快爆发，他先是被作为“当权派”给绑回复旦大学，接着又受到各种莫须有罪名的审查。其中有三年时间，他在湖北咸宁“五七干校”种水稻，当地天气酷热，稻田里的水蒸气有一尺多高。有一次，金冲及实在没有撑住，晕倒在田里，发烧超过40℃，幸好被及时送到卫生所救醒。

1972年，马王堆汉墓发掘成功，周恩来总理亲自批示先将《文物》等三个刊物恢复起来。这一年年底，金冲及被调到文物出版社工作，先后担任副总编辑和总编辑达10年之久。由于工作需要，他系统补充了考古学的相关基本知识，甚至为弄懂文物的历史背景，还用一年的业余时间读完了《资治通鉴》和《续资治通鉴》，后来又在二十四史中挑出14种进行研读。

这段经历使金冲及深刻体会到，无论在什么样的工作岗位，即使是原来不熟悉或不期望的岗位，只要全力以赴地投入，总会有所收获。如果只是因为本职工作不符合自己的愿望，就一味应付了事，其结果只能是时间白白浪费掉，还一事无成，那才真的不值。

为伟人立传

1981年夏天，时任中共中央文献研究室主任的李琦为编写《周恩来传》，通过中央组织部把金冲及调去，先是借调，到1983年正式调入。1984年，金冲及担任研究室副主任，1991年又任常务副主任，直至2004年离休。

中共中央文献研究室的主要任务，一是编辑出版党和国家以及主要领导人的文集、文献汇编，二是研究这些领导人的思想和生平。金冲及做得更多的是后一项工作，他主编了《毛泽东传（1893—1949)》《周恩来传》《刘少奇传》《朱德传》，共同主编了《毛泽东传（1949—1976)》《陈云传》《李富春传》，前两种分别获得第三届和第一届国家图书奖。他也曾在八个月的时间里，在胡绳的主持下，参与编写了《中国共产党的七十年》。

写人物传记，主体是写人，要写出一个活生生的、有血有肉的人一生的经历和发展。把一个人写活并不容易，何况是伟人和著名人物。对此，金冲及下了大功夫、细功夫和苦功夫，他把大量时间用来翻阅浩如烟海的原始档案，细心弄清每一件史实。

在编写伟人传记时，金冲及特别注重处理好六个关系——

一是传主和历史环境的关系。讲一个人，一定要把他放在比较宽广的特定背景下考察，包括当时的时代气氛等。二是思想和行动的关系。人的行动都是由思想来指导的。写人物传记要花很大的力量去弄明白他是怎么想的。三是正确和失误的关系。写人物传记，容易产生“为尊者讳”“为亲者讳”的毛病，用科学的态度来写，才真实可信，才能经得起历史检验。四是个人和集体的关系。既然是写个人传记，主要的内容当然是写传主，也要写他各个时期上下左右的人，这才是活生生的历史。五是性格和事件的关系。对重要的历史人物，要选择他在一些重大历史关头的表现，也需要写一些他与亲人、朋友和身边工作人员等接触的小事，这样才能使人物形象更加丰满。六是叙述和议论的关系。人物传记，主要是叙事，议论的文字要寓于叙述之中、用在关键处，画龙点睛。

为伟人写传，需要掌握大量可靠的原始资料。为此，金冲及查阅了大量的党史资料。可以说，金冲及是系统查阅并熟悉毛泽东、周恩来档案的专家学者。

在编写《周恩来传》时，金冲及专门征求了邓颖超的意见。邓颖超表示，周恩来是党和国家的领导人，他的传怎么写由组织和中央决定，她个人不发表任何意见。

《周恩来传》出版后，邓颖超要身边人每天给她读20分钟。听完后，她对传记的文风十分满意，专门找金冲及去家里谈话。邓颖超对金冲及说，这部《周恩来传》是一个创新，比较完整地反映了一些重要历史情况，并且澄清了一些问题。

除负责编写领袖人物传记外，金冲及还参加了一部分领袖人物年谱的编辑工作。在他看来，年谱是中国一种古老的史书体裁，是人物传记的别体，但同传记相比又有差异：传记可以根据作者的认识，着重叙述并剖析传主一生中的重要事件，而省略一些次要环节。在行文时，也不必过分拘泥于时间顺序。年谱则不同，必须严格按照事情发生的先后，逐日记录。这样，纵向上可以更细致地看到谱主的思想和活动怎样一步一步地发展，横向上可以更容易看清谱主所面临的客观环境。读者在阅读传记时没有弄清的一些问题，往往可以从年谱中找到答案。传记和年谱两种体裁，各有所长，可以互相补充，但不能相互替代。

从工作岗位上退下来之后，金冲及依旧承担了不少工作，他感觉自己可利用的时间还是有限，想做的事还有很多。

金冲及在 75 周岁的第二天，就开始动手撰写《二十世纪中国史纲》。这部书从中日甲午战争一直写到 2000 年，金冲及的研究范围正好包括清末到改革开放这 100 多年，他有机会接触到较多的原始历史资料，也亲历了很多历史事件。

《二十世纪中国史纲》共 120 万字，金冲及不会用电脑打字，只能用笔一个字一个字地写，将近三年时间才完成，2009 年 9 月由社科文献出版社出版，2010 年获得第二届中国出版政府奖。

随后，2010 年，人民出版社出版了《七十后治史丛稿》。2012 年，北京大学出版社出版了《决战——毛泽东、蒋介石是如何应对三大战役的》。2014 年，首都师范大学出版社出版了《新旧中国的交替》。2016 年，三联书店出版了《联合与斗争：毛泽东、蒋介石与抗战期间的国共关系》《第二条战线》等。金冲及的一批有影响力的史学著作相继问世。

以史明道，以史鉴心，以史警世。从对民族危亡的思考而走向史学研究，到对中国道路的自信而为伟人立传，为了自己热爱的史学事业，在一座小楼里，冬去春来，寒来暑往，金冲及奉献了自己的全部身心和精力。

为后学立范

金冲及著作等身，其学术思想和治学品格也被后学视为榜样。他的儿子金以林现任中国社会科学院近代史研究所副所长、中国史学会副秘书长，是一位民国政治史、教育史和国民党史的研究专家；孙子金之夏也受父辈影响，复旦大学历史系毕业后进入北京大学历史学系攻读研究生。

史学界习惯称金冲及为“金老”，已过天命之年的金以林也有同学和同事叫他“老金”，金之夏在家里家外则理所当然地被唤作“小金”。对此，金冲及风趣地说，我们家三代人搞史学，依次为金老、老金、小金。“三金”有时会在家里讨论史学话题，有时甚至会出现激烈的争论。

对于史学研究，金冲及告诫年轻人：“知识面要宽，但随着年岁增长和基础知识的积累增多，研究工作应该考虑确定一个重点方向。这样，精力才能集中，研究才能做得更深透。不能老是东一枪西一枪，什么都弄一下，结果什么都只能如蜻蜓点水。”

关于如何处理好日常工作与学术研究的关系，金冲及的体会则是：“开始做史学研究对我来说只能算是‘副业生产’，有时甚至只能算‘业余爱好’，在晚上八九点后和节假日进行。”“我的体会是要突破两个思想障碍：一个是‘等’，总想等条件好了再大干一番；再一个是‘怨’，抱怨受到各种客观条件的限制，放松了对自己的要求。这两种想法都徒劳无益，反而把时间白白浪费掉。唯一的办法就是经过盘算确定研究工作的目标，然后抓紧每一点自己可以支配的时间，下狠心干下去。应该担负的其他工作任务，一定认真负责地做好。自己研究工作的进度可以调整以至推迟，但目标决不放弃，不动摇。”

金冲及回忆，他与胡绳武合作完成的四卷本《辛亥革命史稿》，150 万字，就是在业余时间写完的。“当时的确下了狠心，走不到，爬也得爬到。而且，那时年龄还不大，精力比较旺盛，只要合理安排，持之以恒，仍可以‘双肩挑’，而且‘两不误’，这是为事实所证明的。”

在谈及做学问的诀窍时，金冲及说：“从史学专业的角度来看，我认为问题意识、广阔视野、严谨学风和文字表达等都很重要，但重点是问题意识。”

“‘问题意识’是陈寅恪先生提出来的，周谷城先生也说过，你如果能提出一个好的问题，文章就成功了一半。胡适说，对人要在有疑处不疑，治学要在不疑处有疑，他的话不全对，但说的也是要能发现和提出问题。研究，就是为了解决问题，这和写一般的宣传文章完全不相同。宣传是将‘已知’的道理用‘摆事实、讲道理’的办法，使别人能比较深地理解；而研究则是要解决‘未知’的问题，变‘未知’为‘已知’。两者都很重要，但毕竟有所不同。”怎么样才算真正具备了“问题意识”呢？金冲及指出，一是通过研读有关史料提出问题；二是读史料要边读边思考，包括对已有思考的反思；三是要充分重视问题的全部复杂性。“可以说，有了问题才会去寻求解决。问题意识，不仅是研究的方法，应该说也是研究的动力。”

2014 年，中央文献出版社出版了金冲及的《一本书的历史——胡乔木、胡绳谈〈中国共产党的七十年〉》。他之所以要写这部书，目的就是想提高党史工作者的思考和研究能力，“先后主持编写《中国共产党的七十年》这本书的胡乔木和胡绳，在编写的过程中有许多次讲话。这些讲话，对读者了解这本书的基本思路和一些问题，如为什么那么写，对提高党史工作者的思考和研究能力，都有帮助。”

胡乔木和胡绳讲话时，通常只有四五个人在场，并不准备发表，讲得也比较随意。由于长期的职业习惯和训练，金冲及对这些讲话做了详细记录。这些记录在他的笔记本中搁置了 20 多年。记的时候，字迹相当潦草，别人不易辨识，有些话对不了解当时语境的人而言，更不易明白。

“如果不赶紧整理出来，将来成为废纸实在可惜，心里总觉得欠了一笔账。”所以，金冲及花时间把它整理了出来，希望对后人有所帮助。

2016 年，三联书店推出“金冲及文丛”，至今已出版了《向开国领袖学习工作方法》《生死关头》《转折年代》《联合与斗争》《第二条战线》。这套文丛深受读者喜爱，畅销不衰。而在编辑出版的过程中，金冲及又发现了一些新的史料，例如陈诚、胡宗南和钱大钧等人的日记，便把书稿要了回来，重新进行修改和补充。

为史求真，为学求精。“走不到，爬也得爬到”，“路是人一步一步走出来的。就像一场接力跑，前人到达的地方，就是后人继续前进的出发点。”这就是金冲及的治学精神和人生态度。

有人镌刻历史，有人融入时代，有人既镌刻历史也融入时代，这就是近代史和中共党史专家——金冲及。

（本文有删节）

吴良镛

让人们诗意栖居

回顾自己的学术、教育生涯，吴良镛说，“我毕生追求的就是要让全社会有良好的与自然相和谐的人居环境，让人们诗意般、画意般地栖居在大地上。”

镛，古乐器，奏乐时表示节拍的大钟。

两院院士、国家最高科技奖获得者吴良镛，堪称我国建筑与城乡规划学界的洪钟大吕。

“探索中国人如何能有一个更好的居住环境，更好地生活、学习、研究和工作——这是我庄严的责任，也是应尽的义务。”回顾自己的学术、教育生涯，吴先生说，“我毕生追求的就是要让全社会有良好的与自然相和谐的人居环境，让人们诗意般、画意般地栖居在大地上。”

从事建筑行业、立志修整城乡

“我为什么要选择学建筑呢？这与早年的经历有关。”70 多年前的那次大轰炸，吴良镛记忆犹新：1940 年 7 月的一天，他刚在重庆合川二中参加完中学统考，日本的轰炸机就呼啸而至。一时间地动山摇，火光冲天，瓦砾遍地……他敬重的国文教员戴劲沉父子，也不幸遇难。

三天后，他怀着“从事建筑行业、立志修整城乡”的志向，挥手作别合川，走进了中央大学建筑系。

1945 年末，吴良镛受梁思成先生之约，共赴清华大学协助筹办建筑系。1948 年夏，经梁先生推荐，吴良镛赴美国匡溪艺术学院建筑与城市设计系深造，在著名建筑师沙里宁的指导下，探究中西交汇、古今结合的建筑新路。

1950 年，他收到梁思成、林徽因“新中国急需建设人才”的来信后，冲破重重阻挠，绕道香港回国，重回清华执教，孜孜不倦地探索具有中国特色的建筑设计与城乡规划之路。

“他的工作灌注了一种中国现代性的精神”

早在 1949 年，吴良镛的导师沙里宁曾对他的作品展如此评价：“他的工作灌注了一种中国现代性的精神。不仅来自于一般的人类文化发展，也来自于中国实际生活的发展。它是一种新与旧的结合，基于中国自身坚定不移的精神。”

事实的确如此。改革开放以来，中国的工业化、城镇化速度之快、规模之巨，前所未有；所面临的问题之复杂，矛盾之激烈，世所罕见……

于是，吴良镛在数十年的理论研究与实践探索的基础上，融汇中外、贯通古今，创建了体现人类聚落及其环境的相互关系与发展规律的人居环境科学。

“人居环境科学以人为核心，把建筑学、城乡规划学、风景园林学等三大学科有机融为一体，拓展了传统的学科视野，在区域、城市和建筑三个层次上，分别发展了区域协调、有机更新、地域建筑等理论，并提出了整体空间规划设计的方法。”清华大学党委副书记邓卫教授解释说，区域协调论，是指顺应区域－城市条件，协调自然－人工环境，建立区域整体秩序；有机更新论，是指尊重城市历史文脉，符合现代生活需求，开展渐进式更新；地域建筑论，是指发掘地方文化蕴涵，结合当地自然要素，创造时代特色建筑。

1999 年 6 月，在国际建协第 20 届世界建筑师大会上，时任大会科学委员会主席的吴良镛宣读了由他起草的《北京宪章》，并获得通过。作为国际建协成立 50 年来的首部宪章，凝聚着人居环境科学理论智慧的《北京宪章》成为指导新世纪世界建筑发展的重要纲领性文献，并以中、英、法、西、俄 5 种文字出版，获得了世界认可。

国际建协前主席 V.Sgoutas 认为：这是一部“学术贡献意义永存”的文献。英国著名建筑评论家 Paul Hyett 则如此评价：吴教授以一种乐观和利他主义的姿态，提出了引导未来发展的“路线图”。

读万卷书，行万里路，拜万人师，谋万人居

“吴先生不仅是一位科学理论研究者，更是一位建筑设计与城乡规划的实践者。”清华大学建筑学院院长朱文一说。

“读万卷书，行万里路，拜万人师，谋万人居。”65 年来，从首都北京到古城苏州，从海南三亚到云南丽江，从长三角到京津冀，吴良镛带领他的同事、助手们上下求索、学以致用，践行他“让人们诗意般、画意般地栖居在大地上”的人生理想。

走进位于北京东城区西北部的菊儿胡同，中外游客对既诗情画意又活色生香的古民居流连忘返……眼前这一兼具江南大夫韵味和老北京四合院厚重风格的胡同，20 多年前却是蓬户蔽日，建筑密度高达 83%，平均 80 人合用一个水龙头、一个下水道……

1988 年，吴良镛受邀为这个典型的“危积漏”（危房、积水、漏雨）地区“动手术”。

他带领学生们先后出上百张施工图，基本原则是不大拆大建，新建筑采用“插入法”，顺其原有肌理以旧换新。改造过后，回迁的老住户喜笑颜开：集中供暖，独立卫生间，通畅的上下水系统，小户型单元房普通百姓都买得起。

改造后的菊儿胡同吸引了世界的目光，成为北京老城区改造的典范之作。1993年，这一危房改造项目获得联合国颁发的“世界人居奖”。

到过苏州的人，莫不为新、旧相映生辉的人间天堂欣慰：旧城居中，四角留出湖泊与空地，楔形绿地沿山脉、水系插入市中心；新加坡工业园居东，开发区在西；城乡结合，园林式开放……10多年前，吴良镛用匠心妙手设计的“九宫格”布局，让“白发苏州”既保留了古旧的韵味，又焕发出新的活力。

吴先生领衔研究的《京津冀城乡发展规划》，构建出“一轴三带”的区域整体协调发展格局，开辟了解决区域分割、城乡分立，指导京、津、冀三地统筹发展的新路径：推动北京城市功能的有机疏解，首都职能得到更好发挥；推进天津滨海新区开放开发上升为国家战略；促进河北廊坊和沿海发展，加强生态保护，与京津协调发展。如能一以贯之，假以时日，京、津、冀三地将实现相辅相成、各尽所能和各得其所的共赢梦想。

曲阜孔子研究院、北京总体规划评估与战略研究、滇西北人居环境可持续发展规划研究和南水北调东线一期工程历史文化环境保护研究……从建筑到城市，从城市到区域，42项代表性实践项目，展现了吴良镛“匠人营国”的宏伟抱负，折射出他融“大科学”“大人文”“大艺术”于一体的人居环境科学的光辉。

他凭借惊人的毅力，硬是挺了过来

吴先生手里，多了一根拐棍儿。

2008年夏天，86岁的他不顾年事已高，到自己主持设计的南京红楼梦博物馆施工现场指导。在难耐的酷暑高温中，他突发脑梗。

“在北京天坛医院，他苏醒后的第一件事，是把我招呼到跟前，嘱咐我要抓紧进行当时的一个研究课题——奥运前后对北京城市影响调查。”说到这里，朱文一嘘唏不一。

吴先生能恢复到什么程度？连医生心里都没底。让大家没有想到的是，在医生的精心医治下，他凭借惊人的毅力，硬是挺了过来，而且写的书法更有韵味——医护人员连称“奇迹”！

大病愈后，他还时时违反同事们给他定的“八项注意”，看书、接待客人和带研究生，还一直关注着当前城乡建设中存在的种种问题：城市化的速度过快，这么多民工进入城市，但是城市的住房、教育等跟不上，经济高度发展的背后暗藏隐忧；一些城市重经济发展、轻人文精神，重精英文化、轻大众关怀，重建设规模、轻整体协调，重攀高比新、轻地方特色，为取得最大经济效益过度开发，不惜破坏文物建筑和古树名木……

面对铺天盖地的“打造 ×× 名城”，他毫不客气地发问：城市能像一个金属器皿，任人随心所欲地打造吗？

面对一幢幢不讲究工程、不讲究结构和不讲究文化的“标志性”建筑，他不解：如果东倒西歪、歪七斜八也算是一种美，那么震后的汶川不成了美的源泉？

面对一些人盲目追随西方，不来个国际招标就凸显不出所谓的“规格”的作风，他忧心忡忡：西方国家已经在为曾犯下的错误买单，我们还要步其后尘吗？

他曾善意地提醒：北京旧城以剃光头的速度和方式进行改造，很可能沦为“货城市”，出现一片片“平庸的建筑”和“平庸的街区”。

他警告北京的旧城出现了开发过度的倾向：为了尽可能最大取得土地效益，旧城开发项目几乎破坏了地面以上绝大部分的文物建筑、古树名木，抹去了无数的文化史迹。“如此无视北京历史文化名城的文化价值，仅仅将其当作‘地皮’来处理，已无异于将传世字画当作‘纸浆’，将商周铜器当作‘废铜’来使用。”

在吴良镛看来，城市建设中的种种乱象，背后是地方意志、部门意志和长官意志在作祟，实际上是文化灵魂失落的表现。

他曾在不同的场合提出自己内心的疑问——

中国建筑规划市场热火朝天，为何中国建筑师一般只作为合作者，充当配角？

当前中国几乎所有的城市都在进行“日新月异”的“大建设”，目的到底是为什么？城市到底为谁服务？

在 1999 年举行的第 20 次世界建筑师大会上，吴良镛的发问振聋发聩：我们把一个什么样的世界交给子孙后代？

尽管如此，吴先生依然保持着积极、乐观的态度：中国正在快速转型，种种问题在所难免。换个角度看，问题多，取得成就的可能性就大。通过理论的提高和实践的推进，中国的城乡建设应该可以有更大的提升。

对于城乡发展，吴良镛认为："城与乡是一个事物的两面，城市化进程中不能忽视农业地区的发展，'美好人居环境与和谐社会共同缔造'离不开城乡统筹。现在对城市的研究已经较为深入，但对乡村的研究却显欠缺。中国古代的绘画艺术中有很好的传统，以既写实又具诗意的手笔将城乡整体所构成的山川秀美的大地景观表达出来。如：清明上河图、千里江山图等等。我们今天正是要从城乡发展的现实出发，谱写大地的新画卷。"

难忘两位恩师的教诲

此情此心，离不开两位恩师——梁思成、林徽因夫妇的教诲。

1944 年，吴良镛在重庆中央大学油印本校刊《建筑》上发表了一篇文章《释"阙"》。梁思成看到后，非常欣赏他的才华，就让他到身边协助工作。1948 年，在梁思成的推荐下，他前往芬兰籍建筑师沙里宁主持的美国匡溪艺术学院深造。

"梁先生对我影响最深的，是他对事业和国家的热爱，对专业的执着，对学生的诚恳。"吴良镛说，"我记得 1945 年从云南前线回重庆见到梁先生的时候，他脊椎得了硬化症，背着一副钢架子，不能弯腰，但依然坚持看书、画图和写文章……"

对林徽因，吴良镛始终念念不忘：他去美国前夕，梁思成的推荐信让林徽因看到了。"对良镛的介绍应该这样来写。"她提笔动手修改起来：少有的刻苦、渊博，少有的对事业的激情，多年与病魔抗争中表现出的少有的坚强。

吴良镛回忆说：我是在 1945 年第一次见到林先生的，当时她身体不好，但是跟她交谈的时候，完全感觉不到她是一个病人。她充满活力，让人强烈地感受到她思想的感染力……

和自己的两位恩师一样，吴良镛也是异常刻苦。有一段时间，他每天凌晨 4 点起床，工作两个多小时，再上床眯瞪一会儿，再准时上班。中午他把夫人备好的午餐放在微波炉里一热，草草吃完，就继续忙手边的活儿，真可谓"夙兴夜寐，时断时续，苦不自拔"。

说到对青年人的希望，吴良镛说："我以两位先师为表率，向现在学习建筑的学生提出两点寄语：一是要有对事业的热情和忠诚，二是要不断探索、不断创新。"

追梦

浩渺行无极，

扬帆但信风。

吴玉章

以求真之心光为明灯

吴玉章从晚清、民国的波谲云诡中走来，用革命的实践开辟道路，以求真的心光作为明灯。他的一生，是为中国之崛起而奉献的一生，是为最广大人民群众的觉悟而不断精进的一生。

在漫长的近现代革命史中，吴玉章的名字并不陌生。他是辛亥元勋，也是“延安五老”，是抗日民族统一战线的缔造者之一。他是马克思主义理论家、史学家，也是知名的媒体人、宣传家，更是为中国人民大学奠定基业的大教育家。毛泽东同志曾如此评价吴玉章：

一辈子做好事，不做坏事，一贯地有益于广大群众，一贯地有益于青年，一贯地有益于革命。

“好人”和“好事”，听起来平平无奇，但一旦有了“一辈子”的限定语，便显得格外不平凡。

吴玉章并非日常生活中的“善人”，而是终生致力于善业的政治家，是凭借自身德性修养而成就伟大功绩、一生无怨无悔。要衡量他的人格和历史地位，就得以他的整个生命历程为基准，在波澜壮阔的革命岁月中，在每一个重要的历史时刻，体现他的抉择、坚守和奉献……

修齐治平心：从四川到日本

1878年的一个冬夜，在四川容县双石桥蔡家堰的“庆余堂”吴家，一个新生命诞生了，他的大名叫永珊，字树人，多年之后，在递交入党申请书时，他填下了新名字“吴玉章”。与另外一位名叫“树人”的伟大人物一样，吴玉章不仅是传统中国优良品德的继承者，还是新思想、新文化的奠基人，是为革命奉献终生的伟大政治人物。而这一切，都始于他少年时在四川所受的家国天下的忠义教养。

吴玉章14岁入成都尊经书院，后入自贡旭川书院、威远凤翔书院和泸州经纬学堂等地方儒学教育机构。在经纬学堂时，吴玉章曾拜入“五老七贤”之一的赵熙门下。当此时，四川正在“五老七贤”的教育方案之下，促进旧学和新学的古今融通。在25岁出川之前，吴玉章所接触到的思想启蒙，大多来自“五老七贤”的新派儒学和康有为、梁启超的维新派思想。

少年吴玉章致力于宣传新学，究其本质动因，则是出于朴素的爱国情怀。吴玉章自幼熟读《出师表》、《满江红》等标举家国大义的文学名篇。1895年，中国海战败于日本，光绪皇帝下乞和诏，吴玉章悲愤交集，曾书《正气歌》于壁，朝夕诵读。19

世纪末，中华帝国遭遇千年未有之大变局，这让少年吴玉章意识到，一己的修身与成就，必然与家国天下的大势息息相关。这也使得他必然选择成为一个思想开放的新派知识人。

在经纬学堂期间，因不满其将《仪礼》仍然视为核心课程，吴玉章愤然弃学，决定前往日本留学。在途经三峡时，这位四川之子和过去数千年出蜀的才俊一样，以一首大气蓬勃的诗歌，道出了自己毕生的志向：

不辞艰险出夔门，救国图强一片心。莫谓东方皆落后，亚洲崛起有黄人。

在同样的时代，四川也涌现出许许多多的爱国读书人，其中远赴日本、西洋求学者也不在少数。对于他们来说，风起云涌的时代，已经决定了他们自我实现的根本方向。正是在这样的乱世，“一片心”的意义才显得难能可贵。

吴玉章正是他们当中德才兼备的一位代表。在加入日本留学生会馆后，由于爱国的赤诚之心和认真办事的禀性，吴玉章被推选为负责招待联络的干事，后加入军国民教育会。在日本留学期间，吴玉章逐渐摆脱保皇忠君意识，积极吸收先进的革命思想，并结交了陈天华等爱国志士。在耳闻、目睹、亲历在日留学生爱国活动、革命党人的抗争和保路运动之后，吴玉章终于意识到，如不采取最为激进的革命，中国“一盘散沙”的局面就不可能得到改变。1906 年，在留学生爱国运动的高潮时刻，吴玉章加入同盟会。1907 年，吴玉章在东京主持创办《四川》杂志，筹备共进会，联络哥老会等革命力量，组织革命队伍。1908 年，进入而立之年的吴玉章成为一位专业的革命家，接受着革命军事训练并研究暗杀技术。此后，在策划暗杀端方、筹组川流电气公司、火柴厂等企业为革命集资、营救革命同志黄复生和汪精卫和参与黄花岗起义等方面，吴玉章均扮演着重要角色。作为革命队伍中意志坚定且行事作风稳重的“好人”，吴玉章一步步建立起其在同志群体中的崇高威望，领导了内江起义，参与了辛亥革命，成为代表四川参与南京临时政府会议的“辛亥元勋”。

在风起云涌的晚清政局中，吴玉章秉持着修身、齐家、治国和平天下的宏愿，从一个热情澎湃的地方书生，成长为“中华民国”的开国功臣。急公好义的品质敦促他与时代的吁求紧密配合，站在为国家民族奋斗的第一线。经历了传统经史学问、维新派思想和革命民主主义等潮流的洗礼，一个思想成熟的政治家就此百炼成钢，走到了历史舞台的前列。从此，他的命运和现代中国的命运息息相关。他的政治实践和理论探索，他对世界格局的开眼瞭望和对人类社会发展规律的悉心钻研，则充分体现着中国知识人从传统当现代转向过程中的苦心孤诣。

四海天地心：从旧世界秩序到新时代使命

在民国初年的混乱中，吴玉章作为四川籍革命家代表，与窃取革命果实的各方反动分裂势力进行斗争。此外，吴玉章还和吴稚晖、李石曾、张静江等人共同发起“留法俭学会”，其目标是动员青年去法国留学，以求“输世界文明于国内”“造成新社会、新国民”。自此，革命家吴玉章开始把教育青年后辈视为其毕生的重任。

1914年，在前往法国的轮船上，吴玉章看到悬挂的万国国旗中无中国国旗，这令他想起当年在日本曾经看到的同样场景。不同的是，在日本留学时，中国政府尚属清朝政府，但此刻已经是“民国”。虽然可以联合同船同胞提出抗议，在表面上解决问题，但吴玉章心中却隐约意识到：即便国体发生根本性变化，中国依然不能立足于那个以西方列强为主导力量的现代“世界”。那么，这个现代世界的根本规律是什么呢？难道只能通过武力竞争才能进入并改变这个世界秩序吗？

带着这样的困惑，吴玉章来到了巴黎学习政治经济学，并接触到了时髦的种种社会主义思潮。在此时吴玉章发现了“世界学术之精微”，也是社会主义。“一战”行将结束的前夕，吴玉章在俭学会开学典礼上指出“今日为社会主义盛行时代”。此后数年，他在往返欧洲与中国各地进行政治活动并调停南北对抗局面的过程中，接触并研读到列宁著作，隐约认识到在世界大战之后，从政治革命过渡到社会革命的风潮行将来临，未来的革命应当是具备更高层次理想的新民主主义革命，未来的学术探究则应当走科学进步的正道。

抱着这样的判断，吴玉章积极参与“五四”爱国运动，呼吁捍卫国家主权，保护进步学生。此刻，吴玉章的同乡老同学吴虞正冲锋在“打倒孔家店”的第一线。在与吴虞长谈时，吴玉章强调，中国的学术应当更多关心社会现实，尤其要重视对中国基层经济和家族组织关系的研究。此刻，在巴黎，吴玉章亲手创建的俭学会中，周恩来、李富春、赵世炎等，已经发起成立了中国少年共产党。吴玉章则在四川多地传播社会主义民主平等观念，与自己的学生辈遥相呼应。

在目睹军阀政治的腐败黑暗之后，吴玉章把工作重心转移到教育和思想启蒙方面。在成都高等师范学校担任校长后，吴玉章在与四川军阀斗争之余，进行了一系列教育改革，取消一切封建伦理课程，强化历史地理和物理化学的授课力度，并和恽代英、杨闇公等马克思主义者创办《星期日》等刊物和中国 YC 团等组织，调动高师学生开拓面向世界的眼光，积极学习先进社会主义思想。在全国各地马克思主义团体不断涌现之际，杨闇公、吴玉章与中国共产党中央建立了联系，并促使 YC 团和社会主义青年团合流。

在为孙中山治丧时期间，吴玉章与李大钊等中共核心成员相交，并最终秘密加入中国共产党，并留在国民党内做统一战线工作。承担着为国民党重组四川乃至全国党务和为共产党统战有生力量的双重工作，吴玉章殚精竭虑，四处奔走，甚至曾在重庆积劳成疾入院治疗。即便如此，他依然坚持着双线作战，一方面作为组织骨干，支持国民党左派，抵制国民党右派，借此促使学生运动、农民运动和工人运动得到迅猛的发展；另一方面，他发挥着共产党员的统战热情，吸收了刘伯承等入党，并鼓动四川地方军事实力人物参与革命。在以中央特派员身份组织策划四川地区国民革命军的过程中，吴玉章逐渐认识到国民党的反动本质，并公开抵制、批判蒋介石的反共言行和独裁化倾向。在此期间，吴玉章当选为国民政府中央常务委员会委员，力促国共合作。

在国民党右派和蒋介石的反动政权全面扼杀革命之际，吴玉章共产党员身份暴露，被其昔日战友吴稚晖、李石曾等视作“首要危险分子”。“四一五”惨案之后，难以面对国民党各派系的“清党”威胁，吴玉章于 1927 年夏天秘密前往江西，参与南昌起义，并随贺龙指挥部南征。自此之后，吴玉章彻底成为新民主主义革命的核心人物。潮汕起义失利后，吴玉章前往苏联学习，出任莫斯科东方大学中国部主任，承担驻共产国际中国代表团的工作，一边修养一边学习，思考中国革命的根本问题，认识到中国反帝反封建斗争的唯一手段就是面向土地深处的彻底革命。

从民国初建到大革命失败，吴玉章见证了中国旧民主主义革命的历史，认识到了世界局势由旧到新的飞跃，在思想上发生了彻底的转向，从而明确了自己人生的崇高使命：为共产主义的革命和教育事业奋斗终生。作为长期观察世界、传播先进思想的政治家，吴玉章始终在党务组织和培养青年方面鞠躬尽瘁，曾经慷慨悲歌的爱国热血少年，经历了血与火、生与死的洗礼，终于在历史的崇山峻岭之间，成长为一棵瘦削苍劲的青松，为后来人指引着更远的方向……

启明众生心：在革命的大道上“树人”

时光飞逝，转眼来到了1936年。在巴黎，吴玉章再次见到了当年的国民党战友李石曾等人，只是，这次的讨论议题变成了“统一战线”。作为国际反侵略大会的理事，吴玉章责无旁贷地遍访各界人士，争取世界对中国反法西斯战争的支持。回到延安后，作为《新华日报》董事，吴玉章坚守着革命宣传的重要岗位。同时，作为陕甘宁边区文化工作的主要负责人，吴玉章承担着启蒙大众、巩固战线的使命。在延安的岁月里，吴玉章继续从事在苏联时就已经开始的马列理论学习、中国史研究和汉语言文字改革研究，同时，他还作为延安各界宪政促进会会长，积极钻研新民主主义宪政的理论和实践问题，并参与指导文协、鲁艺、抗大和自然科学研究会等文化教育机构的工作。

1940年1月，中共中央为身为“延安五老”的吴玉章（时年62岁）补办了六十寿辰庆祝会。毛泽东正是在这次庆祝会上，称吴玉章为“一辈子做好事”的革命同志。同为“五老”的林伯渠在致词中激动地谈到：

注视着你那头和我一般的白发，那副经历多少风霜的瘦脸，我依稀还能想象出你当年的雄姿……我们青年时代即献身的民族解放事业，虽还未完成，但这个久受压迫历尽苦难的民族，已经在抗战中奠定了新中国的远景。

的确，这时的吴玉章，已经步入了人生的晚年。在长期积劳工作的压力下，他也不免会病倒卧床。但这并不妨碍他燃烧生命的热力，担任延安大学校长，继续推进宪政讨论和新文字普及，积极配合毛泽东在延安文艺座谈会上的讲话和党的整风运动，对文化工作者进行战时动员。1942年，在《纪念十月革命二十五周年》的文章中，吴玉章借助“星星之火”的比喻，道出了自己革命的生命力来源：集义所生的“浩然之气”，这股生命之气是宇宙的真理，也是革命的理论。群众在正气的指引下，亦将舍生取义，成为民族的英雄。正是怀着这样的大义觉悟，吴玉章不止一次缅怀起黄花岗起义的同志们，还努力促成延安文艺工作者编排历史剧《秋瑾》。在民族大义之下，统一战线的宣传获得了生命本真层面的感染力。

1948年，在解放战争节节胜利之际，吴玉章出任华北大学校长。在任期间，吴玉章把教育的重心提升为“建设新社会”。1949年10月1日，这位中国革命的见证者登上天安门城楼，目睹伟大的人民共和国的诞生。服务“人民”、服务这个崭新的国家，成为这位老人晚年的最后革命任务。1950 年，吴玉章被中央任命为中国人民大学校长，创办《教学与研究》等学术刊物，成立研究所、组织出版马列理论读本、译著，把马列主义理论、历史唯物主义、革命史和政治经济学等，作为教学的重中之重，成为全国高等院校思想政治课的范例，数年后，全国几乎每个高校都有中国人民大学培养的政治理论教师。

在生命的最后阶段，教育家吴玉章提起一口坚韧勇毅的“真气”，始终如一地普及革命真理、走向广大群众。在建国初年的有限条件之下，他未尝停下前往祖国各地视察的脚步，深入基层单位，了解群众的意见，并鼓励人大师生也走向基层、走向社会，在和机关、企业的互助工作中，在长期丰富的实践考察中，提升业务水准和理论素养。在吴玉章的带领下，中国人民大学还承担着为工农干部、学员提供成人再教育的重任。在吴玉章担任校长的十多年里，中国人民大学共为新中国提供了 5 万多受过高等教育的理论和业务人才，他们的努力奉献，为新中国打下了最为坚固的物质和精神基业。

吴玉章从晚清、民国的波谲云诡中走来，用革命的实践开辟道路，以求真的心光作为明灯。他的一生，是为中国之崛起而奉献的一生，是为最广大人民群众的觉悟而不断精进的一生。辛亥革命爆发 50 周年之际，吴玉章老人回想起当年一同起义的友人龙鸣剑、邹容们，不禁连作多篇纪念诗文，缅怀过去半个世纪的风云浩荡。如果没有少年时的慷慨激昂，他不会被历史选中，肩负起如此沉重的使命。但这一切又似乎是必然的，因为，一个真正的“好人”注定是把一生倾泻到最伟大事业当中。把祖国和人民时刻放在心上的人，才是真正幸福的人。这片宽厚、深邃的大地在时代的春风中逐渐走向繁荣富强，是他一生最诚挚的盼望。在这个人民共和国里，有着无数优秀的人才在不断地茁壮成长，其中不乏同样心怀天下之士，则是他一生所获得的最大的报偿……

施光南

从心底流出时代的旋律

“我觉得一个创作者的最大悲哀，就是临终前回头一看，自己没有留下脚印。”这是施光南对同辈音乐家的鼓励，也是他自己的心声。

他的脚印，已经深深嵌入了一个国家、一个民族复兴的伟大历史，任时光的风沙如何搓磨，再也抹不去。

施光南出生在重庆的南山脚下。“光南”二字，含有“光照南山”之意。现在，重庆有施光南大剧院，施光南音乐广场，南山植物园里，还有施光南的塑像。

少年的音乐梦想

施光南从小就对音乐十分敏感。

父亲施复亮是个老戏迷，喜欢在写作和看书之后，哼上一段京剧或越剧。施光南也跟着唱，还要父亲教他。家中收藏了各种戏曲和曲艺的唱片，父子俩常常一起凑在唱机旁，边听边唱。

后来，施光南回忆说：“我的旋律老师应该说是程砚秋。是程砚秋和其他戏曲演员的唱腔经验启发了我，开了我旋律创作之窍。”

虽然幼时的施光南同样醉心于文学及美术，但他很早就意识到，音乐，对自己而言是特殊的。

初中时，他已经能为戏曲设计全套唱腔，还常常把报刊上的诗抄下来，自己谱曲。

初中毕业，他想考音乐学院附中。但此时，父母或许还只把这当成孩子的一时兴起，不希望他这么小就草草定下未来的路，就让他念了普通高中。

施光南对音乐的“热恋”没有被熄灭。他上课学习，下课就抄歌、听歌、唱歌和写歌。此时，中苏正处于蜜月期，俄罗斯歌曲开始在中国流行。施光南也模仿着写了不少同样风格的歌曲。学校让他负责主编校内歌刊，这大大方便了他“以假乱真”，一长串在世界任何角落都找不到的“中外歌曲”陆续登场：

爱沙尼亚民歌《懒惰的杜尼亚》，作曲：阿查多力亚；

维吾尔民歌《西北风》，作曲：哈克拉；

苏联歌曲《孤独的手风琴》，作曲：聂耳洛夫斯基；

……

他担心自己的“名不见经传”，让人们看轻了这些作品，所以不肯署真名。同时，也想检验一下自己的作品是否受欢迎。

最先给他惊喜的，是《懒惰的杜尼亚》，它竟然成了北京市少年歌咏比赛的获奖节目。施光南很长时间如身处云端，幸福得发晕。

金子，已经开始发光。到高三的时候，施光南已经创作了 300 多首歌曲。在同窗好友伍绍祖的建议下，同学们凑了几十块钱，为他出版了人生中第一本作品集。

那本油印书的模样，施光南终生难忘。这段经历，也坚定了他对音乐的梦想：此生，非君莫属。

音乐学院的青睐

施光南决定直接报考音乐学院。这一次，父母终于理解了他，也尽全力支持了他。

然而，理想是丰满的，现实却很骨感。

从未接受过专业训练的他，比起同龄考生，基础条件差了不止一星半点。报考音乐学院，需要懂得乐理、和声的知识，还需要一定的钢琴演奏水平。而施光南连五线谱都还弄不明白呢——他虽然已经写过那么多歌，但都是用的简谱。

母亲四处为他寻觅钢琴老师，好不容易找到一个，老师却嫌他年纪太大、手指已经僵了，不肯收下他。父亲于是一咬牙，花了几个月工资买了一架旧钢琴。施光南也拿出狠劲儿，跟着教程自学、练习、摸索……

可是，差距毕竟难以弥补。他落榜了。

如果施光南与音乐的缘分就此中断，今天的我们，就少了一位大师。荡气回肠的改革开放史，也会减少一抹动人的光彩。

好在，命运最终还是成全了施光南。

心灰意懒之际，他收到面试考官江定仙教授的一封信。教授在信中夸赞了施光南良好的乐感和作曲才能，认为他是棵好苗子，建议他去音乐学院附中插班补习两年再考。

施光南喜出望外。当时，中央音乐学院及附中的校址还在天津。丝毫没有犹豫，他打起包裹，离开家，奔向心目中的艺术殿堂。

终于可以将全部的热情倾注到音乐上，施光南如痴如醉。很快，他从基础最差的丙班，一路赶超，到了基础最好的甲班，还当上了“试唱练耳”课代表。

他对曲调的敏感到了惊人的程度，广播或电影中播放的歌曲，他听一遍就会，且经久不忘；整本的民歌集，他可以倒背如流。

1959 年，他以优异的成绩考上了天津音乐学院作曲系。

民族音乐的精神底蕴

在音乐上，施光南的启蒙老师是戏曲。这决定了他一生对于中国民间音乐的态度，也是他的音乐能被人民群众喜欢、能够广为传唱的原因。

要知道，当时很多“学院派”是瞧不上各种民歌和通俗歌曲的，在他们眼里，西洋音乐更“高级”。施光南对这样的偏见不以为然。

大学期间，他省吃俭用，买了许多民歌、曲艺和戏曲方面的书籍，到处参加民间音乐会，观看地方戏演出。民间音乐已经融入他的骨子里，使用起来可谓“出神入化”，甚至不露痕迹。

刚上大学那年，施光南为“维也纳第七届世界青年欢歌节”创作了《青年友谊圆舞曲》，大家都觉得新颖别致，很“洋气”。有同学问他是怎么想到的，施光南一笑，却唱起了西皮原板。听着听着，那位同学才发现，这首歌的音乐进行、骨干音与西皮原板十分相似。原来，“洋气”的圆舞曲，竟然是“土气”的民间戏曲变奏而来的！

这种推陈出新、融会贯通的能力，令同学们刮目相看。有人赞叹说：“我们这一代人中，在民族音乐的底子方面，谁也比不上施光南！”

还有一件小事，也足见施光南对民间音乐的见识之深。

1960 年，学校邀请民歌手曹玉俭来演唱。同学们都拼命地写着，力求不漏记一个音符，可曹老先生唱的歌一遍一个样，大家只好涂涂改改，手忙脚乱。施光南却不慌不忙，后来甚至把纸和笔丢到一边，纸上只记了很少几个音符。

回去以后，有人批评施光南记谱不认真，施光南也不辩解，张口就把刚才的几首歌全部唱了一遍。

大伙儿都惊呆了：“曹老先生唱的歌变化那么多，你是怎么记住的？”

施光南解释说：“民歌从来就是口传心授，随性所至，自由发挥，只要抓住他的特点，你就可以自由地唱了。其实我刚才有一些也是自编乱唱的，因为你们没记住，所以没发现。”

同学们恍然大悟，这才体悟到民间音乐的本质。

我在施光南的传记上读到这个故事时，立刻联想到他的《吐鲁番的葡萄熟了》。它不是新疆民歌，人们却把它当成了新疆民歌，而当地少数民族对这首歌也像对待传统民歌一样，至今仍在传唱。

能够将民歌理解得这么透彻，能够如庖丁解牛般轻松捕捉到旋律的核心风格特征，并模仿得惟妙惟肖、提炼得艺高一筹——施光南的这种天赋，在学生时代就已初露端倪了。

“爱国是我创作永恒的主题”

如果说民间音乐是施光南精神底色的一端，那另一端，就是对党的忠诚和对祖国的热爱。他曾说：“爱国是我创作永恒的主题。”

在党的历史上，被授予“人民音乐家”称号的只有 3 位，而新中国成立以后只有一位，那就是施光南；在党中央表彰的改革开放杰出贡献 100 人中，只有唯一一位音乐家，也是施光南。

施光南的父母都是革命知识分子，家风优良。施光南小时候，还曾经被父亲带到天安门城楼上，与毛主席握过手。这样的家庭氛围，熏染出了一颗赤子红心。

即使在逆境之中，这颗心也从不曾动摇。

1972 年，厄运突然降临。当时，施光南与妻子洪如丁正沉浸在甜蜜的新婚生活中，他写了一首歌，作为给妻子的生日礼物——就是那首著名的《打起手鼓唱起歌》。几个月后，这首歌在中央人民广播电台播出，大受欢迎，很快在全国传唱开了。

不料，没过多久，这首歌被扣上了“形式主义”“靡靡之音”的帽子，不许公开演唱。不服气的施光南一次次写信申辩，更激怒了当权的头头。他和词作者韩伟一起被下放到农村改造，连妻子分娩时，都不许他回家探望。

更难以忍受的是，他发表作品的资格也被剥夺。音乐，那是施光南的命！满腔的创作热情找不到出口，只能堵在心里，怎不让他感到憋闷窒息？

但施光南没有放弃希望。他相信，严寒终会过去，迎来百花齐放。

1976 年 10 月，“四人帮”被粉碎的消息传来。举国上下，一片欢腾。施光南也激动得不能自已，他急切地想要用歌声传达出胜利的喜悦。

一天晚上，施光南的同事们在食堂喝酒庆祝，平日滴酒不沾的韩伟几杯下肚，热血沸腾，脱口吟出：“美酒飘香歌声飞，朋友们请你干一杯！”大家齐声叫好，都说应该写成歌词，韩伟当即打出腹稿，第二天就寄给了施光南。

《祝酒歌》就这样诞生。

我想，关于这首歌，是无需介绍的——它的传播之广、影响之持久，在中国几乎可以说无人不晓。即使没经历过那段历史的“80 后”“90 后”们，即使不知道施光南的名字，也一定听过那熟悉的旋律。

这首歌最出名的一个版本，演唱者是李光羲。我在参加一次纪念施光南的活动上见到过他。

“我干了这么多年的荣誉加起来，都顶不上唱了《祝酒歌》。因为我唱了这首歌，别人说李光羲你没白活！”老歌唱家随身带着录音机，说到激动处，语言已无法表达，就按下播放，让歌声自己说话。

正是这首歌，奠定了施光南“时代歌手”“改革先锋”的地位。此后，施光南佳作不断。被堵在心里的旋律，像打通了的油井一样喷薄而出，在几年间化成数百首歌曲，仅 1978 年一年就写了 100 多首。像《周总理，你在哪里》《我的祖国妈妈》《吐鲁番的葡萄熟了》《月光下的凤尾竹》《假如你要认识我》《在希望的田野上》……每一首歌都是时代的呼声。尤其是《在希望的田野上》，当年经过彭丽媛的演唱红遍全国。

还有一首特别值得一提的歌，叫《多情的土地》。

上世纪 80 年代，打开的国门让人们看到中国和西方国家的差距，很多人纷纷出国。

有一次，洪如丁要去美国的公司工作一年，临走前对施光南说，等她在那边找到机会，就把他和女儿一起接过去。

施光南听后，一夜无言。如丁再三追问，还说就算他不走，也要把女儿接出去，施光南吐出斩钉截铁的几个字：“即使这样，我也不去！”

送别时，他塞给妻子一盒磁带，说：“里面是我新写的一首歌，如果你想家了，可以听一听。”

在一次中国留学生聚会上，人人都说想家，洪如丁就拿出磁带放给大家听。放完后，全场一片低低的抽泣。

这首歌，就是《多情的土地》。

施光南当然见识过外面的世界有多精彩，他曾多次出国访问。但他说：“看来看去还是我们祖国好。”

“我的根在中国。这里的生活虽然艰苦一点，但我能为 11 亿人写歌。”

“不论社会上有多少让人不满意的事，我总是对我们的国家充满希望。”

施光南去世之后，灵堂上播放的不是普通哀乐，而是这首《多情的土地》。

音乐才是他的语言

80年代后半期，流行音乐开始兴起，艺术歌曲陷入低潮。一个流行歌星的出场费动辄几十上百万元，而写《在希望的田野上》的稿费只有30元，词曲作者各15元，仅够买一张流行音乐会的门票。很多音乐人纷纷“走穴”。

当时，施家的日子挺清贫。以施光南的才华，写点流行歌赚大钱是非常容易的事，如丁希望他能写几首，赚钱给女儿买电脑。他却断然拒绝：“我不能那么做，糟蹋我自己，毁了名声！”

组织上想提拔他到另一个领导岗位，他觉得会耽误创作，也拒绝了。

在生命中的最后几年，施光南一心扑在歌剧上。

鲁迅诞辰100周年，中国歌剧舞剧院请施光南合作，创排歌剧《伤逝》。由于经费紧张，剧院一开始就告诉施光南：这是没有稿酬的。施光南不在乎，放下所有工作，全心投入。

而当他又要开始写歌剧《屈原》时，一向支持他的如丁也感到不能接受了。

“就算你写出来了，剧院没钱也演不了。再说以目前的国民素质，谁听得懂？”

“歌剧是反映一个国家音乐的整体水平的。现在没人演，我可以等，可以留给后人演！我不信二三十年后国民素质提高不了！”

施光南犯了倔，铁了心。他为《屈原》呕心沥血，其他什么都顾不上了。结婚这么多年，如丁第一次感到自己受了冷落。

她知道，施光南不是一个善于表达感情的人。

两人第一次约会，施光南就因为赶写一首曲子迟到了半小时，道完歉之后，就呆呆的没什么话可说，仿佛还沉浸在音乐里。

交往很久后，如丁还在等着他表白，苦恼于何时能确立恋爱关系，谁料施光南早就默认了两人的关系，把结婚的时间都考虑好了。

在女儿蕾蕾心中，施光南同样不善于表达感情。她在文章中这样回忆父亲：

那时的我只记得爸爸每天都在不停地工作，常常答应星期天带我出去玩却又食言。学校的家长会也没有去过几次。我心里对爸爸总有几分责怪，当时只有八九岁的我并不明白那些年正是爸爸创作的高峰期。他拼命地工作是想把文化大革命失去的时间补回来。

每次和爸爸一起出门坐公交车时，他只要灵感来了，就会旁若无人地小声试唱他脑子里的种种构思，弄得满车的人都怪怪地朝他看……我总替爸爸难堪，可是他自己从来就没有在意过路人的目光和打量。多年以后我才明白，正是爸爸对音乐的投入，才使他能在事业上取得成功。

她说，也许音乐才是他的语言。

父女俩最亲密的一段时间，是施光南创作歌剧《屈原》之时。他认为蕾蕾有天赋，教她唱里面的婵娟一角。他写作的时候，蕾蕾帮他给总谱打格子，帮他削铅笔，三年里光铅笔就用了100多支。

歌剧《屈原》是施光南酝酿半生的梦，也成为他一生的绝响。直到他突发脑溢血去世时，他还在修改《屈原》。

那一年，施光南才49岁。

“我觉得一个创作者的最大悲哀，就是临终前回头一看，自己没有留下脚印。”

这是施光南对同辈音乐家的鼓励，也是他自己的心声。

他可以安息了。他的脚印，已经深深嵌入了一个国家、一个民族复兴的伟大历史，任时光的风沙如何搓磨，再也抹不去。

金　庸

为国为民，侠之大者

1955 年至 1972 年，17 年间，金庸创作了《书剑恩仇录》《碧血剑》《射雕英雄传》等 15 部武侠小说。这些著作是金庸在华人世界最负盛名的成就，也让他成为中国当代文学史上最有影响力的作家之一。

1981 年，中国开始实行改革开放政策后的第三年，中国内地亿万读者，第一次读到《天龙八部》这阙《水龙吟》的词，无不为之惊艳。那一年 7 月 18 日，应邓小平之约，香港作家金庸在阔别家乡数十年后，首次访问祖国内地，成为邓小平复出后会见的第一位香港人士。会见后不久，金庸武侠小说引进内地，轰动全国。

这一阙《水龙吟》，是其中《天龙八部》第五卷各章回的标题连起来成的词。那时，内地很少见到这种写作技巧。不仅诗词，金庸笔下信手拈来的历史、天文、地理、中医、宗教、琴棋书画种种知识，以及字里行间“为国为民，侠之大者”的英雄气、爱国情，倾倒了亿万读者。

金庸早已退隐江湖，但江湖仍述说着他的传奇。

大侠怎能不问出处

陈家洛到得家门，忽然一呆，他祖居本名“隅园”，这时原匾已除，换上了一个新匾，写着“安澜园”三字，笔致圆柔，认得是乾隆御笔亲题。旧居之旁，又盖着一大片新屋，亭台楼阁，不计其数。心中一怔，跳进围墙。

一进去便见到一座亭子，亭中有块大石碑。走进亭去，月光照在碑上，见碑文俱新，刻着六首五言律诗，题目是“御制驻陈氏安澜园即事杂咏”，碑文字迹也是乾隆所书……

由西折入长廊，经“沧波浴景之轩”而至环碧堂，见堂中悬了一块新匾，写着“爱日堂”三字，也是乾隆所书……

出得堂来，经赤栏曲桥，天香坞，北转至十二楼边……

便是母亲的旧居筠香馆。只见馆前也换上了新匾，写着“春晖堂”三字，也是乾隆御笔。

金庸在《书剑恩仇录》中，借主人公陈家洛的眼光，详细描写了皇帝对海宁大家族的恩宠。这种皇帝题匾、题诗，在金庸旧居中随处可见，正是查氏家族曾亲身享受过的荣耀。

金庸本名查良镛，他的武侠处女作《书剑恩仇录》问世时，将自己名字最后一字一分为二，“金庸”由此而来。“查”姓来源于春秋时期。五代十国时期，查氏出现了第一位名人，南唐军事将领查文徽。其弟查文徵一家迁徙到安徽婺源（今江西婺源）

定居，直到元末天下大乱，后人查瑜带着妻儿老小，沿新安江、富春江、钱塘江，坐船躲到嘉兴。经朋友介绍，查瑜到海宁袁花镇一户人家当家庭教师，就此定居，一边“勤恳耕作，敦睦乡里”，一边“以儒为业，诗礼传家”。

从迁居海宁的第二代开始，查家便成为有名的“文宦之家”。光明朝一代，查家中进士六人，到清朝康熙年间，查氏家族人丁超过300人，进入全盛时期。十余人考取进士，五人进入翰林院，查家因此有了“一门十进士，兄弟五翰林”之誉。其中查昇（音同“鱼”）成为康熙近侍，康熙亲笔题写了“澹远堂”的匾额赐予他，并赐予一副楹联“唐宋以来巨族，江南有数人家”。寥寥十余字，勾勒出康熙对查家的盛赞。此外，康熙还陆续为查家题写了“敬业堂”“嘉瑞堂”的匾额，恩宠冠绝一时。

虽然在金庸出生时家道已经有些衰落，但依然有良田三千亩。“文宦之家”的藏书自然丰富，“只要想看，取之不尽”。男孩子都淘气，但金庸不同，整天泡在藏书堆里，读得废寝忘食。父亲怕他读出毛病，便想方设法让他出去玩。有一次，父亲拖他出去放风筝，放着放着，一回头，人不见了。父亲急得不行：“怕被别人拐走了。”找了半天没找着，回家一看，“这小子正泡在书房看书呢”。

金庸的童年生活是富足快乐的。查家一家人住在海宁老家一座五进大宅子里，里面有90多间房子和一个大花园。镇上有查家开的钱庄、米行和酱园店。祖父查文清还买了几千亩田地，用收到的租金设立了一座义庄，用于资助族中的孤儿寡母。凡是查家子弟，上了中学、大学，每年都可以到义庄领两次津贴。如果有人出国留学，津贴的数额更大。金庸的父亲查枢卿是祖父的小儿子，也领了一笔津贴，早早出去接受了西洋教育。

“侠义”之后，快意“恩仇”

金庸父亲查枢卿有两任妻子，第一任妻子生下五子两女，金庸排行第二。在同胞妹妹查良琇看来，祖父查文清是对二哥影响最大的人。

查文清是海宁查家的最后一位进士，曾任江苏丹阳知县，任上出过一桩轰动一时的“丹阳教案”。当时，不少外国传教士涌入中国，常常依靠西方势力欺压百姓。而官府慑于西方列强的淫威，视而不见。百姓与传教士时有摩擦。终于有一天，丹阳数百人围攻了当地教堂，一把火将其烧掉。事发后，查文清的上司为了向列强交代，要求查文清处斩“为首之人”。查文清不忍，决心“力为民请命、不济则以官殉”，秘密差人通知为首两人逃走，又通知其他37户参与者赶紧离开丹阳。等所有事情安排妥当，他才向上司汇报，“并无为首之人”，自请辞官。

查文清去世后，37户人家及丹阳几十位士绅，一起赶到海宁，三步一磕头，跪拜至查家祭奠。见查文清坟地狭小，他们出资买下坟地周围60亩土地给查家，以示谢恩。其中一户更是立下家规：凡我子孙，生男者到查家为奴；生女者，到查家为妻妾，如不纳，为婢；如不用，才可另谋职业。金庸大哥查良铿的夫人，就是这户人家的孙女。

金庸出生后不久，祖父就去世了，但这些事迹都写在族谱里。祖父不为官位利禄杀害百姓，敢于反抗外国传教士的侠义精神，深深印在金庸心里。

金庸家的长工和生，原是一个小豆腐店主的儿子，因有人垂涎其未婚妻的美貌，被陷害入狱，打成了半边驼子，当年正是他的祖父，在丹阳重审了“和生冤案”，还了和生清白，还把他带回海宁家里安顿下来。祖父的英雄气，后来被金庸写进了《连城诀》。

金庸曾说：“不应当欺压弱小，使得人家没有反抗能力而忍受极大的痛苦，所以我写武侠小说。”

金庸从小就是个书迷，八岁时在家里翻到一本武侠小说《荒江女侠》，粗粗翻了几页，便迷上了，“想不到世上还有这么好看的书！”此后又读了《江湖奇侠传》与《近代侠义英雄传》等书，祖父埋下的侠义的种子开始萌芽。

1939年9月，金庸考入嘉兴中学高中部，他内心深处那颗侠义的种子茁壮成长。高二时，他因为看不惯训导主任“有事没事就辱骂学生”，便仗义执言，用笔来讨伐他。在墙报上发表《阿丽丝漫游记》，生动地描绘了一条眼镜蛇威胁学生“我叫你永远不得超生”，讽刺训导主任的种种行径，被勒令退学。

后来，他转学到衢州中学，继续“行侠仗义”，写文章《一事能狂便少年》批评教导主任欺侮学生，居然还在《东南日报》发表了，不过这次他文字的锋芒收敛了不少，训育主任也只好以“你真是狂得可以”收场，没把他开除。

1943年，金庸考进了重庆中央政治大学外文系。然而，校园里烽火烛天，特务横行。由于投诉大学里的国民党特务，金庸在大二时再一次被开除。

抗战胜利后，金庸先求学于东吴大学法学院，后供职于《东南日报》和《大公报》，

1948年3月，他被派往《大公报》香港分社，从此留港。1957年冬天，金庸离开《大公报》，开始了创立《明报》的独立报人生涯。

落笔千金，侠客行

1959年，金庸与他的中学同学沈宝新合资创办了《明报》，当时它还只是一张对开小报。《明报》创办第一年亏空严重，传说有一段时间金庸要靠典当来维持《明报》运转。据老职员回忆："查先生那时候真的很惨，下午工作倦了，叫一杯咖啡，也是跟查太太两人喝。"

小说家倪匡曾说："《明报》不倒闭，全靠金庸的武侠小说。"金庸从《明报》的创刊号开始连载《神雕侠侣》，随着小说情节渐入佳境，读者热情也越来越高。金庸的"御用画师"董培新很多次去报社拜访金庸时，都会看见这样的场景：金庸伏案奋笔疾书，写满半张纸就撕下来，交给等候在桌旁的工人去排版，再埋下头去接着写下半张。而报社外，《明报》的广告客户已在翘首以盼，他们根本等不及报纸印刷，想出了报样就拿来先睹为快。读者更是每天都早早地去报摊上排队，等着《明报》开卖。《明报》就这样站稳了脚跟。

以武侠小说起家的《明报》最初的风格被定位于"声色犬马"，20世纪60年代内地的政治变局为《明报》的转型提供了机会。1962年，受"大跃进"影响，内地有大批人员偷渡香港，被香港警方堵截于上水梧桐山。由于事件敏感，《大公报》《文汇报》等报都不予报道，《明报》却"莽莽撞撞"，大声疾呼，从是年5月12日起，几乎每天都围绕"难民潮"事件作头版全版报道。此时，《明报》才开始找到自己的方向和定位。"难民潮"结束之后，《明报》一改报格，从一份侧重武侠小说、煽情新闻和马经的"小市民报章"，提升到一份为读书人、知识分子接受的报纸。

"文革"期间，邓小平被下放到江西农村。金庸在《明报》上为邓小平打抱不平，强烈抨击"文革"的不合理，并且不断地支持彭德怀等人，赞扬周恩来倡导的"四个现代化"。由此，他成了林彪、"四人帮"眼中香港的头号反动文人，甚至上了"左"派的暗杀名单。对此，金庸说："我虽然成为暗杀目标，生命受到威胁，内心不免害怕，但我决不屈服于无理的压力之下，以至被我书中的英雄瞧不起。"

也正因为此，《明报》树立了"言论独立"的形象，成为香港媒体中报道内地消息的权威。当时《明报》还开辟"北望神州"版，每天刊登有关内地的消息，满足了香港人对内地了解的需求。也从此开始，金庸成为香港自由知识分子的偶像。20世纪80年代，《明报》已经被视为一份拥有独立报格的知识分子报刊，赢得很高清誉。

金庸在多年的《明报》社评里，谈到过中国的许多领导人。邓小平在1949年后的政途大起大落，但作为社评家，金庸曾准确预测邓小平将会"东山再起"。1976年春，"四人帮"刮起"反击右倾翻案风"，邓小平第三次被逐出政坛。金庸在社论中不仅坚定地支持邓小平，而且预言邓小平不久就会东山再起。这一预测一年后即得到证实。对此，金庸曾说："我的想象实际代表了中国多数人的愿望，既然是众望，大概事情就可以做到。"

第三次复出后，邓小平主张大力推动中国的经济建设，此主张得到了金庸的极大拥护。他在《明报》热烈支持邓小平主张的改革开放政策，认为"邓小平有魄力，有远见，在中国推行改革开放路线，改革了以前不合理的制度，令人佩服。真正的英雄，并不取决于他打下多少江山，而要看他能不能为百姓带来幸福"。金庸曾不无感慨地说，"几十年了，我最想见的就是邓小平。我一直佩服他的风骨。这样刚强不屈的性格，真像我武侠小说中描写的英雄人物。"

英雄相见，心相惜

事实上，邓小平也是金庸武侠小说在中国内地最早的读者之一。20世纪70年代，当金庸小说在内地尚为禁书之时，恢复工作不久的邓小平从江西返回北京，托人从境外买了一套金庸的小说，读起来爱不释手，看得较多的是《射雕英雄传》，即使是出差到外地，他也不忘带上。

邓小平对于金庸《明报》社论也是十分了解。1978年十一届三中全会后，党的工作重点调整到以经济建设为中心上来。1981年6月29日闭幕的十一届六中全会上，通过了《关于建国以来党的若干历史问题的决议》，完成了指导思想上彻底的拨乱反正。不久，邓小平决定会见金庸，这是他在改革开放后会见的第一位香港人士，他要以此向海内外传递和平统一祖国的新思路。

为何要通过金庸呢？邓小平认为，金庸具有深厚的国学功底，在华人世界颇有号召力。他多年和林彪、江青笔斗，在海外有忠厚正直的好名声，台湾对他也有好感。

1973年春，金庸访问台湾时，尽管蒋介石因重病在身未见他，但蒋经国与他进行了深谈。金庸本人也主张和平统一，他曾在参观杀气腾腾的金门之后感叹道："我一生如能亲眼看见一个统一的中国政府，实在是毕生最大的愿望。"

金庸发出的爱国之音得到了回应。1981年夏，北京邀请金庸回内地访问。在这次访问中，金庸提出想见邓小平，报告很快送到了邓小平那里，他在报告上批示：愿意见见查良镛先生。

1981年7月18日上午，邓小平以中共中央副主席的身份在人民大会堂福建厅会见了金庸。一见到金庸，邓小平就立即走上前去握着他的手，满脸笑容地说："欢迎查先生回来看看。我们已经是老朋友了。你的小说我读过，我这是第三次'重出江湖'啊！你书中的主角大多是历经磨难才终成大事，这是人生的规律。"金庸满面春风，对邓小平微微躬身行礼，握住他的手说："我一直对您很仰慕，今天能够见到您，感到荣幸。"

会谈中，邓小平对金庸说，十一届六中全会后，还有三件大事：一是在国际上继续反对霸权主义、维护世界和平；二是实现台湾回归祖国，完成祖国统一大业；三是搞好经济建设。金庸说："我觉得，在国家统一这件事上，内地的经济发展、人民生活水平的提高是最基本的因素。"邓小平表示赞同：三件大事中，国家的经济建设最重要，我们的经济建设发展得好，其他两件事就有基础，经济建设是根本，目前的经济需要调整。邓小平还表示，世界上有100多种社会主义，中国要走中国特色的社会主义。

会谈持续了一个小时后，金庸起身告辞，邓小平亲自送他离开。道别时，邓小平握着金庸的手说："查先生以后可以时常回来，到处看看，最好每年来一次。"

当晚，中央电视台在《新闻联播》中播放了邓小平与金庸会谈的消息，港澳及世界各地的新闻媒介纷纷予以报道，轰动一时。当年9月，《明报月刊》发表了金庸和邓小平谈话记录及《中国之旅：查良镛先生访问记》，此书出版后，一时间洛阳纸贵，出版三天后就告罄，连续加印了两次。

金庸回到香港后，立即给邓小平寄去了一套全新的《金庸小说全集》。在邓小平会见金庸后不久，金庸小说在内地"开禁"，并很快成为畅销书。

对金庸而言，这次会见影响巨大，他说："访问内地回来，我心里很乐观，对内地乐观，对台湾乐观，对香港乐观，也就是对整个中国乐观！"

悄然离去，不问江湖

1955 年至 1972 年，17 年间，金庸创作了《书剑恩仇录》《碧血剑》《射雕英雄传》《神雕侠侣》《雪山飞狐》《飞狐外传》《倚天屠龙记》《鸳鸯刀》《白马啸西风》《连城诀》《天龙八部》《侠客行》《笑傲江湖》《越女剑》《鹿鼎记》15 部武侠小说。再经过十年潜心修改，于 1981 年完成了所有小说的修订。这些著作是金庸在华人世界最负盛名的成就，也让他成为中国当代文学史上最有影响力的作家之一。

宋代文坛的奇观是，“凡有井水处，皆能歌柳（永）词”。当代文坛的奇观则是，“凡是有华人的地方，就有金庸”。遍布全球的华人也把金庸的影响带到了世界各地。金庸小说的官方译文有日、韩、越、泰、印度尼西亚等亚洲主要文字和英、法、意、希腊等西方主要文字，而金庸粉丝中流传的各种非官方译本更是多得无法统计。金庸的作品已经成为外国人了解中国文化的一个重要窗口。

在泰国，金庸小说不断推出新的翻译版本，几十年畅印畅销。印尼前总统瓦希德曾公开将自己比喻为金庸笔下的郭靖，并将书中谋略应用于政治斗争。新加坡从 2006 年起选用金庸武侠小说作为中学教材；初级学院则把《雪山飞狐》作为特定文学教材的作品之一。越南人对金庸小说中的人物都很熟悉，有时开玩笑会说对方是“左冷禅式阴谋家”“岳不群式两面派”。加拿大和美国的中文书店都把金庸的《射雕英雄传》《雪山飞狐》《天龙八部》《神雕侠侣》等作品作为“当家”图书陈列于橱窗里和书架上。即使在南非，“金庸迷”也大有人在。在利比里亚、刚果、赞比亚等其他非洲国家，很多懂英语的人都读过金庸小说，有的特别痴迷，甚至给自己的孩子取名“金庸”。

金庸小说之所以会风靡世界，海宁名人研究会会长章景曙说：“有人认为金庸是民族化的，其实不然，他的写作手法大量借鉴了西方文学，把真实的历史和传奇的文学虚构结合在一起，描写永恒的人性。同时，他的文字又是英雄主义的，一把琴、一把剑行走江湖，写出了每个人心中的向往。”

喜爱了金庸一辈子的老华侨李伯耀的理解更为感性。他说，金庸的笔下既有神奇瑰丽的想象，又有荡气回肠的爱情；既有博大精深的宗教哲学，又有壮怀激烈的爱国情怀。他的作品是对浩瀚的中华文化的独特诠释，已经成为中华文化的一部分。“金庸小说也时刻激励着所有华人的爱国情怀，提醒我们是中国人，我们有着别人难以望其项背的伟大文化。”

北大严家炎教授称，“如果说‘五四’文学革命使小说由受人轻视的‘闲书’而登上文学的神圣殿堂，那么，金庸的艺术实践又使近代武侠小说第一次进入文学的宫殿。”

1985 年，金庸以新闻工作者的身份出任中华人民共和国香港特别行政区基本法起草委员会委员，次年被任命为该委员会“政治体制”小组港方负责人。1989 年，他宣布辞去该职务，并卸任《明报》社长。1993 年 3 月，金庸再访北京，受到时任国家主席江泽民的接见。回港后，他卸任《明报》企业董事局主席，次年辞去名誉主席职务，正式退出《明报》事业。1995 年，金庸出任香港特别行政区筹备委员会委员。1997 年香港回归后，金庸功成身退。

有人曾经问金庸：“人生应如何度过？”老先生答：“大闹一场，悄然离去。”前半生纵情恣意，后半生心怀敬畏。他所写的武侠小说中的男主角，郭靖、杨过、张无忌、令狐冲、韦小宝，都是大吵大闹一番后悄然归隐的。大侠金庸已然活成了自己眼中处世的最高境界：潇洒来去，能进能退，悄然离去，不问江湖。

蒋子龙

向真实洞开

蒋子龙把他的文学观念，牢牢地定位在了真实两个字上：真实的世界，真实的困难，真实的人物，真实的感情……尽管真实并不总是讨人喜欢，但人们却无法逃避它，只能正视它，聆听它的指引。蒋子龙说："我相信，任何读者的心，都能够向真实洞开。"

沧州地处河北省东南部，北依京津，南接山东，东临渤海，京杭大运河贯穿其间。因与大海为邻，得名沧州，意为“沧海之州”。沧州是蒋子龙的故乡，14 岁之前，蒋子龙的生活在沧州农村里度过，那里高高的土房，比两边的土地矮一大截的车道，村子外面的大水坑，以及在水坑里摸鱼洗澡的日子，都深深地烙在了他的记忆里。好多年以后写散文，提到家乡，蒋子龙仍然说：“沧州，像梦一样永远跟着我。”

蒋子龙走过的地方很多，其中很多地方都比沧州富饶、美丽。但是，这个普普通通的沧州却给了他巨大的触动与濡养，他把沧州当作了一生中最重要的精神根据地。虽然蒋子龙是以工业题材小说在文坛上闯出一片天地的，但是他骨子里却是一个农民，他在很多场合，都一再强调这一点。他的农民本色，是沧州给他染上的，他磊落豪直的性情，庶几与这片土地脱离不了关系。

当改革开始激荡生活，作家的创作之火随之点燃。

不管愿不愿意，理不理解，文学都成了蒋子龙的宿命，带给他荣光，也带给他艰难。很多人都问蒋子龙，当初为什么要选择创作工业题材小说？蒋子龙感叹地回答：“人的一生总会碰上那么几次鬼使神差、歪打正着的事情。‘人’字是由两根棍子斜搭在一起构成的，也就是说，一个人的命运要由别人横插上一杠子才能完成。”

某种意义上说，蒋子龙的创作就被这样一种莫名的力量推动着往前走。

1975 年秋天，全国“工业学大庆”，掀起了一股“抓生产”的潮流。那时候，国家第一机械工业部系统学大庆会议在天津宾馆召开，蒋子龙所在的天津重型机器厂是一机部所属的大厂，蒋子龙作为厂子的代理工段长，参加了会议。就是在这个会场上，《人民文学》的老编辑部主任许以找到了蒋子龙，告诉他，毛主席亲自下令，停刊多年的《人民文学》要在 1976 年复刊。许以希望蒋子龙能够为复刊的《人民文学》写一篇小说。

《人民文学》是“国刊”，是业余作者梦寐以求发表文章的文学圣地，《人民文学》的约稿该是多大一桩喜事！但是蒋子龙并没有受宠若惊，也不敢过于兴奋，那个时候他的作品发表得并不多，心里没有底，只是谨慎地答应试一试。碰巧的是，那个时候的蒋子龙正被大会上一些先进人物的生产事迹所感染，觉得有很多话想说。于是，就在开会的宾馆里，他没日没夜地写了起来，由此有了短篇小说《机电局长的一天》的诞生。

《机电局长的一天》后来发表在复刊第一期的《人民文学》上。这篇小说的主人公霍大道，其原型就是蒋子龙所在的天津重型机器厂厂长冯文彬，以及蒋子龙在会议期间了解到的南京汽车厂的一位副厂长。蒋子龙运用文学的手法，把两个原型人物的人格与事迹揉搓成了雷厉风行“抓生产”的霍大道。回头来看，霍大道的“抓生产”反映了当时的人们对无休无止的政治运动的抵触情绪，同时也与20世纪70年代末期“以经济建设为中心”的历史轨道实现了对接，因而成为过渡年代里的一篇颇具先声的过渡小说。

三年之后，1979年，蒋子龙又在《人民文学》上发表了短篇小说《乔厂长上任记》，这篇小说的影响更大，在当时产生了“轰动效应”，也使“蒋子龙”这三个字从此烙在了当代文学的史册上。《乔厂长上任记》讲述了十年动乱之后，某重型电机厂生产停顿，人心混乱，老干部乔光朴主动出来收拾烂摊子，大刀阔斧地进行改革，从而扭转工厂被动局面的故事。小说塑造了改革家乔光朴的光辉形象，被认为是“改革文学”的开山之作。

但是谈起这篇小说，蒋子龙却说：“《乔厂长上任记》的创作过程非常简单，简单到不是我找到了乔厂长，而是乔厂长找到了我。”当时，蒋子龙只花了三天时间，就写出了这篇垂名之作。只有一种解释，就是“乔厂长”这个人物，在蒋子龙那里早已烂熟于胸，他此前虽然未曾写出来，但在心里，他已经对这个人物描摹了上百遍。

蒋子龙的回忆印证了我的猜想。大概在1977年后，他在重机厂的锻压车间任主任，那个车间有将近三万平方米的厂房，一千多名员工，差不多相当于一个中型工厂，却没有一个工厂的独立性。那时候的蒋子龙，攒足了力气想好好干事，可真等他踏下心来想干事了，却发现哪儿都不对劲：有图纸没材料，好不容易把材料找齐，可是机器设备年久失修，到处是毛病，等把机器修好了，人又不听使唤……蒋子龙感觉自己天天就像在“救火”，常常是昼夜连轴转，熬的最长的一次是七天七夜，只觉得身心俱疲。这就是他创作《乔厂长上任记》时候的心境。这篇小说，实际上就是写他自己一段时间以来的苦恼与理想，写如果让他来当厂长，他会怎么干。蒋子龙结合自己在基层一段时间以来摸爬滚打的经验，设计了一种“乔厂长管理模式”，他没有料到的是，“乔厂长”很快火了起来。那时候，很多读者都根据自己的体会来理解乔厂长，更多的人还参与创造并完善着“乔厂长”，“乔厂长”一时成了风云人物。

后来，在不同的场合，蒋子龙都会被人这样提问：作为“改革文学”的缔造者，作为工业题材的代表作家，您如何如何。每当这时，直爽的蒋子龙就会实话实说，“其实我至今也搞不清楚‘改革文学’的概念。对于什么是‘改革’，不同的人有不同的理解，作家是不可能按照‘改革’的定义去创作文学作品的。而只有当‘改革’实际上成为人民群众精神生活与物质生活的主题时，正在剧烈地摇荡与改变人们的生活方式时，才能让作家把激情和材料融合成创作之火，把虚构的人物和故事融于真实的生活旋律之中。”

在创作高峰时转向，十年铸剑书写农村改革

1982年底，写完短篇小说《拜年》，蒋子龙在自己工业题材小说的创作高峰期，放下了工业题材小说创作。这一停就是六年时间。人们无法理解蒋子龙此举原因何在，其实，他只是做出了符合创作规律的一次选择。他在《“重返工业题材”杂议——答陈国凯》一文中写道：“登上了文坛，一定还要懂得什么时候离开文坛。当时我感到自己成了自己无法逾越的疆界，我的工业题材走投无路。它不应该是这个样子，它束缚了我。我受到我所表现的生活、我所创造的人物的压迫……我需要暂时与工业题材拉开点‘历史的距离’，对工业生活及自身进行一番感悟、自省和玩味。”

这是蒋子龙作为一位清醒的作家的可贵自省，作为一位优秀作家对自己创作节奏的理性把控。他正因为异常熟悉工业生活，反倒对这十分熟悉的一切产生了警醒；他终于形成了自己的创作风格，却自觉地要努力跳脱出这个风格；他拥有了自己颇具优势的写作领域，但他时刻都想着要打破领域与题材对创作的限制——蒋子龙绝不甘心把自己的创作仅仅划定在工业题材这样局促的范围之内，他的写作雄心无限广大。

大约从1984年开始，连续五六年的时间里，蒋子龙努力尝试着摆脱自己的创作模式，打开自己的文学视野。他明确提出，文学不应该以题材来划分，作家不应该被题材所局限。这段时间里，他写下了以医生邵南孙为主人公的长篇小说《蛇神》和以《收审记》为代表的“饥饿综合征”系列小说。这一阶段对蒋子龙来说，是至关重要的，他突破了最初使自己成名的风格与题材的局限，打开了一片更为广阔的文学天地。

经历了这样一次涅槃式的文学重生，蒋子龙的心境进入到一个崭新的境界，他不再像以前那样，跟别人较劲，跟文学较劲，执意要写出什么样的作品。他不再想驾驭文学，而是“心甘情愿、舒展自如地被文学所驾驭”。他超脱批判，悟透悲苦，笑对责难和褒奖，只写自己最想写的东西。蒋子龙隐隐约约感觉到，自己正在步入文学上

的成熟期，正在进入创作的最佳阶段，从心理上到阅历上，他的准备都在趋于充分。这个状态的蒋子龙，即将迎来他一生中最为艰苦也最为重要的文学书写。

如果你问蒋子龙，对自己的哪部作品最为看重，你会得到这样的回答：不是一纸风行的《乔厂长上任记》，也不是更早发表的《机电局长的一天》，更不是后来创作的《一个工厂秘书的日记》，以及《人气》《空洞》等作品，而是他于2000年之后创作的、历时11年写就的《农民帝国》。《农民帝国》这本书，传递了蒋子龙对于农村生活变革与农民文化性格的深刻思考，也折射了他深入骨髓的农民本色与一生都挥之不去的浓烈乡愁。

为了写《农民帝国》，蒋子龙去农村待了很长时间，他有意让自己重新变回一个农村人，在一种农村的天然氛围里写作。广东的农村、河南的农村、山东的农村、天津周边的农村，一一留下了蒋子龙的足迹。他去农村，都是秘而不宣，悄悄地来，悄悄地走，谁也不告诉，就自己走单帮，有时候一走几个月。村里人只以为是来了个老头，或者是某户人家来了个亲戚，要在这儿待上一段时间。蒋子龙本来就是从农村出来的人，一回到农村，用不了几天时间，他说话的腔调，与农民打交道的方式，很快就入乡随俗。他无障碍地重新观察农村，无缝隙地完全融进农村，为自己的《农民帝国》默默积累素材。

《农民帝国》的主人公郭存先，本来是一位善良勤劳、精干有为的农民青年，带领村民脱贫致富，取得了事业上的辉煌成功。但就是这样一位有本领、有志向的农民，却在取得成功之后，个人私欲无限膨胀，由农村的带头人迅速蜕变成农村的统治者，最后自取灭亡。郭存先这个人物，在现实生活中是有原型的，蒋子龙说，写小说虽是虚构，反映的却是现实世界，表达的更是对现实生活的思考。

“在生活中，像郭存先这样的人，农村有，城市里也有，尽管穿着各式各样的衣服，有着各种各样的身份。郭存先们的故事和人生轨迹，引起了我对这种文化现象的思考与认识。郭存先身上反映的，某种程度上说，是一种必然的悲剧、文化的悲剧，值得我们认真地审视与思考。”蒋子龙说。

《农民帝国》的前半部在写“因”，后半部在写“果”。等写到原以为该结束的时候，蒋子龙突然发现，作品还远远没有完成，关于农民帝国的故事，似乎才刚刚铺开。他希望把脑子里关于这个题材的构思都写出来，这将是《农民帝国》第二部或者说姊妹篇的主要内容。但是，已经77岁高龄的蒋子龙，究竟写不写《农民帝国》续篇，他还有些犹疑不决。长篇小说的诞生不仅是一种缘分，更是对作家精力、毅力的严峻考验，一场可能又是十几年的写作，其启程无疑是沉重的。我们只能善意地祝愿，这部新的作品能早日在他的笔下开花结果，从而使这部他最为看重的作品，在精神品格上日趋圆满。

文学是生活结出的花朵，真实是文学最美的颜色

回顾蒋子龙的文学生涯，有一个特别有意思的现象：几乎他的每一篇作品问世，都会给他带来冰火悬殊的待遇，或者说，都会引起社会上的一次甚至数次争论。从《机电局长的一天》发表，直到《农民帝国》的出版，蒋子龙经历了太多的风风雨雨，而他的文学创作就在这样的一次次锤打与磨砺中走向成熟。回忆起这如梦似幻的人生遭际，蒋子龙感慨道："磨砺总是最具有积极意义，走过那样一段漫长而坎坷的文学道路，回过头去看如同一次远游，一个远游的人归来，总会有故事可说，于是就又写下来了。仍然还有是非，还有风波，但是，写得好坏越来越无所谓，写作成了保持做人尊严的手段。"

在写小说之外，蒋子龙还致力于杂文与散文的写作。杂文是针砭丑恶、张扬美善的文体，讲究的是观点鲜明，短小精悍，刺刀见血，这种干脆利落、是非分明的文体，与蒋子龙的性格简直是天然的契合。他以杂文为阵地，对各种社会问题表达着自己的看法，嬉笑怒骂，皆是文章。散文则是一种较为舒缓的文体，却极有利于作家情怀的抒发与志趣的伸张，在长篇小说创作的同时，蒋子龙写下了大量的散文随笔，读这样的篇章，我们可以看到一个更感性、更立体、更丰满的蒋子龙。

后来的人们常常尊蒋子龙为文坛大师，对他取得的文学成就表达衷心的仰慕，但是蒋子龙依然是那个质朴豪直的性格，不愿意戴这顶送上门来的"桂冠"，他总是谦虚地说："我的小说不过是碰巧将历史性潮流和历史性人物结合在一起，从而造成了一定的社会轰动，并非是我对生活和艺术有多么了不得的发现。"

而在另一方面，他对自己的创作又拥有充分的自信，这种自信是久经人生磨砺、悟透文学之道后油然生出的从容气质。他说："人是什么？无非是一种格。有格，就有内在的定力。神定则气闲，文章得失便无足轻重，进而有可行之道，退而有内守之固。写作虽然不是好职业，却是一种生命线，是精神的动力。既然成了写作的人，不

写作生命就会变得苍白无力。”

不管写什么，工业题材也好，农村题材也好，城市题材也好，也不管怎么写，浪漫地写也好，现实地写也好，魔幻地写也好，唯一能告慰读者的，只有真实，即便是虚构的故事，里面却须有真实的世界。蒋子龙把他的文学观念，牢牢地定位在了真实两个字上：真实的世界，真实的困难，真实的人物，真实的感情……尽管真实并不总是讨人喜欢，但人们却无法逃避它，只能正视它，聆听它的指引。蒋子龙说：“我相信，任何读者的心，都能够向真实洞开。”

文坛上熟悉蒋子龙的人，喜欢说他的性格“又臭又硬”，这其实只是朋友间的戏称，是一种明贬实褒的说法，“又臭又硬”是表象，“又诚又真”才是本来。这位通身流淌着农民的血液，毕生在文学的道路上锐意突破，以全部的文字求真求实的大作家，以自己的人生经历与文学作品，描绘了当代文学史上一道别具亮色的风景。

张艺谋

“英雄”的时代

“我不知道‘命运’是什么，也许是人生中某个时机的契合，那是许许多多挣扎和徒劳中一个最意外的结果，无法设计和捕捉。我不能解释‘梦想’这个词，虽然我们常常拿它来造美丽的句子。对我来讲，梦想曾经是：能不能有个好出身，能不能大吃一顿肉，能不能不上夜班，能不能去陕西画报社……它是非常入世、非常具体的，甚至俗不可耐，是我生活的某个阶段中非常现实的想法。”

柏林，金熊！

张艺谋大笑，笑得极开心。

1988 年 2 月 23 日，西安电影制片厂摄制、张艺谋导演、巩俐担任女主角、姜文担任男主角的彩色故事影片《红高粱》，在西柏林国际电影节与美、苏、法、意和联邦德国等 21 个国家新故事影片比赛中，荣获金熊大奖。

1988 年 2 月 25 日，《人民日报》在头版和 7 版刊发消息。

一夜之间，张艺谋成了整个电影界的头号明星。星光璀璨的颁奖礼，几百架相机、摄影机瞄准张艺谋，上千双眼睛盯着张艺谋，各种肤色的人们怀着巨大的好奇，试图解开“红高粱”的秘密。当天夜里，西柏林自由电台在影评中说：“拍摄《末代皇帝》的贝托鲁奇也要向张艺谋请教。”

这是中国电影也是亚洲电影，第一次在柏林国际电影节获得大奖。《红高粱》响亮地告诉世界：“中国人来了！”

这一年，张艺谋 38 岁。

时隔 30 年，我们依然忘不掉那张照片里自信的面孔。穿着西装的张艺谋，捧着金熊奖杯，畅怀大笑。他嘴巴张得大大的，眼睛眯成一条线，短粗又浓厚的眉毛拼命向眉心挤，鼻翼两侧的嘴角沟线也越发分明起来。这副面容，让人想起莫言的那句评价：“他真像我们村里的生产队长。”

“貌不惊人”，也是陈凯歌对这位老同学的评价。在那篇流传很广的《秦国人》里，陈凯歌写道：“艺谋貌不惊人，中等身材，走起路来挺沉重，加上衣帽平常，在人群中显不出他来。要画他的肖像不能再容易了：一个弧线微微向下弯曲的鼻子，两条自鼻翼直奔嘴角的沟线，加上一双深沉的眼睛。”在陈凯歌眼中，张艺谋像极了秦国的兵马俑，冷，硬。要说轮廓和神情，张艺谋与日本演员高仓健确有几分相似，略有不同的是，高仓健的冷是酷，张艺谋则似乎多了些苦味。

谁又能想到，这个“貌不惊人”又天生带有些许苦味儿的年轻人，一登上影坛，就把中国电影搅和得寝食难安呢。

时间拨回 1982 年，北京电影学院 78 班的四个年轻人被分配到了广西电影制片厂。北京生源何群、咸阳生源张艺谋、杭州生源萧风、新疆生源张军钊，从新中国的心脏远走广西，充满了被流放的悲壮感。愤怒吗？沮丧吗？这是必然。四个人里年纪最大的张艺谋，“多少次头发丝儿细的可能性抓住了才有了今天”，他的心里最清楚，“先去，在逆境中求生存”。

现在回头看，他们或许要大大感谢这段“逆境”的磨砺。广西厂从北京引进了大学生，也给了他们非常好的机会，成立了全国第一个青年摄影组，这才让四个“被流放”的大学生成了同学中第一批直接掌镜的摄影师和导演。

《一个和八个》，张军钊是导演，张艺谋和萧风联合摄影，何群是美工。血气方刚的年轻人第一次拍片子，心里憋足了一股劲儿，就是要告别过去，颠覆传统。黑白灰的主调，不完整构图，反正跟传统的画面不一样。

被视为“第五代”里程碑式作品的《黄土地》，也带着强烈的挑战意味。《黄土地》对国内电影创作的冲击，首先来自视觉和影像。贾樟柯曾说过，他是一次偶然的机会，走进电影院发现里面在放《黄土地》，看完以后立志要拍电影。作为该片摄影师的张艺谋在摄影阐述中“振臂一呼”：“80 年代的年轻人，常被呼为‘现代青年’。所谓‘现代’，摈弃传统也。其实，我们在对未来影片的构思中，从老子这几句话中得益匪浅：‘大方无偶，大器晚成，大音希声，大象无形。’”今天我们总结起来，无非就是一句话：标新立异。

在陕北的黄土高原拍摄《黄土地》期间，张艺谋结识了正在拍《人生》的吴天明。他们一见如故。“你什么时候帮我拍一部电影？给我做一次摄影师？”吴天明真诚相邀。拍完《大阅兵》，他们又在北京见面了，提到了《老井》。吴天明说：“你得做好思想准备，我这是春夏秋冬四季，一年时间。我知道现在叫你的人挺多的，如果你觉得跟我耗一年太长，你尽管说，我再找别人。咱俩的交情绝对不受影响。”张艺谋也仗义：“甭说一年，两年我都跟你干。”两年后《老井》拍成了，张艺谋成了男主角，第一次演戏就拿下了东京国际电影节最佳男主角奖。

吴天明曾在多个场合讲过张艺谋塑造孙旺泉的故事。剧组 30 多人在农民家里住了两个半月，边体验生活边改剧本。张艺谋担任演员组组长，吴天明要求演员每天每人挑十担水，把全村 37 户人家的用水全包了。挑了两天，他们就把一两里外的那股泉水全挑干了。后来又挑石头，绕着山坡转。张艺谋每天从半山腰上背三块石头，每块都在 100 多斤，两个半月就把好几家的石板全背回来了。开会讨论剧本时，他总是蹲在地上，用手把沙子堆在身上揉搓，皮肤搓得很粗糙。为了减肥，中午大家午睡，他不睡，砸石头，两个半月下来凿出一个猪食槽子，手上的皮不知道掉了多少层。他后来拍戏时，往镜头前面一站，妥妥就是一个太行山的农民。

从北京电影学院毕业五年，张艺谋干了三档子事：摄影、表演、导演，样样出色。舆论一片哗然，有人说他“奇才”，有人说他“怪才”，也有人说他是“天才”。吴天明的评价是：“他死用功呀！咬定青山不放松。”

北电 78 班的“老谋子”

张艺谋和吴天明的感情很深。2014 年 3 月，吴天明去世，北京电影学院和中国电影导演协会举办了吴天明追思会。

“他改变了我的命运。没有他，就没有《红高粱》。”追思会现场，张艺谋表情凝重，他对我说：“‘头儿’不仅执着于自己的艺术追求，也真心爱护有才华的人，乐于成全别人。他对电影人的责任矢志不渝。即使生活并不宽裕，他也拒绝为市场放弃艺术操守。”

在成为北京电影学院摄影系学生之前，张艺谋的身份是陕西省咸阳市国棉八厂的工人，一开始工资是 36 块，后来涨到了 40 块零 2 毛。偏偏这个工人喜欢上了摄影，这个奢侈的爱好，还成就了卖血买相机的悲情故事。端着海鸥 4 型双镜头反光相机的张艺谋，一有空就在渭河边转悠，搞创作，想的是老摄影家薛子江的话，“用眼睛发现美”。心里别提多美了！

自学摄影不容易，尤其在那个年代。张艺谋肯下死功夫。薛子江的《怎样拍摄风景》是他的引路经典。书上说，要搞摄影，最好是自己洗自己放。张艺谋找来很多暗室操作的书，看不懂，索性就把整本抄下来。前后三年，抄了几十万字下来，他似乎懂了一些。

1974 年开始拍照，到 1976 年之后才拍出让他有几分得意的照片。加上抄书的三年，前后花了五年功夫。“我经历的失败太多了……所以我大概很早就有了这个创作心态，失败是常事，完美不可得。老失败，也就不怕失败了——薄脸皮干事容易趴下，厚是练出来的，知道不易，知道努力，干砸了，只能说‘看下一个，下一个也许好点儿’。”多年之后，张艺谋对作家方希这样剖析自己。

1977 年 10 月，高等学校招生的推荐制度废除，恢复文化课考试，择优录取。当年就举行了迄今为止唯一一次冬季高考，考生年龄放得很宽，父子同考不是孤例。可以上大学了？家庭出身问题不是障碍了？张艺谋开始蠢蠢欲动。

他天天守着《人民日报》，终于看到了北京电影学院的招生简章。一看年龄限制，心又悬起来。虽然是面向社会招生，电影学院每个系都有一定的年龄限制，导演系可以放到26岁，摄影系只有22岁。同厂的同事田钧给张艺谋出主意，给文化部部长黄镇写信。

一个咸阳的工人给文化部部长写信，自荐上大学。这在今天看来有些天方夜谭，但在那个百废待兴的时代，并没有那么遥不可及。虽然中间的过程颇为波折，但信件几经辗转到了黄镇手里，费了一番周章，张艺谋最终成了北电78班的一员。

那年3月，郭沫若在全国科学大会闭幕式上发表主题讲话《科学的春天》。1978年，张艺谋这一代人久久期盼着的，春天的大幕缓缓拉开！

从咸阳到北京，从黄土高原到华北平原，张艺谋被眼前的一切强烈地刺激着。北京的各种大，各种新，各种骄傲，劈头盖脸砸过来。他有点晕，强烈感受到自己的土，自己的老。他比应届同学大十岁，是名副其实的老大哥，“老谋子”的称呼就是这么来的。张艺谋曾特别说明，“跟老奸巨猾没关系”。

最大的刺激来自同学。据张会军的《北京电影学院78班回忆录》记载，四年间，他们总共观摩了514部电影。开学典礼结束之后，学校放了两部电影招待新生，一部是朝鲜电影《扎根大地》，一部是法国的谍战片《方托马斯》。《方托马斯》是张艺谋看的第一部商业电影。他简直看傻了，上天入地、神出鬼没、香车美女，还有比基尼，完全没见过，“跟我们的《地道战》完全不是一个路子”。这大概在他心里种下了商业电影的种子。

他在北京电影学院的同学里不少出身电影世家，赵丹、于蓝、田芳、华君武、艾青的儿子，白杨的女儿等。导演系的陈凯歌和田壮壮，父辈也是赫赫有名的电影人。这俩是当时的学生头，明摆着将来要大展宏图。同学们也有共识，82届要出人的话，这俩人先出来。像李少红、彭小莲、胡玫，也是能看出来的才女，谈吐不俗，气度不凡，将来肯定有出息。

一个外地工人，没有任何艺术家庭背景，加上那样一个家庭出身，张艺谋的心里只有四个字：奋起直追。

下苦功夫呗！就像当年自学摄影，他观摩一部电影，看到好的构图，就在黑暗中迅速给画下来，还有一些粗浅的光线、影调，什么都记。一场电影看下来，能记下几十张卡片，回去再整理。这种方式一直到张艺谋大学毕业。四年间几百部电影，都是这么看下来的。

还是吴天明的那句评价："咬定青山不放松。"从自学摄影到上大学，从摄影机后走向幕前，张艺谋似乎从来没有什么高明的主意，就是下笨功夫。抄书、记卡片、砸石头，他用了世上最费力气的办法，终于成了那个改变世界对中国电影看法的大导演。

担得起 13 亿国民的期望吗？

"老天爷保佑！"2008 年 8 月 8 日下午 2 点，鸟巢会议室。在对所有分场导演做最后一次叮嘱之后，张艺谋站起身来，挥着手说。

2008 年 8 月 8 日，为了这一天，张艺谋和他的团队，各个组所有演职员，十几万人，拼了三年，开了 2000 多次大大小小的会议，多少次挖空心思，多少次推翻重来，多少次备受折磨都没有缴械投降。倒计时 100 天里，多少人夜不能寐，那些参加演出的孩子们，还有的是刚刚从汶川地震中死里逃生的孩子，吃了多大的苦，一丝不苟地排练，从动作到表情，就是为了把中国人的面貌展示给全世界几十亿人。

开幕式中心的走廊与外界只有 30 米之隔，每天凌晨的三四点钟，张艺谋从这里走过，足足走了一年。"你一生可以拍很多电影，你一生只有一次奥运会。"这是张艺谋心里巨石般的重负。

问题是，张艺谋能担得起 13 亿国民的期望吗？2008 年 8 月 8 日之前，特别是 2004 年"雅典八分钟"之后，很多人是不看好张艺谋的，或者可以说是"恶评如潮"。

于是，有了那次著名的全球竞标。最终，拥有拍大片经验，又经过大型演出场面调动锻炼的张艺谋和他的团队拿出的方案，高票当选。黑泽明说过，你可以征服全世界，但你不可以征服你的家乡。谁都知道，要让 13 亿中国人满意，太难了。

十年之后，回望 2008，每一个中国人的生命里都留下了难以磨灭的奥运记忆。这很大一部分来自于那场"美轮美奂、无与伦比"的开幕式。那一夜的鸟巢，磅礴的击缶声，《论语》吟诵声，澎湃的观众掌声，绚烂的烟火，璀璨的灯光，就是中华民族面向世界无比自信的呼喊，是跃升沸点之上的民族自豪感。再回顾开幕式，哪怕是一小片段，我们总会再度热血沸腾、眼角湿润。中国人太需要这样一个时刻了！

我们很难揣度，8 月 8 日开幕式奥运圣火被点燃时，张艺谋是何种复杂的心境。

据说8月9日凌晨三四点钟，张艺谋收到了几个朋友的短信，都是向他表示祝贺的。第二天，外媒如《纽约时报》《华盛顿邮报》《洛杉矶时报》《泰晤士报》等，曾经对张艺谋比较苛刻的国内媒体，乃至一向快言快语的网民，也大都是正面评价。张艺谋有点恍惚：是不是事情太大了，先出来的都是领掌的？

"中国人已经拿奥运会当自己的事情了。我怎么敢设想这件事做坏了会怎么样？中国人都会觉得，张艺谋你辜负了我们，你让中国人丢了脸，你让我们失去了一次珍贵的机会。"张艺谋曾对方希说。

总导演肩上的担子有多重，每个中国人都能想象。作为历史存证的《张艺谋的2008》记录了三年多以来，作为开幕式总导演的张艺谋，种种的面对，种种的死磕，种种的不放弃。团队里跟他合作的都是艺术家，即便有人起先不怎么喜欢他，或者不怎么喜欢他的电影，最后给出的也都是很高的评价。张继刚说，张艺谋精力过人；蔡国强说，不要低估张艺谋的创新力；陈丹青说，开幕式是张艺谋的一雪前耻之作。

张艺谋想起了老导演谢晋。谢晋说，拍电影，就是掬一捧水，哪儿不定就漏下一滴，漏着漏着就漏光了。如果说开幕式是张艺谋人生的光荣时刻，那真的是扎扎实实、一点一滴，穿越了重重现实的阻碍闯出来的。

学着拍电影

2008年奥运会之后，张艺谋在中国网民中有了新称呼：国师。奥运为张艺谋收复了国民的好感和期待，告别奥运，导演的复出之作《三枪拍案惊奇》却收到大面积的恶评，几乎是他此前所有作品恶评的总和。此前文化界大面积的争议始于《红高粱》一系列影片，一些学者认为这些电影向世界贩卖了中国的落后愚昧，换取了国际奖杯。常常身处批判的海洋，张艺谋很少站出来为自己辩解。

《南方周末》曾刊登过一篇报道，标题就是《张艺谋：我是中国争论最多的导演》。这篇被记者整理的文章里，张艺谋的有些陈述仍然值得咂摸。

"回到今天'三枪'的讨论，它在我身上也存在着奥运后时代的某种时代烙印，就是对人创作的一种要求……现在很多关于'三枪'的讨论，其实都不是电影本身，它引发争论的原因其实是知识分子站在一个高度上谈，附加了很多自己的东西，普通人站在另外一个高度谈，每个人又有不同的喜好……"

“现在的事实是，导演锻炼是不可以的，大家会很愤怒，认为这是对观众的一个伤害等等，像这样的批评已经不是在谈电影了。我已经五十而知天命了，还说什么呢？我稍微有一点脆弱、稍微有一点委屈，这些人都把我打趴下了，找不到北了，我就不拍电影了。”

这让我想起那篇《秦国人》，想起秦人的隐忍，冷和硬。

任何作品和任何创作者都无法脱离时代。张艺谋承认，第五代导演的成功必须感恩时代，经历了磨难和反思，整个民族文化呈现厚积薄发的状态，作家提供了优秀的文学作品，一旦你的表现和社会的气氛、情绪有所呼应，就能得到巨大的掌声，而且没有人领掌。当然，他也承认“第五代”有自己的局限和窘迫。但不论遭遇怎样的争议，承担了怎样的荣光，有一点是从《一个和八个》《黄土地》到现在都没有改变的，就是他从来不满足，也不愿意故步自封，他永远要做那个“标新立异”的电影人。

《三枪拍案惊奇》果然没有打趴下张艺谋，后来又有了《山楂树之恋》《金陵十三钗》《归来》《长城》。每一部都没有重复自己。

王朔评价张艺谋：他要拍不成电影，会痛苦而死。张艺谋品尝了做导演的难，做公众人物的难，但他统统咽下了，他不是娇气的人。“名也有了，利也有了，你还想怎么样呢？”

1990年，张艺谋赴美参加奥斯卡颁奖晚会。那年，80岁的黑泽明获得终身成就奖，这也是奥斯卡历史上第一个获得终身成就奖的亚洲电影人。卢卡斯说，《星球大战》的灵感来自黑泽明；斯皮尔伯格则称，黑泽明就是电影界的莎士比亚。黑泽明上台说了第一句话，全场一片笑声。黑泽明说的是，我今天还在学习拍电影。

张艺谋一直记着这句话。

一个导演的艺术生命有多长呢？但愿张艺谋能一直保持着这份学习拍电影的热情。中国电影少了他，总是一份不小的遗憾。

梳理张艺谋前后40年的经历，你很难为它下一个定义。他是，40年前，那个端着相机在渭河边寻找灵感的工人，那个埋头给文化部部长写信要求上大学的年轻人；他是，30年前，那个在柏林举起金熊奖杯自信大笑的中国人；他是，十年前，那个在奥运会开幕式指挥台大力挥手的总导演；他是，一直坐定在摄影机后面苦苦思索的“手艺人”……他就是张艺谋。他始终是这个大时代标志性的人物，因为他，我们看到了这个时代的辽阔，也看到了人生的多面向度。

姚　明

时代在变，不忘初心

“用什么衡量我的成功？我们大家努力干，有一天中国篮球出现新的标志性人物时，大家忘了我。我觉得就是最大的成功。”

姚明常说，感谢这个伟大进步的时代。其实，我们更应该说，感谢无数个姚明推动这个时代不断走向伟大和进步。

2018 年春天，中国篮球协会在北京龙潭公园附近找到一处新的办公地点。一排平房，原来是家餐厅，没有写字楼为伴，也没挂个牌子，常在公园里遛弯的街坊似乎也没意识到这里的新主人是谁。坐在简单装修的办公室里，姚明觉得“挺接地气”。他说：“我还想把门换了。”现在的办公室是木门，他打算换成玻璃的，里外通透，“感觉更开放，对别人来说有一种‘欢迎’的意思。”

2019 年，姚明 39 岁，四十不惑。他是这些年流行语境里的第一代“80 后”。这个“80 后”见过了大场面、经过了大阵仗，如今又挑起了大担子。他是这个时代醒目的人物，不仅因为超拔的身高和球场上那些叱咤风云的时刻。某种意义上，姚明已经成为一个包含着诸多意味的符号——赛场传奇、中外交流、体育改革、社会公益……不断的角色切换中，每次展开的故事都足够生动。

开　放

姚明在办公室里喜欢放点音乐，有一阵子单曲循环着《速度与激情 7》里传唱最广的那首片尾曲 *See You Again*。听歌放松，这是球员时代留下的习惯。音乐已经成为他工作和生活中自然融入的背景，他则是中国运动员里将中国和美国两种文化背景妥帖融合的典范。

2017 年年初，火箭队为他举行了盛大的球衣退役仪式，在球队历史上，迄今只有六个球员拥有这个殊荣。当年，他为这支球队赢得了无数中国球迷，至今，中国球迷还对火箭队抱有一份特别的情感和关注。

同样，在美国人看来，姚明带有中国文化背景的性格和他在球场上的高光时刻一样充满魅力，他在球场上的一举一动，球场外的一言一行，潜移默化间都传递着中国形象和中国文化的内涵，成为中美文化沟通的一个标志性人物。在 NBA 打球时，姚明两次登上《时代周刊》亚洲封面，两次被美国《时代周刊》评选为年度“世界最具影响力的 100 人”。美国前总统克林顿将他称作“中国对美国最大的单笔出口”，显然，这个大个子属于“软实力”的出口范围。另一位美国前总统奥巴马则在中美战略与经济对话中说：“我想借用中国篮球明星姚明的一句话，无论是球队新队员还是老队员，都需要时间彼此适应。这次对话，我相信通过我们的努力，能够达到姚明的标准。”

姚明征战 NBA 的九个赛季，正是新世纪头十年。中国加入 WTO，加速了与世界在经济层面的交流。当普通美国老百姓看着这个中国大个子在他们最熟悉的NBA赛场上搏杀，文化间的阻隔在一种彼此都能欣赏的方式中被消减。他们还看到了这个中国小伙子带来的幽默、谦虚、克制和宽容，这在“肌肉丛林”的NBA中犹如一股清流，获得了特别的好感。

借助篮球这样的“国际语言”，姚明在走向世界的过程中，也在将他的母体文化向世界推广。2011年，姚明在上海举行退役发布会时曾由衷感慨：“感谢这个伟大进步的时代，使我有机会去实现自己的梦想和价值。”以姚明为代表的优秀中国运动员登上广为世人认可的舞台，展现的正是一个开放中国的形象与气度。

而越是向世界出发，姚明内心的根也扎得越发坚实。“中国不是哪个个体去代表的。我们每个人身上都有闪光点，应该发掘更多的闪光点去完成中国这个词。”在大洋彼岸闯荡多年的经历，越发催生了姚明这样的意识。开放与宽容的力量成就了他，更是这个改革的时代孕育出的力量。

坚　韧

虽然少年时最早练习的不是篮球，但姚明的家庭背景和个人条件，注定他最终要与篮球结缘。虽然他除了身高超群外，其他身体条件难言有多少天赋，但他用不懈、坚韧、自律去提升自己，成为中国篮球史上迄今成就最高的球员，开创了属于他的篮球时代。17岁他初登中国男篮联赛（CBA）赛场时，一场球被撞了15个跟头。最终，他带领上海东方队在2002年拿下了冠军。22岁初登NBA赛场时，第一场球只得了零分两个篮板，在旁人等着看“状元秀”笑话的眼光中，他最终让不看好自己的NBA前球星巴克利亲了驴屁股。2008年奥运会上，他又带领中国男篮杀入八强……

赛场的风云激荡，都被封存在记忆中。2017年2月，姚明回到休斯敦参加了自己球衣的退役仪式，他的11号球衣从此高悬于球场上空。上一次休斯敦举办盛大的球衣退役仪式时，他还是新秀，那是刚刚参加新秀赛季的第七场球，火箭对阵西雅图超音速，巴克利在电视上说姚明这辈子单场恐怕永远得不了19分。那时的姚明不会想到，有一天自己的11号会和火箭队史上最著名的几位球星并排挂在一起。

球衣退役仪式上的演讲依然不乏幽默，开场就是“我再也不可能和火箭签个10天的短合同了”。但姚明的内心澎湃万千，以致语带哽咽，红了眼眶。这份充满了细节又满溢情感的演讲稿是他自己写的，就在飞往休斯敦的航班上，“大概写了半个小时吧。用中文写的，写完了又在脑子里用英文过了一遍”。

所以，他站在球场中央拿的那张纸，是一张中文演讲稿。他自己做自己的同声传译，无缝对接。如今这种自然流畅的转换，就像他在中国和美国两种完全不同的文化环境中游刃有余那样。可是现在有多自如，就能忆起当初他在两个遥远的国度、两种截然不同的文化里奔走得有多辛苦。

姚明是个念旧的人。2011 年他在上海举行退役仪式时，特意将当年刚到美国时的翻译潘克伦请来担任同声传译，他说那是为了给大家带来一些温暖的回忆。在休斯敦的球衣退役仪式最后，他也讲了一桩旧事。新秀赛季，他第一次在海外过春节，队友们知道了中国有发红包的传统习俗，每人给他准备了一个红包。但姚明发现每个红包里只有两美元（在美国文化里，两美元寓意幸运）。他跟总经理道森开玩笑说，“你应该放十美元，不应该只有两美元。”道森也打趣回应，“你知道球队有工资帽吧。”姚明的钱包里一直有曾经的一张两美元，“因为我知道无论我去到哪儿，只要有它陪伴，我的家就在那里。”

很多人好奇，姚明还真带着那时的两美元？这时，姚明就会从他的钱包里拿出一张折得皱巴巴的两美元，展开来，很认真地说：“看，这就是其中的一张。”

公　益

很多人都记得 2008 年北京奥运会开幕式的那个场景，姚明高举国旗走在中国体育代表团的前方，他的身边，是来自汶川灾区的 9 岁小男孩林浩。汶川地震后，姚明是捐款最多的体育明星，他始终惦记着汶川的孩子并持续不断地施以援手。对他来说，做公益慈善已成为生活中必不可少的内容。

“我去 NBA 的第一年，第一个圣诞节。赶上了球队做公益活动，用咱们的话说就是送温暖”，对于姚明来说，这还是一件比较新鲜的事，“我记得很清楚，去一个贫困家庭，男主人是个盲人。有人对他说，姚明来了。他说，噢！是真的姚明？我说，是。他说，能让我摸一摸吗？他摸我的时候，手在发抖，他真的很高兴。那个时候我觉得，原来我的价值这么大，可以让他们一家过一个很开心的圣诞节。”

用公益事业去温暖别人，哪怕只是一个家庭，也有别样的快乐和满足。这让姚明对生活的色彩多了份理解。“其实对于心灵来说，这是一种互补。”

2010年，姚基金慈善赛在北京举行时，姚明还未退役，他坐在一群来自四川的孩子中间。场上，中国男篮和美国明星队正在较量，虽然他不用出现在比赛中，但依然是这场比赛真正的主人。“慈善活动这些事，无论是哪里的球员，不论是谁参加，都会有回报。”这是姚明的感慨。如今，已经有数万名青少年在姚基金援建的希望小学中学习成长。2012年，姚基金又开启了“姚基金希望小学篮球季”项目，为数十万名青少年提供学习篮球的机会，让篮球为孩子们的成长带去快乐和健康，“从这个角度看，篮球只是个载体，公益才是主体。”

现在，姚基金慈善赛已经成为中国体坛最大最规范的慈善活动，“十年前由我和纳什发起的这一比赛，更多的是一种激情。十年之后，更多的是基于一种理性和责任。”2017年，在香港红磡体育馆举行的比赛中，姚明这样表达他对公益事业的理解。

姚明的成功，固然是通过篮球去体现和发扬，但从某种意义上说，他首先实现的，是一个将爱装在心间的普通人的成功。

改　革

姚明有一种特别的亲和力。初见他的人自然会惊叹他的身高，但很快会为他的谈吐和见识所折服。球商和情商同样出类拔萃，姚明的这种能力，奠定了他“姚式风格”的基础。

“如果有了成绩，我愿意退后一点；出了问题，当然我来面对。”体育改革风云际会，2017年3月，姚明担任新一届中国篮协主席，篮球的接力棒交到了他的手上。“成人达己”是他的施政策略之一，“改革是增量改革，先把蛋糕做大，而不是急着重新分蛋糕。”

从CBA到NBA再回归中国篮球，从运动员到管理者，这些年，姚明的身份在变化中更为多元，他的视野更广，思考更深，他对体育改革有强烈的期待。2013年当选全国政协委员后，他的新身份也帮助他为体育改革发出更有力的声音。取消赛事审批等改革举措，就与他的呼吁有着直接关联。

姚明懂得尊重历史，也更愿意去探索如何创造未来。

比如，如何看待体育举国体制，他说：“过去举国体制对我们的一些项目拿到金牌帮助很大。但在发展方式上，有些项目并不是那么适合。其实过去的方法、现在的方法，都是在探索。哪一种方法更适合未来的潮流，要看新形势下如何处理社会和政府之间的关系，怎样能调动各自最有效、最具优势的一面。”

姚明喜欢用比喻去阐明自己的想法。

比如，怎么理解政社分开这个听着很“官气”的概念，他说：“政府是整个社会最后一道保险。就像银行的保险柜，如果每一次都用最后一道保险来处理事情，时间一长社会就有可能失去活力。钱全部锁在保险柜里肯定不是办法，所以要流动起来。”

“再进一步说，政社分工，政府要做的是保留最核心的东西，就像是外汇储备负责兜底，也像个人理财，一部分钱放在银行里不动，一部分拿出去‘冒冒险’，我理解这就是政府和社会的关系。具体到篮球改革上，有了一刚（政府）一柔（社会）这两样东西，我们的战略回旋就会更大，可以有不同的方法去面对不同的问题。过去是一套人马两套牌子，时间长了就变成一个办法，一个思路了。现在我们则要去协调一种协会自治、善治的模式，形成新的良性循环。”

不管向哪个角色转换，姚明不变的是保持一种学习的状态，“最近在看的是弗格森（英超曼联俱乐部功勋教练）的《领导力》。”2011 年退役时，他说，不管转型是从政从商，首先都应该“从学”。他自己认认真真开始在上海交通大学念经济学本科。上学不只是为了拿个文凭，“我有强烈的愿望去学习，不断充实自己”。

人生在不断充实与收获中前行，姚明对“获得感”也有很深的感触。

“改革是让更多人有获得感。有些人追求金钱，也有些人更高一些。马斯洛不是说人生有五层需求，你也不能说谁更高尚，只是不一样吧。而且，我们如果只追求高层次需求而忽略了低层次，高层次也是空中楼阁，长久不了。回到改革的现实技术问题上，光有热情是不够的，还得踏踏实实分析问题，解决问题。改革是没有尽头的，现在我们在推动改革，可能再过十年二十年我们又需要被推动，这也有可能，因为时代在变化。”

初　心

时代在变，不忘初心。

球场上，他曾和队友们并肩拼杀，留下许多让球迷难忘的激情时刻。现在，他要为中国篮球的未来下一盘大棋，不似赛场面对面的较量，更多事情需要在“举轻若重”和“举重若轻”之间拿捏。挑战换了种形式，依然无处不在。

“1978 年改革开放刚起步的时候，什么都没有。发展市场经济让生产资料流动起来，去激发人的积极性和创造性，我们才能走到今天。同样，小到一个联赛，要发展也要在流动性上做文章。找外援是通过增强同外部的流动性来弥补内部人才的不足，根本之道还要激活内生动力。”

姚明爱琢磨问题，探讨概念，从一些人们习以为常的表述里看出点新的意思。说起改革聚力，人们爱用“聚沙成塔”这个词来形容，姚明却说，沙子还是沙子，聚起来也是一盘散沙。一个庞大的金字塔，应该是无数“小金字塔”垒起来的。每个“小金字塔”都是一个独立结构，内部都能良性循环，整体才能真正坚固。

很多时候，姚明还喜欢通过讲故事来表达自己的观点。中国篮协每天中午的盒饭时间，也是交流的好机会。

有一回，他借着吃饭的话题，和同事们讲了一个“螃蟹投资人”的故事——有个投资人想去江苏做螃蟹生意，考察了好几家，每家都请他吃螃蟹。一般人都知道，吃螃蟹时旁边会放一碗洗手水，用来去腥。这个投资人却故意端起碗来就喝，显得不明就里，旁人却不好意思或不敢提醒他。直到有一家的老板说，这水是用来洗手的。最后，投资人就选定了这家。

故事说完，大家听得都很开心。回到办公室，姚明嘿嘿一笑，“这个故事也不是随便讲的”。

“俄罗斯方块很多人都玩过吧，每个方块都不一样，最后组合到一起。我觉得有点像选人用人，一个组织，人要多元化一点，关键是怎么组合，要多看长处。”

“制度和人的关系要辩证看。制度是让人不要犯大错误，管的是底线，把事干好就是把人选好，激发每个人的投入意愿。说到底，我们大家都是中国篮球的人，不是姚明的人。现在我带着大家干事，最重要的是发展推广这项运动。这个活我姚明能干，后来的人也能干。当然，现阶段我承认自己有些优势。”

“用什么衡量我的成功？我们大家努力干，有一天中国篮球出现新的标志性人物时，大家忘了我。我觉得就是最大的成功。”

姚明常说，感谢这个伟大进步的时代。其实，我们更应该说，感谢无数个姚明推动这个时代不断走向伟大和进步。

郎 平

敲响世界的“铁榔头”

“英雄”二字重千钧。在鲜花、掌声与荣耀的背后，注定是负重前行。“我是老女排最后一个在一线的了，应该为中国女排传承一点东西，留下一点东西。”——郎平花了半辈子时间，讲述着一个中国女排为排球而生的故事。

在中国，郎平是一个家喻户晓的名字。从 1978 年进入中国女排，40 多年的光阴写下一个传奇——中国体育冠军数不胜数，但郎平只有一个。

1981 年，一篇以中国女排为蓝本的报告文学《中国姑娘》红遍大江南北。其中写道："1979 年末，在香港举行第二届亚洲女子排球锦标赛时，郎平为中国队荣获冠军立下了战功，被人们誉为中国的'铁榔头'。她确实像一把响当当的铁榔头，发挥了振奋人心的威力。"

谁也未曾想到，这把"铁榔头"一敲就是 40 多年。从创造"五连冠"神话的运动员郎平，到率领中国女排重返世界之巅的教练员郎平，岁月打磨出一把更坚韧、更有力量的"铁榔头"。《中国排球》刊文评价，郎平是中国排球史上一位划时代的英雄。

"英雄"二字重千钧。在鲜花、掌声与荣耀的背后，注定是负重前行。郎平的身体至今仍残留着老女排时代的"馈赠"。经历了多次手术后，她偶尔开玩笑说："现在境界和追求都没那么高了，能正常走路、正常生活就行。"可是，有些东西她始终放不下。

"我是老女排最后一个在一线的了，应该为中国女排传承一点东西，留下一点东西。"在郎平看来，这东西不只是冠军和金牌。有时候明知道不会赢，也竭尽全力，虽然走得摇摇晃晃，但站起来抖抖身上的尘土，依然目光坚定——郎平花了半辈子时间，讲述着一个"为排球而生"的故事。

把所有"不可能"变成"可能"

时光倒转到 2016 年 8 月 21 日，里约奥运会女排决赛第四局，紧张的气氛令人窒息。主攻手朱婷高高跃起，一个势大力沉的重扣，竟然砸得对手倒地不起，彻底击垮了塞尔维亚队员的信心。"真像当年的'铁榔头'！"观众席上发出惊叹。

远隔万里的神州大地，出现了多年罕见的万人空巷。央视收视率冲破惊人的 70%，无数双眼睛盯着屏幕，为女排姑娘的每一个球而揪心。许多 50 后、60 后看得热泪盈眶，仿佛穿越回"学习女排，振兴中华"的年代。

而此时，站在赛场边的郎平目光如炬，所有精力集中在瞬息万变的战局。她并不觉得紧张，即便一时比分落后，依然淡定自若，暂停时鼓励队员们："慢慢来，一分一分拿……"当惠若琪奋力扣下最后一球，奥运金牌时隔 12 年再度挂在中国女排的胸前，郎平已然累得没有力气兴奋了。

“在里约 20 多天，我整整瘦了 14 斤！”纵使久经沙场如郎平，也没想到这条路如此曲折。奥运小组赛只交出 2 胜 3 负的成绩单，从“死亡小组”惊险出线后，东道主巴西队成为无法选择的淘汰赛对手。过往 8 年的 19 次交锋，中国女排只赢过 1 次。绝大多数人预测，中国姑娘要打道回府了。

挫折与磨难，对于郎平并不陌生。重新执教中国女排的三年多来，她一次次被逼到死胡同，又一次次扛了过来。记得上任后的第一堂训练课，一支人员老化、打法摇摆的“半成品”队伍，让郎平自嘲“就像跳进了一个火坑”。2013 年亚锦赛，中国女排遭遇历史最差战绩，质疑与批评铺天盖地。

2015 年世界杯出征前，三大主力意外因伤病离队，好不容易走上正轨的女排陷入困境，向来坚强的郎平躲进小仓库偷偷哭……难熬的时候，恩师袁伟民的教诲总会浮上心头——是强者，就要面对所有困难。

怕什么，我们还活着呢，那就咬牙拼到底！打巴西队的赛前准备会上，郎平笑着做战前动员：“这训练馆咱们订到决赛那天，提前走人家也不退钱了，所以得练够本，对不？”队员们搭起手，齐声回答：“我们还想多打几场球呢！”那一刻，郎平把“可以被打败，绝不能被打倒”的血性，灌输到每个人的体内。

在“魔鬼主场”的震天嘘声中，中国女排把整个巴西打哭了，通往冠军的大门从此开启。郎平的临场调度与排兵布阵被赞为“神来之笔”，而这一切力量的来源是信念、意志和勇气。“想赢中国女排没那么容易，输了也得扒对手一层皮。”主教练的气场就是一支队伍的气场，局势再险恶，中国女排的士气不散，先心理崩盘的总是对手。

幸运女神并不慷慨，所谓逆袭或运气，不过是强者的谦辞。在郎平当时的竞聘陈述中，时间表是以 2016 年里约奥运会倒计时来设计的。为了锻炼队伍，她敢于舍弃一些国际比赛的成绩，敢于自我纠错、临阵换将，大胆起用新人，最终三年上了三个大台阶。从世锦赛亚军、世界杯冠军到奥运会冠军，中国女排捅破了世界三大赛十年无冠的窗户纸，郎平把所有“不可能”变成了“可能”。

“女儿把一生都献给了排球”

2013 年郎平决定重新出山时，中国女排正处于教练频换、士气低落的时期，有人劝她不要以半世英名犯险。“我一直犹豫不决，后来一咬牙一跺脚，上吧。”郎平最终将所有顾虑放在一边，挺身而出。“我得站好最后一班岗，退休前再为中国女排努力一把。”

其实，这并不是郎平第一次临危受命。1995 年初，时任中国排协主席的袁伟民一句“祖国需要你”，女儿只有四岁的郎平毅然回国执教。短短一年半，她把低谷中的中国女排带到亚特兰大奥运会亚军的领奖台。国际排联首次破例把“世界最佳教练员”授予亚军队主教练。听说郎平因为重压和操劳，晕倒在奥运村食堂，父亲落泪了，“女儿把一生都献给了排球啊！”

为排球付出，郎平无怨无悔，而老女排的身份，更是伴随她一生的烙印。1977 年，17 岁的郎平被“伯乐”袁伟民发掘。袁指导不仅拍板吸收郎平进国家队，进行独创性的严格训练，更敢于把一个没有国际大赛经验的新手推上关键位置，正是这份远见卓识，造就了世界三大主攻手之一的“铁榔头”。

一锤定音的重扣，定格下郎平标志性的镜头。从 1981 年到 1986 年，中国女排创造了前无古人的“五连冠”壮举，郎平成了全民偶像。退役后，很多老女排队员都走入安稳的仕途，郎平却做出令人意外的选择——留洋读书。为了赚学费，她一度远赴意大利打球，后来回到美国继续攻读体育管理硕士学位。用她的话说，那会儿虽然穷，还是很快乐。

那段时间，郎平几乎消失在国内媒体的视线，直到 1995 年回国，人们惊喜地发现“铁榔头”变了。“这八年的海外生活经历，历练了我的心智，我已经把自己这个‘世界冠军’一脚一脚踩在地上，踩得很踏实。”郎平在自传中写道。第一次执教国家队的四年，被郎平视为一生的成熟期，锤炼出真正的气概和自信。但超乎想象的工作强度，消耗着郎平的身体，也让丈夫白帆与她渐行渐远。1999 年，郎平无奈辞去中国女排主教练一职，重新踏上“漂泊”之路。

在国际排球界，女性教练屈指可数，可郎平硬是闯出了一片天。在意大利，她为摩德纳俱乐部捧回渴盼 27 年的意大利联赛冠军奖杯，一年后又率队登顶欧洲联赛，俱乐部经理皮尼感慨：“有了 Jenny，就是到火星上打球，我也不怕。”后来接手美国队，郎平把一支年轻队伍调教成奥运会亚军之师。

2009 年，她回国执教广东恒大女排，带着一批临近退役的老将拿到了联赛冠军。

从俱乐部到国家队，郎平的人格魅力与执教艺术水乳交融，对手无不心悦诚服：

“郎平过去是最伟大的排球运动员，现在是最伟大的教练之一。”但无论获得多少胜利和荣耀，她的心底始终有一个牵挂。2012 年伦敦奥运会，当中国女排在 1/4 决赛被日本队淘汰时，担任解说的郎平哭成了泪人。

漫漫长夜，谁能带领中国女排走向黎明？人们呼唤着“铁榔头”。但此时的郎平已不是“初生牛犊”，丰富的执教经验让她意识到，能否最大限度整合优质资源是实现目标的关键。如果说，运动员郎平是凭着一腔热爱为排球事业奋斗，那么教练员郎平则理性地把排球看做一种职业。“只靠精神是不能赢球的，专业技能和科学管理是建起万丈高楼的基石。”

排管中心的诚意最终打动了郎平，给予她选材用人的绝对话语权、自主搭建教练团队等承诺，这几乎是国内其他教练无法企及的工作空间。毕竟在中国排坛，郎平的资历、地位、威信乃至偶像效应，无人能出其右。能力越大，责任越大。她接下了这个挑战，“我要把中国女排带到一条正确的发展道路上。”

“没有完美的个人，只有最好的集体”

中国女排留下过许多“伟大的胜利”：1981 年世界杯，中国姑娘以 3 ∶ 2 力克主场作战的日本队，七战七捷第一次捧起世界冠军奖杯；1984 年洛杉矶奥运会，张蓉芳一记扣杀，为中国砸出第一个三大球奥运冠军；2004 年雅典奥运会决赛，“黄金一代”上演惊天大逆转……但郎平缔造的胜利，不只在赛场上。

排球场上，任何进攻或防守都无法凭借一己之力完成。所以郎平常说，没有完美的个人，只有最好的集体。但她也明白，人是一支球队的根，人活了，队伍才有向上生长的能量。“我刚执教时就想着，不能只盯着一届奥运会，得让中国女排后继有人。”

郎平的“寻人”与众不同。以往国家队集训人数一般只有 16 到 18 人，依靠几个主力长期配合达到高度黏合的默契，被视为从“五连冠”时期积累的成功经验。但郎平看得长远：世界排球的发展趋势对体能、速度和力量要求越来越高，只有“多人打球”才能使队伍良性循环。

“郎家军”几次撒网式海选后，从联赛调动队员近 40 人，每个位置总保持在三到四人在竞争。郎平力推“大国家队”战略，意在通过大面积轮换主力，抹平一套阵容打天下造成的“板凳差”。这一国际流行做法，给闭塞的中国排坛带来颠覆性冲击。

郎平第一次在集训名单写下“朱婷”的名字，连助理教练赖亚文都不知道这人是谁。“这个小孩特有天赋，但就是特别软。”对于这块璞玉，队里像“国宝”一样呵护。郎平当运动员时，“三从一大”“魔鬼训练”是主流，后来她在欧美强队执教，越发意识到科学训练、控制伤病才是生命线。朱婷入队前两年，郎平没有给她上太多力量训练，还亲自从美国背回蛋白粉，让她长肌肉、增体重。身体素质提高后，郎平手把手带朱婷练一传、防守和后排进攻，一点点打磨技术细节。

破格调入朱婷后，国少队的袁心玥、从沙滩排球转项的张常宁、名不见经传的龚翔宇……郎平的“造星名单”不断扩充。新队员有潜力，但基本功差，郎平对训练进行革新性规划，按场上位置分组攻关、恶补短板。一堂五小时的训练课，她常常坐不到20分钟。苦心没有白费，这些“90后”进步速度如同坐上火箭，在国际大赛大放异彩。郎平心里有了底，“这批新人至少能打两到三届国家队”。

在外界看来，如今的“铁榔头”更像一根撬动各方资源的杠杆，做事举重若轻，劲道却越来越大。搭建复合型保障团队，从欧美请来体能师、康复师，设置数据统计和视频分析人员，为每个队员定制训练康复计划……郎平留下的不只是人才财富，更推动着中国排球改革陈旧的观念和机制。她打开了的这扇窗，让国内同行看清了差距，更看到外面的世界。

“我坐在那儿，她们心里都能踏实点儿”

进入东京奥运周期的第一年，郎平的身份角色发生转变——走向幕后，担任中国女排总教练、中国排协副主席。57岁生日那天，她正在美国休假，21个弟子每人拍了一段做生日面的视频，隔空给恩师祝寿。这几年，国家队的队员进进出出，每个人都敬她爱她，舍不得离开这个大家庭。

对待这些跟自己女儿差不多大的姑娘，郎平是严师，也是慈母。私底下，她习惯称呼队员们“孩子”，对年轻人的想法，尽量去理解和包容。在她的引导下，女排姑娘改变的不只是技术，还有对排球的理解、看问题的视角、做人的态度，更自信、自如地从事这项运动。

“郎家军”最吸引人的，恰恰是不那么“标签化”的东西。朱婷的三连扣贡献了一波“王之蔑视”表情包；袁心玥赛后给记者们连唱带跳演绎神曲《小苹果》；哪怕登上奥运领奖台，大家都要一起“抖腿”表达兴奋之情……郎平的到来，让中国女排变得真实、开放，不再是捱过血泪与伤痛的苦情，而是永不放弃、我最霸气的热血。

这些改变源自郎平的经历和性格。她至今记得，北京奥运会半决赛，她所执教的美国女排“打疯了”，将东道主中国女排堵在决赛门外。对结果没有思想准备的郎平很忐忑，“真不知道怎么走出体育馆”。可令人感动的是，没有球迷埋怨她，很多人竖起大拇指称赞“比赛真精彩”。“那时我就想，时代变了，人们看待体育的观念更多元了。”

郎平教给弟子们道理，也潜移默化改变着女排的气质。赛场上，她冷峻犀利、运筹帷幄，很少流露感性的一面。赢下巴西队那场球，媒体报道郎平眼含热泪，事后她郑重地否认了。而熟悉她的人知道，这是一个心思细腻、外刚内柔的女性。每次出席活动，郎平都会精心打扮，浓妆淡抹总相宜。她带着队员们上真人秀节目，穿晚礼服漂漂亮亮出席颁奖礼。正如网友们感慨，女排从道德楷模的高台回到了“人间”。

郎平走过别人没走过的路，也希望弟子能在更广阔的天地增长见识与能力。经她牵线运作、多方斡旋，朱婷得到赴世界顶级土耳其联赛打球的机会。2017 年女排俱乐部欧冠半决赛，郎平到现场给弟子加油，更像是去验收成果，“这一年多，朱婷在场上能做主了，有了领袖气质。”

成功伴随着郎平，忧患意识也一刻未曾离开。当初她顶住压力探索培养新人，但世界排坛的激烈竞争容不得半点松懈。望向国内，职业球员的流动、联赛的商业运作、排球的群众基础，这些都是她关心的问题，但改变岂在一朝一夕？ 2018 年 4 月，郎平重新坐回中国女排主教练的位置，原因很简单——“我坐在那儿，年轻的教练和运动员心里都能踏实点儿。”有时候她也想歇歇，但只要涉及女排，就没法子停下脚步。

时间是残酷的，分秒不落地向前，无法重来。时间又很深情，如树的年轮，四季变迁都会留下痕迹。一圈又一圈后，时代和个人彼此成就，而“奇迹”之所以在郎平身上反复出现，是用日复一日的坚守、永不言弃的梦想来支撑。

中国女排第一次夺得世界冠军后，郎平曾收到过一份礼物：广西一位青年工人用业余时间制作了一把真正的铁榔头，像艺术品一样闪着光芒，小伙儿留言说，希望我们的“铁榔头”百炼成钢。而今，“铁榔头”跳不了那么高了，皱纹也爬上眼角，但她依然昂首前行，用一场场胜利，向世界敲击出振奋人心的声响，久久回荡……

李　宁

奋斗者的气质

追寻他一路走来的足迹，你会发现，这是一长串奋斗者的足印！那一代经历过饥饿、贫困、艰苦生活的中国人，历经沧海桑田所打磨沉淀出的那种吃苦耐劳、砥砺奋进、坚忍不拔、愈挫愈勇、绝不放弃、绝处逢生的奋斗者的品质、气质成就了李宁的成功。而正是成千上万个像李宁这样的奋斗者，成就了伟大的中国。

1963 年 3 月，春拂大地，生机萌动。在广西柳州的一户普通人家，一个小生命呱呱坠地，是个漂亮、壮实的男孩，产妇覃振梅疲惫的脸上露出欣慰的笑容。丈夫李世波想着下厨弄点吃的，却发现家里的米缸已空空如也，只好到邻居家借了几斤米，熬了米粥给产妇喝了好下奶……

2018 年 3 月，香港最繁华的中环路花团锦簇、人潮涌动。豪华写字楼和记大厦里正举行上市公司年度财务业绩发布会，一位 55 岁的中年男子对着满堂记者侃侃而谈："李宁有限公司 2017 财年收入达 88.74 亿元人民币，较 2016 年上升 11%……"

如此人间奇迹就这样真真切切地发生在这个后来起名叫李宁的小男孩身上！从体操王子到健力宝总经理助理、李宁运动品牌创始人，再到上市公司总裁，如今是身家 200 亿元的商界精英……李宁适时地抓住了中国改革开放、振兴民族产业的历史契机，在改革开放浪潮的一波又一波助推下，一次次实现了人生的跨越。

有不少人把李宁的成功归结于运气好，李宁自己也多次说自己是个幸运儿，在每一个关键的人生阶段都赶上了好时代、好政策，又总有贵人相助。从某种意义上讲，李宁的确是特别幸运的，改革开放为中华大地上数以亿万计的奋斗者提供了甩开膀子大干事业的广阔舞台，而李宁又是这亿万奋斗者当中格外幸运的一个。

赶上中国体操的黄金时代

1978 年，改革开放元年。华夏大地上春潮涌动，一切都开始显露生机。这一年，15 岁的李宁正在广西体操队训练馆的单杆、吊环、鞍马上挥汗如雨地上下翻腾、左右腾挪。外面世界翻天覆地的变化对这个小小的体操少年来说没什么特别的感觉，此刻他心里只想着一件事情，好好训练提高水平，早日进入国家队。

很多年后，李宁在私下和朋友聊天时坦承，当初选择学体操，还真不是对体操有多么强烈的兴趣，或者说小小年纪就心怀要当世界冠军的远大理想，当时进入体操队只是因为他和家人的一个特别朴实的想法：进了体操队就可以放开肚子吃饱饭了！

1980 年，李宁终于如愿以偿被选入国家队。两年后的 1982 年萨格勒布第六届世界杯体操赛是李宁体操生涯的第一个高光时刻：这个身材比例修长、面相英俊的小个子，一人独揽男子个人全能、自由体操、鞍马、吊环、跳马、单杠六枚金牌，创造了世界体操史上的奇迹，至今无人打破这个纪录。南斯拉夫《战斗报》评论说，"李宁揭开了世界体操史的新篇章”。

1984 年的洛杉矶奥运会上，李宁再次惊艳世界，他一人独得自由体操、鞍马、吊环三枚金牌。其中自由操更是中国选手的第一枚奥运体操金牌。

在李宁的体操生涯中，他一共获得过 14 个世界冠军、106 块金牌。被世界体操权威人士誉为“最完美的体操选手”。体操带给他无数荣誉、鲜花和掌声，他也回馈给体操很多“李宁制造”，为世界体操发展做出了自己的贡献。他独创的“吊环后悬垂前摆上接直角支撑”“吊环李宁正吊”“双杠李宁大回环”等，至今仍被一代又一代体操后辈模仿学习。

国际体坛也给了这位来自东方的“体操王子”极高的荣誉：2000 年，李宁被国际体操联合会收录进国际体操名人堂，成为中国运动员中第一个世界体操名人。同年又被国际体操联合会评选为“20 世纪最有声望的体操运动员”之一。他还被国际体育记者协会评选为“20 世纪最伟大的 25 名运动员”之一，与乔丹、贝肯鲍尔、拳王阿里等国际巨星并列。

李宁的确是个幸运儿！在他入选国家队的前一年，中国刚刚恢复了在国际奥委会的合法席位，中国选手开始走上国际竞技体育大舞台。而在此之前几十年，几乎所有的世界级大赛中国运动员都无缘参加。如果他早出生五年或十年，千里马缺乏驰骋的疆场，怕也只能泯然于众吧？而他职业生涯最辉煌的那些年恰好赶上中国体操的黄金年代，那时国人对体操的关注度远远超过篮球和足球。那时中国刚刚打开国门面对世界，民族自信心、自尊心严重不足，竞技体育承载起中华民族寻找自信、自尊的重任，也是历史的必然。那个时代优秀运动员被视为民族英雄，他们所受到的举国关注、全民追捧，也是现在的运动员所望尘莫及的。

在摸索中搏击商海

1988 年汉城奥运会后，25 岁的李宁选择退役。彼时，改革开放已经进行了十年，中国人民正摸索着从计划经济向市场经济转型，各种新鲜事物层出不穷。未来展现出无限可能性，但又如同雾里看花，模模糊糊看不清前路。

在人生的又一个重要关口，李宁遇到了又一个贵人——健力宝集团总经理李经纬。他力邀正处在人生岔路口的李宁加盟健力宝集团。

这件事情如果放在现在来看，无疑是个人人都认可的好机会。但在 30 年前，整个中国对企业都知之甚少，当时在普遍重官轻商的文化氛围下，做出这个选择还是需要相当勇气和远见的。而当时，广西区委区政府已经决定让退役的李宁担任广西体委副主任，官至厅局级。退役后到体委做官，也是当时的优秀运动员中大多数人选择的出路，也是最稳妥最安逸也最体面的出路。但多年出国比赛和世界交流的经历让李宁有着比别人更加开阔的视野和敏锐的嗅觉，再加上骨子里与生俱来的追求理想、热爱挑战、不安现状的基因，他毅然决定放弃了体委的高官邀请，克服心理落差，只身来到广东省一个叫三水的小镇，做了健力宝公司总经理助理，开始了自己的商业生涯。

李宁加入健力宝，也有一个初心，就是“自己在当运动员时就有一个梦想，希望中国的奥运冠军能穿着自己国家制造的运动装备站在奥运会的领奖台上”。随着 1990 年健力宝运动服装公司的成立，李宁仿佛看见了梦想实现的依稀轮廓。

1991 年，投资 50 万元设计生产的李宁牌运动鞋 001 系列，本指望一炮打响的，结果却出现了质量问题。为保障“李宁牌”这个“襁褓中婴儿”市场信誉不受损，李宁果断决定全部销毁这批销售额达 20 万的“处女作”。在当时，20 万元堪称一笔巨款啊！商海搏击中呛的这第一口水，李宁就这样生生地咽进肚里。那时，他还不满 28 岁。

李宁曾说过，成功和失败同样会让人成长。在那么轻的年龄就能有如此深刻的人生感悟，恐怕要拜体育、体操所赐。李宁在比赛场上每一个惊艳世界、迷倒观众的优美动作，都是在体操房内经历了无数失败一点一点地磨炼出来的。

汉城奥运会，李宁背负满身伤病和亿万国人的夺金重托，在比赛中失误从鞍马上掉下来时，他只是浅浅地笑了笑。虽然这一笑给他招来了无数口水和谩骂。据说当时甚至有一个辽宁观众寄给他一封信，信里装了一根塑料绳子，写了一句话：“李宁小伙，你不愧是中国的体操亡子，上吊吧！”但他默默地承受了所有一切，并用后来几十年的拼搏和成功，沉默地解释了他那浅浅一笑背后的坚忍。

也恰恰是这些失败、挫折的经历让他在今后的商海沉浮中具备了很多人所不具备的坚忍不拔、愈挫愈勇的优秀品质。

必须大刀阔斧地改革，才能突破发展瓶颈

1992 年是中国改革开放历史上值得铭记的一个重要节点。邓小平南方谈话拨开

重重迷雾，引导中国改革开放的巨轮破浪向前。那一年，数以十万计的政府机构、科研院所、高等院校的体制内官员和知识分子辞职创业经商，“下海”成为当时最时髦的词语。一时间，各行各业的企业、公司如雨后春笋般地在神州大地上破土而出。这一批人后来被称为“九二派”。

比“九二派”早几年投入商海的李宁，显然已占得先机，已然掘到了人生的第一桶金。当时，他所领导的服装厂年销售额已经达到了千万级别。在九二春风的吹拂下，他已经踌躇满志地在向一个更高的目标迈进。

李宁不仅是个天才的体操运动员，也不愧为一名天才的企业家。他虽然读书不多，文化水平不是太高，但他似乎有着与生俱来的敏锐商业直觉，敢想敢干、知人善用。自从结识了股份制专家刘纪鹏，他心里就开始为公司的未来精心筹划。1994 年 9 月，健力宝运动服装公司从健力宝集团母体脱身，更名为李宁体育产业公司，并由李宁本人掌控了企业产权。1996 年，李宁公司又将总部从广东迁往北京。现在回看，李宁的确是在关键时刻做出了正确决定。这两个选择的重要意义到了很多年后才真正体现出来。

在接下来的若干年，李宁率领公司进入发展的快车道，销售额一度达到 7 亿元人民币，迅速坐上了中国体育用品第一的交椅。

在公司快速发展时期，他们也曾经意气风发、豪情万丈，立下了“1998 年达到 10 亿，2000 年达到 20 亿”的雄伟目标。然而，“摸着石头过河”的过程绝对不会是一帆风顺的，公司发展不久就遇到了瓶颈。10 亿的目标不仅迟迟不能实现，1997 年亚洲金融风暴之后，李宁公司还曾掉入长达 26 个月负增长的黑洞，这个正值少年的年轻公司陷入青春期的迷茫中。

在李宁身上，商人所必需的高瞻远瞩的洞悉力、大刀阔斧的魄力、宽广的胸怀和气度、卓越的经营管理能力一样不缺，这是很多奥运明星无法比拟的。李宁深知，像阿迪达斯、耐克这样的著名企业，也都曾在各自的发展过程中经历过惊天动地的成功和痛彻心扉的失败。从成功到失败，再从失败到成功，这是一个公司发展的必然轨道，没有捷径可走。他意识到，公司必须要进行大刀阔斧的改革，才能突破发展的瓶颈。

刚创业时，李宁的合作伙伴多半是亲戚朋友，李宁的嫂子、哥哥、妹妹等都曾在管理层任职，这让李宁公司弥漫着很浓的家族化色彩。这种公司管理结构在创业初期阶段还是很有优势的，中国人自古讲究“打虎亲兄弟，上阵父子兵”。但当公司发展到一定阶段时，这种模式就显现出巨大的弊端。

1996年至1997年间，李宁果断推进了企业管理现代化的进程，使“李宁”从一个家族性企业变身为一个现代化的公司，家族成员和一些亲戚朋友陆续离开公司，李宁公司逐步建立起了现代化的管理模式。

李宁对公司产权结构、经营管理、产品研发、销售网络等进行了全方位的改革，对领导班子进一步优化调整，他本人也卸下总经理的职务，选择到北大读书充电，而把公司交给职业经理人打理。经过了几年的痛苦摸索，甚至壮士断腕的决绝改革，李宁公司再次调整了航向，行驶在了正确的航线上。

“不做中国的耐克，要做世界的李宁”

进入21世纪。随着中国加入WTO，中国企业开始成规模走向世界。在这之前，李宁公司已经开始了国际化的探索，并雄心勃勃地喊出了口号：“不做中国的耐克，要做世界的李宁！”

1999年8月，李宁公司第一次参加了在德国慕尼黑举行的ISPO国际体育用品博览会。后来李宁公司从赞助法国体操队开始，迈出了进军世界的脚步。

要想做大做强，资金是一个关键问题，而上市融资是一个很好的办法。李宁再次聘请刘纪鹏作为上市顾问。经过几年的努力，2004年6月28日，李宁公司在香港联合交易所正式挂牌交易。

上市后的李宁公司有钱了，可以实现更为远大的梦想了！在探索企业发展的道路上，李宁公司不断地做着各种尝试，希望找到新的突破口，找到适合自己的发展之路。

2008年，奥运会首次在中国举办。这样一个千载难逢的机会，李宁当然不愿错过。竞争奥运会赞助商那可是世界级的较量啊，对手都是体量比自己大无数倍的庞然大物，能不能获得成功，李宁真的没有十足把握。当然，李宁如此重视在自己家门口举行的奥运会，除了这是公司走向国际化的一个重要机会，还有自己作为运动员的初心和永远挥之不去的奥运情结。

李宁公司最早赞助体育赛事要追溯到1990年的亚运会。可以说李宁最初的赞助行为，商业运作的考量和设计并不是那么清晰规范，回馈体育的意愿还是十分明显的。李宁不止一次地在各种场合讲过这样的话：“我个人是因体操而出名，也是因体育产业而事业有成，因此我一定会竭尽所能，全力回报体育，回报社会。”事实上李宁经商20多年来，一直热心公益活动，据“胡润慈善榜”统计，2008 年、2009 年、2010 年这几年，李宁公司对公益慈善事业的投入每年都超过亿元。2005 年，李宁荣获民政部颁发的“中华慈善奖”，还曾被评选为“影响中华公益的60位慈善家”之一。可见李宁是一个有情怀的商人。

李宁公司可以算是最早为赞助北京奥运会做准备的中国公司之一，大有志在必得之势。2004 年夏天，在与几个世界级公司竞标北京奥运会服装类赞助商的竞争中，李宁曾经豪赌般地押上了自己的全部身家——10 亿人民币，而当时公司的年销售额都还不到 10 亿。可惜最后还是输给了财大气粗的阿迪达斯。据说当竞标结果公布时，李宁公司一个工作人员当场就哭了。

但李宁这次又显示出了大将风范，并没有特别沮丧或责备手下团队，而是在考虑如何采取补救措施，通过“曲线救国”，把品牌宣传做好，把损失降到最小。

虽然这次在家门口举行的奥运会上没有成为主赞助商，但李宁公司还是把作为一家中国本土企业所具备的天时地利人和发挥到了极致。通过赞助 4 支中国国家队，赞助央视记者团，以及赞助瑞典、西班牙代表团和阿根廷篮球队、苏丹田径队、美国乒乓球队等外国代表团和代表队等一些操作，最后竟然收到了花小钱办大事的高性价比效果。

尤其是开幕式上李宁作为主火炬手点燃圣火，更让李宁牌随着李宁的健康正面形象传播到了世界各地。

在北京奥运会开幕式之前的一个月，已经 45 岁的李宁每天晚上凌晨一两点时，都会把自己绑在威亚上，在漆黑的夜空中练习腾空走步。这对本来就有些恐高的他来说无论从生理还是心理上都是一次巨大的挑战。李宁回忆说，开幕式当晚，当他使出浑身力气姿态优雅地空中漫步到主火炬台前时，累得几近虚脱，举火炬的手在不住地颤抖。可以说，在这场国际商业竞争中，李宁曾经的优秀运动员、奥运会冠军的身份和经历，再一次给他的事业帮了一个大忙。

赛后的赞助效果调查表明，阿迪达斯虽然花费巨资似乎也没有成为最大赢家。甚至江湖上有传言说，李宁公司打了一个最漂亮的奥运营销擦边球。总之从性价比而言，李宁这次绝对是打了一场胜仗。

互联网浪潮下的转型变革

2012 年前后，中国开启第二波互联网浪潮，移动互联网带来的整个商业环境的爆炸式改变，重估、冲击、颠覆了很多东西。

也是在这期间，李宁公司遭遇上市八年来的首次亏损，亏损额近 20 亿元。彼时，整个国产运动品牌业绩均不同程度下滑，全行业进入“寒冬”。

虽然李宁公司从成立至今经历过的大大小小各种挫折无以计数，但这次的挫折，堪比汉城奥运会的那次落马。很多人都说，“李宁”不行了，媒体舆论唱衰“李宁”的也不在少数。危难之际，已经脱离公司实际领导职务多年的李宁重新出山兼任总裁。原执行总裁张志勇卸任，聘请韩裔美国人、全球私人投资公司 TPG 合伙人及大中华区负责人金珍君担任公司执行副总裁。在李宁的直接领导下，公司进行转型变革。2012 年公司斥资实施大规模的“渠道复兴”计划，以期加快积压存货的清理，盘活下游的有效流通，提升渠道的盈利能力。同时，公司战略发展目标转型，重新聚焦核心品牌、聚焦核心业务、聚焦中国市场。

那一段，已进入知天命之年的李宁仿佛又找回了当初在奥运赛场上拼搏的激情，像个小伙子一样战斗在第一线，每天在办公室熬到深夜。李宁当时曾调侃：“这一年我几乎把我一辈子的办公室都坐完了。”

经过一年的艰苦打拼，变革的效果初步显露出来。在 2013 年 8 月的公司业绩发布年会上，李宁对记者说：“变革计划第一阶段的目标目前已顺利完成，令人鼓舞的多项业务进展表明集团已经度过低潮。尽管我们的多项资金投入仍需时日才能体现为账面效益，但我们对‘渠道复兴’计划的阶段性成果感到满意，大部分经销商的现金流状况和销售能力都有提升。我可以欣慰地告诉大家最艰难的时期已经过去了。”

接下来的几年，李宁公司继续着重通过核心运动资源提升品牌形象、优化渠道效率及成本结构、改善产品性价比、提升消费者店内购物体验。尤其是顺应时代潮流，全面推进拥抱互联网的尝试，通过与漫威、小米、腾讯等公司的合作，在电子商务、智能产品上持续发力，以数字营销及自媒体战略推动线上线下的市场营销。同时，继续在公司管理团队上进行优化调整。

2014 年 11 月，李宁本人亲掌行政总裁帅鞭。这一系列措施陆续收到明显效果。

重情重义，形成合力

2018 年 3 月 22 日，在香港和记大厦的新闻发布会现场，当初那个靠邻居借米喂养的小男孩，已经55岁了，岁月风霜已将他两鬓染白，商海沉浮雕琢了他脸上的纵横沟壑。当年奥运赛场上的英俊小伙如今已是成熟稳重、儒雅大气的商界精英。他洪亮又不失沉稳的声音在会场响起："李宁有限公司2017财年收入达88.74亿元人民币，较2016年上升11%。毛利较2016年的37.05亿元上升13%至41.76亿元。权益持有人应占溢利为5.15亿元，权益持有人应占权益回报率为11.4%……"

在人生的很多重要关口，在危难之时，李宁总能遇到贵人相助，化危机于无形。这与他的人品、人格魅力不无关系。外人更多是看见他在奥运赛场上斩金掠银、霸气外漏，在商场上杀伐果断、叱咤风云，其实他也有温柔细腻、儿女情长的一面。李宁和妻子陈永妍青梅竹马、琴瑟和谐的爱情故事堪称传奇。对一双儿女，李宁更是舐犊情深、父爱如天。李宁36岁时有了儿子李小宁，宠爱到"我的眼里不能没有你！"工作再忙也不能耽误陪伴，那我就带着你走遍海角天涯。李小宁自出生后见证了爸爸无数的辉煌时刻。从悉尼奥运会到雅典奥运会，从北京到世界各地，幼年时的李小宁就像个小尾巴一样时刻紧跟在爸爸身后。

记得1999年12月，李宁被选定为迎接新千年盛典中华圣火采集手，在周口店北京猿人遗址录制钻木取火场景。当时才六个月大的李小宁也被妈妈抱到了拍摄现场，和妈妈一起在寒风中目睹了爸爸采集世纪之火的场景。有一次在李宁公司新闻发布会上，不到一岁的李小宁被妈妈抱着站在后排听爸爸的演讲。现场很安静，只有李宁在台上高谈阔论。父子目光对视的某个瞬间，还在咿呀学语的李小宁冲着台上奶声奶气地喊"ba……ba……ba"，惹得现场记者一片笑声。李宁幸福的脸上泛起有些羞涩的红晕，打趣说："你也想发言啊？现在还轮不到你呢！"

接近他的人都了解，李宁是个低调谦虚、与人为善、有爱心有担当的人。除了对家人一往情深，对朋友、对同事、对公司员工也是重情重义、肝胆相照，这让他像磁场般吸引了很多潜在的合作伙伴，身边更是凝聚了一群好朋友、铁哥们，并把几千人的公司团队捏合团结在一起，形成一股合力。

李宁可以说是中国优秀运动员退役经商中最成功的一个。追寻他一路走来的足迹，你会发现，这是一长串奋斗者的足印！那一代经历过饥饿、贫困、艰苦生活的中国人，历经沧海桑田所打磨沉淀出的那种吃苦耐劳、砥砺奋进、坚忍不拔、愈挫愈勇、绝不放弃、绝处逢生的奋斗者的品质、气质成就了李宁的成功。而正是成千上万个像李宁这样的奋斗者，成就了伟大的中国。

这就是奋斗者的气质，中国的气质！

施一公

人生为一大事来

“人生为一件大事而来，西湖大学就是我生命中的这件大事。”生命科学家施一公说。作为西湖大学首任校长，他肩上的责任可想而见：“我的人生可以分为两段：前半段是立业成家、帮助清华大学办好大生命学科，后半段就是全力以赴、办好西湖大学。”

2018年10月20日，杨振宁等5位诺奖得主和数十位国内外知名大学校长齐聚西子湖畔，只为见证一件事：西湖大学成立。

西湖大学是新中国历史上第一所由社会力量举办、国家重点支持的新型研究型大学，寄托着诸多有识之士的殷切期望。

“人生为一件大事而来，西湖大学就是我生命中的这件大事。”在成立仪式结束后举行的媒体见面会上，连续忙碌了几天的施一公略显疲惫。作为西湖大学首任校长，他肩上的责任可想而见。他用沙哑而富有磁性的嗓音告诉在场的记者：“我的人生可以分为两段：前半段是立业成家、帮助清华大学办好大生命学科，后半段就是全力以赴、办好西湖大学。”

回国的理由很简单

2008年2月，40岁的美国普林斯顿大学终身讲席教授施一公全职回国，受聘为清华大学教授。当时，他在普林斯顿的科研顺风顺水：自己的实验室占据了整整一层楼，每年的研究经费高达200多万美元；就在他决定全职回国前，刚刚入选著名的霍华德·休斯医学研究所，五年可获得高达1000万美元的额外科研经费资助。

“回国的理由很简单。”施一公说，“我在美国做得再好，也总觉得自己是一个旁观者。回到国内，我会成为祖国变化的一部分，科学研究的变化、清华的变化，都和我有关。”

他的主攻方向，是用结构生物学的方法解析生物大分子的三维空间结构，从而揭示生命的本质。回国后，他把研究聚焦在细胞凋亡和膜蛋白晶体结构解析上。

回国后能否续写辉煌？施一公其实背负着很大的压力。他对咖啡敏感，喝完咖啡就心跳加速，所以在美国时不喝咖啡。为了驱赶疲劳，回清华后他开始喝咖啡，最初喝半杯，后来喝一杯，最后喝到三杯。

回国后，他每天睡眠不足5小时，每天工作到第二天凌晨两点才回家，到家后因为精神还处在亢奋状态，一般到三四点才能入睡，第二天早晨七八点起床。

许多同事劝施一公注意身体、别这么玩命，他回答：我只想尽自己的最大努力，希望能够对得起清华大学和国家对我的信任，也能够对得起回国后注视我的眼睛——我不能辜负大家的期望。

这一状态延续了整整 4 年。2012 年 3 月 14 日上午，早晨忘记喝咖啡的他在接待完来访教授站起来送别的时候，大脑突然一片空白、跌坐在沙发上，头晕目眩，浑身乏力，到医院检查时医生都惊呆了：心跳每分钟只有不到 40 下。

在医生的严厉警告下，施一公开始改变作息时间，早睡早起：每晚 12 点到 12 点半上床，早上 6 点半起床送孩子上学。“这样一来，睡得比以前多多了，有 6 个小时左右。”说到这里，施一公笑了。

超常的付出，换来不俗的成果。从 2009 年到 2018 年，施一公作为通讯作者，在《细胞》《自然》《科学》等世界三大顶级刊物上发表论文 32 篇。特别是，他在世界上首次成功解析了具有最基本生物学意义的剪接体和与老年痴呆症直接相关的 gamma- 分泌酶的高分辨率三维结构，为理解和治疗癌症、老年痴呆等人类重大疾病的预防治疗提供了新的线索。“我回国后的目标非常明确，就是要做出一些有历史意义的重大科学发现，我觉得这个目标正在成为现实。”他说，如果在普林斯顿的研究打 80 分，现在可以打 90 分。

我是大学老师，有两件事是必须做的

更让施一公感到骄傲的，是人才培养。“我是大学老师，有两件事是必须做的，一个是科研，另一个就是教学。其实这两件事都是围绕人才培养：通过教学，让学生掌握基础知识和思维方式；通过研究，让学生掌握研究技能和方法，进而成为未来的科学领袖。”

他的第一批 8 位学生早已毕业，除 1 位硕士毕业去了制药公司，其余 7 位读完博士继续深造。其中 1 位加入他的课题组，6 位出国深造。“他们去的都是美国最好的实验室，都非常争气，给咱们中国人争脸。我毫不怀疑他们大多数会脱颖而出、成为优秀的青年科学家。”确实，而今其中的 4 位都已经独立领导实验室。以李晓淳为例，他博士毕业时，麻省理工学院的一位美国科学院院士和洛克菲勒大学的一位诺奖得主都想要他，经过深思熟虑他选择了后者。因为在博士后期间的优秀表现，李晓淳两年前被西南医学中心聘为助理教授，现在已经开始在自己的科研领域崭露头角。

“一般人出差回来要先回家里休息一下，但施老师回校后总是第一时间精神饱满地出现在实验室。”据硕博连读的学生谢田介绍，施老师基本没有节假日，一有时间就到实验室和学生们讨论课题，每个礼拜天下午都坚持和同学们开组会。

“他甚至出差几天见不到学生就心生恐慌。”在学生眼里，施一公既平易近人，又异常严格。他对新招收的学生说：既然你选择了做研究，就要以科学创新为己任、踏踏实实做研究，不要再想其他的事情。

让他倍感欣慰的是，他的学生大部分都受了他的影响，希望毕业后能开展独立的研究生涯。“2014 年是一个大年，好几年积攒的博士都在这一年毕业。6 月 6 号，就有 6 位学生博士答辩——3 个‘6’，有意思吧？”施一公很快乐，“到年底，还有两位博士毕业。这样，到今年底共有 18 位博士从我的实验室毕业。”

过去 11 年，施一公在清华大学已经培养了 38 位博士，15 位在他实验室接受博士或者博士后训练的青年学者已经开始独立领导实验室，在生命科学领域崭露头角。

打破铁饭碗，推行“非升即走”的用人机制

施一公也有苦恼——杂事太多。“凡是与教学、科研没有直接关系的，我都称之为杂事。”他不无抱怨地说，各类会议论坛、各种基金评审等等，占了很多时间。

当然，也有让他骄傲的“杂事”——人事制度改革。

“为什么那么多华人科学家在国外干得非常出色？其中一个重要原因就是良好的科研环境。”回国后，施一公曾在多个场合呼吁改革科研体制中的积弊，喝彩很多，非议也不少。

与其抱怨大环境，不如从我做起、改变小环境。主持清华大学生命科学学院和医学院工作后，施一公进行了大胆的人事制度改革。

“其核心就是打破铁饭碗，实行国际化、竞争性、流动制为标志的‘非升即走’的用人机制。”他举例说，人才引进面向国内外开放，全部实行海外评审专家组评议；薪酬体系采取国际通行的年薪制，不让他们为柴米油盐发愁；给每个实验室配备一定的启动基金，保证基本的科研运行，大大减轻了他们的项目、经费申请之苦……

与此同时，对所聘人才的评审也很严格：如果谁在 6 年之内达不到世界一流大学的终身教授水平，就必须离开。

截至 2016 年上半年，已有近百位国际优秀人才到清华大学生命学院、医学院、和药学院全职工作。自 2009 年至今，清华大生命学科产生了一大批重要的研究成果

已发表 CNS（《细胞》《自然》《科学》三大期刊的英文首字母缩写）论文 90 余篇。在 2010 年举行的国际评估中，由世界一流学者组成的专家组一致认为：清华大学生命学科总体发展态势很好，其中结构生物学学科已达到世界一流水平。

对此，施一公满意但不满足。“中国是人口第一大国、经济第二大国，但科技竞争力在全球排名前十位之后，我觉得很汗颜。我们还要继续努力。”

创办西湖高研院

2016 年 12 月 10 日上午，西湖大学的前身——浙江西湖高等研究院（简称“西湖高研院”），在杭州西溪宾馆宣布成立。

这是我国历史上第一所由社会力量筹办、剑指“世界一流”的综合性科学技术研究院。其创办者，是施一公、潘建伟、陈十一和饶毅等蜚声中外学术界的海归。

“这是一个激动人心的时代，也是一个充满挑战的时代！于我辈，这个时代提供了空前但不绝后的科教兴国的契机；于我辈，科教兴国是历史大时代所赋予的大责任！科教兴国，为了这个理想，我们立誓为之奋斗终生。”首任院长施一公在发言中慷慨陈词，阐明了他们创办西湖高研院的初衷——

在国内一流的大学和研究院所科研、执教多年，我们感受到了公立大学的勃勃生机。与此同时，我们也在现有基础上通过各种有益的尝试、一直不断地探索适合我国国情的、兼容并包、百花齐放的教育体制和科研模式。纵观世界近代科教发展史，民办大学由于其灵活多样和财力雄厚而展示出巨大的实力；哈佛、耶鲁、普林斯顿、麻省理工、斯坦福大学等一批民办名校不仅培养出包括众多诺贝尔奖得主在内的一代代优秀学者，还成为科技密集型经济发展的引擎，在全球经济、科技发展中占有举足轻重的地位。在中国，民办高等教育近年来蓬勃发展，但目前主要以职业技术教育为主，还未曾在前沿科学研究和高技术领域的高层次人才培养方面进行尝试。这个空白需要一代人携手迈出第一步去填补！

改革开放以来，近五百万留学生迈出国门，其中两百多万已经学成回国。他们在中国长大、从小接受中华文化的熏陶、深受人民的恩泽；他们怀抱科教兴国的梦想、立誓用自己所长报效祖国，而创建一所世界一流的民办大学正是这一群人和国内万千

同道的共同目标……

怀着这样的热望，2015 年 3 月 11 日，施一公、陈十一、潘建伟、饶毅、钱颖一、张辉和王坚等七位西湖大学倡议人，正式向国家提交了《关于试点创建新型民办研究性大学的建议》，并得到积极批示。在浙江省委政府、杭州市委政府和西湖区以及社会各界的大力支持下，西湖高研院正式诞生。

西湖已至未来可期

2018 年 2 月，西湖大学获得教育部正式批准。

在 4 月 16 日举行的西湖大学创校校董会第一次会议上，此前已辞去清华大学副校长的施一公，当选西湖大学首任校长。他在聘任演说中表示："我已做好准备，毫无保留地付出我的全部心力，以不忘初心、无问西东的务实态度，带着全社会、国家、政府和全体师生员工的重托，使西湖大学成为国家和民族的骄傲。"

西湖大学定位为"小而精、高起点、研究型"的新型高等学校，主要开展基础性、前沿科学技术研究，着重培养拔尖创新人才。依托生物学、基础医学、理学和前沿技术 4 个研究所，西湖大学组建了理学院、工学院和生命科学学院（含生物学和基础医学），优先形成理学、医学和工学等三个门类 12 个一级学科。随着学校的发展，西湖大学还将适时设立人文社科学院和相关学科。

筚路蓝缕，以启山林。在社会各界的热情相助和西湖大学同仁的共同努力下，西湖大学快速成长，在制度设计、校园规划、师资组建、人才培养和科学研究等方面都取得了令人欣慰的阶段性成果——

制度设计方面，建立了董事会领导下的校长负责制，成立了西湖大学党委，秉持教师治学、行政理校和学术导向决定行政服务的治校方针，制定了一系列符合国情而又与国际接轨的规章制度；

校园规划方面，云栖校区基本满足了大学前三年发展所需的科研、教学、办公和生活用房，云谷校园已于 2018 年 4 月开工建设，一期用地面积约 765 亩，预计于 2021 年 10 月交付使用；

师资组建方面，先后引进了许田、仇旻、AlexeyKavokin、邓力、MohamadSawan、李凌和杨阳等讲席教授全职加入西湖大学，通过十次全球人才招聘，从 8000 余名申请者中选聘了 100 名 PI（独立实验室负责人、博士生导师）；

人才培养方面，采取与复旦大学、浙江大学联合培养的模式，共录取西湖一期、西湖二期博士研究生 139 人，2019 年博士生招生 195 人；

科学研究方面，前期优先建设理学、医学和工学 3 个学科门类，初步建成了生物医学新技术平台、实验动物中心、理化公共实验平台、先进微纳加工与测试平台等 4 个校级科研公共平台。

西湖已至，未来可期——

到 2021 年，西湖大学全日制在校博士研究生数预计达 1000 人左右；

到 2022 年，西湖大学计划开始招收本科生；

到 2026 年，全日制在校学生规模预计达到 4000 人，其中博士研究生 2500 人，本科生 1500 人……

西湖大学为梦想而生，为建设新型高水平研究型大学而生，为国家的科技进步和人才培养而生，为中华民族伟大复兴的中国梦而生。为了这个梦想，施一公比以前更忙了，可谓夜以继日、殚精竭虑、呕心沥血。

“西湖大学来自于社会，服务于社会，也完全属于社会和人民大众。”施一公对她的未来充满期待：十年、二十年之后，西湖大学将作为一所世界瞩目的新型研究型大学，用自己的方式为世界文明和人类进步做出重要贡献。

听风

唯以心相交，
方能成其久远。

齐赫文斯基

我走近了你，中国

“学而时习之，不亦乐乎。”两个国家之间的交往，又何尝不是如此？

齐赫文说：“我这一生，多半与中国有关。是历史命运的共同性将俄罗斯与中国联系在了一起。”

莫斯科的郊外，像歌中吟唱的一样，静谧、美丽。疗养院的廊道，一位白发先生缓缓踱步。

呵！窗外的叶子又黄了。近一个世纪的人生旅程，他从列宁格勒到莫斯科，从新疆，到重庆，再至北京……总是在告别，却总是在回归。就像这窗外的叶子，一茬接一茬。

他在等待，等待着从中国远道而来的新朋友，也等待着与他们一起返回历史现场。黑色拐杖撞击着地面，"咚、咚、咚"的声响，干脆、硬朗，仿佛那是来自记忆深处的召唤。

"俄罗斯科学院主席团顾问、俄中友好协会理事会名誉主席，齐赫文院士。"他向访者递上中文名片。齐赫文是他唯一的中文名字。

齐赫文的故事，该从何处讲起？

叩开汉学大门　第一位"导师"是孔子

1935 年 9 月 1 日，列宁格勒哲学、历史、文学和语言学院中文班开学，也是齐赫文 17 岁生日。身材魁梧的瓦西里·阿列克谢耶夫院士走进教室。院士打着黑色领结，用粉笔写下一连串汉字。大多数人是第一次见到这种文字，大家一笔一画描摹着，不知不觉过去了一个课时。第二节课，院士又用俄语写出了这段文字的译文。"学而时习之，不亦乐乎。"他说："这是生活在公元前 5 世纪的中国古代哲学家和教育家孔子的名言，我希望你们都能记下它。"

这大概是少年齐赫文经历过的最忐忑的生日。他无心享用生日晚餐，一头扎进书房，一遍又一遍抄写汉字课文，直至深夜。这句诞生在 2000 多年前的中国哲言难倒了大部分新生，让人望而却步。它却成了齐赫文珍藏一生的座右铭。

他是新生中唯一自愿报名学习汉语的。让这个从未到过中国的俄罗斯少年树立志向的，是三位文化"摆渡人"。一位是邻居汉学家阿列克谢耶夫院士。父亲经常与这位邻居隔着栅栏交谈，齐赫文几乎每次都能听到有趣的故事，它们大多与邻邦中国的文化和历史有关，令他十分向往。还有两位中国艺术家——画家徐悲鸿和京剧艺术家梅兰芳。1934 年，徐悲鸿应邀在莫斯科举办"中国近代画展"；隔年春天，梅兰芳在莫斯科、列宁格勒巡回演出 15 场，苏联电影大师爱森斯坦用镜头记录了梅兰芳的《虹霓关》。东方写意美学，在少年齐赫文的心里埋下了种子。

学中文比想象中难得多。列宁格勒哲学、历史、文学和语言学院的老师都是苏联杰出的汉学家。可惜这些汉学家没有人会讲汉语，学生们只能根据语言学家赵元任的语音课录音学习。第三年结束时，最初编入中文班的 28 名学生，只剩下两名，齐赫文是其中之一。

就这样，齐赫文迈进了汉学神秘的大门，第一位未谋面的老师便是孔子，而孔子“教”的第一课，便是东方哲学。

见证“开国大典”“马上发电报给莫斯科”

那个在灯光下、一遍遍抄写汉字课文的少年，也许不会想到，自己真切地记录了新中国从诞生到成长的大时代。14 年后，距离列宁格勒 8000 公里之外，一个五千年文明的古国，正经历着新生！

他记得，1949 年 10 月 1 日，天气晴好。故宫前的巨大广场笼罩着欢乐的气氛，红旗招展，鼓乐齐鸣，大家兴奋地交谈着，有的人还舞起了大秧歌。齐赫文此时已是苏联驻北京总领事，也是唯一坐在观礼台观礼的外国使节。大家的目光都集中在天安门城楼上——新选举产生的中华人民共和国中央人民政府成员都在那里。而齐赫文的目光，迫切搜索着城楼上的另一群人——由著名作家、社会活动家法捷耶夫和西蒙诺夫率领的苏联社会团体代表团。他们已乘火车在当天早晨抵达北京，为了一个东方大国的新生而来。

“苏联文化界人士见证新中国的诞生，这在中苏关系史上具有非凡的象征意义。”时隔 60 载，齐赫文依然激动不已。

刚从天安门回到东交民巷 37 号总领馆，齐赫文就见到了周总理的秘书韩叙。韩叙带来一封正式信函，这封信的复印件一直被齐赫文珍藏——

苏联驻北京总领事齐赫文斯基先生：

兹通知您，今天中华人民共和国中央人民政府主席毛泽东发表了公告。

现具函将此公告送达给您，并希望您转给贵国政府。

我认为，中华人民共和国与世界各国之间建立正常外交关系是必要的。

中华人民共和国中央人民政府外交部部长周恩来

1949 年 10 月 1 日于北京

事关紧急，齐赫文马上着手翻译，为了更准确地传达内容，他与韩叙用英语和汉语反复确认一些词句。一再确认无误之后，他吩咐工作人员道："马上发电报给莫斯科！"

这一夜，极其漫长又极其短暂。第二天早8时，齐赫文的房门便被匆匆敲响，值班人员弗拉基米尔急促的声音传来："我听到了莫斯科广播电台的广播，苏联向全世界宣布承认中华人民共和国！"

"莫斯科与北京有五个小时的时差，当时还在工作中的斯大林接到了这封电报，随后命令发给各大报社电台。"回忆时，已过九旬的齐赫文眼中闪耀着别样的光彩，"苏联由此成为第一个承认新中国的国家。"

10月2日，苏联外交部第一副部长葛罗米柯向周恩来发来电报："……由于力求与中国人民保持友好关系的始终不渝的意愿……苏联政府决定建立苏联与中华人民共和国之间的外交关系，并互派大使。"10月3日，周恩来复电葛罗米柯。10月4日，苏联首任驻中华人民共和国大使罗申由莫斯科启程，六天后抵达北京。罗申是外国派驻新中国的第一位外交官。

应周恩来的邀请，齐赫文担任了两国呈递国书仪式的非正式顾问。记忆里，这个庄重的历史时刻清晰如昨：1949年10月16日，罗申由使馆高级官员陪同来到中南海怀仁堂的一间会议厅，着金丝刺绣外交礼服、腰带佩剑、胸挂勋章和奖章的苏联外交官们站成一排，等候着中华人民共和国中央人民政府主席毛泽东的到来……

这个场景，被相机定格——担任翻译的齐赫文站在罗申一侧，他戴着一副眼镜，腰间佩剑，神情庄重，双手托着的或许就是翻译文稿。那年，齐赫文31岁，像刚刚诞生的新中国一样，英姿勃发。

重回天安门 "改革开放让中国大大跃进了一步"

1999年9月30日，齐赫文再次回到北京。时隔半个世纪再登天安门，他已是两鬓斑白的老人。

中华人民共和国成立50周年，中国人民对外友好协会邀请以俄罗斯宇航员中心领导人瓦连金娜·弗拉基米罗夫娜·捷列斯科娃为首的俄罗斯国际科学与文化学术交流中心和俄中友好协会代表团访问北京，出席相关庆祝活动。由于瓦连金娜·弗拉基米罗夫娜·捷列斯科娃不能飞往中国，齐赫文被委托率领代表团。

抵达北京的当晚，齐赫文就出席了庆祝中华人民共和国成立50周年的招待会。在人民大会堂可容纳5000人的大宴会厅，包括齐赫文在内的外国来宾，与中国政府和社会组织、人民解放军的领导人，还有艺术、科学和文化界代表人士，围坐在一起。招待会上，让齐赫文印象深刻的是时任国务院总理朱镕基的一番讲话。朱镕基说，过去50年，中国发生了翻天覆地的变化。他还特别谈到实施改革开放政策的最近20年。这让再度回到北京的齐赫文充满好奇，尽管从事汉学研究的他一直关注中国的变化，但正如中国古话所说：百闻不如一见。

1999年10月1日，秋风送爽，风和日丽。“这几乎和50年前我出席令人激动的开国大典时的天气一样”，站在东观礼台最前排的齐赫文，内心并不平静，“自1949年10月中华人民共和国宣告成立的半个世纪里，天安门广场是这个国家诸多重要时刻的见证者”。

一幅幅画面仿佛历历在目：20世纪50年代初，在“抗美援朝”口号下举行群众大会和示威游行；中华人民共和国成立十周年，人们在扩大几倍的广场上举行庆祝活动，新建的人民大会堂、中国革命和中国历史博物馆宣告建设一个新中国的蓬勃生机；1976年1月，周总理的灵车沿着十里长街，在自发来送行的群众的泪水哀悼中远去；1984年10月，参加国庆游行的学生们打出了横幅“小平您好”，中国走上现代化、改革开放的道路，改变了整个国家的面貌……此次，重回天安门，他看到了一个与半个世纪之前不太一样的中国，一个让他惊讶、敬佩的中国。

最有说服力的，除了庆典活动，就是规模宏大的中华人民共和国50年成就展。60多个展厅、琳琅满目的展品，给齐赫文和俄罗斯代表团成员留下了难以磨灭的印象。“展品令人信服地显示了中华人民共和国过去50年，特别是近20年间发展、改革和对外开放所取得的巨大成就。与四五十年代我在中国看到的情况相比，中国大大跃进了一步！”

在20年的改革开放中，中国国民经济总产量增加了4.5倍，生产规模扩大了6.5倍；这期间人均消费提高了2.5倍；由于实行开放政策，每年吸收400亿到450亿美元的外资推动了经济的发展。1998年，中国经济总量上升到世界第七位……在北京返回莫斯科的八小时旅途中，一系列数字，一系列亲眼目睹的变化，在齐赫文的脑海中不断翻滚。他不由想起邓小平所说的话，改革只有在这样的情况下才有意义，第一，能提高生产力；第二，能提高人民的生活水平；第三，能增加国家实力。“中国在实行改革开放政策和实现四个现代化目标的道路上取得了惊人的成就。中国没有放弃建设社会主义，它在日益繁荣和坚定不移地前进。”

重回天安门的所见所闻，似乎为齐赫文的汉学研究带来更长久的动力。

2000年，由他主编的《中国的改革与革命》系列丛书获俄罗斯联邦国家奖，时任总统普京亲自给他颁奖。

故事仍在继续 “中俄友好的未来在青年”

“历史的道路不是涅瓦大街上的人行道，它完全是在田野中前进的，有时穿过尘埃，有时穿过泥泞，有时横渡沼泽，有时行经丛林。”俄罗斯作家、哲学家车尔尼雪夫斯基曾说。然而，在大时代的洪流下，又有几人能独具穿越历史的慧眼？

受涅瓦河水和俄罗斯文化滋养的齐赫文，尽管前后只在中国工作生活了7年，但与中国结下了不解之缘。纵使20世纪后半叶两个国家各自风云变幻，但唯有文化的共鸣，成为他一生寄情中国的精神纽带。

他记得，他接触的第一个中国人是孙科。

1939年，克里姆林宫莫洛托夫会客室。齐赫文被派为斯大林同中国国民政府立法院院长、孙中山之子孙科的谈话担任翻译。“你好！”齐赫文用中文向孙科打招呼。“你好，年轻人，你懂中文吗？”孙科面有难色，“虽然我是中国人，但我在南粤长大，我的中文在中国都没有人能听懂。”这是齐赫文学习中文以来，见到的第一个中国人。或许得益于此，他后来得到宋庆龄的帮助，致力于孙中山研究，先后完成了《孙逸仙的对外政策观点和实践》等著作。

他难忘，中国早期革命者的风范。

新中国成立前夕，他与苏联援华专家组负责人科瓦廖夫在香山双清别墅见到了毛泽东。齐赫文向毛泽东提了三个问题：如何看待康有为以及19世纪末的改良派？将对中国资产阶级实行什么政策？可否将汉字拉丁字母化？毛泽东断言：汉字是中华民族的瑰宝，任何字母也替代不了。

1957年，受茅盾邀请，齐赫文与曾任《真理报》副总编辑的茹科夫访问中国。在中南海，他们与周恩来交换了很多关于国际问题的看法。茹科夫关心的是：中国将在什么时候加入联合国？周恩来则用孙悟空最终被接纳的故事回答了他们：最终，我们会加入联合国的。

关于中国的故事，还有很多。他把这些思考置于学术研究的维度中，作为孙中山、周恩来研究专家，出版 12 部著作、发表 500 多篇文章……2014 年，我们见面时，他正忙于十卷本著作《中国通史——从古代至 21 世纪初》的出版事宜。三年后，2017 年 11 月，著作最后一卷（第十卷）首发式在莫斯科举行，这也标志着俄汉学界耗时五年的《中国通史》全部编纂完成。

“学而时习之，不亦乐乎。”两个国家之间的交往，又何尝不是如此？

“中俄的政治交流正沿着正确的轨道前进。我和很多俄罗斯汉学家已经注意到习近平总书记提出的‘中国梦’构想，也很赞赏中国政府正在推动的文化传播工作。这能让世界人民更好地了解中国，了解中国在世界上的作用。”对齐赫文来说，当时最大的愿望就是，“中俄两国青年能够永远做好朋友，因为中俄友好的未来在青年！”

临别时，齐赫文赠予访者两件礼物：一件是俄中友协副主席库利科娃的著作《俄罗斯—中国：民间外交》，书中赞美了孕育生长在中俄民间的美好情谊。另一件，便是朋友们为他 95 岁生日制作的卡片。小小卡片上，翠绿的底色彰显着勃勃生机，身着礼服的齐赫文，胸前缀满了各式荣誉勋章，目光如炬，如 1999 年 10 月 1 日重回天安门时一样。

齐赫文说：“我这一生，多半与中国有关。是历史命运的共同性将俄罗斯与中国联系在了一起。”

大平正芳

“中国人民会记住他的名字”

当年中国小康社会目标的提出，不仅因为有小平，也因为有大平，“小康社会”“翻两番”“中国式的现代化”这些概念，是在小平和大平的谈话中形成的。中国的改革开放，由小平主持，有大平援助。

小平当然就是邓小平同志，大平即大平正芳。“二平”的奇妙碰撞，影响了历史的走向，仿佛是冥冥中注定的缘分。

第一次听说大平正芳这个名字，是源于一家书店。一位在日本进修的长辈送了我一本书作为礼物，大概是为了表示鼓励，又告诉我，那家书店，据说曾经是日本首相最爱光顾的。

这个首相，指的便是大平正芳。

很久以后，偶然看到一篇趣文：当年中国小康社会目标的提出，不仅因为有小平，也因为有大平，“小康社会”“翻两番”“中国式的现代化”这些概念，是在小平和大平的谈话中形成的。中国的改革开放，由小平主持，有大平援助。

小平当然就是邓小平同志，大平即大平正芳。“二平”的奇妙碰撞，影响了历史的走向，仿佛是冥冥中注定的缘分。

从“和而不同”到“椭圆哲学”

1910年春天，大平正芳出生在日本香川县三丰郡丰滨村一户普通的农家。这个家庭因为要养活六个孩子，日子过得比较拮据。正如大平正芳在回忆录《我的履历书》中所写的，他从记事时起，“总是穿着袖口油光光的衣服和稻草编的草鞋”，每顿饭只有“一汤一小菜”。上中学时，父亲去世，生活变得艰难起来，他不得不一边读书，一边种田，同时还要编织草帽以补贴家用，常常连完成作业的时间都没有。

农家出身在大平正芳身上打下了深深的烙印，童年磨砺更铸成了他坚韧、沉稳、讷言的品性。于是，才有了后来政坛上大名鼎鼎的“钝牛”，不善言辞，却有着“一事既决，宁死不回”的劲头。曾任大平内阁建设大臣的渡边荣一，赞扬他如同“农家的石磨”，形态朴实，质地坚固，行动稳重，“毫无豪华做作之感”……

大平正芳对中国，有一份特别的感情。他对中国文化的熟悉，是从小便被父亲种在心里的。在他的记忆中，父亲虽然“说不上有学历”，但竟也“擅书法，颇通和汉古典”。受父亲影响，大平正芳也就从小擅长书法、熟悉汉文。在小学升初中的入学考试中，他的汉文成绩仅比日语成绩低了两分，是考得最好的科目之一。中学时期，父亲去世，但这种学习并未中断。青年时代的大平正芳阅读了大量汉学著作。也许，除了兴趣，在他心里，汉语也寄托着对父亲的一种怀念吧！

他似乎对中国古典哲学尤其喜爱，《老子》《庄子》《论语》等都读得很熟。在他留下的书法字帖中，有不少都是深得其中精髓的词句，比如“天道无亲、大巧若拙”“真味是淡、至人是常”……莫不如是。

因此，人们常常能感受到他“深沉透彻”的东方哲学气质。田中角荣就曾经评价：“与其说大平是政治家，不如说更像哲学家或宗教家。”“宗教”二字，是指他看待事物以及施政方针中的宽容态度，而这种态度，不正与中国传统文化中的“兼容并包”“和而不同”的精神内核相一致么？

更有甚者，他还据此发展出自己的一套政治哲学——“椭圆哲学”。他认为矛盾的对立面正如椭圆的两个焦点，应强调它们之间的平衡和制衡，而非一味地对抗。在后来的党派斗争、内政外交中，他都能抓住两个焦点，在两者之间巧妙地斡旋。这套哲学，成为大平正芳最重要的政治遗产。

不吝生命为中日友好架桥

大平正芳的一生，曾四次踏足中国。在隔着书册，如雾里看花一般观望了多年之后，第一次真正触摸到中国，是在他 29 岁的那一年。

1936 年，大平正芳从东京商科大学毕业，进入大藏省——那是日本当时主管财政、金融、税收的中央政府机关。三年后，他被派往兴亚院蒙疆联络部。兴亚院是日本在发动全面侵华之后设立的，主要负责制定和执行占领区的对华政策，蒙疆联络部便位于沟通北京和内蒙古的要冲地带——张家口。

这次“见面”，中国的满目疮痍、贫穷落后让大平正芳既震惊，又失落。日本军队的野蛮行径，也令他深感厌恶。同时，他还看到了中国的资源和市场对于日本经济的重要性，在他看来，战时日本对华政策的设计与制定都是十分短视的。可以说，在那时，他已经预见了日本将要战败的结局。

一别 30 多年。再次踏上这片土地，当年那个初出茅庐的青年，已经成为身居高位的政坛领袖。

1972 年 9 月，大平正芳作为外务大臣，随田中角荣访华，拉开了中日关系正常化的序幕。

如果问当时接触过日本高层政治家的中国人，谁对改善和发展中日关系的贡献最大，大多数人一定会答曰：大平正芳。在恢复邦交的谈判过程中，大平正芳的真诚努力，起到了极为关键的推动作用。

当时，双方争议的焦点，一是台湾问题，二是日本侵略中国的那段历史。田中角荣到达北京当晚，在欢迎宴会上发表演说，其中有一句是："过去我国给中国国民添了很大的麻烦，对此，我再次表示深切的反省之意。"听到如此轻描淡写的致歉辞，在战争中饱受伤害的中国人感情上无法接受。在随后的两次会谈中，周恩来总理都表示对这句话非常不满，双方起了争执。

眼看这次访问就要无功而返，大平正芳心急如焚，他提出，去长城参观的路上想与姬鹏飞外长同车，再争取一次深谈的机会。

当时车中情形，担任翻译的周斌在《大平正芳印象》一文中有详细的记述。车一发动，大平正芳就发表了一通恳切的长谈：

姬部长，我和你同岁，都在为自己的政府不断争论。我们双方首先看重的，都是维护自己国家和国民的利益。想来想去，我觉得，现在问题的焦点和要害，在于如何看待那场战争。坦率地说，我个人是同意贵方观点的。我大学毕业进大藏省工作后，曾受命到张家口及其附近地区做过社会、经济调查，为期一年十个月。那是战争最惨烈的时期。我亲眼所见的战争，明明白白是日本对中国的侵略战争，可以说不存在任何辩解的理由。但是，我现在只能站在日本政府外务大臣的立场上说话。考虑到日本当前面临的世界形势，加上又与美国结成的同盟关系，两国政府的联合声明，完全按照中方要求来表述，实在是太难太难了。这一点如果得不到贵方理解，那我们只能收拾行李回日本了。

田中首相在战争后期也被征兵，到过牡丹江，不久就患病被送进了陆军医院治疗，他没有打过一枪战争便结束了。但他也熟知那场战争，观点同我一样。

虽然不能全部满足中方要求，但我们愿意做出最大限度让步。没有这种思想准备，我们是不会来中国的。既然来了，我们就会豁出自己的政治生命，以至肉身生命来干的。如果这次谈判达不成协议，田中和我都难于返回日本。右派会大吵大闹，兴风作浪，党内也会出现反对呼声。田中和我都是下了决心的，这些都请你如实报告周总理。

不同于圆滑的外交辞令，大平正芳这段话，句句真诚，惊人的坦率，几乎可以说是"剖心之语"。周斌写道："大平在诉说上述内容时，看上去眼睛里有泪花。"

这番表态，起到了决定性的作用。最后，大平正芳提议的"日本国政府对过去日本通过战争给中国人民造成的重大灾难，痛感责任，深刻反省"这句话，被中方接受，写进了两国政府的联合声明。

大平正芳对姬外长说的“豁出自己的政治生命，以至肉身生命”，并非夸大其词。当时，日本政坛派阀林立，斗争不断，首相更迭如家常便饭。大平正芳的表态，让日本的反对派势力极度不满，他们千方百计阻挠各项合作协议的落实，各种攻击谩骂也向他袭来，大平正芳承担着巨大的压力。1974 年，他决定再次亲赴北京，进行对合作十分关键的航空协定的谈判。临行前，家里不断接到恐吓信，台湾方面也放出风声，扬言要击落他的专机。无奈之下，大平正芳不得不隐匿行踪，乘坐普通航班绕道香港，总算平安抵达。

后来，人们才知道，他当时是抱了殉职之决心的。他曾对一位朋友说，这可能是他们俩最后一次一起旅行，“我预感随时都有可能被人杀掉，只有老天有眼，帮我一把，访华谈判才会成功。”走之前，又给妻子留下了遗嘱。

好一头“钝牛”！好一个“一事既决，宁死不回”！

这样一位不吝以生命来为中日友好架桥的人，怎能不让两国人民怀念至今呢？

等到大平正芳最后一次来中国时，一切已云开雾散，再没遇到什么阻力。那是在 1979 年 12 月，这一次，他是作为日本的首相，来商量如何加强两国多方面的合作。

在抵达北京的第二天，他见到了小平同志，并询问起中国的现代化蓝图。大平正芳对这个话题很感兴趣。他有着经济学专业的教育背景，又在主管经济领域的政府部门工作了 15 年之久；在他跻身政界高层之后，还曾经协助池田勇人首相实施“国民收入倍增计划”，计划在十年内实现的收入翻番，七年内就顺利达成了。

很多年后，小平同志在会见日本领导人时，还不止一次地提起这次谈话。

“自从 1978 年我们党的十一届三中全会以来，我们重点搞经济建设，一心一意搞四化，但是实际上达到什么程度，步子怎么走，心中还没有数。大平先生提出的这个问题，把我问住了。我有一分钟没有答复。”

“提到这件事，我怀念大平先生。我们提出在本世纪内翻两番，是在他的启发下确定的。”

“翻两番、小康社会、中国式的现代化，这些都是我们的新概念，是在这次谈话中形成的。”

怀念之情，溢于言表。

这次北京会谈之后，大平正芳还兴致勃勃地游览了西安，以示对中日文化渊源的重视。回想千年前遣唐使走过的道路，他写下了意味深长的四个字——“温故知新”。面对西安民众的鼓掌欢迎，他开心地对妻子开起了玩笑：“应该把选区搬到西安来，不用拼命竞选也能赢了。”

然而，他并不知道，自己的生命只剩下半年时光了。

大平正芳任首相，仅短短一年半。好不容易实现了自己的理想，可以放开手脚大干一番，上天却那么残忍，不肯多给他一些时间。大平正芳去世后，邓小平会见日本外相伊东正义时曾说：“大平正芳先生的去世，使中国失去了一位很好的朋友，对我个人来说，也是失掉了一位很好的朋友。感到非常惋惜。尽管他去世了，中国人民还会记住他的名字。”

大力推动中日关系发展

在他掌权期间，一直在大力推动中日关系的发展。

他从未疏于反省战争责任，时时不忘引导日本国内舆论。1978 年，经济评论家田中洋之助向他反映，民间出现了一种声音，认为日本如今“反省过了头，对中国过于卑躬屈膝”。大平正芳立刻反驳说：“最近日本的潮流不是进行反省，反而是连必要的反省都还没有做够，没有从加害者的立场和被害者的角度出发，公正地看待日本是加害者和中国是受害者这样的一种日中关系。”

由于意识形态的偏见和西方历史的狭隘经验，美国一直担心中国变得强大之后会搞对外扩张，在当时的日本也出现了同样的担忧。大平正芳却公开表示：中国的共产主义和苏联的共产主义是不一样的，美国把中国看成和苏联一样具有对外扩张的威胁，值得商榷；面对日本这个给自己造成那样大危害的国家，中国都没有要求赔偿，遑论搞对外扩张了。

更令人叹服的是，大平正芳仿佛已经以他敏锐的目光看到了未来，不时流露出隐隐担忧：“现在都是友好气氛，好像很热闹，当 30 年、40 年后中国实现经济高速增长的时候，一定会有难题发生啊……”

预言果然应验。只不过，连大平正芳也没有料到的是，中国经济腾飞的速度如此之快，而日本又因为房地产泡沫，陷入了长达十年的大萧条时期。两相对比之下，担心自己“区域主导地位”被取代的恐惧开始滋生，对中国的敌对情绪愈演愈烈；而随着日本政治右倾化趋势的发展，两国也一度摩擦不断。

近年来，对于大平正芳“椭圆哲学”的研究开始流行起来，正是出于这种“觉醒”。

当年，为了支持中国的经济建设，日本每年向中国提供长期低息贷款和一定金额的无偿援助。第一笔贷款，也是在大平正芳任首相期间落实发放的。这是中国改革开放后接受的首笔双边政府间贷款，时间长、利率低、数额大、没有附加条件，对于当时百废待兴、资金短缺的中国来说，是一笔至关重要的外汇来源。贷款活动直到 2008 年才结束，持续长达近 30 年，一直伴随着改革开放的历程。

无偿援助则全部花在了改善民生的一些中小项目上。比如中日友好医院，至今仍是北京著名的三甲医院之一。其中，大平正芳亲自过问、十分关心的一个项目，便是在北京外语学院（现在的北京外国语大学）创办的“日语研修中心”，学员们亲切地称之为“大平班”。

又回到书店了。我在心中勾勒出的大平，从书店落下第一笔，那就从书店结束最后一笔吧。

大平正芳是日本公认的“文人首相”“政界第一读书家”。他曾在随笔里写道：“无论身边事务有多繁忙，我每周也会有一两次信步去逛逛书店……读书是一种灵魂的食粮，特别是对那些经常俗事缠身的政治家而言，是净化精神、与时俱进和敏锐洞察时世所不可或缺的。”因为爱逛书店这个习惯，还闹出过一场虚惊——某一个周日的午后，警卫突然报告“首相不见了”，引发了一场疯狂寻找，最终发现他正在新书架前，看得津津有味。后来，身边的人都摸出了“门道”——只要首相“失踪”，十之八九是在书店里。

他的外孙女渡边满子回忆，在她的高中时代，外祖父有时会来家里，走进她的房间，然后静静地看一下书架就回去了。满子说，“我想，他是想通过书架来确认我在思考些什么吧。不知道映入外祖父眼帘的那些书是否合他心意。”她在回忆录里留下了这样的文字：

“到死为止我还能再读多少本书啊……”

这是在生命的最后一个正月，外祖父嘀咕的话。父亲听到后不知道该如何回应，就选择了缄默。

我在心里默默记下“虎之门书房”的名字。下一次，去东京的时候，我想我会到那里的街道徘徊，寻找一场我与书店，与大平，与时光的不期而遇。

费正清

“通过对中国的研究来救赎美国”

近一个世纪的波澜壮阔，让这个生于美国长于美国、享誉世界的“头号中国通”发现，他之所以始终心系中国，源于母亲传递的信念：面对挑战要有信心。

1932年，夏夜。费正清牵着妻子费慰梅，爬上胡同尽头的东城墙。这是他们最爱的北平的夜。眺望远远的地平线，费正清的眼前有点模糊，仿佛回到了大洋彼岸的家乡。

美国南达科他州平原，费正清的家乡。小时候，费正清喜欢站在玉米地的一侧，踮起脚尖，眺望另一侧的摇曳生姿。那喜悦，仿佛发现了新大陆。

埋头耕种，孜孜以求，朴素的故乡哲学影响了费正清的一生。若干年后，当他准备谋求一份职业时，故乡哲学显影了。回忆起中国问题研究的选择，费正清曾说，“研究中国就像一块处女地，等待被探索和耕种，能够为我提供无限的机会。”

立志研究中国，还与费正清的家族有着不解的渊源。费正清的祖父约翰·班纳德·费尔班克是一位牧师，终其一生在伊利诺伊州、密歇根州、印第安纳州以及明尼苏达州的一些大小城镇布道。若干年后，当费正清在皮奥瑞亚、明尼阿波利斯、布鲁金斯等处做关于中国的演讲时，他突然意识到自己走上了祖父的那条道路，他愿意“通过对中国的研究来救赎美国”。

费正清的父亲亚瑟·博伊斯·费尔班克以律师作为职业，同时是当地活跃的社会活动领袖。母亲罗蕾娜·金·费尔班克对他的影响最深。母亲有严格的自律精神，无论在哪里总能找到志趣相投的人们，特别是在年轻人中间。她对原始美国中部从欧洲获取先进文化的历史抱有浓厚的兴趣，这种兴趣指引着费正清走出美国，走向东方。

近一个世纪的波澜壮阔，让这个生于美国长于美国、享誉世界的“头号中国通”发现，他之所以始终心系中国，源于母亲传递的信念：面对挑战要有信心。

1932年，辗转半个地球，费正清第一次站在中国的土地上。半个多世纪里，先后五次来到中国，他与中国再也无法分离。

友谊升温

费正清这个中文名字，出自梁思成。意指“费氏正直清白”，“正清”二字又与约翰·金（John King）谐音。“使用这样的名字，你可以算是一个真正的中国人了。”梁思成颇为得意地对费正清说。

梁思成和林徽因是费正清夫妇在中国最好的朋友。梁家居住在北总布胡同，与费家只隔了一条胡同。费氏夫妇常常受邀去梁家吃顿“便饭”，席间少不了聊起北京大学、清华大学、燕京大学里种种掌故。兴致浓处，总会吟诵起中国古典诗词，还会被要求与济慈、丁尼生或是林赛的诗歌做比较。远至宋朝的诗画，近至北平当地传说，这里的谈笑让费氏夫妇兴致盎然、意犹未尽。当然，他们也会谈起哈佛广场、纽约的艺术家和展览，谈起柏拉图、托马斯·阿奎那，梁思成和林徽因的眼中同样闪烁着光芒。

那时，费正清建立起一个观察中国的视角。他开始考虑中国文化与西方文化融合的问题，并意识到“关键在于取其精华、去其糟粕”。当时的汉学研究尚未有人关注到这一点。“这是一种尚未开辟的双重文化领域，没有多少人曾如此深入、自发地去钻研，需要智慧、毅力和勇气”。即便在半个世纪之后的今天，文化融合依然是诸多汉学家、文化学者关注的热点。

友谊的升温，来自一次以苦作甜的旅途。1934 年夏，两家人来到山西滹沱河做实地考察。沿着汾河山谷南下，每到达一座寺院，梁思成就取出莱卡相机对建筑物进行全方位拍照，费正清和费慰梅则帮助林徽因测量，绘制比例图。拍照和测量之后，梁思成和林徽因会搜寻铭刻碑文。每次测量都是早出晚归，只有午饭时间才能稍作休息。艰苦的劳作，总有收获的惊喜作报偿。在太原东北的五台山，他们发现了一座真正的唐代建筑，也是当时所知最古老的建筑。

战时可用的交通工具少得可怜。他们有时乘坐汽车，如果既没有汽车也没有火车，就只好带着寝具和口粮靠着马车和人力车赶路。一次从灵寿县到赵城，他们在四个人力车夫的运载下居然走了整整三天。有时为了避免轰炸或者绕开沼泽地，他们只能选择沿着铁路线赶路。

“中国的现状让我大开眼界，人力车夫出卖苦力也是其中一部分。同样，在美国这片自由的土地上也曾有过黑奴制的时代。但是这些罪恶早晚都会被消灭。”一路所见让费正清真正走近了旧中国，他萌发了深切的同情心，对现代中国的变革充满期待。

1942 年到 1946 年，费正清夫妇第二次和第三次来到中国，在西部与梁思成夫妇再次相见。在四川李庄，费正清夫妇见到了与当地农民过着一样生活的中国知识分子。“林徽因非常瘦弱，但是目前看起来充满活力……这里没有电话，倒是有一个唱片机，有几张贝多芬和莫扎特的唱片；有热水瓶，但没有咖啡；有许多件羊毛衫，但合身的没有几件；有床单，但没有太多肥皂进行清洗；有钢笔铅笔，但没有足够的纸张书写；

有报纸，但总是过期的。这样的生活就像在墙壁上挖一个洞，拿到什么用什么，如同守株待兔，结果就要碰运气了。”

窘迫的生活和恶劣的条件，让费正清更新了对中国知识分子的认识。

“换作美国人，我想大家一定早已丢下书本转而去寻求如何改善生活条件了。”在民族危难之时，中国知识分子将学者的角色植根在家国命运中。

1947 年，梁思成在美国与费正清夫妇再次相聚。1981 年，当费正清着手整理自己的回忆录时，费慰梅也正在准备整理梁思成夫妇建筑史方面的著作。回忆这段跨国友谊，费正清感慨，“这是对抗苦难取得成功的故事，而灾难已经被英勇战胜。”

中国的大门随时向他敞开

1935 年，费正清不得不返回牛津大学完成他的博士论文。如果不是世事大变，他也许不会再到中国，也许一辈子钻进象牙塔。然而，第二次世界大战的爆发改变了他的人生。

1941 年夏天，作为哈佛大学历史系讲师的费正清突然接到通知，要他去华盛顿美国国务院新成立的情报协调局报到。美国隐隐感到日本威胁逼近，需要借助学术界的力量加强情报工作，于是从大学和研究机构征召熟悉东亚情况的人，费正清就在名单上。这一工作变动，为他随后赴华埋下了伏笔。仅仅四个月，预感变成了现实。珍珠港事件爆发，华盛顿各机构都感觉有必要在中国重庆设立前哨站。在这一大背景下，1942 年 6 月，费正清作为情报协调局驻华首席代表，第二次来到中国。他的公开身份，是美国国务院文化关系司对华关系处文官、美国驻华大使特别助理。这一次，他在中国待了一年多，不仅更进一步了解中国，而且在很大程度上改变了他对中国政治的态度，注意到了共产党的力量不可小觑。

“在战时的重庆又待了一年后，我最终确信我们的盟友国民政府正在腐化堕落并逐渐失去权势。国民党逐步走向衰落，我也是逐渐得出上述结论的。”当年 3 月，费正清在日记中写道：

随着通货膨胀造成的消耗仍在继续，政府似乎越来越不得不专注于紧握实权。思想、改革以及各类项目都退居次位。……处于危机的国民党会发现自己在党外没有朋友，党内却充斥着变节的投机主义者。

此时，远方的延安正在散发着光芒。延安共产党人蓬勃的朝气和朴素的平均主义，早就因埃德加·斯诺的《红星照耀中国》而为世人所知。每一位去过延安的旅行者都可以证明书中的情景，包括从1943年开始接触左翼的费正清。

费正清接触最多的中共领导人是周恩来。当时，周恩来是中共南方局书记。费正清结识周恩来的过程有些曲折：先是通过自己在哈佛的学生、《时代》周刊著名记者白修德牵线搭桥，认识《大公报》女记者杨刚，又通过杨刚认识周恩来的新闻发言人龚澎，又通过龚澎才认识了周恩来。

初次见面，费正清就被周恩来非凡的领导能力折服。他曾这样回顾在重庆八路军办事处与周恩来的第一次见面："他英俊帅气，眉毛浓密，智力超群，直觉敏锐。他代表着人民群众，并为共产主义事业奋斗。"这次见面，费正清还仔细观察了周公馆，发现臭虫或许会从顶棚上掉下来，甚至雨水会打湿床铺，但"他们的信仰热情与理想依然如旧，好像他们能够唤醒这个国家。"

费正清第二次见到周恩来，是抗战胜利初期。鉴于重庆谈判即将取得成果，共产党重庆代表团宴请美国新闻处。1946年1月上旬，答谢宴安排在当地最豪华的胜利酒店。费正清的回忆现场感十足："晚宴分为两桌，周恩来坐在其中一桌，叶剑英将军坐在另一桌。大家都显得兴奋而充满活力。周恩来摇头晃脑地唱起了歌，我们也跟着哼唱起来，而叶剑英用筷子敲着桌子和玻璃杯进行伴奏。他们唱起了延安歌谣。"随后，美国人也唱起了同样鼓舞人心的美国内战时期歌曲。费正清看到的周恩来，代表了充满自信的共产党。

最后一次见到周恩来是26年之后。1972年，费正清受周恩来邀请，率历史学家代表团访问中国。他这样描述近距离观察到的周恩来："一双威严的光芒四射的眼睛，在其和蔼友善的外表下掩藏的是久经磨炼的犹如钢铁一般的意志。"

临别时，周恩来用英语对费正清说："明年或晚些时候再见。"对于费正清来说，这意味着中国的大门随时向他敞开。

心系中国

1972年重返北京，如同毕业40年的同窗聚会。费正清和费慰梅一面发现和欣赏新一代的面貌，一面寻访旧日的梦。

当然不得不提到尼克松总统。“理查德·尼克松是以反对共产主义开始他的政治生涯的，他支持美国对华冷战，支持与台湾结盟。然而1960年后，他开始了解中苏关系破裂的真相，于是1968年当选总统时，他希望恢复中美邦交作为影响莫斯科强权的政治行动。”费正清在回忆录中这样写道。

尼克松和基辛格开始精心安排并发出了一系列信号。一次偶然的机会，让费正清成了给出信号的一个人。一次，费正清从纽约到波士顿的列车上遇见了亨利·基辛格，并就如何恢复中美邦交的问题进行了讨论。他的看法是，毛泽东能够会见任何国家元首，尽管他本人极少出国访问，而美国总统却能毫不费力地前往世界各地。他还将自己写的一篇题为《中国的世界秩序：中国的外交传统》的文章送给了基辛格。在后来基辛格的回忆中，这次谈话被誉为“改变了世界”。

1972年2月21日，尼克松总统到达北京时，费正清通过北京的现场直播见证了这一历史时刻。即使作为历史学家的费正清，也无法完全预测这将对两个大国产生怎样深刻的影响。1972年，应邀参观新中国的费正清不无感慨：“要理解中国40年的巨大变化，在智力上面临巨大挑战。”

1979年1月1日，卡特政府最终实现了中美关系正常化。邓小平访问美国期间，30年来一直呼吁中美关系正常化的费正清，受邀出席总统卡特在白宫举行的国宴，而且被安排在贵宾桌主桌，与卡特和邓小平一桌。“这真是莫大的荣幸！”多年以后，再回忆这段经历，费正清依然掩饰不住欣喜之情。令他印象深刻的是，即使是经历了“文化大革命”那样严峻的考验，中国领导人和中国人民对自己的发展道路依然充满了自信。吃饭时聊天，费正清与邓小平问起对方年龄。当费正清得知邓小平比自己大两岁（74岁）时，感叹道：“但您还有头发，我却没有了。”邓小平幽默地回应：“显然您用脑过度了。”

中美两国的正式建交，让费正清发自内心地感叹：“1979年是美国与中国之间的30年隔离状态彻底结束的一年，也是我50年来成为中国问题专家所作的种种努力的总结之时。”

令费正清想不到的是，那次见面不到一年，中国就发生了不可思议的变化——1978年12月，中国开始进入改革开放的时期。中美关系也不免受到改革开放大潮的影响。改革开放，无疑让两个大国走得更近了。作为“头号中国通”，他密切关注着中国的变化，甚至为中国改革的速度而大为惊讶，还曾发出一种担忧：中国改革是否应该放慢其节奏。

1980 年，翻译家冯亦代应美国哥伦比亚大学翻译中心的邀请访美期间，特地去剑桥看望了老友费正清。席间宾主都不免聊到中国的发展，据冯亦代回忆，费正清对中国的前途表示十分乐观，他同时提醒要在短期内培养出足够的训练有素的人才，以满足国家现代化的需要，因为改革开放与大规模的技术革新都需要人才。在费正清看来，新加坡是个小国家，在新儒教的影响下得到革新，从而走上现代化的道路。作为儒教发源地的中国，必将通过革新，恢复泱泱大国的地位。

尽管“费正清东亚研究中心”在哈佛大学挂牌后，费正清宣布正式退休，但关于他的传奇仍然在被人们传说，他的名字和他的学术成就也从未在地平线消失。

他主编的“剑桥中国史”系列丛书在中国如雷贯耳；美国现在的“中国通”都免不了受到他的影响，包括被誉为“汉学三杰”之一的孔飞力；冷战时期，美国《生活》杂志骂他是“中共的长期的辩护士”；1972 年尼克松访华，把他的《美国与中国》作为了解中国最重要的参考书之一；作为傅高义和史景迁的老师和前辈，费正清的民国中国、史景迁的明清近代中国、傅高义的现代中国，一脉相承地对大洋彼岸这个体量同等、文化迥异的大国持续观照，构成了另一种关于中国的呈现……

费正清，生于 1907 年，逝于 1991 年，几乎完整经历波澜壮阔的 20 世纪。

“未来美国应该将面对在中国地区的巨大风险，因为美国已经参与了中国现代化的建设。”

“美国人和中国人都不会改变我们根深蒂固的行事方式、价值观念以及民族形式，尤其是不可能适应对方的需求。尽管如此，由于严酷现实的需要，我们之间也会产生相似性。我们共同分担着全球性的问题。不幸的是，由于科技发展与公民权利不可避免地产生冲突，美国与中国也可能会面临误解的危机。”

“如今的中国和美国是未来世界竞争的主要地区。这种竞争更多的是发生在两国内部的竞争，而非两国之间的竞争，是机械主义与人文主义的对抗……是物质力量与知识力量的强强联合。”

……

在新中国成立 70 周年的今天，尽管费正清已经离去近 30 年，他对于中美关系的这些判断依然闪耀着智慧的光芒。

基辛格

重建世界秩序怎能没有中国

基辛格说，他“逐字逐句”地通读了《习近平谈治国理政》一书英文版。他说，有着十几亿人口的中国的发展是人类社会的伟大实践活动，中国未来走向关乎整个世界。他亲眼看到中国已经取得令人难以相信的成就。

“现在中国正在计划着又一次飞跃，这将是又一个有着深远意义的事件。中国的‘两个一百年’计划将是对人类社会的发展、和平做出的伟大贡献。”中国 40 年的改革开放进程与中美关系的发展相辅相成。这是不少美国政要和专家、学者的共识。

1972 年，中美两国老一辈领导人以非凡的战略眼光和卓越的政治智慧，打破两国多年相互隔绝的坚冰，用跨越太平洋的握手开启了中美关系发展的新篇章。时任美国国务卿基辛格博士在这一进程中做出了重大的历史性贡献。此后，中美关系的发展虽饱经风雨，但一路前行。波涛起伏间，基辛格博士一直以其战略眼光和政治智慧推动中美两国关系良性发展。

作为人民日报北美中心分社首席记者，我在美国工作期间曾三次专访基辛格，面对面感受到这位战略家的友好、睿智与机敏。

初次访问

自 2012 年 2 月 13 日起，时任中国国家副主席习近平开始对美国进行正式访问。美国东部当地时间 2 月 13 日晚，习近平在美国首都华盛顿会见了包括前国务卿基辛格在内的多位美国前政要。2012 年正值尼克松总统访华和《上海公报》发表 40 周年。2012 年又是美国总统大选年，美国对华关系成了意料之中的竞选话题。

以这些事情为由头，我于 2013 年 2 月 14 日下午对基辛格进行了专访。

基辛格在华盛顿的办公室位于西北 K 街 1800 号 302 房间。基辛格的秘书安请我稍等一下，“博士马上就到”。

借此机会，我打量了一下基辛格的这间办公室。他的办公室内到处可见“中国元素”：大门把手处悬挂着有着长长红穗的“中国结”，茶几上摆着厚厚的英文版图书《中国文化与文明》。办公桌左侧墙上悬挂着四幅已经有些发黄的老照片，分别是 40 年前基辛格与毛泽东、周恩来等中国老一辈领导人的合影。

基辛格笑眯眯地走进来，先脱去身上米黄色博柏利牌风衣，一番寒暄后，专访很快进入正题。

习近平副主席此次来访是最新鲜的话题。“我知道您昨天晚上会见了中国国家副主席。我们也都知道这一中美关系始于 40 年前。从历史角度来看，您如何看待习近平副主席此访？”我开始向基辛格提问。

自德国移民美国的基辛格自称他的英语带有德语口音，声音浑厚低沉。他想了一下后说，“目前时机非常重要。美国处于大选年，中国也将有新的领导人。目前，世界发生着诸多变化，我的意思是说整个世界。因此，对于中美两国领导人而言，理解其所面临的挑战和两国如何进行合作非常重要”。

我接着问：“您曾评述道，‘历史眼光是中国领导人常常显现出来的一个文化特质。实际上，不仅中国领导人，中国人民也有着很强的历史感。我们向历史学习。’2012年是尼克松总统访华和《上海公报》发表40周年。作为中美关系的设计师和尼克松访华的见证者，回顾40年前，什么给您留下了最深的印象？”

基辛格回答说：“给我留下印象最深的是中国领导人的历史眼光和战略决策。其次，是中国领导人平衡好客与外交的非凡能力。所有相互关心的话题自然而然地得到讨论，这是一场不断进行的对话。”

我又问道：“正如您所言，中美关系的建立始于一个冷战策略，但其最终发展成为全球新秩序演变进程中的重心。您能否具体阐述中美关系对于新的全球秩序和21世纪国际社会有着怎样的影响？”

对于这样一个贯穿着历史与现实的宏观国际问题，基辛格这样说：“我认为这样说是正确的，当美中关系开始时，双方都有着最为关注的策略考虑。毛泽东极为关注苏联日益增长的威胁，我们对于冷战局势非常关切，也非常关切在东南亚局势中的介入。因此，美中双方都存在着最低限度的策略自由空间。我们进而讨论对于世界的看法，双方立场有很多相似之处。这反映在后来发表的《上海公报》中。

“在世界外交史上，《上海公报》的独特之处在于，公报明确列入双方的分歧之处。一般的外交公报从未如此。与此同时，《上海公报》又具体列入双方的共同立场。因此，考虑到整个历史背景，双方的共同立场变得更加富有意义。在此后的时期内，美中双方根据《上海公报》政策协调行动，特别是在亚洲。

“那时，中国还是一个很贫穷的国家。随着中国的改革开放，中国不断融入外部世界，在国际社会中愈发积极地发挥作用，一直发展到今天。目前，中国和美国共同努力解决朝鲜半岛等国际热点问题和环境等全球性问题。中国开始解决问题，并对整个世界产生影响。”

基辛格说：“进入2012年后，更为融合的世界面临着重建，也需要中国向前迈进。美中两国都面临着挑战，即如何联手构建新的全球秩序，这是一个重任。”很明显，基辛格在这里对中国的改革开放及其深远影响给予了积极评价。

与基辛格的对话不能不论及中美关系。我接着问道："习近平副主席说，中美关系40年来的发展历程，给了我们许多经验和教训，给了我们多方面的重要启迪，其中之一是双方应始终坚持三个联合公报。回首过去40年，您认为中美两国从双边关系历史中得到的最重要启迪是什么？"

基辛格说："我同意三个联合公报。双方确实存在一些困难问题，但令人惊异的是，尽管存在着困难问题，双方一直致力于改善关系，推动两国进入一个更大的空间。因为，我认为这一模式应该成为今后两国关系发展的准则。"

基辛格说："在我看来，问题在于，美中两国都是伟大国家，有着不同的历史。中国有着悠久历史，美国历史则很短。美国人认为每一个问题都有解决办法，中国人认为每一个解决办法都会引发新问题。这是看问题的不同角度，并在所有全球问题上都有着相互影响。首先，我们必须要解决全球所面临的问题；其次，我们必须寻求如何解决这些问题。我们很清楚的一件事是，在此之前的历史时期，处于敌对状态的美中两国在一些问题上势必引发关系紧张，而这一紧张关系会使别人乘虚而入，并因此得利。了解了这一点，我们就有责任努力合作。美国领导人表示欢迎一个不断强大的中国，中国领导人也重申欢迎美国作为亚太地区大家庭的一员。在这些重要问题上，美中两国有着不断增多的共识。"

我问："40年前，在与毛主席会见时，尼克松总统说，使美中两国走到一起的是变化了的世界形势。现在我们又处于一个新的世界形势下，您如何界定前后40年的'新形势'？"

基辛格说："40年前，美中两国有着共同对手。那时，中国还很贫穷，经济发展没有融入世界。40年后的新形势是，美中两国没有共同敌人，但我们有着共同问题，如环境、核扩散等。当今世界还存在着严重的金融危机，进而影响着世界经济，这是我们的挑战。40年前，当我们会见时还有一个有利之处，那就是我们之间没有外交关系，因而也没有由此产生的问题和需要进行讨论的日常事务，我们可以从最为基本的问题谈起。今天，美中两国在日常事务中面临着很多问题。现在我们需要回到最为基本的问题。"

这时，基辛格的秘书开门进屋，与基辛格耳语了一下。基辛格随即转身回到里屋接了一个电话。回身坐定后，基辛格突然有些俏皮地盯着我说：

"这是白宫来的电话。你不会说出去吧？"

我笑了笑，随即抓紧时间就当时人们谈论很多的中美之间缺乏战略信任的问题向基辛格请教："最近，很多人在谈论中美两国间的战略信任问题，还有人称中美间有着'信任赤字'。您认为如何加强两国间的战略信任？"

基辛格的回答是："战略信任问题之所以被提出来，是因为如果你想要掌握自己的命运，你不应该依赖别的国家。如果你不依赖所有外国，你就必须拥有支配优势。然而，美中两国没有任何一方处于可以支配对方的位置，也不应支配对方。所以，在一定程度上，我们必须相互依赖。我们必须与对方坦率、经常地进行对话。我们必须避免发生采取某种行动但不向对方解释的情况。我们必须切记，当发生完全出乎意料的局势或一些国家处境艰难时，谁都无法确知局势走向，因此只要可能，我们必须坚持不断对话，尽管不可能在所有问题上取得一致，但相互间要彼此尊重，尽可能取得谅解。"

在此之前，中国领导人提出了中美两国应建立新型大国关系的命题。我就此问道："您认为中美两国能否可以走出一条和平相处、共同发展的新型大国关系之路？"

基辛格答道："我两周前写过一篇文章。我注意到美国国内有一些批评声音，在中国国内也有一些批评声音。但两国领导人必须努力克服分歧，推动两国关系继续前行。这是两国目前所面临的很大挑战。美中两国应视对方为伙伴和朋友。走出一条新型大国关系之路是我们的责任，我们必须为此努力，我认为我们可以做到。"

对话至此，我特别想挖掘更多有基辛格"个人色彩"的问题，于是问道："您的人生与中国紧密相连。中国最初是怎样引起您的关注的？"

基辛格笑答："坦率地说，当我第一次到中国时，我对中国了解甚少。我对于与苏联打交道很有经验。最初我以为中国与苏联会有许多相似之处，因为都是共产党国家。随着我与中国和中国人民接触增多，我开始钦慕中国的历史和中国人民强烈的家庭观念、忠诚等美德和机智的思维。我对中国人民充满深情。然而，在谈到外交政策时，我并不感情用事。但我认为我们具有共同利益和共同命运，我们应该更多地看到这一点。"

专访结束后，基辛格应我的请求为《人民日报》读者题词：

致《人民日报》读者：

我们两国在过去 40 年间一直有着良好的关系。让我们在本世纪今后时期更加巩固这一关系。

致以所有良好祝愿。

亨利·A.基辛格

“美中应该合作维护和平”

2015年9月22日至25日，应美国总统奥巴马邀请，中国国家主席习近平对美国进行国事访问。为此，我和同事于当年9月10日赴纽约专访基辛格。

那天上午11时，我们如约来到基辛格在纽约的办公室。到了进行专访的房间以后，基辛格的助手说他还在忙着，需要等他一会儿。

那个房间不大，但四面墙上有三面挂着、摆着的东西与中国有关。一进门左手墙上是一张巨幅四只仙鹤中国画，对面墙上挂着一排奔马形象的中国画。办公室周围的走廊内的书架上摆着不少有关中国的书籍，其中不少是中文书。

我一边观察，一边在脑子里高速运转着，考虑以什么样的开场白让这次采访气氛立即轻松起来。显然这也是基辛格想要做到的事情。他进到房间后，我们相互问候。基辛格说，他又胖了，最近长了20磅，因为吃了太多的中餐。我指着墙上那一排马的中国画问基辛格：“您喜欢马么？”基辛格回答说：“南希喜欢马。”南希是基辛格夫人。基辛格一提南希，我脑子里立即浮现出20世纪70年代毛泽东主席在北京会见基辛格和他夫人的情景。南希的个子很高，在那次会见中，毛泽东指着南希对基辛格开玩笑，说“她试图使你望而生畏”。于是我就向基辛格说，“我还记得当年毛主席指着南希说她比你高。”提到这个话题，基辛格一下子笑了起来，“毛主席对南希非常友好。当时我还反问说，是她的身材比我高还是智商比我高？”

这样一个开场白，一下子拉近了我们双方的距离，现场气氛很快轻松起来。

气氛虽然轻松了，但整个采访如同行军一样紧张。因为还有另一场活动，原定30分钟的采访只能缩短到15分钟。根据这一变化，我将原来问题单子上一些铺垫部分立即跳过去，直接从他对习近平主席的评价、习主席此次国事访问的意义、中美关系发展及问题、美国大选、中美关系是否真到了“临界点”、他对世界反法西斯战争和抗日战争胜利七十周年、习主席赴纽约参加联合国成立七十周年纪念活动的看法等提出问题。已经92岁高龄的基辛格博士依旧思维敏捷，神情专注。每个问题他都回答得行云流水般流畅，逻辑清晰，没有废话。

基辛格说："我与习近平主席有过多次交谈，他是一个很有决断力的人，有着丰富的人生经验，我认为他是最杰出的中国领导人之一。"

基辛格认为，美中是两个大国。美中两国最重要的是将政策的制定基于两国需要合作而非对抗的共识之上，并用这个结论去处理一些具体问题，

"我很希望双方在一些事务上的合作能有所进展。"他接着补充说，"我与奥巴马总统并不同属一个党派，但我非常支持奥巴马总统与中国合作的努力。"他说，他对每一位美国总统的对华政策建议都一样，就是坦诚地与中方交流，关注中方的关切，努力解决双边关系中出现的明显问题，这是他们需要做的事情。"我对此抱有信心。"他说。

"习近平主席访美之际，中美关系中仍有不少棘手难题。在新的形势下如何管控分歧？"目睹了中美关系充满风风雨雨发展历程的基辛格认为，合作仍为关键词。他说，美中两国准备开始交往时正值中国经济发展的初期，如果1971年有人给他看如今北京和上海的照片，他会觉得那是天方夜谭，是不可能发生的事情。中国克服了很多经济发展的困难，取得了今天的成就。当他瞩目今日中国时，他的脑中常常浮现出中国在1971年时的情景。美中开始交往时，双方有着共同的诉求，而今天，美中面临共同的机遇。如果双方不合作，许多事情就不能做成。一些问题单靠中国或者美国也是无法解决的，例如气候、环境、防核扩散、防止大规模武器扩散和网络安全问题等等，这些都是需要双方合作的议题。一些问题，例如网络安全问题，是美中面临的全新问题，在他当年第一次访问中国的时候这些问题还不存在。

"我很希望习主席的访美能够推动双方解决这些问题的进程，通过会谈取得重要成果。"基辛格说。在这里，基辛格再次用亲身经历对中国改革开放所取得的成就给予了积极评价。

"我经常读一些美国对中国崛起的争论。让我们问问自己，事实是什么？事实就是中国还会发展，不管美国接受还是不接受，这是事实。我们应该接受中国与其资源和人口规模等量齐观的发展，有关美国是否能接受中国发展的讨论根本就不应该存在，因为双方除了合作别无选择。"他接着说，

“至于有说法称美中关系到了‘临界点’，我想美中若发生冲突，对双方都是不幸，没有哪一方能够承受冲突的代价。在我观察美中关系发展的近50年中，有关‘临界点’的说法就出现过好多次，但事实上我所经历的八任美国总统、五任中国领导人都采取了同样的政策，所以我们必须合作。”他建议中美双方领导人通过建立专人或专门小组联系的方式进一步保持密切沟通。

2015 年是世界反法西斯战争和抗日战争胜利七十周年。习近平主席也赴纽约参加了联合国成立七十周年纪念活动。提及这个话题，基辛格说：

“我对二战有着切身感受。二战中我作为美国士兵被派往欧洲，先是前往英国，后被派去法国、比利时和德国。我的兄弟也在二战中被派往太平洋战场，去过冲绳和韩国。我们家族有战争的经历。所以我的观点一直都是，美中应该合作保持世界和平，特别在亚洲地区，美中应该合作维护和平。”

专访结束后，我再次对基辛格搞了个“突然袭击”，拿出事先准备好的笔和纸，请他为《人民日报》读者题词。尽管后面的活动时间压得很紧，但基辛格还是欣然题词：

致《人民日报》读者：

我期待着习主席的访问将为世界和平做出重大贡献。

亨利·A. 基辛格

2015 年 9 月 10 日

相互学习，协商合作

时隔不到一个月后，我于 2015 年 10 月 7 日再次对基辛格进行了一次专访。这次专访的由头是受中信出版社委托当面向基辛格赠送他所撰写的著作《世界秩序》中文版。此时正值习近平主席刚刚结束对美国的国事访问，我也想利用这个机会听听基辛格对这次访问的看法。

这次专访地点仍在基辛格纽约的那间办公室。已是中午时分，基辛格一直紧张工作着，我又被告知需要等一会儿。

基辛格进门后连声表示："对不起，刚才还在接几个电话。""您每天工作多长时间？"我笑问。"15 个小时。"基辛格博士答。

"您的头脑仍然如此敏捷，每天工作这么长时间，有什么秘密吗？"我接着问道。

"基因。"基辛格答道。他见我一愣，又接着说了两遍："基因，基因。我的母亲活了 98 岁，父亲 95 岁。"

我当场向他呈递了由中信出版社出版的《世界秩序》一书的简体中文版。基辛格高兴地说，"太好了！非常感谢！"随即将书捧起翻看起来，表情相当愉悦。

2015 年 9 月 22 日，在西雅图举行的联合欢迎习主席来访的宴会上，作为嘉宾的基辛格在讲话中专门介绍了习近平主席。习主席在随后的讲话中说，"基辛格博士总能说出一些新颖的观点，他的介绍让我对自己也有了一个新的认识角度"。

基辛格就此表示，习主席的讲话深深地感动了他。习近平主席势必成为中国历史上一位伟大的领导人，"我很看重他的讲话"。他看到，习近平主席在西雅图面对美国公众时，极有胆略地做出了一系列论述。他希望美中两国关系得到新的发展。当然，这并不是说两国关系没有困难，而是表明，美中两国已经做出和平解决困难的重要决定，共同为世界和平做出贡献，这是世界上最大发达国家和最大发展中国家所做出的重大决策。

关于习主席的国事访问，基辛格说，他认为这一访问非常重要。美中两国领导人能够借助这一访问处理诸多问题，双方都对这一访问感到满意。通过交流，更为了解对方的关切。最近他有机会与奥巴马总统交谈。在谈到这一访问时，奥巴马总统说，这一访问消除了两国关系发展中的一些障碍。当然不是每一个问题都得到了解决，其中一些挑战与双方关系发展演变进程有关。基辛格说，双方对于对方都有了更好地了解。以网络安全为例，他认为双方对此问题都有了更好地相互了解。但这又是一个如此复杂的问题，双方还需要时间应对这一问题。

在《世界秩序》这一新著中，基辛格博士以宏大的历史视野，梳理了近 400 年的世界历史和国际政治变迁，审视了欧洲、亚洲、中东和美国对"世界秩序"的不同认识。基辛格指出，西方秩序正走向崩溃，美国已经失去领导者地位。新秩序的建立，不是一个国家能够主导和完成的，美国需要重新审视自己的位置。随着中国融入世界秩序步伐的加快，它也正在重新塑造国际关系。

话题转向这一新著时，被誉为"坐于室而见四海，处于今而论久远"的基辛格博士告诉我，《世界秩序》一书意在“教导”美国领导人和美国公众，美国在其建国历程中，与外部世界接触不多，因为美国位于两大洋保护之间。美国遇事有着一种解决麻烦本身的务实思维。中国有数千年的历史，周边环境要复杂得多。中国人更关注事态的发展演变，而美国人则更关心麻烦本身，双方进行真正的对话并不容易。“所以我试图告诉美国领导人，你们要看一看外部世界，你们必须理解不同的文化和不同的历史经历，所有这些因素都必须在决策考量当中，进而考虑建立何种世界秩序。否则，你不可能将一国主张的世界秩序强加于整个外部世界。这就是我这本书的最基本观点。”基辛格说。

习近平主席在9月22日讲话中引用了基辛格博士在《世界秩序》一书中的一句话：“评判每一代人时，要看他们是否正视了人类社会最宏大和最重要的问题。”“什么是我们所处时代人类社会最宏大和最重要的问题呢？”我向基辛格发问。

基辛格沉默片刻后说，他们这一代人在这一历史时期最重要的经历便是学会如何使不同文明和平相处，以及如何通过不同文明间的共同努力将争端变为共识。但在当今世界中，不同文明间多多少少还是各行其是。中华文明与罗马文明间相互了解不多。在19世纪，欧洲殖民主义主宰世界。现在世界各地区有着各自的认知。“如何创建一种将争端变为共识的新秩序，这是一个前所未有的重大挑战。”他说。

“中美两国具有不同的文化和历史经历，面对一些困难与挑战，形成有着共识的发展秩序要旨何在？”我接着问道。

基辛格说：“首先，我们必须学习各自的文化；其次，我们必须尊重对方的文化；第三，现代技术发展“强制”推动着我们进行合作。因为我们都知道，否则的话，现代技术发展会给我们带来巨大伤害，会摧毁现存的一切，并极难得以恢复。因此，我们有机遇，也有责任进行合作。”“这也是我从《习近平谈治国理政》一书中读到的思想。”

基辛格接着说，他“逐字逐句”地通读了《习近平谈治国理政》一书英文版。他说，有着十几亿人口的中国的发展是人类社会的伟大实践活动，中国未来走向关乎整个世界。他亲眼看到中国已经取得令人难以相信的成就。

“现在中国正在计划着又一次飞跃，这将是又一个有着深远意义的事件。中国的‘两个一百年’计划将是对人类社会的发展、和平做出的伟大贡献。”基辛格说。在这里，基辛格又一次对中国的改革开放给予了高度评价。

在《世界秩序》一书中，基辛格认为，“无论按何种标准来看，中国都已恢复了它在世界上影响最为广泛的那几个世纪中的地位。现在的问题是，它在目前寻求新的世界秩序的努力中如何自处，特别是如何处理和美国的关系。”就此，我询问基辛格对中国“一带一路”倡议和创建亚投行等举措的看法。

基辛格说，他注意到了这些举措。通过这些举措，中国可以利用自身的工业能力帮助相关地区经济发展。他认为这与美国的目标并不矛盾。因此，他可以想象美国应在这些举措上与中国进行合作。对于刚刚谈判成功的跨太平洋战略经济伙伴关系协定，基辛格说，就在昨天，他在一个活动上谈及了这个话题，当时在场的既有中国外交官，也有越南大使和俄罗斯大使。他公开表示，支持这一协定，也希望中国成为其中一部分。这个有关太平洋地区相关国家的协定应该包括中国。

他补充说，同美国一样，在事关全球利益的问题上，不可避免地应有中国参与。对于世界上的问题，比如中东地区的问题，美中之间可能有不同的解读，但美国应就此与中国进行协商，并应相互学习。

此时早已过了预定的采访时间，但我仍问出了一个更有难度的开放式问题，“从一个更为广阔的视野来看，我们仍然在世界各地看到叙利亚等战乱和冲突，您对于一个更好的世界秩序有什么解决办法？”相当机敏的基辛格笑答，“这是咱们下一次采访的话题。”

临别时，基辛格特意拉住我的手说，“我喜欢同中国人交谈。我喜欢中国独立自主的外交政策。”

李光耀

“旧家”与“新家”

李光耀用自己的外交生涯见证了中国改革开放的巨大变化。作为冷静的政治观察者，他能够客观认识到改革开放的历史意义；作为一国首脑，他更多地关注到领导人在推动时势发展过程中扮演的决定性角色。

“不用捡，不用捡……”尽管刚刚搬入总理官邸的李光耀夫妻一再劝阻，官邸的服务人员还是奔跑了几十米，把年幼的李显龙不慎滚下坡的皮球捡了回来。显龙稚嫩的脸上满是笑容，可他那即将引领新加坡未来数十年改革发展历程的伟大父亲，却陷入了沉思……

时隔多年，在回忆录中，新加坡总理李光耀这样写道：“如果在那里住上五年，孩子会把如此舒适的生活当成理所当然，这是我们不愿意看到的。我们后来决定住在自己的旧家。”“旧家”是一个非同小可的比喻。祖上三代早已旅居南洋的李光耀，或许仍然在怀念着一个印象朦胧、但亲切万分的“旧家”？

在“西潮”与“东风”间灵活变通的华人政治家

李光耀的祖先是来自于中国大陆沿海地区的华人，这批华人在清朝远渡重洋，四海为家，李光耀的祖先移居到今天的新加坡。继承了漂泊他乡的复杂记忆，在英国的殖民管理之下主动剖析西方文明的优劣，还在日本军国主义的残暴统治之下养成了坚忍不拔的抗争人格——这一切使得李光耀后来成长为志向远大的政治家。“二战”之后毅然领导新加坡人民独立建国，树立了这片大海上的“新家”独立自主的国际形象，并用30多年的时间，将其从资源匮之、地域狭窄的第三世界岛国，发展为举世闻名、富裕安定的国家。

尽管新加坡已经取得了世界公认的成绩，李光耀却从来未曾忘记漂泊他乡的祖辈曾经的叮咛，在风云变幻的20世纪时刻保持“居安思危”的意识。这种意识，在李光耀饱含“回家”情愫的回忆录里时刻浮现：“受英文教育的人，过享乐舒服的生活，日子过得比华校生好得多。但他们失去了自己的语言自己的文化，没有自信心，这个差别是很明显的。”可以说，李光耀的“回家”不仅有着具体的所指，更多地则呈现出他开辟“新家”的决心和审慎。复杂的地缘政治、经济、历史与民族环境，让新加坡自建国以来就纠缠在各种文化话语的旋涡当中。曾经沉浸在西方文明的摇篮中，新加坡这个商业城邦国家毕竟属于东南亚地区，是马来人、印度人和华人共同的家园，而不是中国、马来西亚或印度在南洋的自然延伸。唯有通过稳健的政治制度设计和审慎的治理来实现这种认同，新加坡才能保证其国际地位，发挥独特的地缘政治作用，进而确保本国人的福祉。

这种政治任务远比想象的要艰巨。李光耀和他的人民行动党，虽然能够凭借“父亲”般的威严，纵横星岛政坛多年，但仍然无法彻底平息西化殖民地背景和复杂的地缘政治因素给这片土地带来的压力与纷争。为了在政治和文化上树立开放自由且独立自主的形象，即便骨子里崇尚儒家思想，政治家李光耀也不得不与他祖先居住过的那片广袤的土地划清界限，以便在“冷战”的政治风暴中，维持新兴国家来之不易的发展空间。但是，这并不意味着自然的情感纽带会被沉重的现实理性一刀切断。在李光耀执政的漫长岁月里，华人与其他民族的关系一直得到微妙的平衡，新加坡的“双语”教育得以延续，既能与国际世界直接对接，也能维护以80%华人为主导的国民内在的精神文化认同。可以说，那颗南洋上的明珠之所以能够凭借狭小的国土和单薄的人口一跃成为“亚洲四小龙”，全赖李光耀在“西潮”与“东风”之间灵活变通、交织应对的政治智慧。

要在风雨飘摇之中，打造一片足以让流离海外多年的华裔、马来裔和印度裔国民都满意的“家园”，对于这位“家长”来说，是非同寻常的挑战。在现代化的语境当中，“旧家”或许太过遥远，但并不意味着就此揖别这片土地。当初离开泉州、潮汕、大埔等地的清秀山水，远渡重洋来到星岛的华人们，希冀的当然是一片乌托邦般的“新家”，但他们的心中却无时无刻不缅怀着“大地恩情”。大海磨砺了他们的斗志，赋予了他们精明果敢的性格，而从古老大陆携带而来的对儒家教诲、祖辈言行恪守不二的忠良品质，则让他们的血脉节奏与长江黄河的惊涛拍岸重叠。在心中的陆地和眼前的大海之间，“旧家”和“新家”的共鸣得以产生。流浪天涯，失却了土地和血缘的保护后，华人们为了能够与其他族裔竞争，也就必然会团结起来，增强力量。因此，“旧家”的遗训和礼法在新加坡的海港上再度振兴。从华人自发的结社，到成立正式的企业乃至于政党，新加坡的历史不仅是海外华人的努力拼搏史，还是中华政治思想在现代生存处境中不断焕发出新鲜活力的历史。

在李光耀的执政时期，这种新鲜的活力体现为对礼义廉耻的分明，体现为用威严的家长制治理国家的决断，体现为用严刑峻法约束社会，让各民族与阶层维持良好关系的新式法制。作为一个现代国家的首脑，李光耀微妙地处理好了世界先进治理技术和本土传统文明智慧之间的关系，既从原则上保证了国家在市场经济的导向中日趋繁荣，也通过社会文化教育的手段，保证了社会的稳定和政府的威信。正是这种实用主义的思维，促使了新加坡这个由移民组成的多民族国家维持发展势头的同时，还能够奉行公义和良俗，并成为整个亚太地区国家治理的模范。

许多年后，当“笞刑”成为法制教育的正面案例时，人们也许早已经淡忘了其最初遭遇的不解和质疑。曾经，不少打着“文明”和“民主”旗号的批评家认为，李光耀是一个独裁者，是一个披上民选外衣的野蛮、封建的家长，有着成为南洋华人世界“皇帝”的野心。新加坡用其卓越的建设成绩和开放多元的生活氛围，驳回了这种论调。可以用一个例子来把握、理解这种政治智慧：新加坡为国内大多数居民提供公共住房，保障其用水用电，但不供应天然气。这就促使居民必须出外觅食，也就滋生了餐饮业和公共服务业的发展。在保障人民拥有私人的“旧家”的同时，也敦促社会空间的“新家”得以逐渐生成，这就是李光耀奉行的辩证思维。把“旧家”搬进“新家”——或者说，让“新家”的稳健繁荣和“旧家”的居安思危融合在一起，这是超越西式现代性进程的伟大发明。

改革开放改变了东南亚政界对中国的看法

许多年后，当中国搭乘改革开放的巨轮扬帆起航时，新加坡的先行经验提供着可贵的借鉴。稳定、法治和繁荣、发展的两条线索，“旧家”和“新家”、传统古国与现代共和国的政治智慧，或许将为世界和平发展提供思路。在其晚年的政治观察中，李光耀看到了海洋彼岸的华夏故土，正在这条超越现代性、开创新时代的伟大航道上远航：

> 中国能以一个重要大国再现国际舞台，是我们这个时代最引人注目的事件之一。它的经济取得了不寻常的发展。其增长速度之快在40年前是不可想象的，也是人类历史上前所未有的，而且在今后几十年内还可能继续。……在今后20年至30年内，中国将希望与强国平起平坐。它毕竟不是一个新的强国，而是一个正在复兴的古老强国。

1976年，首次登上中国的土地，李光耀注意到，“街上的普通中国人穿着蓝色或黑色服装，看上去几乎一个样。”这深深地影响到他对中国的理解，以至于到了晚年，他也依然相信，中国本质上是一个趋同的、一体化的民族共同体。尽管仍有不解，李光耀作为华人的后裔，是少数能够精确意识到中国人对“一个强大的中央”的诉求具有现代竞争力的智者。只要这种中央性的集体思维能够得到参与式政府工作方式和党内民主的协调，只要腐败能够得到法制的有效控制，那么，中国也就有可能上升为现代化的一流强国。

改革开放改变了中国，也改变了以李光耀为代表的东南亚政界对中国的看法。“我亲眼看到中国戏剧性的变化。实体建设已将基础设施很差、破旧的城市，建成具有高速铁路、高速公路和机场的城市。你可以去访问北京、上海、广东或深圳，它们现在可以与世界上的任何一个城市媲美。”意识到中国的改革开放正在改变社会的整体面貌，这位南洋的“严父”嗅到了和平共处、共同发展的甜蜜气息。1988 年，李光耀再次访华，在钓鱼台国宾馆受到了热情的接待，中国方面为这位刚满 65 岁的长者安排了寿宴。李光耀动情地对随团记者说，从此两国的关系不再那么不自然了。很快地，于 1990 年，中国与新加坡正式建交。

与巨龙握手之后，李光耀退居二线，担任内阁资政，活跃于海峡两岸，为缔造和平发展的东南亚立下了汗马功劳。无论是在蒋经国的别墅打高尔夫球，还是在北京聆听故国的乡音，李光耀都把和平与发展视为政治游说的基本前提。长久以来，中新两国的友谊建立在亚洲乃至于世界外交格局的基础上，然而，不同于和其他国家与地区的关系，李光耀一再强调，中国有特殊的国情，是未来亚洲的领军力量，也是新加坡必须永远珍惜的兄弟友邦。

外交生涯见证中国巨大变化

李光耀的友善与诚挚，透过新加坡实际上的繁荣映射到中国。可以说，在中国改革开放经济建设如火如荼的关头，是李光耀的外交智慧及其打造的新加坡制度，为我们提供着可供参考的重要模板，并用实际行动，给予刚刚从“一穷二白”处境中走来的中国以启发。最早与他多有共识的，当属改革开放的总设计师。时隔多年，李光耀还会想起当初邓小平来访新加坡后的感叹：“啊！这才是成功的模式。”在南方谈话中，邓小平明确指出中国“向世界学习，特别要向新加坡学习”，并且要做得更好。20 多年过去了，如今的中国已经不逊色于新加坡，甚至的的确确在很多方面做得更好。而我们会记得，如果不是南洋华裔在李光耀的领导下做出了辉煌示范，祖国大陆许许多多同样黄皮肤、黑眼睛的同胞们或许还会固守本土和世界的僵化对立思维，在现代化大潮前艰难行进。李光耀用自己的行动证实，华人可以凭借智慧和勤劳打入世界市场，可以在威胁与危机面前转危为安，这给予了中国支持和推动，也给全球华人提供了精彩的励志故事。

李光耀用自己的外交生涯见证了中国改革开放的巨大变化。作为冷静的政治观察者，他能够客观认识到改革开放的历史意义；作为一国首脑，他更多地关注到领导人在推动时势发展过程中扮演的决定性角色。

新加坡这颗由李光耀一手缔造的南方明珠，一度为腾飞中的中国巨龙提供借鉴。世殊时异，随着中国的崛起，中新两国之间又将保持什么样的关系，使得双方在合作中实现共赢互利的美好格局呢？可惜的是，2015 年，李光耀撒手人寰，我们再也听不到他对世界局势的预判。幸好，他一手打造的“新家”的港湾依然开放，依然继承着他卓绝的政治智慧，在这一基础之上，我们可以期待炎黄子孙、亚洲兄弟间的伟大航道能够超越历史与民族的歧见，保持长久的畅通。甚至，我们可以进一步展望更加遥远的海域与大地，让“新家”的梦想四处生根、发芽……

萨马兰奇

“我为什么爱中国，尊重中国？”

“我最好的朋友在中国。在这个温馨博大的国度里，我有一种回家的感觉。”萨马兰奇选择了中国，中国也厚馈了萨马兰奇。亲口宣布拥有五千年历史，全球人口最多的国家首次主办奥运会，这是萨翁生涯的巅峰，而夙愿得偿，急流勇退，何尝不是奥林匹克传说中最完美的谢幕方式。

1978年的春天乍暖还寒，萨马兰奇作为国际奥委会第一副主席首次访问中国，入住北京当时一家涉外宾馆——北京饭店老店。此后30年，萨马兰奇29次访问中国，在推动第29届奥运会落户北京的同时，也从如今中国数百家的涉外饭店中，见证了日新月异的进步，“北京简直是一个梦，一个令人眼花缭乱的梦”。

筚路蓝缕启山林，栉风沐雨砥砺行。作为坚定的改革者，萨马兰奇与开放的中国一见钟情。在中国改革“摸着石头过河”的过程中，萨马兰奇不离不弃，如影随形。1979年中国回归奥林匹克大家庭，这与改革开放几乎同步。此后40年，在以经济建设为中心的社会变革时期，中国通过参与奥运、主办奥运的方式消弭分歧，广结善缘，凝聚民心。与此同时，1980年履新国际奥委会主席的萨马兰奇在21年任期内持续改革，令国奥会成为全球成员最多的国际组织，也让奥运会走出低谷，生机盎然。

2001年7月16日，在萨马兰奇亲口宣布北京胜出三天后，也是其当选国奥会第七任主席整整21年后，他欣然交出权槌。何振梁在当天的国奥会全会上深情发言：“中国人民热爱和尊敬萨马兰奇。对中国少年儿童，萨马兰奇是他们的爷爷；对中国的成年人，萨马兰奇是全天候的忠诚朋友；对我和另外两个中国委员来说，萨马兰奇是关心备至的兄长。萨马兰奇有一次访华时，问我他中文译名的含义，我答是‘手持奇异兰花、骑在马上的菩萨’，你就是传播和平、团结、互相尊重和人民间谅解的使者。”

“我最好的朋友在中国。在这个温馨博大的国度里，我有一种回家的感觉。”萨马兰奇选择了中国，中国也厚馈了萨马兰奇。亲口宣布拥有五千年历史，全球人口最多的国家首次主办奥运会，这是萨翁生涯的巅峰，而夙愿得偿，急流勇退，何尝不是奥林匹克传说中最完美的谢幕方式。

中国可信赖的朋友

1958年8月19日，由于国际奥委会坚持承认台湾奥委会，中国奥委会对外宣布，中断同国奥会的一切关系。这一断，便是20年。

1978年的中国之行，萨马兰奇肩负着让中国早日回归奥林匹克大家庭的使命。六天的访问中，他没有热衷于游览古都北京的名胜，取而代之的是紧锣密鼓的会议讨论、倾听。临别之际，在首都机场贵宾厅，萨马兰奇对何振梁说：“我现在更加清楚中国被排除在国际奥委会之外的历史真相，我一定全力促成中国早日回归。”登机时间到了，已经走上舷梯的萨马兰奇忽然转身下来，在何振梁耳边叮嘱，“根据我们得到的可靠消息，中国和美国的关系将会发生重大改变，这对中国返回奥林匹克大家庭极为有利。不过在恢复中国席位问题上，一番唇枪舌剑是免不了的，你们要做好准备……”

1979 年 1 月 1 日，中国和美国正式建立外交关系。美国承认中华人民共和国是中国的唯一合法政府，同时宣布结束同中国台湾的一切外交关系。当年 4 月 6 日，在蒙特维地亚举行的国际奥委会第八次全会上，萨马兰奇向委员们介绍了中国之行的所见所闻，同时呼吁：“国奥会应尽一切努力，使中国尽快回到奥林匹克大家庭中来。我认为下一步的工作是要求‘中华民国奥委会’改名，因为台湾不能代表中国。我不相信那些反对中国的人会不明白这样一个浅显的道理——如果占世界人口 23% 的中国被排斥在外，奥运会还是真正意义上的奥运会吗？”

同年 10 月 25 日，经过国际奥委会第六任主席基拉宁、萨马兰奇等人的轮番游说和多方努力，国奥会执委会在名古屋通过决议，恢复中国合法席位。2008 年，萨马兰奇在《我为什么爱中国，尊重中国？》一文中写道：

“在国奥会内部号召承认中国体育在奥林匹克运动中的地位，让中国开始渐渐视我为可信赖的朋友。”

洛杉矶的无数第一

1982 年 3 月，萨马兰奇第二次访华，也是就任国际奥委会主席后对中国的首次访问。这一次，他见到了邓小平，改革开放的总设计师给他留下了深刻印象，“虽然他个头不高，却是位历史伟人。是他的慷慨邀请让我得以在 1984 年参观了毛主席纪念堂。当得知我和我夫人是当时唯一受邀参观纪念堂的西方人时，我非常惊讶”。

萨马兰奇此行的主要目的是动员中国参加两年后的洛杉矶奥运会。中国首度参加奥运会是 1932 年，恢复国奥会合法席位后参加的第一届奥运会是 1984 年，两次都在洛杉矶。“苏联挑动其势力范围内的国家一同抵制 1984 年奥运会，但中国、南斯拉夫和罗马尼亚却抵制了苏联，依然出现在奥运会赛场上。我至今还记得中国代表团步入洛杉矶纪念体育场时的情景——雷鸣般的掌声向他们表示欢迎。”萨马兰奇 2008 年回忆道。

洛杉矶见证了中国奥运第一金，萨马兰奇也亲自为许海峰颁奖，“我一直记得在洛杉矶奥运会上颁发第一枚金牌的时刻，因为那是授予中国运动员的，这是中国奥运史上的第一枚金牌，也是我当选国奥会主席后颁发的第一枚夏季奥运会金牌。”

除许海峰外，萨马兰奇在洛杉矶奥运会的另一次颁奖同样意义深远。在60公斤举重决赛时，萨马兰奇临时决定亲自颁奖，因为来自中国的金牌得主陈伟强与来自中国台北的铜牌得主蔡温义同时出现在领奖台上。颁奖仪式后，萨马兰奇兴奋地告诉媒体：“中国和中国台湾运动员站在同一个颁奖台上，向世界宣告了一个时代的结束。国际奥委会是中华人民共和国和中国台北两个会员唯一并存的国际组织。”

两票输给悉尼

中国在国奥会恢复合法席位，并于洛杉矶一举斩获32枚奖牌后，开始认真考虑举办一届奥运会的可能。

1984年10月，应邀参加中华人民共和国成立35周年庆典的萨马兰奇，第一次向邓小平提起中国申办奥运会的可能性。

1990年7月，在参观国家奥林匹克体育中心时，小平同志说：“办完亚运会就要办奥运会。举办奥运会对振奋民族精神、振奋经济都有好处，你们下决心了没有？为什么不敢干这件事呢？建设了这样的体育设施，如果不办奥运会，就等于浪费了一半。”他这一番话，为一直酝酿申奥，却不知何时该向中央请示的北京市及国家体委负责人点亮了绿灯。

1991年12月3日，北京市常务副市长张百发带领的三人代表团到国际奥委会总部递交申请书，正式申办2000年奥运会。萨马兰奇对张百发说：

“你们从此将开始一段很艰难的历程，你们面临着很多竞争对手，祝你们好运。”

正像萨马兰奇说的，北京的对手，远不止悉尼、柏林、曼彻斯特、伊斯坦布尔。西方世界对中国的政治围攻一直没有停止过。毫不夸张地说，在奥运会申办历史上，没有一届像这次这样，有如此多的敌对情绪，如此多的政治干涉。

美国众议院人权小组通过一项议案：反对在中国北京或其他城市举办2000年奥运会，同时要求国奥会美国委员投票反对北京。《纽约时报》也发表社论，鼓吹美国参议院也应迅速行动，不让北京举办奥运会，还说政治从来就是干预体育的。

在激烈的政治围攻中，萨马兰奇对中国的维护是坚定的，无条件的。

1990 年 9 月，在他的动员下，有 60 多名国奥会委员应邀出席北京亚运会开幕式，这么多委员出席一个洲际运动会是前所未有的事。1993 年 5 月，萨马兰奇应邀参加上海首届东亚运动会，他的随行阵容是就任以来绝无仅有的：三名国奥会副主席、九名国奥会委员、两名国奥会名誉委员及夫人，再加上秘书、工作人员等，共 50 多人乘专机抵达北京。萨马兰奇要利用这次中国之行向世界表明一个态度：坚决支持北京申办 2000 年奥运会。

而针对美国的反华浪潮，萨马兰奇曾不止一次在公开场合批评美国的双重标准。在洛桑，萨马兰奇发表讲话："美国应该尊重国际奥委会的独立性，放弃发动反对北京申办的活动。国际奥委会将排除任何外界干扰独立决定选择 2000 年奥运会的举办城市。"

遗憾的是，1993 年 9 月 23 日的蒙特卡洛，北京以 43 ∶ 45 两票之差输给悉尼。

纠正第二个错误

1995 年 5 月，亚洲奥林匹克理事会在首尔选举 2002 年亚运会举办城市。台湾方面推出高雄参与申办。考虑到此事可能造成的严重后果，萨马兰奇推掉原定日程，出席本次会议。5 月 22 日，亚奥理事会第 14 次会议开幕，萨马兰奇在开幕式上脱稿即兴演讲："明天大会将决定 2002 年亚运会的举办城市，作为国际奥委会主席，我对你们有一个忠告，在做决定前要考虑维护亚洲奥林匹克运动的团结。"次日，萨马兰奇邀请国奥会亚洲委员共进早餐，他再次强调："我参加这次大会的目的很明确。我再次提醒大家，台湾与任何亚洲国家都没有外交关系，如果在高雄举办亚运会，亚洲国家将如何参加？"

萨马兰奇坚定的表态改变了很多委员的态度，在最后的表决中，韩国釜山获得 47 票，高雄仅得 4 票。对于萨马兰奇亲自出面阻止高雄申办亚运，中国奥委会表示感谢。何振梁说："您的到来使局面发生逆转，我代表中国奥委会对您为了维护亚洲奥林匹克运动的团结所做的一切表示感谢。""仅仅是感谢吗？中国该给我一个奖励！"很少开玩笑的萨马兰奇说。"您需要什么样的奖励？""那就是中国再次申办奥运会！"

“北京仅以两票之差败给悉尼。此后我依然坚持我的看法，那就是北京不应该放弃继续申办。我有一个坚定的信念：21 世纪的奥林匹克运动不能没有伟大的中国，奥林匹克大家庭也不能没有 13 亿中国人民，因为这将使我们变得更加强大。”

1997 年 10 月，萨马兰奇应邀来到上海出席中国第八届全国运动会。开幕式后他对何振梁说：“在我任主席期间，国际奥委会犯了两个错误，一是 1996 年奥运百年华诞没有回到奥运会的发源地希腊，而是选择了亚特兰大；二是 2000 年跨世纪奥运会给了悉尼而不是北京。第一个错误我们已经纠正了，希望在我离任前，能够纠正第二个错误。”此前一个月，萨马兰奇在国奥会第 106 次全会上全票当选主席，这是他第四次连任，也是最后一个任期。在萨马兰奇看来，2001 年主席任期结束时，如果能宣布 2008 年奥运会在世界人口最多的国家举行，将是他 21 年国奥会主席生涯最为圆满的句号。

把自己的事情办好

1998 年 11 月，中央批准由北京申办 2008 年奥运会。

蒙特卡洛申奥失利后，邓小平语重心长地说：“关键还是把我们自己的事情办好。”1998 年的北京，相比 1993 年第一次申奥时的北京焕然一新。改革开放令中国经济迅速发展，综合国力大大增强，中国的基础设施有了惊人的变化，人民生活水平大幅提高，到处是一片繁荣兴旺的景象。

令萨马兰奇和各位国奥会委员动容的，还有这个占世界人口近四分之一的国家对奥运会的强烈渴望——96% 的中国人支持北京申办奥运会！2001 年 1 月，国际奥委会评估委员会主席维尔布鲁根致函萨马兰奇，说他受到一些政府的强大压力，有人提出要求评估委员会对北京的考察包括人权问题在内的政治内容。对此，萨马兰奇一再重申，申奥与政治必须分开。

历史前进的车轮是无法阻挡的。2001 年 7 月 13 日，莫斯科俄罗斯国家大剧院，何振梁最后一个代表北京陈述：“无论你们今天做出什么样的决定，都将载入历史。但是，有一个决定必将创造历史。你们今天这个决定将通过运动促进世界和中国的友谊，从而为全人类造福。如果你们把举办 2008 年奥运会的荣誉授予北京，我可以向你们保证，7 年后的北京，将让你们为今天的决定而自豪……”

第一轮 44 票，第二轮 56 票，北京只用了两轮便轻松胜出，得票数比第二名多伦多高出 34 票，这在奥运会申办历史上是一个纪录。

北京时间 7 月 13 日 22 点 10 分，萨马兰奇缓缓打开装有 2008 年奥运会主办城市的信封，“获得 2008 年第 29 届奥运会主办权的城市是——北京”。这句简短的英语，这段一个人的画面，令萨马兰奇永载中国史册，也成为记录中国改革开放伟大成就的重要符号。

改革家萨马兰奇

1980 年，国奥会新任主席萨马兰奇面对的是狼藉一片。政治上，1976 年蒙特利尔奥运会，28 个非洲国家因种族隔离制度而拒绝出席，1980 年莫斯科奥运会和 1984 年洛杉矶奥运会，又因东西方两大阵营的冷战而遭到互相抵制。经济上，蒙特利尔奥运会亏空超过 10 亿美元，该市的纳税人到 20 世纪 90 年代末还一直在还债，骇人的“蒙特利尔陷阱”令 1984 年奥运会只有洛杉矶一家参与申办，与此同时，1980 年国奥会财务报表上只剩 20 万美元流动资金。

1978 年 11 月，也就是十一届三中全会召开前一个月，奥运会同样迎来转折点。刚刚获得奥运主办权的洛杉矶市议会通过一项不准动用公共基金筹办奥运会的市宪章修正案。洛杉矶求援美国政府遭拒后只好向国奥委申请，要求允许以民间方式由私人主办奥运会。

这一系列“苦心志，劳筋骨”之事，令萨马兰奇仿佛“天命之人”，顺势而为放手改革。和中国改革开放的实践类似，萨马兰奇的改革也是由解放思想开始的。首先，摒弃视商业化为洪水猛兽的陈腐观点，大胆引入市场经济机制，积极且可控地对奥运会进行多种商业开发。以拍卖的方式出售奥运电视转播权，奥林匹克全球赞助计划（TOP 计划），使得奥运会通过经济独立实现重生。“洛杉矶奥运会收入 2.87 亿美元，悉尼奥运会收入超过 14 亿美元，雅典奥运会超过 16 亿美元，看来奥运会无论对谁来说都是一笔不错的生意。”萨马兰奇说。

其次，废止理想化的业余主义原则，宣布奥运会向世界上一切最优秀的运动员开放，这就保证了奥运会比赛具有最高的竞争水平和观赏价值。

第三，拒绝继续执行“鸵鸟政策”，承认体育不能独立于政治之外，主动与政府和非政府组织开展对话，积极灵活地斡旋于国际风云变幻中。需要强调的是，经济上的宽裕增强了国奥会的政治独立性。

第四，限制奥运大项和总参赛人数，28 个大项，一万名运动员，两个运动员可以有一名官员陪同，以避免因奥运会扩容增加承办者负担。

第五，严惩腐败。1998 年“盐湖城丑闻”爆发，别有用心的美国调查委员会公开要求传讯萨马兰奇、改组国际奥委会，欲将国奥会置于美国的控制之下。萨马兰奇果断领导反腐运动，排除问题委员，制定了一系列反腐规定，在何振梁等委员的大力支持下渡过危机。1999 年 6 月的国奥会第 109 次全会上，萨马兰奇高兴地说：“波涛汹涌的大海已经过去，现在又是平静的湖面了。”

2010 年 4 月 21 日，萨马兰奇在巴塞罗那与世长辞，享年 89 岁。他是顾拜旦之后，最成功的国际奥委会主席，他是奥林匹克运动的中兴之主，他是我们的朋友。

傅高义

“中国先生”的“中国雄心”

傅高义谈道，从古典中国到当代中国，欧洲汉学和美国中国学的转向，也代表着汉学研究范式的转变。“我认为我们外国汉学家，基本的工作、基本的责任是让外国人能够了解中国，我认为我们应该用我们能用的努力，跟很多的学者一起向中国学习。”

1979年1月，华盛顿美国国家美术馆里，一场庆祝中美两国正式建交的招待酒会正在举行。中国领导人邓小平于现场使用扩音器演讲，距离他不远处，站着一位斯斯文文的美国学者，正安静地聆听他的发言。这人就是美国哈佛大学学者傅高义。在傅高义的生命里，这是在物理空间上最接近邓小平的一次。当时的傅高义肯定不会想到，在21年之后，他会因缘巧合，投身到一项浩繁的写作当中，这场写作会花掉他十多年的时间，而书写的对象，就是此刻站在他面前演讲的邓小平。

对理解改革开放时代的一次严肃尝试

说起来，傅高义与中国结缘，要归功于哈佛大学的费正清先生。费正清曾于二战前，在清华大学短暂地学习了一年中文，回到美国之后，费正清主张美国大学要培养出更多专门研究中国的学者。傅高义是费正清亲自物色并着力培养的学者之一。在1961年至1964年的三年间，傅高义被要求集中学习中国历史。而实际上，傅高义对20世纪二三十年代的中国现代文学和一些传统的中国小说比如《三国演义》《西游记》，似乎更感兴趣。

傅高义第一次来中国是在1973年，此后，几乎每年他都会来中国一两次。除了身临其境，傅高义对中国的了解还有很多途径，比如哈佛大学有很多中国人，包括中国学生与访问学者，这些人都成为傅高义的交流对象，在与他们的聊天中，傅高义不断地“抵近”中国。在中国之外，傅高义对日本也拥有浓厚的研究兴趣，他曾出版了《日本第一》《日本新中产阶级》等著作。

2000年，在韩国的济州岛，傅高义问他的一位朋友，如果要帮助美国人理解亚洲的未来发展，应该做点什么？这位朋友告诉他，那就应该认真地研究中国，研究邓小平。那次谈话后不久，70岁高龄的傅高义下定决心不辞劳苦，写一本关于邓小平的书。

他花掉了十多年时间，终于写出来一本《邓小平时代》。2013年年初，《邓小平时代》的中文版由北京三联书店出版。在这本厚厚的书里，傅高义表达了对于邓小平的钦佩之情。他写道：“我尽力客观地对待邓小平的言行，也没有掩饰我对于邓小平的钦佩。我认为他对世界有着巨大的影响，改变了一个当时还承受着‘大跃进’与‘文革’后果的国家的前进方向。我希望中国人民认可这本书是对理解改革开放时代的一次严肃的尝试。”

在新书发布会的当晚，我作为记者，对傅高义做了一次采访。那次采访是在傅高义下榻的宾馆房间，邻近北京三联书店。当我们推门而入的时候，一个瘦小的美国老头从沙发上起身迎接。他西装革履，面容清瘦，头发已经花白。他的眼睛很小，脸廓狭长而线条分明。他用流利的中文与我们打招呼，声音很轻，语调舒缓。

傅高义谈吐严谨，常常会在交谈中停下来思索，这个时候的他，两只手习惯不停地搓动。说到中国的改革开放，他说：“改革开放后的中国，发展变化非常了不起，只用了 32 年时间，就超越日本、德国，成为世界第二大经济体，这种发展速度举世罕见。如果按照这个速度，中国会在未来不久，在国民生产总值上超越美国，成为世界第一。有的美国人认为这是自然而然的事，但也有人很担心这种超越，但不管是哪一种人，他们都开始关注中国。”

这种巨大变化，源于中国的改革开放。但是，傅高义谈到，当下的美国学者，对中国启动的这场改革、对于启动这场改革的领导者邓小平，认识有些不足。这也是傅高义写作《邓小平时代》的一个缘由，他想告诉美国读者：需要重新认识邓小平。傅高义评价说：“一个拥有十几亿人口的大国，坚定地搞改革开放，没有前路可循，一切只能摸着石头过河，一边实验一边推进，这是需要胆略的。中国面对的是一项苛刻的、史无前例的任务，在此之前，没有哪个共产党国家成功完成了经济体制改革，走上持续发展的道路。”

展现中国大地上的这场波澜壮阔的改革

在写作之初，傅高义翻阅了不少别人写的关于邓小平的书。但到后来，他感到，历史事件容易梳理，而了解邓小平的想法却最为困难，因为邓小平没有留下任何笔记，傅高义又无缘与他当面交谈，所以一切只能依靠间接的材料与采访。《邓小平年谱》的出版，曾给傅高义的写作带来不少方便，但也仅限于帮助他了解到，邓小平在某个时间做了什么事情。至于邓小平为什么那么做，当时的考虑是什么，却不容易搞清楚。

为了解决这个问题，2000 年以后，70 多岁的傅高义开始频频奔波于中国大地。他去过邓小平留下了足迹的很多地方，包括四川广安、江西瑞金、太行山，还多次奔赴成都与重庆——那里是邓小平任西南局领导人时的办公场所。每到一个地方，傅高义都尽量去参观那里的历史博物馆，从中找寻过往年代的气息。他还通过种种渠道，与那些熟悉历史情况的人交谈，这些人包括一些历史人物的家人、秘书，也包括研究历史的学者。十年来，受访者粗略估计有 300 多位，这个名单里还有李光耀等中外政要。

有时候，被采访者会言说各异，但这正是令傅高义着迷的地方，他会兼听并蓄，然后自己慢慢去揣摩产生差异的原因。写作的过程，也是研究的过程，他不断地发现新课题，反过来又促使他去了解更多的人。比如，在开始写作的一两年，他发现陈云对于邓小平的作用很重大，他们有着奇妙的互补关系。于是，傅高义花了一年多的时间，专门研究陈云，阅读关于陈云的资料，并且采访了他的秘书朱佳木。这本书虽然命名为《邓小平时代》，但傅高义要写的远远不止一个人，而是一群人，是一个伟大的时代。傅高义要展示给读者的是，1978 年发生在中国大地上的这场波澜壮阔的变革，到底是如何发生的，由谁主导的，影响又如何。

那是一次将近三个小时的访谈，傅高义坦诚，平易，充满学者风范，谈话也不艰涩难懂。他对“邓小平时代”有着深入的研究与探索，因此一当话题进入到他的研究领域，就尤其显得健谈。有的时候，他甚至不满足于我们提出的问题，因而主动地设置话题，以便于阐述自己的看法。临结束时，傅高义显得意犹未尽：“那就最后再问两个问题？”——然后，他却一口气回答了我们五六个问题。

再一次见到傅高义，是在那次采访的一年之后，在中国人民大学举行的第四届世界汉学大会上。那是一次规模盛大的学术会议，云集了世界各国各地区优秀的专家学者，可谓星光熠熠，高朋满座。在开幕式之后，傅高义作为最先发言的专家，登上了演讲台。那一天的傅高义西装革履，步伐矫健，比一年前在宾馆接受采访时，更显得神采奕奕。他脱稿用流利的中文侃侃而谈，言辞依旧谦谨，却又充满智慧，既表达了对中国发展的祝福，也从一个学者的角度，提出了自己的期望。

他还谈到，从古典中国到当代中国，欧洲汉学和美国中国学的转向，也代表着汉学研究范式的转变。“我认为我们外国汉学家，基本的工作、基本的责任是让外国人能够了解中国，我认为我们应该用我们能用的努力，跟很多的学者一起向中国学习。”傅高义表示，外国学者研究中国，难免会有误会和错误，暂时也可能会有一些困难，但长期的方向是好的。他说：“我认为我们的交流有好处，现在世界上的问题太多了，但是没有基本的互相了解就没办法解决。我觉得外国汉学家在中国也好，中国学者在外国也好，都有责任去实现这个梦。”

那次汉学大会之后，傅高义还专程去了一趟清华大学，与清华的教授展开了一场对谈。那确实是一场精彩的智慧交流，赢得了清华学子的热烈掌声。傅高义在那次讲座里，从一个研究者的角度，品评中国历史。但是，在对新中国一些历史的评价上，他们有共鸣也不乏分歧。一年多来，曾看到媒体上关于傅高义的不少访谈，他的看法被不断重复。这一次清华对谈却颇有新意，因为傅高义要现场应对不同观点的碰撞与交流。

帮助人们了解这个改革时代，了解这个时代的中国

最近一次采访傅高义，是在北京的当代中国研究所。那天傅高义一身浅灰色的短袖衬衫，下摆扎在了裤腰里。他冲我友好地微笑，神情一如既往的谦和。这一次聊了更多生活中的事情。生活中的傅高义十分珍爱他的家人与朋友，他认为自己最为享受的事情，就是与家人一起共进晚餐，以及与老同学们聊天。除此之外，他的时间依然给予了工作。从哈佛大学费正清东亚研究中心退休以后，除了每周几次的骑行锻炼，他把大量的精力投入到邓小平的研究中。他的太太艾华慈为此埋怨说，傅高义就是一个地地道道的工作狂，退而不休，对家务从来不搭不理。说到这里，傅高义的脸上涌起了幸福的笑容——他显然并不为这种埋怨而感到烦恼，反倒似乎自得其乐。

从交谈中，基本上可以判断，傅高义属于那类比较传统的学者，他并不喜欢那些花花绿绿的新理论与新概念，也比较反感过于琐碎地开展学术研究。他所秉持的研究方法，有些类似于中国古人所说的“知人论世”，讲究从经济、政治、历史、文化，甚至山川地理等各个因素切入，逐步地接近研究对象。这也是他所强调的“全面的眼光”“对历史背景与时代氛围的充分了解”。正因为如此，傅高义的写作并不过分依赖纸上的材料，而是倚重实地的采访与面对面的交谈。这样的研究方式使他的写作充满了艰辛，因为他得满世界去寻找那些可以为他提供有效信息的交谈者，但同时又充满了收获，因为他总可以在这个过程中捕捉到令他耳目一新的信息。

“对于这本《邓小平时代》，您心中的第一读者是什么人？”我问他。

“我心中的第一读者，是那些受过一般教育的美国普通老百姓。我出生在美国中西部的一个小镇，当时跟我一起念书的小镇上的同学，后来大多并没有成为专家，也

没有成为知识分子。但是我从来没有忘记他们，我希望他们能有兴趣来阅读我的书，并且喜欢它。因此，我不大使用过于专业的术语，也不想把一件简单的事情说得太复杂，因为我必须保证如我小镇同学一样的读者能够读懂这本书。我曾经把《邓小平时代》拿给我的那些同学们看，他们读了以后告诉我：'你写得太精彩了！'这样的反馈令我感到非常幸福。我自信比其他的大学教授更为了解美国社会的底层，如果他们不乐意为这些底层人士写一点东西，那么，我却非常乐意。"

《邓小平时代》在美国出版以后，傅高义说，社会评论方面，90% 以上都是积极的评价，当然也有一些人提出了批评意见——而这些都是正常的现象。至于一些美国的中国问题专家，他们之中既有人对这本书并不"感冒"，也有人真诚地认为这本书写得不错。2012 年，《邓小平时代》获得加拿大多伦多大学莱昂内尔 · 盖尔伯奖，这个奖专门授予那些以英文写作的非虚构类著作。在颁奖典礼上，携《论中国》参与角逐的基辛格博士对傅高义说：

"你赢得这个奖是对的，你写这本书不容易。祝贺你！"

无疑，傅高义对他的《邓小平时代》十分看重。他说，哈佛大学同年出版的 100 多本书中，《邓小平时代》在销售业绩方面也是表现最好的。按照傅高义所言，这本书本来是写给美国读者看的，但事实上却让他在中国变得知名。谈到这里，傅高义笑了起来："有更多中国读者喜欢我的书，我当然更高兴了！"

《邓小平时代》因为涵盖了丰富的中外资料与研究成果，为数众多的独家访谈，以及对中国历史的深入分析与精当评论，被认为是国外邓小平研究的重要著作。除了摘得莱昂内尔 · 盖尔伯奖之外，2013 年，在上海第五届世界中国学论坛上，傅高义又被授予了"世界中国学贡献奖"。

对于这本书，傅高义坦承："我的看法在未来几年里，可能不会有大的改变。但是如果以后能够采访到更多的人，了解到更多的信息，我将要不断修订与补充这本书。我的一个愿望是，几十年后，那时的人们如果想要了解这个改革时代，了解这个时代的中国，他们会觉得阅读我的书是个不错的选择。"

——这就是"中国先生"傅高义的写作雄心，他对于中国的求索与书写显然不会停止，他与中国的缘分仿佛是一条汩汩清流，将随着漫长的时间一起流淌。

拉法兰

与中国同行

拉法兰认为，作为一个历史悠久的伟大国家，中国有自己独特的文化和传统。在这块土地上从事改革开放事业，这本身就决定了中国特色社会主义的原创性……“两个一百年”的清晰目标，激励着整个民族。

“自从在工业革命期间消失后，中国人重返世界一流强国之列。”法语被誉为世界上最动听的语言之一，当这句话被法国前总理拉法兰富有磁性、自带节奏感的男中音说出时，更为悦耳。

拉法兰的声音回荡在金碧辉煌的卢森堡宫，这里是法国参议院所在地。

2018 年 3 月 21 日上午 9 点 35 分，法国参议院举行“一带一路”听证会，拉法兰就此接受法国参议员的问询。拉法兰此言虽简短，但内涵丰富，前一句含义即为英国著名学者李约瑟的论断，“中国在近现代之前是世界上最先进的国家之一，但在 18 世纪下半叶英国爆发工业革命之后，中国迅速落后于西方国家”。因此有了著名的“李约瑟之谜”：尽管中国古代对人类科技发展做出了很多贡献，但为什么科学和工业革命没有在近代的中国发生？而后一句则是对中国改革开放 40 年成就的高度评价，这是令包括李约瑟在内的西方人都不曾预料的全新景象：中国已经成为世界第二大经济体，到 2016 年为止，按购买力平价计算，中国经济规模从 1978 年占世界 GDP 的 4.9% 恢复到 18.6%，以这么高的速度持续这么长时间的增长是人类经济史上不曾有过的奇迹。

作为中国改革开放、社会进步的见证者、研究者、推动者，拉法兰以他对中国的认知，启发法国参议员们应该从中国复兴的全面战略来理解“一带一路”倡议。“丝绸之路上的历史总是激发人们无尽的想象。法国作家玛格丽特 · 尤瑟纳尔笔下的古罗马皇帝哈德良就曾对古丝绸之路上繁忙的商贸充满向往。如今，当中国重新将丝绸之路带进现实，欧洲却仍在抱着好奇心打量，还未充分意识到‘一带一路’倡议的重要性。”

我们需要到中国去

我与拉法兰的初次结识是在他领导的“展望与创新基金会”于 2014 年初举办的新年招待会上。招待会场地狭小，略显拥挤，来宾大都是法中各界著名人士。也许我是第一次来，他很快就注意到我，远远地定睛看着我。这是一种长辈般专注的、友好的眼神，受到鼓舞的我趋前主动向他表示问候、自我介绍，并抓住时机约他专访。他随即大声喊他的秘书过来，说：“人民日报记者要采访我，你看看我的日程安排，定个约会。”第一次专访拉法兰就这样愉快地商定了。后来在多个场合，听到拉法兰告诫法国人，“与中国打交道，你首先得喜欢中国、喜欢中国人”。

1971 年，23 岁的拉法兰首次踏足中国的香港、澳门，没有进入内地，只是拿着望远镜远眺了对面的深圳、珠海，“对我而言，中国内地充满神秘”。也许是法国人骨子里流淌的“伏尔泰意识”，即异国情结，促使拉法兰对这个遥远的东方国度心驰神往。五年后，拉法兰如愿以偿，相继考察了北京、哈尔滨、上海和广州等地，“我对中国一见钟情”“兴致盎然中我朦胧感觉到中国未来发展的潜在力量”。多年后，拉法兰回忆此次中国之旅给他留下的深刻印象，“我记得当时的生活条件没有现在那么好，但年轻人都非常热情、充满活力，他们还跟我打乒乓球，我觉得这些年轻人长大以后肯定非常棒”。

“广东是向世界展示中国改革开放成绩的一个窗口，我就是一个最好的见证者。我已经见证了广东 40 年的发展，我热爱广东。”2018 年 4 月 7 日，在广州图书馆举行的《国际政要见证广东改革开放 40 年》纪录片开机仪式上，拉法兰如是说。

说到深圳，拉法兰曾对我讲述一桩趣事，20 世纪 70 年代，法国夏岱勒罗市欲与深圳结为友好城市，当时前者有常住居民 3.2 万，深圳则只有 3 万。其时夏岱勒罗市的友城事务谈判官员勒内 · 蒙诺里非常有远见地预期了中国的发展，他建议深圳更适合与当时有 38 万人口的维埃纳省建立友城关系。如今 40 年过去了，夏岱勒罗居民增至 4.5 万，而深圳已经超过 700 万。拉法兰为此感慨万分：

“这段友城轶事足以反映出近 40 年来中法两国截然不同的变迁。因此，我们需要到中国去。”

到中国去，风雨无阻。2003 年中国那场“非典”疫情依然历历在目，出于对疫病的恐惧，一些国家政要纷纷取消访华，但时任法国总理拉法兰坚持于当年 4 月疫情尚未得到完全控制期间对中国进行了访问，展现了法方对中国政府抗击非典行动的坚定支持，更体现了拉法兰本人对中国人民的真挚友好情感。“患难见真情”，从此拉法兰成了“中国人民的好朋友”。之后，中国政府启动 P4 实验室的建设，引进法国里昂 P4 实验室技术和装备，2015 年初亚洲首个 P4 实验室在武汉建成。实验室用于烈性传染病研究与利用，是人类迄今为止能建造的生物安全防护等级最高的实验室。

到中国去，更在辞官后。2005 年由于欧盟宪法条约在法国全民公投中未获通过，引发法国政坛震荡，时任总理拉法兰被迫辞职。“我离开总理府马提翁宫以后，不愿像在职时那样从政。而我对中国则投入很多精力。这种投入基于两个信念：一是我始终认为，即使在野也可以在国外毫无争议地代表法国；二是从政时间是短暂的，但外交生涯可以长久，尤其是与中国的交往。”

中国之外看中国

卸任法国总理后，拉法兰担任“法国展望与创新基金会”主席。了解中国、研究中国、介绍中国，推动中国和法国关系稳定发展，是该基金会的主要工作之一。从2006年起，每年8月底或9月初，这个基金会都要在拉法兰老家普瓦捷召开一次有关中国的高级别大型研讨会，出席研讨会的有法国政府内阁成员、议员、驻外大使、前政要、专家、学者和企业高层领导。

2016年9月初，我和同事受邀从巴黎坐高铁赴普瓦捷参加一年一度的中国主题研讨会，当年的主题为“中国之外看中国”，吸引了500多名政商学界人士的参与。这个由拉法兰亲手打造的中国主题论坛，已经迎来第十一个年头。十年间，法国及欧洲各界精英人士定期齐聚一堂，见证中国发展、讲述中国故事、寻找中国机遇，探讨中法关系未来。“中法新型伙伴关系”“2020年后的中国与世界”“中国与金砖国家共同命运体”“中国在全球治理中的表现”“中国的绿色增长”……从这些历年的主题可见论坛既饱含对中国自改革开放以来日新月异发展的关注，又怀有增进中法两国了解与合作的良好愿望。

法国展望与创新基金会总干事塞尔日·德加莱是拉法兰的得力助手，他深有感触地表示，十年里中国变化巨大，中国正朝着新型的发展模式迈进，同时深刻影响着世界。

午餐后，拉法兰在饭桌上像拉家常一样接受了我们采访。他总结说，十年来论坛营造了一个欧洲的中国之友网络，通过论坛的交流，与会者更好地认识了中国在世界的作用和法中两国关系。其核心价值是成为一个分享观点的“思想极”，让所有人都畅所欲言，在彼此尊重的条件下进行碰撞和交流。与此同时，2010年至2018年拉法兰担任博鳌亚洲论坛理事期间，每年都率领法国乃至欧洲高级经贸代表团与会，并有机会获得中国领导人接见，为法中两国政经高层的沟通与交流牵线搭桥。

卸任总理后，法国政坛左右更替，但无论是右派总统萨科齐、左派总统奥朗德、还是自称“非左非右”的马克龙总统，他们每次访华都爱邀请拉法兰随行。马克龙当选总统后不久，还任命拉法兰为总统中国事务特别代表。拉法兰利用每次来中国的机会，除了倾听中国领导人的真知灼见，也还愿意与中国的官员专家进行交流，他对中国的了解主要是通过耳闻目睹和学习研究。

2015 年 7 月，展望与创新基金会出版了拉法兰撰写的一本书，名为《与中国同行》。书中拉法兰谈到："如果我们认为中国目前的转变只是仿照从前，自以前的朝代从零开始，再次出发，每 30 年一变，那我们就错了。事实上，我们现在所处的情况，如同 1978 年中国那场同样无声无息的改革。当下的这场变革是会把中国带向整个人类体量中一个新的平衡点。自然涉及不同方面的延续，现阶段的成果也将引出下一个阶段的新需求。这本来是很容易理解的，但西方始终沉浸在以自身现状作为中国理想坐标的想法中，很难去想象正在发生的改变不仅仅为着缩短两者间的差距。这就是为什么西方没有办法全面洞悉 1978 年的改革在历史中的关联性。"

拉法兰在书中还大声疾呼："是时候来调整我们的既有思维模式了，当我们不再居高临下，我们的思想也能得到喘息。中国人的思维更复杂，更适宜于应对当今世界。我们不要再犯不研究、不深入、不理解的错误了。要从我们自身在世界的管理中总结经验教训，找到解读中国的最佳方式。"

法国政治家让－雅克·塞尔旺－施莱贝尔于 1965 年出版的畅销书《世界面临挑战》曾风靡一时，该书系统地阐释了美国模式。50 年过去了，拉法兰认为如今也是时候来了解引领未来世界的中国模式了。

认真研读习近平著作

拉法兰确实下了大功夫来了解中国、解读中国，在他看来，最佳方式便是研读中国领导人的真知灼见。《习近平谈治国理政》法语版 2015 年 1 月 13 日由法国百年出版社在法国正式发行，2 月 13 日百年出版社在巴黎举办了《习近平谈治国理政》一书研讨会。当时拉法兰对我说，"我认真阅读了此书。习主席的这本书是值得研究的信息宝库，汇总了他对中国的各种期待，他的演讲帮助我们梳理出不断强调的主题和始终如一的基准，使我们可以分清主次。一个国家元首用白纸黑字的方式，记录下他的治国理念、远大抱负和总体计划，这是很少见的。我认为直接阅读习近平的著作是很重要的。"

6 月 8 日，我正在国际奥委会总部洛桑报道北京申冬奥代表团的活动，收到了拉法兰关于《习近平谈治国理政》的读后感，希望刊登在《人民日报》。一口气读完拉法兰精辟深刻、饱含深情的读后感，我深深被这位睿智老人的研究精神与认真态度所打动，很快将文章传回人民日报国际部。7 月 16 日，拉法兰的读后感《清晰的目标激励着整个民族》在“国际论坛”栏目发表，引起很大反响。

拉法兰在文中说：“我抱着极大的兴趣拜读了《习近平谈治国理政》一书。这部著作全面系统回答了新的时代条件下，中国发展的重大理论和现实问题，字里行间流露出一位国家领导人的政治抱负、治国理念、宏大规划和真情实感。对其丰富内容进行归纳提炼是一项浩大工程，我只能择其要而述之。”

“作为一个历史悠久的伟大国家，中国有自己独特的文化和传统。在这块土地上从事改革开放事业，这本身就决定了中国特色社会主义的原创性……‘两个一百年’的清晰目标，激励着整个民族。当前中国经济发展进入新常态，带来许多变化与挑战。中国要实现有质量的经济增长，离不开创新和技术含量的提高。习近平在书中引用法国作家雨果的话说，‘已经创造出来的东西比起有待创造的东西来说，是微不足道的’，意在号召中国年轻一代发挥其创造力。中国的发展寄希望于民族智慧和创造力。”

“总之，《习近平谈治国理政》谈中国、论世界，为国际社会更加全面地了解中国、更加客观地看待中国、更加理性地读懂中国，开启了一扇重要窗口，提供了一把重要钥匙，是一部值得认真反复品读的好书。”

此文的发表，助推了国内外学习《习近平谈治国理政》的新热潮。

在接受采访时，拉法兰强调，“习近平主席的新理念中最让人印象深刻的是，选择创新作为发展的主要杠杆。他呼吁中国人民尤其是年轻学生用聪明才智结出创新的果实。研究中心、实验室、孵化器、产业竞争力集群……这些机构在全国各地成倍增长，没有任何一个省份被排除在这个战略之外。伟大的中国人民重获了民族创造力，而这个创造力曾经一直辉煌到 18 世纪。如今中国又位列世界创新国家的前茅。”

拉法兰说：“习主席是一位伟大的世界领袖，他根植于中国土地与文化，善于很快适应国际形势，并能领导中国在世界舞台发挥重要作用。关于他的外交思想，我马上想到他的多边主义及发挥联合国作用等主张，这对世界平衡至关重要。习主席提出的‘一带一路’倡议表明他非常重视欧亚战略，这为世界的发展带来了活力，凸显他具有全球视野。”

陆克文

“我是中国改革开放的见证者”

在陆克文眼里，中国是维护世界和平的重要力量，“人类命运共同体”也不是一种遥远的理想主义，而是体现出了中国的远见，有识之士应该认真研究全球共同利益及共同价值，来改善已有的国际秩序。

1972 年的一天，一名生活在澳大利亚昆士兰州的普通家庭妇女把一张报纸递给上中学的儿子，告诉他报纸上的这个国家将来对澳大利亚至关重要，而且有一天将改变世界。报纸上是此前一年中国加入联合国的内容。几十年后当这个男孩再次回忆起这段往事时，仍然对自己只有初中文化水平的母亲心怀感激。母亲的远见使他立志学习中文和了解中国的愿望更加强烈，而他对中国的痴迷也成为其后来政治和学术生涯中最重要的标签。这名叫凯文·路德的男孩后来有了一个响亮的中文名字陆克文，2007 至 2013 年期间他曾两度出任澳大利亚总理。

七亿人脱贫是中国改革开放取得的最大成就

中学毕业后，陆克文前往首都堪培拉，就读于澳大利亚国立大学，开始系统学习中国历史和语言文化。“我依然记得 1978 年还在读本科的时候，努力阅读《人民日报》关于十一届三中全会报道的情景。从那时起，每一届中国共产党代表大会我都会学习。所以，我在某种程度上见证了改革开放以来中国发生的巨大变化。”尽管时光已经过去了近 40 年，但陆克文在 2017 年 10 月接受笔者采访时，回忆起当年的情景，仍然历历在目。

六年后，也就是 1984 年的夏天，陆克文接受澳大利亚外交部的派遣，携妻女从香港前往北京，开始了其在澳大利亚驻华大使馆的外交官生涯，也开始了他与中国内地的实质性接触。很快，陆克文和他的家人在北京注意到，一些非同寻常的变化正在这个刚刚开启国门不久的国家内部悄悄发生。陆克文的夫人特丽莎回忆说，“我们还在那儿的时候，邓小平讲话了，他说人们可以卖掉丰产物资，并自得其利。一夜之间，街上有了小摊贩；一夜之间，你突然可以花很少的钱买一件丝绸睡袍；一夜之间，你可以买到不带伤的苹果。到我们离开中国的时候，那儿已经有了一些私家车，虽然不是很多。50% 的人不再穿中山装了，产品变得逐渐丰富起来。我想就是从那时开始，这种变化一直持续到了今天”。

改革开放到底给中国和世界带来了什么？不同的人有不同的解读。作为一名长期观察中国的西方国家领导人，陆克文告诉笔者：“当我开始学习中文时，中国的经济总量仅几乎和澳大利亚相当，如今以购买力平价计算，中国经济已经超越美国，而在下一个十年内，以市场汇率计算的中国经济同样会超越美国。与此同时，中国的人均收入也实现了跨越式增长，七亿人脱离了贫困。所以，单凭中国取得的成就，联合国在 2015 年就基本上实现了其千年发展目标。这就是中国改革开放取得的最大成就，也是对人类的巨大贡献。”

2017 年底，陆克文在堪培拉举行的新书签售会上，面对大批从四面八方赶来的澳大利亚拥趸，再次重申了他对中国改革开放和中国执政党的评价。

“中国打开国门之后仅 30 多年，就使七亿人脱贫，这是判断改革开放政策利弊得失和对中国共产党进行评价时无论如何也无法和不能绕过的道德门槛。”作为一名在贫困家庭长大的孩子，陆克文对贫穷有着深刻的体会，对中国人民脱贫致富后进入小康生活的喜悦之情感同身受。他说：“贫穷没有尊严，能从贫困的屈辱中解放出来是天大的事。所有中国人都应该为国家取得的成就感到自豪，这种成就无论以何种方式评估都是令人震惊的。这是几代中国领导人持之以恒，坚持对内实施以市场为导向的改革、对外顺应经济全球化的成果。这种政策上的连续性同样是中国在未来取得成功的关键。”

研究中国世界观对当今世界来说很重要

2013 年 11 月，陆克文离开澳大利亚政坛，随后前往纽约担任美国亚洲社会政策研究院院长，开始了其学术生涯，关注的重点依然是改革开放中的中国。

陆克文说，他到过中国一百多次。对世界来说，中国在各个方面所起的作用越来越重要，中国在提供国际公共产品方面的贡献越来越大、效果越来越好。这也是他决定在学术机构里“用一些时间来研究中国现在、未来的世界观是什么”的重要原因。

作为一名曾经的政要，陆克文与改革开放以来历届中国政府领导人都有密切接触，中国领导人的开放胸襟和深谋远虑让他印象深刻。“多年来，我有幸参加了与多名中国领导人的会谈，包括江泽民、朱镕基、胡锦涛、温家宝以及现任的习近平主席和李克强总理，还有许多政治局委员和国务院官员，从中我受益良多。”

陆克文 2017 年 10 月接受英国广播公司采访，谈到了对习近平的印象。在陆克文眼里，习近平自信，既有渊博的学识，又有极强的使命感。陆克文说：“因此，我认为在这个框架下，习近平意识到自己与中国重拾国际大国地位密切相连，他对中国未来的构想不只关乎国家财富和国力，更关乎每个人的财富以及每个人追求自己未来的能力。”

陆克文在 2017 年接受采访时说：“这也是为什么我要在牛津大学从事一个关于习近平世界观的新研究项目的原因。了解中国在未来如何参与国际事务对当今整个世界来说很重要，就像中国了解世界如何看待其在 21 世纪的全球角色一样重要。要做到这一点就不能纸上谈兵，这对我们所有人来说都是现实的。我觉得习近平为我们提供了一个必要的和迫切的全球对话的良好起点，从而维护世界人民在 21 世纪的繁荣和安全。”

陆克文认为，中国的领导人具备两大素质，一是在制定战略性政策时，无论面临什么样的障碍和挑战，都表现得相当有韧性和耐性。二是中国的领导人往往具有前瞻性的远见，善于制定长远的计划，从邓小平到江泽民、到胡锦涛、到习近平，莫不如此。

陆克文深知，作为中国的执政党，改革开放后中共每一届党代会都是中国历史上浓墨重彩的一笔，都决定了今后一段时期中国政府的政策走向。

“无论是作为一名学者、驻华大使馆的外交人员、商人、议员、外长、总理还是设在纽约的美国智库亚洲社会政策研究院的创始人，我对中共党代会的关注都没有停止过。”

改变经济增长模式的时候到了

当前，反全球化思潮抬头，中国在维护多边主义国际秩序及推动国际合作方面发挥着越来越重要的作用。陆克文对“一带一路”倡议、亚投行的建立等中国在新时期出台的重大外交和经济举措给予高度肯定。

谈及中国未来经济发展时，陆克文表示，希望在十九大之后，中国经济继续实现稳步增长，并对世界经济增长做出更大贡献。

对于十九大，陆克文给予了不同寻常的特别关注。“重温习近平在十九大所做的重要报告是令人深感鼓舞的。习近平表示将继续致力于执行下一阶段的经济改革。对国际社会来说，过去五年全球经济面临不利因素，美国和欧洲表现均不佳。幸运的是，我们已经看到了全球经济强劲复苏的成果，允许改革生根发芽，并适时开花结果的国际环境已经成熟。”

中国当前的经济模式运行了40年，这种模式虽然确保了高增速，但随着中国经济社会的发展变化，如今到了改变的时候了。陆克文告诉笔者，近年来，中国领导人已经认识到，必须实施新的经济改革蓝图，改变中国的经济增长模式以适应未来的发展需要。这个决策让西方人印象深刻，它反映了中国对经济挑战的理性分析：中国要从低工资、劳动密集、污染环境的出口导向型经济转变为高收入、高技能、科技和创新驱动生产力增长以及环境可持续发展的新模式，这需要大量培植服务业和国内消费需求，私营企业也必须越来越有创业精神。这又是一次严峻的政策挑战，就像以前改革计划经济体制时邓小平提出要打破“铁饭碗”一样，此轮改革也要在相当大程度上破除既有的东西。而一旦改革议程全面实施，从长远看中国和世界获得的经济效益都将更加巨大。

陆克文认为，中国经济转型的实质是从伴随国家大量基础设施投资的劳动密集型和出口导向型模式，向拉动内需、服务行业占比更大和以民营企业为主导的模式转变。迄今，中国在转型方面取得了长足的进步。

在陆克文看来，许多改革措施在推行过程中会充满争议，邓小平刚提出改革开放理念时如此，现在改革的挑战更加具有根本性。在国企改革、私企定位、财政管理、外国投资、外贸和竞争政策以及金融体制、劳动力市场和土地问题等一系列决策上都要求中央政府出台新的灵活政策。“这些都是大刀阔斧的革新，需要在中国领导人选择的社会主义全面发展模式下，制定崭新的意识形态框架。”

“人类命运共同体”体现了中国的远见

在中国崛起过程中还有一个被国际社会经常提起的问题，那就是一旦中国变得富有和强大，中国将如何在世界上使用它的财富和力量？陆克文说，习近平在十九大会议报告中有关建立“人类命运共同体”的倡议为此提供了答案。

“十多年前，作为澳大利亚政府总理，我首先提出了建立亚太共同体的设想。目的就是将区域内所有国家，包括中国和美国在内，纳入共同的地区框架，就算在某些关键的安全政策问题上两国仍然存在战略分歧。”陆克文告诉我，这样一种区域性的安排应该以扩大东亚首脑会议的任务为基础，从而维护“为我们的共同繁荣奠定了基础的亚太地区和平”。而且陆克文还坚信，无论国家间的鸿沟有多深，假以时日，“我们能够建立对亚太地区未来命运负责的区域机构”。

陆克文说：“这就是我支持习近平建立‘人类命运共同体’构想的原因之一。如果我们都陷入冷战思维，那么政治和战略分歧就会加深、外交行动就会失效，合作机制就会空转，热战就越来越有可能发生。当然，要实现习近平的构想，需要我们做大量工作，如果我们不朝那个方向努力，那将是极为不负责任的。”

在陆克文眼里，中国是维护世界和平的重要力量，“人类命运共同体”也不是一种遥远的理想主义，而是体现出了中国的远见，有识之士应该认真研究全球共同利益及共同价值，来改善已有的国际秩序。

“中国不愿参与任何形式的全球对抗，看看中国的核力量，其规模远小于美俄，而且中国并未试图赶上它们。中国领导人认为，与其依靠自己的力量打造全球安全架构，不如成为世界经济体系中不可替代的一部分。”

陆克文认为，在现有的多边体制下，中国很可能会越来越积极主动。西方应欢迎中国的多边行动，而不再对其进行攻击。这将有助于巩固已经受到极大挑战的诸如联合国、国际货币基金组织、世界银行、世贸组织及二十国集团等现有全球治理体系。

在陆克文的构想中，“人类命运共同体”可以先从“亚太命运共同体”开始一步步实现。他认为，历史不会重演，但却有迹可循。“我们从欧洲学到的最重要经验是，区域一体化必须要迈出第一步。尽管欧洲现在面临困难，但欧洲已经形成命运共同体，欧盟在欧洲和世界的和平与发展中扮演不可或缺的角色。在亚太地区我们也要加紧建立我们自己的命运共同体，以应对越来越复杂的地区和国际形势”，而这也与习近平主席所提出的“坚持亚太大家庭精神和命运共同体意识创造和实现亚太梦想”一脉相承。

“一带一路”，中国走出去新长征

近年来，陆克文在多个场合发表演说时均指出，习近平主席提出的“一带一路”倡议是中国有所作为的主要外交战略之一，是中国进一步推动对外开放的新举措，是中国走出去的新长征。如果“一带一路”推动顺利，可以成为东西方交融合作的新桥梁。

陆克文表示，目前世界经济增长处于历史较低水平，如果部分发展中国家加快基础设施建设，能够支持全球经济发展，从而有利于实现联合国可持续发展议程。

他认为，在基建领域，中国有经验、有比较优势、有资金支持，能够从政策沟通、设施联通、贸易畅通、资金融通、民心相通五个方面为亚欧非大陆以及周边国家和地区提供国际合作公共产品，连接起东亚经济圈和欧洲经济圈，并且带动东亚和欧洲之间地区的经济发展，解决欧亚大陆地区发展不平衡的问题。“如果中国能到那些地区去投资基础设施建设，那是再好不过了。”

谈到对于“一带一路”倡议的理解，陆克文表示，“一带一路”可以成为一个很好的中国品牌故事。中国正在改变着世界，世界需要了解中国，中国需要了解世界，每个好的中国品牌，都是一个讲好中国故事的机会，希望中国讲好“一带一路”的好故事。首先，中国应建立国际多边机构，把利益相关方纳入“一带一路”建设的决策和执行过程中来，能够避免不必要的误解和矛盾。第二，将“一带一路”和其他国家的发展战略相对接是有必要的。比如将来的澳大利亚北部大开发，韩国欧亚倡议，东盟互联互通规划，欧盟融合计划，俄罗斯欧亚经济联盟等，和“一带一路”都很有可能合作，从而使相关国家都从“一带一路”建设中受益。

2017 年 5 月，陆克文在中国举行的“一带一路”国际合作高峰论坛上表示，“国际社会对‘一带一路’也有高标准的期待，环境保护的高标准、可持续发展的高标准、劳工保护的高标准等”。

陆克文认为，“一带一路”带来通商和文化交流，有助于推进国际秩序健康发展，未来还可以帮助数十亿人脱贫。而“一带一路”建设中肯定会遇到问题，但中国有“摸着石头过河”的历史经验，这种方式也会反映在“一带一路”的建设中。他这位“中国通”建议，在“一带一路”建设中一定要保持透明，要把项目真正作为全球性项目来经营。中国可推出一个“行为指南”作为中国在全球范围内项目建设的通行标准。在这方面，亚投行是个非常成功的范例。

古特雷斯

中国，多边主义的重要支柱

1949 年出生的古特雷斯，恰巧是中华人民共和国的同龄人。古特雷斯说，非洲事务一直是联合国工作的重中之重。感谢中国始终关心和重视非洲，中非合作论坛已经成为南南合作的典范，将对世界和平与发展作出重要贡献，具有重要的全球性示范意义。

69 岁的安东尼奥 · 古特雷斯的形象富有亲和力：个子不高，稍有些发胖，灰白的头发，红色的领带，走路缓慢而平稳，脸上总是带着淡淡的微笑。

2018 年 9 月 2 日，国家主席习近平在北京人民大会堂会见古特雷斯。这一次，古特雷斯是来北京出席中非合作论坛北京峰会的。习近平指出，联合国是多边主义的旗帜。当前，单边主义和保护主义抬头，冲击国际秩序和全球治理体系，世界比以往更加需要多边主义，更加需要一个强有力的联合国。习近平强调，中国同非洲国家长期友好，命运与共。中非合作始终是发展中国家心心相印的合作。中方愿同联合国就如何更好支持非洲加强沟通，深入探讨。

古特雷斯说，非洲事务一直是联合国工作的重中之重。我这次与会就是要体现联合国对非洲和中非合作的支持。感谢中国始终关心和重视非洲，中非合作论坛已经成为南南合作的典范，将对世界和平与发展作出重要贡献，具有重要的全球性示范意义。

“中国与联合国的合作是根本性的”

与热情洋溢的前任潘基文相比，古特雷斯似乎更有一种稳重而坚定的力量感。熟悉他的人会从他的背景中去寻找这种力量感的来源：一位以亲民著称、又久经政坛历练的葡萄牙中左翼政治家，将公平、正义奉为终生的政治信仰，在“地球球长”的关键位置上为人类的和平与发展奉献心力。

而中国人对古特雷斯更有一种特别的亲切感：他是改革开放之初就来到广东的旅行者，是亲历澳门政权交接的葡萄牙官员，更是见证中国从加入世界贸易组织到共建“一带一路”、不断走向开放的联合国“当家人”。

2018 年 4 月 9 日，记者在钓鱼台国宾馆第一次近距离接触古特雷斯。那一次，古特雷斯应习近平主席邀请访华。在启程前往海南参加博鳌亚洲论坛 2018 年年会前，他接受了人民日报全媒体采访。

接受过无数采访的古特雷斯，那一天也显得有些兴奋——通过人民日报全媒体平台，超过 7 亿的受众观看了文字和视频采访。古特雷斯说：“我想这是我拥有过的最大的平台了。”两个多月后的 6 月 15 日，是《人民日报》创刊 70 周年纪念日。他高兴地祝贺《人民日报》70 岁生日，并接过了主持人递上的特别礼物——人民日报古特雷斯报道集。

这本报道集里，有一张古特雷斯当选联合国秘书长后和习近平主席首次会见的照片，还有相关的报道。“谢谢！”古特雷斯高兴地用中文说。

那是2016年11月28日，那一年是中国恢复在联合国合法席位45周年。在钓鱼台国宾馆，习近平主席会见了作为候任联合国秘书长访华的古特雷斯。习近平强调，中国将坚定支持他履行好秘书长工作职责，并指出，作为最具普遍性、权威性、代表性的政府间国际组织，联合国在应对全球性挑战中的作用不可代替。

2017年1月18日晚，习近平来到日内瓦湖畔的万国宫，出席“共商共筑人类命运共同体”高级别会议。在第71届联大主席汤姆森和新近就任联合国秘书长的古特雷斯陪同下，习近平步入会场，全场掌声四起。古特雷斯说：“习主席，在您领导下，中国已成为多边主义的重要支柱，而我们践行多边主义的目的，就是要建立人类命运共同体。”他向习近平赠送了周恩来总理1954年率团出席日内瓦会议的珍贵历史文件和1945年各国签署的《联合国宪章》正本复印件两件重要礼物。中国向联合国日内瓦总部赠送了景泰蓝花瓶。习近平说，中国是第一个在《联合国宪章》上签字的国家，将继续做联合国坚定的合作伙伴。

几天以后，古特雷斯亲自录制了一段祝贺中国农历鸡年新春的视频。他讲述了与习主席的会面过程，强调中国为联合国发挥着至关重要的作用，还用中文拜年。他说：“鸡年象征着凡事早早行动，也象征着迎来新的开端。鸡年强调的是在工作中必须充满活力，下定决心，还要有强烈的责任感。”

当年5月，古特雷斯来华参加“一带一路”国际合作高峰论坛，并在论坛开幕式上致辞。2018年4月，他首次以联合国秘书长身份正式访华，习近平主席会见了他。古特雷斯回忆：“习主席和我非常一致。我们都认为，当今世界面临很多复杂的问题，面对很多挑战，保护主义和孤立主义在上升。但我们坚信，解决全球性问题只有一个方式，那就是全球性的解决方案——全球治理，而不是单边主义。我们需要更多的国际合作、多边主义、全球治理。”

古特雷斯说，习主席关于构建人类命运共同体的理念，是对国际社会的重要贡献。他说，中国与联合国的合作是根本性的。中国坚定支持联合国的工作，是多边主义的支柱。中国提出的“一带一路”倡议是对全球化面临的挑战所做出的积极回应。“中国积极参与全球发展合作，和国际社会一道寻找解决应对全球挑战的全球治理机制。

未来，联合国与中国的发展合作将进一步深化。”在访华前接受采访时，他对贸易战表达了明确的反对立场。他说，贸易战总是非常糟糕的，不仅对涉及其中的各方来说如此，而且对于整个国际经济来说也是如此。“我们需要国际合作，不管有什么问题，必须通过对话、通过严肃的谈判来解决问题。”

2018 年 9 月，古特雷斯来华出席中非合作论坛北京峰会。行前，他在纽约联合国总部接受中国媒体采访。他表示，中非合作是南南合作的核心内容，对非洲乃至世界的和平与发展都至关重要。中非合作是非洲发展的重要举措，与联合国 2030 年可持续发展议程以及非盟《2063 年议程》的目标相契合。非洲的成功对世界的和平与发展至关重要，而与中国的合作对非洲的成功至关重要。

对中国历史和文化充满兴趣

1949 年出生的古特雷斯，恰巧是中华人民共和国的同龄人，其政坛经历也与中国改革开放几乎同步——他 1974 年加入葡萄牙社会党，1976 年在首次民主选举中当选议员，踏入政坛。两年以后，中国开始了改革开放。又过了 6 年，作为政坛新锐的古特雷斯到访广东的一座城市。后来，他以不同身份多次来过中国，1998 年以总理身份访华。

数十年过去了，古特雷斯对初访中国的印象依旧深刻。他说，那是清晨 5 点，在一座连接城市两个部分的大桥上，自行车和行人川流不息。在他的记忆里，那个城市的街头“没有一辆汽车，却有数以万计的自行车”。在那以后，他又来过中国很多次，如今的中国“你几乎已找不出 1984 年的样子”。有一次，他特意旧地重游，在同一座桥上却看不到一辆自行车。当年那座城市到处是平房，现在除了一部分景观区，其他地方都找不到平房了。

身为“理工男”的古特雷斯，毕业于里斯本高级技术学院的物理和电子工程专业，当过大学老师，执教系统理论和通信信号课程，英语流利，还能讲法语和西班牙语。但他真正喜欢的却是研究历史。他最欣赏法国史学家乔治 · 杜比和英国史学家艾伦 · 约翰 · 珀西瓦尔 · 泰勒。前者以研究中世纪历史著称，主编《法国史》，对历史的细节有生动的描摹。后者精于中欧史、英国史和外交史，对俾斯麦的研究非常深入。从历史的细节中，他触摸着不同民族的历史与文化。

很自然地，古特雷斯对中国的历史和文化充满兴趣。2006 年，他访问北京时来到老舍茶馆体验京味文化，当年的照片至今还挂在店堂里。2018 年，他旧地重游，一踏入茶馆就听到“来了您呐，里边请”的京味儿吆喝。在老舍茶馆，他欣赏了龙嘴壶茶艺表演，品尝了老北京特色糖葫芦，还饶有兴致地拿起木槌敲打铜盘，“玩”起了鬃人。

葡萄牙是一个诗的国度，古特雷斯非常推崇葡萄牙诗人费尔南多·佩索阿，认为他的作品“独一无二”。他还很喜欢当代艺术，是纽约切尔西等地的画廊以及众多博物馆的常客。他又是个音乐迷，在家最喜欢的享受就是听唱片，在纽约时经常去音乐厅看演出，访问中国时曾去音乐厅欣赏经典的交响乐演出，京剧表演也让他看得津津有味。他说，京剧就很好地展示了中国的传统文化，中国文明是世界上最古老的文明之一，应该珍视这样的传统文化。“在中国，优秀的传统文化与来自世界各地的文化相融合，文化不仅让人们团结在一起，并且能够推动和平对话与理解，在今天的世界中，这一点非常重要。”

古特雷斯不仅是中国历史的观察者，某种程度上也是参与者。1999 年，他作为葡萄牙政府代表团成员，出席了澳门政权交接仪式。他说，在和平、和谐的气氛中，看到葡萄牙国旗缓缓降下，中国国旗缓缓升起，“那的确是个激动人心的时刻”。后来他回忆，在这个过程中他感受到双方都充满善意。

“虽然澳门回归的过程很复杂，但双方都能做到相互谅解。我认为还有一点也很重要，那就是依据葡萄牙宪法，澳门并不算是我们的殖民地，而是由葡萄牙治理的中国领土。所以澳门的回归并不算领土移交，而只是管理权的移交。我们一直都承认澳门是中国的领土，而我们则仅对澳门进行治理。一旦时机成熟，我们就会离开，并由中国政府接手澳门进行自治。一切相关事宜都是由中方战略决定的。”

朴素而有情怀的政治家

多次访华的古特雷斯，有一个镜头给中国人留下特别的印象：虽然身居高位，他却自己拉着行李箱，一点都没有“官架子”。而葡萄牙人则熟悉他的另一段逸事：2002 年，当他卸下葡萄牙总理职位后，每周数次到里斯本郊区的一个贫困社区给孩子们免费辅导数学。他从不允许记者跟随采访，也不许摄影记者拍摄他教的学生们的照片。他告诉学生们，自己这样做完全是个人行为，不是为了作政治秀。

这两件事显示了古特雷斯的风格——朴素而有情怀。在他担任总理那几年，葡萄牙经济迅速发展，几乎实现了全面就业。政府在削减预算的同时增加福利，建立了最低收入保障制度，这是他的标志性成就之一。他也非常赞赏中国所取得的民生成就，认为中国的发展和现代化在全球来说都是独一无二的。他说："（中国有）数亿人脱贫，现在你们有一个目标是要完全摆脱贫困，这些巨大的变化全球罕见。毫无疑问，中国将会坚定不移地实现全面现代化，全中国人民都会受益于国家的进步。"

古特雷斯谈到过自己所尊敬和喜爱的历史人物，都是为道义而不惜牺牲的政治家，其中一位是在他年轻时影响过他的瑞典政治家奥拉夫·帕尔梅；另一位是在他生命的成熟期影响他的南非已故领导人纳尔逊·曼德拉。"他们都倡导平等、进步的世界观，主张人人平等、社会平等。帕尔梅对他的国家和国际关系的进步做出了巨大贡献，而曼德拉则是宽恕、容忍和社会重建能力的象征。"

2005 年，古特雷斯出任联合国难民事务高级专员，在两届、十年的任期里领导分布在 126 个国家的超过 1 万名员工，为超过 4000 万难民提供人道主义援助。由于阿富汗、伊拉克两场战争，以及"阿拉伯之春"带来的中东动荡，他遭遇了二战后最大的难民危机。2007 年，他称伊拉克难民潮为"中东自 1948 年以来最严重的难民问题"。在第二个任期中，他努力为叙利亚难民提供援助。2015 年，他批评一些西方国家"躲在紧闭的大门后，任由战争和暴力的受害者颠沛流离"，认为"当今世界的不公令人震惊"。

另一方面，古特雷斯很重视在社会问题上与中国的合作。2013 年访华时，他称赞中国政府的难民安置措施，为知名演员姚晨颁发证书，正式授予她联合国难民署中国亲善大使称号。出任联合国秘书长后，他同样积极鼓励中国民众参与到对未来至关重要的公共领域，如气候变化、保护濒危物种、人道主义行动等。在北京，他说，很多中国年轻人包括一些名人积极参与到这些领域，提高了公众的意识。"我看到中国社会正做出越来越重要的贡献，中国的名人在各个领域参与进来，对此我非常赞赏和珍视。"这方面的最新例子是，2018 年 7 月 12 日，古特雷斯宣布成立数字合作高级别小组，阿里巴巴集团董事局主席马云被任命为联合主席。他希望马云和另一位联合主席梅琳达·盖茨能领导该小组加强人们对数字技术影响力的认知，并在数字领域促进国际合作。

赞赏中国的担当精神

古特雷斯喜欢吃中国菜，尤其喜欢劲辣的川菜。他告诉记者：“我还记得我作为葡萄牙总理访问中国的时候，去了重庆（那时候还属于四川省），当时我们吃了各种各样的四川菜，非常好吃，非常辣，我觉得正是因为它的辣让它更吸引人。”听到毛泽东主席曾有“不吃辣就不是革命家”的说法时，古特雷斯笑着说：“我们正在推动联合国的改革，有的人也把它叫革命，但是我觉得它是一个改革，目的是让联合国更加高效，更好地服务于人民，因为人民才是最重要的。可能我还得多吃点四川菜，才能更好地推动改革。”

多次访华的古特雷斯去过长城，也知道中国有句俗语“不到长城非好汉”，不过他谦虚地说：“我觉得自己算不上好汉，可能这句话对我来说不完全适用。”但葡萄牙前社会党总书记安东尼奥·塞古罗说过，古特雷斯是个“未雨绸缪的强者”，做任何事都会深谋远虑，但决定了的事就坚决去做。他本人也曾在接受葡萄牙媒体采访时说：“我喜欢行动，喜欢脚踏实地，喜欢那些迫使我不断介入的事情。”

在联合国的改革问题上，古特雷斯就展现了勇气。他曾经在一场关于联合国改革的会议上直截了当地说：“最近有人问，什么事让我夜不能寐。我的回答简单——官僚主义。”具体来说，联合国“组织结构碎片化，工作程序高度复杂且费解，繁文缛节无休无止……如果有人想让联合国发挥不了作用，没有什么办法比施行我们自己制定的条文规定更有效了”。他大声疾呼，联合国需要且正在进行一场广泛而大胆的改革，要简化决策流程，使决策更贴近所服务的人民；要实现更加透明、高效和负责的机构运作，改革烦琐和成本高昂的预算程序，撤销重复的机构，更好地为所有会员国服务。

对为了联合国崇高使命而做出牺牲的维和人员，古特雷斯也表示了高度的敬意。他在参观中国维和警察培训中心后表示，中国不仅派出了大量的维和人员，还是向全球维和事业投入资金第二多的国家。“如果有你们的保护，我可以去世界上最危险的地方。”他说，中国不仅承诺参与联合国所有维和努力，而且采取了实实在在的行动。“我们必须要让维和部队能够更安全地工作，加快政治进程，保护平民，这需要国际社会更大的投入。”他希望在此过程中，中国能够更多地扮演领导角色。